国家自然科学基金、北京师范大学"985"资助项目

CASS 中国社会科学权威报告

总主编：陈佳贵

REPORTS ON THE EQUITY OF
THE BASIC PUBLIC SERVICES IN CHINA FAIRNESS
——PROSPERITY AND OPTIMIZING
GOVERNMENT BEHAVIORS

2011

中国基本公共服务均等化发展报告

——公平、繁荣与政府行为优化

北京师范大学管理学院 编

经济管理出版社
ECONOMY & MANAGEMENT PUBLISHING HOUSE

图书在版编目（CIP）数据

中国基本公共服务均等化发展报告.2011/北京师范大学管理学院编.—北京：经济管理出版社，2011.11
ISBN 978-7-5096-1717-5

Ⅰ.①中… Ⅱ.①北… Ⅲ.①社会服务—研究报告—中国—2011 Ⅳ.①D669.3

中国版本图书馆 CIP 数据核字（2011）第 250479 号

出版发行：**经济管理出版社**

北京市海淀区北蜂窝 8 号中雅大厦 11 层

电话：(010)51915602　　　邮编：100038

印刷：北京银祥印刷厂　　　　　　经销：新华书店

组稿编辑：陈　力　　　　　　　　责任编辑：杨国强

责任印制：木　易　　　　　　　　责任校对：超　凡

880mm×1230mm/16　　　　　25.25 印张　　543 千字

2011 年 12 月第 1 版　　　　　2011 年 12 月第 1 次印刷

定价：198.00 元

书号：ISBN 978-7-5096-1717-5

有效推进共享人类社会发展成果，全面提高人类福祉，让现代人类文明惠及每一个社会，惠及每一个人，是 21 世纪人类社会面临的一个重大的新问题、新挑战，是自 21 世纪起所有社会公共治理创新、完善的一个核心理念与主题，也是优化政府行为的一个核心理念与主题。

而实现基本公共服务均等化，正是使现代人类文明的巨大恩惠普照社会、普照每个人的一种重要途径与方式，也是人类社会孜孜追求公平与繁荣过程中的一个阶段性目标与结果。因此，准确把握基本公共服务均等化的涵义、结构、范围、水平、发展过程与趋势、提供方式以及基本公共服务均等化的重大意义，必须将视野与心智模式投放到恰当的理解公平与繁荣间相互促进的、更为一般的语境中。

公平与繁荣始终是人类社会关注的核心问题。公平与繁荣相辅相成、相互促进。然而公平与繁荣都深深地依赖政府行为，依赖社会治理结构。其原因：①市场失效造成资源配置未必流向回报最高的方面，因而基于能力与机会公平的市场机制经常导致"条件依赖性机会"的不公平。②相关公共政策，特别是基本公共服务，经常会系统地偏向于影响力较大的群体的利益，条件优越者能获得更多与更好的基本公共服务，影响力较大群体成为公共服务的最大受惠群体。这种状况的持续存在，不仅造成社会资源配置的整体效率锁定在劣帕累托效率或非帕累托效率状态，更容易引起社会公平感的缺失，导致社会交易成本呈指数方式增长。③公平缺失将严重抑制个体创新动机与机会，严重阻碍社会结合方式创新，丧失社会创新机会，从而导致社会在自然演化过程中面临各种危机甚至是生存危机。因而完善社会治理结构，优化政府行为，是实现公平与繁荣相互促进的重要机制与保障。

近年来，公平与繁荣成为中国社会高度关注的热点问题。为促进公平与繁荣的良性循环，强化社会公平与繁荣的相互促进，2010 年 9 月 16 日，胡锦涛在第五届亚太经合组织人力资源部长级会议上提出，"我们应该坚持社会公平正义，着力促进人人平等获得发展机会，逐步建立以权利公平、机会公平、规则公平、分配公平为主要内容的社会公平保障体系，不断消除人民参与经济发展、分享经济发展成果方面的障碍"。"我们应该坚持以人为本，着力保障和改善民生，建立覆盖全民的社会保障体系，注重解决教育、劳动就业、医疗卫生、养老、住房等民生问题，努力做到发展为了人民、发展依靠人民、发展成果由人民共享"。

为实现上述理念与目的，中国"十二五"规划将基本公共服务均等化从基本理念转化为公共政策实践，并根据"符合国情、比较完整、覆盖城乡、可持续"的方针，确定了"十二五"期间中国基本公共服务的范围与重点，目标是实现公共教育、就业服务、社会保障、医疗卫生、人口计生、住房保障、公共文化、基础设施、环境保护等基本公共服务的均等化。

基本公共服务均等化是一个新课题。基本公共服务均等化绝不意味着平均主义，因为平均主义必将导致衰败，这是人们的共识。基本公共服务均等化依赖于社会财富的持续增长，这也是人们早就具有的常识。那么，如何把握基本公共服务均等化与社会财富的持续增长之间的关系，如何理解基本公共服务，如何界定均等化，如何认识基本公共服务及其均等化怎样随着社会发展而发展，如何确定其范围、结构、水平以及提供方式，如何理解基本公共服务的决定因素，如何理解中国确定的基本公共服务的现状、存在的问题以及相关政策的有效性以及可持续性，等等，都需要进行解释、说明与描述，因而需要进行深入的理论探索与实践探索。

为恰当理解基本公共服务均等化与社会财富的持续增长之间的关系，把握基本公共服务均等化与社会财富持续增长之间的微妙平衡，我们将其置于公平与繁荣的框架中来理解、研究。从公平与繁荣之间的相互促进关系来把握

基本公共服务均等化以及相关社会价值的选择，从而正确理解与确定基本公共服务均等化的范围、水平及其演进趋势。

为适应公平与繁荣之间关系理解的社会需求，以及适应实现中国基本公共服务均等化的理论需要与现实需要，本报告在基础理论与基本实践方面进行了一系列的探索。本书系统地论述了公平与繁荣相互促进的关系，梳理了社会公平的规范性概念体系，解析了社会公平的性质与结构，探讨了社会公平的价值组合与测量途径，论述了社会公平的决定因素、机制与历史演变。在此基础上，实证性地研究了中国基本公共服务均等化的现状、发展过程、存在问题及形成原因，尝试性地提出了中国基本公共服务均等化的可供借鉴的政策选择。同时，对公平与繁荣的相关理论问题进行了专题性的理论探索。

本书对于深入理解社会公平的规范性概念以及社会公平的实证性演进，对于理解公平与繁荣之间的关系，对于理解与了解中国基本公共服务（主要包括基础教育、劳动就业、社会保障、人口计生、公共文化、住房保障等）均等化的现状以及未来趋势，对于测量基本公共服务均等化方式的完善，以及对于选择与实施促进中国基本公共服务均等化的相关政策，都具有重要的参考价值。

公平与繁荣是一个重大的理论问题与现实问题。我们的研究虽然取得了一定的进步，但这些方面的探索也仅仅是一个开始与尝试，对现实状况的描述与分析还缺少更为具体与细致的数据，对相关问题的识别与归因仍有待深入探索，以及相关的理论分析与提出的理论主张

与政策主张亦存在诸多瑕疵，实有待完善。由
于研究水平、研究能力以及相关资料的有限与

约束，本书存在某些片面与偏颇在所难免，诚
挚欢迎各界同仁斧正，以资为鉴。

杨冠琼

2011 年 11 月 5 日于北京

目录
CONTENTS

基本公共服务均等化是人类社会进步与发展过程中涌现出的一个时代性的、重大社会问题,其既是人类社会进步与发展的必然要求,也是人类社会孜孜追求公平与繁荣过程中的一个阶段性目的与结果。有效推进基本公共服务均等化,至少是 21 世纪人类社会公共治理发展、完善的核心理念与主题。准确把握基本公共服务均等化的全部涵义、结构、范围、水平、发展趋势以及提供方式,以及其重大意义,必须将视野与心智模式投放到恰当的理解公平与繁荣间相互促进的语境中。

繁荣是一切生命体的本能追求

繁荣是一切生命体的本能追求。自其生成以来,各种动物、鸟类以及鱼类为了类的持续生存、生育、遗传、繁荣,为了寻求适合于生长的水源丰富、植物繁茂、食物充足、温度适宜的环境,而不惜牺牲个体生命为代价年复一年地不停地大规模迁徙。这种为了繁荣而进行的动物大规模迁徙的壮丽景观,至今仍在非洲撒哈拉、马萨伊马拉大草原上连年上演。

为了种群繁荣而不断上演的动物大迁徙也是原始人类或远古人类大迁徙活动的再现。或由于气候的变迁或由于人们抵抗自然能力的低下,远古人类为了种群的繁荣,为了种类的生生不息,自地域辽阔、广袤的非洲开始了向亚洲、欧洲的大规模迁徙。"地中海民族、埃特鲁里亚人、辛布里人(Cimbres)和条顿人进行了大规模的迁徙,有时达到了空前的程度"(布罗代尔,2005)。各类族群迁徙途中不仅要与自然环境、自然祸害进行生死的抗争,也要与各种从来没有见过的大型凶猛的飞禽、野兽以及形体较小但凶险万分的爬行类与飞行类天敌进行殊死的搏斗,更要与同为人类但不同种别的族群进行惨绝人寰的战争。

在这种大规模长途迁徙中,多少族群为了繁荣而遭遇灭绝之灾难,多少族群为了繁荣而沦为了奴隶,多少族群为了繁荣而枯萎。然而,繁荣对人以及其他动物的吸引力如此之大,虽然历尽无数劫难，人类与其他动物依然为了繁荣而迁徙，在这种追求繁荣的迁徙过程中最终获得繁荣。

人类以及几乎所有生命体之所以都本能地甚至不惜牺牲个体生命为代价地追求繁荣，就在于繁荣为生命体注入了生命的动力从而使其充满活力。繁荣形成正反馈机制促发了进一步的繁荣，从而使最有利于生命体目的的实现的各种机制与要素不断地演化。柳永在《望海潮》中描述的"钱塘自古繁华"景象，正是繁荣的一种场景：

"烟柳画桥，风帘翠幕，参差十万人家……市列珠玑，户盈罗绮，竞豪奢。"以及"重湖叠巘清嘉，有三秋桂子，十里荷花。羌管弄晴，菱歌泛夜，嬉嬉钓叟莲娃……乘醉听箫鼓，吟赏烟霞。"

同样，柳永的《破阵乐》以极其欢欣、快乐的笔触，描述了京都繁荣之景象：

"露花倒影，烟芜蘸碧，云沼波暖。金柳摇风树树，系彩舫龙舟遥岸。千步虹桥，参差雁齿，直趋水殿。绕金堤，曼衍鱼龙戏，簇娇春罗绮，喧天丝管。霁色荣光，望中似睹，蓬莱清浅。"

而王建的"夜市千灯照碧云，高楼红袖客纷纷。如今不似升平日，犹自笙歌彻晓闻"以及李绅的"夜桥灯火边星汉，水郭帆樯近斗牛"则描述了繁荣的另外一番景象。

这种繁荣景象令人赏心悦目、怡然自得、宁谧和谐。这种繁荣景象与张正见的《赋得寒树晚蝉疏》所描述的"寒蝉噪杨柳，朔吹犯梧桐……还因摇落处，寂寞尽秋风"的萧条、衰败之景象形成鲜明对照。萧条、衰败是一种生命抑制、死亡的状态，是一种迅速减弱生命物生存所依之源泉的机制，是将欣欣向荣扼杀在萌芽初期的一种结构。

每种生命体都先天地、内在地储存着其生命的目的，而这种目的的实现依赖于其实现活动。繁荣既是生命体目的的最佳实现的结果，也是生命体最有效、最完全、最彻底地实现其目的的途径。每种生命都积极地实现着它的活动，成为它之所是。这就是亚里士多德所说的"隐德来希"。李商隐的"春蚕到死丝方尽"，道出了一切生命物的目的及其实现活动。任何生命体的如他所是的属性，决定了如他所是的目的以及目的实现活动。任何生命体目的的实现活动与过程，都不受别人命令的干扰，也不是别有什么企图，只是出于其本性，自然而然，不得不然，直到生命体的尽头，直到他不再是他所是。

理性、繁荣与衰败

人类作为生命体中的一个类别，其目的的实现不同于其他类别的生命体（物）的目的的实现。人的目的即幸福，是获得的或主动争取来的，而不是主要以自然的方式达到的（亚里士多德）。其他生命物的活动的目的是自然实现的，即主要依赖蕴藏于其体内的基因编码来实现。人的活动的目的的实现则主要借助人的理性的运用，依靠运用理性的活动，是实践理性更为积极地参与其中的过程。正因为如此，奥斯特沃特（Ostwald）鲜明地指出，人的目的的实现活动的意义，就是"积极地"从事这些属于人的实践的生命的活动。任何其他生命体

（物）都未曾达到具有理性和理性的活动的水平。

理性指引的繁荣不仅为生命物注入生命的活力与动力，促使生命物更为积极地强化其生存能力，而且能够使其保持与持续提高生命力所需要的诸种环境要素进入良性的或正反馈的生成过程。人的活动不在于他的植物性活动（营养、生长等），也不在于他的动物性的活动（感觉、本能等），而在于他的灵魂的合乎逻辑（理性）的活动与实践。亚里士多德认为，理性是人特有的，如果我们假定人具有一种区别于动物的更好的活动，我们就应该把它归之于灵魂的这个理性部分的活动。虽然这个结论现在不一定完全正确，但总的判断是正确的。我们认为，人类区别于动物的唯一差别在于其具有更高水平的理性，在于其能够充分运用理性，并能够主动地利用各种方式发展理性或促进理性水平的迅速提高。正如著名生物学家威尔斯所说，"人类明显地和其他的物种不同是因为我们的智力之故，所以我们可以在活着的生物体世界中占有一个特殊的地位。在过去的几千年来，我们有能力改变了整个生态系统——甚至完全地摧毁它们，例如在中东地区的许多地方，正因为农业的发明而造成巨大的改变"（威尔斯，2010：28-29）。

然而，几千年过去了，实践理性积极地参与人的目的的实现活动只在特定社会中得到了有效的实施。来自不同社会的人们，至今仍然不断地追问：繁荣的社会为什么不是这个而是那个。正如被称为新几内亚（New Guinea）最具魅力的政治家 Yali 所追问的，"为什么是你们白人发展出了如此之多的车辆并将其带到新几内亚来，而我们黑人却几乎没有任何能力生产属于我们自己的车辆？"这是著名社会生物学家戴蒙（Diamond）在非洲考察时被不断追问的问题。戴蒙在《枪炮、病菌与钢铁》（Guns, Germs and Steel）一书中将各种类似的追问总结为：为什么有些民族在好几千年前就发展出傲人的文明，为什么有些民族至今仍生活在石器时代？其间的巨大差异是怎样造成的？难道有些民族天生就比较聪明吗？为什么财富与权力在世界范围内是现在的分布样式而不是其他样式？为什么不是土著印第安人、土著非洲人以及土著澳大利亚人猎杀、征服或灭绝了欧洲人和亚洲人，而是相反？

生命之德在于生生不息，不能生生不息的生命体已经是腐败的生命体，不能有效实现生命体目的的环境必然呈现出一片萧条、衰败的景象。萧条、衰败的环境必然使生命体进入恶性循环的竞争，从而使生命体感染上或患上"斯德哥尔摩综合征"①，促使个体成为繁荣的"隐德来希"此时却转换成为个体使整体生存环境萧条、衰败的推波助澜者，因而也成为抑制繁荣的非道德的生命体。

---

① 1973 年 8 月 23 日，两名劫匪闯进瑞典首都斯德哥尔摩一家银行，绑架了 6 名职员。令人惊奇的是，人质获救后却想念起劫匪，其中一名人质竟爱上了绑匪，跑到监狱要与他私订终身！专家将这种现象命名为"斯德哥尔摩综合征"。专家认为，构成"斯德哥尔摩综合征"的条件：一是生命受到威胁；二是绑架者有小恩小惠行为；三是被绑者与外界隔离，信息被绑架者控制……但另一条件常被忽略，这就是——恶人威严所产生的魅力。这正如奥地利著名学者弗朗茨·M.乌克提茨在《恶为什么这么吸引我们》一书中所说，犯罪和罪犯身上甚至常常散发出某种魅力，令人很难拒绝。瓦特松曾经写过："恶享有某种特权。它吸引着我们的注意力。坏蛋身上有一种引人遐想的力量，而这是任何一位美德的使者都望尘莫及的。"

繁荣的公平基础

几个世纪以来，人们一直努力思考与探索繁荣的来源。虽然在浩瀚的中国古籍文献中，可以清晰识别出社会教化或治理的不同的思想主张及其间的差异，如孔、孟倡仁义教化，墨翟主天下兼爱，老、庄言无为淳朴，但其核心均为公平或以公平为轴心。

几千年来中国社会的兴盛、繁荣与衰败，本质上是公平实施程度的大起大落的过程。自秦始皇统一六国到辛亥革命推翻清朝的2100多年间，中国历史演变的一个最鲜明的特征就是封建王朝的不断更替与转换。各不同时期王朝的更替与转换除了外族入侵这一因素外，均为造始于"官"逼而兴的农民起义运动：在各种不同但都以"公平"或"公正"为核心的某个旗帜下，农民集结起来，以牺牲生命为代价推翻丧失公平、公正的旧王朝，并试图重新建立一个当时人们向往与追求的新王朝。例如夏人的"时日曷丧，予及汝偕亡"，陈胜、吴广的"王侯将相宁有种乎"，黄巾起义的"苍天已死，黄天当立；岁在甲子，天下大吉"，王小波等的"吾疾贫富不均，今为汝等均之"以及钟相扬的"法分贵贱，非善法；我行法，当等贵贱，均贫富"等。虽然一些王朝持续时间长一些，如西汉、东汉、北宋、南宋各近200年或200年以上，唐、明、清更长一些，近300年；一些王朝持续的时间则较短，如秦朝、隋朝等，但均经历了兴盛—停滞—衰亡的过程。封建王朝的此亡彼兴，此兴彼亡，不仅像走马灯一样不停地转换，而且正如黄炎培先生所言："真所谓'其兴也浡焉'，'其亡也忽焉'。"

雅典民主政治领导人伯里克利在《丧礼上的演说词》中运用极其夸张的修辞手法，不仅极其自豪地表达了雅典的繁荣与优越，更为重要的是，他认为雅典找到了繁荣的秘诀：公平或公正。正是由于公平或公正，雅典公民能够像关心自己私事那样关心公共生活，并使两者有机结合起来；正是由于公正与公平，法律才具有约束力；正是由于公平与公正，雅典政府才享有威信（萨拜因，1990：32-33）。正是由于公平与公正，伯里克利才自豪地声称，"雅典是希腊的学府"。雅典是个人天赋能力的最完善的训练学校，从而整个社会充满各种乐事的文明生活，拥有物质方面的舒适、艺术方面的高深造诣、精神方面的宗教活动和聪明才智自由发展或发挥这种任何社会都渴望的最宝贵的财富（萨拜因，1990：40）。

亚里士多德认为，公正是一切德行的总括，是贯彻一切德行的最高原则。这与中国法家始祖管仲的"礼义廉耻"，墨子的"贵义"在本质上几乎完全相同，均认为公平或公正是百德之王，因而公平、公正"比星辰更让人崇敬"（亚里士多德，2003：130）。

古今中外伟大思想家之所以如此看重公平或公正，不仅在于公平、正义本身就是人的本性之体现，是人的价值追求之所在，犹如孟子所说，"民之归仁也，犹水之就下、兽之走圹也"（《孟子·离娄上》），还在于其既在构成社会互惠的基础同时也构成贯彻与实施社会互惠的原则，从而能够最有效地生成繁荣并使繁荣成为具有不断自我强化的趋向。如管子所云："天公平而无私，故美恶莫不覆；地公平而无私，故小大莫不载"（《管子·形势解》），"四维不张，国乃灭亡"（《管子·卷一·牧民第一》）。

社会分工、互惠与协调机制

事实上，人类"所以能不期而共趋于"更为高级的社会组合，在于这种高级的组合能够给人们带来更为优良的生活，在于这种生活能够实现更高水平的互惠。因为正如亚里士多德所说，公平或正义，就是不同品类的物品和服务，甚至更为广泛地，各种不同活动的互补性或"等值补偿"、"互相补益"，也就是各种活动间的持续的互惠：每个个体给予社会的正好等于他从社会中所获得的；每个个体从社会中所获得的也正是其给予社会的。亚里士多德认为，能够尽最大可能地促进这种互惠能力的迅速提高和发展的政治团体就实现了所谓的"善治"或正义，也就完成了政治社会发展的自然状态，从而达到了社会均衡的和谐状态。正如柏拉图所说，除了自然因素或战争所致之外，"那种将生活水平缩减到最低限度的必需品上去，是'猪的国家'而不是人的国家"（柏拉图，1997）。

人类知识的分化和专业化研究领域的兴起，极大地促进了人类知识的进步、扩散和积累，有效提高了人类的理性水平。然而，如同任何领域的分工一样，专业化也带来了知识的不平衡增长。由于人类社会的发展、演进对物质利益和经济利益的绝对依赖性，研究财富的生成过程、条件和一般规律的学科——经济学，自近代以来成为社会科学的主导研究范式。现代经济学以商品交换作为建构整个理论大厦的逻辑起点，从而使商品交换关系这一仅反映出人

类互惠关系的冰山一角的概念，似乎包含了人类互惠关系的全部内容，获得人类理性和智慧的如此重视，且几乎占据了人类的全部理性和智慧，而无暇顾及人类互惠关系中更为深远、更为广大和更为重要的内容。

事实上，互惠具有极为丰富的社会基础性的（socially fundamental）内涵。互惠是个体间总和性的和持续的相互依存与互补性活动关系，是个体间总和性社会活动相互作用、相互影响而形成的社会互惠性增溢价值或社会合作性增溢价值的分享关系。互惠是互惠主体、合作或联合行动以及互惠性增溢价值分割的有机统一。不同的互惠主体、不同的联合行动以及不同的互惠性增溢价值的分割方式将产生不同程度和水平的互惠，因而互惠是行为主体互动而内生决定的一种涌现性结果。

互惠的重要性在于它是产生"社会互惠性增溢价值"或潜在收益的基本源泉，因而能够有效地生成繁荣。

一、互惠能够形成"社会互惠性增溢价值"

在一系列条件约束下，特别是在知识、科学和技术水平的约束下，或在马克思的一定生产力水平的约束下，社会在原有个体间联合方式或互动方式的情况下能够创造出一定的社会价值或财富，我们称为"一般社会价值"或"既有社会价值"。在这一系列约束性条件不变的情况下，仅仅通过重新调整或确定个体间互动方式，仅仅通过调整个体间联合的方式，就能够形成一种新的生产力，即互惠性生产力或联合的生产力，或马克思所说的"扩大了的生产力"。这种"扩大了的生产力"能够获取到以

前没有获取到的、潜在的社会收益。这种联合或互动方式的调整因而在社会价值创造方面产生了一种"总体大于部分之和"的效应。因此，个体间互惠性的合作、互惠性的互动形成的这一总和的社会价值将超过"一般社会价值"。这一超出"一般社会价值"的部分，原本是一种潜在的、没有被任何社会成员获得的社会收益，仅仅因为人们之间形成了某种互惠性的或互补性的互动关系而变为现实的社会收益，因而我们称为"社会互惠性增溢价值"，或"社会联合性增溢价值"，或简单地称为"互惠增溢"。良好的制度或所谓的善治，就是在一系列条件的约束下，通过调整个体间互动方式形成一种新的联合，这种新的联合不仅能够形成更大的社会互惠性增溢价值，而且能够在人们可接受的范围内分配这一社会互惠性增溢价值，从而不仅使"潜在的社会收益"变为现实的社会收益，而且使这一"社会互惠性增溢价值"最大化。

下面的两个例子说明了在互惠机制存在与否的情况下所形成的"一般社会价值"与"社会互惠增溢价值"的区别。卢梭在《论人类不平等的起源和基础》这一经典著作中提供了一个有名的例子。卢梭写道："如果一群猎人出发去猎一头鹿，他们每一个人都意识到，为了成功地猎到一头鹿，每个人都必须忠实地坚守自己的位置；然而，如果一只野兔碰巧经过他们中的某一个人附近，毫无疑问他会毫不迟疑地追逐它，一旦他获得了自己的猎物，他就不太关心他的同伴是否错失了他们的目标。"为了理解这种情形可能形成的结果，需要将这一情形具体化。假设仅有两个猎人，他们必须同时决定是猎鹿还是猎兔。如果两个均决定猎鹿，那么

他们会成功地猎到一头鹿，并在他们之间平均分配这一头鹿。如果两个人均决定猎野兔，那么他们每个人可以得到一只野兔。如果一个人决定猎鹿而另外一个决定猎野兔，则前者一无所获而后者可得一只野兔。对于每个人来说，得到半头鹿均好于得到一只野兔。上述猎鹿情形可以抽象为一个博弈，每个人具有两种策略选择，猎鹿与猎兔，不同策略选择所得到的收益可以用支付矩阵来表述（见表1）。

表1 猎鹿博弈

		猎人2	
		猎鹿	猎兔
猎人1	猎鹿	2, 2	0, 1
	猎兔	1, 0	1, 1

显然，这个博弈存在两个纯策略纳什均衡，（猎鹿，猎鹿）与（猎兔，猎兔）。在没有其他相关干预机制影响猎人策略选择的情况下，两个纳什均衡都有可能发生。（猎鹿，猎鹿）明显的是（猎兔，猎兔）的帕累托占优均衡。（猎兔，猎兔）的社会选择形成一个"一般社会价值"，其大小为"1＋1＝2"，而若存在某种互惠性干预机制或互补性机制时，（猎鹿，猎鹿）将成为唯一的纯策略纳什均衡，其形成的社会价值为"2＋2＝4"，其与"一般社会价值"的差额，"4－2＝2"，即为"社会互惠性增溢价值"，或"社会协作性增溢价值"。

另外一个例子则更为鲜明地展示了是否存在互惠性协调机制对于是否形成"互惠增溢"的效应。假设两个人同时参与一项工作，每一个人有两种选择，努力（$s_i = 1$）与怠工或偷懒（$s_i = 0$）。两个人活动的总产出为4（$s_1 + s_2$），两个人共享其劳动成果并且平均分配其总产出，

但每个若努力工作则要耗费 3 个单位的成本，若怠工则无须耗费成本。在此情形下两个人的不同策略选择将形成如下的支付矩阵（见表 2）。在没有互惠机制存在的情况下，每个人的最优策略选择是偷懒，因而偷懒是该博弈的纳什均衡，每个人都没有得到任何收益。此时的"一般社会价值"为 0；若存在某种互惠机制，则每个人会选择努力这一策略，在这种情形下，每个人得到 1 的收益，整个社会的产出价值为 2。因而在互惠机制存在的情况下，形成了一个价值增溢，即"2-0=2"。

表2　团队中的道德风险博弈

		参与人 2	
		工作	偷懒
参与人 1	工作	1, 1	-1, 2
	偷懒	2, -1	0, 0

二、互惠能够有效促进"分工—交易"的循环式相互促进

正如亚里士多德所说，"城邦的长成出于人类生活的发展，而其实际的存在却是为了优良的生活"（亚里士多德，1997：7）。群体社会或城邦之所以能够给人们带来更为"优良的生活"，在于城邦内自发的互惠机制有助于社会分工的发展，而分工的发展带来了"扩大了的生产力"。人类社会最大的优势便是劳动分工，因为劳动分工使人类社会比其各部分简单相加之和更具力量。

如亚里士多德所说，城邦的一个重要特征就是城邦是许多分子的集合，因而存在大量具有不同"品类"的个体。"品类"各异的个体的大量存在，决定了城邦中的这些"品类"各异的个体具有不同的偏好与需求，因而基于互惠

的交易机制的存在能够有效满足差异性偏好与需求。一些人酷爱白菜，一些人酷爱土豆；一些人酷爱诗歌，一些人酷爱鸡鸭鱼鸟；一些人酷爱茶叶，一些人酷爱咖啡；等等。这些偏好与需求不同的个体，其需求是否得到有效满足，直接决定其幸福感。基于互惠的交易机制的存在为满足不同"品类"个体的偏好与需求提供了机会与可能性，因而使其可在不同可能性中进行"权衡取舍"，进而有效提高了其幸福感。

"品类"各异的个体的大量存在也决定了具有不同技能与专长的个体的大量存在，因而分工与交易机制的存在既能够有效发挥个体的"绝对优势"（absolute advantage）也能够发挥其"相对优势"（comparative advantage）。"自然对每一事物各赋予一个目的；只有专用而不混杂使用的事物才能有造诣最精当的形性"（亚里士多德，1997：5）。每个人都有其特定的优势方面，如果专门从事能够有效发挥其"绝对优势"或"比较优势"的活动，其活动结果自然好于其他人，并且能够在从事相应活动中进一步完善、推进其优势。姚明与刘翔分别具有打篮球与跑百米的相对优势；齐白石、李白分别具有绘画创作与诗歌创作的比较优势；苏格拉底、亚里士多德、康德以及黑格尔等具有沉思的相对优势。这些人从开始的在某些方面具有的比较优势，经过专业化以及不断从事其所在领域的活动，其相对优势得到进一步的提升，终于将这些相对优势转换为绝对优势。

这些品类相异的人们，各以其所能生产其他人所需要的物品，通过交易，在满足了其他人需要的同时，自己也获得了相应的报酬，获得到了与其优势相适应的收益或效用。"不同品

类的人们各尽自己的功能来有所贡献于社会，也从别人对社会的贡献中取得应有的报偿"，从而使全邦人的福利都获得了提高，各自从分工体系中都获得更多的正外部性效应。反过来，"通工易事，互相补益"激励了分工的进一步发展，不同品类的技能获得进一步的提高，每个人的需求满足程度不断提高，城邦的总体福利水平进而在这种"分工—交易"的相互促进中不断上升（亚里士多德，1997：45-46）。

三、互惠能够有效促进互惠能力与互惠机制的不断扩展

分工引发新的分工，进而引发新的交易；交易的扩大进一步推进交易，也引起分工的进一步发展。然而不论是分工的细化还是交易的扩展，必定都以特定的方式存在，并生成特定的分工规则与交易规则。由于这些新的规则是在原有互惠规则下生成的，从而进一步促进了互惠关系与互惠机制的扩展与完善，从而将某一领域或空间中的互惠机制与规则嵌入其他领域或空间中的互惠机制与规则之中，使社会嵌入一个更为复杂也更为精细的互惠机制与规则不断更新的网络中。

随着"分工—交易"的正反馈循环的逐渐推进，必然会推动科学技术的迅猛发展，从而为社会分工的日益细密化提供了可能性。随着社会分工的日益细密化，社会各不同领域之间及各领域内部交易活动日益增加，社会生产、社会生活的各个不同方面水乳交融、相互渗透。政治、经济、社会、文化以及其他各种各样关于社会的划分边界，随着"分工—交易"的正反馈循环的逐渐推进，日益变得模糊不清，社会政治、经济、文化、心理乃至艺术，都浑然一体，形成不可分割的一个整体。社会成为一个多维因素的连续体，从其中切割出的任何一块都包含这个连续体的所有方面。基于互惠的"分工—交易"的正反馈循环逐渐将人类社会变成由无穷多原因的互动所结成的无缝网络（曼，2007）。

联结这种复杂网络中任何两个或多个节点的必然是互惠机制与规则，否则这一网络将因为联通缺失而崩溃。这种复杂网络的维持与持续存在表明互惠能力与机制得到了有效强化。因此，多重交叠与交错的日益复杂的社会互动网络，既是社会互惠能力与互惠机制不断提高与强化的结果，也是新的互惠能力与互惠机制生成的动因与机会。

人类历史上不同社会的兴衰过程正是新旧互惠能力与互惠机制生成与转换的过程。那些能够在人类社会整体处于这种转换过程中实施互惠能力与互惠机制更新的社会，正是现今存在的那些社会或族群。而如今我们已经不知道或被忘却了族群，则在这种转换中由于没有能够实现成功的互惠能力与机制的转换而在自然选择中被淘汰而消失了。正如克鲁泡特金所认为的那样，不论人类社会是否为"一个人对所有人的战争"（赫胥黎复述霍布斯的话），实际上那些最适于生存的动物是最善于与他者合作的。"如果自然界的进化把人与人放入角斗场的话，那它同样地赋予他们寻求相互间互惠互利的本能。如果你问题自然'谁最适合生存'，答案不言而喻是那些有互惠互助习惯的"生物或群体（里德雷，2003：6）。

公平、繁荣与政府行为

基于公平的互惠能够有效促进"分工—交易"的正反馈循环的持续推进，从而有效促进社会财富的生成，促进社会不断向帕累托占优均衡演进，进而推动社会不断走向新的繁荣。对于这种状态与过程，亚里士多德满怀感恩之情地说，"最先设想和缔造这类"基于互惠而形成的"团体的人们正应该受到后世的敬仰，把他们的功德看作人间莫大的恩惠"（亚里士多德，1997：9）。然而，在人类社会历史发展的过程中，人类社会不断经历着分分合合，人类组成更大规模社会的可能性不断受到来自不同方面的威胁和挑战；人类不断地在分享基于互惠而形成的社会的"莫大恩惠"与承受社会解体的"巨大痛苦"中循环；不同社会中的人们并没有等同地分享到互惠社会的这一"莫大的恩惠"。那么为什么有些社会能够持续地维持与推进基于公平的互惠机制与规则，而有些社会则没有获得或不能持续维持这种互惠机制与规则呢？

事实上，历史上众多思想家已经对此问题进行了较为深入的探索。亚里士多德认为，为了回答为什么社会互惠机制与规则在有些社会中能够持续地存在而在其他社会中从来没有存在过的问题，必须研究社会的政治现象与问题，研究何种体制或政府形式能够持续维持这种社会互惠关系的持续存在。卢梭曾经谈到，对道德风尚进行的历史研究使他扩大了眼界，使他看出一切问题在根本上都取决于政治，而且任何民族永远都不外乎使它的政府的性质使他成

为的那个样子（卢梭，1997）。正如莱克汉姆（H. Rackham）所说，一个人注定要在社会中，并且要在一个旨在促进每个公民的福利的、组织良好的社会中，获得他的善（Aristotle，1926）。

政治以及政府对于持续的社会互惠关系存在的重要性，对于一个社会能否获得基于公平的互惠机制与规则的"莫大的恩惠"或其对繁荣与萧条的重要影响，在于其对于互惠机制与规则能否持续所施加的影响。如果政府能够基于公平、正义来治理社会，如果政府受公平、正义的监督与审视或限制，公平、正义就能够得到伸张与扩展，基于公平、正义的互惠机制与规则就能够得到持续的推行与实施；如果政府不是基于公平、正义来治理社会，如果政府不受公平、正义的监督与审视，各种不同社会势力，特别是政府权力的掌握者，就会凭借其势力强大或凭借其掌握的公共权力而任意蹂躏、践踏公平、正义，任意掠夺社会财富，基于公平、正义的社会互惠机制与规则就将不再存在。这样的社会就不可能获得或享受到基于公平的互惠机制与规则的"莫大的恩惠"，因而也不可能趋向繁荣而只能趋向萧条。正是在这个意义上，亚里士多德说，城邦（的治理）必须以公平、正义为基础和原则，因为由公平、正义衍生的礼法，可凭以判断［人间］是非曲直，能够维持基于公平、正义的互惠机制与规则的持续存在。公平、正义正是树立社会秩序的基础。

政治以及政府对于持续的社会互惠关系存在的重要性及其对繁荣与萧条的重要影响，不仅为历代思想家所谙知，也为历代统治者与民众所熟知。早在1340年左右，意大利的城市国

家斯伊纳（Siena）共和国的统治者就委托艺术家安布鲁吉奥·劳伦扎蒂（Ambrogio Lorenzetti）创造了两幅壁画，占据了整个斯伊纳九人统治委员会的议事厅，壁画的主题即为繁荣与萧条的对比，也即《坏政府的寓言》和《好政府的寓言》。

在《坏政府的寓言》中，以中世纪公共艺术特有的戏剧和服饰表达手法，展现了坏政府统治的共同景象：壁画上画着一位暴君，他坐在断壁残垣前，主持邪恶堕落的政务，各种形象充分展现了统治阶层的残暴、背信、欺骗、狂躁、分裂、好战、贪婪、骄傲以及虚荣等；到处都充满了各种各样的掠夺行为，如战争、犯罪和对正义的蹂躏与践踏，到处遍布着萧条、贫困、饥荒、瘟疫、人们留离失所以及霍布斯所描述的人对人像狼一样的景象，可谓荒凉满目。在《好政府的寓言》中，壁画展现了共同的善的形象，社会到处展现出智慧、和平、正义、信念、仁慈、高尚的景象；警察按照规则看守、教化与改造着犯罪者；各种大小官吏恪尽职守，秉公执法；农民在富足的土地上忙碌着，毛驴载着谷物在山区小路上悠闲地行走，毫不担心抢劫或被盗；城市周围则是载歌载舞的人们，街上热闹非凡，人们交易着各种各样的物品与服务，童叟无欺；各种建筑物层叠有序、富丽堂皇；人们过着幸福、温馨的生活，社会展现出一片和谐、繁荣的景象。

以公平、正义为基础和原则治理社会，不仅符合孟子所说的"民之归仁也，犹水之就下、兽之走圹也"（《孟子·离娄上》），从而使人类社会本质特征得到最突出的彰显，更为重要的是能够有效地实施"仁政"。仁是中国儒家学派道德规范的最高原则，是孔子思想体系的理论核心。孔子把"仁"定义为"爱人"，并解释说："夫仁者，己欲立而立人，己欲达而达人"，"己所不欲，勿施于人。"孔子在回答子张问仁时还说，"能行五者于天下，为仁矣"，五者为恭、宽、信、敏、惠。《庄子·在宥》中提出："亲而不可不广者，仁也。"谭嗣同《仁学·界说》更为激进："仁为天地万物之源，故虚心，故虚识。"

孟子在孔子仁说的基础上，提出著名的仁政说，要求把"仁"的学说落实到具体的政治治理中，实行王道，反对霸道政治，使政治清平，人民安居乐业。孟子提出一些切合实际的主张，重点在改善民生，加强教化，把仁政说与王道政治联系起来。认为人皆有仁爱之同情心，即不忍人之心，主张"以不忍人之心，行不忍人之政，治天下可运之掌上"。行仁政，天下可得到治理；不行仁政，则天下难以治理。

儒家从重视民生出发，倡导富民思想并提出相关政策主张。儒家经典《周礼》提出"保息养民"的六项措施，即"一曰慈幼，二曰养老，三曰振穷，四曰恤贫，五曰宽疾，六曰安富"。这种政策主张与亚里士多德的理想很类似。亚里士多德认为，理想的社会结构是一个棱形社会，贫者与富者相对较少，而中产阶级为大多数，这是一个较为稳定的社会结构。为了维持这种社会结构，公共政策取向应该是努力救助贫困者，鼓励与促进中产阶级的发展，抑制富者的极端性扩张。

孔子还把富民和利民的公共政策取向与满足人民的物质生活利益联系起来。他说：政府应该"因民之所利而利之"。强调公共政策的取向应该是利民、富民、保民、爱民，政府应该体察和顺应民心的向背。这是儒家富民思想的政策体现，也是检验政府行为合理与否的准则。为实现"因民之所利而利之"的理想，社会治理必须存在某种机制，既能够有效抑制政府（或官吏）与民争利的现象，也能够使政府成为明智或开明的以及具有洞察力的政府。从而能够明智地治理社会，将社会危机化解于萌芽或形成的初期而不至于总是在危机已经爆发后才被动地应付危机。这是社会治理明智程度的最高境界，犹如战争中的"伐谋"即不战而退兵的最优军事策略。

上述表明，社会互惠机制与规则的持续存在与不断完善须依赖政府行为。由于社会互惠机制与规则直接决定社会繁荣与否，因此，政府行为成为社会繁荣与否的决定因素。只有以公平、正义为基础的政府行为，才能够有效维护社会的公平、正义，才能够使公平、正义在社会中不断自我强化与自我完善，才能够生成社会互惠机制与规则，从而有效促进"分工—交易"的循环性强化机制，进而促进社会的持续发展与繁荣。

中国的社会繁荣与社会公平

始于 1978 年的改革开放，中国逐渐摆脱了"干多干少都一样"、人人吃"大锅饭"的非理性体制与非公平分配方式，开始逐渐在各经济领域实施"各尽所能，按劳分配"的公平分配原则，有效释放了增加互惠价值的"分工—交易"的生存空间。随着中国改革开放在广度、深度方面的持续推进，蕴藏于中国社会中的、被不公平分配压抑多年的创造动机与潜力被持续地激发和释放出来。仅仅经过 30 多年市场经济的初步发展，仅仅经过中国人民 30 多年的不懈努力，中国社会的财富创造能力迅速提高，中国的经济发展取得了令人瞩目的成就。

1978~2010 年，中国经济总量（GDP）年均增长 9.88%，远远高于同期世界经济平均 3% 左右的增长速度，经济总量由世界第十位跃居世界第二位，对世界经济增长的贡献率由 1.8% 跃升为 6%，居世界各国之首。财政收入从 1132 亿元增长到 2010 年的 8.3 万亿元。按可比价格计算是 1978 年的 13.73 倍，增加了 12.73 倍。

1978~2010 年，中国城镇居民人均可支配收入由 343.4 元提高到 19109.4 元，农民人均纯收入由 133.6 元提高到 5919.0 元，扣除物价因素以后，二者平均每年都增长 7%。2010 年是 1978 年的 9.3 倍多，增长 8.3 倍多；城镇居民家庭的恩格尔系数从 57.5% 下降到 35.7%，农村居民家庭的恩格尔系数从 67.7% 下降到 41.1%。中国人民的生活水平得到了明显改善，消费水平获得了显著提高。

30 多年的改革开放，将中国推进了一个充满活力和令人着迷的新纪元，分享人类智慧的巨大福祉：人类在上万年的演化和发展过程中积累下来的智慧，不断地超越着人们的想象力，使人类的一个个梦想变成现实：嫦娥奔月，音传万里；穿越时空，再现历史；点"沙"成金，拔毛变猴……

然而，随着中国经济持续的高速增长，随着中国对外交往与对内发展的扩大，随着中国民众交往范围的扩大与社会整体理性水平的提高，中国社会正在持续不断地经历着通向繁荣但过程痛苦的结构性变迁过程。特别地，中国社会不同领域改革开放的非均衡性地推进——内部改革滞后于对外开放的需要；宏观改革滞后于微观行为主体的需要；政府管理体制改革滞后于社会结构变迁的需求；政治体制改革滞后于经济发展的需要——使中国的社会性结构与体制性结构之间逐渐呈现出不匹配的状态。

这种失衡与不匹配不断地孕育和累积一系列深层次社会矛盾，并且黏滞的体制性结构不断地抑制这些矛盾的释放与解决。这种不匹配与失衡演化的结果就是连续不断地或间歇地爆发突发性的群体性事件和网络群体性事件。现实的与网络的群体性事件，作为深层次的、结构性社会矛盾的信号与反映，日益成为社会关注的一个焦点问题，成为威胁中国社会稳定与和谐的重大因素。

近十多年来，现实的群体性事件与网络群体性事件相互激发，使群体性事件表现出了数量增加、规模扩大、触发点日趋复杂、行为日趋激烈、涉及面日趋广泛、对抗性日益增强等特点。据有关部门的不完全统计，群体性事件从1993年的1万起增加到2004年的7.4万起，年平均增长17%；参与人数由73万多人增加到376万多人，年平均增长12%。其中百人以上参与的群体性事件由1400起增加到7000多起。2005年，全国群体性事件的数量一度下降，但从2006年起又上升到6万多起，到2007年达到了8万多起（王东进等，2004；李培林等，2008），2008~2010年，更是爆发了多起震惊全国的群体性事件。如今以"史上最牛"、"天价"等主题词在互联网上搜索，就会发现"史上最牛的中部地区处级官员别墅群"、"史上最牛的官腔"、"史上最牛的官员语录"、"史上最牛服务通知"、"史上最牛公章"、"天价烟局长"、"天价薪酬高管"、"天价表县委书记"、"天价公款账单"、"云南躲猫猫事件"等话题，无一例外，都是此间人们在网上关切与讨论的热点，自然是人们在现实生活与交往中关切与讨论的热点。

有研究者认为，近几年来的跟踪研究表明，一个事件能引起网民的高度关注，聚集网络舆情焦点，主要是因为该事件刺激了网民乃至社会公众"最紧绷的那根神经"，这体现在五个方面。①政府官员违法乱纪行为。近年来，政府的公信力在民众心中的负面评价有加剧的趋势，一些地方或部门官员违法乱纪行为一旦曝光，就会马上成为全国的社会热点。如"周正龙案"、"天价烟案"等。②涉及代表强制国家机器的政法系统、城管队伍。这类事件主要涉及公检法、城管等政府部门，网上聚焦日益紧张的警民关系和不断发生的地方极端社会事件，可以看出社会民众的某种不满。如早年的刘涌案和近年的"俯卧撑"、"躲猫猫"事件。③涉及代表特权和垄断的政府部门、央企。这类事件涉及与民生密切相关的部门和央企，如"北京站售票"事件、"央视大火"事件、3G频段分配等话题。④衣食住行等全国性的民生问题。这类事件涉及房价过高、费改税政策、养老保险制度改革、个人所得税改革、医疗体制改革、高考改革等。⑤社会分配不合理、贫富分化。公众对利益格局的调整和初次分配不合理问题的不适感不断增强，不满情绪日益积累，比如国泰君安天价薪酬、高管降薪等。这些方面的问题如同一面镜子，映照出现实世界中公众对于贪腐、贫富差距、公权力运行、民生等问题日趋敏感。这些负面情绪日益积累，极容易经由很小的一个事件引发网民的情感共振，形成网络舆论事件（《瞭望》新闻周刊）。

近年来的众多网络群体事件均同公平、正义与公正有关，都高举公平、正义与公正的旗帜。这是人类社会一般历史规律在中国的具体再现。事实上，在人类历史上任何一个重大的历史转折时期，任何一个社会的重大结构性变迁时期，公平、正义与公正都是最能够凝聚人心因而也是最有力的武器。中国目前正处于急速的社会结构的变迁时期，人们关注公平、正义与公正，是一个自然而然的、顺理成章的事情。

为适应"社会公平—互惠—繁荣"的上述一般规律与机制，适应中国社会公平、公正的社会要求，针对中国社会目前的发展状况与社会结构，2010年9月16日，胡锦涛在第五届亚太经合组织人力资源部长级会议上提出：我们应该坚持社会公平正义，着力促进人人平等获得发展机会，逐步建立以权利公平、机会公平、规则公平、分配公平为主要内容的社会公平保障体系，不断消除人民参与经济发展、分享经济发展成果方面的障碍。我们应该坚持以人为本，着力保障和改善民生，建立覆盖全民的社会保障体系，注重解决教育、劳动就业、医疗卫生、养老、住房等民生问题，努力做到发展为了人民、发展依靠人民、发展成果由人民共享。观察家认为，胡锦涛的"社会公平观"第一次对人们普遍关心的社会公平热点难点问题作出了全面、客观、理性、科学的阐述。2010年中国的"两会"期间，温家宝曾指出，中国的现代化绝不仅仅指经济的发达，它还应该包括社会的公平、正义和道德的力量的完善与发展。

为强化中国社会公平，充分发挥社会公平对于社会繁荣促进作用，中国近年来提出了基本公共服务均等化的战略目标，并确定了"十二五"期间中国基本公共服务均等化建设的重点领域，即主要从公共教育、就业服务、社会保障、医疗卫生、人口计生、住房保障、公共文化、基础设施、环境保护九个方面，强化政府公共服务职责，提高政府保障能力（见表3）。

表3 "十二五"时期中国基本公共服务均等化范围与重点

公共教育	①九年义务教育免费，农村义务教育阶段寄宿制学校免住宿费，并为经济困难家庭寄宿生提供生活补助；②对农村学生、城镇经济困难家庭学生和涉农专业学生实行中等职业教育免费；③为经济困难家庭儿童、孤儿和残疾儿童接受学前教育提供补助
就业服务	①城乡劳动者免费提供就业信息、就业咨询、职业介绍和劳动调解仲裁；②为失业人员、农民工、残疾人、新成长劳动力免费提供基本职业技能培训；③为就业困难人员和零就业家庭提供就业援助
社会保障	①城镇职工和居民享有基本养老保险，农村居民享有新型农村社会养老保险；②城镇职工和居民享有基本医疗保险，农村居民享有新型农村合作医疗；③城镇职工享有失业保险、工伤保险、生育保险；④为城乡困难群体提供最低生活保障、医疗救助、殡葬救助等服务；⑤为孤儿、残疾人、五保户、高龄老人等特殊群体提供福利服务
医疗卫生	①免费提供居民健康档案、预防接种、传染病防治、儿童保健、孕产妇保健、老年人保健、健康教育、高血压等慢性病管理、重性精神疾病管理等基本公共卫生服务；②实施艾滋病防治、肺结核防治、农村妇女孕前和孕早期补服叶酸、农村妇女住院分娩补助、农村妇女宫颈癌乳腺癌检查、贫困人群白内障复明等重大公共卫生服务专项；③实施国家基本药物制度，基本药物纳入基本医疗保障药物报销目录
人口计生	①提供免费避孕药具、孕前优生健康检查、生殖健康技术和宣传教育等计划生育服务；②免费为符合条件的育龄群众提供再生育技术服务
住房保障	①城镇低收入住房困难家庭提供廉租住房；②为城镇中等偏下收入住房困难家庭提供公共租赁住房

续表

公共文化	①基层公共文化、体育设施免费开放；②农村广播电视全覆盖，为农村免费提供电影放映、送书送报送戏等公益性文化服务
基础设施	①行政村通公路和客运班车，城市建成区公共交通全覆盖；②行政村通电，无电地区人口全部用上电；③邮政服务做到乡乡设所、村村通邮
环境保护	①县县具备污水、垃圾无害化处理能力和环境监测评估能力；②保障城乡饮用水水源地安全

为了深入理解中国社会公平发展的历史与现状，了解中国的社会公平、公正近年来取得的历史性进步与成就，剖析中国社会公平、公正进一步发展的体制性与政策性因素以及相关机制，本书在梳理、辨析公平、公正相关概念以及在深入剖析有关公平、公正的各种规范性理论的基础上，通过理论分析与实证研究，主要从公共教育、就业服务、社会保障、人口计生、住房保障、公共文化、基础设施、强化政府公共服务职责，提高政府保障能力等方面，用数据说话的方式，描述与再现了中国社会公平、公正发展的现状与历史过程，充分总结了中国社会公平、公正取得的长足进展，分析了影响中国社会公平进一步发展的障碍性因素与机制，提出了促进中国社会公平的相关政策性建议，并对相关问题进行了深入的理论探索。

（杨冠琼　执笔）

参考文献

[1]［美］里德雷：《美德的起源：人类本能与协作的进化》，刘珩译，北京：中央编译出版社，2003年。

[2]［法］费尔南·布罗代尔：《地中海考古：史前史和古代史》，北京：社会科学文献出版社，2005年。

[3]［美］威尔斯：《文明的溪流》，袁杜译，南京：江苏人民出版社，2010年。

[4]［美］戴蒙德：《枪炮、病菌与钢铁：人类社会的命运》，谢延光译，上海：上海译文出版社，2006年。

[5]［古希腊］亚里士多德：《政治学》，北京：商务印书馆，1997年。

[6]［古希腊］亚里士多德：《尼各马可伦理学》，廖申白译，北京：商务印书馆，2003年。

[7]［美］萨拜因：《政治学说史》，盛葵阳等译，北京：商务印书馆，1990年。

[8]［古希腊］柏拉图：《理想国》，郭斌和等译，北京：商务印书馆，1997年。

[9]［英］迈克尔·曼：《社会权力的来源》，第一卷，刘北成、李少军译，上海：上海人民出版社，2007年。

[10]［法］卢梭：《论人类不平等的起源和基础》，李常山译，北京：商务印书馆，1997年。

[11] Aristotle, The Nicomachean Ethics, William Hayne Company, 1926.

第一部分

总 报 告

中国基本公共服务需求决定与总体特征

相关研究的理论与方法

一、问题的提出

第二次世界大战以来，伴随着凯恩斯理论的盛行，西方许多国家不断加强政府在经济领域中的宏观调控力量，政府职能开始涉足人们生活的多个领域，包括教育、卫生、社会保障等，财政支出占国民生产总值的比重也不断增长。然而，基本公共服务在数量和规模上的扩大对政府的管理能力提出了挑战，"政府失灵"问题日益凸显。越来越多的学者开始质疑，政府提供的基本公共服务是否能满足大众的需求，财政支出是否真正有效与是否具有可持续性。

随着社会的持续发展与收入水平的持续提高，以及城市化进程的加速与城市人口的迅速增长，基本公共服务的社会需求迅速扩张。由于基本公共服务提供方式与价格形成机制的制约，基本公共服务的社会需求或消费出现"拥挤效应"，部分基本公共服务的过度供给与过度

拥挤并在，这与政府干预基本公共服务以提高资源利用率的想法背道而驰。

在中国，改革开放以来，经济的迅猛发展带来了人们生活水平的极大提高，但对于基本公共服务的供给，仍存在许多问题。许多学者认为，中国基本公共服务供给的结构不均衡，如地方政府将大量的财政经费投入到行政管理、城市形象工程中，忽视了对科教文卫事业的投入。不仅如此，在地区之间，政府对基本公共服务的供给也存在相当大的差异，东部地区优于中西部地区。

不难发现，上述各种情况均涉及政府对基本公共服务的供给问题。然而，评判基本公共服务的供给是否合理，应从考察居民对基本公共服务的需求入手，以探究供给与需求是否平衡。另外，一个地方对基本公共服务的供给是否存在拥挤现象，不能单纯地通过将这个地区的人均基本公共服务量和其他地区作比较，而是要结合这个地区的经济状况、人均收入、个体对基本公共服务的需求量等方面进行详细

考察。

对基本公共服务需求的研究始于 20 世纪初。学者们发现对于私人物品，市场这只"看不见的手"引导着人们对其的供给和需求，通过考察需求与价格之间的变化关系，可以明确个体对不同私人物品的偏好情况。但对于基本公共服务，市场的解释能力却非常有限。

因此，寻找到合适的理论并确定出个人对基本公共服务的需求，是对现有基本公共服务理论的完善。另外，分析经济发展、人均收入、人口数量等因素对基本公共服务需求的影响，详细探讨各地区是否存在基本公共服务的拥挤效应，将有助于优化地方政府对基本公共服务的供给，具有一定的经济和社会意义。

二、基本公共服务需求决定的相关研究与方法

对于私人物品而言，市场中的价格机制能够直观反映个人对它的需求。但对基本公共服务来说，其供给量通常是由集体决策的，它的成本也由集体来承担，因此很难直接看出个人对基本公共服务的需求。针对这种情况，学者们提出了各种理论及方法，以揭示个人对基本公共服务的偏好和需求。

（1）用脚投票理论。为了揭露个人对基本公共服务的偏好，蒂博特（CM Tiebout, 1956）提出"用脚投票"的方法。在人口流动不受限制、居民完全明了各地方的财政收支信息、存在大量可供选择的地区、不考虑居民因工作地点的局限而受到的搬迁约束、地区间无利益外溢等假设条件下，由于各地方政府提供的基本公共服务和税收方式不尽相同，各地居民可以根据各地方政府提供的基本公共服务和税收方式，选择那些最能满足自己偏好的地方定居。结合中国实际情况，虽然地方政府现阶段正逐步放松对户籍的要求，但人口流动仍然受到比较大的限制，居民在选择居住点时难免考虑更换工作地点的成本。因此，在中国基本公共服务需求这个问题上，"用脚投票"理论的应用受到了限制。

（2）密封投标递价法。该方法由维克里（Vickrey）提出，起初被用于竞标。投标者先写出标价并将其密封，最终，赢标者所需付出的价格不是他所标的价格，而是第二高标。可以证明，用这种投标法，投标者的最好策略就是依照自己的真实偏好据实出标。然而，这种方法的实施过程比较复杂，在真实世界中，一般不会用投标方式确定基本公共服务需求量。

（3）或有估价法（Contingent Valuation Method）。与前两种方式相比，或有估价法是对基本公共服务偏好的直接显示。这种方式以调查和问卷的形式作为获取个人对基本公共服务偏好的手段，要求被调查者对研究人员所描述的某种假设事件做出可能的回答。1963 年，Davis 为了确定一块独特的休闲地区对荒地爱好者和狩猎者的价值，首次设计并运用了或有估价试验，直接诱导出人们对这些基本公共服务的评价。可以看出，这种方法的实施依赖于调查问卷的巧妙设计和顺利发放，对调查实施过程有较高要求。

（4）观察投票过程法。Edward Banfield 和 James Willson（1965）、William Birdsall（1965）、Shapiro（1973），以及 Robert Deacon 和 Perry Shapiro（1975）等学者通过观测公民在有关基本公共服务供应的投票中的表现，估计个体对

基本公共服务的需求。这些学者的研究往往针对某几次具体的投票，依据统计出的赞成票与反对票的数量，分析投票结果与投票人收入、受教育年限、地理环境等因素间的关系。一般来说，使用这种方法考察的基本公共服务比较具体。

（5）中间投票人法。该方法假定基本公共服务的供给量取决于投票表决的结果，而这个结果体现出中间投票人对基本公共服务的需求。"中间投票人法"的思想，可以追溯到 20 世纪 40 年代。Bowen（1943）在"The interpretation of voting in the allocation of economic resources"一文中，借用投票机制中的"多数法则"，从理论上描述了基本公共服务的供应与需求均衡状态，这种均衡使多数人的个体效用最大化。学者们对基本公共服务需求的后续研究，都或多或少地受到了 Bowen 的影响。

1957 年，Downs（1957）借用霍特林（Harold Hotelling, 1929）在研究地域竞争（spatial competition）时使用的方法，正式提出了中间投票人（median voter）定理，用以描述两党为了在竞争中取胜而对中间投票人的争取。这一定理被许多学者丰富并加以使用，Barr 和 Davis（1966）、Robin Barlow（1970）、Borcherding 和 Deacon（1972），以及 Bergstrom 和 Goodman（1973）均以这个定理为基础，建立了个人对基本公共服务需求的数学模型，并定量估计出模型的参数。在这些模型中，居民以纳税的方式支付基本公共服务的成本，每个居民均可依据自身效用函数，选择最有益于自己的基本公共

服务量并进行投票表决。根据中间投票人定理，政府最终确定的基本公共服务供应量由中间投票人决定，在研究中，用收入为总体收入中位数的居民对应中间投票人。这种研究方法在法国学者 Alain Guengant（2002）以及中国学者王德祥、李建军（2008）分析各自国家中影响基本公共服务需求的因素时，同样得到了体现。

综合比较这几类研究方法容易看出，中间投票人法操作起来相对容易，从结论的适用性来看，该方法适用于研究大范围的基本公共服务的需求决定因素分析，如将基本公共服务作为整体进行探讨。

基本公共服务的需求决定因素：一个基本理论框架

一、人口规模

将人口规模引入对基本公共服务的探讨，最早可以追溯到布坎南（Buchanan, 1965）的"俱乐部理论"，该理论旨在确定最优俱乐部规模，即俱乐部最优人口数，使基本公共服务给成员带来的效益最大化。

从诸学者的研究中可以发现，在许多国家、不同地区，人口规模确实能影响基本公共服务需求。在美国，Bergstrom 和 Goodman（1973）以 826 个城市为研究对象，初步分析了城市中居民人数对基本公共服务需求的影响，他们用 $Z^* = g(N)$ $Z = n^{-\gamma} Z$ $(\gamma > 0)$ [①] 描述拥挤函数，得出对于人口数在 10000~150000 的城市，拥挤系数 γ 不小于 1。Ladd 和 Yinger（1991）也发现

---

① Z^* 表示个人所能消费的基本公共服务量，Z 表示基本公共服务的总体供给量，$g(N)$ 表示自变量为 N 的函数。

在美国城市中，人口越多，公共服务的成本越高，一般公共服务和警察服务均具有人口规模不经济的特点。在法国，Guengant 等（2002）证实在大、中、小三类样本地区中，基本公共服务需求的人口效应呈现不同的特征。在澳大利亚，Glenn Withers 对该国各地方政府的文化艺术支出进行了专门研究，发现存在严重的拥挤效应。中国学者王德祥、李建军（2008）以湖北省各县、地级市为研究对象进行建模的结论显示，县域人口数量增加1%可使居民获得的公共服务水平提高约 0.134 个百分点，而地级市人口数量同等程度的增加对应的公共服务水平则提高 0.4197 个百分点，优于县级。

因此，人口规模影响着基本公共服务需求，但对于不同的基本公共服务、不同的地域，影响程度又存在差别。

二、人口特征

各地区的人口在种族、年龄分布等方面存在的差异，可能引起居民对基本公共服务类型、数量的不同需求，因此，许多学者将体现人口特征的因素作为研究对象。在 Bergstrom 和 Goodman（1973）的模型中，对于美国的部分地区，有房居民的人口比例、失业率，以及人口总量的变化率等因素，负影响着个人对基本公共服务的需求量，而 65 岁以上人口比例则对公园和娱乐需求有正影响。Glazer 和 Niskanen（1997）通过分析穷人与富人在对待部分基本公共服务（如教育）公有与私有方面的不同偏好，探讨了基本公共服务存在拥挤效应的成因。考虑到可能存在"同类群体效应"，Calabrese 等（2005）在 Benabou（1993）、Durlauf（1996）、

Nechyba（2000）以及 Sethi 和 Somanathan（2004）等学者理论分析的基础上用数据证实了相同偏好的人群容易聚集这种现象。

具体到地方教育，钟宇平、陆根书从社会资本因素的角度分析个体对高等教育的需求，指出家庭中兄弟姐妹的数量对中国大陆学生的高等教育需求具有显著的负面影响，父母的教育期望对学生的高等教育需求具有显著的积极影响。许善娟、丁小浩、钟宇平三位学者研究发现，香港高中生的社会资本能显著影响其对高等教育的需求，高中生的家庭背景变量的影响则不显著。

三、地域范围

关于地域范围对基本公共服务需求的影响，美国房地产研究协会（RERC，1974）在研究中发现，缺少规划、人口密度低的城市发展模式，相对于人口密度高的紧凑型模式而言，需要更多的政府开支。Burchell 与 Robert（2002）、Holcombe 和 Williams（2008）均发现，城市的人口规模和人口密度能在不同程度上影响个人对基本公共服务的需求。王德祥、李建军（2009）通过对中国的鄂鲁吉 3 省 178 个县（市）进行实证研究，发现地域面积的扩大将增加个人对人均财政总支出、支农支出与教育支出的需求。

四、收入

研究收入对基本公共服务需求影响的学者很多：一方面，收入的增加使地方政府能征收更多的税款投资基本公共服务；另一方面，收入的增加也使公民对教育等存在更多的需求。

Bergstrom 和 Goodman（1973）的模型回归结果显示，在美国，对总体基本公共服务需求的收入弹性为 0.64，对警察服务需求的收入弹性为 0.71，对娱乐事业需求的收入弹性为 1.32。在澳大利亚，对艺术事业需求的收入弹性介于 1.9~2.2（Glenn Withers），Guengant 等（2002）证实，在法国的人口规模不同的地区中，收入对基本公共服务需求的弹性亦呈现出不同的特征。中国的王德祥、李建军（2008）对湖北各县，地级市进行的研究说明，无论地市级还是县级，基本公共服务需求的收入弹性都大于 1 而富有弹性。

具体到地方教育，杨明、刘毅、赵细康三位学者通过实证研究，证实居民对教育服务的需求类似于对正常商品的需求，随着可支配收入的增加居民用于教育的支出相应增长。广东居民收入与教育消费之间存在正相关性，城镇居民教育消费的增长速度高于收入的增长速度，而农村居民教育消费的增长速度则略低于收入的增长速度。罗姗用相同的研究方法对重庆居民收入与教育需求进行了回归分析，结论与广东类似。

五、经济发展阶段

从经济发展不同阶段的角度思考，美国经济学家罗斯托认为，在经济发展的早期阶段，为了给生产性投资创造一个良好的环境，政府必须提供交通、水利、通信等方面的基础设施，因此，这时期对基础设施等方面的公共需求比率较高。当经济进入成熟阶段后，随着人均收入的提高，按照推广的恩格尔法则，衣、食、住、行等基本需要方面的消费支出在整个消费支出中的份额会随着人均收入的上升而下降，资源可能更多地被用于满足更高层次消费，如教育、卫生、保健、安全、福利、娱乐等。

六、其他

除了以上讨论的比较普遍的影响因素之外，针对不同地域、不同时间段个人对基本公共服务的需求，学者们的见解又有独到之处。关于个人的税收份额，Bergstrom 和 Goodman（1973）详细分析了它对基本公共服务支出额的影响，并用个人的不动产税收份额近似估计总的税收份额，证实这一因素显著影响着个人对基本公共服务的需求。除此之外，上级政府的财政补助对基本公共服务需求的影响也在 Guengant 等（2002）、刘小鲁（2008）以及王德祥和李建军（2008）的研究中得以分析。

具体到地方教育，又有特定因素影响着个人对公共教育的需求。许善娟等学者发现，香港高中生的公开考试成绩显著影响其对高等教育的需求，母亲的教育程度也能正面影响高中生升读大学的决策。另外，吴克明认为，社会思想观念也影响着人们对教育的需求，当传统"万般皆下品、唯有读书高"等社会观念盛行时，个人的教育需求会增加，而当"读书无用论"的观念占主导时，个人的教育需求会降低。

综上所述，关于个体对基本公共服务需求的研究，西方学者在研究方法上已经比较成熟，对各影响因素也做了详细和深入的探讨，相对而言，国内对这一问题，使用定量方法进行的详细研究才初露锋芒，研究范围大多为省级和几个地区的市县，运用各地级市的数据进行全面的分析还比较少见。

七、研究方法

基于前文对各学者研究方法的综述，可以看出，定量分析已成为西方学者研究个人对基本公共服务需求的主流方法，其解释力度不可忽视。在方法的选择上，本文采用中间投票人法，原因主要有三点：①国内外定量研究这一问题的学者大多以此类方法所对应的模型为基础；②这类方法所需要的数据通过统计年鉴较容易获得，具有可操作性；③这种方法能将基本公共服务当作整体进行研究，结论具有一般性。

（一）研究假设

在研究私人物品时，市场的价格机制能直接揭示消费者的偏好。然而，这种方法并不适用于基本公共服务。因此，本文参照 Bergstrom 和 Goodman（1973）的研究结果，设定以下假设。

（1）对于给定的基本公共服务，其单位成本可用如下方式衡量：城市 j 能够以单位成本 c_j 供应基本公共服务。

（2）对于基本公共服务的消费者 i 存在一个税收份额 τ_i，i 必须承担基本公共服务总支出的 τ_i 份。消费者 i 的税收份额可能取决于他的福利、收入等其他个人因素，但是不会随着地方财政总支出的改变而改变，他如何表达自己对基本公共服务的需求也不会影响其税收份额。

（3）每一个生活在城市 j 的基本公共服务消费者 i 明白自己的税收份额 τ_i 和基本公共服务单位成本 c_j，同时，在付出总成本的 τ_i 份的条件下，消费者 i 有权力决定基本公共服务的供应量。为了实现这个目标，他只需在一个线性预算约束的情况下，选择能最大程度满足自己偏好的那种方案。

（4）在每一个城市，基本公共服务的供应量等于城市的中间投票人对基本公共服务的需求量。

（5）在每一个城市，中间投票人的收入对应着所有居民收入的中位数。

基于上述假设，如果假设（4）、（5）是正确的，基本公共服务的供应量由城市中收入为居民收入中位数的公民对基本公共服务的需求量决定。可以证明，当条件弱于假设（5）时，仍然可以通过收入为中位数的居民的偏好描述整个城市的居民对基本公共服务的需求。[①]这样，地方政府对基本公共服务的财政支出就与收入中位数的居民对基本公共服务的需求联系起来。

（二）研究对象

本研究以中国各省、地级市的基本公共服务财政支出为研究对象，具体分析人口规模、人口特征、地域范围、收入等因素对其的影响。

具有拥挤系数的需求决定模型

由于基本公共服务的竞争性与地区人口规模有关，因此，引入函数 $Q = f(Z, N)$，Q 表示每个居民所获得的基本公共服务供给量，Z 表示地方政府提供的基本公共服务总量，N 表示该地区同时享受该基本公共服务的人数。依照 Borcherding 和 Deacon（1972），以及 Bergstrom

---

① 详细描述参见本文附录。

和 Goodman（1973）的估计，$Q = f(Z, N) = g(N) Z$。

对 Q 微分，可得：

$$dQ = Zg'(N)dN + g(N)dZ \tag{1}$$

变形有：

$$\frac{dQ}{Q} = \frac{g'(N)dN}{g(N)} + \frac{dZ}{Z} \tag{2}$$

在此，定义拥挤系数（或区域的规模弹性）为：$\eta N = \frac{\partial Q}{\partial N} \cdot \frac{N}{Q}$，用以描述人口数量对个人所能享受的基本公共服务量的影响。当 $\eta N = 0$ 时，个人所享受的基本公共服务量与人口数量无关，意味着该基本公共服务是纯基本公共服务。若 $\eta N > 0$，意味着人口数量的增多使得个人享受的基本公共服务量 Q 增加。这可能由于在一定范围内，人数的增多提高了单位基本公共服务的利用率，同时降低了居民平均所需承担的基本公共服务成本，学者们将其称为"规模效应"。反之，若 $\eta N < 0$，则表示人口的增加减少了 Q 的量，说明存在"拥挤效应"。若 $\eta N < -1$，则意味着基本公共服务的供给效率不及私人物品，这是因为根据私人物品的可分性，个人享受的私人物品是总供给的 $\frac{1}{N}$。

根据对 ηN 的定义，有：

$$\eta N = g'(N) \cdot Z \cdot \frac{N}{g(N)Z} = \frac{g'(N)N}{g(N)} \tag{3}$$

结合式（2）、式（3），有 $\frac{dQ}{Q} = \eta N \cdot \frac{dN}{N} + \frac{dZ}{Z}$

若 $g(N) = N^\gamma$，则 $Q = N^\gamma \cdot Z$，$\eta N = \frac{\partial Q}{\partial N} \cdot \frac{N}{Q} =$

$$\gamma \cdot N^{\gamma-1} \cdot Z \cdot \frac{N}{N^\gamma Z} = \gamma \tag{4}$$

此时，可用 γ 的值来衡量拥挤系数 ηN 的大小。

模型的推导部分基于 Borcherding 和 Deacon（1972）的研究。根据前面的假设，地方政府在基本公共服务上的花费完全体现了中间投票人（用 m 表示）的利益。因此，根据微观经济学的说法，中间投票人的决策旨在最大化其个人收益，即：

$$\max U_m(x_m, Q) \tag{5}$$

约束条件为 $x_m + \tau_m cZ = y_m$，$Q = g(N) \cdot Z = N^\gamma \cdot Z$

$$\tag{6}$$

其中，U_m 为中间投票人的效用函数，取决于他所消费的私人物品总和 x_m 以及基本公共服务总和 Q。c 为基本公共服务的单位成本，τ_m 表示中间投票人的税收份额。y_m 表示中间投票人的总收入。第一个约束条件描述中间投票人的预算限制，第二个约束条件在前一部分已详细说明。

将两个约束条件融合于一个方程，有：

$$x_m + \tau_m cN^{-\gamma}Q = y_m \tag{7}$$

这样看来，确定中间投票人对基本公共服务的需求 Q 可以转化为寻找一个需求函数，对应的价格是 $\tau_m cN^{-\gamma}$，因而将个体对基本公共服务的需求函数形式设定为：

$$Q = k_0(\tau_m cN^{-\gamma})^\alpha (y_m)^{\beta 1} \tag{8}$$

由式（6）中 Z 与 Q 的关系，可得：

$$Z = N^{-\gamma}Q = N^{-\gamma}k_0(\tau_m cN^{-\gamma})^\alpha (y_m)^{\beta 1} \tag{9}$$

用 E 表示基本公共服务人均需求金额，$1/N$ 近似估计税收份额 τ_m，则有：

$$E = \frac{Zc}{N} = \frac{1}{N}k_0\left(\frac{1}{N}\right)^\alpha c^{\alpha+1} N^{-\gamma(\alpha+1)}(y_m)^{\beta 1} = k_0 c^{\alpha+1}$$

$$N^{-(\gamma+1)(\alpha+1)}(y_m)^{\beta 1} \tag{10}$$

对式（10）取自然对数得：

$$\ln E = k_0 + (\alpha+1)\ln c - (\alpha+1)(\gamma+1)\ln N + \beta_1\ln y_m \qquad (11)$$

由以上推导可知，式（11）基本描绘了个人对基本公共服务的需求，结合中国各地区的数据情况，在式（11）的基础上引入模型（12）。其中，$k_1=\alpha+1$，$k_2=-(\alpha+1)(\gamma+1)$，$k_3=\beta_1$。另外，i 表示地区；t 表示时间；$a_i$ 对应影响基本公共服务需求但不随时间改变的因素；u_{it} 为误差项，表示不容易观测，但影响基本公共服务需求并随时间改变的因素总和；$X_{j,\,it}$ 对应控制变量，后面将结合实际对控制变量的具体构成进行探讨。

$$\ln E_{it} = k_0 + k_1\ln c_{it} + k_2\ln N_{it} + k_3\ln y_{m,it} + \sum_{j=4}^{s} k_j X_{j,it} + a_i + u_{it} \qquad (12)$$

实证研究

为了估计模型（12）中各自变量的系数值，本文将在省、自治区和直辖市这一级别上详细探讨个人对不同类型的基本公共服务需求的情况，在地级市级别上分析城市中个体对基本公共服务的总需求。这样研究的原因在于，前者包含不同类型的基本公共服务支出的详细数据，而后者的样本量比较大，利于做整体分析。

一、省、自治区、直辖市级

（一）变量与数据

基于模型（12）的设定，引入模型（13）。可以看出，模型（13）在模型（12）的基础上，增加了人均 GDP（avgdp）、失业率（unemploy）、14 岁及以下人口比率（per14-）、65 岁及以上人口比率（per65+）、人口的自然增长率（perpop+）、男女性别比（genderratio）、第一产业产值占总产值的比重（industry）、因变量的一阶滞后项，以及 2002~2006 年所对应的取值为 0 或 1 的虚拟变量。

考虑到失业率可能影响贫富分布，而依据前文的综述，穷人与富人在对待部分基本公共服务（如教育）公有与私有的方面，存在不同偏好，因此将失业率作为影响因素。另外，本文将 14 岁及以下人口比率、65 岁及以上人口比率、男女性别比，以及人口的自然增长率纳入模型，以进一步考察人口结构对基本公共服务需求的影响。将第一产业产值占总产值比重包含进来，是因为产业结构能在一定程度上反映经济发展状况，而居民对基本公共服务的需求又受到经济发展的影响。对于人均 GDP，它可能与基本公共服务的单位成本相关，也可能正影响于个体对基本公共服务的需求，为了防止模型的估计结果有偏，将其作为控制变量包含进来。除此之外，模型还包含了因变量的一阶滞后项，用来描述上一年的需求对下一年的影响。有时候，具体的重大事件也能影响居民对基本公共服务的需求，因此，模型中也包含了 2002~2006 年所对应的二值虚拟变量。

需要说明的是，与文献综述中以往学者所考察影响因素相比，模型（13）包含的自变量相对有限。之所以这样处理，一方面是考虑到许多不随时间变化的因素，如占地面积，可以被包含在 a_i 中，因而这样设定模型不会导致对其他系数的估计有偏；另一方面则是受制于部分数据不易获得。另外，笔者也尝试了将"东部地区"、"中部地区"等变量纳入控制变量，但回归结果均显示出其影响不显著，因此模型（13）没有体现。从后文中的回归结果的拟合优度上看，模型（13）的设定比较合适。

本文选取 2001~2006 年中国 30 个省、自治区、直辖市的面板数据进行研究。[①] 选择这段时间的原因在于，该时间段的各统计指标具有一致性，便于做面板数据的回归。因此，下标 i 对应不同的地区，其取值为 1~30 的整数，下标 t 对应不同的年份，其取值为 2001~2006 的整数。该部分所有数据均来自于 2002~2007 年的《中国统计年鉴》。

$$\ln E_{it} = k_0 + k_1 \ln c_{it} + k_2 \ln N_{it} + k_3 \ln y_{m,it} + k_4 \ln(avgdp)_{it} + k_5 unemploy_{it} + k_6 (per\ 65+)_{it} + k_7 (per14-)_{it} + k_8 (popgrowth)_{it} + k_9 \ln(genderratio)_{it} + k_{10} \ln E_{i,t-1} + k_{11} year2002_t + k_{12} year2003_t + k_{13} year2004_t + k_{14} year2005_t + k_{15} year2006_t + a_i + u_{it} \quad (13)$$

各变量的含义、估计方式和数据来源如下所示：

E——该地区的人均基本公共服务支出，即人均地方财政支出。具体到不同的基本公共服务，包括教育、社会保障等的财政支出。数据来自《中国统计年鉴》中"各地区财政支出"。依据现有数据，本文研究的基本公共服务支出主要考察：

（a）人均地方财政总支出 E_1（单位：万元）

（b）人均地方教育支出 E_2（单位：万元）（用教育事业费衡量）

（c）人均卫生支出 E_3（单位：万元）

（d）人均武装警察部队支出 E_4（单位：万元）

（e）人均社会保障补助支出 E_5（单位：万元）

（f）人均文体广播事业费 E_6（单位：万元）

（g）人均行政管理支出 E_7（单位：万元）

c——基本公共服务单位价格，用该地区的居民消费价格指数（CPI）衡量。[②] 需要说明的是，年鉴中所记录的当年 CPI 均以前一年为基准，为了保证这五年 CPI 的基准年一致，本文选取 2001 年的 CPI 为基准，其他依次换算。数据来自《中国统计年鉴》中"各地区居民消费价格分类指数"。

N——地区人口总数。数据来自《中国统计年鉴》中"各地区总人口和出生率、死亡率、自然增长率"（单位：万人）。

y_m——中间投票人的收入，由于年鉴中没有直接统计该数据，本文利用居民人均年收入替代。计算居民人均年收入的方法为：居民人均年收入=城镇居民年均可支配收入×城镇人口比重+农村居民家庭平均每人纯收入×农村人口比重。数据来自《中国统计年鉴》中"各地区城镇居民平均每人全年家庭收入来源"、"各地区农村居民家庭平均每人纯收入"以及"各地区人口的城乡构成"。需要说明的是，只有 2006 年、2007 年、2008 年鉴统计了"各地区人口的城乡构成"这一指标。由于人口的城乡构成在相邻的几年中不会发生很大变化，因此，本文根据 2005 年、2006 年、2007 年这三年年均城

---

① 中国共有 31 个省、自治区和直辖市，本文没有分析西藏的数据，因为在年鉴中，西藏的数据有多处存在缺失。

② CPI 指数的构成包括食品、烟酒及用品、衣着、家庭设备用品及服务、医疗保健及个人用品、交通和通信、娱乐教育文化用品及服务、居住等八大类，每个大类中又包含若干个具体项目，总共有 300 多项，如果用基本公共服务的原料价格对应基本公共服务单价，CPI 综合考虑了各种物品的价格，比较全面。另外，在这一问题上，王德祥、李建军（2008）也建议用价格指数来对应基本公共服务单价。

镇人口比重和农村人口比重，描述 2001~2004 年中各地区人口的城乡构成。

avgdp——人均 GDP。数据来自《中国统计年鉴》中"各地区生产总值"（单位：亿元）。

unemploy——失业率，取值范围在 0~1。数据来自《中国统计年鉴》中"各地区城镇登记失业人员及失业率"。

per65+——年龄大于或等于 65 岁的人数占总人口数比率，取值范围在 0~1。数据来自《中国统计年鉴》中"各地区人口年龄构成和抚养比"。

per14——年龄小于或等于 14 岁的人数占总人口数比率，取值范围在 0~1。数据来自《中国统计年鉴》中"各地区人口年龄构成和抚养比"。

popgrowth——各地区人口自然增长率，取值范围在 0~1。数据来自《中国统计年鉴》中"各地区总人口和出生率、死亡率、自然增长率"。

genderratio——男女性别比。数据来自《中国统计年鉴》中"各地区户数、人口数、性别比和户规模"。

Industry——第一产业产值占地区生产总值比重，取值范围在 0~1。数据来自《中国统计年鉴》中"各地区生产总值"。

需要说明的是，上述变量中的 E、avgdp、y_m 均为绝对数，因而用 CPI 对其进行处理。处理方法，以 E 为例可以表示为，E=E*100/CPI。

（二）模型估计结果

对于面板数据，具体到模型的选择，使用比较广泛的是混合回归模型、固定效应模型与随机效应模型。wald F 检验值可用来判断是否存在固定效应，Breusch-Pagan 拉格朗日乘数 LM 检验值可用于判断是否存在随机效应。进一步，选择固定效应模型还是随机效应模型，则依赖于 Hausman 检验的结果。表 1 给出了具体的检验值和估计结果。

表 1 省、自治区、直辖市级别的回归结果

	总支出	教育事业费	人均卫生支出	人均武装警察部队支出	人均社会保障补助支出	人均文体广播事业费	行政管理
lnN	−1.0325*** (0.0661)	−1.1231*** (0.0883)	−1.2499*** (0.1273)	0.0049 (0.0353)	−2.1076*** (0.5029)	0.1487 (0.0948)	0.0201 (0.0450)
lnc	−0.3531*** (0.1279)	−2.1084*** (0.3805)	−1.3861** (0.5161)	1.4389 (2.0111)	−3.5994*** (1.1863)	−1.0805*** (0.3397)	−0.5734*** (0.1797)
lny_m	0.5836*** (0.1566)	−0.0288 (0.0821)	0.1462 (0.2144)	0.1395 (0.3130)	2.5499*** (0.6593)	0.1497 (0.1186)	0.3324*** (0.0486)
lnavgdp	0.1237*** (0.0349)	0.1217*** (0.0175)	0.2286*** (0.0335)	0.0820 (0.2128)	−0.3502* (0.1944)	0.1403 (0.0884)	0.1171*** (0.0375)
unemploy	0.9662 (0.6290)	1.6735** (0.6272)	0.0800 (1.9859)	9.2298* (4.7409)	9.8650*** (3.2932)	0.6042 (0.7943)	0.7043 (1.0446)
per14−	−0.9743*** (0.3133)	−0.3516 (0.3514)	0.2204 (0.4899)	1.9326 (1.5574)	−3.5281** (1.6913)	−0.4588*** (0.1534)	−0.3771*** (0.1225)
per65+	0.7338*** (0.2448)	−0.2186 (0.1361)	1.5002*** (0.5375)	−3.7767 (2.9995)	−1.8494** (0.7692)	1.6793*** (0.4949)	1.1073*** (0.2029)
popgrowth	−8.2228* (4.5709)	−11.9937*** (1.8941)	−14.7842*** (3.8071)	3.5728 (18.6277)	39.3999** (15.6774)	−14.6908*** (1.5148)	0.1134 (4.5238)

续表

	总支出	教育事业费	人均卫生支出	人均武装警察部队支出	人均社会保障补助支出	人均文体广播事业费	行政管理
genderratio	−0.2496 (0.1844)	−0.2925** (0.1111)	−0.3358 (0.2766)	−2.4051* (1.2335)	0.6570 (0.4205)	−0.3441*** (0.1094)	−0.1788* (0.0951)
industry	−0.1829 (0.3125)	−0.6706** (0.2513)	0.2112 (0.2701)	0.9702 (0.6283)	4.2258*** (1.3626)	0.1005 (0.3586)	0.4455 (0.2651)
$\ln E_{i;tl}$	0.3578*** (0.0984)	0.3921*** (0.0259)	0.2513*** (0.0842)	0.9575*** (0.0374)	0.2894*** (0.0780)	0.3732*** (0.0475)	0.4899*** (0.0410)
year2002	−0.1340*** (0.0415)	−0.4215*** (0.0590)	−0.4779*** (0.1422)	0.0026 (0.1883)	−0.1245 (0.2752)	−0.3135*** (0.0152)	−0.1721*** (0.0612)
year2003	−0.1655*** (0.0301)	−0.4046*** (0.0486)	−0.3401*** (0.1127)	0.0368 (0.1618)	−0.1369 (0.1996)	−0.2894*** (0.0111)	−0.1743*** (0.0456)
year2004	−0.1088*** (0.0190)	−0.2542*** (0.0285)	−0.3111*** (0.0648)	0.0365 (0.1015)	−0.0891 (0.1172)	−0.1920*** (0.0056)	−0.1133*** (0.0282)
year2005	−0.0413*** (0.0130)	−0.1221*** (0.0124)	−0.1680*** (0.0425)	0.0809 (0.0814)	−0.0250 (0.0728)	−0.0972*** (0.0041)	−0.0449*** (0.0156)
year2006	(dropped)	(dropped)	(dropped)	(dropped)	(dropped)	(dropped)	(dropped)
_cons	10.3215 (1.2763)	23.2835*** (3.1363)	18.9805*** (5.6941)	−5.8300 (9.9276)	14.3256 (10.1807)	10.5154*** (1.5426)	6.5951*** (1.9555)
拥挤系数	−3.92425***	−1.53267***	−1.9017**		−1.58555***	−0.86242	−0.96501
价格弹性	−1.35309***	−3.10841***	−2.38613**		−4.59938***	−2.0805**	−1.57341***
组内 R 方	0.9778	0.9796	0.9597	0.8000	0.7061	0.9725	0.9825
F 检验	4.08***	3.78***	3.94***	1.15	2.83***	3.71***	2.86***
LM 检验	0.23	3.56*	3.82*	3.68*	2.93*	0.73	2.12
Hausman 检验	86.88***	106.01***	108.94***	14.88	79.13***	89.26***	68.14***
选择模型	固定效应	固定效应	固定效应	随机效应	固定效应	固定效应	固定效应
自相关检验	49.825***	12.871***	11.840***	16.528***	12.313***	32.235***	26.151***
异方差检验	12919.54	773.92***	582.65***	—	915.34***	31740.48***	1677.46***

注：括号中标注的是标准误差。*** 表示在 1% 的水平上显著，** 表示在 5% 的水平上显著，* 表示在 10% 的水平上显著。表 2～表 6 同此。

为了保证 t 统计量的准确性，需要考察异方差与自相关这两种情况是否存在。在检验自相关时，采用伍德里奇（Wooldridge）的差分估计量的检测方法，如果拒绝不存在一阶自相关的原假设，则存在自相关。用 stata10 中的 xttest3 命令检测面板数据中截面的异方差性。

对于既存在自相关，又存在异方差性的情况，本文选择 Driscoll，J. C. 和 A. C. Kraay 的修正方法，对应 Stata 中的 xtscc 命令；对于存在异方差但不自相关的情况，本文用稳健性标准误差进行衡量。结果如表 1 所示。

（三）小结

表 1 显示出在省、自治区、直辖市这一级别上，居民对不同基本公共服务的需求呈现出九个不同的特征。

（1）基本公共服务的价格显著影响了居民对总体基本公共服务（教育事业、卫生、社会保障补助、文体广播事业、行政事业）的需求。这些物品的需求价格弹性的估计值均为负，即价格上升对应着个人对基本公共服务需求的下降，符合市场的供需规律。从具体数值上看，在其他条件不变的情况下，基本公共服务的价格每上升 1%，居民对总体基本公共服务的需求就会减少 1.35309%、对教育的需求减少 3.10841%、对卫生的需求减少 2.38613%、对社会保障补助的需求减少 4.59938%、对文体广播事业的需求减少 2.0805%，对行政事业的需求减少 1.57341%，这些数据均在 0.05 的水平上统计显著。

可以看出，居民对这些基本公共服务的需求价格弹性的绝对值均大于 1，有的甚至到达 4 以上，说明这些基本公共服务类似"奢侈品"而非"生活必需品"。从弹性的绝对值上看，按从大到小顺序，排在前三位的依次是社会保障补助、教育、卫生，表明居民对这三类基本公共服务的需求很不稳定，受价格影响比较大。这个结论与美国经济学家罗斯托的研究相一致，他认为，当经济发展到比较高的阶段时，资源可能更多地被用于满足更高层次消费，如教育、卫生、福利、娱乐等。中国正处在社会主义初级阶段，为了给生产性投资创造一个良好的环境，政府必须提供交通、水利、通讯等方面的基础设施，从而导致对教育、卫生等基本公共服务的投入不足、需求不稳定。

（2）从收入弹性的角度看，居民对总体基本公共服务、社会保障补助、行政事业的需求收入弹性的估计值均在 0.01 的水平上显著。在其他条件不变的前提下，居民的收入上升一个百分点，其对总体基本公共服务的需求就会增加 0.5836%、对社会保障补助的需求增加 2.5499%、对行政事业的需求增加 0.3324%。从弹性的大小来看，从大到小依次是社会保障补助、总体基本公共服务和行政事业。一般来说，需求的收入弹性的大小以 1 为分界点，表 1 中，

对社会保障补助的需求远远超过 1，说明它类似"奢侈品"，结论与（1）中的需求价格弹性相一致。

（3）从拥挤系数的估计值上看，总体基本公共服务、教育、卫生、社会保障补助所对应的拥挤系数在 0.05 的水平上显著，且在数值上均小于−1。依照前文中对拥挤效应的界定，这些基本公共服务均存在明显的拥挤效应，在供给效率方面甚至不及私人物品。这个结果说明，在省、自治区、直辖市这一级别上，人口的增加会减少居民人均所享受的总体基本公共服务以及在教育、卫生、社会保障补助等方面的服务。

（4）从失业率的角度看，在其他条件不变的情况下，失业率增长 1%将会使得人均教育事业费增加 1.6735%、人均武装警察部队支出增加 9.2298%、人均社会保障补助支出增加 9.8650%，失业率对这三项基本公共服务财政支出的影响分别在 0.05、0.1、0.01 的水平上显著。产生这个结果的原因可能在于，失业率的上升影响了社会的稳定性，因而需要增加在警察方面的投入，而失业率的上升也意味着更多人需要接受社会保障补助。至于教育事业需求的增加，产生的原因可能在于，失业会引发居民接受培训和再教育的浪潮，从而增加了其在教育方面的支出。

（5）从人口构成来看，首先，在其他条件不变的前提下，小于 14 岁的人口比例减少 1%，将会导致人均财政总支出增加 0.9746%（在 0.01 的水平上显著）、人均社会保障补助增加 3.5281%（在 0.05 的水平上显著）、人均文体广播事业费增加 0.4588%（在 0.01 的水平上显

著)、人均行政事业费增加 0.3771%(在 0.01 的水平上显著),说明小于 14 岁的公民对这些基本公共服务的需求较小。

其次,在其他条件不变的情况下,大于 65 岁的人口比例增加 1%、人均财政总支出则会增加 0.7338%(在 0.01 的水平上显著)、人均卫生支出增加 1.5002%(在 0.01 的水平上显著)、人均社会保障补助减少 1.8494%(在 0.05 的水平上显著)、人均文体卫生费增加 1.6793%(在 0.01 的水平上显著)、人均行政事业费增加 1.1073%(在 0.01 的水平上显著),说明小于 65 岁的居民对卫生、文体事业等基本公共服务需求较大。

最后,保持其他条件不变,男女比例增加 1%,人均卫生支出、武装警察支出、文体广播事业费、行政事业费就会相应减少 0.2925%、2.4051%、0.3441%、0.1788%,显著性水平分别为 0.05、0.1、0.01、0.1。

(6)从人口增长率上看,如果人口增长率提高 1%,那么人均财政支出将减少 8.2228%(在 0.1 的水平上显著)、人均教育事业费减少 11.9937%(在 0.01 的水平上显著)、人均卫生支出减少 14.7842%(在 0.01 的水平上显著)、人均社会保障补助支出增加 39.3999%(在 0.05 的水平上显著)、人均文体事业费则减少 14.6908%(在 0.01 的水平上显著)。这样看来,人口的增加会减少人均所能享受的教育、卫生和文体事业等服务,却需要更多的社会保障补助。人均财政支出的增长速度慢于人口增长的速度,这个现象在 Bergstrom 和 Goodman (1973) 的论文中也有体现。因此,在省、自治区、直辖市这一级别,人口加速增加会带来不

好的影响。

(7)被解释变量的一阶滞后项对人均基本公共服务支出的影响均显著,且数值为正,说明在公共财政的支出上,地方公共财政的支出受到前一年财政支出的影响。值得注意的是,在警察支出方面,这个影响系数高达 0.9575,说明上一年警察支出增加 1%,下一年会随着增加 0.9575%。

(8)从产业结构对人均财政支出的影响上看,在保持其他条件不变的前提下,第一产业的产值占地区生产总值的比例增加 1% 将会导致人均教育事业费减少 0.6706%,该数据在 0.05 的水平上具有统计显著性。产生这一现象的原因可能在于,教育事业属于第三产业,随着第一产业产值份额的减少,另外两个产业的产值份额相应就会增加,第三产业中的人均教育事业费可能也会增加。联系中国当前实际情况,随着物质生产的发展,人们的生活水平正向小康型和富裕型过渡,发展第三产业能更多地满足人们日益增长的物质和精神需求。另外,在保持其他条件不变的情况下,第一产业的产值占地区生产总值的比例减少一个百分点将会导致人均社会保障补助支出减少 4.2258%(在 0.01 的水平上统计显著)。这可能是因为,第一产业产值份额的减少标志着第二、三产业的发展,从而使人民生活更加富足、社会更加稳定,对社会保障的需求就相应减少了。

(9)以 2001 年为基准年,考虑 2002~2006 年各项基本公共服务人均财政支出的变化情况。表 1 显示,在不存在价格、GDP、人口等变量的影响的情况下,2002~2005 年人均财政总支出比 2001 分别降低 13.4%、16.55%、10.88%、

4.13%。不仅如此，在人均教育事业费、卫生支出、文体广播事业费、行政支出上，2002~2005年也少于2001年，这些数据均在0.01的水平上统计显著。因此，从这个角度来看，虽然中国经济近年来突飞猛进，但中国人均财政总支出、教育事业费等却比不上2001年。另外，从数值上看，2002年、2003年、2004年、2005年依次递增，说明各年与2001年的差距正逐渐减少。

二、地级市级

（一）变量与数据

在此级别上，本文对控制变量的设定见模型（14）。

$$\ln E_{it} = k_0 + k_1 \ln c_{it} + k_2 \ln N_{it} + k_3 \ln y_{m,it} + k_4 \ln (avgdp)_{it} + k_5 unemploy_{it} + k_6 (permstudent)_{it} + k_7 (perstudent)_{it} + k_8 (percitizen)_{it} + k_9 (popgrowth)_{it} + k_{10} \ln E_{i,t1} + k_{11} year2004_t + k_{12} year2005_t + k_{13} year2006_t + k_{14} year2007_t + a_i + u_{it} \quad (14)$$

与模型（13）相比，模型（14）减少了"14岁及以下人口比率"、"65岁及以上人口比率"、"男女性别比"和"第一产业占总产值比率"，增加了"中小学生占总人口比率"（permstudent）和"学生占总人口比率"（perstudent），以及"城市中市辖区人数占总人数的比率"（percitizen）这三个自变量。这主要是受制于在考察人口结构对基本公共服务需求的影响时，统计数据有限。然而去掉这些变量后，可能产生对模型系数的有偏估计，因而，本文在

省、自治区、直辖市级别上，考察了自变量间的相关性。结果显示，去掉的这些变量与余下的变量间并不存在非常明显的相关。因此，可以推知，在这里对变量的处理不会对模型系数的无偏估计产生很大影响。

由表2所示，"男女性别比"和"第一产业占总产值比率"对"人均财政总支出"的影响均不显著。可从一个侧面推知，在地级市中，这两者对人均财政总支出的影响可能也不显著。因此，去掉这两个变量不会产生对模型系数的无偏估计产生很大影响。为了证实这个想法，本文去掉这两个变量对省级的模型进行了回归，估计出的系数和保留这两个变量得到的结果相差很小。

本文选取2003~2007年中国155个城市的面板数据进行回归分析。[①]以此时间段为研究对象的原因与省级相同，就不做赘述。因此，下标i对应不同的城市，其取值为1~282的整数，下标t对应不同的年份，其取值为2003~2007的整数。所有数据均来自于2003~2008年的《中国城市统计年鉴》和《中国统计年鉴》。

各变量的估计方式与具体来源如下：

E——用地方财政支出衡量。数据来自《中国城市统计年鉴》中"地级及以上城市财政统计"（单位：万元）。

c——基本公共服务单位价格，用该地区的居民消费价格指数（CPI）衡量。和省级的处理方法相同，这里以2003年的CPI为基准，其他依次换算。数据来自各省级年鉴。

---

① 中国共有31个省、自治区和直辖市，本文研究的地级市分布在河北、山西、内蒙古、辽宁、福建、浙江、安徽、湖北、广西、广东、河南、四川、贵州、陕西、新疆、宁夏共16个省，之所以没有包含所有的地级市，是因为各省的统计年鉴不尽相同，而这16个省的数据比较全面。

N——城市人口总数。数据来自《中国城市统计年鉴》中"人口统计"（单位：万人）。

y_m——中间投票人的收入，由于年鉴中没有直接统计该数据，本文使用在岗职工平均工资进行衡量。数据来自《中国城市统计年鉴》中"地级及以上城市劳动工资统计"（单位：元）。

avgdp——人均GDP。数据来自《中国城市统计年鉴》中"地级及以上城市综合经济统计"（单位：亿元）。

unemploy——失业率，取值范围在0~1。数据来自《中国城市统计年鉴》中"地级及以上城市劳动力与就业统计"。

perstudent——城市的学生数占总人数的比率，取值范围在0~1。数据来自《中国城市统计年鉴》中"地级及以上城市在校学生数统计"。

permstudent——城市的中小学生数占总人数的比率，取值范围在0~1。数据来自《中国城市统计年鉴》中"地级及以上城市在校学生数统计"。

percitizen——城市中市辖区人数占城市总人数的比率，取值范围在0~1。数据来自《中国城市统计年鉴》中地级市和市辖区的"人口统计"。

popgrowth——城市人口自然增长率，取值范围在0~1。数据来自《中国城市统计年鉴》中"人口统计"。

（二）模型估计结果

在此级别上，本文将分别考察全市范围和市辖区范围内，个人对基本公共服务的需求情况。单独处理市辖区数据，是基于《中国城市统计年鉴》中对市辖区的描述，"辖县的功能不是城市功能的主体，城市的功能主要体现在市辖区。市辖区的情况基本上反映了（狭义上的）城市各个主要方面。"这样看来，考察市辖区，比较便于剔除非城市的因素，从而反映城市的作用和发展特点。再者，由于地级市所管辖县（市）的数量会不时发生改变，"市辖区"则相对稳定，便于城市自身以及城市之间的对比。

另外，考虑到改革开放以来中国的经济发展战略，东部、中部、西部的建设可能存在不均衡的情况。因此，本文也将依行政区划对东北、东部、中部、西部四个区域进行回归分析。[①]

模型选择的方法与省级的处理方法相一致。具体结果如表2~表6所示。

表 2　地级及以上城市总体回归结果

	市级总支出	市级教育事业费	市辖区总支出	市辖区教育事业费
lnym	0.3973*** (0.0200)	0.4032*** (0.0566)	0.2037*** (0.0308)	0.2048*** (0.0299)
lnN	−0.9427*** (0.0263)	−0.6076*** (0.1655)	−0.7717*** (0.0589)	−0.7722*** (0.0583)
lnavgdp	0.1355*** (0.0083)	0.2929*** (0.0261)	0.2089*** (0.0354)	0.2082*** (0.0361)

---

① 依照《中国统计年鉴》（2006），对研究的区域进行如下划分，东部地区：河北省、浙江省、福建省、广东省；中部地区：山西省、安徽省、河南省、湖北省；西部地区：内蒙古自治区、广西壮族自治区、四川省、贵州省、陕西省、宁夏回族自治区、新疆维吾尔自治区；东北地区：辽宁省。

续表

	市级总支出	市级教育事业费	市辖区总支出	市辖区教育事业费
lnc	0.3149***	0.4939*	-0.9726**	-1.9039***
	(0.1146)	(0.2680)	(0.4293)	(0.4396)
unemploy	0.3408	2.6837***	-1.5280***	-1.5157***
	(0.3457)	(0.6087)	(0.3984)	(0.3949)
perstudent	-0.7376*	1.7981*	-1.2855**	-1.2837**
	(0.3958)	(1.0721)	(0.5139)	(0.5151)
permstudent	0.6143	-1.1139*	1.4180***	1.4154***
	(0.4366)	(0.6466)	(0.3843)	(0.3871)
percitizen	-0.1299***	-0.2058***	-0.0131	-0.0200
	(0.0283)	(0.0605)	(0.1747)	(0.1754)
popgrowth	3.8128***	0.6614	3.0680**	3.1259**
	(0.0903)	(1.2228)	(1.4351)	(1.4882)
lag_lnaexp /lag_lnaedue	0.1239***	0.1575	0.1558*	0.1502*
	(0.0405)	(0.0969)	(0.0918)	(0.0895)
year2004	-0.3385***	-0.3181***	-0.4534***	-0.4608***
	(0.0252)	(0.0660)	(0.0505)	(0.0502)
year2005	-0.2258***	-0.2879***	-0.3189***	-0.3213***
	(0.0188)	(0.0481)	(0.0378)	(0.0388)
year2006	-0.0984***	-0.2104***	-0.1552***	-0.1553***
	(0.0117)	(0.0303)	(0.0257)	(0.0269)
year2007	(dropped)	(dropped)	(dropped)	(dropped)
_cons	5.4939***	-0.6175	10.7523***	15.0880***
	(0.7844)	(2.8084)	(2.4377)	(2.5231)
拥挤系数	1.993649***	0.230209*	-1.79344**	-1.40559***
价格弹性	-0.6851***	-0.5061*	-1.9726**	-2.9039***
组内 R 方	0.9537	0.9359	0.7803	0.7352
F 检验	9.92***	4.61***	3.50***	3.54***
LM 检验	0.49	0.11	1.85	1.83
Hausman 检验	1986.80***	822.28***	452.86***	461.12***
自相关检验	37.348***	24.860***	3.939**	3.961**
异方差检验	34048.12***	1.0e+07***	2.9e+06***	8.0e+06***

表3 地级市以人均财政总支出为因变量依区域划分的回归结果

总支出	东北	东部	中部	西部
lnym	0.4010***	0.2515**	0.0955***	0.3010***
	(0.0611)	(0.0984)	(0.0159)	(0.0410)
lnN	2.0017**	-0.9626***	0.9580**	-1.3973***
	(0.6731)	(0.0438)	(0.3681)	(0.1623)
lnavgdp	-0.1036	0.1228***	0.1425***	-0.0340
	(0.1467)	(0.0281)	(0.0240)	(0.0314)
lnc	2.9753***	-0.2471	0.8953*	-1.7843***
	(0.8284)	(0.5878)	(0.4676)	(0.0557)
unemploy	1.2127***	-2.1095	-0.2743	7.1231***
	(0.2252)	(1.5280)	(2.6704)	(2.5874)
perstudent	-0.4238	-0.7517***	1.9944	-3.9709***
	(1.5490)	(0.0995)	(1.8256)	(0.6283)

续表

总支出	东北	东部	中部	西部
permstudent	−1.8374 (2.2875)	0.5893*** (0.1191)	−1.2522 (1.6793)	2.2351** (1.1063)
percitizen	4.0841*** (1.1837)	−0.3979 (0.8971)	−0.0521 (0.0374)	−0.0845 (0.0699)
popgrowth	−0.2166 (2.8839)	5.4203*** (0.6613)	−3.3645* (1.8216)	−0.0517 (0.6311)
lag_lnaexp /lag_lnaedue	−0.3277*** (0.0721)	0.0613* (0.0357)	0.0575 (0.0382)	0.2900*** (0.0980)
year2004	−0.3897*** (0.0493)	10.0993*** (1.8798)	−0.4534*** (0.0466)	−0.5503*** (0.0671)
year2005	−0.2215*** (0.0362)	10.2241*** (1.8864)	−0.3020*** (0.0344)	−0.4012*** (0.0509)
year2006	−0.0476 (0.0291)	10.3628*** (1.8899)	−0.1058*** (0.0262)	−0.2315*** (0.0287)
year2007	(dropped)	10.5184*** (1.9126)	(dropped)	(dropped)
_cons	−19.1633*** (5.4378)	(dropped)	−5.4023 (3.6296)	19.4446*** (1.7301)
拥挤系数	−1.6728**	−4.8955	−2.0701*	−1.7831***
价格弹性	1.9753***	−1.2471	−0.1047*	−2.7843***
组内 R 方	0.9820	0.9668	0.9584	0.9617
F 检验	4.26***	22.61***	6.80***	3.58***
LM 检验	3.85**	5.18**	1.18	0.93
Hausman 检验	63.36***	134.01***	533.52***	130.14***
自相关检验	8.717**	10.479***	10.398***	22.884***
异方差检验	1248.96***	1.0e+06***	3747.36***	25641.82***

表4 地级市以人均教育事业费为因变量依区域划分的回归结果

教育事业费	东北	东部	中部	西部
lnym	0.4019*** (0.0616)	0.2539** (0.0972)	0.0949*** (0.0166)	0.3073*** (0.0399)
lnN	1.8904** (0.6760)	−0.9636*** (0.0435)	0.9580** (0.3734)	−1.4264*** (0.1619)
lnavgdp	−0.1086 (0.1472)	0.1223*** (0.0279)	0.1426*** (0.0249)	−0.0259 (0.0278)
lnc	1.8604** (0.8415)	−1.2266** (0.6075)	−0.0873 (0.4643)	−2.6179*** (0.1232)
unemploy	1.3220*** (0.2429)	−2.0914 (1.5487)	−0.3033 (2.6357)	7.2233*** (2.5864)
perstudent	−0.4734 (1.5301)	−0.7588*** (0.1021)	1.9812 (1.8168)	−4.1325*** (0.6677)
permstudent	−1.7497 (2.2752)	0.5915*** (0.1183)	−1.2329 (1.6710)	2.4428** (1.1446)
percitizen	4.1183*** (1.1843)	−0.3772 (0.8939)	−0.0526 (0.0371)	−0.0831 (0.0720)

续表

教育事业费	东北	东部	中部	西部
Popgrowth	0.1836 (2.8782)	5.4170*** (0.6715)	−3.3120* (1.8246)	0.1172 (0.5828)
lag_lnaexp /lag_lnaedue	−0.3434*** (0.0771)	0.0583 (0.0354)	0.0563 (0.0404)	0.2640*** (0.0955)
year2004	−0.3921*** (0.0510)	14.6117*** (1.9788)	−0.4572*** (0.0455)	−0.5646*** (0.0659)
year2005	−0.2290*** (0.0376)	14.7382*** (1.9848)	−0.3033*** (0.0342)	−0.4060*** (0.0519)
year2006	−0.0527 (0.0300)	14.8779*** (1.9881)	−0.1062*** (0.0262)	−0.2322*** (0.0302)
year2007	(dropped)	15.0338*** (2.0112)	(dropped)	(dropped)
_cons	−13.2700** (5.4815)	(dropped)	−0.8628 (3.6759)	23.4923*** (1.9799)
拥挤系数	−2.0161**	−1.7856**	9.9785	−1.5448***
价格弹性	0.8604**	−2.2266**	−1.0873	−3.6179***
组内R方	0.9776	0.9583	0.9481	0.9492
F检验	4.28***	22.70***	6.81***	3.80***
LM检验	3.88**	5.08**	1.17	1.05
Hausman检验	65.28***	280.16***	573.70***	95.07***
自相关检验	8.139**	10.528***	10.808***	23.942***
异方差检验	2122.85***	3.6e+06***	3619.12***	18022.79***

表5　市辖区以人均财政总支出为因变量依区域划分的回归结果

总支出	东北	东部	中部	西部
lnym	0.2252 (0.1387)	0.1476*** (0.0405)	0.1891 (0.2236)	0.1872* (0.1013)
lnN	−3.9542*** (1.0737)	−0.9203*** (0.0645)	−0.9425*** (0.2581)	−0.7722*** (0.1440)
lnavgdp	0.1418 (0.1533)	0.2111*** (0.0469)	0.2436 (0.1924)	0.2905** (0.1100)
lnc	2.0340** (0.9279)	1.4569** (0.7106)	−1.4579 (1.7387)	−3.6315*** (0.3471)
unemploy	−2.1872*** (0.3391)	−2.9437 (1.8007)	−2.9817 (3.6833)	−2.3980 (2.3506)
perstudent	−2.3905** (1.1087)	0.4683 (0.5076)	0.2719 (1.7069)	−5.5878*** (0.8377)
permstudent	3.6809** (1.2478)	−0.6251 (0.4593)	1.3745 (2.4801)	5.6625*** (0.9249)
percitizen	14.7540* (7.5805)	−9.1755** (3.7613)	0.2822 (0.4642)	0.5807 (0.6567)
popgrowth	−8.8791 (12.1243)	−3.3046 (3.9560)	−0.4123 (7.9909)	4.7863*** (1.0350)
lag_lnaexp /lag_lnaedue	−0.0641 (0.1058)	0.1773*** (0.0636)	0.0963 (0.0929)	0.2107*** (0.0780)

续表

总支出	东北	东部	中部	西部
year2004	−0.3169*** (0.0786)	3.3830 (2.9049)	−0.6150*** (0.1884)	−0.6452*** (0.1089)
year2005	−0.1454** (0.0523)	3.4390 (2.9159)	−0.4208*** (0.1514)	−0.5020*** (0.0728)
year2006	−0.0156 (0.0416)	3.5550 (2.9193)	−0.1764 (0.1032)	−0.3233*** (0.0396)
year2007	(dropped)	3.6296 (2.9485)	(dropped)	(dropped)
_cons	7.8773** (3.2602)	(dropped)	13.6355** (9.1506)	22.0240*** (2.7250)
拥挤系数	0.944051**	−0.36832**	−1.64648	−1.21264***
价格弹性	1.034**	0.4569**	−2.4579	−4.6315***
组内 R 方	0.9345	0.8285	0.7653	0.8193
F 检验	3.19***	4.14***	3.05***	2.51***
LM 检验	3.52**	0.01	0.25	1.07
Hausman 检验	52.08***	380.99***	146.39***	63.96***
自相关检验	3.706*	4.577**	1.275	44.944***
异方差检验	1098.37***	56624.15***	76697.82***	12848.85***

表 6 市辖区以人均教育事业费为因变量依区域划分的回归结果

教育事业费	东北	东部	中部	西部
lnym	0.2270 (0.1389)	0.1493*** (0.0410)	0.1892 (0.2231)	0.1868* (0.1008)
lnN	−3.9455*** (1.0776)	−0.9227*** (0.0646)	−0.9431*** (0.2571)	−0.7843*** (0.1485)
lnavgdp	0.1382 (0.1549)	0.2095*** (0.0467)	0.2423 (0.1916)	0.2952** (0.1113)
lnc	1.0196 (0.9160)	0.5168 (0.7262)	−2.4238 (1.7355)	−4.5284*** (0.3714)
unemploy	−2.1771*** (0.3356)	−2.9018 (1.7768)	−2.9935 (3.6839)	−2.2703 (2.3192)
perstudent	−2.4271** (1.1188)	0.4657 (0.5134)	0.2826 (1.7063)	−5.5991*** (0.8392)
permstudent	3.7283*** (1.2412)	−0.6255 (0.4687)	1.3765 (2.4810)	5.6749*** (0.9413)
percitizen	14.6538* (7.6007)	−9.1543** (3.7185)	0.2802 (0.4641)	0.6180 (0.6677)
popgrowth	−9.0414 (12.2168)	−3.2798 (3.9645)	−0.3713 (8.0148)	4.8499*** (1.0122)
lag_lnaexp /lag_lnaedue	−0.0779 (0.1044)	0.1746*** (0.0642)	0.0958 (0.0922)	0.2004** (0.0770)
year2004	−0.3228*** (0.0821)	7.7352** (3.0795)	−0.6200*** (0.1880)	−0.6540*** (0.1084)
year2005	−0.1515** (0.0537)	7.7965** (3.0899)	−0.4220*** (0.1514)	−0.5041*** (0.0737)

续表

教育事业费	东北	东部	中部	西部
year2006	−0.0185 (0.0417)	7.9152** (3.0931)	−0.1763* (0.1033)	−0.3232*** (0.0406)
year2007	(dropped)	7.9902** (3.1234)	(dropped)	(dropped)
_cons	12.6825*** (3.229)	(dropped)	18.1023 (9.1645)	26.2286*** (2.8606)
拥挤系数	2.869655	0.78541	−1.3891	−1.1732***
价格弹性	0.0196	−0.4832	−3.4238	−5.5284***
组内 R 方	0.9197	0.7923	0.7252	0.7727
F 检验	3.24***	4.15***	3.07***	2.57***
LM 检验	3.47*	0.01	0.24	1.04
Hausman 检验	53.47***	387.94***	148.13***	66.13***
自相关检验	3.610*	4.619**	1.222	45.034***
异方差检验	1114.28***	59038.56***	73145.84***	13355.97***

（三）结论

针对表 2~表 6 所列出的回归结果，以下将结合实际，探究数据所揭示出来的个人对地级市基本公共服务需求的特点。

1. 收入弹性

由第二部分模型推导过程可知，$\ln y_m$ 的系数即为收入弹性。可以看到，在表 2~表 6 中，大部分收入弹性的估计值均为正且显著的不等于 0，没有出现显著的不为 0 且为负的估计值。

表 2 显示，以 155 个地级市为总体研究对象，在市级，居民收入提高 1%，对基本公共服务总体的需求上升 0.3973%，对教育的需求上升 0.4032%；而在市辖区，对基本公共服务总体的需求收入弹性为 0.2037，对教育事业的需求收入弹性为 0.2048，均低于市级的估计值，甚至只有市级估计值的一半。因此，收入对整个城市中基本公共服务需求的影响要大于在市辖区中的影响程度。对比表 3 和表 5、表 4 与表 6 中收入弹性的估计值，也能得到上述结论。

将各地级市按其所在的区域进行分别研究，在市级，东北、西部、东部、中部城市中，对基本公共服务总体以及教育事业的需求收入弹性的估计值大小依次递减，且都在 0.05 的水平上统计显著。以市辖区为研究对象，需求收入弹性的估计值只在东部和西部统计显著，并且西部高于东部。

与省、自治区、直辖市的收入弹性相比，在地级市这一级别，无论是以 155 个地级市总体为研究对象，还是分区域进行研究；无论是在市级，还是在市辖区，对基本公共服务的需求收入弹性的显著的估计值均不大于 1，说明地级市的基本公共服务更多呈现"生活必需品"的特征。

2. 价格弹性

对于 155 个地级市总体，由表 2 可知，价格弹性在市级和市辖区中呈现出很大的不同。在市级中，基本公共服务的价格上升 1%，居民对基本公共服务整体的需求降低 0.6851%（在 0.01 的水平上显著），对教育事业的需求降低 0.5061%（在 0.1 的水平上显著）；而在市辖区，居民对前者的需求降低 1.9726%（在 0.05 的水平上显著），对后者的需求降低 2.9039%（在 0.01 的水平上显著）。因此，市级城市中，基本公共服务的需求价格弹性的绝对值均小于 1，而在市辖区，绝对值均大于 1。一般来说，价格弹性的绝对值小于 1 对应着"生活必需品"，而大于 1 对应着"奢侈品"。从这个角度来看，市级城市中居民对基本公共服务的需要程度要超过市辖区。

将各城市按其所在区域划分，值得注意的是，东北地区市级城市中，基本公共服务总体的需求价格弹性的估计值为正，且在 0.01 的水平上统计显著。具体表现为，在其他条件不变的前提下，基本公共服务的价格上升 1%，需求将提高 1.9753%；在东北地区市辖区中，对基本公共服务总体的需求价格弹性的估计值也达到了 1.034。另外，在东部城市的市辖区中，也出现了类似的情况，需求价格弹性的估计值为 0.4569，且在 0.05 的水平上统计显著。价格的上升并没有抑制居民对基本公共服务的需求。出现这种情况的原因可能在于，在东北地区和东部地区的地级市中，基本公共服务的供给量并非完全取决于居民需求，更多可能是受到政府宏观调控的影响。不是价格上升带来了居民对基本公共服务需求的上升，而是政府没有因为价格上升而减少财政支出，因此价格机制在这里不起作用。

3. 拥挤系数

对于 155 个地级市总体，由表 2 可知，拥挤系数在市级城市和市辖区中体现出了巨大的差异。在市级中，无论是对基本公共服务总体还是教育事业，拥挤系数均为正，意味着存在

"规模效应"，即人口增多并没有削减个人所能享受的基本公共服务量，反而使其增加。但是在市辖区中，结论恰好相反，拥挤系数的估计值均小于 -1，且在 0.05 的水平上统计显著，说明出现了"拥挤"效应，即人数的增多而减少了个人所能享受的基本公共服务量。产生这一现象的原因可能在于，当前中国，城乡差异使得人们纷纷涌入城市，这样一来就加重了城市的负担。虽然从整体上看，基本公共服务的供给存在规模效应，然而在市辖区，拥挤效应却非常明显。

将各城市按其所在区域划分，在市级，基本公共服务总体的拥挤系数均为负，其绝对值从大到小依次是：中部（-2.0701）、西部（-1.7831）、东北（-1.6728），且都在 0.1 的水平上统计显著，说明在这三个区域的地级市中，均存在明显的拥挤效应，中部的拥挤效应最严重。值得注意的是，虽然东北地区的城市总体上存在拥挤效应，但在市辖区，基本公共服务总体的拥挤系数为 0.9441，大于 0。东北的这种市辖区不拥挤、整体拥挤的情况与前面所说的地级市总体不拥挤、市辖区拥挤恰好相反。这个结果说明，不同地方拥挤情况存在差别。

4. 失业率

对于 155 个地级市总体，由表 2 可知，在市级，保持其他因素不变，失业率上升 1%，人均教育事业费将提高 2.6837%，这种现象与省、自治区、直辖市的情况相同。然而，在市辖区中，失业率上升 1%，人均教育事业费反而降低了 1.5157%。

对各区域的地级市而言，由表 3 和表 4 可知，在市级，东北城市的失业率提高 1%，人均

财政支出将上升 1.2127%，人均教育事业费则上升 1.3220%；西部城市的失业率上升 1%，人均财政支出提高 7.1231%，人均教育事业费提高 7.2233%。由此可知，西部城市的人均财政支出和教育事业费受到了失业率相当大的影响，失业率增高，意味着政府要提供更多的社会保障等基本公共服务。

5. 学生比例

对于 155 个地级市总体，由表 2 可知，在市级，保持其他因素不变，学生所占人口比例提高 1%，人均财政总支出将降低 0.7376%，而在市辖区中，人均财政总支出则会降低 1.2855%，说明在市辖区中，学生人数比例对人均财政总支出的影响更大。而对于教育事业费，在其他因素不变的情况下，整个城市中学生人数比例提高 1%，人均教育事业费提高 1.7981%，说明城市中学生人数的增加产生了更多的教育需求。

对各区域的地级市而言，由表 3 和表 4 可知，在市级，东部地区学生人口比例提高 1%，人均财政总支出将降低 0.7517%，人均教育事业费则降低 0.7588%；西部地区学生人口比例提高 1%，人均财政总支出降低 3.9709%，人均教育事业费则降低 4.1325%，这说明在西部地区，学生人口比例对人均财政支出、教育事业的影响更大。在市辖区，结果与市级结果类似，就不做赘述。

6. 城镇人口占总人口比例

将 155 个地级市作为总体进行研究，城镇人口占总人口比例对人均财政支出和人均教育事业费存在显著影响。具体表现为，城镇人口占总人口比例提高 1%，人均财政支出下降 0.1299%，人均教育事业费下降 0.2058%。这说明与农村人口相比，城镇人口消耗了更多的财政支出。然而，将各地级市按其所在的区域进行分别研究，在东北地区的市级，保持其他条件不变，城镇人口占总人口比例提高 1%，人均财政支出将提高 4.1841%，人均教育事业费提高 4.1183%，这个影响在 0.01 的水平上是统计显著的，而其他地区都没有出现类似状况。这说明在东北，城镇人口比例的上升不会减少人均财政支出。

7. 人口增长率

将 155 个地级市作为总体进行研究，人口增长率对人均财政支出和人均教育事业费的影响显著。在市级，人口增长率提高 1%，人均财政支出提高 3.8128；在市辖区，人口增长率提高 1%，人均财政支出提高 3.068%，人均教育事业费提高 3.1259%。

将各地级市按其所在的区域进行分别研究。在东部地级市中，人口增长率提高 1%，人均财政支出提高 5.4203%，人均教育事业费提高 5.4170%，这两个数据在 0.01 的水平上统计显著。在西部市辖区中，人口增长率提高 1%，人均财政支出提高 4.7863%，人均教育事业费提高 4.8499%。

8. 一阶滞后变量

将 155 个地级市作为总体进行研究，在市级和市辖区，被解释变量的一阶滞后项对人均教育事业费的影响均显著，且数值为正，说明在公共财政的支出上，地方教育事业费受到前一年教育事业费的影响。

将各地级市按其所在的区域进行分别研究，在市级，东北地区的一阶滞后项对人均财政支出和教育事业费的影响均在 0.01 的水平上显著，且为负，而在西部地区，该估计值为正，也在 0.01 的水平上显著。在市辖区，东部地区和西部地区，该估计值均为正，即上一年对本年人均财政支出有正影响。

9. 年份所对应的虚拟变量

将 155 个地级市作为总体进行研究，以 2003 年为基本年，保持其他变量不变，2004 年、2005 年市级人均财政支出年分别比 2003 年低 32.28%、15.15%；2004 年、2005 年、2006 年市辖区人均财政支出分别比 2003 年低 62%、42.2%、17.63%；2004 年、2005 年、2006 年市级人均教育事业费分别比 2003 年高 773.52%、779.65%、791.52%，而这三年市辖区人居教育事业费则分别比 2003 年低 65.4%、50.41%、32.32%。这个结果说明，如果不考虑人口、GDP、物价等因素的影响，市级和市辖区的人均财政支出、市辖区的人均教育事业费在数额上都不如 2003 年，不过，2004~2006 年与 2003 年的差距逐年减少，说明 2004~2006 年，这些基本公共服务支出有了一定程度的上升。另外，地级市的人均教育事业费从 2003 年起，即使没有经济等因素的影响，也在历年增加。这个结果反映出中国正逐步加大教育方面的投入。不过，这种教育事业费的增加并没有在市辖区的人均教育事业费中反映出来，这可能是因为大部分增加的投入都流向了农村而非城市。

将各地级市按其所在的区域进行分别研究，东北、中部、西部地级市中，无论市级还是市辖区，在保持其他因素不变的前提下，2004~2006 年的人均财政支出和人均教育事业费均低于 2003 年，只有东部是历年增长。这说明东部城市中，地方政府比较重视在基本公共服务上的投入，即使 GDP 不增长，人均财政支出也增加了。

进一步讨论和相关建议

对比前一部分中省、自治区、直辖市级别和地级市级别的回归结果，可以看出，中国个人对基本公共服务的需求，呈现出四个主要特征。

（1）在中国，收入对基本公共服务需求产生的影响并不是很大。从收入水平对需求的影响上看，地级市的需求收入弹性均小于 1，省级除了"社会保障补助"，其他基本公共服务的需求收入弹性也都小于 1。这些基本公共服务均类似"生活必需品"。

（2）在省与地级市之间、市级与市辖区之间、不同地区的城市之间，个人对基本公共服务的需求价格弹性存在较大差异。在省级和市辖区中，所研究的基本公共服务的需求价格弹性的绝对值均大于 1。也就是说，市场价格对这些基本公共服务需求的影响非常大。而在市级，该数据均小于 1，说明对基本公共服务的需求比较稳定。另外，东北地区市级城市中，基本公共服务总体的需求价格弹性的估计值出现了正值，价格越高，需求量不仅不降低，反而升高。出现上述现象的原因可能在于，虽然居民是基本公共服务的最终需求者和价格的承担者，但中国基本公共服务的供给可能缺乏"自下而上"的需求表达和决策机制，政府主导或是包办的做法，使基本公共服务价格对需求的作用机制不适用于中国现实。因此，价格对需求的影响程度，也取决于政府的干预程度。

（3）在省与地级市之间、市级与市辖区之间，对基本公共服务的拥挤系数各不相同。从省级来看，所研究的基本公共服务的拥挤系数都小于-1，说明存在较严重的"拥挤效应"。而在市级中，拥挤系数均为正，意味着存在"规模效应"，即人口增多并没有削减个人所能享受的基本公共服务量，反而使其增加。但是在市辖区中，拥挤系数的估计值又变得小于-1。这个结论表明，从整体上看，各省和各市辖区人口的增加将会对个人所能享受的基本公共服务量产生不利影响。但增加市级的人口，特别是增加城市中非市辖区的人口数，将有助于提高个人所能享受的基本公共服务量。近年来，中国城乡之间发展的差距较大，大量人口涌入城市，加大了城市在基本公共服务上的负担。改善城市中非市辖区的居住环境，使人们居住得更加分散，能够帮助缓解城市拥挤的困境。

（4）东、中、西部的城市在基本公共服务供应上存在较大差别。即使除去物价、GDP、人口等因素的影响，东部城市从2003年开始，人均财政支出是历年上升，而中部和西部城市2004~2006的人均财政支出都比不上2003年。这个现象反映出，在基本公共服务的供给上，东部地区由于中、西部地区。这个现象的出现，可能与以下两个方面有关：①财政支出依赖如财政收入，东部地区经济比较发达，容易通过各种渠道提高地方政府的财政收入，因此有能力在基本公共服务支出上加大力度，但中西部地区受到财政收入的限制，心有余而力不足；②文章用地方财政支出描述基本公共服务支出，

忽略了上级政府的转移支付。近年来，国家不断倡导推进中西部地区的发展，部分基本公共服务是中央政府直接提供的，因此，如果加上中央政府的转移支付，上述结论可能会有变化。

本文虽然通过实证研究得到了一系列结论，并相信能有助于学者进一步分析个人对基本公共服务的需求，但仍存在着许多不足。第一，从模型的构建上看，由于模型中对控制变量的引入依赖于年鉴中数据的可得性，因此，可能会由于某些数据无法获得，而产生控制变量的缺失。第二，在对模型进行实证研究时，对某些变量的估值可能并不是十分准确，例如，在描述基本公共服务的价格时，CPI可能无法完全反映其变化情况，在描述中间投票人的收入时，用人均收入作为代理变量可能产生偏差。第三，模型的建立依赖于使中间投票人定理成立的5个假设。然而，个人对基本公共服务的需求、政府对基本公共服务的供给都非常复杂，财政支出并不一定能完全取决于中间投票人对基本公共服务的偏好。因此，理论和现实情况的差异，可能会影响本文中回归结果的说服力度。第四，在对拥挤系数的分析时，本文界定的拥挤函数比较简单，但是，拥挤函数可能会对应更复杂的形式，例如将行政区域划分方式包含进来等。

今后的研究需要从三个方面加以完善，首先，需要对基本公共服务需求的理论进行更深一步的探讨，并结合中国现实情况，将影响个人对基本公共服务需求的宏观因素与微观因素相结合，将政府意愿和居民意愿相结合。其次，需要对数据进行完善，如果能够直接通过统计年鉴得到居民收入的中位数和基本公共服务价

格的测量指数，那么回归的结果将更加可信。最后，本文只是对省级和部分地级市进行了研究，这个结论是否能够推广到其他的城市，这种方法是否适用于农村，还需要进行进一步的分析。

（杨冠琼 孙 景 刘雯雯 杨 迪 执笔）

参考文献

[1] 刘慧林：《基本公共服务供给的效率研究》，长沙：湖南大学经济与贸易学院，2008年。

[2] 曼昆：《经济学原理》，北京：机械工业出版社，2003年。

[3] 吴伟：《基本公共服务有效提供的经济学分析》，西安：西北大学，2004年。

[4] 唐斯：《民主的经济理论》，上海：上海人民出版社，2005年。

[5] 王德祥、李建军：《人口规模、"省直管县"对地方公共品供给的影响——来自湖北省市、县两级数据的经验证据》，《统计研究》，2008年第12期，第15~21页。

[6] 王德祥、李建军：《辖区人口、面积与地方财政支出——基于鄂鲁吉3省178个县（市）数据的实证研究》，2009年第4期，第28-32页。

[7] 刘小鲁：《区域性公共品的最优供给：应用中国省际面板数据的分析》，《世界经济》，2008年第4期，第86-95页。

[8] 钟宇平、陆根书：《社会资本因素对个体高等教育需求的影响》，《高等教育研究》，2006年第1期，第39-37页。

[9] 许善娟、丁小浩、钟宇平：《香港高中学生的社会资本对高等教育需求的影响分析》，《清华大学教育研究》，2006年第1期，第77-84页。

[10] 杨明、刘毅、赵细康：《广东居民收入变化与教育需求的实证分析》，《学术研究》，2003年第5期，第99-103页。

[11] 罗姗：《对重庆市居民收入与教育需求的回归分析》，《统计观察》，2005年第12期，第75-76页。

[12] 吴克明：《影响个人教育需求的因素分析》，《教育与经济》，1998年第3期，第52-59页。

[13] 中华人民共和国国家统计局：《中国统计年鉴》（2002），北京：中国统计出版社，2003年。

[14] 中华人民共和国国家统计局：《中国统计年鉴》（2003），北京：中国统计出版社，2004年。

[15] 中华人民共和国国家统计局：《中国统计年鉴》（2004），北京：中国统计出版社，2005年。

[16] 中华人民共和国国家统计局：《中国统计年鉴》（2005），北京：中国统计出版社，2006年。

[17] 中华人民共和国国家统计局：《中国统计年鉴》（2006），北京：中国统计出版社，2007年。

[18] 国家统计局城市社会经济调查总队：《中国城市统计年鉴》（2003），北京：中国统计出版社，2004年。

[19] 国家统计局城市社会经济调查总队：《中国城市统计年鉴》（2004），北京：中国统计出版社，2005年。

[20] 国家统计局城市社会经济调查司：《中国城市统计年鉴》（2005），北京：中国统计出版社，2006年。

[21] 国家统计局城市社会经济调查司：《中国城市统计年鉴》（2006），北京：中国统计出版社，2007年。

[22] 国家统计局城市社会经济调查司：《中国城市统计年鉴》（2007），北京：中国统计出版社，2008年。

[23] Lindahl, E., Just taxation—a Positive Solution (E. Henderson, trans.) In: Musgrave, R.A., Peacock, A.T. (Eds.), Classics in the Theory of Public Finance. Macmillan, London, 1958.

[24] P. Samuelson., The Pure Theory of Public Expenditure. Rev. Econ. Statist. Nov.1954, 36, 387-89.

[25] Buchanan, J. M. An Economic Theory of Club. Economic, 1965, pp. 1-14.

[26] Tiebout, A Pure Theory of Local Expenditures.

Journal of Political Economy, 1956, 64, 416–424.

[27] E. C. Banfield and J. Q. Wilson. Voting Behavior on Municipal Expenditures: A study in Rationality and Self–Interest. J. Margolis, ed., The Public Economy of Urban Communities, Washington 1965.

[28] Birdsall. A Study of the Demand for Public Goods. R. A. Musgrave, ed., Essays in Fiscal Federalism, Washington 1965.

[29] P. Shapiro. A Model of Voting and Incidence of Environmental Policy. Community and Organization Res. Inst., Working pap. No.1, Univ. California, Santa Barbara 1973.

[30] Robert Deacon and Perry Shapiro. Private Preference for Collective Goods Revealed Through Voting on Referenda. The American Economic Review, Vol. 65, No. 5 (Dec., 1975), pp. 943–955.

[31] Bowen, H.R (1943). The interpretation of voting in the allocation of economic resources. Quarterly Journal of Economics, 58, 27–48.

[32] J. Barr and O. Davis. An Elementary Political and Economic Theory of the Expenditures of Local Governments. Southern Econ. J., Oct. 1966, 33, 149–165.

[33] R. Barlow. Efficiency Aspects of LocalSchool Expenditures. J. Polit. E~on., Sept./Oct. 1970, 78, 1028–1040.

[34] T.Borcherding and R.Deacon. The Demand for Services of Non–Federal Governments. Amer. Econ.Rev., Dec. 1972, 62, 891–901.

[35] Theodore C. Bergstrom, Robert P. Goodman. Private Demands for Public Goods. The American Economic Review, Vol. 63, No.3. (Jun., 1973), pp. 280–296.

[36] Guengant, A., Josselin, J. and Rocaboy, Y. Effects of Club Size in the Provision of Public Goods: Network and Congestion Effects in the Case of the French Municipalities. Papers in Regional Science, 2002, pp.

443–460.

[37] Glenn Withers, Private demand for public subsidies: An econometric study of cultural support in Australia, Journal of Cultural Economics, 1976, 6: 53–61.

[38] Glazer, A. and Niskanen, E. Why Voters May Prefer Congested Public Goods. Journal of Public Economics, 1997, pp. 37–44.

[39] Calabrese, S. et al. Local Public Good Provision: Voting, Peer Effects, and Mobility. NB ERW or king Paper No. 11720, 2005.

[40] Burchell, Robert W. et al., Costs of Sprawl–2000. Washington, DC: National Academe Press, 2002.

[41] Holcombe R.G. and Williams D.W., The Impact of Population Density on Municipal Government Expenditures. Public Finance Review, Vol.3, No.3, 2008.

附　录

考虑城市的集合 M。P^i 表示城市 i 中一部分市民的集合，$i \in M$。$\{P_1^i, \cdots, P_n^i\}$ 是 P^i 的一部分，λ_j^i 表示 P_j^i 占 P^i 的比例（对于每个 $i \in M$，$\sum_{j=1}^n \lambda_j^i = 1$）。令 F_j^i 表示函数 P_j^i 的累积收入分布函数。因此，$F_j^i(Y)$ 是 P_j^i 中收入不超过 Y 的总人数的比例。

定义：M 中的收入分布是成比例的（对于划分 $\{P_1^i, \cdots, P_n^i\}$ 而言），如果存在一系列函数 F_j^i，对每个 $i \in M$，都存在一个正实数 $k_i > 0$，对所有的 $j=1, \cdots, n$，$F_j^i(Y) \equiv F_j(k_i Y)$。

定理：如果对每个城市 $i \in M$，人口按照上面的讨论划分。令 M 中的收入分布对于划分 $\{P_1^i, \cdots, P_n^i\}$ 而言成比例。令 P_j^i 中收入为 Y 的市民的税收份额由下列函数形式决定：$\tau_j^i(Y) =$

$\tau^i \tau_j Y^{\varepsilon}$（$\tau^i$，$\tau_j$ 是由市民所在社区和子集决定的常数）。令 P^i_j 中收入为 Y 的市民对基本公共服务的需求由下列函数形式决定：$c_j f(X^i) [\tau^i_j(Y)]^{\delta} Y^{\varepsilon}$。同样假设收入分布函数满足某种连续性，$\varepsilon + \xi\delta \neq 0$。那么市民 i 决定的，对基本公共服务的需求的中位数 $\hat{E}_i$ 由下列函数形式决定：

$$\hat{E}_i = h\ (\lambda^i_1, \cdots, \lambda^i_n)\ c_1 f(X^i)\ [\hat{\tau}_1]^{\delta}\ [\hat{Y}^i]^{\varepsilon}$$

h 是一个连续的向量值函数，$\hat{Y}^i$ 是城市 i 里中等的收入，$\hat{\tau}_1$ 是 P^i_i 中收入为 $\hat{Y}^i$ 的市民所对应的税收份额。

中国基本公共服务均等化现状、存在的问题及政府行为优化

基础教育均等化现状、存在的问题与政府行为优化

中国基础教育的发展，自新中国成立以来，取得了重大进展。无论是从适龄儿童入学率，还是从教学质量与教学条件方面讲，都有了长足的进展。然而，这种从自身纵向比较而得出的重大进步，与横向的、国际比较所得出的结论，存在重大差异。即使仅仅与发展中国家的基础教育发展水平相比较，中国的基础教育也存在众多问题，更不要说与发达国家的基础教育比较了。事实上，无论与国际的横向比较，还是从自身的纵向比较，中国基础教育一直面临的重大问题，是发展不均衡的问题。本部分主要分析中国各地区之间基础教育的省际差异，中国各地区受教育机会、教育资源配置及结果的差异性。

我们从接受教育的机会差异、教育资源配置差异以及教育结果差异三个方面研究中国基础教育发展的省际差异，具体指标如表 1 所示：

表 1　中国基础教育发展省际差异的指标体系

差异	指标
接受教育机会	入学人数
教育过程	财政性教育经费
	教师
教育结果	人力资本总量

其中，关于接受教育机会以及教育结果的差异方面，我们选取了的入学率及平均受教育年限是沿用了已有研究的结果。在教育过程方面，我们选取了经费及教师两种关键资源是考虑到了经济增长理论中的生产函数，选取了两种可以作为独立要素投入的资源。在很多研究中，也有将教室、教学设备、实验室、图书等办学条件作为教育资源配置差异的分析方面，我们考虑到资源的互补性和替代性，此处暂不考虑。之所以选取财政性教育经费，而非全口径的教育经费，是因为本文从政府行为教育关注差异，而财政性教育经费可作为政府努力水平的集中体现。

一、经济发展的省际差异

经济基础决定上层建筑，经济发展的省际差异有助于我们理解教育发展的差异，因此，在分析教育发展的省际差异时，我们首先需要对经济发展的省际差异进行分析，这是教育发展的背景。我们使用各省份的 GDP 作为经济发展的背景，图 1 给出了 2001~2010 年中国人均 GDP 分布省际差异的基本情况：

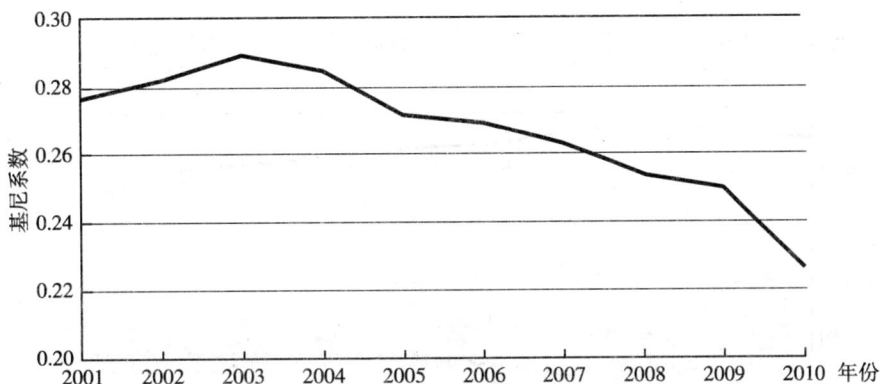

图1 中国人均 GDP 省际差异的变动趋势

从图 1 中我们可以有以下两点结论：

（1）各地区人均 GDP 分布差异的基尼系数在 0.2~0.3 之间。

（2）自 2003 年起，各地区人均 GDP 分布差异在逐年减小，这与国家西部大开发、中部崛起等经济发展战略是基本一致的。

那么，我们关心的问题是，相比于经济发展的省际差异，教育发展的省际差异是大还是小？两者之间是否有相关性？下面我们就教育发展的差异进行分析，并与经济发展的差异进行比较。

二、教育资源配置的省际差异

我们选取财政性教育经费和教师两个指标来分析教育资源配置的省际差异。

（一）财政性教育经费

首先给出小学、初中及高中阶段生均财政性教育经费省际差异的计算结果：

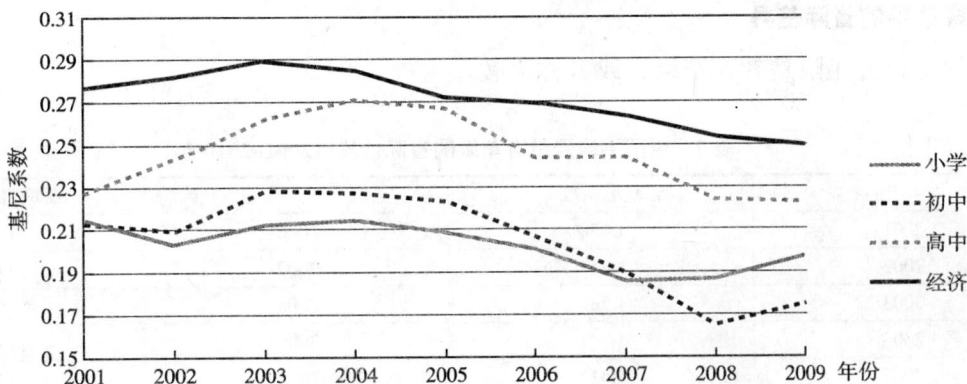

图2 中国各级教育生均财政性教育经费省际差异变动趋势

图 2 说明：①高中的生均财政性教育经费的分布差异要大于小学和初中，这是由于高中属于非义务教育阶段；②总体上，生均财政教育经费分布的省际差异小于经济发展的省际差异；③从变动趋势上看，初中、小学的变动趋势基本一致，且与经济发展的省际差异趋势相近，2003 年，差异都逐渐递减，但在 2009 年，小学和初中增大。作为非义务教育阶段的高中，变动与它们差异较大，2005 年后逐年降低。

（二）教师

图 3 给出了小学、初中及高中阶段生师比省际差异的计算结果。由于 2004 年之前，初中及高中的专任教师数是在一起统计的，因此，2004 年之前的数据是缺失的。

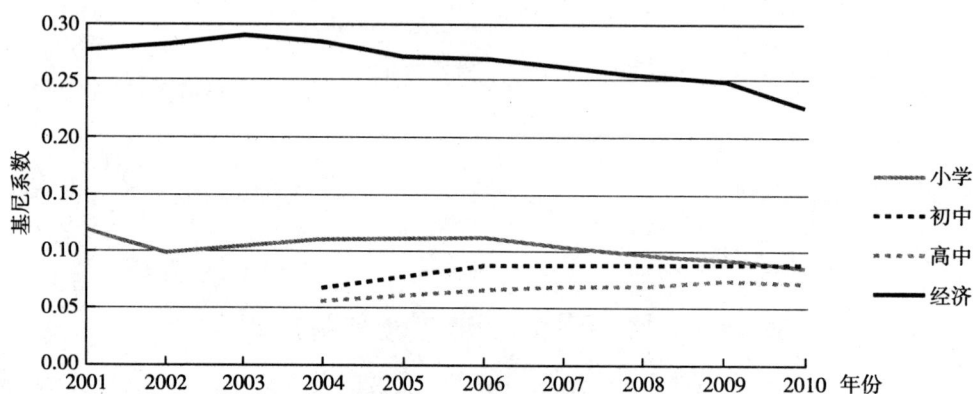

图 3　中国各级教育生师比省际差异变动趋势

图 3 说明：①相比于财政性教育经费，教师分布的省际差异更小，且小于经济发展省际差异。这是由于教师资源的特殊性决定的。②从变动趋势上看，生师比差异的历年变动不大；初中、高中的变动趋于一致，有逐年略微增加的趋势；小学自 2006 年以来，差异逐年下降。

三、教育结果的省际差异

平均受教育年限是教育结果，或者称为教育成果的重要考量指标。在《中国统计年鉴》中，每年都会公布 6 岁以上人口的受教育程度的抽样调查数据，而基于对各受教育程度接受教育的年数，我们可以得到中国 6 岁以上人口的平均受教育年限。我们首先利用历年平均受教育年限的方差作为教育结果分布的省际差异的度量。结果见表 2。

表 2　中国平均受教育年限的省际差异（2001~2010 年）

年　份	基尼系数	年　份	基尼系数
2001	1.170	2006	1.465
2002	1.317	2007	1.054
2003	1.239	2008	1.161
2004	1.307	2009	1.014
2005	1.427	2010	1.244

从表 2 中我们可以看到，该方差的数值变动范围并不是很大，数据揭示各省份的平均受教育年限的标准差在 1~1.2。看似该差异不是很大，但这是由于平均受教育年限的分布不是对称分布，实际数字的差异还是比较大的。以 2010 年为例，北京的平均受教育年限是 11.01 年，而西藏的平均受教育年限则为 4.76 年。

我们也可以从人力资本总量分布的省际差异来看教育成果的差异。我们沿用胡鞍钢（2002）计算人力资本总量的方法，即使用劳动力人口数乘以劳动力的平均受教育年限表示人力资本总量，利用前面介绍的基尼系数表示差异，计算结果如图 4 所示。

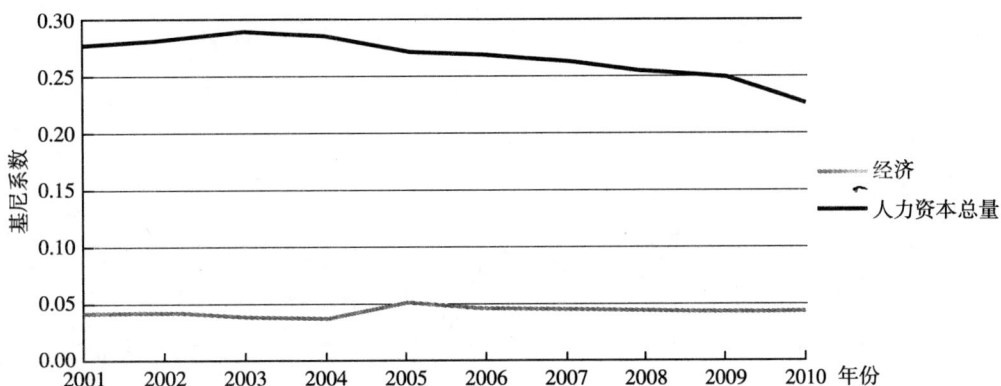

图 4　中国人力资本总量分布的省际差异变动趋势

从图 4 中的数字我们可以看出：

（1）中国人力资本总量在省份之间的分布基本平均，只有很小的分布差异。

（2）随着时间的推移，中国各省份人力资本总量的分布差异基本没有太大的变化。

这主要是由于我们这里采用的指标是人力资本总量，它受人口数量和平均受教育年限的影响。也就是说，总量的分布差异是由平均受教育年限的差异和人口差异两个因素造成的。有些省份平均受教育年限较低，但是人口多，因此总量上也就和其他省份差别不大。而这恰恰反映了中国的教育各省份"齐步走"的现象。经过分析可以得出，在我国 6 岁以上人口按教育程度分类的构成中，小学、初中两部分的人口占相当大的比重（53.5%以上），比例最高的是广西（80.8%）。中国对各地区义务教育的要求是统一的，不论该省份的贫富，而当这部分人口在人口总量中占较大比重时，人力资本总量的分布差异就很小了。因此，国家的教育政策的统一性是人力资本总量分布差异很小的原因之一。

中国社会保障均等化现状、存在的问题与政府行为优化

社会保障是维护当代社会和谐发展的"减震器"和"安全网"，是各国政府应对全球性金融危机及其引发的诸如就业、物价、教育、医疗、养老、住房、收入分配等重大社会问题的必要制度安排。社会保障同时也是维护社会公

平与正义、实现国民财富合理再分配的重要机制。自 19 世纪 80 年代，以德国医疗保险制度建立为标志的现代意义的社会保障制度建立后，社会保障作为正式的制度安排在世界范围迅速发展；历经 20 世纪 30 年代美国罗斯福新政的推动，在第二次世界大战后经由西欧福利国家推至高潮。

一、"人人享有"："十一五"时期中国社会保障发展总体成就

中国的二元社会结构形成了以单位和地区为划分的保障体系，这种"单位福利型制度"造成了城乡社会保障体系的分裂，城乡间、地区间社会福利保障水平差距明显。

"十一五"规划将完善社会保障体系、扩大社会保障覆盖面视为重要任务，要求在 2010 年底"城镇基本养老保险覆盖人数达到 2.23 亿人，新型农村合作医疗覆盖率提高到 80% 以上。贫困人口继续减少"。《劳动和社会保障事业发展"十一五"规划纲要》指出"十一五"期间主要工作是要建立比较完善的社会保障体系，扩大社会保障覆盖范围，健全农村社会保障制度。在扩大覆盖范围的同时，还要提升综合服务水平和社会化程度，《劳动和社会保障纲要》要求"建立健全社会保障制度和管理服务体系，实现资金来源多渠道、保障方式多层次、管理服务社会化。进一步扩大社会保障覆盖范围，基本实现城镇各类就业人员平等享有社会保障。健全农村社会保障制度。到'十一五'期末，城镇基本养老、基本医疗、失业、工伤和生育保险参保人数分别达到 2.23 亿人、3 亿人、1.2 亿人、1.4 亿人和 8000 万人以上，参加农村社会养老保险和企业年金的人数逐步增长。"

在政府和全社会力量的推动下，到 2010 年底，社会保障各项主要指标顺利达标。根据国家统计局发布的 2010 年统计公报，截止到 2010 年底，城镇基本养老覆盖人数达到 2.56 亿人；城镇基本医疗保险参保人数达到 4.3 亿人；城镇失业保险参保人数达到 1.33 亿人；城镇工伤保险参保人数 1.6 亿人；生育保险参保人数 1.23 亿人；全国范围共有 2678 个县级单位参与了新型农村合作医疗，覆盖人口 8.35 亿人，覆盖率达到 96.3%。城镇基本医疗保险和新农村合作医疗覆盖人口超过 12.6 亿人，全民医保指日可待；全国各级社会保障经办机构管理服务的总参保人数超过 12.5 亿人。上述指标全部超过了"十一五"规划和《劳动和社会保障事业发展"十一五"规划纲要》所设定的目标。除此之外，新型农村社会养老保险人数也达到了 1.43 亿人。

截止到 2010 年末，全国参加城镇基本医疗保险的人数 43206 万人，比 2009 年增加 3059 万人。其中，参加城镇职工基本医疗保险人数 23734 万人，参加城镇居民基本医疗保险人数 19472 万人，参加城镇医疗保险的农民工 4583 万人，比 2009 年增加 249 万人。参加失业保险的人数 13376 万人，比 2009 年增加 660 万人。2010 年末全国领取失业保险金人数为 209 万人。全国参加工伤保险的人数 16173 万人，比 2009 年增加 1278 万人。参加生育保险的人数 12306 万人，比 2009 年增加 1430 万人。2010 年全年共有 2311.1 万市居民得到政府最低生活保障，比 2009 年减少 34.5 万人。

截止到 2010 年末，全国共有 2678 个县

（市、区）开展了新型农村合作医疗工作，新型农村合作医疗参合率为 96.3%，新型农村合作医疗基金支出总额为 832 亿元，累计受益 7.0 亿人次。全国列入国家新型农村社会养老保险试点地区参保人数 10277 万人。2010 年全年共有 5228.4 万农村居民得到政府最低生活保障，比 2009 年增加 468.4 万人；共有 554.9 万农村居民得到政府五保救济。

以推进农民工参加工伤保险为核心的"平安计划"在全国展开。2010 年全国农民工参加工伤保险人数就达到 2538 万人。随着政策措施的不断出台，相关数据显示（见分报告），2010 年末参加城镇医疗保险的农民工达到 4583 万人，比 2009 年增加 249 万人。参加工伤保险农民工 6329 万人，比 2009 年增加 741 万人。虽然农民工参保人数和农民工总人数相比仍然比重较小，但是这些政策的出台至少说明，一直处于"裸保障"状态的中国农民工终于被纳入国家社会保障的体系之内。此外，农民工参与城镇基本养老的制度安排也在 2009 年底得到落实，《城镇企业职工基本养老保险关系转移接续暂行办法》中对农民工问题也进行了规定，但是其实际效果还有待观察。

二、"福利地区"崛起

社会保障发展秉承的价值理念为"公平"和"共享"，但是由于地区经济发展水平等因素的差异，在公民享有社会保险、社会福利方面，反而带来了新的不平等。中国社会保障具有地方化和相对封闭化的传统，社会保险和社会福利在很大程度上依赖于地方政府的财政投入，地方法律法规、社会保障管理机构的资源和人才素质等也对社会保障水平产生影响，而社会保障受益者也主要局限在本地区内部。这也是中国自 1994 年分税制改革后一直存在的现状，这使得不同地区在社会保障资金筹集、财政支出和福利提供上存在巨大差距。这种地区差异主要体现为城乡差异与不同经济发展水平地区间差异。而随着社会保障覆盖面的扩大和城乡一体化进程中农村医疗、养老制的建立，地区差异更加明显。

当前地方政府的行为表明，城乡间社会保障享有的统一性原则有望实现。地方政府可以通过加大社会保障投入和提升管理水平，弥合本地域内城乡间社会保障享有的差距。

部分省份的政策调整有效地调节了行政区域内的城乡差距，但也同样凸显了社会保障享有地区的差异。由于各级地方政府财政状况各不相同，提供社会福利与服务的能力各不相同，因而在全国形成了以地方行政区域为边界的众多分散的"福利地区"。以养老社会保障为例，2010 年各省分别调整了养老金数额，对比不同省市调整养老金的数额，仅对比正高级职称的增发数额，广东省为 250 元，福建省为 60 元，广西壮族自治区为 60 元，安徽省为 70 元，辽宁省为 100 元。而 2010 年这五个省的 GDP 排名依次为广东、辽宁、福建、安徽、广西。广东省的增发数额是最大的，也可以看出养老金的数额是同所在地区的经济发展水平相关的。

造成福利地区化的重要原因就在于社会保障的统筹层次的制度安排。社会保险的统筹层次是指统一筹集、管理和使用社会保险基金并自我平衡的单位所处层次。由于中国特有的"社会统筹和个人账户结合"的社保资金筹集方式，在我国通常依行政区划界定统筹范围，依行政层次界定统筹层次，如县级统筹、地（市）级统筹、省级统筹、全国统筹。统筹层次过低会带来诸多问题，例如社会保障覆盖范围狭窄，管理基础薄弱，资金支付压力大、劳动力的流动和共济功能被大大限制等，其最大的危害就是社会保障体系的"碎片化"，也就是多元分割，交叉缺漏并存。目前，中国养老社会保障已经达到省级统筹，正在向全国统筹迈进；医疗等其他社会保障主要在省及省以下层级实施统筹，因此高度依赖地方财政。从财政结构上看，2009 年中央政府社会保障和就业支出仅为454.37 亿元，约为总体社会保障和就业支出的6%；地方政府支出为 7152.31，约为总体支出的 94%。地方政府承担着大部分社会保障的职能，这也加大了"福利地区"化的可能。

随着福利地区的出现，我国的公民身份呈现出以地域为基础的新的空间分割。在"二元社会中国"之下，我国公民身份界定分割为"城镇居民/农村居民"；而福利地方化的趋势使得我国公民身份界定分割为以"本地/外地"为主轴、更多元的区分。这种社会保障地区差异的扩大为进一步进行社会保障改革带来了阻碍，如是否实行社保税的最大争议就来自于对地区差异的担忧。

对"福利地区"的主客观测量是当前研究的热点。客观测量社会保障地区间差异的指标主要是以测度财政投入为主，指标包括社会保障财政支出总量、社会保障支出占财政支出比重（社会保障财政负担水平）、社会保障支出占GDP 比重（社会保障水平）和人均社会保障支出。通过测量上述指标的极值、方差和变异系数等反映其均等化程度。主观测量通常采用随机抽样问卷形式进行。单纯的社会保障财政投入已经很难真正反映社会保障地区差异，本研究在参考前人研究成果的基础上，加入社会保障覆盖面的产出指标，以"投入—产出"的二维结构勾勒中国"福利地区"的状况，并进行简单分析。①

研究发现：①民众对"福利地区"的主观感知比较强烈，但与客观差异有一定距离；②中国各省社会保障投入逐年加大，省际差异呈现下降趋势；③中国各省社会保障差异与经济发展水平有一定关联；④中国各省社会保障投入整体比重偏低；⑤各地区社会保障投入与产出不对等；⑥中国各省社会保障状况有明显的中央政府政策驱动的痕迹。

1."福利地区"主观感知强烈

民众对"福利地区"的主观感知十分明显。2011 年，财富中文网通过对 30000 名高层管理者的问卷调查，评选出中国福利最好的几大城市。在被抽选的 70 个城市中，上海、北京、杭州、深圳和广州名列前茅；而在与社会福利、社会服务密切相关的城市服务水平评选中，上述五个城市依然占据前五名。在其他机构举办的同类排行榜中，如民生发展、社会建设、公共服务等排行，上海、北京、天津等经济发达的大城市均排名靠前，印证了"马太效应"的

---

① 如未加特别说明，本文所使用的数据均来源于中国统计年鉴和各省统计年鉴。由于社会保障相关统计条目在 2007 年进行调整，本研究以 2007 年为截取节点。

存在。相关数据测算显示，前十名的省份中仅有辽宁（第8名）一个位于东北地区，其余9个省份（北京、上海、天津、江苏、浙江、广东、山东、福建、河北）的排名都表现出较强的区域经济和政治实力相关性，如位于东部的北京、上海、天津三大直辖市占据了排名的前三位，说明作为经济、文化、政治、外交中心的发达省级单位，在民生发展领域效果突出；而这三大直辖市在其他排行榜中的领先地位说明民生发展与中央政府关注程度、地方政府公共服务投入水平、城市管理水平和国际化程度有着密切关系。除此之外，这三地相对发达的公民社会和公民权益意识也都与民生发展高度相关。

2. 各省社会保障水平逐年加大、省际差异放缓

受到主观调查"风寒效应"影响，民众对"福利地区"的主观感知与实际情况可能存在一定差距。客观数据显示，中国各省社会保障水平逐年加大，地区间福利差距放缓，并没有显露非常强烈的"马太效应"。

从2007年开始，中国各省社会保障水平不断提高，各省平均社会保障支出占GDP的比重增大，2007年为2.6%，2008年为2.8%，2009年为3.18%，2010年为3.03%。各省平均人均社会保障支出从2007年的488元，2008年的621元，2009年的758元，上升到2010年的837元。2007~2010年，各省平均社会保障支出占财政支出比重一直维持在12%以上，四年平均值为13.15%。这一趋势在一定程度上受到了中国中央政府关注民生、号召推进社会保障服务的影响。

在各省社会保障水平提升的同时，另一个趋势是省际差异的放缓。相关数据显示，1995~2010年，中国省级社会保障财政支出地区差异总体呈现缩小趋势，变异系数从1997年的0.44下降到2006年的0.29；2007~2010年四年平均变异系数为0.29，比1995~2005年的平均变异系数0.38下降了24%。但比重最高省份仍然是比重最低省份的3~4倍，极差也接近20个百分点。

如果剔除人口规模因素的影响，这种地区间差异更加明显。1995~2010年各省平均人均社会保障支出情况。其变异系数最高为0.91（1997），最低为0.51（2009）。2007~2010年四年间平均变异系数为0.59，比1995~2005年平均变异系数0.7下降16%。

3. 省际差异与经济发展的关联

2009年，中国各省社会保障建设苦乐不均，在社会保障投入和基本保险覆盖（医疗、养老、失业、工伤等）等方面表现各异。从社会保障整体和社会保障投入表现看，前十名的省份包含了上海（第3名）、重庆（第5名）、北京（第6名）三大直辖市，一定程度上说明了地区福利水平与经济发达程度的关联，但这种相关并非十分突出。社会保障整体排名前十的地区中，4个省份位于东部地区（辽宁、上海、北京、海南），4个省份位于中部地区（黑龙江、吉林、湖北、湖南），2个省份位于西部地区（重庆、青海）。

4. 社会保障投入比重偏低

一个值得关注的现象是，中国省级社会保障支出占财政支出的比重相对较低。以2009年为例，各省平均社会保障支出占财政支出比重仅为13.37%，青海省比重最高，为19.34%，浙江省比重最低，仅为 5.77%。纵观 1995 年以来中国各省社会保障支出占财政支出比重，平均数仅为 10.6%，2010 年这一数据仅为 12.2%。而国际水平远远高于中国的平均值，根据世界发展指数 2011 年的统计，高收入国家转移性支付比重高达 62%，如瑞士高达 83%，德国高达 81%，而西班牙则达到 80% 的水平；中等收入国家转移性支付支出占财政支出的比重平均为 45%；中低收入国家为 37%；而东亚地区平均水平为 28%。① 而国际货币基金组织《政府财政年鉴 2008》的数据显示，德国社会保障支出比重为 45.75%，瑞士为 42.64%，法国为 42.41%，丹麦为 41.63%，都远远高于中国的水平。

这种社会保障公共支出相对较低的现象一定程度反映了中国各地方政府在财政支出结构偏好方面的倾向——在长期以来追求经济发展绩效的激励机制下，重视经济发展和基础设施的投入而忽视社会发展和民生方面的投入。从某种程度上看，社会保障支出被视为公共财政负担，在资源稀缺情况下，地方政府并不希望过多地投入社会保障方面而影响基础设施建设和经济发展。

造成这种经济发达省份社会保障支出比重偏低的原因很多。第一，由于统计口径选取问题，各省份在教育、医疗和住房等领域的投入并未在社会保障投入中呈现，对经济发达省份的排名有一定影响；第二，指数没有呈现各省份社会保障支出的年度增长变化，各发达省份由于长期的社会保障投入积累，较少有一次性

大额投入，因而比重呈现偏低。某种程度上，凯恩斯消费理论关于边际消费递减的假设可以解释经济发展与社会保障比重下降的关系。

当然，社会保障投入占财政支出比重并非越高越好；相反，过高的社会保障支出也会带来诸如福利国家等问题。郑秉文指出，中国社会保障水平应与经济发展水平相适应，不宜"滞后"，也不宜"超前"；财政投入比重不宜过高，否则由于社会保障刚性，会造成财政负担。

5. "投入—产出"结构下的福利地区

对省级社会保障的分析还显示，社会保障支出比重与社会保障实质享有没有明显正相关联。2009 年各省社会保障（养老、医疗、就业、工伤等）覆盖率排名中，上海、北京、江苏、浙江、广东等省份名列前茅；而青海省虽然社会保障支出比重居全国第一，但社会保障覆盖仍然较为落后，这与省社会保障发展周期有关。

单纯的社会保障财政投入已经很难真正反映社会保障地区差异，本研究加入社会保障覆盖面的产出指标，以"投入—产出"的二维结构重新诠释中国"福利地区"的状况，从各省社会保障发展水平的综合评估角度测量地区差异。如表 3 所示，按照社会保障投入（社会保障支出占财政支出比重）和社会保障产出（几大社会保险覆盖率）的不同程度，可划分四个类型的福利地区，福利地区 I 代表社会保障产出与投入都相对较高的地区（此处判定标准为社会保障支出占财政支出比重高于各省平均水

---

① 此处国际数据为各国中央政府社会保障支出占财政支出比重，中国财政结构中社会保障支出主要由地方政府完成，中央政府社会保障支出占财政支出比重更低，2007 年中央政府社会保障和就业支出仅占总支出的 3%。国际数据转移性支付统计口径较中国社会保障统计口径较宽，一定程度上造成了国际数据比重高而中国比重低的现象。

平和几大社会保险覆盖面达到平均水平以上）；福利地区Ⅱ代表社会保障投入高而产出低的地区；福利地区Ⅲ代表投入低而产出高的地区；福利地区Ⅳ代表投入和产出都低的地区。

表3 中国省级社会保障"投入—产出"二维结构

—		社会保障产出	
		高	低
社会保障投入	高	福利地区Ⅰ	福利地区Ⅱ
	低	福利地区Ⅲ	福利地区Ⅳ

根据统计年鉴计算，2009 年各省平均城镇基本养老保险覆盖率为 36.3%，有 14 个省份超过平均值；平均城镇基本医疗保险覆盖率为 63.3%，有 14 个省份超过平均值；平均失业保险覆盖率为 10.65%；平均社会保障支出占财政支出比重为 13.4%，有 10 个省份超过平均值。2009 年平均社会保障支出占财政支出比重为 13.4%，有 17 个省份超过平均值。

各省在考察其社会保障投入和产出情况呈现以下排列：辽宁等 5 省份属于福利地区Ⅰ，其地方政府对社会保障的投入与社会保障享有基本成正比；青海等 12 省份属于福利地区Ⅱ，政府社会保障支出负担重而产出不明显，需要政府在持续投入的前提下考虑调整社会保障支出结构，以提高政府绩效；北京等 7 省份属于福利地区Ⅲ，表明发达的东部地区省份社会保障整体发展已经达到较高水平，政府财政负担较轻，而本地区社会保障享有水平高于其他地区；四川等 7 省份属于福利地区Ⅳ，政府投入和产出都比较低，亟须地方政府加大投入力度以保障本地区居民社会保障水平。不同类型福利地区表现了在社会保障服务和发展方面地区间存在的发展周期和发展现状的差异，也是中央和地方政府提升社会保障服务水平的着力点。

表4 2009 年中国各省"投入—产出"二维结构下"福利地区"情况

—		社会保障产出	
	—	高	低
社会保障投入	高	福利地区Ⅰ 辽宁、黑龙江、海南、吉林、湖北	福利地区Ⅱ 青海、重庆、湖南、甘肃、陕西、云南、山西、内蒙古、安徽、江西、河南、河北
	低	福利地区Ⅲ 北京、上海、浙江、广东、江苏、新疆、天津	福利地区Ⅳ 四川、山东、福建、宁夏、广西、贵州、西藏

三、成因分析

社会保障的"福利地区"倾向和"双轨制"倾向都有其深刻的社会根源。影响社会保障需求的因素相当繁多：从宏观层面看，经济发达程度、人口构成，特别是社会老龄化程度、社会分层、政治体制、外部环境变化和历史传统、意识形态都会对社会保障产生影响；从微观角度看，行动者意愿和能力以及具体制度安排

（如社会保障基金筹集方式、统筹层次、具体税收激励等）也会起到重要的影响作用。

现有研究分别从社会保障的需求和供给两个角度切入，解释不同特点、模式和结果的社会保障。权力资源理论和跨阶级联盟理论集中关注社会保障的需求方，认为福利国家提高了工人相对于雇主的力量，社会保障是工会和与之相关政党力量占据优势的结果；反之，社会保障减少是由于工人群体集体行动能力缺失。

然而有些学者也提出了不同的见解，认为商业力量也是推动社保的重要力量。特别是当面临全球性金融危机的特殊时刻，为了维持经济发展，商业力量可以和一部分劳工结合起来，从而形成跨阶级的联盟，进而影响社会保障网络的扩大或者收缩。

以上两种理论关注社会保障的需求方，在一定程度上可以解释中国的现状。在劳动力供给充足的情况下，地方政府为了吸引外资，必然选择压低社会保障水平；而当出现"用工荒"的情况后，提升地方社会保障水平，对稳定劳动力供给，发展地区经济具有极大的促进作用。

从社会保障供给角度分析，由于中国社会保障供给的主体是各级地方政府，其意愿和能力能更好地解释社会保障均等化问题。社会发展的不均衡很大程度上是由于政府的不同偏好造成的。在经济资源给定的条件下，政府是否愿意投入到社会保障方面取决于激励。这种激励包括合法性，如东亚各国的社会政策，很大程度上都是为了维护政府合法性而产生的。因此，当"民生"及其引发的问题成为社会主要矛盾后，为了社会稳定和政权合法性，中央政府必然将社会保障纳入优先的议事日程，这可以解释中国社会保障覆盖面的继续扩大和各省社会保障支出的持续增加。

相应地，地方政府为了满足中央政府对"民生"发展的要求，获得升迁的政绩，加大社会保障投入也成为必然选择。但是，比较起来，地方政府官员更多地倾向于个人政治晋升和本地区财政激励（经济发展），而较少考虑整体的合法性问题。因此"福利地区"或"双轨制"这种自利性现象依然有很强的存在合理性，这

也解释了社会保障支出比重不高的现状。

有效的社会压力和透明度在一定程度上能够消除政府自利性和"逆向问责"导致的社会财富"逆向分配"，地方政府不能仅仅对上级负责，对社会特权阶层负责，还要回应社会大众对社会公平、正义的诉求，因此上海、北京等大城市在社会福利提供上绩效较好，而辽宁、黑龙江等老工业基地由于工人的群体性活动也高度重视社会保障状况。

政府能力也是一个影响社会保障提供的重要因素。这在一定程度上解释了社会保障地区差异与经济实力之间的关联关系。特别是1994年分税制后，中国各级地方政府面临的"中央请客，地方买单"困境也是实现社会保障均等化的制约因素之一。地方政府的财政能力是社会保障均等化的重要影响因素。从"投入—产出"结构考察，已经形成了"逆向循环"，经济发达的东部地区，地方政府财政能力强，而社会保障负担轻，其可持续能力也就越强；而如福利地区II类型的省份，地方政府社会保障支出已经成为沉重的负担，影响了社会保障的进一步发展和可持续性。

中国人口计生公共服务现状、存在的问题与政府行为优化

人口计生公共服务可以界定为"以满足育龄群众需求为导向，以稳定低生育水平、提高出生人口素质、提高群众满意程度为目标，紧紧围绕满足育龄群众生殖健康、避孕节育、优生优育和生产、生活需求而开展的服务"。从服务内容角度，我国人口计生公共服务可分为基

础服务和拓展服务两大类。基础服务以避孕节育为核心，是政府依照法律法规、为保障公民实行计划生育的法定义务而必须向公民均等地提供的公共服务，主要包括宣传教育、免费避孕药具发放、免费技术服务等内容。拓展服务以生殖健康为核心，是为满足服务对象人性化需求、提升计生服务水平而提供的公共服务，主要包括避孕知情选择、生殖健康综合防治、出生缺陷干预等。

一、人口计生公共服务评价监测的构建

（一）理论框架

已有的研究从不同侧面对人口计生公共服务的评价进行了有益的尝试，但是，在对人口计生公共服务全面性的把握以及理论性有所欠缺。评价内容仅涵盖了人口计生公共服务的某部分内容，使得评价结果很难综合、全面地反映出人口计生公共服务的发展态势和影响要素。人口计生公共服务的发展受经费投入、人力资源、基础设施、服务能力等多种因素的影响，只有对服务的前提准备、执行过程、执行结果做出综合评价，才能够全面客观地反映服务的发展情况、衡量服务的均等性和优质性、发现影响服务发展的制约因素。

本研究对人口计生公共服务进行全方位、多角度的评价和分析，目的主要包括：①对各地区现有发展水平进行客观描述；②对不同地区发展情况进行比较；③对未来发展趋势进行监测。本研究以3E理论为基础，并作为构建模型的理论框架。3E理论是美国于20世纪60年代提出的政府绩效评价方法，包括经济性（Economy）、效率性（Efficiency）、效益性（Effectiveness）三个评价维度。经济性是指成本标准，衡量资源投入情况；效率性是生产力标准，衡量资源投入后的产出情况；效益性是质量标准，衡量工作的质量以及实际效果。以3E理论为基础构建指标体系，可以综合考虑投入与产出、执行与效果，全面地、完整地、客观地反映绩效表现。人口计生是政府提供的基本公共服务之一，也是政府部门的重要职能和政府绩效的组成部分。因此，可以借鉴3E理论，从经济性、效率性、效益性三个维度构建人口计生公共服务的评价监测模型，从而对人口计生公共服务的发展情况进行综合评价（见图5）。

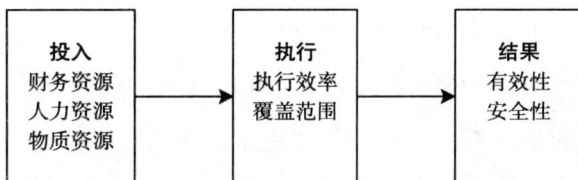

图5　人口计生公共服务评价监测模型的理论框架

人口计生公共服务评价监测模型的理论框架包括投入、执行、结果三个维度。在投入方面，由于人口计生公共服务需要人、财、物三种资源投入的保障，因此从专业人员的数量和质量、财务经费的使用、设备药品的配置三个方面对资源投入情况进行衡量。在执行方面，人口计生公共服务的目标是惠及全体育龄人口，因此可以从执行效率和覆盖范围两方面进行衡量。在结果方面，避孕节育和生殖健康是主要服务内容，因此可以从有效性和安全性的角度衡量人口计生公共服务的质量和水平。

（二）评价指标及权重的确定

综合考虑人口计生公共服务的内容、服务

标准以及发展目标，并遵循科学性、系统性、可操作性、可比性、可量化性的原则，本研究采用德尔菲法对指标进行了筛选，确定了3项一级指标和9项二级指标（见表5）。各项二级指标界定如下：人均费用指年度计生服务经费与已婚育龄人口数量之比；每50万人计生服务机构数量指当地计生服务机构数量与当地50万已婚育龄人口之比；计生服务机构平均人员数指计生服务机构人员总数与计生服务机构总数之比；已婚育龄避孕率指采取避孕措施的育龄妇女与育龄妇女总数之比；孕期健康检查系统管理率指年内孕产妇系统管理人数与活产数之比；住院分娩率指年内在取得助产技术资质的机构分娩的活产数与所有活产数之比；节育手术事故率指节育手术事故病例数与节育手术总数之比；孕产妇死亡率指年内每10万孕产妇的死亡人数；新生儿低体重率指年内出生体重低

于2500克的婴儿数与活产数之比。

本研究采用层次分析法确定各项指标的权重。首先依据指标体系设计了三级判断矩阵式问卷，选取了6名专家。其中，人口学教授2名，国家人口计生部门管理者2名，公共管理学学者2名。问卷发放的方式采用邮寄和送达的方式，全部问卷回收之后进行层次单排序与检验以及层次总排序与检验。最终，得到"人口计生公共服务评价监测模型"（见表5）。

"人口计生公共服务评价监测模型"具有以下特点：①三个维度涵盖了服务前期、中期、后期的整个过程，可以对服务发展水平进行整体性的纵向考察。②评估内容具有一定客观性，可以用量化的结果性指标进行衡量，可操作性强。③评估结果可以进行区域间、省份间的比较，可以为制定人口计生公共服务的发展政策提供参考。

表5　人口计生公共服务评价监测模型

总指标	一级指标	权重（%）	二级指标	权重（%）
发展水平指数	资源投入	40	人均费用	20
			每50万人计生服务机构数	10
			计生服务机构平均人员数	10
	执行效率	30	已婚育龄避孕率	15
			孕期健康检查系统管理率	10
			孕妇住院分娩率	5
	服务质量	30	节育手术事故率	5
			产妇死亡率	10
			新生儿低体重率	15

二、人口计生公共服务评价监测的结果分析

本研究选取中国31个省、市、自治区为样本，各项指标数据取自2005~2009年的平均值，基础数据来源于公开出版的年鉴或者相关部门

公布的权威指标数据，主要包括历年《中国统计年鉴》、《中国人口年鉴》、《中国卫生统计年鉴》等。数据采集完成后，将手术事故率、产妇死亡率、新生儿低体重率三个逆向指标进行正向化处理，并对全部数据进行无量纲化处理。最

后，得到全国各地区人口计生公共服务发展情况，并按照"发展水平指数"从高到低对全国各地区进行了排序。从综合排名结果来看，山东、浙江、北京位居前三名，处于全国领先水平；广西、海南、西藏位居最后三名，落后于全国多数地区。

1. 人口计生公共服务的整体水平较低

根据人口计生公共服务的发展水平指数，可以将全国各地区发展水平划分为五个等级。数据显示，全国约70%的地区处于第三发展等级以下，第三、四两个发展等级的地区集中度最高。人口计生公共服务发展水平是资源配置、执行效率、服务质量的综合反映，从评价监测指标的结果来看，整体发展水平偏低。近年来，虽然我国人口计生公共服务资源投入持续增加，但是仍然存在人力资源队伍素质不高、计生服务能力薄弱等问题。在职业队伍建设方面，缺少高学历、高职称的专业人才；在服务机构建设方面，部分地区服务设备配置不足。随着人口计生公共服务的发展，特别是生殖健康服务的扩展，对人力资源的专业能力、服务机构医疗条件提出了更高要求。从发展现状来看，人口计生公共服务的优质性和均等化水平不高，特别是资源投入、执行效率、服务质量等各方面亟待提高。

另外，即使在人口计生公共服务的提供方面较为领先的地区也仍然存在"短板"，成为制约进一步发展的主要影响要素。在全国综合排名中，位居前五位的分别是山东、浙江、北京、贵州、江苏，这五个地区分别属于第一、二发展等级，代表了我国人口计生公共服务的领先水平。相关数据显示，这些地区虽然综合排名

靠前，但是仍然存在发展的薄弱环节，制约了发展水平的提高。以贵州为例，综合排名位于全国第4位，资源投入、执行效率、服务质量分别位于全国第4位、第25位、第10位。这表明，贵州虽然在资源投入方面具有优势，但是在服务项目的执行方面较为落后，因此最终的服务效果并未达到理想状态。山东虽然位居全国第一名，但是资源投入位于第6位；浙江和北京在资源投入方面具有优势，但是服务质量分别位于第8位和第7位；江苏服务质量较高，但是资源投入和执行效率分别位于第16位和第9位，资源配置不足影响了服务的执行效率，以致优质的服务难以惠及所有目标服务对象。

2. 各地区之间人口计生公共服务的提供不均衡

（1）东、中、西部存在明显差异。东部地区发展水平较高，各指标均高于全国平均水平，总体发展水平领先于中、西部地区；中部地区总体发展情况高于全国平均水平，但是资源投入水平极为落后；西部地区发展水平较低，各指标均低于全国平均水平。在资源配置方面，东部地区的服务机构覆盖情况和计生人员规模优于中、西部地区；中部地区人均计生费用不足，落后于全国平均水平；西部地区服务机构数量不足，难以保障服务充分覆盖到育龄人群。在服务质量方面，东部、中部地区服务执行效率和效果良好，西部地区则较为落后。特别是在节育手术和生育服务上，西部地区手术事故率和孕产妇死亡率全国最高，服务质量低于全国平均水平。

（2）不同地区间差异较大。在人口计生公

共服务全国排名中，山东和西藏分别位于综合排名的首位和末尾。数据显示，两地的人均计生费用相差 3.25 倍、孕期检查系统管理率相差 2.8 倍、孕产妇死亡率相差 17.2 倍。从西藏与山东的发展差距可以看出，落后地区的资源投入不足、服务执行力度低、服务质量两极差异较大。除西藏地区外，其他落后地区与领先地区的差距也极为明显。据统计，上海与黑龙江的平均计生人员数量相差 26 倍；天津与西藏的住院分娩率相差 2.3 倍；北京与西藏的手术事故率相差 117 倍。人口计生公共服务的发展受到经济状况、社会文化、政策制度、服务对象等诸多因素的影响。发展领先地区普遍具有良好的经济基础，人口计生服务的宣传、执行力度强，服务对象对计生服务的认知和接受程度高；落后地区的经济、教育、技术等方面发展缓慢，成为人口计生公共服务水平提高的制约因素。

3. 资源投入是影响的关键因素

根据我们计算的数据，可以得到全国各地区在资源投入、执行效率、服务质量三个方面的发展等级及分布情况。在资源投入方面，约 68% 的地区处于较低水平的第四、五发展等级。目前，我国正面临人员规模小、服务经费少、服务机构覆盖率低等服务资源不足的问题。在未来的发展过程中，应当从薄弱环节入手，为人口计生公共服务的发展提供充足的资源保障。在人力资源方面，要从数量和质量两个方面加强计生人员的职业化队伍建设；在财务资源方面，适当加大人口计生公共服务的经费支出；在物质资源方面，加强基础设施建设，提高服务机构的覆盖范围。

资源投入的差异是导致发展不均衡的重要因素。在全国人口计生公共服务发展水平排名中，综合排名前五位分别是山东、浙江、北京、贵州、江苏，最后五位分别是甘肃、云南、广西、海南、西藏。这 10 个地区是我国人口计生公共服务领先地区和落后地区的代表。据统计，人口计生公共服务发展领先地区和落后地区的资源投入情况存在很大差异，其中，服务经费、服务机构数量差距最大，领先地区的人均计生费用是落后地区的 1.5 倍，每 50 万计生服务机构数量是落后地区的 3.5 倍。从发展现状来看，落后地区具有三点共性：①人均计生费用较低；②服务机构覆盖率较低；③计生人员数量较少。由于落后地区缺乏充足的服务资源，难以在项目执行和执行结果等方面提高发展水平，所以人口计生公共服务长期处于落后水平，并且与领先地区的差距逐渐拉大。促进人口计生公共服务均等化，首先要加大落后地区的资源投入力度，才能逐步缩小地区差距。

人口计生公共服务是关系到国计民生的重要问题，而对发展现状进行评价与监测是提出发展规划的基础。本研究提出"人口计生公共服务评价监测模型"，对人口计生公共服务的发展现状进行综合评价。通过对全国 31 个地区进行纵向考察和横向比较，得出以下结论：①人口计生公共服务发展水平低，全国整体发展较为落后，领先地区存在发展"短板"。②人口计生公共服务发展不均衡，区域差异较大，发展水平呈现两极化。③资源投入是影响发展的关键因素，对人口计生公共服务的整体水平、地区均衡具有决定性的影响作用。在促进服务均等化方面，应当加大落后地区的资源投入，特别是经费投入，同时着力提高生殖健康服务的执行力度和质量水平，提高服务的安全性和有效性。在提高整体发展水平方面，要加强人口计生职业化建设，并参考人口计生公共服务评价监测模型的分析结果，从各地区自身发展情况出发，针对发展的薄弱环节制定发展规划，从而全面提高服务能力、提高服务质量。

中国基础设施均等化现状、存在的问题与政府行为优化

一、中国基础设施发展的现状描述指标

当前，国内已经有许多关于中国基础设施发展的相关研究。综合相关研究，结合现有的可比统计口径，本报告采用表 6 中列举的指标，从发展状况和服务能力两方面描述基础设施总量。

表 6　中国基础设施现状描述指标①

对　　象			指　　标
发展状况指标	交通运输	规模	铁路里程、公路里程、内河航道里程、民航里程、管道输油气里程
		质量	铁路复线里程及比重、铁路自动闭塞里程及比重、等级公路里程及比重、等级航道里程及比重
	邮政通信规模		长途交换机容量、局用交换机容量、移动电话交换机容量、长途光缆线路长度、互联网宽带接入端口、邮政业营业网点、邮路总长度
	水电、燃气供应规模②		电力装机容量、供气管道长度
	农田水利规模		农村水电站个数、农村水电站装机容量、水库数、堤防长度、堤防面积
服务能力和服务水平指标	交通运输服务能力		旅客周转量、货物周转量
	邮电通信	能力	上网人数、移动电话用户、固定电话用户
		水平	设有邮政局所的乡（镇）比重、已通邮的行政村比重、移动电话漫游国家和地区数、电话普及率、移动电话普及率、每千人拥有公用电话数、已通固定电话行政村比重、互联网普及率
	水电燃气的供应	供水 能力	城市供水总量
		供水 水平	城市用水普及率
		电力 能力	总发电量
		电力 水平	人均生活用电量
		燃气 能力	城市人工煤气供气量、城市天然气供气量、城市液化石油气供气量
		燃气 水平	城市燃气普及率
	农田水利服务能力		节水灌溉面积、除涝面积、水土流失治理面积、治碱面积

二、中国基础设施的发展状况

对基础设施发展状况，我们可以从规模和质量两个方面进行描述。

（一）中国基础设施规模

1. 交通运输基础设施的发展规模

从相关统计数据可以看出，除内河航道以外，其他运输方式均呈现持续增长趋势（个别

---

① 除以上量化指标以外，还可以从基础设施的技术水平、节能性、安全性、便利性等方面进行定性分析。
② 由于数据获取方面的原因，本报告没有分析供水基础设施规模。

年份除外）。铁路营业里程自 1995 年以来增长迅速。公路里程 2001 年和 2005 年出现两个高速增长。内河航道的发展很不稳定，仅 1999 年增长较快，虽多个年份都出现大幅增长现象。民航航线 1992 年、1997 年和 2004 年分别出现高速增长。输油气管道自 1996 年以来增速较快。

2. 邮电通信基础设施的发展规模

相关数据表明，中国传统意义上的通信基础设施在 20 世纪 90 年代发展最快，进入 21 世纪增速放缓。其中，长途电话交换机和局用交换机容量在 2008 年和 2009 年两年间甚至出现了负增长。但是，互联网发展迅速。同时，邮政业发展一直比较缓慢，邮政业营业网点和邮路总长度多次出现负增长现象。

3. 电力、燃气供应基础设施的发展规模

近年来，中国的电力和燃气供应基础设施一直保持着较快的发展速度，其中，2000 年城市燃气管道长度增长最为明显，增速达到了95.5%。

4. 农田水利基础设施发展规模

我国的农田水利基础设施发展十分缓慢，农村水电站个数在 2005 年以前基本处于负增长状态，水库个数也多次出现负增长。

综合上述各个方面可以看出，中国的基础设施在规模总量上有了明显增长。

在交通基础设施方面，中国的铁路营业里程在 1978 年为 5.2 万公里，到 2009 年增长到8.6 万公里，年均增长率为 1.64%；公路里程由1978 年的 89.02 万公里增加到 2009 年的 386.1万公里，增加了 3.3 倍，年均增长率为 4.9%；民航由 1978 年的 14.9 万公里增加到 2009 年的234.5 万公里，增长了 14.8 倍，年均增长率为

9.3%；管道里程在 1978 年是 0.8 万公里，到2009 年增加到 6.9 万公里，增长了 7.3 倍，年均增长率为 7.1%。

在通信基础设施方面，长途电话交换机容量由 1978 年的 1863 路端增加到 2009 年的16849027 路端，增长了 9043 倍，年均增长34%；局用交换机容量由 1978 年的 3040.8 万门增加到 2009 年的 49265.6 万门，增长了 121倍，年均增长 17%；移动电话交换机容量 1978年是 156.1 万户，到 2009 年增加到 144084.8 万户，增长了 28005 倍，年均增长 71.4%；长途光缆 1990 年是 3334 万公里，2009 年增加到831001 万公里，增加了 248 倍，年均增长33.7%；互联网端口由 2003 年的 1802.3 万个增加到 2009 年的 13835.7 万个，增加了 6.7 倍，年均增长 40.5%。

在供电、供气方面，中国的电力装机总容量在 1978 年是 1.8 万千瓦，到 2009 年增加到8.7 万千瓦，增加了 15.3 倍，年均增长 9.2%；全国城市的供气管道由 1985 年的 1.1 万公里增加到 2009 的 27.3 万公里，增加了 23.9 倍，年均增长 14.3%。

在农田水利设施方面，农村水电站的装机容量在 1978 年时为 228.4 万千瓦，到 2009 年增加到 5512.1 万千瓦，增长了 23.1 倍，年均增长率为 10.8%；水库从 1985 年的 8.3 万座增加到2009 年的 8.7 万座，年均增长率 0.2%；堤防长度由 1990 年的 22 万公里增加到 29.1 万公里，年均增长 1.5%；堤防面积由 1990 年的 3200 万公顷增加到 4654.7 万公顷，年均增长 2.0%。

（二）中国基础设施质量

中国的基础设施不仅从规模上有了很大的

发展，在质量方面也有了很大的提高。

1978~2009 年我国交通基础设施的发展，如铁路复线里程、铁路自动闭塞里程和等级公路里程及其比重持续增长。其中，铁路复线里程由 1978 年的 7630 公里增加到 2009 年的 28682 公里，增加了 2.8 倍，占全国铁路营业里程比重由 15.7%增加到 43.8%；铁路自动闭塞里程由 1978 年的 5981 公里增加到 31618.9 公里，增长了 4.3 倍，占全国铁路营业里程比重由 12.3%增加到 48.3%。等级公路里程由 1990 年的 741040 公里增长到 2009 年的 3056265 公里，增长了 3.1 倍，占全国公里里程比重由 72.1%增加到 79.2%。

在高速公路建设方面，更是取得了巨大的成就，交通部 2011 年 4 月 28 日公布《2010 年公路水路交通运输行业发展统计公报》显示，截至 2010 年底，中国的高速公路网络更加完善。全国高速公路达 7.41 万公里，居世界第二位，比"十一五"规划目标增加了 9108 公里。其中，国家高速公路 5.77 万公里，比 2009 年末增加 0.54 万公里。全国高速公路车道里程为 32.86 万公里。"五纵七横" 12 条国道主干线提前 13 年全部建成。11 个省份的高速公路里程超过 3000 公里。同时，路面状况显著改善。全国有铺装路面和简易铺装路面公路里程 244.22 万公里，比 2009 年末增加 18.97 万公里，占总里程的 60.9%，比 2009 年末提高 2.6 个百分点，比"十五"末提高 20.2 个百分点。各类型路面里程分别为：有铺装路面 191.80 万公里，其中

沥青混凝土路面 54.25 万公里，水泥混凝土路面 137.55 万公里，比 2009 年末分别增加 19.80 万公里、5.35 万公里和 14.45 万公里；简易铺装路面 52.42 万公里，比 2009 年末减少 0.83 万公里；未铺装路面 156.60 万公里，比 2009 年末减少 4.23 万公里。此外，养护、绿化公路里程所占比重继续提高。全国公路养护里程 387.59 万公里，占公路总里程的 96.7%，比 2009 年末提高 1.2 个百分点，比 2006 年底提高 19.1 个百分点。全国公路绿化里程 194.34 万公里，占公路总里程的 48.5%，比 2009 年末提高 2.6 个百分点，比 2006 年底提高 12.7 个百分点。

相比而言，等级航道建设进展缓慢，2009 年与 1995 年相比，仅增加了 10%，甚至多次出现了负增长。

在邮电通信方面，中国通信网络的传输已经完全实现了数字化，交换实现了程控化，网络技术水平进入了世界先进行列。2010 年初，国务院常务会议决定，加快推进电信网、广播电视网和互联网三网融合，①并明确提出了推进三网融合的阶段性目标：2010~2012 年重点开展广电和电信业务双向进入试点；2013~2015 年，总结推广试点经验，全面实现三网融合发展。这意味着横亘在广电、电信、互联网间的隔阂和障碍有望在国务院决策下得以冰释。

在水、电力和燃气的供应方面，2009 年，全国供电标准煤耗 342 克/千瓦时，比 2008 年同期降低 3 克/千瓦时。线路损失率 6.55%，比 2008 年同期降低 0.24 个百分点。全国 6000 千

---

① 所谓"三网融合"，就是指电信网、广播电视网和计算机通信网的相互渗透、互相兼容，并逐步整合成为全世界统一的信息通信网络。"三网融合"是为了实现网络资源的共享，避免低水平的重复建设，形成适应性广、容易维护、费用低的高速带宽的多媒体基础平台。

瓦以上电厂用电率 5.69%，比 2008 年下降 0.12 个百分点；其中水电 0.58%，火电 6.51%，电力生产和输送环节能源利用效率有了很大提高。[①] 中国的燃气管道和供排水管道布局也得到完善，水、电力和燃气的供应朝着节约、方便和安全的方向发展。

在农田水利设施方面，农田灌溉正朝着节水方向发展，农村电网改造快速进行，病险水库得到加固；各大江河治理初见成效，除涝、治碱和水土流失治理取得了巨大的进展，水利建设的信息化步伐加快。

三、中国基础设施的服务能力和水平

（一）交通基础设施的服务能力

相关数据显示，旅客周转量和货物周转量持续增长，旅客周转量 2009 年达到 24834.9 亿人公里，与 1978 年相比增长了 13.2 倍，年均增长 8.9%；货物周转量 2009 年达到 122133.3 亿吨公里，与 1978 年相比增长了 11.4 倍，年均增长 8.5%。这些说明我国交通基础设施的服务能力有了很大的提高。

（二）邮政通信基础设施的服务能力和服务水平

中国邮政通信基础设施的服务能力获得重大发展。上网人数和移动电话用户持续增长，但是进入 21 世纪以后增速开始放缓。上网人数 2009 年达到 38400 万人，与 1998 年相比增长了 181.9 倍，年均增长速度达到 60.6%；移动电话用户 2009 年达到 74721.4 万户，与 1995 年相比增长了 204.9 倍，年均增长 46.3%；固定电话用户 2009 年达到 31373.2 万户，与 1996 年相比增长了 4.7 倍，年均增速 14.3%。

从服务水平看，设有邮政局所的乡（镇）比重由 1980 年的 64.8%增长到 2009 年的 98.8%；已通邮的行政村比重在 2008 年达到 98.5%；移动电话漫游国家和地区由 2001 年的 90 个增加到 2009 年的 237 个；电话普及率由 1980 年的 0.6%增加到 2009 年的 79.9%；移动电话普及率由 1997 年的 1.1%增长到 2009 年的 56.3%；已通固定电话行政村比重由 2000 年的 82.9%增长到 2009 年的 94.7%；互联网普及率由 1998 年的 0.2%增长到 2009 年的 28.9%。

（三）水电燃气供应基础设施的服务能力和服务水平

中国的电力、水和燃气供应基础设施的服务能力发展较快，从服务能力看，2009 年与最初统计年份相比，发电量、城市供水总量和城市燃气供应量都有了很大的增长。其中，发电量持续增长，城市燃气供应也基本处于持续增长状态，但是城市供水总量很不稳定，多次出现负增长。

从供应水平看，城市用水普及率由 1985 年的 81%增长到 2009 年的 96.1%；人均生活用电量由 1980 年的 306 千瓦时增长到 2009 年的 2781 千瓦时；城市燃气普及率由 1985 年的 22.4%增长到 2009 年的 91.4%。由此可见，我国水、电力和燃气的供应水平有了很大的提高。

（四）农田水利设施的服务能力

中国的农田水利基础设施的服务能力有所增长，但是增速非常缓慢。

---

① 资料引自《全国电力供需与经济运行形势分析预测报告》（2009~2010 年）。

四、基础设施发展的区域分析

区域分析基本沿用上述指标，但限于数据的可获得性和区域之间的可比性，并不与上述指标完全一致。考虑到各省之间的可比性，增加了一些人均指标和密度指标。

（一）各省基础设施的发展现状

在交通基础设施方面，铁路密度排名前三位的北京、天津、上海都是属于东部地区，[①] 而低于全国平均水平的有七个省内蒙古、四川、云南、甘肃、青海、新疆、西藏，其中六个属于西部地区，内蒙古属于中部；公路密度排名前三位的上海、山东、河南有两个属于东部地区，低于全国平均水平的七个省：宁夏、黑龙江、甘肃、青海、内蒙古、新疆、西藏，其中有五个属于西部地区，内蒙古属于中部地区。

在邮电通信基础设施方面，以互联网发展现状为例，尽管全国互联网普及率为28.9%，高于世界平均水平，但是各省的互联网发展状况差异较大。

在水和燃气供应基础设施方面，城市燃气管道密度排名前三位的是上海、北京、天津，低于全国平均水平的是湖南、贵州、广西、黑龙江、云南、新疆、甘肃、内蒙古、青海、西藏；供水管道密度排名前三位的是上海、北京、天津；低于全国平均水平的是广西、吉林、山西、四川、贵州、宁夏、黑龙江、陕西、云南、甘肃、内蒙古、新疆、青海、西藏；供热管道密度[②] 排名前三位的是天津、北京、山东。可以看出，排名前几位的省份全部都是东部省份，而低于全国平均水平的省份大多位于中、西部地区。

在农田水利基础设施方面，水库总数最多的前三位是湖南、江西和广东，最少的后三位是天津、西藏和北京。水库容量最大的前三位是湖北、广东和河南，最小的后三位是西藏、宁夏和山西。农村水电站发电设备容量最大的前三位是云南、福建和四川，最小的后三位是宁夏、天津和北京。农村水电站发电量最大的三位是云南、四川和福建，最小的后三位是宁夏、北京和天津。

（二）各省基础设施服务能力和服务水平

各省的基础设施不仅在发展规模上存在区域差距，其服务能力和水平也是有差别的。在交通基础设施服务方面，2009年客运周转量排前三位的是广东、河南、山东，排后三位的是宁夏、青海、西藏；货运周转量排前三位的是上海、山东、天津，排后三位的是北京、青海、西藏。

在邮电通信基础设施服务方面，移动电话普及率排名前三位的是上海、北京、广东，其中上海和北京移动电话普及率超过100%；低于全国平均水平的是湖北、青海、河北、新疆、重庆、黑龙江、甘肃、湖南、西藏、云南、四

---

① 1986年，由全国人大六届四次会议通过的"七五"计划正式公布。东部地区包括北京、天津、河北、辽宁、上海、江苏、浙江、福建、山东、广东和海南；中部地区包括山西、内蒙古、吉林、黑龙江、安徽、江西、河南、湖北、湖南、广西；西部地区包括四川、贵州、云南、西藏、陕西、甘肃、青海、宁夏、新疆。

② 供热密度不适合进行区域分析。实践中，以秦岭—淮河为界的"暖气线"大概初始于20世纪的计划经济时期，在当时的历史条件下，无论是从政府经济实力还是从群众生活水平角度讲，这条线的划定都有一定道理。其秦岭—淮河以北的黑龙江、吉林、辽宁、大连、河北、山西、山东、青岛、内蒙古、甘肃、青海、宁夏、新疆13个省（自治区、计划单列市）的全部地区、新疆生产建设兵团，江苏、安徽、河南、陕西省的部分地区，以及高海拔的西藏自治区。故各地建设发展状况不一。

川、河南、广西、贵州、安徽、江西。根据《第 25 次互联网发展统计报告》的数据显示，互联网发展水平较好，普及率高于全国平均水平的省（直辖市）主要集中在东部沿海地区，包括北京、上海、广东、天津、浙江、福建、辽宁、江苏、山西、山东十个省（直辖市）。互联网发展水平较为滞后，网络普及率低于全球平均水平的省（直辖市、自治区）主要集中在中、西部地区，包括黑龙江、内蒙古、宁夏、湖南、广西、河南、甘肃、四川、云南、西藏、江西、安徽、贵州。

在水电燃气供应基础设施服务方面，[①] 供水综合生产能力位列前三位的是广东、江苏和安徽，位于后三位的是西藏、青海和宁夏；供水总量位列前三位的是广东、江苏和上海，位于后三位的是西藏、青海和宁夏。

城市用水普及率和燃气普及率最高的前三位是上海、北京和天津，上海的城市用水和燃气普及率均达到了 100%；城市用水普及率低于全国平均水平的有山西、福建、海南、河北、陕西、青海、安徽、河南、甘肃、湖南、江西、四川、广西、西藏、云南、贵州，城市燃气普及率低于全国平均水平的有新疆、内蒙古、山西、河北、海南、陕西、青海、安徽、江西、湖南、四川、河南、广西、甘肃、西藏、云南、贵州。人均用电量高于全国平均水平的有宁夏、青海、上海、内蒙古、浙江、天津、江苏、北京、广东、山西、辽宁、河北、福建、山东，其余地区均低于全国平均水平。

在农田水利基础设施服务能力方面，除涝面积最大的是黑龙江、江苏和山东，最小的后三位是宁夏、海南和甘肃；水土流失治理面积最大的前三位是内蒙古、陕西和甘肃，最小的后三位是海南、西藏和天津。

由以上的数据可以看出，中国的基础设施在区域上存在较大差异。总体而言，东部地区发展最快，西部地区相对滞后。

中国住房保障服务均等化现状、存在的问题与政府行为优化

住房保障的涵义是随着经济社会发展而不断发展的。1966 年联合国大会通过的《经济、社会及文化权利国际公约》第 11 条第 1 款规定："人人有权为他自己和家庭获得适当的生活水准，包括足够的食物、衣着和住房，并能不断改进生活条件。"这被认为是最早对住房保障进行诠释的正式制度。《公约》与《世界人权宣言》、《公民权利和政治权利国际公约》一道，被通称为《国际人权宪章》，是国际人权领域最有影响力的文书之一。《公约》中的这一条款也成为适当住房权保障的最重要法律来源之一，得到世界各国广泛认可。但是，其后的 30 多年时间里，全世界 10 多亿人没有适当住房，另有 1 亿人根本没有居室，几乎没有任何权利在范围和严重程度上像适当住房权那样受到侵犯（艾德，2003）。基于此，1996 年召开的第二次联合国人类居住会议，通过了《伊斯坦布尔人居宣言》

---

① 限于数据获取原因，本部分没有分析各省的电力供应情况；限于数据可比性原因，文字陈述中不进行城市供气和供热数据比较。

和《人居议程》，"人人享有适当的住房和日益城市化进程中人类居住区的可持续发展"被列入《人居议程》的两大主题。因此，住房保障实质上是政府对社会成员中不具备基本住房能力者进行的权利救助。

近十多年来，在现代市场经济和新公共管理视野下，政府基本公共服务更加注重追求公共性、普惠性和社会公平，从而住房保障也逐步被许多国家涵盖在政府基本职责范畴之内，成为一种广义上的公共物品。通过住房公共服务，政府还可以有效地调控城乡、地区、社会成员之间居住水平差距，促进社会公平正义、保障社会安定有序。

一、住房保障制度探索与建设的主要成就

2008 年初，温家宝总理在《政府工作报告》中特别强调了政府与市场责任的划分与界定，标志着中国住房政策的重新转向，有关廉租住房、经济适用住房和公共租赁住房的法律法规开始密集出台。结合我国国情，住房保障由基本保障、援助型保障、互助型保障、自助型保障四个部分组成，能够基本做到应保尽保（见表 7）。与此同时，一系列涉及金融、土地方面的扶持政策相继出台，为保障性住房建设可持续发展提供动力。

表 7 现行住房保障制度主要方式比较

类 别	保障对象	保障方式	产权有无	面积大小	土地供给	提供主体
廉租房	城市低收入住房困难家庭	货币补贴或者实物配租	无产权	50 平方米以内	划拨	政府＋企业
经济适用房	城市低收入住房困难家庭	实物	有限产权	60 平方米左右	划拨	政府＋企业
限价房	城市中低收入住房困难家庭	实物	有限产权	90 平方米以内	招拍挂出让	企业
公租房	城市中等偏下收入住房困难家庭	实物	谁投资，谁所有	60 平方米以内	划拨或出让	政府
棚改房	城市收入低、住房困难家庭	实物或货币补偿	有限或全部产权	50~60 平方米不等	划拨或出让	政府
住房公积金	大众普惠性	货币	—	—	—	政府＋企业＋个人
住房补贴	大众普惠性	货币	—	—	—	政府＋企业

在此住房保障新政的推动下，近几年来，国家对保障性住房的财政投入大幅增加。住建部数据显示，"十一五"期间，中央累计安排保障性安居工程专项补助资金 1336 亿元，大批保障性住房得以兴建。

其中，数据显示，2010 年全国经济适用房投资额达到 1069 亿元，竣工 399193 套，已形成了较大数量规模和正面效应；公租房于 2011 年开始在各大城市试点并逐步推广，和棚改房一起成为新的有效住房保障形式，构成住房保障的多元化层次体系。

国家住房与城乡建设部公布的有关数据表明，截至 2010 年末，全国共有 1500 万户城镇中低收入家庭住房困难问题得到解决，保障性住房覆盖率达到 7.5%左右，保障性住房存量达

1600 多万套。① 通过与住房市场化相互补充、借助政府扶持的"低端有保障，中端有支持"保障制度，城镇居民人家住宅面积也得到稳步提升，整体住房条件得到有效改善。

作为"十二五"规划开局之年，2011 年住房保障建设任务为 1000 万套，截至 2011 年 9 月底，开工量已达 98%。因此，总体上来看，住房保障制度的不断发展与完善，对于广大城镇居民住房水平的保障与提高有着重要的意义。

二、当前我国住房保障发展中存在的主要问题

在住房保障取得重要成绩的同时，其在公平性方面存在的缺失而造成的非均等化现象也不容忽视，通过对住房保障建设过程与分配过程的考察，当前我国住房保障发展中主要存在以下问题。

（一）保障性住房供需缺口仍较大

虽然保障性住房投资额和竣工面积巨大，但相对于我国应保人口仍显不足。发达国家住房保障覆盖面通常在 25%~40%，有的国家甚至更高。如果考虑到经济起飞和城市化加速期居民住房支付能力普遍较低，住房保障覆盖面一般应达到 50% 以上，我国远未达到理想目标。反而保障性住房建设在整个住宅建设中占有比重一直都非常小，如经济适用房投资额占当年住宅投资额比率一直徘徊在 5% 上下，并呈逐年下降趋势。

相比之下，廉租房建设更未受到应有重视，规模也更小；而刚刚起步的公租房，也远不能解决大部分夹心层群体的居住需求。相对全国

整个需要解决住房问题的中低层收入者而言，总体供应量仍显不足，数量缺口巨大。

还需要指出的是，保障性住房建设过程中还存在保障定义过于宽泛、住房保障成本较高、地方政府建设积极性低、保障性住房分配不公正、产生新的分配不公平和腐败等一系列问题，都影响到住房保障的效果和质量。如贾康（2007）认为经济适用房退出机制操作的难以实现，容易造成福利固化，引起横向不公平，即使收入水平得到提高，仍会占用针对低收入家庭的住房资源。同时，经济适用房的分配机制历来广受诟病，容易成为"寻租"的高危领域，使住房保障应有的公平性遭受扭曲，无法真正充分保证低收入群体享有住房保障。

（二）低收入群体享有保障效用低

不同层次的收入群体享有的住房保障效用程度也是衡量其公平性的一个重要方面。经济适用房、廉租房和公共租赁住房分别针对的是中低收入群体、低收入群体和城市夹心层住房困难而设计的住房保障产品。但是，从 1998 年住房制度改革以来，基本以经济适用房为主要的实物保障形式，廉租房建设进展缓慢，直到 2008 年建设部才明确要求，全国所有市县必须建立"廉租房"制度，公共租赁住房更是 2011 年才开始试行。现有的住房保障服务重视经济适用房而轻租赁性住房，其关注点集中于中低收入层级，而忽视了两翼的住房困难群体的福利效用，尤其是最底层的那部分民众。此外，具有普惠性的公积金制度设计也助推这种不公平趋势，"低存不低贷"的模式设计使得我国住

---

① 保障性住房存量按覆盖率为 7.5% 的估算值。

房公积金对居民购房支持力度不大，反而对收入情况较为良好的群体更为有利。近几年来，最低收入群体享有保障效用非常小，房价收入比的大幅上升，背后体现了房地产市场化带来的财富分配"马太效应"在加剧。

（三）住房保障水平区域间差别显著

由于住房保障没有清晰地纳入政府公共财政体系，缺乏稳定的资金渠道，容易受到地方财政能力的局限。同时，当地居民住房消费能力、商品房价格、居民现居住水平、城市发展水平、土地供应和固定资产投资等也是影响地区住房保障水平的重要因素。因此，在应有的保障规模与范围之内，各地住房保障能力也差别显著。其中，各项指标比较突出的省份大都集中在中东部地区或者经济发达省份，如天津、江苏、山东等省份。

再从资金缺口和保障性住房供应缺口来看，由于中西部地区财政能力较弱，政府可调配资源有限，相对于经济发展较快；低收入群众住房困难问题解决较早、政府筹资能力较强和渠道较多的东部地区而言，需要中央投资继续给予重点支持。以2011年1000万套保障性安居工程建设任务为例，中西部省份任务比例尤为大，其住房保障基础薄弱程度可见一斑。

（四）城乡统筹保障远未形成

在现有住房保障体系中，保障房在很大程度上是一个城市概念，覆盖人群局限于城市低收入群体。统计数据显示，虽然农村家庭人均住宅面积已达到34平方米，但是农村居住水平仍处较低水平，钢混结构房屋面积比重不高。进一步来讲，农村虽然有宅基地和自有房屋，但从城乡公共服务机会均等化的角度来看，农村居民获取的政府住房保障效用也非常低，缺乏专门针对农村安居问题的政府扶助与救援机制。从全国范围内看，这个问题仍未引起重视，仅四川、宁夏等少数省份有涉及农村住房保障问题与解决办法。因此，当前的住房保障在城乡间差异显著，农村住房保障问题遭遇忽视。

（五）城市流动人口享有住房保障程度弱

目前，我国已建立的以住房公积金制度、经济适用房制度、廉租房制度和公共租赁住房为主要内容的住房保障体系，重点在于解决城市中户籍居民的住房问题，基本不对流动人口放开，而把流动人口纳入当地住房保障体系仅在长沙、昆明、温州等少数几个城市有尝试性的探索。但是，我国正处于城镇化快速发展阶段，流动人口规模相当大。据国家计生委发布的《中国流动人口发展报告》，目前中国流动人口总量已达2.21亿，其中3/4流动人口家庭在流入地租房居住，房租平均每月387元人民币。2010年下半年家庭住房支出比上半年增加58.2%，41.5%的流动人口租房者认为住房支出已经达到或超过自己能承受的最高房租。根据国际经验，流动人口对城市的影响也越来越大，解决这一群体的基本住房问题，可以有效预防贫民窟化、犯罪率上升等一系列严重的社会问题。

中国就业公共服务均等化现状、存在的问题与政府行为优化

一、中国就业公共服务的基本结构

1. 职业介绍

职业介绍是通过为人力资源供求双方提供

媒介服务以促进就业的活动,包括收集、发布职业供求信息,对用人单位招聘人员和劳动者求职就业提供中介服务等。"十一五"期间中国职业介绍机构稳步发展,全国已基本形成市、区(县)、街道(乡镇)、社区四级职业介绍网络。2009年末,全国共有各类职业介绍机构37123所,其中,各级劳动保障部门举办的公共职业介绍机构24921所,其他组织举办的2401所,个人举办的9801所。全国各类职业介绍机构共有工作人员12.6万人,其中,劳动保障部门举办的职业介绍机构工作人员8.0万人,其他组织举办的职业介绍机构工作人员1.1万人,个人举办的职业介绍机构工作人员3.5万人。全国劳动保障部门举办的职业介绍机构接受登记招聘6045.7万人次,登记求职5805.7万人次,介绍成功2839.8万人次,分别比2006年增加1094.5万人次、1069.8万人次和346.8万人次。职业供求信息发布日益增加,信息发布平台逐渐多元化,招聘信息公共服务网建设取得较大进展。原中国劳动力市场网更名为中国就业网,全年网站发布信息55052条;配合人力资源社会保障部重大活动制作专题130期;专版10个;编辑网络周刊40期,年点击量达3.2亿次,初步成为向社会公众提供就业服务的信息平台和系统服务的网上工作平台。

2. 职业指导

职业指导服务主要是指协助求职者选择职业、准备就业、安置就业,并帮助其设计个人职业生涯规划,以期在职业上获得成功。2006~2009年,中国职业指导人员不断增加,平均年增长132.3万人。2009年职业指导人员3111.6万人,比2006增加529.2万人,同比增加20.5%。2009年,中国人力资源市场信息监测中心对全国130个城市的就业公共服务机构的市场供求信息进行了统计分析并季度发布,深入分析各类职业劳动力供求状况,尤其是产业需求、行业需求和用人单位劳动力需求状况等,为服务对象提供充分的职业判断信息。劳动者职业素质和就业能力测评工作也取得较大进展。2009年,中国职业技能鉴定机构数发展至9538个,考评人员232060人,鉴定考核人数14920761人,获取证书人数12320051,相比2006年分别增加1540个、70464人、3099209人和3067635人。职业指导模式不断创新,职业指导向社区、企业和学校延伸。特别是2010年就业公共服务机构首次与高校合作开展职业指导教学后,就业公共服务机构的职业指导优势资源将得到更高效利用。

3. 职业培训

职业培训是一种按照不同职业岗位的要求对接受培训的人员进行思想政治教育和职业道德教育,传授职业知识、培养职业技能,进行职业指导的职业教育活动。中国职业培训机构主要包括技工学校、就业训练中心、民办职业培训机构、中外合办职业培训机构、企业培训机构等。2006~2009年,技工学校增加184个,招生规模增加21.6万人,毕业生增加28.8万人。截至2009年末,就业训练中心3332个,相比2006年增加120个,就业训练人数9833527人,相比2006年增加819488人,在职教职工人数和兼职教师人数分别上升至47302人和32866人,师资力量扩大,就业训练能力增强。2006年以来民办职业培训机构总体呈下降趋势,由2006年的21462个降至

2009 年的 20854 个，但在职教职工和兼职教师队伍呈上升趋势。培训人数、结业人数、就业人数稳步上升，2009 年末，民办职业培训机构培训人数 11047391 人，结业人数 9765334 人，就业人数 7820818 人。2009 年，工会办职业培训机构数量也有减少，但培训人次增加 969957 人次，其中针对失业人员有 489350 人次，经过培训实现再就业 119109 人次。2009 年，全国开展各类培训 3000 余万人次，比 2008 年增加 1200 万人，其中，政府财政补贴的各类职业培训约 2160 万人次，包括困难企业职工培训 260 多万人次，农村劳动力转移就业培训 1100 万人次，城镇失业人员再就业培训 450 万人次，劳动预备制培训 240 万人次，创业培训 110 万人次。

4. 就业援助

就业援助对象包括就业困难人员和零就业家庭。就业困难人员因身体状况、技能水平、家庭因素、失去土地等原因难以实现就业，或者在连续失业一定时间仍未能实现就业；零就业家庭是法定劳动年龄内的家庭人员均处于失业状况的居民家庭。劳动就业服务企业、社区就业实体和生产自救基地以开发就业岗位为目标，承担着安置就业困难的失业人员和下岗待工人员的作用。2006~2009 年，劳动就业服务企业、社区就业实体和生产自救基地的实有实体数趋于减少，由 2006 年 255580 个减少至 2009 年 157607 个，年均减少 24493.25 个。2009 年结转从业人数减少至 414.9 万人，新增就业人员减少至 61.0 万人，分别比 2006 年减少 65.6 万人、32 万人。2009 年全年城镇有 514 万下岗失业人员实现了再就业，就业困难对象

再就业 164 万人，共帮助 6.9 万户零就业家庭实现每户至少一人就业。

二、中国就业公共服务均等化的发展现状

1. 区域就业公共服务均等化状况

区域就业公共服务均等化主要指东、中、西部地区职业介绍、职业指导、职业培训以及就业援助的均等化。2009 年，东部地区拥有职业介绍机构 16829 个，中部地区 10168 个，西部地区 10126 个。中部地区和西部地区职业介绍机构数量基本相同，东部地区职业介绍机构数量是中部、西部地区之和的 1.66 倍。

东部地区拥有职业技能鉴定机构 3309 个，中部地区 2025 个，西部地区 1947 个。东部地区职业技能鉴定机构数是中部地区的 1.63 倍，是西部地区的 1.7 倍。

东部地区拥有职业指导人员 1833.6 万人，分别比中部地区和西部地区多 1196.9 万人、1192.3 万人，是中部地区的 2.88 倍，是西部地区的 2.86 倍，东部地区与中、西部地区差异较大，中部和西部地区基本相同。

东部地区拥有技工学校、就业训练中心、民办职业培训机构以及工会办职业培训机构共 13307 个，其中技工学校 1139 个、就业训练中心 1112 个、民办职业培训机构 10384 个、工会办职业培训机构 672 个；中部地区职业培训机构共 10105 个，其中技工学校 1087 个、就业训练中心 1305 个、民办职业培训机构 6988 个、工会办职业培训机构 725 个；西部地区职业培训机构共 7007 个，其中技工学校 838 个、就业训练中心 915 个、民办职业培训机构 4638 个、工会办职业培训机构 616 个。东部地区职业培

训机构总量最多，是中部地区的1.32倍，西部地区的1.9倍。中部地区是西部地区的1.44倍。西部地区总量最少，与东、中部地区差异较大。

东部地区拥有劳动就业服务企业、社区就业实体和生产自救基地年末实体数47018个，中部地区36366个，西部地区74223个。西部地区拥有实体数最多，比东部地区多27205个，比中部地区多37857个，东部地区次之，较中部地区多10652个。

综合来看，东部地区比中、西部地区拥有更多的职业介绍机构、职业技能鉴定机构、职业指导人员、职业培训机构；中西部地区有一定的差距，但是差距较小；西部地区只在劳动就业服务企业、社区就业实体和生产自救基地数量上超过东、中部地区，因此区域就业公共服务不均等，主要体现在东部地区与中西部的差异上。

2. 城乡就业公共服务均等化状况

城乡就业公共服务均等化主要指城市和乡镇就业公共服务机构数量和就业公共服务质量的均等。鉴于数据的可获取性，本文以城乡职业介绍机构情况反映城乡就业公共服务差异。2009年，劳动保障部门共有职业介绍机构24921个，其中城市（县区以上及街道）9774个，乡镇15147个，乡镇职业介绍机构比城市多5373个。城市职业介绍机构从业人数为4.5万人，平均每个机构4.6个；乡镇职业介绍机构从业人数3.5万人，平均每个机构2.3个，城市职业介绍机构平均从业人数是乡镇的2倍。城市登记招聘人数3695.9万人，登记求职人数3724.1万人，介绍成功人数1708.1万人；乡镇登记招聘人数590.5万人，登记求职人数582.6

万人，介绍成功人数389.5万人。乡镇登记招聘人数、登记求职人数、介绍成功人数都大幅小于城市。因此，尽管乡镇职业介绍机构数量比城市多，但是乡镇职业介绍机构从业人员缺乏，就业公共服务能力不足。此外，由于大多数乡镇就业公共服务机构设施简陋、设备缺乏、就业信息服务网络尚未覆盖，导致城乡就业公共服务差距明显。

3. 群体间就业公共服务均等化状况

弱势群体能否享受到与其他群体同样的就业公共服务是就业公共服务群体间均等化的关键。残疾人就业较为困难，2009年，全国就业年龄段有就业需求的残疾人近3200万，而全国各级残疾人就业服务机构仅有3127家，工作人员不足3万人，服务机构少，服务能力弱，不能为残疾人提供有效的就业服务。另外，农民工是弱势群体中较大的群体，2009年全国农民工总量为22978万人，农民工获取就业信息的能力较差，政府应着力为农民工提供职业信息发布的就业公共服务。但有调研发现，76.5%农民工的工作岗位是通过老乡、亲友介绍获得的，仅有少量是通过政府提供的职业介绍服务找到工作岗位的。与城市失业工人相比，农民工主要通过市场竞争、网络和自雇获得工作岗位，而城市失业和再就业工人，主要通过政府安排获得工作岗位。

另据何筠（2010）对江西、湖南、河南、安徽等中部地区乡镇的问卷调查，发现农民工参加职业培训的愿望强烈，从未参加任何职业培训的农民工达28%，而且农民工职业培训的资金来源主要以自筹和用人单位出资为主，分别占调查人数的50%和42%，政府出资的占

5%，三方共担的占 3%，政府对农民工职业培训的力度较其他群体较少。

三、中国就业公共服务及其均等化的主要问题

（一）中国就业公共服务面临的困境

1. 中国就业公共服务的供需矛盾

改革开放以来，中国就业人口持续增加，就业公共服务需求也与日俱增。而且，在知识经济时代，社会分工和职业分化的势头增强，新职业不断涌现，旧职业加速消亡，职业流动性显著加强，公民对就业公共服务的需求增长。伴随着人们对就业公共服务需求的增长，就业公共服务机构的数量和从业人员的数量也逐步增加，但其增加幅度较就业公共服务需求增长的幅度来说较小。从职业介绍情况来看，2009年，全国经济活动人口 79812 万人，职业介绍机构共 37123 个，职业介绍机构从业人员 12.6万人，平均每个机构约 3.39 人、每个职业介绍机构从业人员要为 6334 人提供职业介绍等服务。零点公司 2006 年对就业公共服务满意度的调查显示，48.5%的被调查者认为，在他们所处的地区找不到能为他们介绍工作或提供就业信息的机构（零点调查，2007）。

就业公共服务供需矛盾的主要原因在于：

（1）就业公共服务的投入资金不足。就业公共服务的供给以资金投入为基础，就业公共服务投入资金主要包括就业公共服务经费、就业专项资金和社会各界为公益性就业服务提供的捐赠、资助，其中就业公共服务经费和就业专项资金纳入同级政府财政预算。在财税体制改革后，中央和地方政府的财权和事权不匹配，地方政府财权上移但事权下移，公共服务的支出很大一部分由地方政府承担，地方政府有限的财权直接限制了就业公共服务资金的投入程度。而且，改革开放以来，中国各级政府的职能转变取得了不同程度的进展，政府用于经济服务的支出逐年减少，而用于基本社会公共服务的支出逐年加大，但政府还没有完全从经济服务转向社会服务，因此财政支出经济建设的偏好制约了有限的财政资金对于就业公共服务的投入（丁元竹，2006）。与此同时，在财政分权、政治集权的背景下，中央政府与地方政府的偏好存在差异，以 GDP 增长率为主要指标的经济考核体系促使地方官员开展"官员晋升锦标赛"（周黎安，2007）。为了与其他地方官员竞争，地方政府更加注意国内生产总值、财政税收收入等"硬指标"，而较少顾及就业公共服务等"软指标"，地方政府不愿提供需要更多财力支出却政绩更少的就业公共服务。在地方政府资金有限、政府经济建设偏好以及"官员晋升锦标赛"的影响下，就业公共服务的财政投入资金相对欠缺。另外，虽然随着中国社会经济的发展和人民生活水平的提高，对就业公共服务的社会捐赠和社会资助增加，但捐赠和资助的总体规模不大，不能有效地改变就业公共服务投入资金不足的局面。

（2）就业公共服务主要由政府供给的格局。就业公共服务需求巨大，而且就业公共服务需求日益个性化。在财政资金投入有限的基础上，政府无法完全依靠自身提供充足和有效的就业公共服务，因此必须找到就业公共服务有效供给的创新途径。公共物品和准公共物品并非一定完全由政府提供，政府可以充分利用市场和社会的优势来增加就业公共服务，建立就业公

共服务供给的多元化格局。但是，中国就业公共服务目前仍是以政府为主的单元供给格局：①市场机制不完善。虽然中国的市场化水平稳定上升，但是中国市场机制仍不健全，政府不能有效利用市场机制来提高就业公共服务资源分配的效率。②社会组织力量薄弱。中国的社会组织正在不断崛起，但仍处于发展初期。很多社会组织内部管理机制不完善，不具备提供就业公共服务的能力。③对政府逐步吸纳市场和社会组织提供就业公共服务的必要性认识不清。就业公共服务是基本公共服务的一个重要方面，政府有责任为所有公民提供就业公共服务，为了克服市场失灵和志愿者失灵，保障就业公共服务顺利进行，政府有必要逐步吸纳市场和社会组织参与、提供。

2. 中国就业公共服务的效率问题

就业公共服务的效率问题主要体现在三个方面：①信息服务质量不高。劳动力资源的有效配置和市场机制充分发挥作用需要信息的对称和安全，就业公共服务的一个重要职能就是为劳动力供求双方提供就业信息服务。现阶段中国就业公共服务机构信息服务覆盖面较窄，信息服务能力较低，不能有效提供及时、准确和完善的信息。②职业培训水平不高。职业培训缺乏统一的协调和管理，缺乏市场调查的基础，培训方式"一刀切"，造成职业培训的专业设置和劳动力市场信息不对称，存在一定的盲目性和重复性，教育性资源未被合理、充分利用（陈佳贵，2008）。而且培训补助标准低，直接导致了培训时间人为缩短，何筠（2010）调查发现就政府对农村劳动力提供的培训来说，一周以内占45%，7~15天占24%，在如此短时

间的培训中，农民的技能和知识提升非常有限。③就业援助力度不够。中国就业援助对象主要包括下岗工人、残疾人以及农民工等，其迫切需要就业援助，如再就业培训、下岗职工求职服务等。但据在武汉市和沈阳市的调查，下岗职工培训率仅为47%；农民工夹在城市和农村的中间地带，很难享受到就业援助。

就业公共服务效率低的原因主要在于：

（1）就业公共服务的多头管理。就业公共服务由政府多个部门联合提供，特别是职业培训。中国的职业培训根据培训对象和培训侧重点不同，分别由不同的部门来提供，主管部门有人力资源与社会保障部门、农业部门和教育部门等，其他如财政部门、妇联、共青团等也有所涉及。很多职业培训的管理文件是多个部门联合制定发布的，很多地方建立了职业培训协调机构，但在实际运行过程中，职业培训还在一定程度上出现混乱。

在多头管理的格局下，就业公共服务的提供出现"反公地悲剧"。各管理部门在博弈过程中的占优策略为期待其他部门管理提供就业公共服务，只享受收益而不承担成本，因此很多部门管理导致了最终的无人管理。多头管理中，各部门都承担提供就业公共服务的责任，但是责任划分并不清晰，各部门之间相互扯皮推诿降低了效率。多头管理强调协调合作，政府整体对于就业公共服务需求变化的回应能力明显削弱，最终导致就业公共服务供给的短缺，更降低了就业公共服务供给的有效性。

（2）就业公共服务机构工作人员素质亟须提高。就业公共服务体系需要大量的专业工作人员从事专业化的职业介绍和职业指导工作，

但目前就业服务工作人员普遍存在服务观念不强、文化程度低、工作能力和经验不足等问题。①从业人员专业素质水平与就业公共服务机构职能的转变不适应。就业公共服务机构的职能已经由处理简单的行政事务转换为既要履行政府部门职责，又要与其他组织互相合作，以提供职业介绍和指导、职业培训、就业信息管理等专业化服务。而很多从业人员仍保持着官僚化的思维和行为方式，缺乏服务观念和专业技能。②从业人员专业素质水平与劳动力市场的需求变化不相适应。劳动力市场正在由单纯的体力型向专业型、技术技能型转变，个性化服务日益突出，需求日益专业化和多元化，强化职业指导针对性、提高职业介绍和指导水平，都对就业公共服务机构从业人员的专业素质提出了严峻挑战（曾湘泉，2008）。

（二）中国就业公共服务均等化面临的困境

1. 中国区域间就业公共服务不均等

（1）区域间的财政能力不同。经济发展水平和财政能力决定公共物品的供给规模和质量，公共领域的投入量与政府的财政预算成正比。区域间财政能力的不同，导致了区域间政府提供就业公共服务能力的不同，在同等情况下，财政实力雄厚的地区会提供优于财政实力较弱地区的就业公共服务。在改革开放战略下，中国率先在沿海设置经济开发区、经济特区。在一系列优惠政策的刺激下，东、中、西部地区的经济发展不平衡，东部地区的区域财政实力明显优于中部和西部地区，中部地区的财政实力又优于西部地区。

（2）转移支付制度不完善。转移支付能够弥补区域间的财政实力差距，从而缩小区域间

就业公共服务的差距，但由于转移支付制度的缺陷，不利于区域就业公共服务均等化。目前，中央对地方的转移性支出主要包括返还性支出、财力性转移支出、专项转移支出和其他转移支出四大类，其中返还性支出和专项转移支付占中央对地方转移支出的绝大部分，而返还性转移支出主要是维护地方既得利益，专项转移支出一般具有特定目的，这两项转移支付对调整区域间财力差异基本没有什么力度。而且，由于转移支付的形式单一、多头管理、操作不规范、过程不透明，转移支付制度没有缩小区域间就业公共服务的差距。

（3）区域间的公民需求和政府执政理念和能力不同。公共服务提供分为投入和产出两个阶段，并最终体现出公共服务的供给结果。在就业公共服务供给中，财政资金投入属于投入阶段，这是政府提供就业公共服务的必要条件。在资金投入后的产出过程中，政府部门的执政理念和能力直接决定了就业公共服务的供给。在东部经济较发达地区，人们基本物质生活得到满足，对就业公共服务的需求意识较高，要求政府提供更多、更好的就业公共服务。而且，东部经济较发达地区的政府职能已先于中、西部经济欠发达地区由经济建设转向为社会服务，执政理念较先进、执政能力较强。因此在回应公民需求的动机以及自身能力上，区域间就业公共服务存在差距。

（4）区域间的市场化程度不同。市场化程度越高，政府越能利用市场力量增加就业公共服务的规模、提高就业公共服务供给的效率。根据樊纲等（2009）测算，中国各地区2005～2007年的市场化指数东部最高、中部次之、西

部最低。因此，东部地区能够较充分地利用市场力量及社会资源提供就业公共服务，从而与中、西部地区拉开差距。

2. 中国城乡就业公共服务不均等

目前中国乡村就业公共服务处于短缺状态，与城市相比具有较大差距，主要原因在于：

（1）城乡二元经济社会结构是城乡就业公共服务差距的根源。城乡二元经济社会结构决定了城乡就业公共服务的二元体系。新中国成立初期，中国采取了优先发展重工业的经济发展战略，将城市和农村分割为两个隔离的领域。国家政策长期向城市和市民倾斜，各种资源不断流向城市，农业经济发展远远落后于工业经济，城市就业公共服务体系逐渐发展完善，但农村就业公共服务体系缺乏相应的经济支持。与此同时，户籍制度将社会划分为城市户口和农村户口两大单元。为了对城市人口实行"就业保护"，农村人口进城务工也受到某种程度的限制，大量农村富余劳动力滞留农村，农村就业公共服务需求很小，就业公共服务体系缺乏发展的动力。改革开放以来，虽然城乡要素交流的范围和规模得到扩大，城乡联系显著增强，但农村就业公共服务领域投入不足，总体覆盖力度不够。

（2）农村就业公共服务供给能力和动力不足。中国农村公共服务长期处于难以舒展的窘境，除了政府财政困难而投入不足的原因外，也有农村就业公共服务供给能力和动力不足的原因。在二元结构的管理体制下，长期以来中国农村公共品供给的基本原则是"自力更生为主，国家支持为辅"，公共服务由村民自力更生来解决，就业公共服务也不例外。但就业是民

生之本，政府有责任和义务提供就业公共服务以促进就业。在实践中，农村就业公共服务究竟是村民自给还是依靠政府供给仍不清晰。同时，由于长期以来城乡发展不协调，特别是农村税费改革后，乡镇财政困难，很多地方产生了债务问题。在就业公共服务供给上，乡镇政府处于进退维谷的困境。为了满足村民的就业公共服务需求和供给就业公共服务，在获得财政转移支付较难的情况下，不得不加重村民的负担，可能将乡镇政府推向合法性危机。而且，就业公共服务具有外部性，特别是在农村大部分劳动力获取就业公共服务的目的是外出务工，因此主要由乡镇财政支付的就业公共服务所产生的效益将伴随着劳动力流动而流向城市，从而造成农村地区成本大而收益小的局面，减弱乡镇提供就业公共服务的动机。

3. 中国群体间就业公共服务不均等

群体间就业公共服务不均等主要原因在于：

（1）弱势群体就业公共服务需求不能有效表达。弱势群体对就业公共服务的要求比较强烈，但其就业公共服务需求不能有效表达。以农民工为例，农民在全国总人口中所占人数最多，但缺乏自我保护和发展的能力，始终没有代表自己的组织来表达自己意愿。村民自治组织要成为真正能代表和维护农民利益的组织，需要很长一段时间。在广大农村地区，农民各种现代型组织极为缺乏，不仅数量少，规范化程度低，社会参与能力也较弱。此外，农民缺少参与政治活动的具体组织形式和渠道，导致农民参政能力弱，基本上是现实政治的被动接受者，而不是现实政治的积极参与者。由于农民组织化程度低，缺少有效表达自身利益的组

织和代言人，处于"失语"状态，很难找到有效途径表达自己的就业公共服务需求，就业公共服务供给也就处于"自上而下"的状况。

（2）弱势群体信息获取能力缺乏。弱势群体信息获取能力缺乏主要包括两个方面：①弱势群体对就业公共服务相关政策信息获取能力差。国家针对弱势群体已经开展多项专项就业服务，如春风行动、平安计划、特别培训、农村劳动力就业技能计划等，但弱势群体很可能不知晓政府的相关政策，无法主动向就业公共服务机构申请获得政策优惠，减少了获取就业服务的机会。②弱势群体应对信息化的能力较差。中国就业公共服务信息化建设发展迅速，就业公共服务网络已经覆盖到大多数地区，但就业公共服务信息化可能对弱势群体形成更为严峻的挑战，因为信息化的进一步发展，就业公共服务将部分在网络平台上提供，弱势群体与其他群体之间存在的"数字鸿沟"可能随着信息化的发展而加大，因而获得更少的就业公共服务，加剧群体间的就业公共服务不均。

公共文化服务均等化的现状与存在的问题

一、"十五"时期以来中国公共文化事业发展概况

"十五"时期以来，国家对公共文化事业与公共文化服务重视程度不断增加，出台了一系列文件并实施了一系列项目来促进公共文化的发展。我国公共文化机构数量、广播电视人口覆盖率、出版报纸杂志图书数都有不同比例的增加。

第一，全国公共文化机构情况："十五"以来，我国公共文化机构数量逐年增加。"十一五"末期，全国共有博物馆 2252 个，公共图书馆 2850 个，文化馆 2862 个，文化站 38736 个，较"十五"末期分别增加 42.44%、3.19%、0.74%、0.97%。受文化行业管理范围调整的影响，同时期群众艺术馆的数量减少 19.24%。

第二，全国文化事业活动情况："十五"以来，我国文化事业活动进一步发展。"十一五"末期，我国文化机构全国文化事业机构 41959 个，组织文艺活动 555052 次，藏书量 13923 册，较"十五"末期分别增长 0.89%、41.80% 与 30.98%。

第三，广播电视情况："十一五"末期，全国广播综合人口覆盖率 96.30%，农村地区广播综合人口覆盖率 95.10%，电视综合人口覆盖率 97.20%，较"十五"末期分别增长 1.80%、1.08% 和 1.40%，但农村地区电视综合人口覆盖率有所下降。

第四，公共图书馆发展情况："十五"时期以来，我国公共图书馆得到快速发展。"十一五"末期，我国共有图书馆 2850 个，较"十五"末期增长 3%；阅览室坐席 601519 个，较"十五"末期增长 25%。全国图书馆总藏量 585206 个，总流通人次 321675 万人次，书刊外借册次 258573 千册次，较"十五"初期都有大幅度增长。

第五，艺术表演团体演出情况："十五"以来，我国艺术表演得到进一步发展。"十一五"末期，艺术表演团体 6139 个、国内外演出 120.1 万场次、农村演出 74.1 万场次、国内演出观众 81715.9 万人，较"十五"初期均有大幅度增长。

二、中国基本公共文化服务均等化发展现状

改革开放以来，我国在经济领域取得了举世瞩目的成就，人民生活水平不断提高。但随着经济总量的快速增加，我国区域之间、城乡之间的发展失衡问题并没有得到有效遏制，基本公共服务供给能力差距持续拉大，基本公共服务非均等化现象日趋突出，成为影响我国可持续发展的重要因素之一。其中，在基本公共文化服务均等化方面，问题尤为明显。

1. 我国公民的文化权利实现程度还较低

首先，我国文化事业费占国家财政比重偏低并不增反减。1990 年，我国文化事业费占国家财政总支出的比重为 0.49%；2000 年，这一比重降至 0.4%；2009 年，这一比重降至 0.39%。目前国际上中等发达程度以上国家文化事业费占国家财政总支出的 1% 以上，由此可见，我国公共文化服务供给能力亟待提高。其次，我国公共文化事业基建投资占国家基建投资比重较低并不增反减。1990 年，我国公共文化事业基建投资占国家基建投资比重为 0.3%；2000 年，这一比重降至 0.17%；2009 年，这一比重降至 0.05%。我国文化事业费占比与文化事业基建投资占比的逐年萎缩直接导致了我国公共文化基础设施较为匮乏，无法保证公民平等、便捷地享有文化资源。即便作为公共文化指数排名遥遥领先的上海的文化基础设施也落后于伦敦、纽约、巴黎等国际大都市。

从公共图书馆的国际标准来看，国际图书馆协会联合会 20 世纪 70 年代颁布的《公共图书馆标准》规定，每 5 万人拥有一所图书馆，一座图书馆服务辐射半径通常标准为 4 公里。

2009 年，我国平均每 46.8 万人口、每 3368 平方公里面积（服务辐射半径大致为 32.8 公里）才拥有一座公共图书馆，与国际标准有明显差距。

2. 公共文化供给中存在地域之间、城乡之间、社会阶层之间的不均等发展

出现地区之间的"鸿沟"、城乡"二元结构"与阶层间的"差序结构"，表现为中西部发展明显滞后于东部地区，农村文化发展滞后于城市，贫困阶层的文化边缘化等。从地区差异角度来看，我国西部地区与东部地区、发达地区与不发达地区存在较大的文化差异。以 2009 年地市级公共图书馆为例，东部地区平均每馆面积为 11189 平方米，西部仅为 4951 平方米；东部地区平均每馆藏量为 75.3 万件，西部仅为 25.4 万件。如 2009 年，东部地区城镇居民家庭人均教育及文化娱乐服务支出为 1903.43 元，而西部地区仅为 1163.64 元，仅占东部地区的 0.6 倍左右。

再如，从社会阶层文化差异的角度看，我国存在着不同阶层文化享受的明显差异，贫富阶层之间的文化不公平程度较高。如 2009 年，城镇居民家庭中最低收入户用于教育文化娱乐支出仅为 457.22 元，而最高收入者为 4116.41 元，最高最低收入户相差近 10 倍。

3. 基层基本公共文化服务功能薄弱

目前，我国各级文化单位，尤其是基层文化单位提供公共服务的能力大大欠缺，许多地方文化馆、图书馆、文化站运转困难。特别是中西部地区文化事业经费投入明显偏少，农村文化基础设施落后，公共文化资源总量偏少，质量不高的问题很突出。为农民服务的文化机

构运转存在较大困难，公共文化机构运转乏力。

4. 公共参与文化生活的缺位与不均衡并存

因公民的社会阶层、经济成分、教育程度的不同，公民参与文化生活呈现不均衡性，弱势群体如贫困户、农民工的文化权利不能得到充分保障。目前，我国生活在城市中的弱势群体（如农民工、大学生"蚁族"等）的文化生活依然单调乏味，他们很少参加文化活动，文化权利的实现程度也较低。政府针对弱势群体的公共文化服务十分薄弱，一些地方将弱势群体排斥在公共文化服务体系之外，形成了针对弱势群体的文化障碍与文化排斥，积累了许多文化资本的欠账。

5. 公共文化服务体系不健全，导致文化资源分布不均等，文化资源增长缓慢，甚至呈萎缩之势

2000年，我国共有公共图书馆2677个，2005年共有2762个，2009年共有2850个，10年间仅增加了173个。2000年，我国共有群艺馆390个，2009年减少到361个。2000年，我国共有文化馆2907个，2009年减少到2862个。

综上数据显示，当前我国基本公共文化服务的不均等化程度已经十分严重，如文化资源分配严重不均，文化传统生活淡出日常生活，社会精神生活匮乏与文化生态恶化等，如果不尽快优化政府行为以实现基本公共文化服务均等化，将会对我国的经济社会发展带来难以估量的风险。

三、基本公共文化服务均等化的实际测量

（一）基本公共文化服务指数体系构建

在构建基本公共文化服务指数的过程中，

我们选取指标遵循三个重要原则：①科学性原则，即指标体系的建立，必须能够客观充分地反映基本公共文化服务均等化的现实情况。②可比性原则，即指标的选取与设计既要体现基本公共文化服务建设内容的共同点，有利于与全国其他地区的横向比较，又要考虑基本公共文化服务的发展情况，有利于历史性的纵向比较。③操作性原则，即指标的选取与设计要与数据的可取得性相结合，指标内容应尽量简单明了。

本文采用德尔菲法确立两级指标体系并对指标体系的权重进行了设置。指标体系包括投入、产出两个指标，权重分别为57%和43%。投入维度下设置三个二级指标：公共文化财政支出占政府财政支出比重、人均文化事业费和公共图书馆人均购书费，权重分别为30%、35%和35%。产出维度下设置三个二级指标：每万人公共图书馆数量、每万人群艺馆数量和公共图书馆人均藏书册，权重分别为30%、30%和40%。

（二）"繁荣"维度：基本公共文化服务指数测算

1. 基本公共文化服务指数总体情况

指标数据来源主要包括：《中国统计年鉴2010》《中国文化文物统计年鉴2010》《中国社会统计年鉴2010》。按照已构建的公共文化服务供给能力指标体系，我们选用2009年的各地区相关数据进行分析，各地区6个反映基本公共文化服务供给能力指标值。

根据指标的特性采取数据标准化方法。标准化值=某省观测原值/所有省观测最大值。所有指标经过标准化处理后，其指标值均分布在0-1，1代表最高水平。根据一级指标和二级指

标的权重，算出各省基本公共文化服务指数及其排名。

我国基本公共文化服务均等化水平呈现出区域发展严重不平衡的局面。同时借助聚类分析方法的快速聚类，可以将全国 31 个省（市）划分成三个区域等级：

第一类：基本公共文化服务水平较高区域，主要包括上海和北京两地，这两地分别是我国的经济中心和政治中心，经济实力优势明显，地区综合实力强，指数体系的各项指标几乎都高于其他省份，因而水平最高。

第二类：基本公共文化服务水平一般区域，主要包括浙江、福建、新疆、云南、陕西、河北、广西、海南、河南、重庆、山西、江苏、辽宁、天津、四川 15 个地区。这一区域，有些省市是各项指标都比较靠前，如浙江、福建等东部沿海地区，有的区域则是凭借人口较少，均数较大来体现均等的，如新疆、青海等地区。

第三类：基本公共文化服务水平较低的区域，主要包括青海、西藏、贵州、吉林、山东、黑龙江、湖北、甘肃、内蒙古、江西、宁夏、湖南、广东、安徽 14 地，贵州、西藏、甘肃、西宁为西部经济发展较落后地区，基本公共文化服务水平相对也就较低；湖北、湖南、安徽处于中部地区，经济处在崛起阶段，人口基数大，人均相对较少，基本公共文化服务水平较低也在情理之中；山东、广东的总体排名较后一部分原因也是人口基数大、人均相对较少，另外就是在多数单项指标中水平较低。针对这种情况，广东省已出台了《基本公共服务均等化规划纲要》等相关政策文件，以解决公共服务水平与经济发展水平不协调的情况。

2. 基本公共文化服务指数分解：基于二级指标

在本研究中，基本公共文化服务指数由文化事业费占财政支出比重、人均文化事业费、公共图书馆人均购书费、每万人公共图书馆数量、每万人群艺馆数量、公共图书馆人均藏书册六个二级指标构成。因此对基本公共文化服务指数在以上六个方面分解有利于深入理解一个地区的公共文化服务水平。在本研究中，本文除了测算各指标的变异系数、基尼系数等常规测量维度外，还将对六个经过标准化过的二级指标进行进一步分解分析：第一步，计算六个二级指标的平均值（31 个省、市、自治区）；第二步，分别用各地区的六个二级指标的指数值减去所有地区的平均值（即计算各地区六项二级指标相对于平均值的离差）；第三步，根据以上两步画柱状图。如果某地区某一项二级指标大于零，说明该省在该项二级指标好于 31 个地区的平均值。此外，利用这种分解方法，我们也可以大致观察某个地区在六项二级指标的发展的平衡性问题。

从分解结果来看，大多数地区在六项指标的发展上均体现出不平衡的特征。例如，河南在文化事业费占财政支出比重方面高于全国平均水平，但在另外五个方面均低于全国平均水平；江苏在公共图书馆人均购书费和每万人公共图书馆数量两个指标方面高于全国平均水平，但在其他四个指标方面低于全国平均水平；北京、福建、浙江、上海四个省市均是在每万人公共图书馆数量指标上低于全国平均水平，在另外五项指标上高于全国平均水平。此外，部分地区的六项指标均低于全国平均水平，除广东外，这些地区均来自中、西部地区，包括：安徽、黑龙江、湖北、湖南、吉林、江西、甘肃、贵州、内蒙古和宁夏。可以看出，一个地区的基本公共文化服务水平与该地区财政实力具有较强的相关关系。因此，从促进"基本公共文化服务均等化"的角度来说，中央政府应当注重在公共服务领域加强对中西部经济发展水平落后地区的转移支付。

3. 基本公共文化服务指数排名与人均 GDP 排名对比情况

从地区基本公共文化服务指数排名的整体情况来看，东部地区的指数值较高，中、西部省份相对落后。① 然而，地区公共文化指数与地区人均 GDP 存在相当程度的差异性。例如，云南、广西、新疆三个地区的公共文化服务指数排名相对人均 GDP 排名靠前三名；广东、内蒙古、山东三个地区的公共文化服务指数排名相对人均 GDP 排名靠后三名。从地区公共文化服务指数的实际值和人均 GDP 的比较来看，可以发现人均 GDP 高的地区，公共文化服务指数并不一定突出。例如，比较江苏和四川两个地区，江苏人均 GDP 是四川人均 GDP 的 2.5 倍，但两者的公共文化服务指数差不多；天津人均 GDP 是广西人均 GDP 的 3.8 倍，但公共文化服务指数落后于广西；广东人均 GDP 是安徽的两倍多，但公共文化服务指数仅略高于安徽。

如画柱状图，处在横轴下方的地区为基本公共文化服务指数排名高于人均 GDP 省份，而处在横轴上方的地区则是基本公共文化服务指数低于人均 GDP 省份，柱状图上的数字代表排名差异。

因此，通过比较地区公共文化服务指数和人均 GDP，我们可以得出如下结论：人均 GDP 仅能部分地反映地区公共文化服务指数水平，人均 GDP 水平高的地区，公共文化服务水平并不一定高。

(三)"公平"维度：基本公共文化服务基尼系数测算

虽然地区间基本公共文化服务基尼系数总体而言不是很高，但还是能够看出"十五"时期以来地区间的公共文化服务差距呈上升趋势，2005 年达到最高值 0.2387。从地区间的公共文化服务指数的变异系数来看，不同地区间存在比较严重的非均等情况，变异系数在 38.34%~52.95% 这一较大的区间内呈现出起伏不定的状态："十五"时期变异系数不断增大，2005 年达到 52.95%；"十一五"期间，这一变异系数有所回落，但在"十一五"末期仍维持在 48.80%。

从相关数据中可以看出：①东部地区基本公共文化服务的不均等化程度明显高于中、西部地区。②从均值看，东部地区的不均等化程度都超过了全国平均值，而中、西部地区均未超过全国平均值。由此可见，东部地区公共文化服务的不均等特征更为明显。

---

① 此处界定的东部地区包括北京、天津、河北、辽宁、上海、江苏、浙江、福建、山东、广东和河南 11 个省（市）；中部地区包括山西、吉林、黑龙江、安徽、江西、河南、湖北、湖南 8 个省份；西部地区包括广西、重庆、四川、贵州、云南、西藏、陕西、甘肃、宁夏、青海、新疆 12 个省份。

四、二级指标分项比较研究

（一）公共文化财政支出占政府财政支出比重

1. "繁荣"维度：基本公共文化服务指数测算

从公共文化财政支出占政府财政支出比重排名来看，第1~10位地区分别为：浙江、北京、宁夏、海南、天津、福建、山西、广东、云南、上海；11~20位地区分别为：吉林、重庆、内蒙古、湖北、新疆、江苏、陕西、甘肃、青海；21~31位地区分别为：辽宁、广西、江西、四川、贵州、黑龙江、河南、湖南、安徽、西藏、河北。

从公共文化财政支出占政府财政支出比重的分解情况看，该项指标好于31个地区平均值的省份包括北京、天津、山西、上海、浙江、福建、广东、海南、云南、宁夏。

2. "公平"维度：基本公共文化服务基尼系数测算

从地区间基本公共文化服务（文化事业费占财政支出比重）基尼系数来看，"十五"时期以来地区间的公共文化服务差距呈逐渐增大趋势，"十一五"末期达到最小值0.1585。从地区间的公共文化服务指数的变异系数来看，"十五"时期以来也呈现逐渐上升的趋势，"十一五"末期仍维持在29.95%。

从相关数据中可以看出：①东部地区基本公共文化服务的不均等化程度明显高于中、西部地区。②从均值看，东部地区的不均等化程度都超过了全国平均值，而中、西部地区均未超过全国平均值。由此可见，东部地区公共文化服务的不均等特征更为明显。

（二）公共图书馆人均购书费

1. "繁荣"维度：基本公共文化服务指数测算

从公共图书馆人均购书费排名来看，第1~10位地区分别为：上海、天津、北京、浙江、广东、江苏、宁夏、海南、重庆；11~20位地区分别为：吉林、福建、甘肃、山东、西藏、青海、新疆、山西、云南、广西；21~31位地区分别为：内蒙古、湖北、黑龙江、陕西、四川、安徽、湖南、江西、河北、河南、贵州。

从公共图书馆人均购书费的分解情况看，该项指标好于31个地区平均值的省份包括北京、天津、辽宁、上海、江苏、浙江、广东。

2. "公平"维度：基本公共文化服务基尼系数测算

地区间基本公共文化服务基尼系数总体而言非常高，2005年达到最高值0.7342，"十五"时期以来地区间的公共文化服务差距逐步缩小的趋势。从地区间的公共文化服务指数的变异系数来看，不同地区间存在非常严重的非均等情况，变异系数在176.56%~307.12%这一较大的区间内呈现出起伏不定的状态："十五"初期这一系数达到了307.12%；"十一五"期间，这一变异系数有所回落，但在"十一五"末期仍维持在178.09%。

从相关数据中可以看出：①东部地区基本公共文化服务的不均等化程度明显高于中、西部地区，东部地区已经处于高度不均等状态。②从均值看，东部地区的不均等化程度都超过了全国平均值，而除了2000年中部地区略高于均值外，中、西部地区均未超过全国平均值。由此可见，东部地区公共文化服务的不均等特征更为明显。

（三）人均文化事业费

1. "繁荣"维度：基本公共文化服务指数测算

从人均文化费排名来看，第1~10位地区分别为：上海、北京、天津、青海、西藏、浙江、宁夏、内蒙古、吉林、海南；11~20位地区分别为：新疆、福建、辽宁、广东、江苏、山西、陕西、重庆、甘肃、黑龙江；21~31位地区分别为：湖北、云南、江西、四川、广西、贵州、湖南、山东、安徽、河南、河北。

从人均文化费的分解情况看，该项指标好于31个地区平均值的省份包括北京、天津、内蒙古、吉林、上海、浙江、海南、西藏、青海、宁夏、新疆。

2. "公平"维度：基本公共文化服务基尼系数测算

从地区间基本公共文化服务（每万人图书馆数量）基尼系数来看，"十五"时期以来地区间的公共文化服务差距小幅缩小趋势，"十一五"末期达到最小值0.3355。从地区间的公共文化服务指数的变异系数来看，"十五"时期以来也呈现逐渐下降的趋势，"十一五"末期仍维持在70.53%。

从相关数据中可以看出：①东部地区基本公共文化服务的不均等化程度明显高于中、西部地区。②从均值看，东部地区的不均等化程度都超过了全国平均值，而除了2008年和2009年西部地区略高于全国平均值外，中、西部地区均未超过全国平均值。由此可见，东部地区公共文化服务的不均等特征更为明显。

（四）每万人公共图书馆数量

1. "繁荣"维度：基本公共文化服务指数测算

从每万人公共图书馆数量排名来看，第1~10位地区分别为：青海、内蒙古、新疆、山西、甘肃、云南、宁夏、陕西、辽宁、黑龙江；11~20位地区分别为：天津、贵州、江西、吉林、福建、河北、海南、广西、四川、湖南；21~31位地区分别为：湖北、浙江、山东、上海、重庆、河南、安徽、江苏、广东、西藏、北京。

从每万人公共图书馆数量的分解情况看，该项指标好于31个地区平均值的省份包括山西、内蒙古、辽宁、黑龙江、云南、陕西、甘肃、青海、宁夏、新疆。

2. "公平"维度：基本公共文化服务基尼系数测算

地区间基本公共文化服务（每万人图书馆数量）基尼系数总体而言不是很高，能够看出"十五"时期以来地区间的公共文化服务差距小幅缩小趋势，"十一五"末期达到最小值0.2446。从地区间的公共文化服务指数的变异系数来看，其值一直较为稳定，"十一五"末期仍维持在52.31%。

从相关数据中可以看出：①西部地区基本公共文化服务的不均等化程度明显高于东中部地区。②从均值看，西部地区的不均等化程度都超过了全国平均值，而东中部地区均未超过全国平均值。由此可见，西部地区公共文化服务的不均等特征更为明显。

（五）每万人群艺馆数量

1."繁荣"维度：基本公共文化服务指数测算

从每万人群艺馆数量排名来看，第1~10位地区分别为：青海、内蒙古、新疆、山西、甘肃、云南、宁夏、陕西、辽宁、黑龙江；11~20位地区分别为：天津、贵州、江西、吉林、福建、河北、海南、广西、四川、湖南；21~31位地区分别为：湖北、浙江、山东、上海、重庆、河南、安徽、江苏、广东、西藏、北京。

从每万人群艺馆数量的分解情况看，该项指标好于31个地区平均值的省份包括北京、天津、山西、上海、江苏、浙江、西藏、陕西、青海、宁夏。

2."公平"维度：基本公共文化服务基尼系数测算

地区间基本公共文化服务基尼系数总体而言比较高，能够看出"十五"时期以来地区间的公共文化服务差距上升趋势，2005年达到最高值0.4178。从地区间的公共文化服务指数的变异系数来看，不同地区间存在比较严重的非均等情况，变异系数在71.12%~102.63%这一较大的区间内呈现出起伏不定的状态："十五"时期变异系数不断增大，2005年达到102.63%；"十一五"期间，这一变异系数有所回落，但在"十一五"末期仍维持在79.37%。

从相关数据中可以看出：①西部地区基本公共文化服务的不均等化程度明显高于东中部地区，2005年已经超高了0.5，处于差距较大的状态。②从均值看，西部地区的不均等化程度都超过了全国平均值，除2005年和2009年东部地区不均等化程度略高于全国外，东中部

地区均未超过全国平均值。由此可见，西部地区公共文化服务的不均等特征更为明显。

（六）公共图书馆人均藏书册

1."繁荣"维度：基本公共文化服务指数测算

从公共图书馆人均藏书册排名来看，第1~10位地区分别为：上海、北京、天津、浙江、青海、宁夏、辽宁、吉林、江苏、广东；11~20位地区分别为：内蒙古、黑龙江、福建、山东、湖北、广西、海南、重庆、甘肃、新疆；21~31位地区分别为：山西、江西、湖南、四川、云南、陕西、河北、安徽、河南、贵州、西藏。

从公共图书馆人均藏书册的分解情况看，该项指标好于31个地区平均值的省份包括北京、天津、辽宁、上海、浙江、青海、宁夏。

2."公平"维度：基本公共文化服务基尼系数测算

地区间基本公共文化服务基尼系数总体而言比较高，能够看出"十五"时期以来地区间的公共文化服务差距上升趋势，2005年达到最高值0.4399。从地区间的公共文化服务指数的变异系数来看，不同地区间存在比较严重的非均等情况，变异系数在75.35%~141.68%这一较大的区间内呈现出起伏不定的状态："十五"时期变异系数不断增大，2005年达到141.68%；"十一五"期间，这一变异系数有所回落，但在"十一五"末期仍维持在108.44%。

从相关数据中可以看出：①东部地区基本公共文化服务的不均等化程度明显高于中、西部地区，并且不均等化程度较高，2005年已经达到高度不均等状态。②从均值看，东部地区的不均等化程度都超过了全国平均值，而中、

西部地区均未超过全国平均值。由此可见，东部地区公共文化服务的不均等特征更为明显。

五、小结

根据上述分析，我们可以得到如下结论：①东部地区的基本公共文化服务均等化程度异于中、西部地区。虽然在某些指标上东部地区的均等化水平高于中、西部，[①]但在大多数指标上，东部地区表现出较高的不均等化，这说明基本公共文化服务均等化水平与经济发展水平不一定直接相关。②各级政府对基本公共文化服务的财政投入偏低，人均文化事业费、人均购书费偏低、在公共图书馆人均拥有藏书册数、每万人公共图书馆数等衡量指标上都偏少。相对于基础设施等"硬"公共产品，政府公共财政在基本公共文化服务方面的投入显然远远低于民众的基本需求，财政投入偏低无疑是公民基本公共文化权益不能得到有效保障的重要原因之一。③"十五"以来在很多指标上公共文化服务基尼系数都大幅上升，表明近些年来我国各级政府在文化建设方面的投入实际上是不增反减。④基本公共文化服务分布不均等，区域间的非均等情况显著，权利的平等无法得到有效保障，自然结果的大致均等也难以实现。

20纪90年代中期开始，中国开始确立"坚持区域经济协调发展"的指导方针，陆续实施了"西部大开发"、"东北振兴"、"中部崛起"等一系列促进我国区域经济协调发展的政策。这些政策主要面向调节经济总量和增长速度，现已初见成效。与此同时，区域政策侧重于经济领域的平衡，却忽视了社会领域的平衡，各地在公共文化等领域的基本公共服务差距不断扩大，如果此趋势继续持续下去势必会影响我国的社会和谐与可持续发展。针对这些状况，我国在制定"十二五"规划时着重强调了"增强公共文化产品和服务供给，建立健全公共文化服务体系"。中央与地方的公共文化领域相关决策部门在制定相应的"十二五"发展规划时，也应该更加注重各区域公共文化服务均等化，促进政府行为优化。

（杨冠琼 整理）

① 在每万人公共图书馆数量和每万人公共群艺馆数量两个维度测量中，西部地区的不均等化大于东部。我们的解释是：由于这两个指标是人均指标，而同样在西部地区不同省份的人口密度差异较大，如青海、西藏的人口密度远远小于重庆、云南，因此在这两项指标中，西部地区不均等程度较高。

第二部分

公平体系与价值追求：基本概念与规范性理论

公平的性质、结构与规范性理论

公平的概念界定

一、公平问题的复杂性

　　基本公共服务的范围与水平等的确定，不论是从政府行为或公共政策角度上讲，还是从一般社会（包括公民以及各种媒介等）对于这一问题的理解上讲，都必然以公平的某种界定为基础与前提。

　　虽然我们讨论了公平与繁荣，并且认为公平的维持与实施依赖于政府的行为，但一个重要问题并没有得到说明，即何为公平（equity or fairness）？如果没有给"公平"这一术语一个明确的界定，那么我们无法谈论公平所生成的以及与其相互联结的更多的问题。如果每个人仅从其自身理解的角度谈论公平，而且在理解上存在重大差异或片面性，那么实际上不同的人在谈论公平时存在着不同的前提。在这种情况下，虽然表面上人们都在谈论"公平"这个问题，但本质上却由于界定不同而在谈论完全不

同的问题。因此，为了能够正确地理解我们在本研究中使用的公平的涵义以及公平所覆盖的范围，有必要对公平以及与其相关的词语或概念作一下说明。

　　在日常谈话中或在现实生活的具体情景中，人们在谈论某事是否为"公平"时，其涵义似乎非常明确，即表面上其涵义总是准确无误，因而人们可以自由自在地谈论公平问题。例如，在组织中人们是否得到了公平的对待或待遇，某个组织的领导对某个人的评价是否公平，税收负担是否公平，某人得到职位晋升对他人是否公平，权力的某种运用是否公平，等等。一般地，上述问题都可以转换为这样的句式：人们应该公平地行事或人们是否公平地行事。

　　然而，当人们要求认真思考上述每个问题中的"公平"的恰当涵义时，特别地，当人们要求说明在上述每种情形下何为"公平"时，人们对"公平"的确切涵义的理解开始变得越来越模糊。更为重要的是，当人们要求从一般意义上说明公平的涵义时，人们往往跳入循环

界定的陷阱，用不同的词语表达相同或类似的问题，如公平、公道、正直、公正、正义、平等以及恰当、正当等，并且总是在这些词语中加以变换，用一个解释另外一个，每个词语都无法脱离开另外一个而独立存在。从而越思考与追问公平的涵义，"公平"的确切涵义就变得越发地模糊与复杂。公平如同正义一样，"有着一张普洛透斯似的脸（a Protean face），变化无常、随时可呈现不同形状并具有极不相同的面貌。当我们仔细查看这张脸并试图解开隐藏在其表面背后的秘密时，我们往往会深感困惑"（博登海默，1999：252）。

此外，人们在谈论公平时由于运用的参照标准的不同，也会形成较为复杂的结果。下面的几个例子就说明了这一问题的复杂性。

例 1：假设两个人在沙漠中进行长途跋涉，其中一个人从其物品中找到一袋水（a flask of water）。如果两个人都喝这袋水，两个人谁也走不出沙漠因而都将死亡。如果仅供一个人喝，那么他可以活着走出沙漠而另外一个死亡。拥有水袋的人是否应该与另外一个分享这袋水呢？意即如何分配这袋水才是公平的呢？

例 2：同样考虑沙漠中严重缺水的两个人。他们在前面不太远处看到一袋水，并且同时跑向水袋试图先拿到水袋。跑得快的可以拿到水袋并声称其拥有这个水袋。由于这个水袋的水只能够供一个人活着走出沙漠，那么跑得快的人拿到水袋并声称其拥有这袋水是否公平？如果其中一人视力较好或具有更好的观察能力先看到水袋，因而在另外一个不知道水袋存在的情况下就先跑过去而拿到水袋，那么这种情形下先拿到水袋的人拥有这袋水并仅自己使用是

否是公平的呢？

例 3：考虑一个可用移植的肾在两个病人间的分配问题。假设病人 A 仅 30 岁并且没有其他疾病，病人 B 已经 60 岁且有糖尿病。病人 B 为进行肾移植已经等了两年，若不进行肾移植不久将死亡，病人 A 只等了不到两个月且在不进行肾移植的情况下可以存活稍长一段时间。现在有人提供一个肾并且适用于这两个病人。那么在此种情形下将这个肾移植给谁是公平的呢？

至此，希望每个读者能够停下来，思考一下如何回答上述三个问题，在回答上述三个问题时自己的逻辑及其前提是什么？

事实上，每个人可能对上述每个问题给出不同的答案，每个不同的答案又基于此答案的预设前提，或以承认某一个逻辑上更为在先的命题为基础。每一个论证在逻辑上都是有效的，或者，很容易通过推演达到这一点，或者说所有结论的确都源自于各自的前提。由于前提或预先承认的命题不同，因而问题最初的出发点已经变化，那么就需要再去追问这些出发点的公平性，"对于这些对立的前提，我们没有任何合理的方式可以衡量其各个不同的主张"（麦金太尔，2003：9）。因为每个前提都使用了与其他前提截然不同的标准或评价性概念，从而给予我们的诸多主张也就迥然有别。理论预设或各自前提的不可公度性（incommensurability），导致了论证结构与结论的不可公度性，因而问题会越来越复杂。

要从最一般的意义上界定公平这一概念，的确是非常复杂一件事。哈耶克曾经就从一般意义上理解社会公平存在多大的困难进行过深

入的论述。在《法律、立法与自由》一书中，哈耶克用了整整一章来专门论述社会公平的含义，试图通过运用大量的实例来表明，社会公平所要求的各项诉求不可能是公平的，因为作为这些诉求之基础的那些考量不具有一般的应用性。"直到用尽我之所有去试图构建某种状况来支持社会公平之理想时，我才发现皇帝根本没有穿衣服，即'社会公平'这一术语完全是空洞的与无意义的。正如一个宗教故事中的小男孩所说，我'看不到任何东西，因为没有任何东西可看'"。哈耶克主要关注与想要表达的观点是，人们永远不可能就"社会公平"所要求的达成一致意见；任何试图依据社会公平所要求的那些东西决定补偿的尝试，都将使市场机制失灵。"不过，我现在已经明白，人们习惯性地运用这些术语时，事实上根本不知道这些术语意味着什么，只是运用这些术语来证明其诉求（claim）的正当性，证明其诉求的正当性可以不用给出任何正当的理由"。

正是由于公平涵义的复杂性，直到今日人们甚至还怀疑能否从一般的意义上确定"公平"的确切涵义。这种怀疑主要来自如下三个方面：第一种观点认为，公平仅仅是虚伪之人为自私自利所披的一件外衣，因为公平根本没有内在性涵义（intrinsic meaning），因而历史上从来就没有存在过一般意义上的公平。第二种观点认为，即使在某种抽象的概念层面上存在，公平的主观感受是如此强烈，以至于人们根本无法在科学的意义上分析和研究公平问题，因而从客观的意义上说根本不存在一般意义上的公平的概念。第三种观点认为，即使认为公平并不是完全主观意义上的判断，关于公平也不存在

任何经验性的理论，特别地不存在与现代福利经济学相容的（compatible）经验性理论，因而不存在学术意义上的公平的概念（Young，1994：xi）。

二、公平概念的历史界定

自中国的孔子以及西方的柏拉图以来，人们就一直关注公平问题，并在当时历史背景下努力给出关于公平的种种概念界定。

在中国传统文献中，公平最为接近的概念为"仁"。"仁"是中国儒家学派道德规范的最高原则，孔子思想体系的理论核心。孔子把"仁"定义为"爱人"，并解释说："夫仁者，己欲立而立人，己欲达而达人"，并且要做到"己所不欲，勿施于人。"当然，站在现代社会多元价值观的立场上，这种关于"仁"的界定，存在严重的片面性。因为"己欲立"与"己欲达"也不能施加于别人，因为每个人的偏好不同，你自己认为是好的或想要的并不等于别人也认为是好的或想要的。

在西方特别是自柏拉图以来，与公平最为相似的概念为正义。虽然从某种意义上说，正义较公平更为广泛一些，但人们往往用公平或公正来界定正义，而且从历史演进的角度上考察，这种用公平界定正义的趋势日益明显。柏拉图认为，人们按自己的等级做应当做的事就是正义，"各尽其职就是正义"。虽然这种界定初看起来似乎合理，但仔细思考就会发现这种界定存在严重的问题。"各尽其职"以"各其职"的界定为前提，从公平或正义的角度说，必须首先证明"各"与"其职"的界定获得人们的认同。例如，贵族的"职"与奴隶的"职"

各不相同，问题是将人们分为贵族与奴隶是公平的吗？人们认同这种奴隶与非奴隶的划分吗？

对于"各其职"界定的公平性的追问迫使人们思考更为基本的问题，即"何为正义的社会秩序？"在试图回答这一问题时，人们开始运用公平界定正义，因为"正义的社会秩序"必然涉及资源、权力、责任、机会以及义务等分配的公平性问题。离开分配的公平性，不可能存在正义的社会秩序。正是由于这一点，自柏拉图与亚里士多德探讨理想国之后，中间经过霍布斯、洛克、卢梭等，直到现代思想家罗尔斯、诺齐克与华尔泽（Walzer）等，都趋向于用公平界定正义。罗尔斯的《正义论》不是泛泛的正义理论，而是关于分配公平的正义理论或作为分配公平的正义论，Brian Barry（1989）的《正义理论》（theories of Justice）是关于公正的或基于公正的正义理论（justice as impartiality），而且强调提出，在考察"特定问题分配的公平性"（the fairness of particular decisions）之前，应该首先考察人们的社会地位界定的正义性问题（the justice of social positions），也即"各其职"界定的正义性或公正性问题。正是由于这种历史趋向性，人们将研究资源、权力、责任、机会以及义务等分配的公平性问题的理论统称为社会正义理论（theories of social justice），而本质上是研究社会公平的问题或分配的正义问题。本研究就属于这一范围，主要关注资源、权力、责任、机会以及义务等分配的公平性问题以及政府在导向于分配公平方面可采取的相关政策，虽然引用文献可能涉及相关正义理论，但仅仅局限于分配公平意义上的正义而不涉及正义的其他问题。

分配公平或正义的研究是近年来公共经济学与公共管理领域的一个热点专题，可以说是公平问题研究在历史上一次重大复兴。世界银行的报告写道，从 20 世纪 70 年代开始，一批有影响力的经济思想家，如约翰·罗尔斯（John Rawls）、阿马蒂亚·森（Amartya Sen）、罗纳德·德沃金（Ronald Dworkin）和约翰·罗默尔（John Roemer），在各自领域都对社会公平研究做出了独到而重要的贡献。Marc Fleurbaey（1996）的《正义的经济理论》（Economic Theories of Justice）以特别清晰与传授的方式，最为完整地展现了当代各种不同的关于正义或分配公平的经济模型。Thomson（1996），Moulin（1988，1995），Young（1994）以及 Peters（1992）提出了分配的各种公平原则与合作选择原则。John Roemer（1996）的《分配正义理论》（theories of distributive justice）提出了一系列分配公平的形式化（数学的）判断准则，并对责任与机会均等传统问题进行了非常细致的讨论，而且将其运用于当代公共政策的分析与研究。

三、公平的界定

虽然人们对分配的公平问题进行了广泛的研究，虽然每一个社会都实际地存在着在其成员中分配资源、权力、责任、机会以及义务等的一套体制性规则，但即使将问题缩小到这种分配规则的公平问题时，关于什么样的分配规则是公平的或如何界定公平，仍然没有得到有效的解决，公平仍然是人们争论的各种问题的核心。

迄今为止，关于公平的经典界定要么存在

重大缺陷（如前面指出的），要么基本上都是空洞无物。例如亚里士多德认为，公平就是中道，就是适度，或恰如其分或不偏不倚，就是人们都感觉到合意。那么何为中道、适度、合意呢，就是符合事物的本性：如射箭时恰中目标，也如天平保持两边平衡等就是事物的本性。然而，正如普罗泰戈拉斯（Protagras）所说，"人为一切存在物的尺度"，人也天然地成为衡量社会分配公平与否的尺度。而问及人的本性、社会的本性时，则是仁者见仁，智者见智，人们莫衷一是。

当代理论家们普遍认为，公平就是相对于其社会成员的贡献、地位以及需要等关于资源、权力、责任、机会以及义务等分配的适宜性（Young，1994；Roemer，1996），而且这种适宜性（appropriateness）部分建立在原则（principle）或理性（reason）基础上，部分建立在传统或习惯（precedent or custom or convention）基础上。

本研究基本遵循当代理论家关于公平的界定，但表达方式略有不同。我们认为社会公平是特定社会中的人们基于理性与传统（包括习惯、习俗以及经验等）所形成的关于资源、权力、责任、机会以及义务等依据其成员的贡献、地位以及需要等在其成员中分配适宜性的预期或信念体系。简单地说，公平就是特定社会中的人们关于分配合意性的预期或信念体系。

人具有一种自觉的、内省的和反身折射的（self-reflexive），思维能力，因而在人类心灵深处存在着关于善恶与是否合乎公平的价值判断能力。① 正如亚里士多德（1997：8）所说，人类所不同于其他动物的特性就在他对善恶和是否合乎正义以及其他类似观念的辩认。正是由于人具有这种辨识能力，而且由于人用于这种辨识的价值构成评判一切社会存在是否合意的尺度，那么如果分配偏离了基于理性与习惯而形成的合意性的预期或信念时，人们便认为这种分配违反了合乎道义性的预期（legitimate expectations），因而便认为不公平（inequitable）。同样地，当这种合乎道义性的预期或信念发生变化时，虽然原有的分配规则没有改变，但人们同样会认为这种分配规则是不公平的。

将社会公平界定为关于分配公平的信念体系，较目前的理论界定存在三个优势：

（1）上述理论界定由于与博弈论中关于演化均衡的信念体系相一致，因而不仅使这一概念具有了更为科学的涵义，从而使人们能够在统一的界说下研究公平问题。20世纪70年代之后，尽管一些重要的思想家们提出的社会公平理论在一些重要方面存在差异，但其彼此之间存在的一个共通之处，就是承认社会公平是一套信念体系（Harsanyi，1955）。

（2）公平信念体系表明各种不同的公平信念之间存在着组合问题，也存在着优先顺序选择问题，因而更适合于针对不同情形对公平信念进行差别性讨论。特别地，哈桑伊

① 事实上这种价值判断能力在某些动物中同样存在。例如狮群中存在这样的习性或叫自然法则：母狮捕获猎物以后，由公狮先吃。一般情况下，公狮会根据食物的多少而给母狮与幼狮留下一定的食物。如果公狮违反这一习性或自然法则而将一猎物全部吃掉，没有给幼狮留下任何食物，母狮通常会为公狮这种违反其习性的做法而发出严重抗议（或警告），从而维持这种习性的延续。动物界的这种自然法则完全源自本能，而人的社会的法则主要源于道德与理性，因而更强调与珍视这种公平规则。

(Harsanyi，1955) 提出的"无知之幕"（veil of ignorance）理论已经成为不同公平原则优先顺序选择的基础。这一理论认为，判断一个社会资源分配是否公平，只要设想一下那些并不知道其自己社会处境的社会成员的排序就可以了。换言之，只有通过处于"无知之幕"的讨论与思考后，社会上绝大多数人仍然同意的资源分配才是公平的。

（3）更为重要的是，如此界定的公平的概念表明，公平的信念一旦形成便具有自我实施性（self-enforcing）。自我实施性来自于深藏于人类心灵深处的价值判断能力在不同的文化和历史环境下所形成的一套共享的价值体系，来自于人类心灵深处的一个规范性世界秩序的图景，或人类心灵深处的"公平世界"的"心灵之镜"，或米德的公平秩序的"心理预演"。在此意义下，关于什么是公平的判断已经形成一种传统或惯例。犹如中国传统社会所言说的，"公道自在人心"、"人人心里有杆秤"，而无须表明这里的"公道"与"秤"是什么，因为它已经成为惯例，大家心知肚明。当惯例（convention）演化时，参与人在演化选择的压力下，倾向于发展某些适应性更强的特征（traits）（如环境认知、偏好、技能等）。特别地，这种惯例作为一种参与人共享信念体系构成了参与人的共同知识（common knowledge），即每个参与人都知道这一共享的信念体系，每个参与人都知道这一共享的信念体系……从而形如"每个参与人都知道这一共享信念体系"对所有参与人都

成立而不是只对部分参与人成立。

这一共同知识不仅简化了复杂的计算、互动过程，也帮助人们形成共同的预期，降低了社会互动的风险与成本，引导人们有序地交往与互动。不同时空下人们形成的不同的公平信念以及这种信念在不同时空下处于不同的状态是信念体系从一种均衡到另一种均衡的变迁过程。

社会公平的性质与特征

公平既然是特定社会中人们基于理性与传统所形成的关于资源、权力、责任、机会以及义务等依据其成员的贡献、地位以及需要等在其成员中分配适宜性的预期或信念，那么公平必须嵌入于不同的时空、文化或传统以及理性之中，因而公平的概念将随着这些因素的变化而变化。何为公平的判断，属于评价性的道德判断。"事实上，所有的评价性判断，尤其是所有的道德判断，就其具有的道德的或评价性的特征而言，都无非是偏好的表达、态度或情感的表达"（麦金太尔，2003：14）。[1] 何为公平的判断，取决于情感因素的价值判断（judgment of value）（凯尔森），而"表达态度或情感的道德判断既无真也无假；道德判断中的意见一致并不是由任何合理的方法来保证的，因为根本就没有这种方法"（麦金太尔，2003：14）。偏好、态度以及各种情感以其特有的前提为其所持的观点作辩护，而这些前提又都不具有可公

---

① 虽然麦金太尔反对情感主义的道德判断，但其对道德判断的理解是完全正确的。事实上，凡是涉及人与人之间关系的问题，必然涉及情感，而且这种情感是历史传承下来的，嵌入了一切社会习俗、惯例以及规范之中。这就是为什么不同社会存在不同文化的原因。

度性 (commensurability)。

从这个角度上说,关于何为公平的判断完全是一种主观的价值判断。这是公平的整体或总的性质。然而,任何社会中的公平体系并不是孤立的个人的一种任意创造,始终是在一个特定集团中,在家庭、部族、阶级、等级、职业中,每个人相互影响的结果(事实上构成了一种博弈均衡)。每一种价值体系,特别是道德价值体系及其核心的公平或公正观念,是一个社会现象,"各种正义观念以及对诸如此类的观念的忠诚,在一定程度上乃是各个生活群体的各种生活的基本构成要素,而经济利益通常就是基于这类观念来界定的,反之则不然"(麦金太尔,2003:322)。各种公平、正义以及诸如此类的观念、价值等都是社会互动或博弈的产物。由于其形成的文化传统、经济发展水平以及政治背景的不同,因而都具有与脱胎于其中的社会的性质和特征相关的方面而各不相同。从公平、公正信念历史演化的角度来看,公平的观念具有三个方面的性质或特征。

1. 公平是一个随着时代变迁缓慢地自我更新或自我否定的概念

由于公平的信念基于理性与习惯或传统,当理性或传统随时间的缓慢流逝而发生形态变迁时,公平的信念体系也必然发生变化,从而过去认为公平的规则在这种变化了的信念体系中不再是公平的,针对某一具体对象或内容的公平概念必然为新的公平概念所否定。

恩格斯曾精辟地指出:"希腊人和罗马人的公平认为奴隶制度是公平的;1789年资产者的公平要求废除封建制度,因为据说它不公平……所以,关于永恒公平的观念不仅因时因地而变,

甚至也因人而异……"(《马克思恩格斯选集》第二卷,第539页)。中国自公元前211年秦始皇统一中国后,直到辛亥革命前,人们认为皇帝制度是天然合理的,对皇帝的忠诚与崇拜也是天然公平的,分封制也就是天然公平的。然而,随着人们理性水平的提高,人们形成了新的社会公平信念,这些天然公平从此也就不再公平。虽然早在文艺复兴时期,就形成了人人生而平等的信念,但在资产阶级革命初期,只有男人拥有选举权而女人没有选举权被认为是天然公平的,或只有有产者拥有选举权而无产者没有选举权被认为是天然公平的,但随着人们理性水平的提高,新的公平信念体系逐步形成。这些以前被认为天然公平的逐渐被认为不公平,而在新的公平信念体系中,不分有无财产、男女平等地享有选举权才是公平的。

2. 公平的对象或对比范围随着时代的变迁不断延伸

自从柏拉图时代起,公平的对象或对比范围不断拓展或拓宽。柏拉图时代,公平的对象或比较范围相当狭窄,城邦内的自由之间获得公平的对待,而奴隶却不在这种对比范围之内;同样城邦外的其他人也不在公平对待的范围之内。民族国家成立之后,公平的对比范围在民族国家内部开始逐渐扩展,延伸到不同身份或不同对象。然而,自此之后,公平的范围或疆界也就变为民族国家的范围或疆界(the bounds of equity were the bounds of the state)。

资产阶级私人所有权确立之后,这一点变得更为明显。在民族国家(nation-state)内部,人们普遍认为侵犯他人产权是不公平的,但一旦超越民族国家的范围,这一公平的信念便完

全消失了。乘"五月花"号来到美洲大陆的英国人，并没有认为掠夺土著印第安人的土地和栖息地是不公平的，也并不认为驱赶与猎杀土著印第安人是不公平的；英国人库克船长在1770年带人来到澳洲便认为其发现了新大陆，因而立一块牌子便认为这片大陆从此是英国的土地，并不承认土著澳大利亚人拥有这片大陆的公平性，因而并不认为驱赶、猎杀土著澳大利亚人是不公平的。

事实上，"公平的疆界就是民族国家的疆界"这一信念在整个西方人的信念体系中是如此的牢固，直到1972年西方的政治哲学家才开始关注民族国家间的公平问题（Barry，1989）。2006年，世界银行才发布第一个关于国家内部以及不同国家间不公平的发展报告：《公平与发展》（世界银行，2006）。

从世界范围来说，人们至今仍然普遍认为公平的疆界在于国家的疆界。至少在目前的状态下，人们并不认为获得不到发达国家的公民身份是不公平的，也不认为不能在不同国家间自由流动是不公平的；相反，在同一国家内部，身份不同以及不能够自由流动却被认为是不公平的。从这一点来看，公平在不同国家间的扩展还将面临相当长的路途。虽然20世纪经济全球化有了长足的进展，超越了历史上的任何时代，但公民在不同国家间的流动基本上仅仅是货币资本与人力资本流动的副产品。至少从目前看，我们还看不到公平在不同国家间扩展的地平线。

3. 公平的内容与领域随着时代的变迁不断地扩展

公平总是"在特定历史背景下关于特定问题"的公平。随着时代的变迁，不同历史背景下公平的内容与领域也在不断地扩展。过去不在公平考虑范围内的问题，随着时代的变迁以及人们理性水平的变化，逐渐被纳入到公平考虑的范围之内，因而公平所涉及的内容与领域必然不断扩展。例如中国儒家依据当时的社会背景与实际，提出"保息养民"的六项措施，即"一曰慈幼，二曰养老，三曰振穷，四曰恤贫，五曰宽疾，六曰安富"（《周礼》）。显然培育人力资本的教育并没有出现在这份公平考虑的清单中，而教育特别是基础教育却在今天各国都高度重视的公平问题的清单之中。

从人类以及大范围历史的角度来看，公平的内容与领域扩展首先指向先天性的、人为制造的身份特征的不公平。例如：奴隶制度与分封制度的废除；社会基本权利的扩展，如选举权与被选举权的各种限制性规定的废除；先天赋予特征的各种限制的废除，向给定国家内部的所有人开放获取各种社会、政治与经济资源的机会；先天自然差异的消除与后天能力的训练与培育，包括公平地获得基础教育、医疗健康、失业救助、养老以及最低生活水平保障等资源的机会与救济。

随着科学技术的迅速发展，各种非传统社会面临的公平问题也日益突出，例如环境污染的责任分担、无线电波频率（包括卫星频率）的分配以及低空飞行航线的分配等。可以想象，随着太空技术的日益发展与成熟，人们未来一定面临太空旅行的问题以及其他目前还想象不到的众多问题，因而太空旅行资源分配的公平问题必将成为未来人们面临的现实问题。

上述公平的三个性质或特征也构成了在任

何一个特定历史背景下支撑一个特定社会公平状态的三个维度。考察不同时代的公平状态，必须通过考察这三个维度才能够有效比较不同公平状态的变迁以及不同状态之间的区别。由于公平状态取决于当时形成的社会公平的信念体系，那么在历史上的任何一个特定社会中，决定不同的公平状态的信念体系是由什么以及如何决定的？

公平是关于事物分配合意性的信念体系。关于一种分配是否为公平，实际上构成了人们的一种因果判断，事物分配若出现与公平信念或预想相一致的状态或样式，人们便认为公平，否则就认为不公平。如前所述，公平信念体系（即关于事物分配合意性的信念体系）的形成取决于理性与传统。因此，当理性或传统发生变化时，公平信念体系也必然随之发生变化。

理性与传统（包括习惯、习俗以及经验等）是相辅相成的，是一块硬币的两面。理性以习惯为基础而习惯又以本能为基础，或者说，理性建立在习惯基础上，而习惯又建立在本能基础上。正如制度经济学家克拉克（Clark，1918：26）所说，"只是由于习惯的帮助，边际效用原理在真实生活中才是近似的"。理性能力本身依赖于从前的习性化（habituation），人类的整体理性能力或水平是在习惯的基础上演化的，它们都取决于先前的习惯。具有不同文化传统或习性的社会，其中个体的理性水平与结构各不相同。

但理性并不等同于习惯、经验或惯例。相反，正由于理性与传统是一块硬币的两面，因而其功能或性质各不相同。理性既构成经验也是形成经验的基础，也构成理论隔离化

（theoretical isolation）或抽象化（Maki，1992）的基础。理性的功能是对材料的加工、整理或抽象。正如康德所论述的，既然人的知识是由理性改造感性印象这样一些粗糙的材料而形成的，那么显然，理性用来改造感性材料的东西就是理性增加到感性印象上去的东西，这东西就可能不是来自感性印象，而是来自人的认识能力的成分。因此康德认为，"很有可能，即使我们的经验知识，也是由我们从印象中接受来的东西和我们自己的认识能力从自身（不过由感性印象而诱发）所提供出来的东西二者复合而成的。"这就是说，知识或者使知识之所成的并不全部来自经验，相反，那使感性材料成为知识的东西却来自人的认识能力即理性本身。

理性与传统或惯例都涉及行为或行动（actions）与结果（outcomes）间因果关系（causal relationship）及机制（mechanism）的理解。但理解的程度不同，传统或惯例是"熟知"而理性是"真知"。"熟知"是在大脑中形成关于某一物的"意象"后，再次遇到该物时所形成的简单的条件反射。而"真知"或理性则是了解了事物为何必须如它所应该呈现的那个样子呈现出来。亚里士多德（1995：2）认为，凭经验或传统的，只知事物之所然而不知其所以然，凭知识或理性的，才既知其然又知其所以然。霍布斯（Thomas Hobbes，1588-1679）也认为，理解不同现象间或行为与结果间因果关系与机制更为重要，理性对因果关系的理解不仅要求知道之其然，更要知道或理解所以然。因此，可以说，理性是对现象间或行动与结果间因果关系与机制的恰当的理解与抽象化或高度概括。例如，边际效用原理是理性的产物，它将类似

现象总结为原理。没有理性，人们只能是个别地、孤立地、一个一个地理解类似现象，而无法将这类在不同情景下呈现出来的现象归结为边际效用原理。理性能力是恰当理解现象间或行动与结果间因果关系与机制的能力。理性能力越高，人们的理性水平也就越高。

理性不仅为人们提供了理解不同现象间关系与机制的一般性指导或框架（framework），更为重要的是，理性使人们不至于为了追求达不到的东西或目标而无端地空耗精力，从而使人能够摆脱"经验造就技术，无经验就凭机遇"（亚里士多德，1995：2）的动物式的试错行为方式。同样，理性能够避免人们生成"非理性欲望"。"非理性欲望"无异于希望"应该是 x 的东西，不要成为 x"，"不应该是 x 的东西，一定让它成为 x"。希望"必然的法则"变成另一个样子，其实就成了"非理性欲望"的奴隶。历史上反复出现过的向与自然规律、社会规律相反的价值顶礼膜拜的例子，正是这种非理性欲望的具体再现。

传统、习惯以及经验的变化与人们的交往活动范围相关。人们交往活动范围越广泛，频率越高，不同族群间的不同传统、习俗以及经验的相互参照性越强，相互影响越大，因而不同民族或族群间的传统、习俗或习惯越趋向一致或融合，人们越开明与明智而不保守、不固执，越容易接受新理念，因而理性水平越高。同样，理性水平与人们掌握的物性（科学）知识和社会（科学）知识（归因性），与人们的权威性认同规范（法理性、正义性、差序等级认同范围）、伦理性认同规范〔礼仪（节）性、纵向尊重规范或忠诚、差序格局认同程度〕、返身

折射能力（横向伦理规范，如互助性、同情感、认同程度、利益相关性程度、行动正义性等）、等级序列间的信息对称程度、外部交往范围与沟通水平以及交往与行动的技术密切相关。正因为如此，理性水平与传统、习俗或经验等通常是相辅相成、相互促进的。

基于理性与传统或习惯的公平信念体系如何随着人们理性能力和理性水平的提高以及经验的丰富与扩展而变化，可以运用博弈论加以解释。由于这一问题的复杂性而且这一问题又不在本研究主题范围内，因而在此不再赘述。对于公平信念体系变迁的博弈解释有兴趣的读者，可以参阅 Barry（1989）《正义理论》(theories of justice) 中的相关论述。

社会公平体系的结构

一、作为信念体系或网络的社会公平

社会公平是关于社会分配的合意性的信念体系。因而社会公平不是一个单一的、不可分割的概念，不是一个没有结构的一个整体，而是一个由不同结构形成的网络。研究社会公平的结构及其形成的网络形状，是研究社会公平不可缺少的部分。

社会公平的结构及其网络形状源自于人类活动的目的不像其他生命体自然地达致，而是借助于或运用理性实现的，因而人类目的的实现活动是人类实践的生命的活动。人类实践的生命活动的目的就是善，而最高的善就是幸福（亚里士多德）。正如康德所说，幸福是人类实践理性所必然要期望的东西。人类一直在无休止地、有目的地并且是有理性地为增进他们对

生活中美好事物的追求而斗争。为此他们有能力选择和追求适当手段，或者，至少他们这样做足以提供体现人类生活特征的活力（dynamism）。

然而作为"苏格拉底问题"之一的"何为幸福"，却是一个难以界定的概念。不过，站在巨人的肩膀上，我们认为，幸福由社会性生命体的充分发展、秉持与践行公平或公正、互惠性偏好的动态适应性以及天赋性特长的充分发挥四个部分构成。社会性生命体是指人作为社会性动物，是一个具有社会根源的生命体。离开社会根源的人便失去作为社会性动物的意义。社会性生命体，与亚里士多德的"身体的善"相对应，也与海勒（Heller）的自然禀赋相对应，因而既包括生命体的充分发展，如健康、强壮、敏捷等，也包括人与人之间深刻的情感联系，人与人之间深厚的情意以及敏感的返身折射或同情共感能力。秉持与践行公平或公正，与亚里士多德的"灵魂的善"相对应，也与海勒的正义相对应，因而包括节制、勇敢、公正、明智等美德。亚里士多德认为，善以及幸福是相应于人的特有活动，在于人的合德性的活动。互惠性偏好类似于 Levine 的界定，具有此偏好的个体在关注自身的效用同时也关注其他个体的效用。互惠性偏好生成的行为适应性使得这种偏好在选择性互动与完全随机性互动的某种环境中能够在演化压力下持续地生存。天赋性特长，包括亚里士多德的德性与海勒的自然禀赋，或与亚里士多德的德性与海勒的自然禀赋中部分内容相对应，是指在社会活动不同方面所表现出来的与生俱来的专长性能力。这里的德性是指人们对于人类出色地实现活动的称赞。

所谓社会由众多品类相异的人构成，实际上就是指社会由具有不同偏好、天赋性特长或技能以及不同的社会性生命体构成。人人皆有偏好，人人皆有欲望，偏好与欲望是生命的重要部分，因而能够有效满足不同人的偏好与欲望，又能够持续维护社会公平、公正的实践，就是一个社会的善的标志与特征。因此，幸福必须以充分发挥品类各异的人的天赋性特长或德性为条件。通过每个品类相异的人的天赋性特长或德性的充分发挥，为社会提供品类各异的人所需要的物质上的与精神上的各种物品与服务；通过交易或配给，品类相异的人获得了满足各自偏好所需要的东西，人们的活动实现了相互补益与互惠互利，因而有效提高了人们的幸福水平。这就是品类各异的人的实践的生命活动理性展开的过程，或者用亚里士多德的话来说，这就是符合罗格斯的过程。

二、公平信念体系的生成机制

人类实践的生命活动，即获取幸福的活动，都是在具体的、有限的时空中的活动。例如，人们的社区活动、工作或职业活动、社交活动、政治活动以及文化活动等，通常或大多数情况下都活动于特定时空中，人们的实践的生命活动因而围绕某个节点而形成一个特定的互动网络。这个特定的互动网络不仅与其他网络相关联而且总嵌入于一个更大的网络之中。这种嵌入关系随着"分工—交易"的自组织演进将变得日益复杂。

任何一个社会都以一个永恒地存在于其中的制度为基础，社会分工与交易。不论是不同偏好的满足还是天赋特长的充分发挥，都依赖于分工与交易的发展。社会分工越细密，社会的产出品类越多，越能够有效地满足不同偏好的需要；社会分工越细密，不仅具有不同天赋特长的人越能够有效发挥其特长，而且不同天赋特长越能够得到有效的训练，从而进一步趋向于完备。"分工—交易"具有自我繁殖、自我生成的特性，即具有自组织性：分工引发新的分工与交易，新的交易又引发新的分工与交易。"分工—交易"的这种自我繁殖、自我生成的特性，在地球冰冻时代来临之前将持续地演进。

"分工—交易"的自组织演进过程同时也是交易规则的不断生成过程。特别地，在不同的"分工—交易"的不同节点之间或网络之间存在不同的自发生成的交易规则。这些交易规则的自发生成性使这些交易规则具有社会内生性的性质，即自动构成公平信念，从而使公平信念在不同的"分工—交易"网络中呈现出不同的性质。这些具有不同性质的公平信念因而构成了一个由不同公平信念组合的公平信念体系。随着"分工—交易"的自组织演进，不同公平信念体系形成了一个相互交叠、多重交错的日益复杂的公平信念网络。

从目前状态来看，交错或交叠于不同"分工—交易"网络中的公平信念主要包括权利公平、机会公平、规则公平、程序公平与分配公平。其中，权利公平是指国家内所有公民都按照宪法和法律的规定平等地行使权利和履行义务，任何公民不能被排除在法律所赋予的权利之外，也不承认任何凌驾于法律之上或超然于法律之外的任何特权。规则公平是指规则符合其所规范的事务或活动的性质并能够无人格化地实施。例如，在每个社会中，都存在人员录用问题、人员晋升问题、大学录取问题以及各种各样的奖励问题。这些社会职位的分配都存在某种规则，有些规则人们认为是公平的，如通过统一考试，有些规则人们认为不公平，如完全依赖主观上的面试等。机会公平是指特定社会中每个人都平等地享有获取社会有价资源的机会。程序公平（procedural fairness）是指纠纷或冲突（disputes）解决与利益分配所涉及的过程的公平，既涉及司法行政与法律诉讼程序问题，也涉及冲突解决或利益分配或责任分担的非法律程序问题。程序公平关注决定或裁决程序或过程的正当性与透明性，与涉及实质内容的分配公平（权利或资源分配的公平性问题）以及矫正公平（retributive fairness）（违反法律的惩罚的公平问题）等不同。在裁决之前允许各方为自己进行辩护被认为是程序公平的一个重要特征。一些理论认为程序公平自然导致裁决结果的公平，即使分配或恢复性司法（restorative justice）要求并没有得到满足。分配公平涉及什么是社会认为公平的权利或资源的分配，包括分配方式、结果以及这些方式与结果的前提的认可问题。分配公平涉及不同公平概念的优先选择问题。例如，在一个分配情景中，可能涉及权利公平、能力公平以及机会公平等，而且这些公平原则在此情景下可能是不相容的或相互冲突的，那么在这一情景下哪一个原则应该成为优先选择的准则？也许更为重要的是，分配公平由于与帕累托福利改善相关，资源配置的变迁所导致的财富总量的变动与分配公平原则的选取通常面临着难以权衡的选择。同时，由于问题的动态性特征，一次选择可能会严重影响以后的选择，从而在整体上影响社会财富总量及其生成能力。

三、分配公平中不同公平原则的相互冲突

1. 作为结果公平的分配公平及其面临的问题

假设一个社会中有三个个体，在目前资源配置下每个人获得一个单位的收入，而且当他们支出其收入后每个人得到的下期的收益完全相同。一位智者来到这个社会中，通过考察原有资源配置，发现这个社会没有实现资源的充分利用，因而提出了资源配置的一种改进方式。在新的资源配置方式下，个体 A 可以获得 1.2 个单位的收益，个体 B 可以获得 1.3 个单位的收益，个体 C 可以获得 1.4 个单位的收益。显然这种资源配置的改进不仅使社会财富总量增加了（0.9 个单位），而且每一个体的福利也都得到了改善，但却出现了分配结果的不均等。假设这个社会的结果公平的分配取向如此强烈，新增加的产出若不能够进行平均分配，必然出现个体 A 反对个体 B，B 反对个体 C，而且若平均分配新增产出，则资源配置无法实现改进。那么在这种情形下，这个社会只能获得 3 个单位的产出而且每一个体平均得到一个单位的产出。

这种群内分配公平原则的选择，如果仅仅从群内自身看，两种资源配置导致的结果无非是社会福利在总体上存在差异。然而，如果从群间选择的角度上看，问题可能更为严重。假设另外一个社会，由于分配公平原则选取不同，因而实现了资源配置的优化，那么，不仅这个社会的总财富增加了，每一个体的财富也增加了。若财富总量或人均财富决定不同群间的竞

争能力，那么这个因为坚持分配结果公平而不能够实现资源配置改进的社会必然在社会演进或自然选择中被淘汰，如澳大利亚的土著人与北美印第安人的社会，以及历史上至今我们已经不再知道的、被自然选择所淘汰的那些部落或群体。

此外，坚持分配结果公平也可能涉与权利公平的优先选择问题。如第一节的例 1（P1）。这个问题有两个答案，一个答案与分配结果公平一致，另一个与帕累托效率改进一致。坚持分配结果公平的观点认为，水应该在两个间平均分配或两个共享这一袋水。如此分配虽然导致了结果公平，但两个人都无法走出沙漠，两个人都死在沙漠中。显然，在这种情形下，分配的结果公平以不承认这袋水的个人所有权为前提。如果承认这袋水的个人所有权利，那么拥有这袋水的人自己独享这袋水，他可以走出沙漠而另外一个死亡。这一结果从一般意义上或不加任何其他条件的情形下，符合帕累托效率原则。这个问题的关键不在于这袋水供谁享用，而在于仅仅为了满足结果公平原则从而使两个人都死在沙漠中能够作为分配的优先准则吗？

2. 作为机会公平的分配公平及其面临的问题

机会公平是指特定社会中每个人都平等地享有获取社会有价资源的机会。这个概念所要求的是，对于每一个体，获取某种有价社会资源的机会是一样的，个体自己决定是否利用机会，除此之外，再无别的内涵。从这个意义上说，如果没有进一步规定，机会公平是一个非常空洞的概念。从本质上或最严格意义上说，

机会公平是每一个体拥有获取相关资源的相同的概率。以沙漠中水的分配为例，如果每个人通过掷硬币或抽签来确定谁应该获得这袋水，那么每个人得到水的概率相同。正是在获得水（或资源）的概率相同的这个意义上分配遵循机会公平原则。抽签之后，只有一个人得到这袋水，而另外一个人必然死亡。

机会公平与权利公平仍然可能存在优先选择问题。通过机会公平决定沙漠中这袋水的分配，必须以这袋水不属于任何一个人，即事先没有所有权的规定。如果已经存在所有权，即这袋水归某人所有，那么就需要这水的所有人让渡其所有权。因而就存在一个所有权公平与机会公平之间哪一个更为优先的问题。

3. 作为能力公平的分配公平及其面临的问题

以能力公平作为分配公平是市场经济合乎义理性的原因之一，也是人们在一般情况下承认的有价社会资源分配的公平方式之一，更是现代竞技运动的唯一评判准则。虽然在竞技运动中人们对这一原则的运用没有任何歧义，但在社会有价资源的获取方面，这一原则经常面临挑战。因为，以能力公平作为分配公平的原则，可能与其他原则相冲突。如第一节例2中（P1），不论沙漠中的两个个体中的一个在哪些方面有优于另外一个人的能力而先得到那袋水，若以能力作为公平分配的原则，那么都是合理的。但以能力公平作为分配公平的原则，显然与机会公平存在冲突，因为能力上的差异已经预先决定了机会上的差异，特别是在由抽签决定这一严格意义上的机会差异。同样能力公平也可能与权利公平相冲突。沙漠中的水袋可能

基于先前的权利公平原则属于某个人，但在此情形下另一个人凭能力先拿到水，此时就存在能力公平与权利公平的选择问题。

这一问题如果涉及动态或代际交叠问题时可能变得更为复杂。例如，某些人凭借所有权公平原则继承一笔财富，而另外一些人则没有此运气。因此这些人在财富拥有方面可能存在巨大差别，那么没有财产的人通过革命或抢劫将富人财产进行重新分割，既可以基于分配结果公平原则，也可以基于能力公平原则。但不论基于哪一个原则，都与基于权利公平原则相违背。

上述三种情形表明，虽然人们在一般性意义下讨论分配公平时可以提出各种观点，但每种观点可能与其在其他地方或问题上主张的观点相冲突。这表明，社会分配若仅运用其中某一个单一的公平原则，必然与其他公平原则相冲突。解决这种相互冲突与自我矛盾的方式是运用分配公平体系。通过在不同情形下恰当地运用不同的公平信念，形成每一情形下人们认可的公平分配方式，并且整个社会的分配公平由各种不同公平信念的一种恰当的组合构成，是一种现实的选择。

由此可以看出，社会生活远比人们未加沉思而想象、建议或批评的情形复杂得多，也总是比它的占统治地位的制度复杂得多，之所以如此，是因为社会的原动力来自于人类为追求其目标而自发结成的众多社会网络。事实上，人类社会是由无穷多因果链的互动所结成的无缝网络，任何一个问题或任何一个原则都与其他问题或原则相互嵌入、相互纠缠。这就是我们主张社会分配公平必须构成社会公平信念体

系或网络的原因所在，因为按照"Ashby 必要种类定律"（Ashby's Law of Requisite Variety），系统的复杂性必须与其运转于其中的环境的复杂性对等，系统才能够在其环境中生存（Ashby，1956）。公平信念体系只有与社会实际运转中存在的公平问题的复杂性程度相一致，这种信念体系才能够成为社会分配体系有效运转的调节机制。正如莱克汉姆（H. Rackham）所说，一个人注定要在社会中，并且要在一个旨在促进每个公民的福利的、组织良好的社会中，才能获得他的善。

社会公平的规范性理论及其局限性

如何协调公平分配中的各项不同的公平原则，如何确定优先性选择，历来是思想家们思考的焦点问题。到目前为止，至少存在三种讨论社会公平的一般性理论。

一、亚里士多德的公平原理及其局限性

最古老也是最为经典的理论为亚里士多德的公平原理（equity principle）。亚里士多德认为，人们联合生产的物品应该按每个参与人贡献的大小按比例进行分配。

亚里士多德关于分配公平的原理来自于其关于公正的一般性讨论。他认为，"既然不公正的人与不公正的事都是不平等的，在不平等与不平等[1]之间就显然存在一个适度，这就是平等。因为，任何存在着过多过少的行为中也就

存在着适度"（亚里士多德，2002：134）。亚里士多德进一步论证说，"人们都同意，分配的公正要基于某种配得，尽管他们所要的并不是同一种东西"（亚里士多德，2002：135）。亚里士多德在这里借用了"无知之幕"的论述方式。所谓的"人们都同意"是指，若撇开具体情景与具体当事人或具体的事，让人们发表关于什么是"分配的公正"的观点时，人们都会如其所说。

以适度作为公正的界定，那么如何测量公正或适度呢。亚里士多德认为，"公正在于成比例。因为比例不仅仅是抽象的量，而且是普通的量。比例是比率上的平等"（亚里士多德，2002：135）。这种分配的公平性源自于市场自愿交易中的"通工等偿"。市场交易一般是不同物品间的交易，然而人们之所以愿意进行交易，在于"等偿"，即人们认可不同物品单位价值间的比例关系。因此亚里士多德认为，"分配的公正在于成比例，不公正则在于违反比例"（亚里士多德，2002：136）。

虽然亚里士多德的公平原则成为当今社会市场经济运转的基础，但相对于当代公共问题的复杂性以及人们对问题的要求来说，仍然存在严重缺陷。

首先，在联合生产或队（team）生产中，必须找到以基数方式（on a cardinal scale）测量每个参与人贡献大小的方法。有些情况下贡献大小的测量可能存在自然方法，如每个人投入工作的时间。然而，在有些情况下却并不存在

---

① 这里的两个不平等，一个是指过多造成的不平等，一个是指过少造成的不平等。同时这里的"平等"实际指的是"公平"，因为这里的平等意味着"适度"，特别地参照后面亚里士多德将"平等"或"公正"界定为"成比例"，这一点就更为明显。当然，如果有兴趣的读者能够查阅英文文献，确认一下这里的"平等"是 equality 还是 equity，意义会更加明显。

测量贡献大小的自然尺度。例如，在离婚诉讼中，如何衡量或测量丈夫与妻子在其婚姻生活中形成的共有财产或抚养孩子等方面贡献大小呢？事实上，所有投入时间与贡献大小并不完全相同时，问题都会变得较为困难，有时甚至是极为困难。中国曾经存在"研究导弹的人的收入不如大街上卖茶叶蛋的人的收入"，这就是按照时间投入测量贡献大小而形成的荒谬结果。

其次，即使按比例分配是可行的，那么分配的物品也必须是可分的。如果不可分，那么就无法按比例分配。例如第一节例3（P88）中的问题。两个人按什么比例来分配那个肾呢？当然，在亚里士多德时代可能没有遇到这类问题，但这类不可分问题的分配是我们今天时刻都可能遇到的现实问题。按比例分配显然没有考虑到贫富的两极分化的问题，即没有考虑到再分配的问题。这也是亚里士多德面临的时代的局限性。因为在他生活的那个时代，同样不存在类似的问题，或者说，类似的现象（issues）仅仅是一种社会现象，在人们的意识中不是或不构成社会问题（social problems）。

最后，亚里士多德的公平原则承认与生俱来的社会地位的不同。因而在比例关系中，等号前后两项的比例同样适合于地位差别形成的比例关系。例如，在亚里士多德的公平原则中，贵族/平民、自由民/奴隶这种比例与分配比例应该相等。在亚里士多德时期人们可能认同这种判断，但在今天人们却不会认同所有类似的先赋性地位差异之间的关系决定收入分配或资源获取的公平关系。

二、功利主义的"最大多数人的最大福利原则"及其局限性

第二个重要公平分配理论是古典的功利主义理论（classical utilitarianism）。功利主义理论认为，人们一切行为的准则取决于是增进幸福抑或减少幸福的倾向。不仅私人行为受这一原理支配，政府的一切措施也要据此行事。功利主义理论有两点主张，功利原理或最大幸福原理与自利选择原理。

功利主义理论认为，社会是由每个人构成的团体，其中每个人可以看作是组成社会的一分子。社会全体的幸福是由组成此社会的个人的幸福的总和。社会的幸福是以最大多数的最大幸福来衡量的。如果增加社会的利益即最大多数的最大幸福的倾向比减少的倾向大，这就适合于功利原理。

所谓自利选择原理，按边沁的说法是：什么是快乐、什么是痛苦，只有每个人自己知道、自己最清楚（例如，习惯于或喜欢喝酒、吸烟之人认为喝酒是快乐的事，而对于不喜欢或不会喝酒、吸烟的人来说，喝酒、吸烟是痛苦的事），所以什么是幸福也是只有每个人自己才能知道的（因为只有自己才知道自己的偏好）。每个人在原则上是他自己幸福的最好判断者。同时，每个人追求自己的最大幸福，是具有理性的所有人的目的（虽然虐待对于很多人来说是痛苦的，但对于具有自虐或他虐倾向的人来说，虐待是幸福的。这个例子虽然有些极端但说明了个人判断的终极性）。在人类社会生活中，自利的选择占据着支配地位。当人们进行各种活动的时候，凡是对自己的最大幸福能有最大的

贡献，不管对自己以外的全体幸福会带来什么样的结果，他都会全力追求，这是人性的一种必然倾向。

边沁以功利原理和自利选择原理为依据，在经济方面主张自由放任原则。他认为，在经济活动中，应该以个人的活动自由为原则，国家或政府的应为之事，只限于保护个人活动的自由和保护私有财产的安全，除此之外，不应对个人行为加以任何其他干涉。因为，按照边沁的论证，只有在经济上实行完全的自由放任，才能在生产上获得最大的产出，包括种类与总量，因而从效用的角度上说，分配才能更趋于平等，从而个体的幸福和总体幸福才能达到最大化。如果安全与平等不能两立，就必须放弃平等，而维护秩序和私有财产的安全。

功利主义的效用必须从心理满足（psychic satisfaction）或心理幸福（例如自虐或他虐以及同性恋等）的角度来理解，但由于这种心理满足必须以基数（on a cardinal scale）加以测量，从而可以对不同个体的幸福进行加总，因而也存在如下几个方面的局限。

首先，功利主义理论以及其他理论到目前为止还没有能够设计出比较不同个体心理满足水平的有效方法。现代效用理论仅从个体对世界状态的偏好的角度界定了个体效用：对于个体来说，状态 x 比状态 y 具有更高的效用当且仅当个体认为 x 严格优于 y，或当且仅当个体对 x 与 y 进行比较时严格偏好于 x。测度效用的这种显示性偏好方法（revealed preference approach），测度单位可以是任意的，因而对不同个体效用进行加减没有任何意义。

其次，即使能够设计出某些比较个体间效用的方法，功利原理在伦理、道德方面是否适宜仍然不是很清楚，因为为了使最大多数人的福利水平获得些微的增加可能会使少数人的福利受到巨大伤害。

再次，功利原则并非是人类行为的唯一原则。人类行为的动机是多种多样的。功利只是人类行为的动机之一。功利主义试图以功利来概括全部人的行为动机，把快乐当做道德的唯一价值，把追求功利当做人生的唯一目标，忽略了人类需要的多样性。汤因比认为，功利原则不可能涵盖人类所有的行为。"人在想象到关于星辰的知识可以对农民或航海者具有任何实际用途之前很久，早就已经对星辰怀有好奇心了。假如他没有这种无私的好奇心，没有这种显然是人的、超越于动物之上的对待宇宙万物的态度，那么功利也就不会接踵而来。"事实上，人不是以功利为唯一动机的冰冷的计算器，而是丰富多彩、充满激情的社会主体，功利主义把人的行为动机简单化和绝对化，无法解释复杂多样的人类行为，这也是功利主义虽然对西方公共政策产生了重大的影响，但是却没有能够长期占据西方公共政策舞台的重要原因之一。

最后，功利主义忽略了人类天生具有的合作的本能与互惠的行为倾向。人类如果完全如功利主义所假设的那样，每个人是完全自私自利的，那么社会必然显现出如冰水一般。因为根据囚徒困境博弈，极端自私的个体必然使社会陷入不合作的纳什均衡。然而，考察人类社会的整个历史与现实，我们会发现，合作是任何一个社会的常态而不是异常现象（anomalies）。亚当·斯密认为，人类社会之所以没有陷入囚徒困境，任何社会或群体之所以表现出合作这种社会样式，一定是人类具有某种超越自利的天性。在亚当·斯密看来，这种天性就是人的超越其他动物的强烈的同情共感能力。所谓同情共感就是一个人对他人的喜怒哀乐、对他人的幸福与痛苦以及生与死有着即时的身心反应能力。正是这种对同情共感能力使人表现出对群体集体命运的高度关怀，对集体福利的高度关怀进而对社会伦理、道德以及社会治理的高度关怀。正是这种同情共感能力使人类表现出超越其他动物的强烈的趋社会性，因而生成合作与互惠的天然禀赋。

三、罗尔斯的最大化最小原则

罗尔斯在《作为公平的正义理论》中指出的最大化最小原则或差别原则（the maximin or difference principle）是 20 世纪分配公平理论的一个重大研究成果。罗尔斯试图借鉴以洛克、卢梭、康德等为代表的契约论的方法或途径来构建"作为公平的正义"理论。正义的对象是社会的基本结构，即用来分配公民的基本权利与义务、划分由社会合作产生的利益和负担的主要制度。为了构建作为公平的正义理论，罗尔斯采用一种"反思均衡"（reflective equilibrium）的论证方式。

为了摆脱人们选择分配制度或基本结构时受自身利益考虑的影响，罗尔斯设想了人们订立契约的"原初状态"（original position）。假设参与基本分配制度选择的人不知道有关个人背景和所处社会的任何特定信息，每个人不知道他现在和即将在社会上占据什么样的位置：他的阶级或阶层或身份是什么与将是什么；他拥

有与将拥有什么样的天赋能力；他的善的观念或他的生活目标将是什么；他的性情脾气将会怎样；他将居于何种经济、政治、文化或社会的秩序当中。即每个人都处于 Harsanyi（1955）所说的"无知之幕"（the veil of ignorance）之后，仅仅根据有关社会理论的一般知识与人们的经验选择分配制度，那么在此种情形下，人们理性选择的结果将是各方运用博弈论中的最大的最小值规则所达到的结果或均衡，即选择其最坏结果相比于其他选择对象的最坏结果来说是最好结果的那种分配机制。这种选择方式排除了功利主义的分配机制，因为功利主义在产生最大社会福利时可能使一部分人的平等、自由受到严重侵犯。

罗尔斯论证说，"无知之幕"后的选择结果将依据"词典式排序"（lexical order）的方式赋予两个正义原则的优先顺序，以消解不同原则间的冲突。(a) 平等自由原则与 (b) 机会的公正平等原则和差别原则的结合。其中，第一个原则优先于第二个原则，而第二个原则中的机会公平原则又优先于差别原则。这两个原则的基本涵义是平等地分配各种基本权利和义务，同时尽量平等地分配社会合作所产生的利益与负担。基于这两个原则的社会分配实现了"最少的利益最大化"这一正义原则。

简单地说，罗尔斯的作为分配公平的正义理论的基本原则，就是最大化受惠者利益或差别原则。虽然罗尔斯的理论经常被称为福利分配原则，但这里不是指个体满足的主观感受，而是实现满足或幸福的手段或工具，其他的手段包括机会、权力以及自尊。这些被罗尔斯称为基本权益（primary goods）。罗尔斯的分配原则避免了功利

主义两个内生性缺陷：一是基于个体特征而不是个体间福利的比较；二是避免了为提高多数人福利可能损害少数人利益的伦理、道德问题。

尽管罗尔斯的最大化最小原则较功利主义理论有了较大的改进，但仍存在着较为严重的局限性。

首先，收入并不是正义关切的唯一因素，其他基本权益如自尊等也是正义关切的对象，但如何对不同个体的自尊以及这些基本权益间进行比较，仍然是一个没有得到解决的问题。

其次，也许是最重要的，人们并不清楚最大化最小原则是否适合于人们关于公平或正义的直觉感受或现实选择。例如，一个家庭中有三个孩子，A 的生存能力、接受教育的能力以及以后的发展潜力最差，B 居中间，C 的生存能力、接受教育的能力以及以后的发展潜力最强。这个家庭财富或收入只能够供得起其中一个孩子上学。那么这个家庭会让哪个孩子上学呢？按照罗尔斯的最大化最小原则，应该让 A 上学，但现实生活中几乎没有哪个家庭会如此决定。这种违反日常经验的分配原则是公平的还是人们的日常决定是公平的呢？是让现实服从理论还是让理论服从现实？德沃金（2003）在其《至上的美德：平等的理论与实践》中对此进行了较为深入的分析。

再次，人们在"无知之幕"后的选择只是一种假想情景，而现实不可能回到"无知之幕"后，因而罗尔斯的最大化最小原则仍然是一种乌托邦。虽然罗尔斯在其《正义论》中对导致公平分配的社会制度给予高度关注，而在这一点上，美国另一个伦理学家威廉·高尔斯顿（W. A. Golston）认为，罗尔斯在这方面"开了风气之先"。特别地，是其对制度的道德评价和选择优先于对个人的道德评价和选择，原初状态中的人首先选择应用于制度判断的道德原则（制度道德性判断准则），然后才选择应用于个人判断的道德准则。这个顺序在某种意义上是理性的。因为离开制度来谈个人道德的修养和完善，甚至对个人提出各种严格的道德要求，那只是充当一个牧师的角色，即使本人真诚相信和努力遵奉这些要求，也可能只是一个好牧师而已。然而，如果退回"无知之幕"后进行选择是不可能的，那么罗尔斯只不过是充当了一种制度倡导者的牧师而已。只能够通过不断地祈祷与劝说，祈求人们回到"无知之幕"后去重新选择社会分配制度，而冰冷的现实却继续随着时间的流逝按照其原有的结构与轨道在不停地演化。

最后，补偿原则的确定涉及人类社会发展动态效率，时间贴现率的选择是一个无法解决的难题。虽然罗尔斯原则并不意味着每个人的收入相等，但由于从富人到穷人的再分配可能降低或消除了富人继续增加其收入的激励，因而有可能导致福利的普遍变差。特别地，若将此问题动态化，经历一个时期的高福利之后，由于再生产的激励强度与用于再生产的社会各种资源总量的下降，社会可能陷入普遍的贫困化（impoverishing every-one）。目前北欧高福利的困境已经显现出来，如何协调动态效率与社会福利的持续性将成为人们不得不面临的一个现实难题。不难想象，高福利危机之后人们将重新选择强激励的社会运转机制，因而必然重新确定社会效用的时间贴现率。

（杨世文　屈　浩　叶先宝　贺　军　执笔）

参考文献

[1][古希腊]亚里士多德：《形而上学》，吴寿彭译，北京：商务印书馆，1995年。

[2][美]奥菲克：《第二天性：人类进化的经济起源》，张敦敏译，北京：中国社会科学出版社，2004年。

[3][美]博登海默：《法理学、法律哲学与法学方法》，邓正来译，北京：中国政法大学出版社，1999年。

[4][美]德沃金：《至上的美德：平等的理论与实践》，冯克利译，南京：江苏人民出版社，2003年。

[5][美]麦金太尔著：《追寻美德：道德理论研究》，宋继杰译，南京：译林出版社，2003年。

[6] Ashby, W.R. An Introduction to Cybernetics, London：Chapman and Hall., 1956.

[7] Levine, D.K. Modeling Altruism and Spitefulness in Experiments, Rev. Econ. Dynam. Vol. 1, 1998, 593–622.

价值的网络化组合、公平的测量与政府行为优化

能力公平或机会公平与结果公平存在一定的冲突，权利特别是财产权利公平与能力公平或机会公平以及结果公平也存在一定的冲突，同时，效率公平与结果公平也存在一定的冲突。不同公平概念间的一定的冲突，以及社会公平的主观依赖性、社会文化情境依赖性与时空依赖性与各种规范性公平理论所蕴涵的内在矛盾表明，任何社会的现实中的公平的确定都是各种不同价值的不同选择与相互嵌入的组合，因而必然形成一个网络。

事实上，古今中外，任何一个社会公平体系都是上述各种不同价值的有机组合，而且是各种价值的相互缠绕与嵌入性的组合而不是机械性的、拼盘性的组合。如同生命体一样，有机组合必然呈现出既相互依赖，又相互作用与相互制约，从而达到动态平衡。从实证的即是什么的角度上说，作为公平体系的任何一种价值组合都是社会微观主体间互动而生成的一种涌现，而且这种涌现不具有还原性。

罗尔斯设定的"字典顺序"仅仅是两种价值的排序与组合，事实上他并没有考虑诸如机会、社会事务决定的权力以及自尊等这些基本权益（primary goods）如何选择、排序与组合问题。由于我们已经指出，社会公平是各种不同价值之间形成的一种网络结构而不是一个单一的概念，因而首先需要考虑的就是人们关切哪些价值以及根据什么与如何组合这些价值。在对社会公平的相关概念进行操作化定义之后，本章利用国别史资料，展示与详细地讨论了政府偏好如何影响基本公共服务的提供与发展，并就如何从优化政府组织结构的角度优化政府行为进行了理论探索。

主要社会价值的构成

事实上，古今中外，任何一个具体时空中的社会，都存在于人们所持有的好与坏、对与错、更好些或更坏些等这些不同态度（attitudes）构成的特定情境之中。人们的思维方式、心理活动、认知方式以及日常生活行为

与社会交往行为是人们所持有的关于生活世界是如何构造的信念（beliefs）的经常性反映，而且人们的心智模式与行为规范总是或显或隐地基于这些理念或哲学考量（philosophical considerations）（Foster，1986）。这些态度、信念以及哲学考量构成了人们所说的社会价值。

一、社会价值与核心价值的涵义

价值是人们在改造客观世界的实践中创造出来的一种产物。马克思认为，人的全部活动都是在追求着某种价值。相对于主体来说，价值是客体的一种属性，而不是纯主观的产物。正如马克思所指出的那样，"珍珠或金刚石所以有价值，是因为它们是珍珠或金刚石，也就是由于它们的属性"（《马克思恩格斯全集》，第26卷，第176页）。价值的属性在于它具有导向和尺度的功能。

社会价值是个体在互动过程中形成的、对于个体的某种效用具有重要影响因而是某些或全部个体欲求之状态（物或事）（Parsons，1951；Hodgkinson，1983；Hoy and Miskel，1991）。或者说，社会价值是一个社会对象能够满足人们某种效用的一种特征，人们对这种社会对象的价值评价源自于主体与客体、有机体与环境之间互动的结果（米德，1992）。一种社会价值（a social value）显现的是人们的一种社会偏好，是人们关于某种行为模式或存在状态较其相反的或其他的模式与状态更好的或更可取的一种持续性信念。

各种不同的价值（values）或显或隐地构成了人们心理活动与社会交往行为的基础，体现了人们各种行为中所包含的各种不同价值选择

的优先性。一种价值体系（a value system）就是以这种相对重要性或优先性加以排列的各种不同价值的一种相对稳定的或持续性的组合（Rokeach，1973）。

如果人们的社会价值始终是稳定不变的，那么就不可能存在已经发生的个人价值信念与社会的变迁。如果人们的社会价值信念随时变化而且不具有变化的趋向性，那么就不可能存在已经显现出来的人的特性（包括文化、习俗、偏好等）的连续性与社会变迁的连续性。价值的这种层级结构使人们能够感知到社会变迁本质上是不同价值优先性的重新排列或组合，与此同时也使人们能够感受到价值体系在时间流逝中的相对稳定性。

某一问题之所以成为社会问题，就在于社会价值的存在。当某一社会现象或社会状况与人们的某一价值不相符合或偏离了人们的某一社会价值时，人们便认为出现了社会问题。同样，当人们所持有的社会价值发生变化时，虽然社会现象或社会状况依然如故，没有发生新的变迁，但人们同样不再认同此社会现象或社会状况。因此，没有社会价值就没有社会问题。由于价值是人们在互动过程中创造出来的，或在互动过程中形成的，因而，不同的社会实践或社会互动过程就会形成不同的社会价值。正因为如此，不同的社会，同一社会的不同历史时期，有着不同标准和形态的价值，因而面临着不同的社会问题。

一种价值体系之中的"元价值"（metavalue）构成了区别不同价值体系的关键，是一种价值体系的特有标志。"元价值"就是镶嵌于（vested）与浸透于（entrenched）所有欲求状态

并使之成为欲求状态的无可争辩与不可争辩 (beyond dispute or contention) 之价值，通常以未加表达或未加审视的方式进入到个体与集体生活的日常价值考量 (ordinary value calculus)，并成为日常价值形成的基础。

Nyberg (1993) 认为，"道德或伦理的普遍性对于每个人来说都是一样的，都基于对人的尊严、优雅行为或礼貌、自愿而不是强制或压迫以及某种精神需求满足的考虑。虽然这些道德或伦理普遍性的具体内容 (specifics) 在不同个体间、不同族群间随着时空的变迁而有所不同，但基本的关切却保持不变，即均建立在某种元价值基础之上。我们每个人都是相似的，但每个人又是唯一的"。

二、核心价值的理论探索

理解与解释不同时空中人们的信念特征及其变迁是社会理论的重要组成部分，因而探索社会的"元价值"一直是人类面临的一个重大问题。亚里士多德在其《政治学》中将"公共利益"(public interest) 或"公共善"(public good) 作为国家治理的合理性基础 (the rationale for proper constitutions)。阿奎那 (St. Thomas Aquinas) 将"公共善"(common good) 作为政府追求的目的。洛克 (Locke) 在其《政府论》中将"和平、安全与公共善"视为超政治目的，即所有的政治共同体都共同追求的目的。

作为价值结构理论的实际应用，Rokeach (1973) 试图识别出所有不同政治意识形态理论出于特定考虑而筛选出的各种不同的理想状态或价值结构。他发现，不同政治意识形态的主要差异，基本上可简约为在所有可能的价值结构或组合中 (in all their ramifications)，关于自由选择与社会公平（平等）的政治之善或非善 (political desirability or undesirability) 的对立价值取向 (opposing value orientations)。Getzels (1957，1978) 将一个民族的核心价值视为这个民族的"神圣的价值"，并认为处于美国社会伦理核心的神圣价值为政治民主、自主选择、社会公平与人的完善性 (human perfectibility)。

近年来，随着政府干预社会领域的扩大与程度的提高，以及公共政策研究的深入以及范围与领域的扩展，探索作为政府行为或公共政策基础的价值成为学术界普遍关注的问题。Boyd (1984) 与 Koppich and Guthre (1993) 通过考察社会发展、演进的过程及经验，认为公平、效率与自由选择一直是作为西方社会公益性公共政策基础、人们特别关注的竞争性或互补性社会价值。所谓特别关注，实际上强调的是作为政府行为或公共政策基础的公平、效率与自由选择这些价值在不同问题领域、不同分工领域、不同社会结构与时空中的分布，强调的是这些价值选择的适宜性或恰当组合性。Wirt (1987) 则在各种不同国家的公正政策中识别出一般性的价值构成，即作为公益性公共政策基础的主要核心价值为品质 (quality)（优超性或人的完善性，excellence or human perfectibility）、公平 (equity)、效率 (efficiency) 与自由选择 (choice or liberty or freedom)。Kahne (1994) 虽然赞同人们将社会公平、效率以及优超性等这些核心价值作为公益性公共政策的基础或评判原则，但他认为人们没有给予民主性社区的形成以相当的考虑，因而是不完善的价值选择。他认为，由于人们至今仍然生活于社区之中，虽然这种社区在不断扩大，但其意义不仅没有因此变小反而变得更为重要。民主性社区形成的基础就是博爱或互助性，我们没有沿用阿马蒂亚·森的用法，将其称为"防护性保障"，而是将其称为基本权益保障。

三、当代核心社会价值的构成

虽然不同社会经历了不同的历史与文化，虽然不同社会的经济、政治与社会发展水平存在巨大的差异，但作为社会可能性与社会运转基础的核心价值——品质（或优超性，本研究以下简称德性）、公平、效率、自由选择与博爱或友爱性互助——是任何社会在任何时候都不可或缺的。虽然社会情境与社会结构不断地变迁，虽然每一种价值的优先性（priority）在支撑不同社会运转中经历了上升与下降的变化，但没有任何一种价值曾经完全失去其价值体系的相关性，或失去其作为价值体系的核心构成要素的作用。

20 世纪 80 年代以来，随着网络化信息技术与通讯技术的迅速发展与普及，人类进入了一个共享的世界。不同国家、地域以及具有不同发展水平和文化传统的民族，开始日益在更大程度上共同体验着不同的生产和生活实践，相互比较和相互参考，并不断修正传统狭隘的价值取向，不同价值的相互影响日益加深，因此人类作为一个整体共享的价值结构越来越趋于相似。自 20 世纪 90 年代以来，各个国家都把旨在提高社会经济的运行效率、尽最大可能实现资源的优化配置、充分发挥人力资本的价值创造功能为核心的经济和政治体制改革或重塑作为国家或社会治理的导向性状态，因而重新配置价值结构成为各国政府头等重要的事项，也是人类共享价值体系日趋相似的一个重要体现。为了研究不同价值的适应情境，及不同价值如何形成较为恰当的价值组合，我们仅对与一般意义上的公平相关的几个价值进行解释与说明。

（一）德性或品质性

亚里士多德认为，人所特有的实现活动，即人类实践的生命的活动，在实现程度上可能有很大的差别。德性就是人们对于人的出色的实现活动的称赞，是使得一个事物状态好并使得其实现活动完成得好的品质。在古希腊，德性最初指武士的高贵行为（如《荷马史诗》中它几乎等同于勇敢），以后被用来指那些卓越的公民在城邦生活中表现出来的公民的美德或品质。在中国文化中，医德、师德、为官之道以及各分工行业的职业操守，历来被社会高度关注。

亚里士多德认为，人的灵魂（主要包括感情、能力和品质）有一个有逻各斯的部分和一个没有逻各斯的部分，因而人的德性分为道德的德性与理智的德性。理智德性（实际上是理性），分为理论理性的德性与实践理性的德性。智慧是理论理性的德性，是人的最高德性。明智是实践理性的德性。理智德性可以由教导生成，道德德性则需要通过习惯或社会化形成。由于理智德性与道德德性相互影响，因而人的德性既源自于或生成于习惯或社会实践又作用于社会实践（亚里士多德，2003：32-35）。

由于生存的相互依赖性，人天生是社会性因而也是政治性动物，因而德性对于社会来说，是一种极其重要的价值。社会分工是人类固有的制度安排，因而必然生成不同分工间的交易。

分工及伴随其而来的交易，能够有效满足不同"品类"人的不同的社会需求。每个人都有其特定的优势方面（即精当的德性），如果专门从事能够有效发挥其"绝对优势"或"比较优势"的活动，其活动结果自然好于其他人，并且能够在从事相应活动中进一步完善、推进其优势，并因而有效促进其德性的发展与完善。每个人在其所从事的分工领域越能够发挥其优势，社会需求满足能力越大，整体生存能力越强，财富越丰富，德性因而成为社会价值的重要生成源泉并成为重要的社会价值。

德性的发展与完善依赖于惩罚机制与竞争机制，即强激励机制。由于任何人为设定的激励都因知识的有限性而扭曲激励，因而促进德性有效发展与完善的机制之一是市场交易机制。另外一种机制则是矫正机制，即存在完善的法律并确保法律获得公平的实施（从根本上说法律的完善性及法律的公平实施是社会资本的诱致性产物）。从公平的角度上说，德性这种社会价值的生成与促进在一定程度上依赖于机会公平、能力公平，而与结果公平、补偿性公平等存在一定的冲突。

（二）协作的自然倾向性或强互惠性

协作性意愿或协作的自然倾向性是指形成于社会而又作用于社会的协作的倾向性（Aptitude）与成本承担的意愿性。协作性意愿或协作的自然倾向性类似于社会资本，但与现有文献界定的社会资本不同。协作性意愿最为重要与核心的要素是诚实、诚信、信守承诺（其中包含承担相关的成本）或可相互依赖性、合作精神以及强互惠性。

从分析中我们已经知道，人类仅仅通过合作就能够形成互惠性增溢价值，就能够形成扩大的生产力。然而，这种通过合作而形成的互惠性增溢价值，建立在个体间自愿合作的基础上，而不是通过外在力量强制合作所能够生成的。而一个社会中的个体能否以及在多大程度上实现互惠性合作，取决于人们合作的德性。从理论上说，不同社会中个体互惠性合作倾向性源于习惯与传统，而这种习惯与传统的形成与维持有赖于强互惠行为（strong reciprocity），即个体首先与别人合作，如果对方背叛合作，哪怕这种背叛不是针对自己也并没有对自己产生损害，个体也将对背叛者进行惩罚，甚至不惜支付巨大的私人成本。换言之，社会中存在众多的利他惩罚（altruistic punishment）（Bowles and Gintis, 2004）。

社会文化和政治机构之间的关系是辩证的。德茹维内尔说，共同体意即"信任的制度化"，"公共权威的关键性职能"就是"增加在全社会人们心中普遍存在的相互信任"。相反，社会文化中缺乏信任将给公共制度的建立带来极大的阻碍。那么缺乏稳定和效能的政府的社会，也同样缺乏公民间的相互信任、缺乏民族和公众的忠诚心理、缺乏组织的技能。

合作性情或倾向性的形成以及强互惠及其机制的生成都依赖于意愿性自主选择机会的存在，而且只有出于意愿性自主选择的协作才能够生成信任、才能够使协作持续地存在。因此，自主性选择机会的存在成为合作性情形成的条件或基础，因而也必然成为一种重要的社会价值。

（三）意愿性自主选择

意愿性自主选择也就是所谓的自愿性的自

主选择。斯图尔特（J.A. Stewart）指出，亚里士多德的选择概念是指在追求某种善的各种能力中伴有技艺上的正确性的那种能力，这种能力使一个人在所面临的危险中做出正确的行为。选择必定是出于自愿的，只有人们愿意去做的事情才成为人们的选择，不是出于自愿的、在外力胁迫下做出的、违反个体意愿的行为显然不是选择而是不得已而为之。不得已而为之必然诱发人们的敷衍态度与行为，诱发怨恨与不满，因而人们只做表面文章、搞形式主义或草草了事。

意愿性选择不仅使行为动机内生化，而且激发人们思考，即激发人们进行推理，促进人们实践理性运用的能力。因此，意愿性选择对于开发民智、使人明智与理性具有重要激发作用。由于德性中包含着能力以及与生俱来的天赋能力与天生性情，而且"自然对每一事物各赋予一个目的；只有专用而不混杂使用的事物才能有造诣最精当的形性"（亚里士多德，1997：5），因此，选择对于德性的获得、发展与完善至关重要。

意愿性自主选择就是赋予个体按照其自己的意愿进行选择的权利而不是对其选择进行不合理或不恰当的限制或控制。这种价值通常与人们要求的结果公平存在一定的冲突。结果公平或平等是指公平或平等的状态或属性（state, ideal, or qualtiy），例如人们通常要求每个人都应该具有享有等同的社会、政治与经济权利的状态。意愿性自主选择意味着社会制度安排必须为个体提供足够的意愿性自主选择的选项与不受外在限制的机制，意味着某些方面的状态或属性不同或存在差别。

Nyberg（1981）指出，意愿性选择至少从其生成以来就获得其自身的意义，并且随着社会进步在不断发生变化。仅仅从美国这个社会来说，1787~1947 年，人们从将意愿性自主选择视为自然权利（as natural rights）转变为将其视为公民权利（civil rights）（即参与社会治理或政府管理的权利），进而转变为将其视为自主权利（即帮助政府保护人们免受恐惧与生活不足威胁的权利）。公平或平等的意义同样经历了类似的转变。最初的平等或公平仅仅指权利平等或公平而无涉处境，人们只要求获得法律、习惯与传统的等同对待。近年来，公平或平等扩展到处境因素（factors of condition）方面。由于某些超越个体可控制的因素而导致的由于地位、性别、贫困以及生理与心理方面受到损害等差别而没有条件获得等同的对待（handicapped in enjoying）仍然被视为平等或公平的缺失，因此要求社会矫正这些因为处境因素差异而导致的不公平或不平等。这种扩展的公平或平等的要求，必然在一定程度上与意愿性自主选择的价值产生冲突，因为这种政策或制度上的矫正不仅会影响处境不利者（disadvantaged persons），通常也会影响到所有其他人的福利。意愿性自主选择要求存在个人选择的机会［如教育券（educational vouchers）以及自主择校（family choice of schooling）、自主选择就医等］，而扩展的公平必然对选择的机会施加某种限制（如只有公立学校或医院、所有学校、医院等条件都一致以及价格等各方面的整齐划一等），制约不同偏好的满足或意愿的实现。

意愿性选择能够有效促进社会团结，提高社会整合能力。人们经常说社会是一个复杂有机体。这是什么意思呢，其实是指这个有机体不是个人可以用现有知识加以设计的，任何企图设计社会有机体的尝试都必然失败。正如1958年12月美国《自由人》杂志所刊载的文章《小铅笔的家谱》所展示的，"没有一个人……知道我是怎么造出来的"。作者以"铅笔——所有能读书会写字的大人小孩都熟悉的普通木杆铅笔"的口气，绘声绘色地揭秘铅笔是如何被生产出来的。事实上，表面上简单的生产一支铅笔的过程与环节，实际上是如此的复杂，以至于任何人在生产其之前都难以事先将每个环节、数量以及样式确定下来或设计出来。然而，意愿性选择却使其轻而易举地被生产出来，而且以"零成本"汇集了千百万人的自愿的相互合作。

意愿性选择能够有效促进社会的成长。所谓社会的成长是市民社会的形成、发展与完善，是人们自愿结合形成的各种合作与协作。没有市民社会的社会必然缺乏社会整合与动员能力，必然是一盘散沙，难以凝聚起任何力量。亨廷顿指出，政治发达社会与政治不发达社会的"分水岭"就是各自拥有不同的组织的数量、规模和效率，这是一目了然的。正是由于市民社会的重要性，托克维尔就此推论说："在现代国家里，结社的科学乃为一切科学之母；其他一切的进步实系于这门科学的发展。"吉布则根据特定的历史经验也发出了类似的感慨："自从古老的社团崩溃以来，正是阿拉伯国家的极度虚弱的开始。正是社团的彻底崩溃才使得没有一个社会机构能起到疏导、解释、表达和调动公共意志的作用……一言以蔽之，根本没有能起作用的社会民主机构。"

（四）基本权益保障

基本权益保障是一个社会所具备的关于每个人都应该和必须得到的基本权益。基本权益的内容与范围随着时空的不同而存在巨大差异。其差异源自于人们关于人性的内省性的反思以及由此形成的同情共感强度。

人类所特有的能思的心灵使其能够对相关情景或感受进行"心理预演"（米德，1992），从而使人类具备了敏锐的同情共感的能力。所谓同情共感能力是指一个人能够对他人的喜怒哀乐产生即时的身心反应的能力。这种能力使得人们能够对他人的遭遇感同身受，使人们自然地形成某种心理和行为倾向，能够对他人的快乐与痛苦产生返身折射效应，仿佛他人的感受正发生在自己的身心，因而人们之间能够生成同情之心、怜悯之心或恻隐之心。

从历史上说，人们之间的爱、互惠互助以及同情心、怜悯心或恻隐之心首先发生在同一族群的成员之间。人类摆脱懵懂进入文明状态，是依次以氏族、胞族和部落的形式出现的，而氏族、胞族和部落形成的基础便是血缘性纽带。因此，同情共感最初只发生在具有血缘关系的个体之间。随着部落间的战争与融合，最初的"氏族制度"演变为国家。国家的形成，使人群关系发生了第一次质的改变，由原来的"血缘关系"转变为"地缘关系"。同情共感因此也随之扩展到了具有相关地缘关系的个体之间。

人类文明的进化史伴随着人们同情共感能力的不断提高而提高。从逐渐废除各种各样极其残忍的酷刑，到奴隶制的终结；从选举权与被选举权范围的逐步扩大到专制制度的逐渐终结；从施舍与赈灾救济到社会保障制度的逐步完善；从最低生活保障到各种可行能力或基本权益的保障等。第二次世界大战以后，不同人类社会的同情共感能力获得了最为迅速的提高。处于不同国家中的人们的同情共感能力随着文明水平的提高而不断提高。人们不仅无法忍受同一社会中饥饿、营养不良，不可避免的疾病、过早死亡等困苦，因而同意采取集体性措施使人们摆脱这些苦难，而且人们也开始无法忍受诸如因条件约束而无法接受到基础教育、无法获得就业、无法获得病痛的救治等基本权益（fundamental entitlements），因而同意采取集体行动使人们摆脱这些可行能力（capability）缺乏而带来的不幸。虽然这些基本权益的保障仅仅局限于个别国家，但全球范围内人们生活状况的相互感染性使其向其他国家扩散的速度十分惊人。

随着人们的相互依赖性与同情共感能力的同时提高，获得相关基本公共服务可行能力的缺失已经不再被视为个体问题而被视为一个社会问题，因而人人可以共享社会进步的恩惠，获得一定水平的基本公共服务，从而使人们的基本权益得到保障。

社会核心价值的建构性组合

古今中外，任何一个社会公平体系都是各种不同价值的有机组合，而且是各种价值的相互缠绕与嵌入性的组合而不是机械性的、拼盘性的组合。如同生命体一样，有机组合必然呈现出既相互依赖，又相互作用与相互制约，从而达到动态平衡。事实上，从实证的即"是什么"的角度上说，作为公平体系的任何一种价

值组合都是社会微观主体间互动而生成的一种涌现，而且这种涌现不具有还原性。事实上，人类社会的历史发展经验表明，任何试图以简单方式对上述各种不同价值进行组合都是非理性行为，都注定将社会引向"通往地狱之路"。

一、价值组合的机械论与有机论

柏拉图与亚里士多德关于一个社会公平体系的价值组合的观点差异，正是机械论（柏拉图）与有机论（亚里士多德）之间的差异。

柏拉图认为，人类社会不仅存在一种先验的、普遍适用的正义原则，而且它是客观的、可度量的，以这种正义原则治理的社会是一个最完美的和谐社会，人类最终将实现这一和谐社会。但人类在达到以这种正义原则为治理原则的和谐社会之前，必须要经历一系列不同的社会转型状态（several states of transformation）。在最初的状态，公民必须学习和掌握不同的技能，学习不同职业、经营、贸易等方面的知识，以便满足整个社团或社会的不同种类的需求。为此，人们必须根据其个人的不同天赋而发展出专业化的技能；公民必须组织起来以便实现社会合作。柏拉图相信，通过自发性的自组织过程，不同行业的产品和服务的交换能够达到供给与需求的均衡状态。这一均衡状态以物品和服务的"公正"价格为特征。

然而，柏拉图意识到，仅仅依赖自发性的自组织过程实现的这种均衡状态是不稳定的。因为人类总是试图获取自我利益和利润，人类自私、贪婪、忌妒以及受情感驱使，因而人类在互动过程中必然产生利益冲突。为了避免城邦因人类的不道德行为而毁灭，柏拉图主张，

城邦必须组织起来形成政治权力，并由善良、道德和最聪明的杰出人物（aristocracy）掌握这一政治权力，统治城邦，以便确保城邦的利益冲突在均衡状态的范围内波动从而保证城邦的整体性。

柏拉图在这里提出了各种不同价值的一种网络性因果或连续关系：和谐社会源于专业化分工而形成的需求满足的互补性；"确保城邦的利益冲突在均衡状态的范围内波动"的基础是公平性或"公正"的价格；社会在向和谐社会演进过程中，始终存在伦理价值的等级结构，而且人们的不道德行为源于伦理道德水平过低；在转型过程中，只有具有哲学教养的人才能够知晓或理解"正义的真正理念"，而没有受过哲学训练的普通大众不可能知晓或理解"正义的真正理念"；具有哲学教养的人不仅能够知晓或理解"正义的真正理念"，而且能够按照"正义的真正理念"行动而无须外在力量的约束；按照"正义的真正理念"治理的城邦能够"确保城邦的利益冲突在均衡状态的范围内波动"；确保城邦整体性的治理能够促进专业化分工的发展，进而促进社会向和谐社会演进。

很明显，柏拉图主张建立一个高度集权的政治体制，它控制政治体制每一种要素的所有行动与反应。类似于科学世界中的"拉普拉斯妖"，在社会治理领域，存在"柏拉图政治谜思"（Plato's political myth of an ideal），即存在一个理想的、聪明的和善良的政治家，将社会引导到和谐的均衡状态（harmonious equilibrium）。

柏拉图的上述网络因果性受到亚里士多德的严厉批判。亚里士多德认为，世界上的一切生物体都按照其自然目的发展和生长，而不是受所谓的"柏拉图理想政治谜思"的导引。亚里士多德将生命解释为自组织力量，内在地驱动着生物和动物发展到其最终状态；生命应该由目的论来解释，即由导向于某种自然目的的非原因的力量来解释，由功能性控制过程来解释。例如，一棵树生长于一粒达到其最终目的的树种。生物体及其生长过程是其内在的、特定的"秩序参数"（order parameter）的演化过程，亚里士多德称此为生物体的内在"潜能"（potentiality）。不同的"秩序参数"决定了生物体的不同种类。例如松树、柏树、柳树等之所以不同均由其内在的、特定的"秩序参数"决定。

亚里士多德认为，人类社会是一种生物体或有机体，同样遵循目的论。但与其他生物不同，人类不仅是想要生存的社会性动物，而且是想要生活得更好和更为快乐、幸福的政治动物。因此，人类社会的生物性生长受其个体的社会和政治本质驱使，即结成各种不同的政治团体。各种不同的政治团体最终会演化到其社会结合的最高级的均衡状态，即优良城邦的社会和政治组合形态。

人类社会的"秩序参数"就是各种不同的价值之间的组合关系。各种不同社会价值在社会公平价值体系中的地位以及不同价值的适用范围与程度，标识了社会形态的独特性。传统社会是一个以先天性身份或与生俱来的天赋为核心价值的社会，而其他价值在这一公平价值体系中从属这先赋性特征。例如雅典城邦的自由与民主是以城邦内的自由民主为先决条件的，在这一先决条件下奉行机会公平、矫正性公平或等值补性公平以及分配公平等，奴隶以及城邦外的其他人不包括在这一公平体系内。自由市场经济，如 20 世纪 30 年代以前的美国及其他西方国家的自由资本主义时期，以私人财产权利公平、意愿性自主选择以及品质性或个人性格（能力）倾向性作为公平体系的核心价值，而其他价值都是从属的或是派生的价值。

城邦的生成以及公平体系的价值构成与组合不是命令性引导而是社会自组织的结果。虽然从微观的角度上看，社会的每个个体的行动都受某种目的的引导，即每个个体的行为决策都基于某种目的、价值和信念等。但从宏观的角度上看，城邦或国家、市场、文化等的发展却并不仅仅是社会个体意志、目的、信念之和，而是具有各自意志、目的、信念的个体相互作用而形成的政治、社会和经济秩序的一种涌现，是社会自组织过程的结果。用现代复杂性科学的语言来说，社会秩序、治理机制或社会行为的组织以及文化信念、伦理道德等宏观结构，只能由复杂系统的吸引子（attractors）来解释，而不能简单地还原为个体的特质或外在力量的作用。

优良的城邦是以正义为基础的法律治理的城邦而不是"柏拉图理想政治谜思"治理的城邦。亚里士多德认为，依靠"柏拉图理想政治谜思"治理的城邦不可能实现人类的"善"（good）。首先，柏拉图的"一切归公"的理想国只能导致一个结果：你实际上"一无所有，而那些说是都属于你的，你又毫不珍惜"（亚里士多德，1997：52），财富因此不能得到有效的保护和利用（私人所有权的效率性）。其次，人们失去了按其性情或特长选择职业的可能性，失去了专业化分工和技能训练与开发的自我激励性，人类因知识的局限性而使潜在的需求难以满足（能力与社会创新）。再次，本体论意义上为自组织的社会将变成一种"他组织"（organized）的社会，社会因此将失去自组织的活力和动力，被引向与其目的相反的道路或偏离通往其目的的道路（机会均等的市场机制）。最后，哲学家也是肉体之躯，根本无法摆脱情感或欲望和滥用权力的诱惑。一旦政府各部门以及各级政府由不受约束的、受欲望驱使的人掌控，社会将陷入极度腐败、罪恶泛滥和欲壑难填的苦难深渊（政府行为约束或优化问题）。

亚里士多德认为，政治团体以追求社会正义为其基本目的，只有以正义为基础的法律治理的城邦才能实现城邦的"善"。因为"凡是不凭感情因素治事的统治者总比感情用事的人们较为优良，法律恰正是全没有感情"（亚里士多德，1997：163）。亚里士多德不仅考虑到法治较人治更为优良的必然性，也考虑到法治实施的可能性或前提条件。亚里士多德指出，"法治应包含两重意义：已成立的法律获得普遍的服从，而大家所服从的法律又应该本身是制定得良好的法律。人民可以服从良法也可以服从恶法。就良法而言，还得分别为两类：或乐于服从最好而又可能的法律，或宁愿服从绝对良好的法律"（亚里士多德，1997：199）。那么什么样的法律能够获得"普遍的服从"，什么样的法律是"良好的法律"呢？亚里士多德认为，人们普遍乐于服从的良好的法律必须是以正义为基础的法律："由正义衍生的礼法，可凭以判断（人间的）是非曲直，正义恰正是树立社会秩序的基础。"（亚里士多德，1997：9）由于亚里士多德认为公平、公正为百德之首，因而这里的正义本质上是指公平，公平即正义。

亚里士多德将正义视为政治社会发展的自然状态的完成，即社会达到其均衡的和谐状态。所谓正义，在亚里士多德看来，就是不同品类的物品和服务的"等值补偿"、"互相补益"，或者简单地说，就是互惠：每个个体给予社会的正好等于他从社会中所获得到的。能够尽最大可能地促进这种互惠能力迅速提高和发展的政治团体就实现了所谓的"善治"或正义，也就完成了政治社会发展的自然状态，从而达到了社会均衡的和谐状态。

为了让人们更为清楚地理解这种基于互惠的正义的含义，亚里士多德将正义① 分为矫正正义或交易正义 (corrective justice or commutative justice) 和分配性正义 (distributive justice)。交易正义是指有关公民间私人交换和私人事物间关系的正义，而分配正义是指有关公民与国家或公共部门间关系的正义。亚里士多德的分配正义除了具有现代意义上的分配正义外，更为重要的是指社会治理的结构与代理之间的分配关系。在亚里士多德看来，由于社会分工的存在，社会治理必然存在一定的结构；社会治理的不同结构必然具有不同的权力。由谁、通过什么方式以及在什么时候来占据这些结构，是分配正义所要解决的问题。由于这些结构的特殊性，以及"全体公民都天赋有平等的地位"，"无论从政（占据这些结构）是一件好事或是一件坏事"，都应该"依据公正原则"，"让全体公民大家参与政治"（有机会占据这些结构）。然

而由于"他们不能同时做统治者"，因此，分配正义就要求"必须按年或按其他规定时期，或按其他轮流的程序，交替执政"；"安排好执政者轮流退休，并使他在退休以后和其他同等的自由人处于同等的地位"（亚里士多德，1997：46）。

显然，亚里士多德关于社会价值组合的网络性连结或因果关系更为复杂："秩序参数"内在地决定了城邦的演化结构及其各组成部分间的相互作用；不同价值组合的公平正义结构，或决定社会互惠能力的不同的治理结构，递归地决定了社会的演化过程，即从一种均衡到另一种均衡的转变；亚里士多德的社会价值的网络性连结或因果关系的理念，体现出了一种有机的理念，因而较之柏拉图的理念不仅更为完整、细致、逻辑性更强，而且不同价值间的关系更为复杂。

二、社会价值的网络化组合

Alexander (1982) 在相关比较分析与研究的基础上，提出了作为公平体系的不同社会价值组合的一个框架，不仅整合了各种社会价值与政府行为的哲学、政治与法律维度，而且整合了政府在不同价值实现中的作用及其实现方式。概括地说，这一公平体系的基本框架涉及从政治保守主义到政治自由主义两个极端之间的所有关于公平理论的各种流派、观点与政策主张。这组合框架包括交易公平 (commutative equity)、均等化分配公平 (equal distribution equity)、补偿公平 (restitution equity) 与结果公平 (outcome equity) 以及在维护与促进每种

---

① 这里的正义实际上是指公平或公正，下同。

公平时政府的适当行为。

交易公平（commutative equity）是到目前为止几乎所有社会都高度重视与普遍实施的公平。由于交易公平与我们前面讨论的德性或品质性、强互惠性以及意愿性协作等价值密切相关，同时经常与其他类型的公平或价值产生矛盾，因而本部分对这一公平进行较为深入的论述。

交易公平，与人们常说的机会公平、能力公平等几乎等同，要求仅仅依据产权而赋予人们拥有某物的权利，而分配产权收益以及产权交易完全依赖不受干预的市场机制。除了保证交易规则的有效实施之外，政府不对交易本身实施任何形式的干预。交易公平除了强调公平本身价值之外，特别强调符合特定社会分工属性的特征的培养，因而强调效率、创新以及生产与交易动机的激励。

按照亚里士多德的观点，需求数量与各类需求的满足依赖社会分工水平、创新能力以及生产能力（生产率），而满足不断扩展的需求及其水平即是人类社会所追求的目标——幸福。幸福的关键要素之一是维持生命体所需要的充足的以及水平与质量不断提高的生活资料，包括食物及其构成、交往与沟通工具或途径水平不断提高的健康、教育设施与水平以及其他人们想到的或还没有想到的舒适的生活条件。

交易公平是以承认人的欲望以及对个人利益的关注为前提的。马克思曾指出，"利益不仅仅作为一种个人的东西或众人的普遍的东西存在于观念之中，而且首先是作为彼此分工的个人之间的相互依存关系存在于现实之中"（《马克思恩格斯全集》，第3卷，第37页）。人人皆

有欲望，欲望是生命不可或缺的重要组成部分（亚里士多德）。存在欲望与利益，就必然存在对欲望与利益的追求。这不仅是生命体，特别是人类社会持续存在的规范性要求，也是人类社会历史的实证性的显现。马克思曾指出，"人们奋斗所争取的一切，都同他们的利益有关"（《马克思恩格斯全集》，第1卷，第82页）。人类一直在无休止地、有目的地并且有理性地为提高他们对生活中美好事物的享用而斗争。为此他们有能力选择和追求适当手段，或者，至少他们这样做足以提供体现人类生活特征的活力（dynamism），并赋予他其他类别所缺少的历史。没有欲望，没有追求，人就会失去存在的意义。由没有追求、欲望的个体所构成的群体，必然是一个没有活力，没有预测、预防与抵抗自然力对人类毁灭性打击，也必然在人类自然演进以及人类的不同群体竞争中被"自然选择"所淘汰。美洲的印第安人、澳大利亚的土著人以及无数至今我们已无从所知的已经消失的群体，正是被"自然选择"之大潮荡之而去的群体。

人们对欲望及其满足（利益）的追求，对人们的行为产生强大的激励。为获得各种欲望的更好地满足，人们为争取利益而进行竞争，进而生成了巨大的社会能量。竞争任何社会行为者（agents）都产生一种巨大的压力，因为在竞争的情况下，任何个体的品质、能力要转化为社会价值，都必须经历一个"惊险的跳跃"，"这个跳跃如果不成功，摔坏的不是商品，但一定是商品所有者"（《马克思恩格斯全集》第23卷，第124页）。竞争可以优胜劣汰。资本主义的发展史可以说是一部优胜劣汰的历史。优胜

劣汰，对于当事人来说，可能有些残酷无情，而对于整个人类或整个社会来说，却是受益无穷。优胜劣汰使资源流向效率高的方面，从而使有限的资源为社会创造出更多的价值，避免资源的浪费。优胜劣汰是一种无声的警钟，激励人们时刻踮起脚尖，激发人们奋发向上，充分利用时间资源，自觉自愿地为社会创造财富。竞争可以营造一种社会环境，刺激市场主体的进取意识与创新精神，"探索整个自然界，以便发现物的新的有用属性"，并通过进一步的实践，使社会的一切要素获得充分的利用，"创造出一个普遍利用自然属性和人属性的体系"（《马克思恩格斯全集》第 46 卷，上册，第 392 页）。

总之，正如马克思所恰当总结的那样，自由竞争使"资产阶级在它的不到一百年的阶级统治中所创造的生产力，比过去一切世代创造的全部生产力还要多，还要大。自然力的征服，机器的采用，化学在工业和农业中的应用，轮船的行驶，铁路的通行，电报的使用，整个大陆的开垦，河川的通航，仿佛用法术从地下呼唤出来的大量人口——过去哪一个世纪料想到在社会劳动里蕴藏有这样的生产力呢?"竞争可以净化人的心灵，去掉一切束缚人的发展的陈规陋习。诚如马克思所说，竞争"把一切封建的、宗法的和田园诗般的关系都破坏了。它无情地斩断了把人们束缚于天然尊长的形形色色的封建羁绊……"（《马克思恩格斯选集》第 1 卷，第 274~275 页）。

当然，任何事物都有两面性。自由竞争虽然"无情地斩断了把人们束缚于天然尊长的形形色色的封建羁绊"，但也可能"使人和人之间

除了赤裸裸的利害关系，除了冷酷无情的'现金交易'，就再也没有任何别的联系了。它把宗教虔诚、骑士热忱、小市民伤感这些情感的神圣发作，淹没在利己主义打算的冰水之中。它把人的尊严变成了交换价值，用一种没有良心的贸易自由代替了无数特许的和自力挣得的自由"（《马克思恩格斯选集》第 1 卷，第 274~275 页）。不知从何时起，但至少从中国的孔子和西方的苏格拉底、柏拉图开始，人类将面临的焦虑、苦难、不幸、食不果腹、衣不蔽体、居无定所等归结为社会内部人们对欲望满足和物质利益的追求，归结为人们对财富的追求，因而试图以各种手段消灭财富或禁止人们对欲望满足和物质利益的追求，以为只要消灭了财富或禁止了人们的追求人们就会幸福。这种观点自从生成以来，就连绵不休地生成着一代一代的追随者或继承者，直到今日。于是一代更比一代强地企图用前无古人的伟大的智慧，将人类社会退回到原始社会，甚至不惜效仿鲑鱼产卵结局的方式，要将人类变回其祖先——猿类。

乌托邦主义这种幼稚的观点仿佛认为人类应该逆时间流逝的方向演进而不是向时间之箭射向的方向演进，仿佛要扭转人类进化的方向，仿佛人类生成之初才是人类应该追求的方向。人类的社会财富或剩余财富生成之前，人们就没有焦虑、苦难与不幸吗?人们的幸福感或至少生存条件难道不是随时间的流逝，随着社会形态的变迁而在不断地改善吗?放眼人类历史长河，有哪个先前的社会形态拥有当代发达资本主义国家所具有的福利水平与生活舒适水平呢?有哪个先前的社会形态拥有当代发达资本主义国家所具有的社会保障水平与基本权益保

障水平呢？有哪个先前的社会形态拥有当代的交通、通讯、医疗卫生、教育等发达水平呢？有哪个先前的社会形态拥有当代人们的营养水平与平均预期寿命水平呢？事实上，正如弗里德曼所说，"在一个并非尽善尽美的世界上，还有许多罪恶。正是社会的进步使残余的罪恶显得更加可恶可憎"。

现代社会拥有的一切舒适与便利的生活条件，现代社会拥有的一切技术水平，难道不是人们追求欲望满足与物质利益的结果吗？至少人们对欲望满足与物质利益的追求成为现代物质文明与精神文明的动因之一，至少促进了现代文明的迅速发展。迄今为止，"每个人改善自身境况的一致、经常地、不断地努力是社会财富、国民财富以及私人财富所赖以产生的重大因素"（亚当·斯密）。正像"一只在空中自由飞翔的鸽子，也许会以为若没有空气它会飞得更好，其实空气正是它能飞起来的一个条件"一样。乌托邦主义以为，若没有人们对欲望满足与物质财富的追求，社会会发展得更好，人们会更幸福，其实人们对欲望满足与物质财富的追求，正是人类不断趋向福利水平提高的条件，正是人类不断趋向人类最终目的的条件。

均等化分配公平（equal distributive equity）主要关注由公共政策所造成的人们获得相关社会资源的各种不均等的条件。其中主要包括人为设定的财政分配关系，不同级政府间财权与事权的划分，上级政府的财政投资的空间选择，居住空间、人口流动以及具有进入壁垒或具有筛选机制的社会有价资源获取方式等方面设定的各种差别性公共政策等。均等化分配公平要求人们所能够获得的基本公共服务，或不同区域提供的基本公共服务，应该满足公共财政中性（fiscal neutrality）的性质或要求，即不同的人群不应因地方财政的差异而导致获得的公共服务存在差异。或者说，不同空间区域提供的基本公共服务不应因地方财政能力的差异而存在差异。

补偿公平强调不仅要对公共政策所造成的人们获得相关社会资源的各种不均等的条件进行修正与补偿，而且要对源自于社会与经济环境引起的不均等的条件进行公共性的修正与补偿。补偿公平仅仅涉及公共政策所造成的系统性差异（即系统性不均衡），而不考虑个体对公共服务的不同需要。实现补偿公平的公共政策除了要求保持公共财政中性外，也要考虑对空间或区域成本差异、规模经济以及政府负担等方面的修正与补偿。

结果公平或实证性公平（positivism equity），也就是前面讨论的基本权益保障，主要关注个体对公共服务的实际需要（needs）。结果或实证性公平主张对最少受惠者（the lest advantaged）进行公平性干预，从而使最少受惠者或弱势群体的公共服务需要的满足达到社会设定的最低水平；要求政府为弱势群体提供独特的、高成本修正的、矫正性的与补偿性的公共服务，而且这种服务的成本完全由政府支出，因而特定消费群体能够免费获得这些公共服务。例如，残疾人特殊的失业救济、医疗卫生救济以及单亲家庭救济等，收入在最低标准线之下者有资格得到补助，每一个孩子（包括智障儿童、残疾儿童）都有资格上学受教育，失去劳动能力者获得相关的救济以及鳏寡老人所能够得到的特殊公共服务等。

作为公平体系的上述公平组合的分析框架表明，交易公平、机会或能力公平，作为社会运转的核心价值，贯穿于由不同分工领域与空间结构的整个社会网络，包括政治、经济、文化以及公共政策领域等各个方面，而其他公平价值均建立在这些价值基础之上，并作为交易公平的重要修正与补偿。因而这是一个典型的不同价值网络组合的分析框架。虽然当今社会或者说不同国家普遍实施这一基本框架，但由于各国在历史传统、文化心理、经济发展水平、政治取向或社会价值等各方面存在差异，因而不同公平要素的实现程度与范围也存在一定的差异，从而使各国的公平体系存在重大差异。

三、社会价值网络化组合的原则

由于各种原因，现代社会对公平交易进行各种各样的修正成为人们的共识，但这并不意味着进行这种修正时完全由政府本身进行行为。正如阿马蒂亚·森所指出的，"对这些情况的处理，不是压制市场，而是让市场更好地运作，具有更高的公平性，而且得到适当的补充"。正如我们前面反复强调的，社会发展与进步的原动力来自于人类为追求其目标而建立的众多社会网络。因此，有效确定公平体系中各种不同类型公平的实施程度，即不同公平的秩序参数，是任何社会都无法回避的。为了使公平体系构成一个有机网络而不是无机性拼盘，在确定不同类型的公平参数、构建网络化价值组合时必须坚持一定的基本原则。

（1）坚持各种公平参数间的互补性而不是替代性。公平体系中的各种不同类型的公平要素间不应视为简单的替代关系而应视为互补关

系。其原因在于，政府与市场之间的重大关系不是替代关系而是互补关系；离开公共政策或政府，不可能存在市场。市场的整体成就深深地依赖于政治和社会安排（阿马蒂亚·森，2002）。离开市场不可能存在有效率的政府或良好的公共政策；补偿性或矫正性公平的功能不在于其弥补市场失灵或市场缺陷，而在于其完备市场有效运转的环境和机制，在于创制互补于市场的有效的和高效率的机制与过程。或者说，在于创制互补于市场的能够自我实施机制与过程，在于开发新的或创造市场机制，在于强化市场运转的纽带或黏合剂，在于最大化"看不见的手"的功能，即最大化私人活动的公共价值创造功能。从社会的角度来说，市场机制与公共政策是实现社会公平的两种主要机制。市场机制与公共政策所实现的社会公平，也是一种互补关系而不是替代关系。适合于市场机制实现的社会公平，绝不能用公共政策去取代；适合于公共政策实现的社会公平，也不绝能用市场机制去取代。从适合于不同情境的角度上说，任何用一种机制取代另外一种机制来实现社会公平，都将损害社会公平。同时，由于任何公共政策在实现社会公平的绩效方面都缺乏市场检验的途径，因而若出现一种特定的情境，用两种机制均可以实现社会公平，那么首选原则是市场机制而不是公共政策，因为市场机制具有自我实施性而公共政策可能不具有自我实施性。此外，在某些情境下，综合运用市场机制和公共政策，或者说运用市场机制与公共政策的某种组合，能够更有效地实现社会公平。

（2）各种不同公平类型或参数的确定必须最大化社会创新能力。社会创新能力包括两个

方面：制度创新能力和技术创新能力。创新能力关注社会的动态效率以及社会对自然资源的依赖以及人类认识自身、自然界和社会的能力，关涉到人类福祉的持续改进能力和应对自然界发生的各种突发性极端事件的能力，关涉到社会稳定、国家安全或不被侵略的保障性能力。市场机制虽然能够有效激励人们的获利行为从而激励人们寻求各种可利用的机会，但由于制度创新和技术创新具有强大的正外部性，不同创新之间具有很强的互补性，个体的创新性收益并不能够全部内生化，因而在一定程度上弱化创新性动机，特别是基础性创新的动机。为了最大化创新动机和能力，公共政策必须承担起激励创新，特别是基础性创新的责任，一方面与个体创新动机和能力形成强大的互补关系；另一方面使创新行为成为一种可自我实施的行为，成为社会公平的一种实现途径。公共政策的社会公平实现功能在于三个基本的方面：一是确保利用市场机制在实现社会公平时，个体的行为和集体行为不对其他个体形成伤害或使伤害降低到最低限度，从而确保市场机制最大化社会公平；二是有效克服个体的机会主义行为、"搭便车"行为、道德风险和逆向选择行为以及"公用地悲剧"情境的发生；三是确保个体获得普适性价值的机会均等性和弱势群体的最低生活保障或基本权益保障。

（3）要有效消除、减弱"政府失灵"，有效控制"弗里德曼之手"。对于政府制定政策来说，市场机制的失灵，仅仅为干预市场提供了一种必要条件，而不是充分条件，因为"政策制定非常需要将所认识到的市场结果的缺点与为弥补这种缺点所做的非市场努力的潜在缺点

进行比较"，"并非在任何时候自由放任的不足都是能够由政府的政策干涉弥补的，因为在特别的情况中，后者不可避免的弊端可能比私人企业的缺点显得更加糟糕"（沃尔夫，1994）。弗里德曼在谈到政府干预市场时也特别强调指出，"在政府活动的领域，正如在市场中一样，也有一只看不见的手，但它的作用正同亚当·斯密的'那只手'相反：一个人如果一心想通过增加政府的干预来为公众利益服务，那他将'受一只看不见的手的指引，去增进同他的盘算不相干的'私人利益"（弗里德曼等，1982：11-12）。事实上，在基本公共服务中的任何一个领域，都存在弗里德曼的"看不见的手"。这表明，政府通过公共政策介入或干预（intervene）价值规范和社会行为准则时，以及政府在执行、实施公共政策时，如同市场机制运行于不存在"古典环境"的条件下一样，超出了其有效性功能的界限，因而出现"政府失灵"基本上是一种常态，如同鸡蛋通常孵出的只能小鸡而不是天鹅。

历史经验表明，基于交易公平的自愿交易占支配地位的社会内部就具有促进繁荣、人们的强互惠精神与行为、意愿性自主选择的强大潜力。虽然交易公平并非是达到繁荣和促进强互惠精神与意愿性自主选择的充分条件，但凡实现繁荣和具有强大的强互惠精神与意愿性自主选择的社会，其占支配地位的公平体系必然基于交易公平。交易公平是实现繁荣和促进强互惠精神与意愿性自主选择的必要条件。

然而，作为交易公平互补性机制而存在的基本权益保障，也具有同等的重要性。"在有机体内部，某个最小的器官哪怕有一点点懈怠，

不能牢靠地实施自我保存、精力得不到补充、'利己主义'不能得到贯彻，那么整个有机体就会蜕变"（尼采，1996：69）。因此，作为公平体系重要价值的基本权益保障，可视为社会这个有机体对其特定器官的小心呵护，给予足够的营养，从而既保持社会有机体的整体健康，更为交易公平注入了新的动力与活力。

试图寻求界线分明的划分交易公平与各种补偿公平之间关系的任何主观努力，都必将犯将有机性社会简约为机械性社会的错误。因为交易公平与各种补偿公平特别是基本权益保障之间的关系，犹如母亲与胎儿之间的关系一样：胎儿想方设法让母亲把精力全部倾注在自己身上，想方设法增加母亲的血糖含量以便让自己长得又肥又大，吝啬的母亲则时刻提防并抑制胎儿获取太多的血糖，以免使自己患上妊娠糖尿病，从而使自己能够生存下来。如果母子双方必须有一个牺牲性命来保全另一个，那谁都不愿牺牲自己（里德雷，2003：15–16）。①

事实上，所有的有机体都处于由其内生参数所决定的微妙的均衡状态，一旦失衡，有机体将变为无机体，变为易于点燃的干枯之木或易于风化为尘埃的木乃伊之体。

社会公平的操作化定义与测量

现代文明的一个重要特征是机会均等化概念从条件无涉及的状态转变为条件依赖的状态。

过去人们认为，机会均等就是指每个人都拥有获取基本公共服务的均等的机会，而不考虑实现机会均等的条件与背景。如今则不同，人们普遍认识到，仅仅拥有获取基本公共服务的均等机会，未必真正拥有机会均等的可能性（possibility），因为某些个体可能根本不具有利用均等机会的条件，因而不具备利用均等机会的可行能力（capability）。条件依赖的机会均等就是要考虑不同个体所拥有的初始条件与境遇，通过集体行动或公共政策改变某些初始条件与境遇较差个体的可行能力，从而使其拥有利用机会均等的初始条件与能力。

随着社会期望政府在促进社会公平方面发挥这种更为积极与主动的行为，人们必须从定性分析转向定量分析，从而能够更为准确、具体地描述社会公平现状，为认识不公平程度以及制定相应的补偿性公共政策提供准确、可靠与实证性信息。为了能够定量地测量社会公平，首先必须操作与定义相关的理论概念并确定具体的测量方式。目前人们对社会公平的关注主要着眼于构建公平的基本权益保障系统，以便能够为那些由于与生俱来的因素而无法履行其社会、经济以及政治功能的群体提供相关的特殊援助，以便消除这些与生俱来的障碍性因素，从而使其具有共享基本公共服务的平等或均等的机会。因此，基本权益保障体系旨在通过改变某些特殊因素或条件从而在更广泛与更完善的意义上促进机会均等化水平的提高。

---

① 这里的母亲与胎儿之间的关系与行为是指生物机理与细胞之间的自组织关系，是生物学意义上的关系与过程，由基因控制，不涉及任何一方的主观行为，也是主观行为特别是母亲的主观行为无法控制的关系与过程。从主观上说，如果母子双方中必须有一个牺牲性命保存另外一个，如何选择通常在于父母之间的协商。

一、先验均等与后验均等

从实际操作的角度上说，实现基本公共服务均等化是一项复杂的系统工程。这一工程涉及基本公共服务生产与消费的各个环节。基本公共服务均等化可以从基本公共服务的生产投入如劳动力（其中不同公共服务涉及不同类型的劳动力，如教师、医生、保育员、技术员等，以下同）、设备、资本等来理解，即从某种角度界定投入的均等化，当然并不一定代表平均化。基本公共服务的均等化同样涉及公共服务的生产过程（production process）。例如，基础教育的生产过程包括课堂教育方式或上课方式、家庭或学生对不同学校的选择以及社会所应该提供的不同学校的类型与数量等；医疗卫生的生产过程包括医院就治方式、水平、相关的人员与设备配备以及人们的动机，什么样的病人应该去什么等级的医院看病为公平的？（Ladd 等，1999）。

近年来，人们越来越将关注力转移到公共服务的产出（outputs）（学校教会了学生什么，什么样的能力、知识与技能等；治愈能力、治愈率等）与结果（outcomes）（人生成就，如工资收益或健康状态等）上来，关注产出与结果的公平。与此相关的问题是，产出和结果又与公共服务生产组织的类型（公立与私立、公办民办以及合作共办等）密切相关。关注产出和结果必然涉及如何界定什么样的投入水平、过程及类型能够有效实现人们关注的产出水平与结果状态。

由于公共服务涉及生产的投入、过程与产出和结果，因而有关基本公共服务均等化的相关概念就存在先验（Ex ante）与后验（Ex Post）之别。先验均等（Ex ante concepts of equity）是指为改变均等化现状（不均等）而确定的公共政策（包括拟采取的具体的相关措施与办法）所确定的均等化水平或状态（Ladd 等，1999）。例如中国基础教育确定了九年义务教育，并为实现九年义务教育而制定了相关的办法。简单地说，先验均等就是相关公共政策欲达到的均等化水平。

后验均等（Ex post concepts of equity）是指为实现基本权益保障而设计的相关公共政策或公共项目，考虑到相关当事方对这一政策的行为反应后，由这一政策与当事方的反应性行为共同产生的实际均等化结果（Ladd 等，1999）。简单地说，后验均等就是相关政策实施后形成的实际均等化水平。

例如，中国刚刚制定了有关贫困地区与家庭受教育儿童的午餐补助计划。该计划必然是在测定不同学生午餐状况之后而确定了一个标准。这个标准不仅考虑到营养标准，也必然或必须考虑到学生家庭背景以及学生所在区域的经济背景后确定相应的补助标准。因而确定了先验均等。然而，为了便于实施这一公共政策，在实际操作时并没有考虑上述这些背景因素而笼统地给每个学生平均分配午餐补助，或这一计划实施后，引致相关当事方，如家庭或学校或地方政府，改变了行为，那么由这种改变了的行为所形成的学生营养状况就是这个计划所产生的后验均等化水平。

后验均等与公共政策意欲达到的先验均等可能一致也可能存在很大差别。相关部门在确定了财政支持贫困地区某项公共服务以便达到一定水平后,参照这一地区获得匹配资金支持后的公共服务水平,依据不同的经济相对发达地区的实际财政能力确定不同的财政匹配支持率。这项支持计划显然考虑了不同区域的先验均等化状况。作为对这一财政支持率的反应,经济贫困地区可能参照也可能不参照经济相关发达地区来确定每个人的财政支出,从而使其人均财政支出与经济相对发达地区的完全相等。作为这种反应的结果,就是后验均等。

正是由于存在先验均等与后验均等的差异,而且人们在研究相关基本公共服务均等化时,运用的分析概念和方法是先验均等,而实际测量的是后验均等,因而操作化地测量、分析与研究基本公共服务均等化比人们初始的想法要复杂得多。

二、先验机会均等与后验机会均等

基本公共服务均等化研究的目的是改善与提高部分群体或个体共享基本公共服务的均等性机会,通过改善与提高人们获得基本公共服务均等性机会的可行能力,以便使不同的个体或群体具有某种意义上的共享基本公共服务均等化机会,从而能够有效利用并获取其他社会资源的均等化机会。为此,人们试图利用条件依赖的机会均等来矫正条件无涉的机会均等造成的实质性的机会不均等。机会均等因而成为研究社会公平的恰当的逻辑起点(the right starting point or logical place to start)。然而,当人们实证性地研究基本公共服务均等化机会时,面临着人们远没有界定清楚的概念问题(the more ambiguous concepts of equity)(Ladd 等,1999)。

从肯定的方面说,机会均等的一般理念是指所有人都具有平等的成功获取社会资源的机会,而实际结果仅仅依赖于某些个体特征,如动机、愿望、努力程度以及某种程度上的能力。从否定的方面说,机会均等是指能否成功获取社会资源不依赖个体所能够控制的外部环境,例如家庭经济能力或条件、居住的地理区域、民族、性别以及残疾与否等。这里获取社会资源的成功(succeed)具有多种不同含义,包括获取社会资源的能力(如收入水平)、有能力支付某种水平的医疗治疗或救治、获得高水平教学、考试成绩以及生活成就(accomplishments in life)等(Ladd 等,1999)(下同)。

机会均等分为先验机会均等与后验机会均等。先验机会均等是指为所有人提供获得基本公共服务的机会或公平的起始条件,特别关照群体或个体如家庭贫困者、女性、鳏寡老人、残疾者以及具有其他特殊困难者等。先验机会平等所要确定与回答的机会均等问题是:确定或设定的相关条件是否使所有人都具有了"成功"(succeed)的可能性?

相对于先验机会均等,后验机会均等的界定更为困难一些,因为先验机会均等可以界定得更为宽泛与一般,而后验机会均等则必须界定得非常具体(specific)并且具有可测量性,因为不论是为了描述机会运行的现状还是为评估相关公共政策绩效,都必须达到可测量的程度或水平,从而才具有指导经验研究与确定相关政策的作用。后验机会均等的一个最普遍的定义是,低收入与高收入家庭或个体(群体)是否具有相同的获得基本公共服务的能力,可以从投入(如支出状况)、生产过程(如更好的医院或就医条件、更好的学校教育）与产出（如取得好的成绩或进入好的大学、治愈率等）角度来加以界定。

后验机会均等的另外一个定义是关注基本公共服务提供水平与地方、区域或个体财富、财政能力（fiscal capacity）之间的关系，即关注基本公共服务提供的财富或财政中性（wealth or fiscal neutrality）问题。测量后验财富中性的方法主要有相关系数、斜率、弹性等。

三、横向公平与纵向公平

横向公平（horizontal equity）是指处境相同的人获得相同的基本公共服务。或者说，处境相同的人应该得到相同的待遇（shall be treated equally），而不以其所处的社会地位、种族、肤色、性别、居住区域等差异实行歧视性待遇。横向公平概念的实际运用面临的主要挑战是如何识别处境相同的对象（equally situated）。例如，在研究或分析教育投入时，研究者们通常将受教育对象分为正常或一般群体、风险（at-risk）群体或受教育处境不利（educationally disadvantaged）群体与特殊（special education）群体三种处境的群体。横向公平要求每类群体内每一个体获得的基本公共服务投入是相同的。从产出或结果的角度很难应用横向公平，因为虽然每一个体可以共享的基本公共服务投入是相同的，但产出或结果并不完全依赖于投入，在很大程度上它还依赖个体的差异特征（如动机、愿望、努力程度以及个人能力与行为倾向等）。

大量实证性研究运用各种投入指标与其他描述性统计量以测量与比较横向公平，并且呈现出由简单的极值描述向其他特定统计量转化的趋向。例如 McLoone 指数（McLoone index）经常运用于描述与显示分布的底部特征；变异系数经常用来显示总体分布特征；泰尔系数（Theil measure）与基尼系数（Gini coefficient）经常用来描述变异的结构性特征，例如分别描述群间变异与群内变异，或描述地区间的变异与地区内的变异。

纵向公平是指不同处境的个体应该获得不同的对待。与横向公平一样，纵向公平的应用也面临如何识别"处境不同的"（differently situated）个体的问题。人们通常或隐或显地依据个体对相关基本公共服务质量方面的要求的不同来进行分组或分群，或运用旨在取得特定产出水平的投入来进行分组。从这一意义上说，纵向公平将投入公平与产出或结果公平联系起来。

纵向公平主要运用于基础教育机会公平的研究。正如人们测量纵向公平时通常采取的方法一样，纵向公平要求依据不同受教育群体取得某种水平的教育或达到某种程度的成本来调整投入水平。经过调整的投入表明，使某些个体达到某种教育水平（产出水平）需要的额外的教育资源。显然这种成本调整以及相应的投入的确定，从经验研究上来说是困难的。例如，使残疾学生获得教育需要更多的资源，但究竟多出多少却是难以确定的。此外，人们也必须确定作为教育目标的产出水平（如低胜任能力、最大可发挥潜能、充足水平以及产出的边际增加等于投入或资源的边际成本之点的确定等），而所有这些的确定都需要投入与产出之间数量关系的知识。通常人们并没有掌握足够的数量关系从而并不知道如何调整资源。

四、社会公平的测量

由于社会公平分为横向公平与纵向公平，因而测量方法也不相同。前七个测量方法只适合于测量横向公平。测量纵向公平的方法主要是相关系数方法与回归系数方法，即运用相关系数与回归系数测量纵向公平。

1. 极差法

极差（range）法是最常见、最普遍的测量横向公平的方法。它是一组数中最大数与最小数的差。这个差越大，说明不均等水平越高，即差异越大。极值方法由于仅仅用到一组数中的两个，忽略了所有其个体的特征，特别是它仅用最大值与最小值的差显现这组数据的特征，因而很难反映或描述这组数据的整体特征。极差法之所以得到广泛应用，除了其简单、明了之外，主要是易于被非专业人士所理解与引用，而且这个数通常较大，因而容易引起震惊。正由于此，该测量方法通常用于政治领域的相关现象的描述，目的是对现存体制提出挑战，并且因为其夸张性而能够引起利益相关者的共鸣。不过，从描述一组数据的整体特征的角度上说，这个测量方法是最不准确、最不恰当、最不科学的方法。

2. 受限极差

受限极差（restricted range）是在修正简单极差后形成的一个新统计量，既保持了简单极差易于理解与掌握的特征，又改进了其不足。受限极差的计算是首先删除一组数据中的最大值与最小值，然后再计算剩下这组数的简单极差。

3. 联邦极差比率

简单极差与受限极差都存在一个共同缺点，即对测量尺度非常敏感。联邦极差比率（federal range ratio）正是为消除这种对测量尺度过于敏感而设计的一个测量方法。其计算方法是删除一组数据中处于最上端与最下端的 5% 后，计算此组数据的简单极差并被第 5 个百分位上的数除，即联邦极差比率 = $(X_{95th}-X_{5th}) / X_{5th}$。

4. 变异系数

各种极差在反映一组数据分布特征时所运用的信息都非常有限，这不利于从整体上反映这组数据的特征。变异系数则运用了一组数据中的每一数据的信息，因而是一种较各种极差都更为恰当的一种描述统计量，它描述了一组数据围绕均值的离散程度。不过变异系数需要一组数据服从正态分布假设。变异系数等于标准离差除以平均数。标准离差 σ 为：

$$\sigma = \sqrt{\sum_{i=1}^{n}(x_i - \bar{x})/(n-1)} \qquad (1)$$

变异系数则为 $\sigma/\bar{x}$，其中 $\bar{x}$ 为这组数的平均数。变异系数越小，均等化程度越高。

5. 洛伦兹曲线与基尼系数

经济学中的基尼系数（G）是基于洛伦兹曲线（Lorenz, 1905）的一种测量方法。洛伦兹曲线表示每一群体所获得的收入在总收入中的比率。在图1中，水平轴是按照收入由高到低排列后的人口累计百分比，垂直轴是对应人口比例累计百分比所占有的收入累计比例百分比。在构造洛伦兹曲线时，首先要将所有人的收入从低到高进行排序，其后在计算累计人口百分比和累计收入百分比，并将它们表示在坐标图中（如图1所示）。

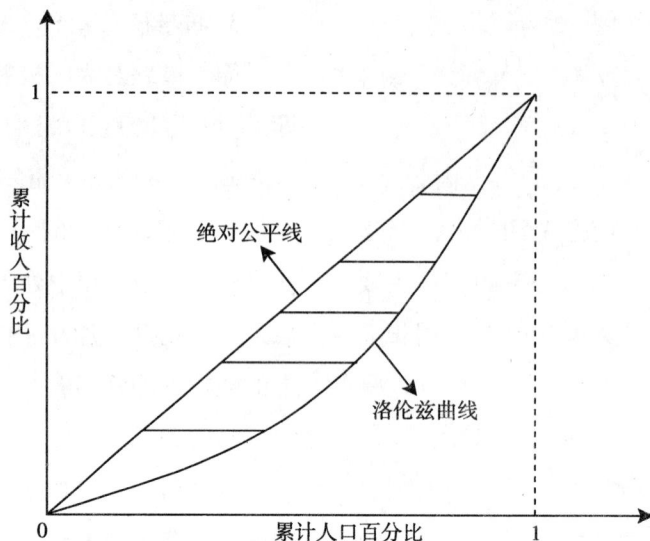

图1　基尼系数

显然，0%的人口占有0%的收入，100%的人口占有100%的收入，于是洛伦兹曲线就是正方形的一个角到另一个角的连线。如果所有人收入都相同，那么洛伦兹曲线就是图中的对角线，我们称其为绝对平均线。然而现实中没有这样完全的平等，低收入阶层将占有总收入的较少份额。这样，很明显，洛伦兹曲线将位于对角线的下方，只有当收入分配完全平等的情况下才与对角线重合，当收入向更富有的人口移动时，其斜率将逐渐上升。

基尼系数就是绝对公平线（对角线）和洛伦兹曲线之间区域的面积（即图中阴影区域）与对角线下方的科尔姆三角区域面积的比率。基尼系数的定义就是图中阴影部分面积的2倍，它能够反映测量指标的集中度或离散程度，反映该指标的相对差异。从其计算方法可知，基尼系数的变动范围为0~1。均等化或无差异的时候它为0，存在绝对差异（所有收入都集中于一个人）的时候它为1。在度量收入差异时，国际公认的标准为：基尼系数在0.2~0.3时为相对公平，在0.3~0.4时为比较合理，高于0.4则表示差异过大超过了警戒线。因此，用基尼系数进行差异性的测量具有比较明确的意义。

过去，完全依赖手工操作时，基尼系数的计算相当复杂，因而它的应用并不十分普遍。现在则不同了，很多统计类计算机软件如SAS或Stata等都内嵌有计算基尼系数的模块，因而计算起来非常方便。只要将相关数据输入给计算机，用不了1秒钟就可以将基尼系数计算出来。

6. 泰尔指数

泰尔指数（Theil index），与基尼系数类似，描述了整体均等化程度并且对于数据分布的尾部变化较为敏感。泰尔指数等于0时，表示完全均等（即每一个个体获得的份额完全相同）；等于1时表示非常不均等（表示其中一个个体获得了全部份额）。作为不均等程度的测量，泰尔指数虽然在稳定性与准确性方面与基尼系数十分类似，但泰尔指数有另外一个优点，即能够计算与显示组内不均等程度与组间不均等程度。这一优势对于研究基本公共服务均等化十分有用，因而目前应用十分广泛。若 N 为个体总数，x_i 为个体 i 的收入，那么，泰尔指数的计算方法为：

$$T_T = T_{\alpha=1} = \frac{1}{N} \sum_{i=1}^{N} \left(\frac{x_i}{\bar{x}} \cdot \log \frac{x_i}{\bar{x}} \right) \qquad (2)$$

如果分为 m 个组，则分组泰尔指数为：

$$T'_g = \frac{p_i}{p} \sum_{i=1}^{m} \frac{x_i}{\mu_i} \log \left(\frac{x_i}{\mu_i} \right) \qquad (3)$$

其中，i 表示组，x_i 是组 i 内个体数量，μ_i 是组 i 的平均数（如平均收入等），p_i 是组 i 的个体数，p 是所有组加在一起的总体个数。

泰尔指数的另一个重要优点是可以分解为组内不均等的加权平均再加组间不均等。例如，中国收入的不均等是每个省内不均等的加权平均，权数为该省收入份额，再加上省间的不均等。具体分解方法为：假设总人口分为 m 个组，s_i 是组 i 的收入占总收入的比例，T_{Ti} 是组 i 的泰尔指数，$\bar{x}_i$ 是组 i 的平均收入，那么分解的泰尔指数为：

$$T_T = \sum_{i=1}^{m} s_i T_{Ti} + \sum_{i=1}^{m} s_i \log \frac{\bar{x}_i}{\bar{x}} \qquad (4)$$

7. McLoone 指数

到目前为止，上面介绍的六种指数都是关于分布特征的描述。在基本公共服务以及相关公共政策研究中，人们经常面临如何有效提高处于公共服务或收入处于分布低端的群体的福利而又不降低分布中其他群体的福利，即如何进行帕累托效率或福利改进问题。假设人们认为处于平均数水平或中位数水平为人们认可的正常水平或充足水平，而处于平均数或中位数以一的水平为比较奢侈的水平或高福利水平。

那么，要将处于平均数或中位数水平之下的福利改善到平均数或中位数水平，公共政策应如何选择？McLoone 指数即为此目的而设计的一种指数，它是所有处于中位数及以下个体收入或支出与将这些人的收入或支出都提高到中位数水平支出的比率。由这一具体计算方法可知，McLoone 指数的最大值为 1，表示中位数水平以下所有个体收入或支出完全均等。

为了与其他指数含义一致，可以调整 McLoone 指数：将所有处于中位数支出水平以下的个体支出全部提高到中位数水平时所需要的资金总量与将所有处于中位数支出水平以下的个体支出全部提高到中位数水平时支出总额之比，即得到 Springer 指数。显然 Springer 指数等于 1 减去 McLoone 指数。Springer 指数越接近 0，横向公平水平越高。

政府偏好与基本公共服务提供

虽然从一般意义上说，基本公共服务提供水平和质量与经济发展水平密切相关，但在一个确定的经济发展水平上，政府提供多少基本公共服务取决于政府的行为偏好。特别地，政府行为偏好不同，将基本公共服务纳入到政府责任框架中的程度也不相同，即政府承担公共服务提供的成本或财政支持的程度不同。为了显示政府行为偏好与基本公共服务之间的强相关性，以下仅以基础教育为例加以描述。

一、基础教育发展的样式变迁

基础教育纳入政府责任体系源于 19 世纪的西方国家，但不同国家承担这一责任的持续性与先后性以及程度存在重大差异。这为我们研究基础教育纳入政府责任体系的制度安排提供了一个初始景象，可以发现西方不同国家政府承担基础教育责任的决定条件与机制。

从 19 世纪开始，随着经济的发展，特别是社会理性的增强与关于政府责任观点的改变，西方国家的社会领域对基础教育的关注与日俱增。由于各国基础教育的发展水平存在重大差异，因此，有关如何发展教育的问题，引起了广泛的社会讨论，并最终将教育发展问题归结为如何分担基础教育的责任问题。这个问题成为当时各个国家普遍关注的问题，在政府与社会中都掀起了一次次讨论的浪潮，其景象很像目前的中国。

由于纳入政府责任体系的基础教育与传统教育存在众多差异，纳入政府责任体系的基础教育成为一种重要社会创新。为了了解这种教育的发展方式、形式以及相关的教学方式、课程体系等，很多国家的教育界领导或专家开始到教育发达的国家进行考察，试图学习这些国家在公共教育或基础教育领域的创新。这些考察者中主要包括美国与法国的教育界领导与教育专家，他们考察的最深入与最细致的国家主要是德国，也包括荷兰、瑞士。正如今天中国各领域的官方代表团到世界各国对相关领域进行考察一样。所不同的是，目前中国的考察更多地带有周游世界的性质而主要不是为了真正的考察。区别考察是否为真正的考察的标准是，这种考察是否提出了改善本国相关领域的制度安排的建议并得到了有效的实施。如果派出了大量考察团进行了广泛的考察，而后只写几份考察心得，保留于几乎从来不会有人去翻阅的档案馆，等待时间的侵蚀最后化为灰尘，那只能是对纳税人的辛苦钱的浪费，是一种极不负责任的行为。如果绝大部分考察都是这种行为，那么，这种考察行为本身就是一种腐败。腐败的考察行为能够对国内相关领域产生实质性影响，除非邪恶的魔鬼能在瞬间变成善良的天使。正因为这一点，中共中央政府已经将这种考察行为界定为公款旅游，再三声明严禁政府机构组团出国考察。

法国的 Victor Cousin 和 Eugene Rendu 分别于 1831 年和 1854 年到德国各州考察与研究了那里的教育体系。包括 Horace Mann 在内的至少三位美国专家在 1837~1843 年到德国进行了考察，并就考察结果与政策建议向国会进行了报告。斯堪的那维亚国家于 19 世纪 40 年代派官员考察了普鲁士国家的教育情况。在 Mark Pattison 报告了德国的教育情况和 Matthem Arnold 报告了法国、荷兰与瑞士的教育情况后，英国才于 1859~1861 年派政府官员对大陆国家的教育体系进行考察。然而，1861 年 Newcastle 委员会关于欧洲大陆国家公共教育状况的报告却认为，大陆国家的经验不适合英国，英国没有大陆国家的社会背景与环境。中国与日本于 19 世纪也相继派官员考察大陆国家的公共教育，并发表了几份报告。1901 年，管学大臣张百熙出使英国归来，向朝廷递交了中国的教育振兴计划。1904 年，清政府颁布了《奏定学堂章程》，规定"儿童自 6 岁起受蒙学 4 年，10 岁入寻常小学修业 3 年。俟各处学堂一律办齐后，无论何色人等皆应受此 7 年教育，然后听其任为各项事业"。

众所周知，德国是世界上最早实行现代意

义上的基础教育的国家。1619 年德国魏玛颁布的学校法令中规定，"8~12 岁儿童都要到学校读书"。正是由于这一悠久的历史传统，1815~1860 年，不论从适龄儿童入学率还是从基础教育支出占 GDP 的比率的角度上说，德国各邦的基础教育一直走在世界的前列。然而，随后不仅被美国超越了，也被其他几个欧洲大陆国家超越了。从基础教育经费占 GDP 的比率上看（见表 1），加拿大在自 1870 年之后一直处于世界前列，其次是德国、美国、比利时、荷兰等。

德国、加拿大、美国以及荷兰 1910 年时的基础教育经费支出占 GDP 的比率，已经分别达到 1.64%、1.72%、1.36% 与 1.63%。这些国家的基础教育支出在整个 19 世纪都处于世界领先者的地位，尽管其他国家与德国并没有太大的差距。令人不解的是，在英国成为世界经济领先者之前，在识字率与教育方面一直是领先世界的，然而，在 1891 年以前，英国的基础教育却处于相对较低的发展水平上。

表 1　部分国家基础教育支出占 GDP 的比率（1850~1910 年）

单位：%

	1850 年	1860 年	1870 年	1880 年	1890 年	1900 年	1910 年
加拿大			1.31	1.80	1.68	1.54	1.72
美国	0.32	0.46	0.71	0.71	1.05	1.16	1.36
英国				0.77	1.01		0.63
法国	0.26	0.26	0.30	0.63	0.81	0.75	0.80
德国		0.56	0.67	1.03	1.01	1.26	1.64
比利时	0.33		0.59	1.07	0.85	0.98	1.06
荷兰		0.39	0.50	0.77	0.92	1.26	1.63
挪威				0.50	0.53	0.70	0.71
日本				0.10	0.61		

图 2、图 3 和表 2 显示了不同国家在不同时期的基础教育入学率。从这两个图可以看出，在基础教育方面处于领先地位的国家，至少发生了一次变迁，而且到 1910 年，几个国家几乎同时处于适龄儿童入学率的世界前列。1860 年以前的近半个世纪，普鲁士是全球适龄儿童入学率最高的国家，紧随其后的是北美与挪威。1860~1900 年，北美与新西兰是当仁不让的领先者，澳大利亚则紧随其后。从 1882 年起，法国成为欧洲适龄儿童入学率最高的国家，直到 1900 年后，大不列颠才进入世界适龄儿童入学率较高国家的行列。

适龄儿童接受基础教育的比例与一个国家基础教育的供给密切相关，而这种供给能力在很大程度上又与整个社会提供的基础教育高度相关。从基础教育经费支出占 GDP 比率的角度上说，德国一直处于领先的地位，无论是否包括私人教育支出。在基础教育经费支出占 GDP 比率方面，与德国最为接近的是加拿大、法国、瑞士与挪威等国。德国在各级教育中的经费支出处于当时世界领先的地位，特别是其大学与高等职业教育的发达程度，更令世界其他国家望尘莫及。然而，德国在希特勒统治时期，政府的公共支出偏好发生了重大变化，从而将教育的责任从政府转移、分散到了社会组织与个人身上，致使其教育水平从此未能够重新获得世界领先的地位。

此外，从这些国家基础教育发展的过程来看，基于税收的公共教育的发展并没有取代私人教育支出与私立教育的发展。依据德国、法国以及美国的公共教育与私人教育支出数据的估计表明，随着公共教育支出的大幅增加，私人教育支出并没有发生明显地减少性变化。公共教育支出不存在显著的挤出私人教育支出的效应表明，公共教育支出与私人教育支出之间存在着很强的互补性关系。这种互补性关系一方面增加了社会总的教育供给能力，从而使更多的适龄人群能够受到教育；另一方面也增加

了人们选择的范围，从而满足了具有不同教育偏好的受教育群体的需求，有效提高或放大了私人教育的社会效应。

尽管教育支出占 GDP 的比率是一个人们常用的衡量一个国家教育投入水平的指标，反映了所得税率用于教育的比例，但这一指标并没有显示出用于每个学生方面的支出，因为不同国家在不同时期，基础教育适龄人口的分布并不相同。在这种情况下，即使两个国家用于基础教育的经费占 GDP 的比率相同，也不具有可比性。为了反映基础教育支出的总规模，也为了反映每个学生所获得的教育经费，一个更为合适的指标是基础教育支持率，即每个学生的经费支出占每个成人的人均 GDP。

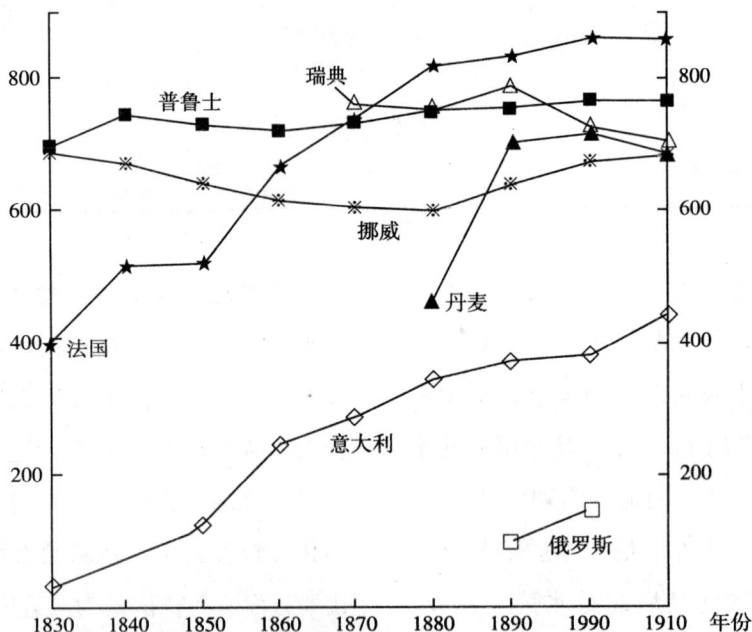

图 2 基础教育入学率（5~14 岁）1000 人

注：*表示公立学校入学人数；其他则包括所有类型学校的入学人数。

资料来源：Engerman, Stanley L., Elisa Mariscal, and Kenneth L. Sokoloff. 1997. Schooling, Suffrage, and the Persistence of Inequality in the Americas, 1800-1945. In Stephen Harber, ed., How Latin America Fell Behind, Stanford: Stanford University Press, 159-217, 下同。

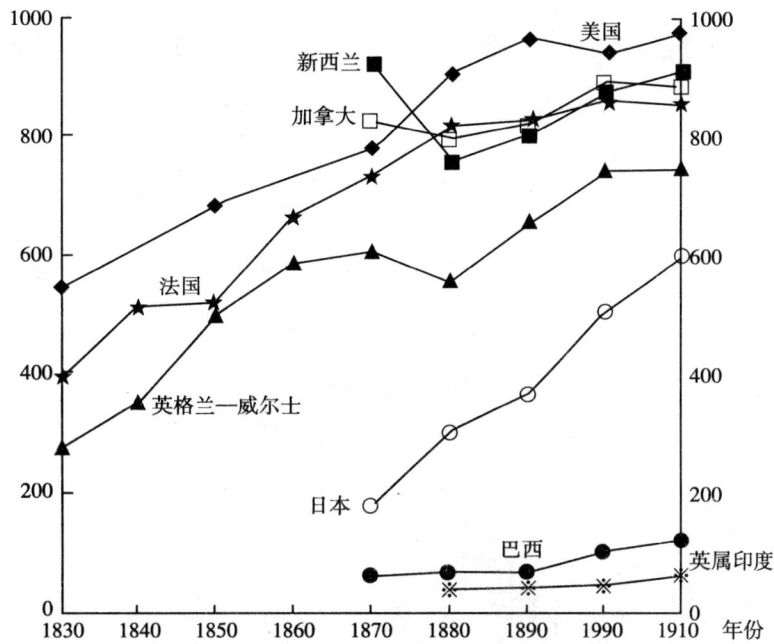

图 3　基础教育入学率（5~14 岁）1000 人

注：* 表示公立学校入学人数；其他则包括所有类型学校的入学人数。

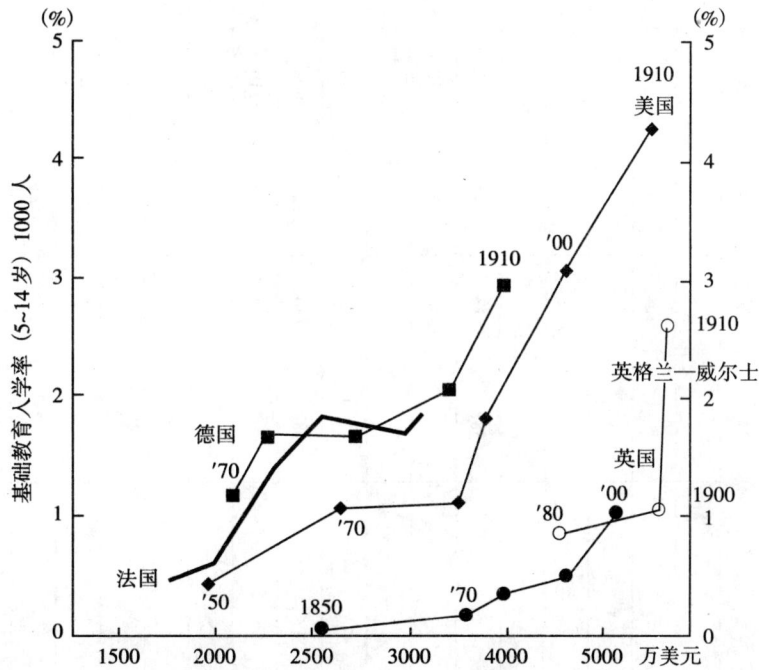

图 4　基础教育支持率与平均成人收入水平（1850~1910 年）

表 2　部分国家基础教育入学率（1830~1930 年）

单位：5~14 岁每 1000 人；年

	1830	1840	1850	1860	1870	1880	1890	1900	1910	1920	1930
Austria, pub+priv		367	389	417	426	562	633	670	746	917	839
Austria, pub only					412	543	612	647	680	805	704*
Belgium, pub+priv	346	526	549	557	582	522	434	592	618	757	701*
Belgium, pub only					427	371	312	358	339	757	701*
Bulgaria, pub+priv							238	332	412	444	472
Denmark						462	701	717	687	648	674*
Finland, pub+priv									274	400	582
Finland, public						68	105	188	260	400	582*
France, pub+priv	388	513	515	665	737	816	832	859	857	704	803
France, public enr.		398	367	418	424	545	584	625	848	565	653
France, pub. subsid.		359	351	469	515	780	800	820	850	697	796*
Germany, pub only				719			742	732	720	758	699
Prussia, pub only	687	736	722	698	717	741	747	763	757		
Prussia, pub+priv	695	714	730	719	732	749	755	768	764		
Greece					253	293	312	324	408	589	617*
Hungary					334	457	513	542	526	484	495
Italy, pub+priv	28		124	247	286	346	370	382	446	506	594
Italy, public only				219	260	324	350	362	422	479	563*
Neth., pub+priv			541	591	639	628	647	663	703	706	780
Neth., public			417	466	491	473	458	456	438	706	780*
Norway, pub+priv					658		637				
Norway, pub only	685	671	640	616	606	596	637	674	685	694	717*
Portugal, pub only			52		132	178	220	194	200	219	300*
Romania, pub only								256	354	293	588

续表

	1830	1840	1850	1860	1870	1880	1890	1900	1910	1920	1930
Russia							99	149		293	588
Serbia											
Spain				285	401	517	506	475	473	566	717*
Sweden, public					589	705	683	689	699	640	779*
Switzerland, pub only					759	753	789	727	707	710	701
U.K. mostly public				521	559	549	646	720	729	701	745*
England–Wales, pub+priv	274	351	498	588	609	555	657	742	748	725	755
Scotland, priv+pub			592	643	697	776	802	765	729	648	675
Scotland, Public only			572	620	673	749	774	748	724	648	675
Ireland, pub+priv				294	384	443	508	525	574	559	751
Ireland, public only				218	285	379	462	525	574	559	751
N.Ireland (these seem low)										272	316
Canada, pub w/sec					835	808	831	901	917	992	1000*
Canada, pub, elem only					827	800	822	892	886	949	966
USA, pub only	546		681		779	800	857	884	896	857	835*
USA, pub+priv						906	971	939	975	924	921
Mexico						187	181	185	186	231	374*
Australia, elem+sec				453	601	891	762	872	892	883	923*
Australia, elem lnly				453	598	882	751	855	870	856	890*
New Zealand, pub+priv					923	756	803	879	912	887	962
New Zealand, public					775	654	706	769	793	778	835*
Argentina						143	266	324	409	548	613*
Bolivia								136			
Brazil					61	70	69	102	123	147	215
Chile						111	192	245	431	422	556
Colombia										250	

续表

	1830	1840	1850	1860	1870	1880	1890	1900	1910	1920	1930
Costa Rice						271	142	259	306	329	405
Cuba, w/sec, pub only to '22								373	354	414	516
El Salvador											119
Guatemala							453			218	
Jamaica, w/sec to 1895						333	509	506	449	442	554
Nicaragua										174	
Trinidad & Tobago							444	517	690	663	688
Uruguay								207	292		
Egypt								7	74	108	178
India (British)						42	44	47	65	80	113
Japan					182	306	370	507	599	602	609*
Philipines, pub only											364
Sri Lanka, w/sec										352	
Thailand									59	78	242

Notes: w/sec=primary plus secondary enrollments together. pub only = just public (government-run) school. pub+pr = public plus private schools together. (blank after country name) = secondary source does not state whether the estimates include private schools. *= series used in the 1880–1930 sample.

资料来源：Stephen Harber, ed., 1997. How Latin America Fell Behind, Stanford: Stanford University Press, 下同。

基础教育支持率反映了在给定人口的年龄结构分布与收入水平的前提下，各不同国家对基础教育的支持力度。图4与表2显示了不同国家在不同时期的这一关系。图4表明，基础教育支持率随着收入水平的提高而不断上升。为了能够有效地对比不同国家的基础支持率，粗黑线显示了法国的这一比率的路径。图中每条线上的两位数字前面加上一个"'"，表示19世纪的年份，例如，"'70"表示1870年。

图4与表3表明，德国在1870~1910年，基础教育支持率基本一直处于最高的位置，虽然在成年人均GDP处于2480美元处被法国的支持率超过，但这种超越并没有持续性。1850~1870年间，在成年人均GDP处于相同的位置上，各国基础教育支持率存在较大差别。在成年人均GDP位于1900~4000美元之间时，德国、法国以及美国的基础教育支持率一直处于世界前列。相对于其较低的平均收入水平，意大利与日本的基础教育支持率也是十分可观的。同时，对比图2与图3可知，基础教育适龄人口接受教育的比率与基础教育支持率基本保持同步的状态。这再一次证明，政府分担基础教育责任对于扩大基础教育供给能力具有重大作用。

表3　部分国家每个学生的公共基础教育支持率（平均成人收入的比例，1830~1930年）

单位：年

基础教育支持率＝（5~14岁每个适龄儿童基础教育经费）/（15岁以上人均GDP）×100

	1830	1840	1850	1860	1870	1880	1890	1900	1910
美国		0.28	0.45	0.67	1.08	1.12	1.82		
大英联合王国			0.06	0.18	0.17	0.36	0.51	1.01	
英格兰—威尔士						0.87		1.05	2.60
法国	0.19	0.53	0.48	0.52	0.62	1.36	1.84	1.70	1.87
德国				0.91	1.15	1.68	1.65	2.07	2.83
比利时			0.56		0.95	1.36			2.01
意大利						1.03			
荷兰				0.56	0.78	1.22	1.49	1.96	2.72
挪威						0.84	0.85	2.14	1.20
瑞典					0.76	1.47	1.80	2.14	2.72
日本						0.14	1.17		

Notes：w/sec=primary plus secondary enrollments together. pub only = just public（government–run）school. pub+pr = public plus private schools together.（blank after country name）= secondary source does not state whether the estimates include private schools. *= series used in the 1880–1930 sample.

资料来源：Stephen Harber, ed., 1997. How Latin America Fell Behind, Stanford：Stanford University Press，下同。

图4与表1给人印象深刻的另外一个事实是，英国在1900年前，基础教育的支持率一直处于很低的位置，1850年，其成年人均GDP已经达到了2460~2480美元，但其基础教育支持率远远小于成年人均GDP不到2000美元的美国、法国与德国，甚至其成年人均GDP达到5000美元时，基础教育支持率仍然远远小于上述三个国家。从当时来说，如此富裕的国家，在基础教育方面的支出相对地说如此之少，彻底否定了关于基础教育发展依赖于经济发展水平的理论假说。因为，若基础的教育发展，特别是公共基础教育的发展，与经济发展水平相

关，那么，英国应该比美国、德国以及法国投入更多的公共教育经费。这说明，决定一个国家公共政策偏好的并非仅有经济因素，其他因素可能更为重要。事实上，有关英国令人费解的公共教育支出状况，早在 1839 年就有人开始质疑。英格兰大主教 Henry Alford 就曾抱怨过，"普鲁士走在了我们前面；瑞士走在了我们前面；法国走在了我们前面。世界上没有哪个国家的文明程度如此之高，在艺术与消遣方面如此之丰富，而却像英国这样如此彻底地、普遍地忽视公共基础教育。"尽管如此，英国毕竟在 1910 年以后，逐渐地追赶上来，在基础教育方面跃入到世界前列，虽然其每个学生的公共支出与世界前列国家仍存在不小的差距。

正如我们所指出的，政府公共支出取决于政府偏好。在既定的财政能力约束下，为什么有些国家更偏好于基础教育的支出而不是其他方面的支出，而另外一些国家可能更偏好于其他方面的支出而不是基础教育的支出。图 4 与表 3 所展示的另外一个特征是，一个国家在基础教育方面的支出，不论从哪个角度或指标加以衡量，都基本呈现出相对稳定的、单调上升的形态或样式。这表明，这些国家一旦公共支出特别是在基础教育支出方面形成一定的偏好后，这种偏好就基本稳定下来。这说明，促使不同国家政府公共支出决定偏好改变并保持相对稳定的背后的支撑力量，不仅是不可逆转的，而且是持续加强的。从这个角度说，为了使一个国家在公共基础教育方面不断地增强投入，必须理解这种改变政府偏好的支撑力量及其发挥作用的机制，并通过完善相关机制来加强或培育这种支撑力量。

二、公共政策偏好的制度决定

各国政府在基础教育发展中的不同作用以及由此引起的基础教育发展的差异引起了人们的极大兴趣，是什么因素导致不同国家的政府在基础教育方面形成完全不同的偏好呢？人们在试图回答这一问题时，从不同的角度进行审视时形成了不同的理论。这些理论基本可以分为两类：一类是国家主导或政府主导情形下解释基础教育发展的差异；另一类是民主社会下政府的偏好。

（一）自我享乐的政府（the self-enriching autocrat）

McGuire and Olson 构建了一个简单而极富有吸引力的"自我享乐的政府"模型，描述与比较了自我中心政府与民主政府在公共物品与转移支付方面的不同偏好。这是一个最优获利模型，类似于生物学中的捕食者——被食者模型或最优税收模型。这一模型能够有效地说明产权的性质对于个人与组织的重要性，从而能够有效说明注重长期利益与短期利益者之间的行为差别，以及由此引发的制度安排对于获取长期利益的重要性。McGuire and Olson 模型（以下简称 M&O 模型）研究了两类不同的集团：流动的集团与定居于某处的集团对于特定区域治理的不同行为。这一模型来源于 M&O 关于 20 世纪初中国人对待地方军阀（warlords）与土匪（bandits）的不同态度的研究。M&O 发现，虽然土匪与军阀都会征用或掠夺民众的财产，但基本在任何一个确定的地方，与土匪相比，当地人更喜欢军阀。这一问题激起了 Olson 很强的兴趣。他试图理解并说明这一现象，进而抽象出一个模型，能够解释不同集团行为的特征以及这些特征同产权性质的关系。

M&O 发现，军阀与土匪最大的不同，在于军阀一般固守于范围基本确定的地盘，而土匪却不断地流动。正是军阀的相对固定于某一地区与土匪不断流动决定了这两个集团的不同行为。固定的军阀（stationary warlords or bandits）由于相对较长时间地驻扎某地，而且依赖当地人提供资源以便维持其存在与发展，因此，固定军阀更注重长期利益的获取。为了获取长期利益并能够获得更多利益，固定军阀有激励投资于当地公共物品的投资与建设。同时，由于较长时间固守一个地方，长期投资收益的产权能够有保障。由于公共物品能够有效促进私人物品的生产效率的提高，因此，在固定的军阀治理下，民众能够获得更多福利。相比之下，流动土匪（roving bandits）由于其流动性，因而在任何一个地方都不进行公共物品的投资，加上其短期效用最大化行为的激励，每到一处都尽可能掠夺更多的资源。因而民众从自身福利的角度上说，更偏好于军阀。显然 M&O 模型中的两种组织，仅仅代表了两种性质不同的集团。一个集团注重长期利益，一个集团注重短期利益，因而导致其在同一个地方治理时，治理方式截然不同。

将 M&O 模型运用于基础教育支出方面的分析时，有两个方面值得注意：一是政府的时间贴现率或时间偏好；二是如何看待基础教育。在如何看待基础教育方面，关键是将其视为惠及某个群体的转移支付还是将其视为能够促进整个社会财富增长的公共物品。如果仅将基础教育的公共支出视为一种转移支付，那么 M&O 模型表明，这种转移支付仅仅达到使统治集团获得满足的程度，超过这个程度对于统治集团来说就是难以接受的。因而，历史上各个国家几乎都有基础教育的公共支出，但由于各国不同的统治集团对于满足其需求程度认识的不同而存在重大差异。若将基础教育视为公共物品，那么统治集团最关心的是维持基础教育公共支出所需要的税收，对经济发展形成一种负效应，或一种福利损失，但同时基础教育也能够促进社会财富的生成。因此，在这种情形下，统治集团在教育方面的支出只有其认为基础教育的公共支出所产生的社会福利的增进超过相等额度的税收造成的福利损失时，统治集团才认为是合理的。同样，不同国家以及相同国家不同时期的统治集团，在基础教育支出所能够产生的社会福利的增进以及与这种支出等额的税收造成的福利损失这两者的估计的不同，形成了不同国家在基础教育方面支出的差异。

M&O 模型的一个重要缺陷是将集团的时间偏好率视为外界给定的，或集团主观生成的，没有说明不同集团时间偏好率是如何决定的，因而，在解释相关现象，特别是为什么不同国家以及相同国家不同时期具有不同的政策偏好时，没有很好的答案。

（二）致力于国家建设的政府（the state-building central government）

解释不同国家在不同时期在基础教育方面的公共支出差异的另外一种理论是所谓的"致力于国家建设理论"。这一理论的主要代表人物有 Melton（1988）、Lott（1987，1990，1999）以及 Green（1990）等。"致力于国家建设理论"的倡导者注意到这样一个事实：自 19 世纪中期以来，几乎每个国家都在不同程度上提供公共基础教育，即由公共财政支持基础教育的发展。这是由几乎每个国家都提供的极少数物品——国防、法院、警察以及道路之一。然而，为什么基础教育能够获得如此重要的地位，能够受到几乎所有国家的高度重视，这显然并非是简单到不证自明或不假思索就可以回答的问题。

令人更为不解的是，公共基础教育的生均支出大大高出私人教育的生均支出。也就是说，公共学校的成本远远高于私立学校的成本。同时，公共学校的学生认知能力的开发能力远远小于私立学校的学生认知能力的开发能力。既然无论从效率还是从效果方面公立学校都远不如私立学校，那么，为什么所有国家都采取公立学校的形式来提供基础教育呢？

为了回答上述问题，Lott（1987）分别考察了七种有代表性的理论。一是公共物品与公共提供理论，这里涉及基础教育与民主、降低犯罪率、促进经济增长等问题；二是公共基础教育作为向教育者创造财富转移途径的理论；三是公共基础教育作为向资本家创造财富转移途径的理论；四是公共基础教育作为向中产阶级财富转移的理论；五是官僚规模经济理论；六是资本市场不完备理论；七是基础教育作为教化手段的理论（education as indoctrination）。Lott 认为，这些理论大部分都没有能够解释为什么要通过公立学校的方式而不是其他方式提供或干预基础教育的发展，没有能够解释为什么其他物品并没有通过设立公共机构来提供。这些理论中大多数都存在两大问题：缺乏检验解释公立学校合理性的经验证据；缺乏可应用于所有国家的一般性理论。

根据这些标准，Lott 认为，上述理论中，只有基础教育作为教化手段的理论才是一种能够处于上述各项批评之外的理论。换言之，既可以找到检验解释公立学校合理性的经验证据，也可以应用于解释所有国家都设立公立学校的一般性理论。

利用公立学校灌输某种宗教观念或思想，很早就被许多国家广泛接受。通过学校进行政治教化（political indoctrination）具有同样悠久的历史。英格兰在 19 世纪中后期之所以开始设立公立基础教育，并不是因为人们担心孩子能否获得教育，而是担心他们获得"不当的教育"（the wrong sort of education）（West，1980）。塔洛克（1983）认为，许多国家的公立学校都是在教会的鼓动下开始的。因为有些教会首先开办了学校，主要灌输其本教派的观点与信仰，引起了其他教会的不满。Nasaw（1979）详细讨论了"辉格党的偏见"如何影响了美国初期公共教育历史课本中的"问题呈现方式"。Bethell（1983）以及 Lott（1986）提供了当代观点教化的证据。High（1985）对不同经济学家关于如何运用公共学校灌输"优良社会基本价值观念"的讨论进行了较为细致的文献调查。

观念教化理论之所以能够解释各国普遍设立公立学校，在于其成本收益的核算方式与通常的核算方式不同。如果注意到教化某种价值对于统治者的收益或效用，那么，就可以理解公立学校的普遍性。事实上，所有的政府活动都具有财富转移效应，而且通过调整转移支付的规模与结构，政治家可以获得最大化的支持。因此，若从转移支付可能面临的反对的成本与可能获得的支持的收益这个角度来审视，那么政治家通过公共教育进行教化所获得的支持收益，远远大于放任教育而教化其他观念所形成的反对成本，即通过思想观念的统一的教化所获得的支持收益，远远大于不进行这种教育而形成各种不同观念的成本。同时，教化使人们接受政治统治现实的合理性，从而能够有效减少为安抚某些群体而不得不实施的其他形式的转移支付。从这个角度上说，发展公共基础教育是统治集团一种理性的和明智的行为。

Richard B. Coffman（1990）对于这种观点提出三点异议：首先，当理性投票人的无知使投票人对于财富转移支付的反对降低到较低水平时，政治教化的边际价值已经微乎其微。其次，教化需要在相对较长时期内才能够获得收益的投资，因此，受短期利益驱使的政治家并不会采取这类"短视行为"（shortsighted actions）。最后，政治家的教化价值是宪法允许或规定的转移活动水平的函数。1877 年以前，美国是一个宪政民主（constitutional democracy）国家，直到第一次世界大战，才经过多年逐渐地转变为多数决定的民主（majoritarian democracy）的国家，因此这期间那"寻租"的范围受到严格的限制（Anderson and Hill，1980）。如果这个结论正确，那么，在早期投资于公共基础教育作为教化的方法，收益非常有限。

Coffman 的上述批评不无道理。这说明政治教化可能是公共教育起源的部分原因但并不是全部原因。除此之外，还存在三个需要解释的问题：一是致力于国家建设理论并没有说明或解释各国公共教育支出存在的差异。解释这种差异是追寻解决不同国家公共基础教育发展的关键。二是并没有说明或解释为什么有些国家公共教育与私人教育大量地共存，而其他国家却存在不同的样式。三是政治教化在历史上在不同国家是如何演化的，哪些因素决定政治教化在公共教育中处于核心地位，政治教化对于基础教育的发展产生了哪些不良结果等。

（三）民主化政府理论

前面两种理论都将政府在公共基础教育发展中的偏好当作是外界给定的，因而没有很好地解释为什么不同国家以及同一国家在不同时期具有不同的政策偏好。从这角度说，公共基础教育的民主化政府理论具有相当的解释力。

民主化政府理论首先注意到这样一个事实：大众基础教育的出现依赖于学校财政与课程设置，它们是由地方政府还是由中央政府决定呢？然而这一事实在各种解释公共基础教育发展差异的理论中都被忽略了。一个可能的原因是这种因果关系可能是双向的：地方政府控制既可能促进也可能阻碍公共基础教育的发展。然而，随着经济的发展，对公共财政支持的教育或任何其他类型的教育的总需求也随之而增加。在某些背景下，地方政府对公共教育的发展具有明显的促进效应，而在其他背景下，却具有明显的阻碍效应。

历史经验表明，在最落后与最发达的经济体中，由哪级政府提供基础教育的财政支持都无关紧要。不过从需求的角度来说，在贫穷与落后的经济体中，几乎所有地方政府都没有对公共教育产生需求，而在相对富裕与发达的经济体中，几乎所有的地方政府都希望提供公共基础教育。在从贫穷落后向相对富裕与发达状态转变过程中，由哪级政府提供基础教育的财政支持对于基础教育的发展至关重要。因为，政府的任何活动都具有财富转移效应，包括中央政府与地方政府的财政权力划分。事实上，中央政府与地方政府的财政权力划分与由哪级政府提供公共基础教育的财政支持是一种等价的制度安排。民主化政府理论认为，正是这种制度安排才决定了政府的不同偏好因而能够有效解释不同国家公共基础教育发展的重大差异。

民主化政府理论的倡导者注意到，民主选举权的扩张在解释为什么各种国在公共基础教育发展中政府发挥着不同作用从而导致不同国家基础教育发展出现重大差距方面，起着关键作用。1880~1930 年 21 个国家的发展经验，显示了公共基础教育学生招收率不同样式背后的制度因素，因而提供了理解不同政府在基础教育支持的政治承诺上存在差异的线索。图 5 显示的历史样式表明，投票权的兴起与扩散显著地加速了公共基础教育的发展。图中实线描绘了基础教育发展与民主发展之间关系的轨迹。显然，投票权与基础教育发展之间存在显著的正相关，而且显现一种"U"形结构。民主发展与公共基础教育之间的这种关系也证实了不平等的政治权力与落后的人力资本开发之间关系的现代观点（Engerman，Mariscal，and Sokoloff，1997）。

民主化政府理论面临的一个重大挑战是如何有效辨明基础教育与民主化之间因果方向，是否存在其他更为基础的力量同时促进了民主化与基础教育的发展呢？这一疑问存在两种变体形式：①人们普遍接受的一种观点是，基础教育促进了民主化的发展。那么，是否基础教育本身就是投票权扩大的一个重要影响因素？②是不是宗教多样性成为民主与基础教育差异的历史来源？

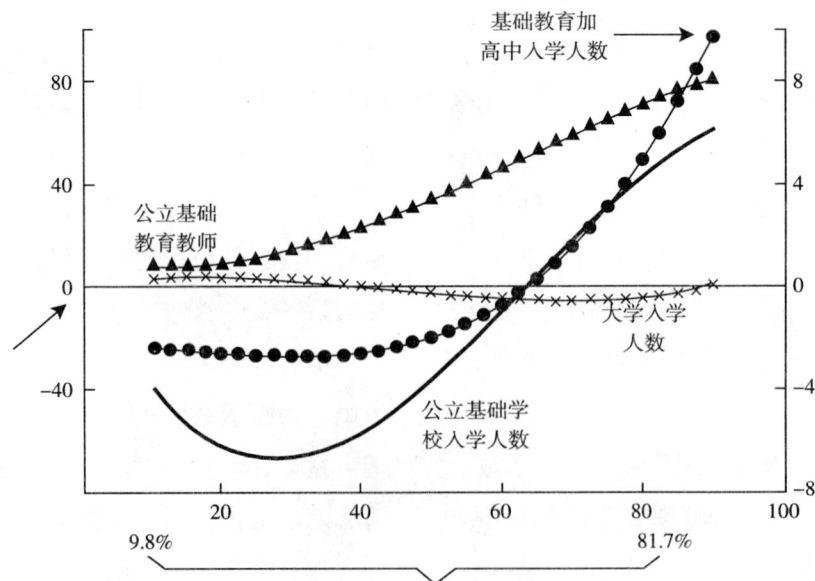

图 5 选举权扩散与基础教育的发展

资料来源：Anderson and Hill，1980.

认为"基础教育状况影响或决定社会民主   化水平"，从普通意义来理解，似乎并没有什么不妥，人们广泛接受这一观点，而且可以获得世界横截面数据的支持。但这一命题本身是一个没有良好界定的问题。"基础教育状况影响或决定社会民主化水平"的历史前提或背景结构是什么，这一命题在什么意义上成立？其成立是否需要一组控制变量的约束还是无须控制变量的约束？从格兰杰因果检验的角度上说，基础教育的扩展与民主化的扩展哪一个更在先？

"基础教育状况影响或决定社会民主化水平"必然依赖于一组控制变量作为其社会结构背景才成立。例如，朝鲜的基础教育不能不说很落后，特别与19世纪的那些国家相比，朝鲜的基础教育应该说很发达，但并没有促进民主化的进步；反而因为观念的灌输而使人们固守朝鲜的制度是人类最好的制度，人人缩衣节食地要为解放全人类做贡献。"基础教育状况影响或决定社会民主化水平"命题成立的前提条件，至少包括但绝不限于社会的开放程度或人们的交往范围，包括受教育的内容，包括人们合作或集体行动的能力，包括生存的价值观念（如西方文艺复兴时期扩散的"不自由毋宁死"以及与此相对照的"好死不如赖活着"）等。

从格兰杰因果关系检验的角度上说，"基础教育善状况影响或决定社会民主化水平"是观察民主与基础教育发展的历史时序而不是横截面的经验。事实上，大部分国家的选举权早在基础教育水平达到1880年时的水平就已经相当普遍了。同时，公共基础教育依赖于公共财政支出，而决定是否通过公共财政支持基础教育的关键是投票权的扩散。正是投票权的扩散改变了政府公共支出的偏好，从而才有效促进了基础教育的发展。法国19世纪70~80年代基础

教育迅速发展，是在1848年选举权扩大到几乎每个成年男子之后的事；英格兰基础教育于1891年追赶上来，不仅在于1891年学费法案以及1870年的Forster教育法案，更在于之前的三次改革选举权法案所扩大的投票权的范围。美国与加拿大也是在几乎将选举权扩大到每个白人男子之后才确立了以税收作为支持基础教育庞大成本的立法，澳大利亚与新西兰也同样如此（Anderson and Hill，1980）。

至于宗教多样性与民主和基础教育的关系，虽然较为复杂，但早期基础教育首先发展起来的国家，既有单一宗教的国家也有多宗教的国家，因此，多宗教可能促进了民主的发展，但没有明显的证据表明多宗教促进了教育的发展。因此，从这个角度上说，民主化是改变政府政策偏好的因，是基础教育发展的动力来源。

（杨世文　刘雯雯　屈浩

叶先宝　贺军　执笔）

参考文献

［1］［古希腊］亚里士多德：《尼各马可伦理学》，廖申白译，北京：商务印书馆，2003年。

［2］［古希腊］亚里士多德：《政治学》，北京：商务印书馆，1997年。

［3］［美］麦特·里德雷著：《美德的起源：人类本能与协作的进化》，刘珩译，北京：中央编译书局，2003年。

［4］［美］米德、H.乔治著：《心灵、自我与社会》，上海：上海译文出版社，1992年。

［5］［美］米尔顿·弗里德曼、罗斯·弗里德曼著：《自由选择》，胡骑等译，北京：商务印书馆，1982年。

［6］［印度］阿马蒂亚·森著：《以自由看待发展》，北京：中国人民大学出版社，2002年。

［7］［英］迈克尔·曼著：《社会权力的来源》（第 1 卷），刘北成、李少军译，上海：上海人民出版社，2007 年。

［8］Beggs, A.W. Queues and Hierarchies, Review of Economics Studies, 68, 2001, pp.297–322.

［9］Bowles, S. and Herber Gintis. The Evolution of Strong Reciprocity: Cooperation in Heterogeneous Populations, Theortical Population Biology, 65, 2004, pp.17–28.

［10］Brennan, G., Buchanan, J. The Power to Tax: Analytical Foundations of a Fiscal Constitution, Cambridge University Press, Cambridge, UK, 1980.

［11］Breton, A. Competitive Governments, Cambridge University Press, Cambridge, UK, 1996.

［12］Breton, A., Scott, A. The Economic Constitution of Federal States, University of Toronto Press, Toronto, 1978.

［13］Dean, Richard A. Elements of Abstract Algebra. New York: Wiley, 1966, p.24.

［14］Galbraith, J. and Kazanijan, R. Strategy Implementation, 2nd Edn. St Paul: West Publishing, 1986.

［15］Gerth, H. H. and Mills, C. Wright (eds). From Max Weber: Essays in Sociology, London: Routledge & Kegan Paul, 1970, p.214.

［16］Hammond, T.H. and Thomas, P.A. The Impossibility of a Neutral Hierarchy, Journal of Law, Economics, and Organization, Vol.1, 1989, pp.155–184.

［17］Hammond, Thomas H Agenda Control, Organizational Structure, and Bureaucratic Politics, American Journal of Political Science, 30, 1986, pp.379–420.

［18］Ladd, Helen, Rosemary Chalk, and Janet S. Hansen (edit). Equity and Adequacy in Education Finance, National Academy Press, Washington, D.C., 1999.

［19］March, James G., and Johan P. Olsen. What Administrative Reorganization Tell Us about Governing, American Political Science Review, 77, 1983, p. 283.

［20］Meriam, Lewis. An Analysis of the Problem, In L. Meriam and L.F.Schmeckebier, eds., Reorganization of the National Government: What Does It Insolve? Washington, D.C.: Brookings Institution, 1939.

［21］Musgrave, R. The Theory of Public Finance, McGraw-Hill, New York. 1959. Oates, W. Fiscal Federalism, Harcourr Brace Jovanovich, New York, 1972.

［22］Oates, W. Fiscal Federalism, Harcourr Brace Jovanovich, New York, 1972.

［23］Owen, Guillermo. Game Theory. New York: Academic Press, 1968, p.2.

［24］Rokeach, M. The nature of attitudes, In D.L. Sills (ed.), International Encyclopedia of the Social Sciences, Vol.1. New York: Macmillan, 1968, pp.449–457.

［25］Rokeach, M. Beliefs, attitudes and values. San Francisco: Jossey-Bass, 1969.

［26］Seidman, Harold. Politics, Position, and Power: The Dynamics of Federal Organization, New York: Oxford University Press, 1970, p.14.

［27］Tiebout, C. A Pure Theory of Local Expenditures. Journal of Political Economy, 64, 1956, pp.416–424.

第三部分

专题报告

中国基础教育公共服务均等化与政府行为优化

问题的提出

　　教育公平是一个历史范畴。早在两千多年前，孔子就提出了"有教无类"的主张；现代教育体制建立之初，[①]追求教育机会平等就被确立为首要的制度目标；2001 年，世界银行在一篇政策研究的工作论文中指出，均衡的获得教育的机会是人类所拥有的最基本的权利，但目前世界各国教育的差距惊人，如果各国人初始具有的能力是相同的，而由于后天接受教育的不同带来社会福利的损失，则会带来各国发展的差异与不公平（World Bank，2001）。以《公平与发展》（Equity and Development）为主题，2006 年的世界发展报告（World Development Report，2006）向我们揭示、强调了在追求发展的同时，公平也理应成为一个重要的、需要考虑的问题。报告认为：促进公平竞争环境的

制度和政策（公平竞争环境是指在成为在社会上活跃、政治上有影响力和经济上有生产力的角色方面，社会所有成员都享有类似的机会）有益于促进可持续增长和发展（世界银行，2006）。中国在建立现代教育制度的过程中，对教育平等这一制度目标的研究，多是从"天赋人权"的思想角度提出的。人权思想虽然在启蒙时期发挥了重要作用，但它的理论意义主要体现在形而上的层次上，通过影响社会基本制度的架构而发挥作用的。在现实社会生活中，在政治学和经济学的理论框架中，怎样理解教育平等的目标？在社会基本制度的架构中，教育平等的努力又如何体现在其中？在今天从计划经济体系向社会主义市场经济转型的过程中，重新思考这些基本问题对于教育体系的运行，对于在社会基本制度的大系统下，思考教育的功能和政策方向有非常重要的指导意义。

　　教育的功能体现在很多方面，如文化传承、

　　[①] 英国布罗克时代的《国民教育法案》和法国的《费里教育法案》是英、法两国现代学校制度建立的标志。

培养有教养的人等，不过从整个社会体系中看教育的功能，是通过普遍的教育，改变参与社会财富分配的劳动力要素的质量和结构，改变不同阶层的人分配社会财富的能力。① 因此，公共教育体系作为社会系统的一个部分，是对市场经济体系资源分配的矫正，是与市场经济体系相平行的社会干预体系的一部分，其职能定位非常清晰。但在中国，市场经济体系还在建立和完善之中，市场和政府的边界尚不清晰，公共教育的社会干预职能往往不明确。更有甚者，由于公共财政原则不清晰，公共教育体系往往会追求市场效率，未能够在市场和社会公共职能之间划分一条明显的界限。同时，伴随中国教育制度的不断完善，公民受教育机会的日益增多和受教育程度的提高，教育公平建设有了长足的发展，但仍存在着受教育机会的不公平、教育过程的不公平以及教育结果的不公平等问题。

世界各国和国际组织都高度关注教育公平问题，许多国家都把缩小教育差距和推进义务教育公平作为政府最关注的社会及政治问题，并通过制定法律法规、落实政府投入责任，推进义务教育均衡发展。有关国际组织也长期致力于促进各国贫困地区普及初等教育、改善弱势人群就学状况，以缩小教育差距（国家教育督导团，2006）。"十五"期间，国家高度重视义务教育，先后出台了《国务院关于基础教育改革与发展的决定》、《国务院进一步加强农村教育工作的决定》、教育部的《关于进一步推进义务教育均衡发展的若干意见》等一系列重大政策。

这些政策对义务教育均衡发展发挥了极其重要的作用。

温家宝总理在十届人大五次会议中做的政府工作报告中指出：教育是国家发展的基石，教育公平是重要的社会公平。要坚持把教育放在优先发展的战略地位，加快各级各类教育发展，总体布局上要普及和巩固义务教育。为了促进教育发展和教育公平，我们将采取一些重大措施，在教育部直属师范大学实行师范生免费教育，建立相应的制度。这个具有示范性的举措，就是要进一步形成尊师重教的浓厚氛围，让教育成为全社会最受尊重的事业；就是要培养大批优秀的教师；就是要提倡教育家办学，鼓励更多的优秀青年终身做教育工作者。在"十二五"期间，政府也提出了包括九年义务教育免费、农村义务教育阶段寄宿制学校免住宿费，为经济困难家庭寄宿生提供生活补助、对农村学生、城镇经济困难家庭学生和涉农专业学生实行中等职业教育免费，以及为经济困难家庭儿童、孤儿和残疾儿童接受学前教育提供补助等措施来促进教育公平。这充分显示了政府对教育公平问题的关注并愿意为促进教育公平而进行努力。

本研究的研究对象是基础教育阶段发展的均衡化问题，重点关注义务教育阶段。我们有必要对这两个概念进行界定。

基础教育包括从小学到高中阶段的教育，而中国实行的是九年制义务教育，即基础教育阶段中的小学、初中阶段。基础教育是一个特殊的教育阶段，强调的是其教育内容及功能，

---

① 对于这个思想的形成过程，在世界银行的发展理念变迁中很好地体现出来。参考《世界银行的幻想大师》。

此阶段的教育内容对于受教育者未来的生存而言是基础性的，包括基本知识、基本技能、基本行为规范、基本生活习惯、基本价值观等。而义务教育强调的是教育的提供方式，即政府出于这一阶段教育的强外部性、公益性和资本市场的限制，为解决公平问题而对其统一安排，并通过法律保证实施。因此，义务教育是一种教育制度，而基础教育本身没有这一含义。在中国，义务教育年限为九年，而小学到高中的基础教育阶段一共是 12 年时间。

第二个概念是"教育均衡化"。教育均衡化发展被认为是促进教育公平的途径，因此这两个概念同时出现的概率很高，但它们是两个既有联系又有区别的概念。公平的基本词义是不偏袒，是指人们根据一定的标准对某一事物或行为所进行的价值判断。公平是有标准的，是一个历史范畴，对于不同事物或是同一事物在不同的时期或年代其标准是不一样的。因而公平观也就随着标准的改变而改变。公平是相对的，不是绝对的；公平总是以某一标准作参照，相对某一标准而言的（胡平生等，1996）。教育公平问题的提出源于教育发展的差异，差异本身没有价值判断。由于基础教育，尤其是义务教育的准公共物品属性，人们要求教育发展必须消除教育发展的差异。平均化是消除差异的手段之一，但历史证明这并不是一个可行而有效的消除差异的方法。均衡化是在承认差异的基础上一种渐进的趋向公平的手段。事实上，

中国历来是一个在理念上追求均衡发展、追求在公平与效率之间加以权衡的国家。但是，什么是均衡？在教育、经济等社会领域中，均衡有什么特指的含义？如何才能实现均衡的发展？这些问题在实践层面一直被人所忽视，或者说，一直被笼罩在发展的阴影之下而被人忽略。在中国经济发展由粗放型经济增长方式向集约型经济增长方式转变的过程中，在实现可持续发展、建设和谐社会的要求下，我们发现，均衡的问题真实地摆在了我们的面前，成为矛盾的主要方面，迫切地需要解决。我们认为，教育的均衡化发展包括两个层面的解释。一是均，即"不患寡而患不均"中的均，也就是按人头平均分配；二是衡，即强调不能仅仅就教育论教育，教育的发展应当与社会经济的发展相适应，教育系统不能孤立于社会系统之外。在物质文明不是很丰富的时候，均衡发展将更多地体现在"衡"。因此，要想正确地对中国教育均衡化发展问题进行诊断，就需要我们在对差异分析的基础上，对如何做好"衡"进行解答。

同时，本研究的研究视角是从政府行政管理角度来看基础教育的均衡化问题。通过文献调研，我们可以发现，现有的关于教育公平的研究中，更多的研究是关注城乡教育发展的差异和不公平问题，而行政区域间的差异并未引起足够的重视。中国义务教育阶段的管理体制是"三级办学，两级管理",[①] 如果从政府行为教育研究公平问题，那么区域间的教育发展差异

---

① "三级办学，两级管理"的管理体制出自《关于教育体制改革的决定》。该规定提出，基础教育管理权属于地方。"除大政方针和宏观规划由中央决定外，具体政策、制度、计划的制定和实施，以及对学校的领导、管理和检查，责任和权力都交给地方。省、市（地）、县、乡各级管理的职责如何划分，由省、自治区、直辖市决定。"在后来的实践中，基础教育的管理权和举办责任基本上采用的是"县办高中、乡办初中、村办小学，县、乡两级统筹管理"的做法。

也是非常重要的研究方面,① 这样就需要对基础教育发展的行政区域间的教育发展差异进行一个基础性描述,以利于对中国基础教育服务的均衡化提出建议。本研究中,我们构建了描述基础教育发展的指标体系,使用基尼系数作为基本研究工具,对中国基础教育发展的省际差异进行了研究。之所以研究的是省际差异,这主要是囿于数据的可得性。

相关研究

作为一个世界关注的问题,教育的公平与发展吸引了国内外众多学者,因此,在研究内容、研究方法等方面具有一定的共性。由于国家经济体制不同、政治体制不同、运营体制不同,也就决定了其教育发展及运行规律具有一定的差异。

国内外关于义务教育公平与发展的研究框架都主要是从三个层面展开的:接受教育的机会、教育的过程、教育的结果,其中教育过程公平性主要关注的是接受教育的条件,也就是教育资源的配置。在研究内容方面,都主要通过对教育各层面现状的描述,选择能够代表该教育层面的且能够进行测量的一些教育指标,通过对这些教育指标进行衡量,进行监测,对这些指标发展的差异,应用经济学和统计学中的差异性指标进行衡量与分析。我们将这些研究从接受教育的机会、教育过程、教育结果的公平性三个方面进行总结。

一、接受教育机会的公平性与差异

接受教育的机会是人类拥有的基本权利之一。接受教育机会的差异,教育机会的不均等意味着个人权利的不公,所以在教育发展的过程中各级各类教育的获得机会是教育公平研究并关注的一个方面。对教育机会公平的研究学者们多选取入学率或是升学率作为衡量的指标,主要关注的教育阶段是小学和中学教育。对于入学率差异性的分析,国外学者多是从比较教育的角度关注世界上不同国家在一段时间内入学率的变化趋势,并且多是与人类发展联系起来考虑的。例如 Barro 和 Robert (1991),在考查教育对经济发展的影响时对 1960~1985 年世界上 98 个国家的入学率进行了讨论,Mankiw 等 (1992),Levine and Zervos (1993) 等也都对世界不同国家不同层次教育的入学率进行了研究。Maas 和 Criel (1982) 运用基尼系数对东非 16 个国家的入学率进行了差异性分析,他们发现教育机会的获得各个国家存在很大的差异,并且入学率的基尼系数是与平均入学率负相关的,也就是说一个国家的平均教育机会大,则在该国家各地区教育机会的差异性相对要小。

中国学者也对各级教育入学率进行分析。1986 年,中国颁布了《中华人民共和国义务教育法》,开始推行九年义务教育。在随后的 20 年中,虽然中国义务教育得到了大力的普及,但是由于中国幅员广阔,各个地区的自然条件、地理条件、文化条件、经济条件差别很大,所

---

① 李克强曾在提供给北京市教委的《北京市城乡教育资源配置比较 (2006)》报告中,通过数据分析得到,北京市教育发展的区县间差异要大于城乡间差异。

以各地区获得义务教育的机会还是有所差异。同时，中国在发展的过程中城乡的发展模式存在重大的差异，所以城乡之间的教育也存在着诸多不同，因此学者关于接受教育机会差异的研究主要从时间、区域、城乡三个角度进行。例如，杜育红在《教育发展不平衡研究》中对1978~1996年中国不同省份的小学入学率、小学升初中升学率从时间序列角度采用标准差、变异系数进行了差异性分析，发现这个时间段的中国各省区小学入学率绝对差异（标准差）、相对差异（变异系数）变化趋势相同，都是先增加而后有所回落但仍高于初值，认为中国小学接受教育机会的差异还是有所扩大，中国在普及九年义务教育的过程中，小学阶段没有做到完全均衡的发展。小学升初中的升学率绝对差异（标准差）、相对差异（变异系数）的变化趋势也相同，都是先增加而后有所回落但低于初值，这说明中国小学毕业升入初中继续读书的机会的差异减小了（杜育红，2000）。

这些研究给我们测量及评价接受教育机会的公平性提供了方法基础，引起了大家对机会公平性的关注。但这些研究使用的统计量无法衡量整体差异，因为这些指标都会受到极端值的影响，也不能衡量整体差异。同时，对中国的研究也仅仅是从小学入学率的角度来考量，对于初等教育和中等教育的入学率差异没有进行比较和分析。而随着义务教育的普及与接近100%，中等教育的入学率更能体现接受教育机会的公平，因此，人类发展指数将中等教育的入学率作为指数中非常重要的一个指标。

二、教育过程的公平性与差异

在机会公平、过程公平和结果公平中，由于教育过程是每个人都会体验且可控的，因此备受专家学者的关注。在这些研究中，过程的公平多指教育资源配置的公平。对于教育资源种类的划分，不同学者持有不同的观点，有的将教育资源划分为软件资源（师、资）与硬件资源（设备、设施等），有的将教育资源划分为人力（教师）、物力（设施、设备）、财力（教育经费），但无论怎么划分，对于教育资源配置的公平性研究学者们关注的方面是统一的，选取的实际测量指标也基本相同，但在研究中侧重点有所不同。

国外学者对教育资源配置差异的研究主要关注教育经费配置的差异。Ter Weele（1975）运用基尼系数对东非多个国家教育财政的差异进行了研究；Mun C. Tsang（2005）等在中国义务教育资源利用及配置不均衡的研究中，采用生均教育支出作为测量指标、塞尔系数为研究方法，利用1997~2000年全国县级数据分析了中国义务教育资源配置的差异。研究结果发现，虽然不同地区之间资源利用模式相近，但地区之间的生均支出水平差异很大，特别是农村与城市之间、沿海省份与其他地区之间的支出差异非常明显。虽然非民族地区的支出水平高于民族地区，但差距相对较小。在研究中利用塞尔系数的可分解性发现，省内不平等占到总不平等指数的2/3~3/4，省间不平等占到总不平等指数的1/4~1/3，而城乡不平等占省内不平等的比重全国平均为1/3。城乡之间的巨大差距因地区间差距过大在总不平等中不能凸显。在

1997~2000 年，总不平等程度有所增加，但是不明显。

国内学者主要关注义务教育阶段的教育资源配置问题，在设施、设备、经费、教师等方面均有讨论。但大多数谈论集中在描述的层面，对差异性只是定性地进行分析，进行定量分析的很少。

在教育设施、设备配置方面，李克强曾对北京市基础教育（义务教育和普通高中）阶段教育资源的配置从设施、设备、经费、师资四个方面区域间、区域内两个角度进行了全面的比较，对北京市教育资源的配置差异进行了分析（李克强，2006）。郭志成对不同发展水平地区义务教育办学条件进行了比较，其中办学条件主要包括校舍面积及质量、教学仪器设备（含计算机）、图书等。笔者认为校舍建筑面积及质量是办学的最基本保证，直接反映一个地区办学条件的状况，也是当今普及义务教育工作中反映比较突出的一个问题。而生均图书、计算机、实验仪器拥有量的差异，则反映出当前全国各地在现代社会条件下保证教学质量方面的物质条件的差距（郭志成，2006）。王磊在研究中指出，1998 年全国城镇和农村小学危房中，农村小学危房占总量的 82.13%，农村小学、初中危房的比例也远远高出城镇小学、初中危房的比例，以此来讨论义务教育阶段设施配置的差异（王磊，2001）。

在教育经费，尤其是财政性教育经费方面，国内学者的研究成果颇丰，基本结论是中国义务教育投入的地区差异很大，而且差距还在不断地扩大。中国教育投入义务教育资源配置在城乡和地区之间严重不均，不仅违背了公平原则，而且不利于经济欠发达地区义务教育的发展（陈欣，2003）。王善迈在研究中发现，中国义务教育经费在城乡间的分配极不平衡，主要表现在城市的基本办学条件和生均教育经费支出远远高于农村地区，从省际间义务教育投入的绝对差异来看，也存在较大的差异，例如中国小学生人均事业费比值由 1994 年 6.44 倍增至 1998 年的 10.03 倍，初中由 1994 年 4.37 倍增加到 1998 年的 7.42 倍（王善迈，1997）。王磊在研究中指出，义务教育阶段城乡预算内生均教育经费也存在较大差异，尤其是预算内公用经费，城镇小学和初中都要比农村高出 1 倍左右（王磊，2001）。李小红、邓友超在《论基础教育阶段教育资源的均衡配置》中提到中国义务教育经费在区域间、区域内明显存在差异，东部地区教育经费明显高于西部地区、重点学校的教育经费明显高于普通学校（李小红等，2003）。缩小差距——中国教育政策的重大命题课题组对中国不同省份、城乡经费配置的比例、绝对数量进行了分析，发现中国不同省之间存在较大差异、东中西部存在较大差异、省内差异要远大于省际之间的差异（中国教育政策的重大命题课题组，2005）。

在教师资源配置方面，学者的研究相对较少。李小红、邓友超在研究中对教师学历达标率进行了区域内、区域间差异性分析，东部地区教师学历达标率明显高于西部地区，重点学校的教师学历达标率明显高于普通学校（李小红等，2003）。缩小差距——中国教育政策的重大命题课题组对教师水平进行了比较，得出如下结论：教师是教育质量的关键，中国教师水平在大幅度提高的大背景下，城乡教师水平的差距日益拉大。农村教师有效需求严重不足，年轻人到农村从教的意愿明显下降。中国教育问题的焦点在农村，农村教育问题焦点在教师，教师学历合格率的差异地区间相差很小，城乡间差异显著。中国教师学历要求偏低，如果将教师合格学历提高一个层次，则大多数农村教师学历不合格（课题组，2005）。谢小波指出，当前城乡学校师资不均衡主要表现在：首先，在数量上存在差距，城市、县镇学校，重点学校教师数量充足甚至超编，而农村学校、薄弱学校教师数量不足且还有不少民办教师和代课教师。其次，在质量上存在差距，在学历层次上，城市教师第一学历达标率远远高于农村；在职称结构上，高职称教师的比例城市高于县镇，县镇高于农村，重点学校明显高于一般普通学校（谢小波，2007）。

综上所述，国内外学者在教育资源配置差异方面的研究成果是很丰富的，这也是教育公平非常重要的关注方面。但同样的问题也存在于这些研究中，那就是使用的指标不能衡量总体差异。国外的研究采用基尼系数，但是国内的研究采用更多的是从比较看差异，但很明显，这种指标会受极端值的影响，同时如果进行不同年份之间的比较，其结论的科学性值得商榷。

三、教育结果的公平性与差异

对于教育结果的公平性与差异的衡量，国内外学者多选取平均受教育年限作为衡量指标。Psacharopoulos and Arriagada（1986），Barro and Lee（1991，1993，1997）等都收集了各国家平均受教育年限的数据，并对教育结果进行差异性分析。中国学者杜鹏也选取平均受教育年限

为衡量指标，利用基尼系数对中国教育结果的差异进行了分析，得出如下结论：中国各地区教育差距一直以来呈下降趋势，教育在地区间还存在一定程度的差距，教育发达的地区教育差距更小，在教育差距下降的同时伴随着平均受教育年限的延长（杜鹏，2005）。周亚也曾对中国各地区的人力资本总量分布差异进行了分析，并对相关影响因素进行了探讨（周亚，2004）。

综上所述，我们认为教育公平与差异的相关研究已经取得了丰富的研究成果，这些成果为本研究提供了重要的参考。我们希望在差异性指标的选择以及描述对象方面进行一定的借鉴与创新，对中国基础教育的均衡化发展提供一定的参考。

研究框架与指标选择

本研究关注的是中国基础教育发展的省际差异及均衡化战略，我们首先基于已有的研究成果提出研究框架，并有针对性地选择研究工具。这里我们对不同的差异性指标进行了分析和比较，其主要特点是可以衡量分布的总体差异，同时可以将这种差异与经济发展的差异进行比较。

一、研究框架

我们也借用已有的研究教育公平与差异的框架体系研究中国基础教育发展的省际差异，即从接受教育的机会差异、教育资源配置差异以及教育结果差异三个方面进行考量。具体指标如表1所示。

表1 中国基础教育发展省际差异的指标体系

差异	指标
接受教育机会	入学人数
教育过程	财政性教育经费
	教师
教育结果	人力资本总量

其中，关于接受教育机会以及教育结果的差异方面，我们选取的入学率及平均受教育年限是沿用了已有研究的结果。在教育过程方面，我们选取了经费及教师两种关键资源，是因为考虑到了经济增长理论中的生产函数，选取了两种可以作为独立要素投入的资源。在很多研究中，也有将教室、教学设备、实验室、图书等办学条件作为教育资源配置差异的分析方面，我们考虑到资源的互补性和替代性，此处暂不考虑。之所以选取财政性教育经费，而非全口径的教育经费，是因为本研究从政府行为教育关注差异，而财政性教育经费可作为政府努力水平的集中体现。

但在后文中，由于缺乏各地区的各级教育入学率数据，因此，我们未能分析接受教育机会的省际差异，而只是进行了一个方法上的介绍。

二、差异性指标选择

如前所述，有很多差异性指标来帮助我们度量教育发展差异，这些指标都是从发展经济学中关于收入分配差异的度量方法中借鉴过来的。发展经济学中关于差异、不平等的众多测度方法可以分为两类，第一类是实证测度方法，其没有明显地使用社会福利的任何概念，而是从某种客观的意义来描述不平等的内容，通常是采用统计上的分析测量；第二类是规范测度，

它基于社会福利与由不平等分配引起的福利损失之间的一个明确数学关系，是从社会福利角度提出的测量不平等的指标。对于教育的差异性研究主要采用实证测度的方法。我们分别从绝对差异和相对差异两个角度来进行研究。绝对差异是指某些变量值偏离参照值的绝对额，而相对差异则是指某变量值偏离参照值的相对额。对于绝对差异的测量主要选取的测量方法有方差、标准差、极差、对数标准差；对于相对差异的测量主要选取的测量方法有相对平均离差、极差率、变异系数、相对平均差异、基尼系数、塞尔熵系数（阿玛蒂亚·森，2006）。

本研究主要采用扩展后的基尼系数作为差异性度量指标（周亚，2004），这是经济学中的度量收入分布差异指标的一种变体。事实上，基尼系数在提出之后，就被广泛应用于社会科学领域中的各类指标的差异度量中（徐宽，2003），我们之所以进行修正，与我们要分析的变量是相关的。

经济学中的基尼系数（G）与洛仑兹曲线是不可分的，它是基于洛仑兹曲线（Lorenz, 1905）的一种测量方法。基尼系数是1912年基尼首先提出，并由里茨（Ricci, 1916）、道尔顿（1920）、因特马（Yntema, 1938）、阿特金森（1970）、纽伯伦（New-bery, 1970）、舍辛斯基（Sheshinsk, 1972）以及其他学者做了进一步解释和分析。洛仑兹曲线是利用每一群体所获得的收入在总收入中的份额来进行衡量的方法，所以在图中水平轴上是按照收入由高到低排列后的人口累计百分比，垂直轴是对应人口比例累计百分比所占有的收入累计比例百分比。在构造洛仑兹曲线时，首先要将所有人的收入从

低到高进行排序，其后再计算累计人口百分比和累计收入百分比，并将它们表示在坐标图中，如图 1 所示。

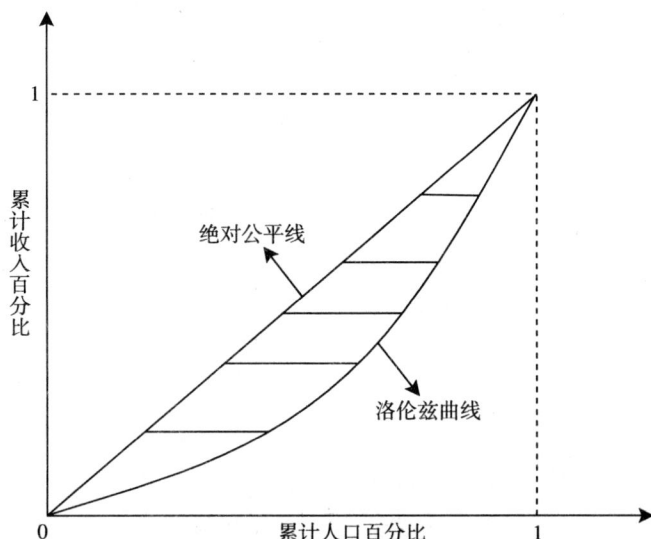

图 1 基尼系数示意图

显然，0%的人口占有 0%的收入，100%的人口占有 100%的收入，于是洛伦兹曲线就是正方形的一个角到另一个角的连线。如果所有人收入都相同，那么洛伦兹曲线就是图中的对角线，我们称其为绝对平均线。然而现实中没有这样完全的平等，低收入阶层将占有总收入的较少份额。这样，很明显，洛伦兹曲线将位于对角线的下方，只有当收入分配完全平等的情况下才与对角线重合，当收入向更富有的人口移动时，其斜率将逐渐上升。基尼系数就是绝对公平线（对角线）和洛伦兹曲线之间的区域（即图中阴影区域）与对角线下方的科尔姆三角区域面积的比率。基尼系数的定义就是图中阴影部分面积的 2 倍，它能够反映测量指标的集中或离散程度，反映该指标的相对差异。可以知道，基尼系数的取值为 0~1，当无差异的时候为 0，存在绝对差异（所有收入都集中于一个人）的时候为 1。在度量收入差异时，国际公认的评判标准为：基尼系数在 0.2~0.3 时为相对公平，在 0.3~0.4 时为比较合理，高于 0.4 则表示差异过大超过了警戒线，因此用基尼系数进行差异性的测量所得数值的意义比较明确。

由于我们的研究度量的是省际差异，因此必须对基尼系数进行一定的修正。假设我们分析的是生均教育经费分布的差异性，有的数据是各省的学生数以及教育经费数。我们首先计算生均经费数，并按照如下步骤做出洛伦兹曲线：

（1）将所有数据按照生均教育经费排序。

（2）以累积的学生百分比（x_i）为横坐标，累积的教育经费总量百分比（y_i）为纵坐标，做洛伦兹曲线。

（3）比照基尼系数的计算公式，$Gini = 2S_{阴影}$，我们使用简化算法，可以求得基尼系数为

$$Gini = 1 - \sum_{i=1}^{n}(y_{i-1}+y_i)x_i \qquad (1)$$

对该基尼系数，补充说明如下：

（1）基尼系数的本意是要度量所有数据之间的总体差异，如所有人收入的总体差异，而此处我们计算的省际差异，事实上是假设了每个省的内部无差异，即所有学生都得到了该省的生均教育经费。因此，此处的基尼系数度量的是教育经费分布的省际差异，这恰是我们希望得到的，因为此处排除了省内的差异。

（2）得到的基尼系数是一个总体差异的衡量，它剔除了人口规模对数据的影响，受极端值的影响较小，既可以进行时间序列的比较，也可以与经济发展差异相对比，使用方便。

另外，本研究中应用的所有数据都来源于历年的《中国统计年鉴》以及《中国教育经费统计年鉴》，其中《中国统计年鉴》选取的年份是2002~2011年，共10年，《中国教育经费统计年鉴》选取的年份是2002~2010年，共9年。这些数据来源，后文不再赘述。同时如果没有特殊署名，我们后文中提到的小学、初中及高中指的是普通小学、普通初中及普通高中。

研究发现

本节应用前文介绍的框架及差异性指标分析中国基础教育发展的省际差异。我们分为五

个部分。第一部分分析了中国各地区之间的省际差异，第二、三、四部分分析中国各地区受教育机会、教育资源配置及结果的差异性，第五部分介绍一些研究发现，为提出基础教育的均衡化发展战略的设想提供信息基础。

一、经济发展的省际差异

经济基础决定上层建筑，经济发展的省际差异有助于我们理解教育发展的差异，因此，在分析教育发展的省际差异时，我们首先需要对经济发展的省际差异进行分析，这是教育发展的背景。我们使用各省份的GDP作为经济发展的背景，表2和图2给出了2001~2010年中国人均GDP分布省际差异的基本情况。

表2 中国人均GDP的省际差异的基尼系数
（2001~2010年）

年 份	基尼系数
2001	0.2770
2002	0.2821
2003	0.2895
2004	0.2847
2005	0.2717
2006	0.2693
2007	0.2629
2008	0.2539
2009	0.2499
2010	0.2267

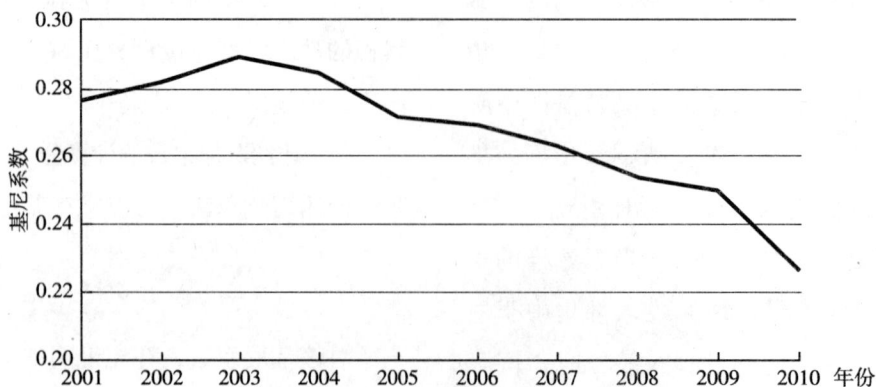

图2 中国人均GDP省际差异的变动趋势

从表2、图2中我们可以有以下两点结论：

（1）各地区人均GDP分布差异的基尼系数为0.2~0.3。

（2）自2003年起，各地区人均GDP分布差异在逐年减小，这与国家西部大开发、中部崛起等经济发展战略是基本一致的。

那么，我们关心的问题是，相比于经济发展的省际差异，教育发展的省际差异是大还是小？两者之间是否有相关性？下面我们就对教育发展的差异进行分析，并与经济发展的差异进行比较。

二、受教育机会的省际差异

受教育机会应使用各地区的各级教育入学率数据进行分析。教育入学率是指某级教育的在校生数与当地该级教育的学龄人口数之比，它衡量的是应该入学的孩子是否接受了其年龄所对应的教育阶段的教育，如果所有应该入学的孩子都接受了相应教育，我们就可以认为他们的受教育机会是均等的，没有差异。从教育入学率的定义来看，我们知道，该数据与人口统计和预测是紧密联系在一起的，因为在校生数易于统计，但是学龄人口数则需要通过人口普查或者进行人口发展预测而得到。

在《中国统计年鉴》中，我们可以得到各地区小学入学率的统计数据，但是没有初中和高中的入学率统计数据。由于中国已经基本实现了"普九"的任务，义务教育阶段正在从数量发展向质量发展过渡，因此，可以基本认为各地区的小学及初中的入学率接近100%，即不存在差异，通过对小学入学率的数据进行调研，

可以发现这一点。

我们可以通过对人口统计和普查方式推测教育入学率：

（1）通过某年人口普查中的分年龄人口数据，我们可以基于人口预测模型，预测随后若干年的分年龄的人口数据，进而在入学年龄的一致性假定下，对各级教育学龄人口进行预测。

（2）从《中国统计年鉴》上查到各级教育在校生数。

（3）计算教育入学率数据。

有了学龄人口数以及在校生数，我们就可以利用前文所述的方法计算教育入学率分布的省际差异。

中国在2000年进行了第五次人口普查，我们本可以利用这次普查数据对各省份的人口进行预测，从而对教育入学率的差异进行测算和评价。但是由于2000年距离现在已经11年，这11年也是中国人口迁移的高峰期，因此，基于2000年人口普查数据进行的人口预测结果势必误差会很大，因此，本研究在此仅给出测算接受教育机会省际差异的方法，而未进行测算。2010年我们进行了第六次人口普查，待结果公布后，我们利用新数据，相信能够对此进行一个好的估算。

三、教育资源配置的省际差异

我们选取财政性教育经费和教师两个指标分析教育资源配置的省际差异。

（一）财政性教育经费

首先给出小学、初中及高中阶段生均财政性教育经费省际差异的计算结果。

表3　中国各级教育生均财政性教育经费的省际差异（2001~2009 年）

年　份	小　学	初　中	高　中
2001	0.2140	0.2127	0.2277
2002	0.2031	0.2093	0.2433
2003	0.2122	0.2279	0.2621
2004	0.2141	0.2268	0.2710
2005	0.2091	0.2231	0.2670
2006	0.2005	0.2057	0.2439
2007	0.1857	0.1895	0.2441
2008	0.1867	0.1642	0.2242
2009	0.1969	0.1747	0.2222

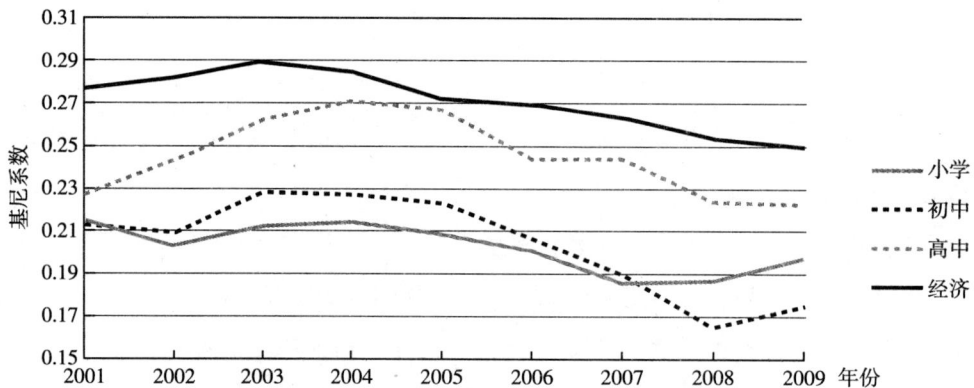

图3　中国各级教育生均财政性教育经费省际差异变动趋势

表3 及图3 说明：

（1）高中的生均财政性教育经费的分布差异要大于小学和初中，这是由于高中属于非义务教育阶段。

（2）总体上，生均财政教育经费分布的省际差异小于经济发展的省际差异。

（3）从变动趋势上看，初中、小学的变动趋势基本一致，且与经济发展的省际差异趋势相近，2003 年，差异均逐渐递减，但在 2009 年，小学和初中增大。作为非义务教育阶段的高中，变动与它们差异较大，2005 年后逐年降低。

（二）教师

表4 及图4 给出了小学、初中及高中阶段生师比省际差异的计算结果。由于 2004 年之前，初中及高中的专任教师数是在一起统计的，因此，2004 年之前的数据是缺失的。

表4　中国各级教育生师比的省际差异（2001~2009 年）

年　份	小　学	初　中	高　中
2001	0.1178		
2002	0.0996		
2003	0.1049		
2004	0.1105	0.0686	0.0569
2005	0.1109	0.0782	0.0612

续表

年　份	小　学	初　中	高　中
2006	0.1109	0.0869	0.0662
2007	0.1033	0.0880	0.0702
2008	0.0969	0.0889	0.0699
2009	0.0929	0.0892	0.0740
2010	0.0872	0.0881	0.0715

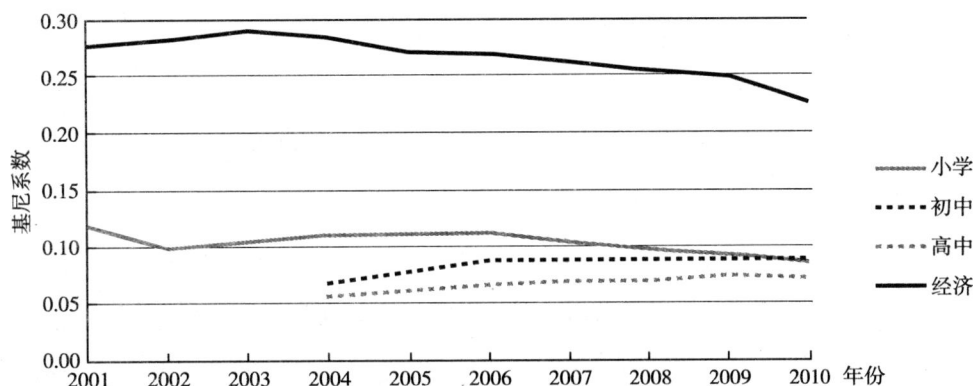

图4　中国各级教育生师比省际差异变动趋势

表4及图4说明：

（1）相比于财政性教育经费，教师分布的省际差异更小，且小于经济发展省际差异。这是由于教师资源的特殊性决定的。

（2）从变动趋势上看，生师比差异的历年变动不大；初中、高中的变动趋势趋于一致，有逐年略微增加的趋势；小学自2006年以来，差异逐年下降。

四、教育结果的省际差异

平均受教育年限是教育结果，或者称为教育成果的重要考量指标。在《中国统计年鉴》中，每年都会公布6岁以上人口的受教育程度的抽样调查数据，而基于对各受教育程度接受教育的年数，我们可以得到中国6岁以上人口的平均受教育年限。我们首先利用历年平均受教育年限的方差作为教育结果分布的省际差异的度量。结果见表5。

表5　中国平均受教育年限的省际差异（2001~2010年）

年　份	基尼系数
2001	1.170
2002	1.317
2003	1.239
2004	1.307
2005	1.427
2006	1.465
2007	1.054
2008	1.161
2009	1.014
2010	1.244

从表5中我们可以看到，该方差的数值变动范围并不是很大，数据揭示各省份的平均受教育年限的标准差为1~1.2。看似该差异不是很大，但这是由于平均受教育年限的分布不是对称分布，实际数字的差异还是比较大的。以2010年为例，北京的平均受教育年限是11.01

年，而西藏的平均受教育年限则为 4.76 年。

我们也可以从人力资本总量分布的省际差异来看教育成果的差异。我们沿用胡鞍钢（2002）计算人力资本总量的方法，即使用劳动力人口数乘以劳动力的平均受教育年限表示人力资本总量，利用前面介绍的基尼系数表示差异，计算结果如图 5 所示。

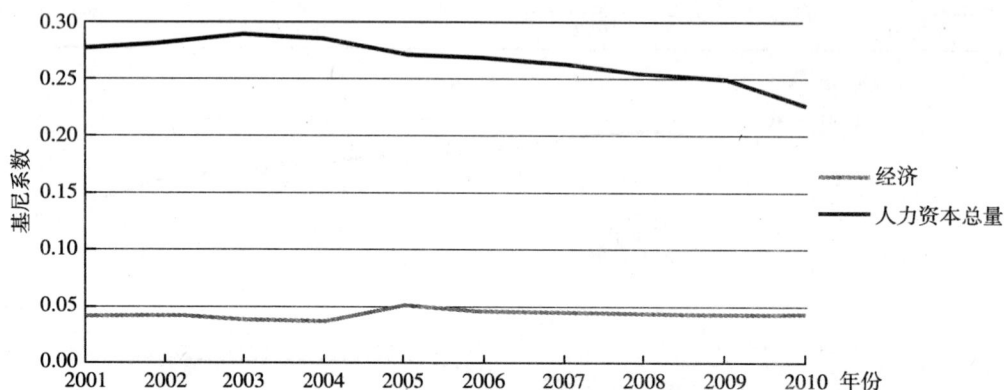

图 5　中国人力资本总量分布的省际差异变动趋势

从图 5 中我们看出：

（1）中国人力资本总量在省份之间的分布基本平均，只有很小的分布差异。

（2）随着时间的推移，中国分省份人力资本总量的分布差异基本没有太大的变化。

这主要是由于我们这里采用的指标是人力资本总量，它受人口数量和平均受教育年限的影响。也就是说，总量的分布差异是平均受教育年限的差异和人口差异两个因素造成的。有些省份平均受教育年限较低，但是人口多，因此总量上也就和其他省份差别不大。而这恰恰反映了中国的教育各省份"齐步走"的现象。经过分析可以得出，在我国 6 岁以上人口按教育程度分类的构成中，小学、初中两部分的人口占相当大的比重（53.5%以上），比例最高的是广西（80.8%）。中国对各地区义务教育的要求是统一的，不论该省份的贫富，而当这部分人口在人口总量中占较大比重时，人力资本总量的分布差异就很小了，因此，国家的教育政策的统一性是人力资本总量分布差异很小的原因之一。

五、结论

通过以上的分析，我们可以得到以下基本结论。

（一）中国基础教育发展的差异主要体现在教育过程，也就是教育资源配置的差异性上。教育资源配置直接影响基础教育质量，因此，基础教育发展的差异在于质量差异

从前面的计算结果看，教育过程中的财政性教育经费省际分布基尼系数在 0.20 附近，教师省际分布基尼系数在 0.1 附近，而接近 100% 的义务教育阶段入学率以及人力资本总量省际分布基尼系数都在 0.05 以下，这说明中国基础教育发展的差异，主要体现在教育过程的差异上。而生均教育经费、生师比等指标会直接影响教育质量，因此，当前中国基础教育亟须关注的就是质量差异问题。

但是，我们此处采用的数据仅是从数量上考量差异。入学率接近100%，我们仅能说明孩子有学上，但是接受到的教育质量差异还是存在的，也就是孩子对"优质教育"的可及性还是不均等的。

（二）各指标的差异均显示出了与经济发展差异的相关性，且大多为正相关，也就是经济发展的差异增大，教育发展指标差异也增大

我们计算历年各指标差异之间的相关系数，其结果如表6所示。

表6　各指标差异间的相关性

		GDP	小学经费	初中经费	高中经费	小学教师	初中教师	高中教师	人力资本总量
GDP	Pearson 相关性	1	0.785*	0.913**	0.701*	0.750*	−0.722	−0.809*	−0.307
	显著性（双侧）		0.012	0.001	0.035	0.012	0.067	0.028	0.388
	N	10	9	9	9	10	7	7	10
小学经费	Pearson 相关性	0.785*	1	0.869**	0.546	0.653	−0.862*	−0.835*	−0.324
	显著性（双侧）	0.012		0.002	0.128	0.057	0.027	0.039	0.395
	N	9	9	9	9	9	6	6	9
初中经费	Pearson 相关性	0.913**	0.869**	1	0.820**	0.705*	−0.840*	−0.902*	−0.140
	显著性（双侧）	0.001	0.002		0.007	0.034	0.036	0.014	0.720
	N	9	9	9	9	9	6	6	9
高中经费	Pearson 相关性	0.701*	0.546	0.820**	1	0.425	−0.885*	−0.935**	−0.006
	显著性（双侧）	0.035	0.128	0.007		0.254	0.019	0.006	0.988
	N	9	9	9	9	9	6	6	9
小学教师	Pearson 相关性	0.750*	0.653	0.705*	0.425	1	−0.631	−0.806*	0.053
	显著性（双侧）	0.012	0.057	0.034	0.254		0.129	0.029	0.885
	N	10	9	9	9	10	7	7	10
初中教师	Pearson 相关性	−0.722	−0.862*	−0.840*	−0.885*	−0.631	1	0.942**	0.309
	显著性（双侧）	0.067	0.027	0.036	0.019	0.129		0.001	0.499
	N	7	6	6	6	7	7	7	7
高中教师	Pearson 相关性	−0.809*	−0.835*	−0.902*	−0.935**	−0.806*	0.942**	1	0.088
	显著性（双侧）	0.028	0.039	0.014	0.006	0.029	0.001		0.852
	N	7	6	6	6	7	7	7	7
人力资本总量	Pearson 相关性	−0.307	−0.324	−0.140	−0.006	0.053	0.309	0.088	1
	显著性（双侧）	0.388	0.395	0.720	0.988	0.885	0.499	0.852	
	N	10	9	9	9	10	7	7	10

注：* 在0.05水平（双侧）上显著相关。** 在0.01水平（双侧）上显著相关。

表6数据说明，GDP差异与除初中教师差异、人力资本总量差异外的其他变量都显著相关，其中与初中教师差异的相关性的p值也接近于0.05。尤其是各财政性教育经费指标的差异与GDP分布差异全为正相关，且小学、初中的相关系数要高于高中。同时，以2010年为例，如果我们计算GDP与平均受教育年限之间的相关系数，可以得到$r=0.310$（$p=0.089$），这说明GDP与平均受教育年限也有较高的相关性。这些结果说明，教育发展的差异与经济发展差异之间存在并生现象，即经济发展差异存在，教育发展的差异也会存在，经济发展差异的消除有利于教育发展差异的消除。

进一步分析还表明，教育发展的差异小于

经济发展差异。近十年来，经济发展的差异变动的大趋势是在减少的，这有利于教育发展差异的消除。

（三）教育发展的省际差异变动的总体趋势是逐年减少的，这从另一个角度说明了近些年中国政府在消除教育发展差异，促进教育公平方面进行的努力是有卓越成效的

图3~图5的差异趋势表明，各指标差异的大趋势是在逐渐减少的，也就是说教育的不公平现象正在得到一定程度的缓解。中国政府多年来一直在致力于促进教育公平，这从另一个角度说明了政策的有效性。

然而，差异毕竟还是存在的。中国的"择校"现象、幼儿园的"入园难"现象等都集中反映着中国教育不可回避的差异，而这种差异在中国家长重视教育的文化氛围中，会引起各方对教育公平问题的关注。为此，我们有必要对"十二五"期间的教育发展问题进行进一步的审视和诊断，以满足人们日益增长的对各层次优质教育的需求。

政府教育均衡化战略构想

基于对教育外部性的分析，我们可以得出结论：基础教育是更接近纯公共物品的准公共物品，而职业技术教育和高等教育是更接近私人物品的准公共物品。因此，政府应当为基础教育提供财政支持。政府对教育，尤其是基础教育的投入可以有很高的收益，特别是在教育不足时，基础教育的投资收益率往往很高，投资的增加将大大提高劳动者的工资收入及其在全部收入中的比重，这将有助于缓解个人收入分配的不公平。同时，如果社会中的大量家庭由于承担不起高昂的教育成本，而无法接受最基本的教育，那就产生了机会的不公平。这种不公平将引致其他的种种不公平，比如就业机会、收入分配等方面。而这所有的不公平会在社会中蔓延和代际间积累起来，从而对一国或一地区的发展产生不良影响。

早在义务教育制度产生前，一些经济学家便主张将基础教育纳入公共服务的范畴。亚当·斯密主张自由放任，反对政府干预社会经济生活，他认为，政府的支出应被限制在三个方面：国防支出、司法支出和公共工程、公共机构的支出。但在亚当·斯密的体系里，基础教育支出属于政府公共机构支出的内容之一。配第在《赋税论》中也将基础教育经费列入公共支出，这些早期经济学家将基础教育纳入公共服务的理由：①基础教育的对象是儿童，儿童不是经济人，一般不能自我决策，将基础教育纳入公共服务有利于对未成年人的保护；②政府干预基础教育是为了取得符合国家整体的利益。1955年，弗里德曼归纳了教育的正负外部性并称之为"邻里"效应。他认为，"邻里效应"的存在合理地要求社会对每个人所接受的教育水平设置一个最低标准，并由国家为基础教育开支。

基于上述理由，在基础教育阶段实施义务教育，由公共财政负担绝大部分资金，是现代国家的通行做法。一些国际标准把义务教育视为国家最基本的职责，发达国家基本上全部实现了免费义务教育，发展中国家在这方面的立法也在加快，例如印度的第93次宪法修正案寻求在联邦宪法中把免费义务教育作为6~14岁孩子的一项基本权利。中国也制定了义务教育法，实行九年制义务教育。据第91届国际教育会议提供的调查统计资料，在199个国家和地区中，实施普及义务教育的有177个，占总数的89%；其中有7个国家义务教育的年限已经达到12年。就中国而言，虽然现在实行的是九年制义务教育，即对小学到初中阶段的教育实行强制教育，并在有条件的情况下免费提供。

我们前面的分析表明，中国省际教育发展在教育资源配置方面有较大差异，在教育机会、教育成果之间差异并不明显。作为责任，政府应当以追求缩小教育发展差异作为终极目标。然而，教育发展差异与经济发展差异之间具有相关性，如果中国省际之间的经济发展差异长期存在，财政支出中投资于教育事业发展的经费比例不发生变化，那么中国教育发展的差异也会长期存在。因此，我们认为中国教育发展应当与经济发展相适应，这是中国政府对教育均衡化发展的战略要义。加大教育投入是中国政府"十二五"的既定战略，同时认识到实施与经济、社会发展相适应的均衡化战略也理应成为教育长期可持续发展的基本理念。教育的均衡发展也是一个动态的过程，随着时代进步其内涵也相应地发生变化。"十二五"期间，政府可以从义务教育发展的差别化、加大对经济落后地区的教育转移支付、调整教育经费使用结构三方面努力，以促进教育发展省际公平。

一、差别化义务教育发展

改革开放时期，中国实施了差别化的义务教育发展战略。中国幅员辽阔，经济文化发展极不平衡，国家在制定"普九"规划时，并未采取"一刀切"的办法，而是采用了各地区基础教育非均衡化发展的策略，即根据各地经济发展的实际，把全国分为经济发达、中等发展程度和经济落后三类地区，对于不同地区普及九年义务教育的进程作出不同的安排，对办学条件和教育质量也不作统一要求。这一策略体现在基础教育财政体制的安排上就是制度设计要尽可能地调动地方办基础教育的积极性，鼓励那些财力充裕、非政府资金能力强的地区先普及基础教育，而不是刻意强调中央和省市县基础教育财政均等化的责任。

"十二五"期间，政府应当继续实施差别化义务教育发展战略，在重视义务教育阶段的内涵发展的同时，允许部分省份向前或者向后延长义务教育年限。图6显示了2009年不同省份财政性教育经费占GDP的比例随人均GDP变化的散点图。

该散点图说明，经济发展越发达，其在教育投入方面进行的努力越小。换言之，在国家对于教育成果有统一要求的情况下，落后地区需要拿出更多的财力满足基本教育需求，而经济发展相对发达的地区不需经过太大的努力就可以满足基本需求。温总理的政府工作报告指出："十二五"期间，要保证财政性教育经费占GDP比例达到4%。可以看到，2009年，仅有12个省份的该比例基本达到了要求，且多是经济落后地区。加大教育投入比例后，经济发达地区的教育经费总量会有不同程度的增加，这使得原本就可以满足基本需求的教育经费显得"充裕"。此时，各地区可以在重视各级教育发展质量的同时，延长义务教育年限，而国家应予以政策支持。目前，不少省份已经提出要将

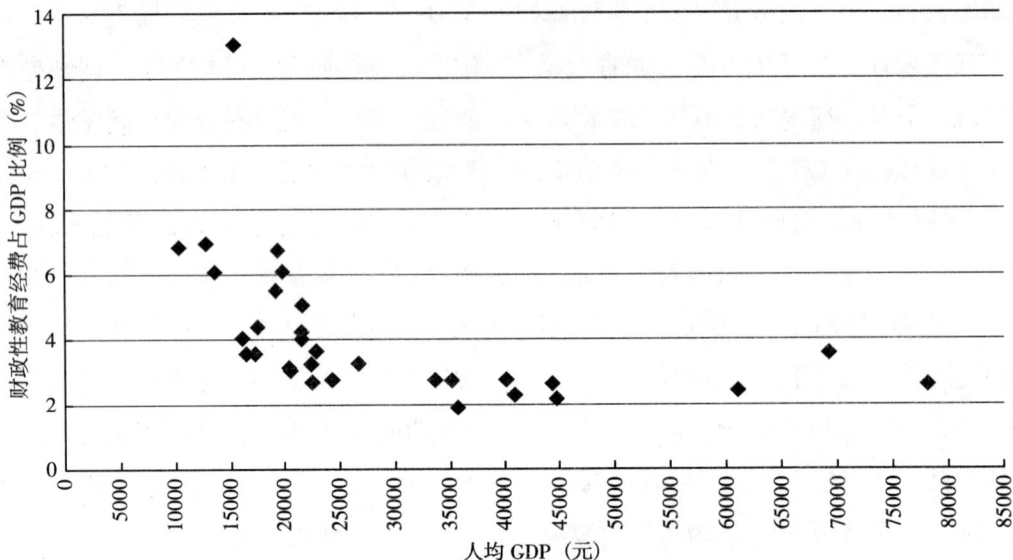

图 6　各省财政经费占 GDP 比例的散点（2009 年）

义务教育年限延长至高中阶段或幼儿教育阶段，这是均衡化发展的具体体现之一，应当成为政府教育均衡化战略的重要组成部分。

二、加大对经济落后地区的教育转移支付

政府应当加大对经济落后地区的教育转移支付。转移支付是收入分配领域中为实现收入公平而常用的重要手段。1995 年以来，中央和省政府财政部门已制定并开始实施了过渡时期的一般性义务教育转移支付办法。一方面，这种办法虽加进了"因素法"的因素，但仍不规范，未从制度上完全打破原有的财政分配格局，贫困地区仍处于不利地位；另一方面，由于地方政府人为因素，一般性政府转移支付中用于义务教育的份额难以保证。因此，在逐步推进一般性转移支付制度改革的同时，应以义务教育专项转移支付为主，加大中央和省级政府对贫困县义务教育财政转移支付的规模。[①] 此时的教育转移支付制度主要强调的是义务教育领域的、由经济发达地区向贫困地区尤其是贫困县的转移支付。

我们此处提到的地区间的义务教育转移支付制度难度有两点：一是财政制度设计；二是地区间教育转移支付缺少理论依据。此处，我们从人力资本的角度给出一种解释。教育是人力资本形成的主要途径，而人力资本是经济发展的重要因素，这也是政府愿意投资于教育的重要依据。中国的教育财政体制将教育投资的主要责任放在地方政府。人力资本是以"人"为载体的，因此具有迁移性。这意味着本地区教育经费培养出来的人力资本有可能迁移到别的地区而不能为本地区的经济增长服务，因此，

---

① 相关的思想可参见北京师范大学王善迈教授主持的 2002 年世界银行管理的亚欧信托基金赠款项目——《中国义务教育财政不平衡与建立规范的政府间义务教育财政转移支付研究》的结题报告。

相对于本地区而言，迁移出的人力资本构成"人才流失"（Brain Drain），这部分为其他地区经济增长服务的人力资本身上凝结着本地区在其身上的"教育投资"。在计划经济体制下，由于国家对人才采取的是"国家培养、国家使用，统招统分"的基本政策，因此，这种人才流失给本地政府带来的损失被隐藏在政策之下。但是在市场经济体制的"双向选择"机制下，"孔雀东南飞"的现象比比皆是，经济落后地区不能构成对优秀人才的吸引，本地区培养出来的人才在大学毕业后会流向经济发达地区为其经济发展服务，从而构成"损失"。这样的一种损失理应得到一定程度的"弥补"，而对其教育转移支付可以成为途径之一。因此，无论从基础教育发展"公平"的角度，还是从人力资本迁移的角度，在中央层面实现地区间的教育转移支付理应成为教育均衡化的战略选择之一。

由于不同国家的政治体制以及相应的财政体系的区别，政府教育财政支出的责任落实还要受到财政体系和政府教育责任划分的影响。这里仅选择从义务教育责任划分角度来进行描述和分析。义务教育财政责任的划分方式将影响到义务教育的发展状况，而各级政府在教育财政性支出中的分担比例只是在义务教育中财政责任的划分的反映，它是与各级义务教育中管理责任的划分密切相关的。为了解决教育发展过程中可能出现的事权与财权不对应的现象，需要对义务教育中事权和财权进行调整，一方面体现为义务教育改革，特别是管理体制的改革使之政府教育责任划分与之适应；另一方面则体现为不同层级政府之间的财政转移支付。表7列出了2000年部分OECD国家各级政府教育财政性支出在基础教育中的分担结构。

表 7　各级政府教育财政性支出在基础教育中的分担结构

	转移支付前			转移支付后		
	中央	地区	地方	中央	地区	地方
澳大利亚	27	73	N	19	81	N
奥地利	70	8	22	34	43	23
比利时	A	94	6	A	94	6
加拿大	4	70	26	3	10	87
捷克	80	A	20	80	A	20
丹麦	32	10	58	36	11	53
芬兰	41	A	59	9	A	91
法国	74	12	14	73	13	14
德国	8	75	18	7	71	22
希腊	93	7	A	82	15	3
匈牙利	71	X	29	20	X	80
冰岛	M	M	M	M	M	M
爱尔兰	100	A	N	82	A	18
意大利	81	5	14	81	4	15
日本	25	57	18	1	81	18
韩国	M	M	M	M	M	M
墨西哥	82	17	n	22	78	n

续表

	转移支付前			转移支付后		
	中央	地区	地方	中央	地区	地方
荷兰	94	n	6	74	n	26
挪威	100	n	n	11	a	89
波兰	5	1	94	1	1	97
葡萄牙	94	6	m	94	6	m
斯洛伐克	100	a	A	100	a	a
西班牙	17	78	5	17	78	5
瑞典	m	m	m	m	m	m
瑞士	3	52	45	n	58	42
英国	26	a	74	24	a	76
美国	8	51	41	1	1	99
平均	49	30	26	37	30	35

从表 7 中可以看出，根据 OECD 的报告，在其成员国之间基础教育财政性支出在各级政府中的分担结构存在很大差别。从基础教育支出的初始财政来源角度上看，一些国家的中央政府实际承担的基础教育支出（转移支付前），如斯洛伐克、葡萄牙、挪威、荷兰、墨西哥、意大利、爱尔兰、匈牙利、希腊、法国、捷克、奥地利等国都超过 70%，而一些国家，如美国、瑞士、波兰、德国、加拿大等国却不足 10%；而从基础教育支出的最终使用的角度上看，美国、英国、波兰、挪威、匈牙利、芬兰、加拿大等国在地方政府中使用的教育支出超过了 70%，而西班牙、比利时、希腊等国却不足 10%。一个国家义务教育责任划分往往要受到国家传统、政治体制、财政体系以及决策者对公平和效率的取舍等多种因素的影响和制约，并且通过转移支付等手段与义务教育的管理体制相关。我们希望在"十二五"期间，政府能建立各地区之间的教育转移支付制度，促进教育公平。

三、关键在于教育财政体制改革

公共支出是政府为履行其职能而支出的一切费用的总和。世界著名经济学家约瑟夫·熊彼特曾经说过，政府的所有功能都需要财政支撑；同时，政府的所有行为都会反映到财政上。政府在履行其职能过程中投入的资源是社会总资源的一部分（社会资源是有限的），并且政府筹集社会资源的方式（主要是税收）或多或少会影响到社会的公平和效率。所以政府在提供公共服务范围和选择补贴和资助的领域和方式的时候一定要进行取舍和权衡。而这种取舍和权衡与社会经济发展的阶段特征和经济发展水平，以及人们的消费能力和消费倾向有很强相关性。教育由于其对社会经济发展的作用和社会发展目标中的地位，使得各国政府纷纷将教育的发展纳入政府的责任范围，并随着社会发展水平和国民认识的提高有不断强化的趋势。

当教育体系由规模发展转向内涵式发展时，有效控制资源效率的机制发生了变化，教育发展的财政制度基础也发生了改变。在规模发展阶段，必要设备设施的短缺是根本特征。这时，动员一切可以利用的资源，并且把它投入到教育发展中，是教育财政制度的根本目标。因此，多渠道投入是那个时期教育发展的基本财政制度。短缺的普遍存在能够保证任何资源投入都是有效的。"短缺"构成规模发展阶段资源使用效率的内部保证机制。当然，在教育发展过程中，财政资源配置优先顺序的差错使得那时的教育资源配置的分配效率备受质疑，也给后来的财政制度调整带来困难。但是，从制度基础上说，多渠道筹措教育资源与规模发展阶段的教育需求相匹配。

进入教育内涵发展阶段，资源使用效率的保证机制发生了变化，不仅要在分配上实现效率，更要在教育系统内部实现对资源的有效使用。这时，对预算执行的管理、对支出过程的管理、对教育系统内部风险和控制的管理就成为保证资源有效使用的制度基础。为了更好地保证教育发展阶段的顺利转型，成功实现内涵式发展，教育系统应该充分认识自己的支出部门特征，主动与国家基本财政制度相对接，研究发达国家教育发展的财政制度，这不仅会更好地动员财政资源在教育领域配置的优先顺序，更主要的是能够提高教育部门的资源使用效率。在新的发展阶段上实现与以往不同的教育发展模式，从而促进教育的均衡化发展，这是中国政府在"十二五"期间一种制度选择。

（温 竹 李克强 周 亚 贺 军 执笔）

参考文献

［1］Measuring Education Inequality Gini Coefficients of Education Vinod Thomas, Yan Wang, Xibo Fan, The World Bank Institute Office of the Vice President and Economic Policy and Poverty Reduction Division January 2001.

［2］世界银行：2006 年世界发展报告：公平与发展，北京：清华大学出版社，2006 年。

［3］国家教育督导团：国家教育督导报告，教育发展研究，2006.5A：1-8。

［4］胡平生、金伯富、万筱群：试论社会主义市场经济的公平观，当代财经，1996 年第 8 期第 27~31 页。

［5］Barro, Robert J. Economic Growth in a Cross Section of Countries, Quarterly Jour nal of Economic, 1991, 106.

［6］Maas, Jacob van Lutsenburg, and Ceert Criel, Distribution of Primary School Enrollments in Eastern Africa World Bank Staff Working Paper No.511, Washington DC：The world Bank, 1982.

［7］杜育红：教育发展不平衡研究，北京：北京师范大学出版社，2000 年。

［8］Mun C. Tsang, Yanqing Ding, Re source Utilization and disparities in Compulsory E ducation in China, Education and Economics, 2005, 2：34-40.

［9］李克强：北京市城乡教育资源配置比较，北京：北京师范大学管理学院。

［10］郭志成：不同发展水平地区义务教育办学条件的比较，中国教师，2006 年第 2 期第 21-23 页。

［11］王磊：中国义务教育经费投入存在的主要问题，教育与经济，2002 年第 1 期第 42-47 页。

［12］陈欣：中国现行义务教育投资体制研究综述，现代教育科学，2003 年第 4 期第 24-27 页。

［13］王善迈：社会主义市场经济条件下的教育资源配置方式，教育与经济，1997 年第 3 期第 1-6 页。

［14］李小红、邓友超：论基础教育阶段教育资源的均衡配置，教育科学，2003 年第 1 期第 10-12 页。

［15］中国教育政策的重大命题课题组：缩小差距——中国教育政策的重大命题，北京师范大学学报（社会科学版），2005 年第 3 期第 7-17 页。

[16] 谢小波：试述区域内基础教育均衡发展背景下的教师政策，浙江师范大学学报（社会科学版），2007年第1期第122-126页。

[17] 杜鹏：基于基尼系数对中国学校教育差距状况的研究，教育与经济，2005年第5期第30-34页。

[18] 阿玛蒂亚·森：论经济不平等之再考察，北京：社会科学文献出版社，2006年。

[19] 周亚、甘勇、李克强、姜璐：中国人力资本总量的差异性分析，教育与经济，2004年第2期第17-20页。

[20] 徐宽：基尼系数的研究文献在过去八十年是如何拓展的，经济学（季刊），2003年第4期第757-778页。

[21] 胡鞍钢：从人口大国到人力资本大国：1980~2000年，中国人口科学，2002年第5期第1-10页。

中国社会保障服务均等化与政府行为优化

中国社会保障发展与均等化问题源起

一、当代中国社会保障均等化问题源起与发展

社会保障①是维护当代社会和谐发展的减震器和安全网，是各国政府应对全球性金融危机及其引发的诸如就业、物价、教育、医疗、养老、住房、收入分配等重大社会问题的必要制度安排，是维护社会公平与正义、实现国民财富合理再分配的重要机制。自19世纪80年代，以德国医疗保险制度建立为标志的现代意义的社会保障制度建立后，社会保障作为正式的制度安排在世界范围内迅速发展；经历20世纪30年代美国罗斯福新政的推动，在第二次世界大战后经由西欧福利国家推至高潮（郑功成，2009；孙光德，2010）。

中国对社会保障问题的关注由来已久。20

世纪50年代中国仿照苏联模式建立的"国家保险"型国家保障体系曾经为广大群众提供了全方位的社会保障。在《中国人民政治协商会议共同纲领》、《中华人民共和国劳动保险条例》、《救济失业工人暂行办法》、《中华人民共和国工会法》、《革命军人牺牲、病故褒恤暂行条例》、《职工生活困难补助办法》等一系列社会保障法律、法规、政策基础上，新中国初步建立了以劳动者为核心、以国家—单位保障为基础的社会保险、社会福利、社会救助和社会优抚体系。这一时期，国家保障、城镇单位保障和农村集体保障构成了社会保障体系的三大主体（郑功成，2009）。这种保障体系在新中国成立初期为提升全体国民的社会保障水平、快速恢复经济发展做出了巨大贡献，体现了社会主义制度优越性，但是这种国家总揽型的保障方式也带来很多问题，如社会化程度低、过于依赖单位、

---

① 本章节所指社会保障为狭义范围的社会保障，包含社会保险、社会福利和社会救助，而教育、医疗、住房等在其他章节有专题论述，本章节不再赘述。

城乡分割严重等。

这种"国家保险型"社会保障带来的诸多问题，如城乡板块分割，行业间社会福利不平等，平均主义和相对高于经济发展水平的社会保障支出造成的财政负担和社会保障资金低效分配，以及过度依赖单位、社会化程度低等问题（孙光德、董克用，2010），导致社会保障体系异常脆弱；同时社会福利的二元分配和单位福利模式也不合理。这些问题中，最为严重的是建立在身份、地域基础上的社会保障均等化问题，突出表现为社会保障覆盖面较窄，大量农村人口、流动人口和城镇非从业人口处于"裸保"状态。

尽管"公平原则"是社会保障的核心思想，随着中国市场经济建立和社会转型，社会保障均等化问题日益显露。郑功成、岳经纶等学者认为，中国的二元社会结构形成了以单位和地区为划分的保障体系，这种"单位福利型制度"造成了城乡社会保障体系的分裂，城乡间、地区间社会福利保障水平差距明显（岳经纶，2010；郑功成，2010）。20 世纪 70 年代末 80 年代初中国改革开放后，随着单位制和农村集体经济的解体，大量原本依托单位和农村集体经济享受社会保障的群体顿失所依。农村联产承包责任制使得农村合作医疗几乎全面崩溃（郑功成，2009），农村"五保"制度也丧失了集体经济的基础；在随后的城市经济改革中，如国有企业改革等，动摇了以单位制为基础的

社会保障制度，原本依托企业单位的城镇人口也丧失了保障基础。在这样的时代背景下，大量弱势群体出现，城镇非从业居民，农村人口是其中的典型代表；在市场经济刺激下产生的新群体——农民工群体，更是体现了"二元中国"向"三元中国"的转变（岳经纶，2010），他们生活在城乡间的夹缝中，与农民和城镇非从业居民一起形成了这一时期社会最大的弱势群体，他们及其后代的基本社会保障难以满足。

这三类群体总量相当大，但是缺乏制度性的社会保障覆盖。根据《2010 中国统计年鉴》，截至 2010 年底，中国共有农村人口 8.67 亿人；[①] 而根据国家统计局的监测调查，2010 年共有农民工 2.42 亿人，约占全国总人口数的 18%；[②] 城镇非从业居民约为 2 亿人。[③] 在 2003 年农村新型合作医疗制度建立之前，农村人口长期经历着没有稳定的国家医疗保障的痛苦；养老方面，农村一直没有建立国家正式的养老保障制度，土地养老仍然是最主要的保障方式，农民的健康和生活幸福受到严重影响；农民工由于其流动性，没有办法在依托单位、地区基础的社会保障体系中找到合适的定位，农民工及其子女在医疗、教育等方面几乎没有任何保障；城镇中的非从业居民也经历着长期不受任何保障的历史，特别是他们中的"一老一小"——老年人和儿童的医疗、养老等方面的需求几乎从来没有被纳入国家保障体系内；城镇中失业或灵活就业的人群也无法获得和城镇职工同等的保

① 本数据根据新型农村合作医疗保险参保人数估算，2010 年末我国农村居民人口 8.67 亿人。
② 徐博：《我国农民工工作取得新进展总数达 2.42 亿人》，新华社，2011 年 2 月 12 日，http://www.xinhua08.com/news/zgcj/hgjj/201102/t20110212_292762.html。
③ 该处数据为 2007 年数据。

障服务水平。

社会保障发挥着调节国民经济发展,放缓和缓解社会矛盾的作用,但是这样一个数量庞大的群体长期得不到应有的社会保障,必将对社会安定和发展产生重大的影响。近年来,与社会保障等问题相关的上访和群体性事件时有发生。仅以湖北省武汉市为例,2009年因社会保障问题引发的上访事件就占到全市信访总量的45%。[①] 社会保障还是社会经济可持续发展的重要动力,郑功成在2011年"两会"上指出"社会保障能解决人们的后顾之忧,能给人以稳定的安全预期,能够把未来不确定的风险通过社会保障制度化解,这样我们就能理性、积极主动地安排现在的生活和消费,所以社会保障在给人以安全感同时又是一个能刺激人的消费欲望、提升和放大消费能力、刺激消费需求的重要手段。在这种背景下加快我国社会保障体系建设就成为一项事关国家发展全局的非常紧迫的任务。"[②] 扩大国内消费,以内需拉动增长,一直是我国经济发展的重要动力机制。近年来,受全球金融危机的影响,拉动内需保增长、保稳定更是成为国家的主要发展战略,但是健全的社会保障体系的缺失严重影响了消费者的信心。为了推动经济持续发展,完善社会保障体系迫在眉睫。

二、"人人享有":"十一五"时期中国社会保障发展总体成就

这种不均等的社会保障覆盖是人为设置公

平享有的制度鸿沟,严重制约中国社会和经济的发展。为解决社会保障覆盖不均等问题,中国从20世纪80年代开始进行社会保障制度变革。实现保障覆盖范围的扩大和提升社会保障的社会化程度是变革的主要方向。从1986年,"七五"计划首次提出"社会保障"的概念,一直到2006年的中共十六届六中全会《中共中央关于构建社会主义和谐社会若干重大问题的决定》中第一次提出:"逐步建立社会保险、社会救助、社会福利、慈善事业相衔接的覆盖城乡居民的社会保障体系",中国社会保障体系的变革一直在稳步推进。2007年党的十七大报告中,更进一步明确了"加快建立覆盖城乡居民的社会保障体系,保障人民基本生活。"2010年十七大五中全会上提出"着力保障和改善民生,必须逐步完善符合国情、比较完整、覆盖城乡、可持续的基本公共服务体系,提高政府保障能力,推进基本公共服务均等化。健全覆盖城乡居民的社会保障体系,加快医疗卫生事业改革发展,全面做好人口工作,加强和创新社会管理,正确处理人民内部矛盾,切实维护社会和谐稳定。"2011年《政府工作报告》再次明确加快健全覆盖城乡居民的社会保障体系的工作重心,提出"将新型农村社会养老保险试点范围扩大到全国40%的县。"

媒体和学者在评论"十一五"期间中国社会保障发展时认为,这一阶段最大的亮点就是加强了对原有保障制度下被忽视、被弱化的弱势群体、边缘群体的保障力度,通过出台新政

---

① 谢晓怡:《45%上访事件因社保 武汉市政协献策解决社保难题》,人民日报,2010年11月24日。
② 刘宏:《社会保障制度长期试点损害权威性增加改革成本》,2011年3月17日,法制网,http://www.legaldaily.com.cn/bm/content/2009-03/06/content_1048247.htm。

策和财政支出倾斜扶植，使得弱势群体逐步获得制度性保障。"十一五"期间，农民、农民工、城镇非从业居民等原有保障体系下的弱势群体及被忽视群体被纳入社会保障体系，其基本医疗、工伤、养老等问题得到制度保障；政府对社会保障事业财政支持持续上升；社会保障法制建设取得成果，《社会保险法》确立了其社会保障领域主体性法律的地位，并且将社会保障覆盖范围扩大法制化。

新型农村合作医疗保险、城镇居民医疗保险、农村新型养老保险等新型社会保险和社会救助机制的建立标志着覆盖城乡的社会保障体系逐步形成；社会保障支出和待遇水平也逐年提高，基本完成了预期的发展任务。"十一五"期间，我国初步形成了以社会保险为主体，包括社会救助、社会福利、优抚安置、住房保障和社会慈善事业在内的社会保障制度框架，城镇养老、医疗、失业、工伤、生育5项保险制度普遍实施，初步实现了从城镇向农村，从单位福利向统筹互济的社会保障体系的转变。

"十一五"规划将完善社会保障体系、扩大社会保障覆盖面视为重要任务，要求在2010年底"城镇基本养老保险覆盖人数达到2.23亿人，新型农村合作医疗覆盖率提高到80%以上，贫困人口继续减少"。《劳动和社会保障事业发展"十一五"规划纲要》指出，"十一五"期间主要工作是建立比较完善的社会保障体系，扩大社会保障覆盖范围，健全农村社会保障制度。在扩大覆盖范围的同时，还要提升综合服务水平和社会化程度，《劳动和社会保障纲要》要求："建立健全社会保障制度和管理服务体系，实现资金来源多渠道、保障方式多层次、管理服务社会化；进一步扩大社会保障覆盖范围，基本实现城镇各类就业人员平等享有社会保障；健全农村社会保障制度"，到"十一五"期末，城镇基本养老、基本医疗、失业、工伤和生育保险参保人数分别达到2.23亿人、3亿人、1.2亿人、1.4亿人和8000万人以上，参加农村社会养老保险和企业年金的人数逐步增长。

在政府和全社会力量的推动下，到2010年底，社会保障各项主要指标顺利达标。根据国家统计局发布的2010年统计公报，如表1所示，截至2010年底，城镇基本养老覆盖人数达到2.56亿人；城镇基本医疗保险参保人数达到4.3亿人；城镇失业保险参保人数达到1.33亿人；城镇工伤保险参保人数1.6亿人；生育保险参保人数1.23亿人；全国范围共有2678个县级单位参与了新型农村合作医疗，覆盖人口8.35亿人，覆盖率达到96.3%。城镇基本医疗保险和新农村合作医疗覆盖人口超过12.6亿

表1 "十一五"期间主要社会保障指标完成情况

指 标	预期目标	2010年
城镇基本养老覆盖人数	2.23亿人	2.56亿人
新型农村合作医疗覆盖率（%）	80	96.3
城镇基本医疗参保人数	3亿人	4.3亿人
城镇失业保险参保人数	1.2亿人	1.33亿人
城镇工伤保险参保人数	1.4亿人	1.6亿人
城镇生育保险参保人数	8000万人	1230万人

人，全民医保指日可待；全国各级社会保障经办机构管理服务的总参保人数超过 12.5 亿人。上述指标全部超过了"十一五"规划和《劳动和社会保障事业发展"十一五"规划纲要》所设定的目标。除此之外，新型农村社会养老保险人数也达到了 1.43 亿人。

如图 1 所示，截至 2010 年末，全国参加城镇基本医疗保险的人数 43206 万人，比上一年增加 3059 万人。其中，参加城镇职工基本医疗保险人数 23734 万人，参加城镇居民基本医疗

保险人数 19472 万人，参加城镇医疗保险的农民工 4583 万人（比 2009 年增加 249 万人），参加失业保险的人数 13376 万人（比 2009 年增加 660 万人）。2010 年末全国领取失业保险金人数为 209 万人，参加工伤保险的人数 16173 万人（比 2009 年增加 1278 万人），参加生育保险的人数 12306 万人（比 2009 年增加 1430 万人），2010 年全年共有 2311.1 万城市居民得到政府最低生活保障（比 2009 年减少 34.5 万人）。

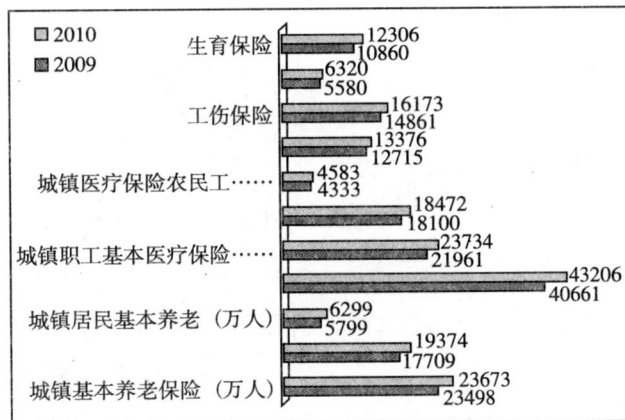

图 1　2010 年城镇社会保障主要指标

资料来源：国家统计局：《2010 年国民经济和社会发展统计公报》。

如图 2 所示，截至 2010 年末，全国共有 2678 个县（市、区）开展了新型农村合作医疗工作，新型农村合作医疗参合率 96.3%，新型农村合作医疗基金支出总额为 832 亿元，累计

受益 7.0 亿人次。全国列入国家新型农村社会养老保险试点地区参保人数 10277 万人。2010 年全年共有 5228.4 万农村居民得到政府最低生活保障，比 2009 年增加 468.4 万人；共有

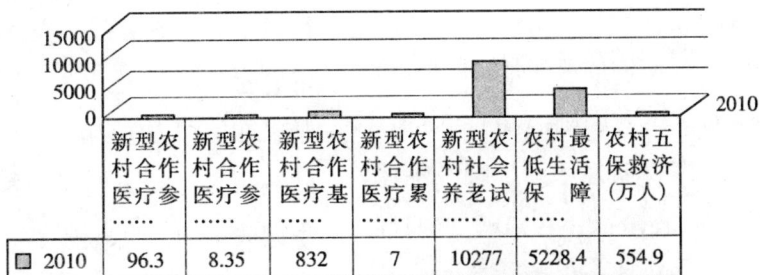

	新型农村合作医疗参……	新型农村合作医疗参……	新型农村合作医疗基……	新型农村合作医疗累……	新型农村社会养老试……	农村最低生活保障……	农村五保救济（万人）
2010	96.3	8.35	832	7	10277	5228.4	554.9

图 2　2010 年农村社会保障主要指标情况

资料来源：国家统计局：《2010 年国民经济和社会发展统计公报》。

554.9 万农村居民得到政府五保救济。

以推进农民工参加工伤保险为核心的"平安计划"在全国展开。2010 年全国农民工参加工伤保险人数就达到 2538 万人。随着政策措施的不断出台，如图 3 所示，2010 年末参加城镇医疗保险的农民工达到 4583 万人（比 2009 年增加 249 万人），参加工伤保险农民工 6329 万人（比 2009 年增加 741 万人），虽然农民工参保人数和农民工总人数相比仍然比重较小，但是这些政策的出台至少说明，一直处于"裸保障"状态的中国农民工终于被纳入国家社会保障的体系之内。此外，农民工参与城镇基本养老的制度安排也在 2009 年底得到落实，《城镇企业职工基本养老保险关系转移接续暂行办法》中对农民工问题也进行了规定，但是其实际效果还有待观察。

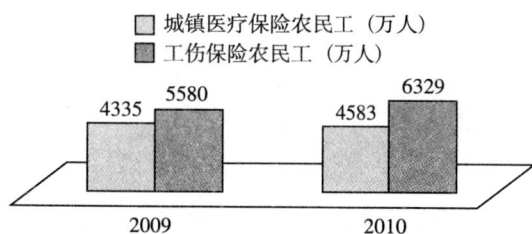

图例：
- 城镇医疗保险农民工（万人）
- 工伤保险农民工（万人）

2009：4335　5580
2010：4583　6329

图 3　2009~2010 年农民工社会保障指标情况

数据来源：国家统计局：《2010 年国民经济和社会发展统计公报》。

三、"人人公平享有"：社会保障均等化与逆向转移

西方福利国家广泛认同的《贝弗里奇报告》明确了社会保障的"3U"原则（Universality、Unity、Uniformity），即普遍性原则、统一性原则和均等性原则（Dupreyroux，1989）。普遍性原则（Universality）涉及社会保障政策的覆盖面，即作为公民的一项基本权利由全体公民普遍享有；统一性原则（Unity 或是 Unified Administration）要求有关政策和社会保险的缴费标准、待遇支付也要按照统一规定执行；均等性原则（Uniformity）强调机会的均等，以克服和缩小分配结果的不平等为目标，向那些处于不利地位的人提供更多的资源和可能性，尽量使所有的人获得更为均等的机会。因此，社会保障的均等化是保障全体社会成员生存底线的一项制度安排，均等化是实现"平等的最低生活"的基本要求。均等性原则强调对有特殊需求的人提供个别、特殊的服务，帮助那些被社会边缘化或者由于种种原因生活不能自立的个人和群体实现自立。它体现了政府对处境最不利者的关怀，使弱势群体得到比较公正的对待，进而激发他们的生活和生产能力。但是，《贝弗里奇报告》所倡导的这三大原则从来都停留于纸面上而并未得以落实（Spicker，2011）。

"十一五"时期社会保障覆盖面的扩大使得"人人享有"这一目标落到实处，农村人口、城镇非从业人口和农民工三大弱势群体纳入制度保障，这也是对社会保障普遍性原则的落实。但是，以统一性和均等性原则为基础的"人人公平享有"社会保障这一最终目标尚未实现，社会保障享有上的城乡差距、地区差距和行业差距等现象依然十分严重，并且呈现出"贫者越贫、富者越富"的马太效应和财富分配的逆向转移。吴敬琏、厉以宁两位中国顶级的经济学家在回顾中国经济改革 30 年发展历程时，虽然有很多分歧，但无一例外地认为社会保障是中国改革的一大遗憾（吴晓波，2010）。

由市场竞争所导致的社会财富的不均等并非社会发展的致命瓶颈，它与个人努力程度、

掌握技能熟练程度（Björn Gustafsson、Li Shi、Terry Sicular，2008）和一定的运气关联（Knight，2005；Barry，2006）。中国经历30多年改革开放，经济发展成就巨大，由于资源禀赋和其他因素影响，地区间分享经济发展成果的程度呈现极大差异。2009年摩根斯坦利研究报告明确指出中国是"一个国家、三个经济体"，指出中国东、中、西部三大地区发展差异（王庆、章俊，2009）。但是，在两个条件下，社会财富的不均等需要进入公共政策议程加以重视和解决：第一，如果社会财富的不均等非由公平、合理竞争导致，而是由歧视性制度设计造成的；第二，这种不均等可能造成社会公正缺失、经济效率的低下和经济可持续发展的阻断。

社会保障政策本身就是通过人为进行财富再分配的方式缓解和救济因竞争等因素所导致的社会财富不均等问题。因此，社会保障本身就存在人为制造不公正的可能，并且对社会经济发展的绩效都会带来一定冲击。亚当·斯密、马尔萨斯和李嘉图等古典经济学家都曾明确反对普遍的国家为主体的社会保障；20世纪70年代后，西方福利国家的衰退和改革都说明了社会保障对社会发展可能的冲击（Anderson，1990；Rudra，2002；Huber & Stephens，2001）。

而中国的社会保障更是从制度设计上就设立了人为的歧视，造成了财富的"逆向分配"，加剧了分配不公。国内外学者已经关注到了社会保障及其带来的"逆向分配问题"，这种"逆向分配"表现为不同代际间群体、不同收入群体和不同地区间群体的"逆向分配"。Witte、Roels、Stevens等通过对比利时的个人志愿养老

金服务的研究发现，以税收激励为核心的个人志愿养老金制度使得中、高收入人群而非低收入人群获得了更多的社会福利，他们称之为"马太效应"（Witte，Roels，Stevens，2009）。我国学者黄祖辉等发现，转移性收入对居民收入有着"逆向"作用（黄祖辉等，2003）；香伶指出在养老社会保障领域存在着严重的"逆向分配"问题（香伶，2006）；侯明喜认为，由于我国社会保障总体水平较低，社会保障转移支付总量偏低，城乡和地区差距过大，进而造成了贫富差距的进一步扩大（侯明喜，2007）。葛延风、刘志英、杨天宇等也都有类似的发现（葛延风，2006；刘志英，2006；杨天宇，2009）。宋晓梧明确指出中国的公共福利政策正在扩大社会差距，造成社会分配的不公正加剧（宋晓梧，2011）。而英国金融时报中文版的专栏文章更是直指中国社会保障制度"劫贫济富"（周克成，2011）。因此，为实现真正"人人公平享有"，中国社会保障需要在全覆盖的基础上，努力推行基本社会保障均等化——保障对象要在机会上公平地享有社会保障服务，而不因身份、职业、地域差异受到区别对待。

中国社会保障均等化问题与成因分析

"当前无论是在城乡之间、地区之间，还是不同收入人群之间，都存在着基本社会保障逆向转移的趋势。"

——宋晓梧

当前中国社会保障均等化面临的重要问题集中表现为以"福利地区"为代表的地区差异和碎片式社会保障管理体制下带来的"双轨制"

问题，这与"3U"原则中的统一性原则和均等化原则是不相符的。

一、"福利地区"崛起

社会保障发展秉承的价值理念为"公平"和"共享"，但是由于地区经济发展水平等因素的差异，在公民享有社会保险、社会福利方面反而带来了新的不平等。中国社会保障具有地方化和相对封闭化的传统，社会保险和社会福利在很大程度上依赖于地方政府的财政投入，地方法律法规、社会保障管理机构的资源和人才素质等也对社会保障水平产生影响，而社会保障受益者也主要局限在本地区内部。这也是中国自1994年分税制改革后一直存在的现状，这使得不同地区在社会保障资金筹集、财政支出和福利提供上存在巨大差距。这种地区差异主要体现为城乡差异与不同经济发展水平地区间差异。而随着社会保障覆盖面的扩大和城乡一体化进程中农村医疗、养老制的建立，地区差异更加明显。

当前地方政府的举动表明，城乡间社会保障享有的统一性原则有望实现。地方政府可以通过加大社会保障投入和提升管理水平，弥合本地域内城乡间社会保障享有的差距。以重庆市为例，为提高城乡养老保险基金统筹层次、保障基金安全，重庆市决定一步到位实行基金全市统筹管理，做到"四统一"，即统一政策规定、统一业务标准、统一操作流程、统一管理软件。各区县征收的基金以及应由区县财政承担的政府补贴资金全部按时上划市财政专户，发放养老金所需资金由市财政统一调拨、兜底。同时，对贫困区县，市财政加大补贴力度。比

如，基础养老金中高出55元标准部分所需资金，市财政负担20个贫困区县应支付资金总额的70%。通过全市统筹，不仅缓解了区县财政压力，而且做大了整个基金规模，增强了基金管理运营能力和抗风险能力，从而确保养老金按时足额发放。

辽宁省政府也大力加强农村社会养老保障，发布了《辽宁省人民政府关于开展新型农村社会养老保险试点的实施意见》，任务目标为：探索建立个人缴费、集体补助、政府补贴相结合的新农保制度，实行社会统筹与个人账户相结合，与家庭养老、土地保障、社会救助等其他社会保障政策措施相配套，保障农村居民老年基本生活。2009年，试点覆盖面为全省10%的县（市、区），以后逐步扩大试点并在全省普遍实施，2020年前基本实现对农村适龄居民的全覆盖。

河南省颁布了《河南省人民政府关于开展城乡居民社会养老保险试点的实施意见》，标志着河南省统一城乡的居民养老保险制度已经建立。这一制度体现了统一城乡的居民养老保险制度已经在有些省市开始实行，这也将是今后的大趋势。这就显示出养老金的统筹层次提升到省级统筹，可以有效地缓解城乡差距。此前，我国大部分地区的养老金统筹层次都是由地市一级或是最高到省级统筹，这就使得经济不发达的地区人民生活得就更加不富裕，而经济发达地区的人们在退休前享有较高的工资水平，缴纳更多的养老保险金，退休后也领取更多的养老金，生活得更加舒适一些。河南省统一城乡的养老保险制度为解决这一问题提供了一个方案，但具体效果如何还要看河南省该制度施行

后的效果。

上述省份的政策调整有效调节了行政区域内的城乡差距，但也同样凸显了社会保障享有地区的差异。岳经纶将此种现象称为"福利地区"现象（岳经纶，2010），他认为由于各级地方政府财政状况各不相同，提供社会福利与服务的能力各不相同，因而在全国形成了以地方行政区域为边界的众多分散的"福利地区"。以养老社会保障为例，2010年各省分别调整了养老金数额，对比不同省市调整养老金的数额，仅对比正高级职称的增发数额，广东省为250元，福建省为60元，广西壮族自治区省为60元，安徽省为70元，辽宁省为100元。而2010年这五个省的GDP排名依次为广东、辽宁、福建、安徽、广西。广东省的增发数额是最大的，也可以看出养老金的数额是同所在地区的经济发展水平相关的。

造成福利地区化的重要原因就在于社会保障的统筹层次的制度安排。社会保险的统筹层次是指统一筹集、管理和使用社会保险基金并自我平衡的单位所处层次。由于中国特有的"社会统筹和个人账户结合"的社保资金筹集方式，在我国通常依行政区划界定统筹范围，依行政层次界定统筹层次，如县级统筹、地（市）级统筹、省级统筹、全国统筹。统筹层次过低会带来诸多问题，例如社会保障覆盖范围狭窄，管理基础薄弱，资金支付压力大，劳动力的流动和共济功能被大大限制等，其最大的危害就是社会保障体系的"碎片化"，也就是多元分割，交叉缺漏并存（郑功成，2010）。[1] 目前，

中国养老社会保障已经达到省级统筹，正在向全国统筹迈进；医疗等其他社会保障主要在省及省以下层级实施统筹，因此高度依赖地方财政。从财政结构上看，2009年中央政府社会保障和就业支出仅为454.37亿元，约为总体社会保障和就业支出的6%；地方政府支出为7152.31，约为总体支出的94%。地方政府承担着大部分社会保障的职能，这也加大了"福利地区"化的可能。

而随着福利地区的出现，我国的公民身份呈现出以地域为基础的新的空间分割。在"二元社会中国"之下，我国公民身份界定分割为"城镇居民/农村居民"；而福利地方化的趋势使得我国公民身份界定分割为以"本地/外地"为主轴、更多元的区分。这种社会保障地区差异的扩大为进一步进行社会保障改革带来了阻碍，如是否实行社保税的最大争议就来自于对地区差异的担忧。

对"福利地区"的主客观测量是当前研究的热点。客观测量社会保障地区间差异的指标主要是以测度财政投入为主，指标包括社会保障财政支出总量、社会保障支出占财政支出比重（社会保障财政负担水平）、社会保障支出占GDP比重（社会保障水平）和人均社会保障支出。通过测量上述指标的极值、方差和变异系数等反映其均等化程度。主观测量通常采用随机抽样问卷形式进行。单纯的社会保障财政投入已经很难真正反映社会保障地区差异，本研究在参考前人研究成果的基础上，加入社会保障覆盖面的产出指标，以"投入—产出"的二

---

① 郑功成：《中国社会保障改革与未来发展》，《中国人民大学学报》，2010年第5期，第2-14页。

维结构勾勒中国"福利地区"的状况，并进行简单分析。①

研究发现：①民众对"福利地区"的主观感知比较强烈，但与客观差异有一定距离；②中国各省社会保障投入逐年加大，省际差异呈现下降趋势；③中国各省社会保障差异与经济发展水平有一定关联；④中国各省社会保障投入整体比重偏低；⑤各地区社会保障投入与产出不对等；⑥中国各省社会保障状况有明显的中央政府政策驱动的痕迹。

（一）"福利地区"主观感知强烈

民众对"福利地区"的主观感知十分明显。2011年，财富中文网通过对30000名高层管理者的问卷调查评选出中国福利最好的几大城市，在被抽选的70个城市中，上海、北京、杭州、深圳和广州名列前茅；②而在与社会福利、社会服务密切相关的城市服务水平评选中，上述五个城市依然占据前五名。在其他机构举办的同类排行榜中，如民生发展、社会建设、公共服务等排行，上海、北京、天津等经济发达的大城市均排名靠前，印证了马太效应的存在（见图4）。如《中国民生发展报告2011》的民生指数测算显示，前十名的省份中仅有辽宁（第8名）一个位于东北地区，其余9个省市（北京、上海、天津、江苏、浙江、广东、山东、福建、河北）的排名都表现出较强的区域经济和政治实力相关性，如位于东部的北京、上海、天津三大直辖市占据了排名的前三位，说明作为经济、文化、政治、外交中心的发达省级单位，

在民生发展领域效果突出；而这三大直辖市在其他排行榜中的领先地位说明民生发展与中央政府关注程度、地方政府公共服务投入水平、城市管理水平和国际化程度有着密切关系。除此之外，这三地相对发达的公民社会和公民权益意识也都与民生发展高度相关。

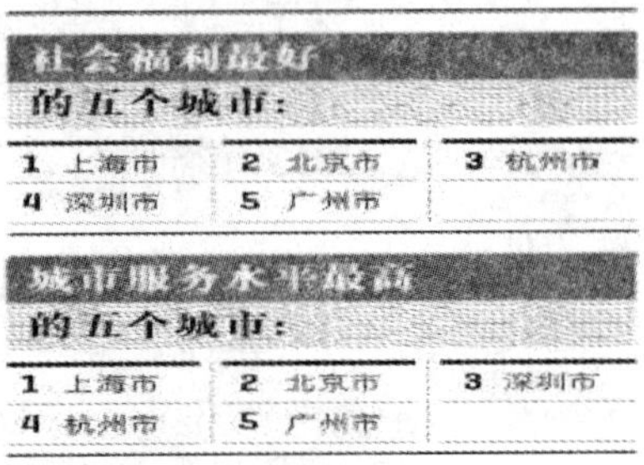

图4 财富中文网评选

（二）各省社会保障水平逐年加大，省际差异放缓

受到主观调查"风寒效应"影响，民众对"福利地区"的主观感知与实际情况可能存在一定差距。客观数据显示，中国各省社会保障水平逐年加大，地区间福利差距放缓，并没有显露非常强烈的"马太效应"。

从2007年开始，中国各省社会保障水平不断提高，各省平均社会保障支出占GDP的比重增大，2007年为2.6%，2008年为2.8%，2009年为3.18%，2010年为3.03%。各省平均人均社会保障支出从2007年的488元，2008年的621元，2009年的758元，上升到2010年的837元。2007~2010年，各省平均社会保障支出占财政支出比重一直维持在12%以上，四年平均值为13.15%。这一趋势一定程度受到了中国中央

---

① 如未加特别说明，本文所使用的数据均来源于《中国统计年鉴》和各省统计年鉴。由于社会保障相关统计条目在2007年进行调整，本研究以2007年为截取节点。

② http://www.fortunechina.com/investing/c/2011-09/02/content_69620.htm.

政府关注民生、号召推进社会保障服务的影响。

在各省社会保障水平提升的同时，另一个趋势是省际差异的放缓。如表2、表3所示，1995~2010年，中国省级社会保障财政支出地区差异总体呈现缩小趋势，变异系数从1997年的0.44下降到2006年的0.29；2007~2010年四年平均变异系数为0.29，比1995~2005年的平均变异系数0.38下降了24%。但比重最高省份仍然是比重最低省份的3~4倍，极差也接近20个百分点。

表2　1995~2005年社会保障支出占财政支出比重

指标＼年份	1995	1996	1997	1998	1999	2000	2001	2002	2003	2004	2005
最大值（%）	3.50	3.42	13.73	18.18	21.70	25.62	23.85	25.72	25.10	25.52	26.02
最小值（%）	0.99	0.10	1.93	2.74	2.96	3.23	3.56	3.85	5.03	5.39	5.16
极差（%）	2.51	3.32	11.80	15.44	18.74	22.39	20.29	21.87	20.07	20.13	20.86
极值比（倍）	3.54	35.86	7.11	6.65	7.33	7.93	6.70	6.68	4.99	4.73	5.04
平均值（%）	2.37	2.14	4.88	7.44	9.60	11.47	12.04	13.33	14.03	13.68	13.35
标准差（%）	0.59	0.66	2.14	3.05	4.08	4.90	4.80	5.35	5.44	5.13	4.97
变异系数	0.25	0.31	0.44	0.41	0.43	0.43	0.40	0.40	0.39	0.37	0.37

注：①1995~1996年财政社会保障支出即抚恤和社会福利救济费用支出，1997年财政社会保障支出是抚恤和社会福利救济费以及行政事业单位离退休经费的总和；②1998~2005年财政社会保障支出是抚恤和社会福利救济费、行政事业单位离退休经费以及社会保障补助支出的总和，以下相同；③表中数据根据《中国统计年鉴》(1996~2006)各年份数据整理计算而得。

表3　2007~2010年社会保障支出占财政支出比重①

指标＼年份	2007	2008	2009	2010
最大值（%）	22.8	21.8	19.34	25.5
最小值（%）	6	6.4	5.77	5.7
极差	16.8	15.4	13.6	19.9
极值比	3.82	3.4	3.4	4.51
平均数（%）	13.6	13.4	13.4	12.2
标准差	3.96	3.65	3.61	4.05
变异系数	0.29	0.27	0.27	0.33

如果剔除人口规模因素的影响，这种地区间差异更加明显。表4、表5显示1995~2010年各省平均人均社会保障支出情况。其变异系数最高为0.91（1997），最低为0.51（2009）。2007~2010年平均变异系数为0.59，比1995~2005年平均变异系数0.7下降16%。

表4　1995~2005年人均社会保障支出变异情况

指标＼年份	1995	1996	1997	1998	1999	2000	2001	2002	2003	2004	2005
最大值（元）	39.16	35.78	100.97	159.38	237.06	337.63	400.48	459.73	513.07	637.09	721.53
最小值（元）	5.89	0.52	9.26	17.09	25.38	36.94	51.97	76.01	81.04	94.36	118.50

① 2007年开始，统计年鉴采用"社会保障和就业支出"的新口径取代原有的抚恤和社会福利救济支出、行政事业单位离退休社会保障支出和社会保障补助支出的总和，因此两者间有一定差异，对变异系数的结果也有一定影响。

续表

指标＼年份	1995	1996	1997	1998	1999	2000	2001	2002	2003	2004	2005
极差（元）	33.27	35.26	91.71	142.29	211.68	300.69	348.51	383.72	432.03	543.23	603.03
极值比（倍）	6.65	68.39	10.90	9.33	9.34	9.14	7.71	6.05	6.33	6.76	6.09
平均值（元）	9.53	10.18	26.16	46.28	69.49	94.99	124.72	159.76	188.28	217.67	261.68
标准差（元）	7.29	6.57	23.88	34.47	50.00	68.39	83.05	106.87	110.85	137.35	160.50
变异系数	0.77	0.64	0.91	0.74	0.72	0.72	0.67	0.67	0.59	0.63	0.61

资料来源：根据《中国统计年鉴》（1996~2006）各年份数据整理计算。

表5 2007~2010 年人均社会保障支出变异情况

指标＼年份	2007	2008	2009	2010
最大值（元）	1475	1773	1749	3371
最小值（元）	179	267	296	379
平均数（元）	488	621.33	758	836.56
极值差	1296.9	1506.04	1453.8	2292.02
标准差	291	349	383.6	569
变异系数	0.6	0.56	0.51	0.68
极值比	8.25	6.62	5.9	8.89

（三）省际差异与经济发展的关联

根据《中国民生发展报告2011》，如表6所示，2009年中国各省社会保障建设成果不一，在社会保障投入和基本保险覆盖（医疗、养老、失业、工伤等）等方面表现各异。从社会保障整体和社会保障投入表现看，前十名的省份包含了上海（第3）、重庆（第5）、北京（第6）三大直辖市，一定程度说明了地区福利水平与经济发达程度的关联，但这种相关并非十分突出。社会保障整体排名前十的地区中，4个省份位于东部地区（辽宁、上海、北京、海南），4个省份位于中部地区（黑龙江、吉林、湖北、湖南），2个省份位于西部地区（重庆、青海）。

（四）社会保障投入比重偏低

一个值得关注的现象是，中国省级社会保障支出占财政支出的比重相对较低。以2009年为例，如图5所示，各省平均社会保障支出占财政支出比重仅为13.37%，青海省比重最高，为19.34%，浙江省比重最低，仅为5.77%。纵观1995年以来中国各省社会保障支出占财政支出比重，如图6所示，平均数仅为10.6%，2010年这一数据仅为12.2%。而国际水平远远高于中国的平均值。根据《世界发展指数2011》的统计，高收入国家转移性支付比重高达62%，其瑞士高达83%，德国高达81%，而西班牙达到80%的水平；中等收入国家转移性支付支出占财政支出的比重平均为45%；中低收入国家为37%；而东亚地区平均水平为28%。① 而国际货币基金组织《政府财政年鉴2008》的数据显示，德国社会保障支出比重为45.75，瑞士为

---

① 此处国际数据为各国中央政府社会保障支出占财政支出比重，中国财政结构中社会保障支出主要由地方政府完成，中央政府社会保障支出占财政支出比重更低，2007年中央政府社会保障和就业支出仅占总支出的3%。国际数据转移性支付统计口径较中国社会保障统计口径较宽，一定程度上造成了国际数据比重高而中国比重低的现象。

表6 2009 年中国社会保障地区排名[①]

指　标	社会保障建设		指　标	社会保障建设	
权　重	100%		权　重	100%	
地　区	指数值	排名	地　区	指数值	排名
辽宁（东）	0.714	1	内蒙古（中）	0.415	16
黑龙江（中）	0.627	2	云南（西）	0.383	17
上海（东）	0.619	3	四川（西）	0.365	18
吉林（中）	0.575	4	安徽（中）	0.363	19
重庆（西）	0.565	5	河南（中）	0.360	20
北京（东）	0.561	6	河北（东）	0.341	21
青海（西）	0.537	7	天津（东）	0.319	22
湖北（中）	0.531	8	广东（东）	0.308	23
海南（东）	0.528	9	山东（东）	0.307	24
湖南（中）	0.501	10	宁夏（西）	0.298	25
山西（中）	0.468	11	江苏（东）	0.293	26
甘肃（西）	0.467	12	广西（东）	0.269	27
新疆（西）	0.460	13	福建（东）	0.231	28
陕西（西）	0.438	14	贵州（西）	0.208	29
江西（中）	0.417	15	浙江（东）	0.203	30

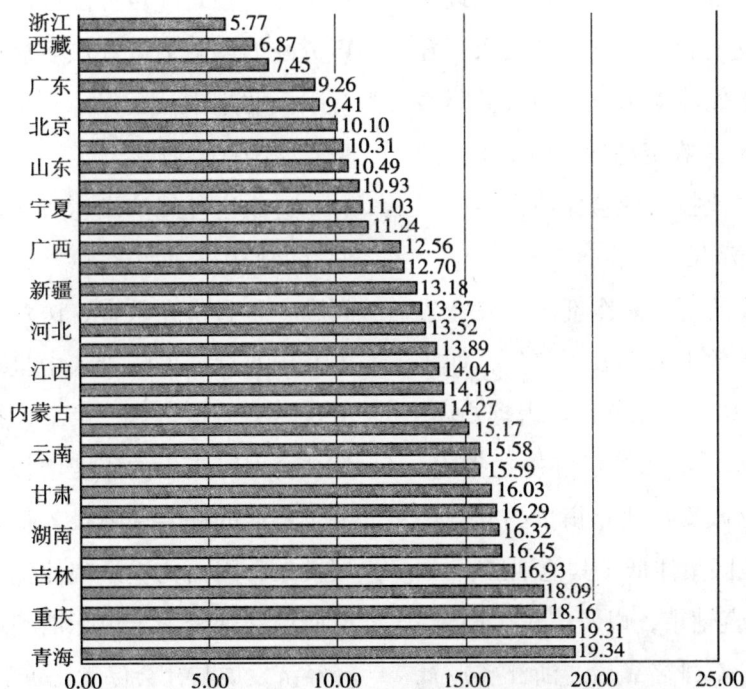

图5 2009 年部分地区社会保障支出占财政支出比重（%）

---

① 此处数据根据 2010 年统计年鉴、财政年鉴和卫生年鉴等核算，涉及内地除西藏外的 30 个省级单位；指数与排名参考《中国民生发展报告 2011》指数部分计算。

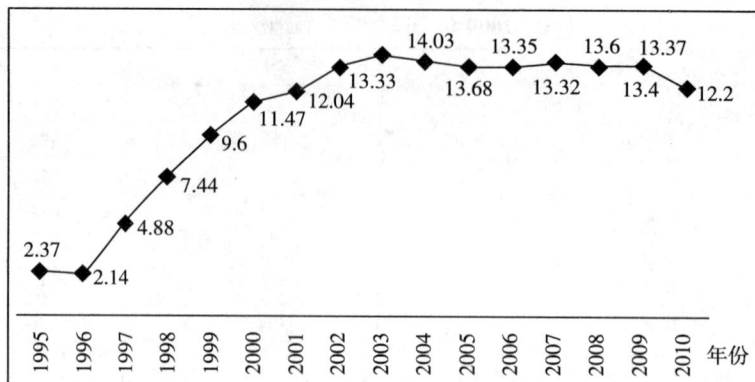

图 6　中国省级社会保障支出占财政支出比重

42.64%，法国为 42.41，丹麦为 41.63，都远远高于中国水平。

　　这种社会保障公共支出相对较低的现象一定程度反映了中国各地方政府在财政支出结构偏好方面的倾向——在长期以来追求经济发展绩效的激励机制下，重视经济发展和基础设施的投入而忽视社会发展和民生发面的投入。在某种程度上看，社会保障支出被视为公共财政负担（柯卉兵，2009），在资源稀缺情况下，地方政府并不希望过多地投入社会保障方面而影响基础设施建设和经济发展。

　　另一个值得关注的现象是东部沿海发达省市在社会保障建设指数上大都表现欠佳，如表 4 所示，排名最末十位中，东部地区占据八席，其中包括广东、江苏、浙江等经济发达省份。以社会保障支出占财政支出比重衡量的社会保障投入指数，东部地区集体低于其他地区，如图 5 所示，（北京等直辖市，以及广东、西藏、浙江等经济发达省份都排名靠后，浙江省）社会保障支出比重仅为 5.77%，位居全国倒数第一。以北京市为例，北京市社会保障建设水平处于全国先进行列，社会保障建设指数位列全国排名第 6 位，其中基本保险指数表现尤为突

出位居全国第 2 位，但是社会保障投入则相对不足，财政支出中社会保障支出比例偏低，仅为 10.10%，与排名靠前的青海（19.34%）、辽宁（19.31%）、重庆（18.16%）等省份差距较大，甚至低于全国平均水平（13.59%）。北京市社会保障在财政再分配中所占份额偏小，其对再分配的调节力度和城乡居民收入增长的贡献有限。北京市社会保障支出水平偏低是制约未来发展的重要瓶颈。

　　造成这种经济发达省份社会保障支出比重偏低的原因有两个：第一，由于统计口径选取问题，各省份在教育、医疗和住房等领域的投入并未在社会保障投入中呈现，对经济发达省份排名有一定影响；第二，指数没有呈现各省份社会保障支出的年度增长变化，各发达省份由于长期的社会保障投入积累，较少一次性大额投入，因而比重呈现偏低。某种程度上，凯恩斯消费理论关于边际消费递减的假设可以解释经济发展与社会保障比重下降的关系。

　　当然，社会保障投入占财政支出比重并非越高越好，相反，过高的社会保障支出也会带来诸如福利国家等问题。郑秉文指出，中国社会保障水平应与经济发展水平相适应，不宜

"滞后"，也不宜"超前"，财政投入比重不宜过高，否则由于社会保障刚性，会造成财政负担（郑秉文，2011）。

（五）"投入—产出"结构下的福利地区

对省级社会保障的分析还显示社会保障支出比重与社会保障实质享有没有明显正相关。如表7所示，在2009年各省社会保障（养老、医疗、就业、工伤等）覆盖率排名中，上海、北京、江苏、浙江、广东等省份名列前茅；而青海省虽然社会保障支出比重居全国第一，但社会保障覆盖仍然较为落后，这与一省社会保障发展周期有关。

表7 2009年中国部分省级社会保险覆盖率排名[①]

指　标	基本保险覆盖率指数	排名
上海（东）	0.834	1
北京（东）	0.802	2
江苏（东）	0.462	3
辽宁（东）	0.430	4
浙江（东）	0.406	5
新疆（西）	0.375	6
广东（东）	0.359	7
黑龙江（中）	0.347	8
吉林（中）	0.328	9
天津（东）	0.304	10
福建（东）	0.194	21
甘肃（西）	0.178	22
陕西（西）	0.152	23
河南（中）	0.122	24
河北（东）	0.111	25
安徽（中）	0.105	26
青海（西）	0.074	27
云南（西）	0.044	28
广西（东）	0.038	29
贵州（西）	0.036	30

单纯的社会保障财政投入已经很难真正反映社会保障地区差异，本研究加入社会保障覆盖面的产出指标，以"投入—产出"的二维结构重新诠释中国"福利地区"的状况，从各省社会保障发展水平的综合评估角度测量地区差异。如表8所示，按照社会保障投入（社会保障支出占财政支出比重）和社会保障产出（几大社会保险覆盖率）的不同程度，可划分四个类型的福利地区，福利地区I代表社会保障产出与投入都相对较高的地区（此处判定标准为社会保障支出占财政支出比重高于各省平均水平和几大社会保险覆盖面达到平均水平以上）；[②]福利地区II代表社会保障投入高而产出低的地区；福利地区III代表投入低而产出高的地区；福利地区IV代表投入和产出都低的地区。

表8 中国省级社会保障"投入—产出"二维结构

一		社会保障产出	
	一	高	低
社会保障投入	高	福利地区I	福利地区II
	低	福利地区III	福利地区IV

根据统计年鉴计算，2009年，各省平均城镇基本养老保险覆盖率为36.3%，14个省份超过平均值；平均城镇基本医疗保险覆盖率为63.3%，14个省份超过平均值；平均失业保险覆盖率为10.65%；平均社会保障支出占财政支出比重为13.4%，10个省份超过平均值，见图7~图9。2009年平均社会保障支出占财政支出比重为13.4%，17个省份超过平均值。

---

①此处数据根据2010年统计年鉴、财政年鉴和卫生年鉴等核算，涉及内地除西藏外的30个省级单位；指数与排名参考《中国民生发展报告2011》指数部分计算。

②由于农村养老保险、新型农村合作医疗和城镇居民养老保险仍然处于"试点"阶段，社会保险选取比较成熟的城镇职工医疗保险、养老保险和失业保险计算，在三个指标中有两个指标超过平均值即视为社会保障产出较高。

省份	数值
宁夏	64.60
甘肃	64.78
湖南	66.20
海南	66.93
江西	67.95
湖北	68.85
江苏	70.57
北京	72.66
辽宁	72.73
黑龙江	72.73
广东	74.76
吉林	85.08
新疆	87.76
上海	93.06

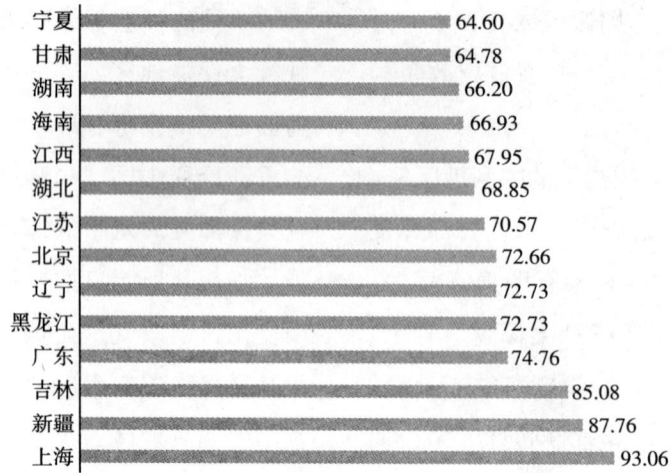

图7 2009年高于平均城镇基本医疗保险覆盖率省份

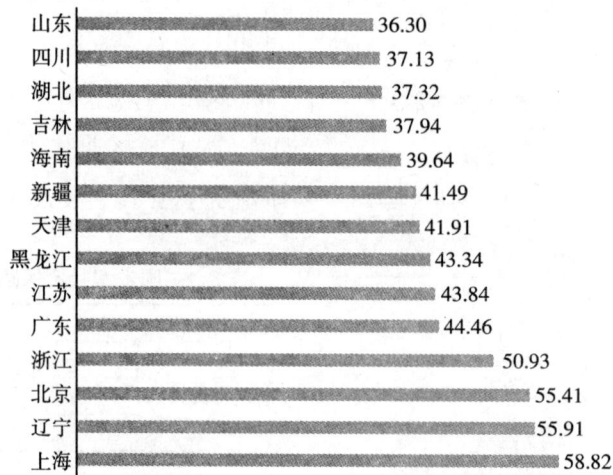

省份	数值
山东	36.30
四川	37.13
湖北	37.32
吉林	37.94
海南	39.64
新疆	41.49
天津	41.91
黑龙江	43.34
江苏	43.84
广东	44.46
浙江	50.93
北京	55.41
辽宁	55.91
上海	58.82

图8 2009年高于平均城镇基本养老保险覆盖率省份

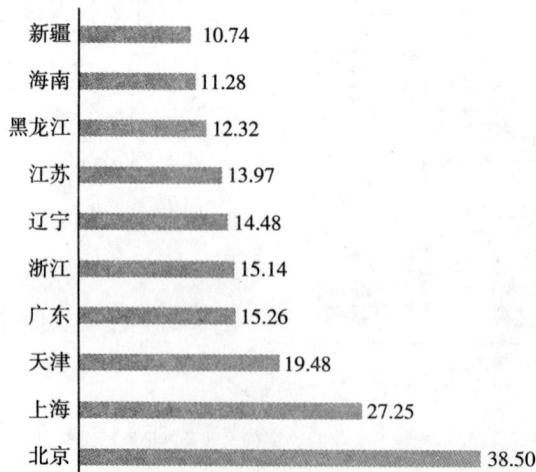

省份	数值
新疆	10.74
海南	11.28
黑龙江	12.32
江苏	13.97
辽宁	14.48
浙江	15.14
广东	15.26
天津	19.48
上海	27.25
北京	38.50

图9 2009年高于平均失业保险覆盖率省份

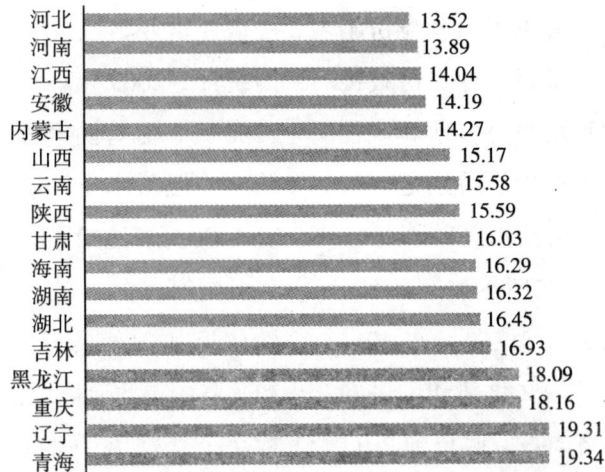

图 10　2009 年高于平均社会保障支出比重省份

　　如表 9 所示，各省在考察其社会保障投入和产出情况呈现以下排列：辽宁等 5 省份属于福利地区Ⅰ，其地方政府对社会保障的投入与社会保障享有基本成正比；青海等 12 省份属于福利地区Ⅱ，政府社会保障支出负担重而产出不明显，需要政府在持续投入的前提下考虑调整社会保障支出结构，以提高政府绩效；北京等 7 省份属于福利地区Ⅲ，表明发达的东部地区省份社会保障整体发展已经达到较高水平，政府财政负担较轻，而本地区社会保障享有水平高于其他地区；四川等 7 省份属于福利地区Ⅳ，政府投入和产出都比较低，亟须地方政府加大投入力度以保障本地区居民社会保障水平。不同类型福利地区表现出在社会保障服务和发展方面地区间存在的发展周期和发展现状的差异，也是中央和地方政府提升社会保障服务水平的着力点。

表 9　2009 年中国各省"投入—产出"结构下"福利地区"情况

—		社会保障产出	
—		高	低
社会保障投入	高	福利地区Ⅰ	福利地区Ⅱ
		辽宁、黑龙江、海南、吉林、湖北	青海、重庆、湖南、甘肃、陕西、云南、山西、内蒙古、安徽、江西、河南、河北
	低	福利地区Ⅲ	福利地区Ⅳ
		北京、上海、浙江、广东、江苏、新疆、天津	四川、山东、福建、宁夏、广西、贵州、西藏

二、"双轨制"歧视依旧

　　"在'双轨制'养老模式之下，工作性质相近、年限相同的职工，从企业退休和从国家机关、事业单位退休养老金可能相差数倍。"

——《人民日报》

在"福利地区"问题的同时，原有体制下造成的"双轨制"弊端依然存在，给社会保障均等化带来了阻碍。如果说"福利地区"反映了不同发展周期和资源禀赋带来的一定程度的"马太效应"，"双轨制"则是人为制造歧视和财富的逆向转移。

社会保障覆盖面的扩大解决了城乡身份不同带来的社会保障歧视，但是另一种身份歧视现象的存在难以改变，这种歧视更多地体现在不同类型医疗、养老保障人群中，特别是一般公民和吃"公家饭"的公务员之间。

如果说"福利地区"正在悄然崛起的话，"双轨制"已经成为社会的热点议题。在 2011 年两会召开前，人民日报政治文化部和人民网联合进行了两会热点的网络调查，截止到 2011 年 3 月 1 日，"社会保障"以 71090 票高居榜首，而与之相关的医疗、就业等关键词也名列前茅，这充分说明了当前社会对社会保障问题的高度关注。高达 94% 的网民认为养老制度实行"双轨制"不合理。网友指出，改变养老"双轨制"，是消除贫富差距的重要措施之一。①

我国的社会保险制度目前体现为区别对待的态度，对城市居民、城市职工、农村农民、农民工作了单独的规定，每一个群体都有不一样的标准。学者杨团在接受采访时认为这种区别对待在很大程度上撕裂了本应作为一个整体出现的社会保险制度，我国目前社会保障体制缺乏整体规划，使得社会保险、社会救助和社会福利这三个层次的社会保障形式不能相互照应、相互补充，如果再对一些群体单独规定，就会让社会保险制度的效能再打折扣。②

公务员一直作为一个特殊的群体，游离于社会保障改革之外，他们在养老、医疗等方面享受的福利已经远远超过一般国民。养老方面，公务员无须缴纳养老保险，退休时却可以拿比一般企事业单位人员更多的退休金。据有关部门统计，2009 年，我国企业养老金平均水平为 1200 元，尽管国家近年来对企业养老金进行了调整，但预计今年企业养老金的平均水平也只有 1400 元，这给人的生活、心理带来巨大影响。

同时，公务员还可以享受公费医疗、福利性住房和各种名目繁多的福利待遇。2010 年初，各中央政府职能部门公开了部门年度预算，社会公众提出了其住房保障支出过大的质疑，公务员享受"超国民待遇"令社会公平、正义追求受挫。2009 年事业单位养老制度改革试图拉近事业单位工作人员与一般企业职工的差距，但是公务员仍然不会受到影响；2010 年的《社会保险法》中对公务员也进行了特殊的处理，他们被打入"另册"，不参加全国统一的社保，公务员何时可以和一般民众一样享受"国民待遇"令人关切。

这种"双轨制"的做法不但影响了社会保险基金的筹集，影响了社会人力资源的有效流动，而且这种显失公平的制度安排还打击了民众对社会保障和政府的信任。南开大学人口与发展研究所教授原新表示"双轨制"已经影响了年轻人的择业观，造成重政府、轻企业；重白领、轻蓝领；重城市、轻农村的畸形求职择业观念。中国社会科学院社会学研究所发布的 2011 年《社会蓝皮书》显示，在对全国 286 个城市小学四年级和初中二年级在校生及其家长进行的调查中，25% 的家长希望孩子成为医生、律师、记者等专业人员；15% 的家长希望孩子

---

① "2011 两会调查：你最关心的十大热点问题"，人民网，2011 年 3 月 1 日，http://npc.people.cn/GB/28320/213483/index.html。

② 滕兴才：《社科院专家：公务员养老保险不宜单独规定》，《中国青年报》，2009 年 2 月 26 日。

成为科学家、工程师；另有15%的家长希望孩子成为教师；选择让孩子当政府官员的占11.6%；而选择让孩子成为工人、农民的家长仅为1.2%。

三、成因分析

社会保障的"福利地区"倾向和"双轨制"倾向都有其深刻的社会根源。影响社会保障需求的因素相当繁多：从宏观层面看，经济发达程度、人口构成特别是社会老龄化程度、社会分层、政治体制、外部环境变化和历史传统、意识形态都会对社会保障产生影响；从微观角度看，行动者意愿和能力以及具体制度安排（如社会保障基金筹集方式、统筹层次、具体税收激励等）也会起到重要的影响作用。

现有研究分别从社会保障的需求和供给两个角度切入，解释不同特点、模式和结果的社会保障。权力资源理论和跨阶级联盟理论集中关注社会保障的需求方，认为福利国家提高了工人相对于雇主的力量，社会保障是工会和与之相关政党力量占据优势的结果；反之，社会保障减少是由于工人群体集体行动能力缺失（Stephens，Huber and John，2001；Rudra，2002）。然而有些学者也提出了不同的见解，认为商业力量也是推动社保的重要力量（Pierson，2000）。特别是当面临全球性金融危机的特殊时刻，为了维持经济发展，商业力量可以和一部分劳工结合起来，从而形成跨阶级的联盟，进而影响社会保障网络的扩大或者收缩（Swenson，1991；Mares，2003）。

以上两种理论关注社会保障的需求方，在一定意义上可以解释中国的现状。在劳动力供给充足的情况下，地方政府为了吸引外资，必然选择压低社会保障水平；而当出现"用工荒"的情况后，提升地方社会保障水平，对稳定劳动力供给，发展地区经济都有极大的促进作用。

从社会保障供给角度分析，由于中国社会保障供给的主体是各级地方政府，其意愿和能力能更好地解释社会保障均等化问题。社会发展的不均衡很大程度正是由于政府的不同偏好造成的（杨冠琼，2011）。在经济资源给定的条件下，政府是否愿意投入到社会保障方面取决于激励。这种激励包括合法性，如东亚各国的社会政策，很大程度上都是为了维护政府合法性而产生的（Kwon，1998）。因此，当"民生"及其引发的问题成为社会主要矛盾后，为了社会稳定和政权合法性，中央政府必然将社会保障纳入优先的议事日程，这可以解释中国社会保障覆盖面的继续扩大和各省社会保障支出的持续增加的原因。

相应地，地方政府为了满足中央政府对"民生"发展的要求，获得升迁的政绩，加大社会保障投入也成为必然选择。但是，比较起来，地方政府官员更多倾向于个人政治晋升和本地区财政激励（经济发展）而较少考虑整体的合法性问题，因此"福利地区"或"双轨制"这种自利性现象依然有很强的存在合理性，这也解释了社会保障支出比重不高的现状。

有效的社会压力和透明度一定程度上能够消除政府自利性和"逆向问责"导致的社会财富"逆向分配"，地方政府不能仅仅对上级负责，对社会特权阶层负责，还要回应社会大众对社会公平、正义的诉求，因此上海、北京等大城市在社会福利提供上绩效较好，而辽宁、黑龙江等老工业基地由于工人的群体性活动也高度重视社会保障状况。

政府能力也是一个影响社会保障提供的重要因素。这也一定程度解释了社会保障地区差异与经济实力之间的关联关系。特别是1994年分税制后，中国各级地方政府面临的"中央请客，地方埋单"困境，也是实现社会保障均等化的制约因素之一。地方政府的财政能力是社会保障均等化的重要影响因素。从"投入—支出"结构考察，已经形成了"逆向循环"，经济发达的东部地区，地方政府财政能力强，而社会保障负担轻，其可持续能力也就越强；而如福利地区Ⅱ类型的省份，地方政府社会保障支出已经成为沉重的负担，影响了社会保障的进一步发展和可持续性。

政策建议

我国"十二五"期间社会保障发展面临更为复杂艰难的环境，如转变经济增长方式，老龄化加剧，城镇化速度提升，这些对社会保障提出了更高的要求。"十二五"规划纲要明确指出，"健全覆盖城乡居民的社会保障体系；坚持广覆盖、保基本、多层次、可持续方针，加快推进覆盖城乡居民的社会保障体系建设；实现新型农村社会养老保险制度全覆盖，完善实施城镇职工和居民养老保险制度，实现基础养老金全国统筹。推动机关事业单位养老保险制度改革；进一步做实养老保险个人账户，实现跨省可接续；扩大社会保障覆盖范围，逐步提高保障标准；发展企业年金和职业年金；发挥商业保险补充性作用；实现城乡社会救助全覆盖；积极稳妥推进养老基金投资运营；大力发展慈善事业；加强社会保障信息网络建设，推进社会保障卡应用，实现精确管理。"

"广覆盖"是"十二五"时期中国社会保障的主旋律，而"实现人人公平享有的社会保障体系"是中国社会保障发展的终极目标和不变信念，但是在如何由初级阶段迈向终极追求之间，路径的选择并不清晰。回归社会保障"3U"原则，普遍享有与均等享有之间如何排序，是中国政府面临的重要问题之一。

一、明确渐进模式推动社会保障均等化

实现"人人公平享有"的社会保障体系是我国社会保障建设的核心理念，但是关于中国社会保障以何方式实现，学者们有不同的分析。胡鞍钢等学者认为，实现统一的无差别的社会保障是实现公民权利、减低管理成本和缓和维护社会稳定的必然要求，可以通过政府、雇主和雇员共同出资建立社会保障基金、开征社会保障税、建立统一的社会保险管理机构等来实现（胡鞍钢，2001）。陈平等则认为目前中国的经济发展水平还较低、城乡和地区之间的差别大，因而建立统一的社会保障体系只能是一个长期目标，而不宜作为现实的社会保障政策（陈平，2002）。郑功成、李迎生、陈天祥等学者则提出折中的意见，主张"渐进"，他们认为，社会保障制度要统一但标准有别，现阶段政府社会保障投入要集中于对人们基本生存权和健康权的保障方面（李迎生，2006；陈天祥等，2010；郑功成，2010）。

中国现实存在的地区差异、城乡差异难以在短时间内改变，人口老龄化的发展趋势必然加重社会保障的财政负担，这种情境下采用

"渐进"的分阶段发展模式更加有助于社会保障的可持续发展。现阶段，集中资源和精力实现社会保障体系中的医疗、养老和最低生活保障的全覆盖，以将基本保障制度外的弱势群体纳入基本保障体系为主要目标，以提升公民健康生活质量为主要目的，构建维护最低线的社会保障平台，使得公民能够免除生存危机、疾病忧患和从制度上解除养老后顾之忧。政府财政应加强对这些领域的社会保障投入，争取实现医疗、养老的全国统筹，使人人公平享有最基本保障。

二、强化中央财政转移支付能力

中央政府财政转移支付是克服社会保障不均等的重要政策工具。当前的总体财政支出结构向社会保障、医疗、教育等民生领域倾斜，但从具体支出主体看，仍然是地方政府主要承担社会保障支出。以2009年为例，2009年中央政府社会保障和就业支出仅为454.37亿元，约为总体社会保障和就业支出的6%；地方政府支出为7152.31，约为总体支出的94%。地方政府承担着大部分社会保障的职能，这也加大了"福利地区"化的可能。因此，要逐渐改变社会保障不均等，需要加强中央政府财政转移支付在社会保障支出中的比重。

三、发展补充社会保障

强调社会保障均等化并非要求绝对平等，而是应建立多层次的社会保障体系。分层次体现为以社会保险为主体的社会保障和以慈善事业、商业保险和企业福利为代表的补充社会保障相结合。第一个层次是基本保障层次，以社会保险为主体的基本保障强调在医疗、养老、低保等领域的广覆盖，追求的是全社会的公平性；第二个层次的补充保障则需要表现出差异性，实现的是地区和行业或企业内的公平。可以根据不同地区、行业的发展水平，满足某些特殊的保障需要，如在我国经济发达地区，社会化养老模式已经逐步和发达国家接轨，异地养老，旅游养老，成为很多人的选择；而在一些特别贫困的地区，现有社会保障无法满足实际需要，也需要慈善事业和企业福利等在这些领域发挥重要作用。商业保险，慈善事业和企业福利等补充保障的发展可以有效地丰富社会保障体系的层次性，满足不同程度社会保障的需求，从而整体提高社会保障水平。

四、推进事业单位养老改革，消除"双轨制"歧视

消除社会保障"双轨制"歧视，既是公平正义理念的体现，也有利于社会保障资金的筹集，有助于引导良性的社会人力资本流动，维护社会稳定和经济的持续进步。事业单位养老保险制度是消除"双轨制"的重要举措。2008年初，国务院常务会议提出《事业单位工作人员养老保险制度改革试点方案》，山西、上海、浙江、广东、重庆五省市开始试点。虽然改革进程阻力不断，进展缓慢，但是继续推进事业单位养老改革，必将对最终消除"双轨制"产生重要影响。

五、拓宽社会资金筹集，提升资金回报率

社会保障资金的多元化筹集是关系我国社会保障体系转型和发展的重要机制。社会保障

资金的筹集、管理和使用是制约社会保障发展的重要问题。中国要实现从"国家—单位"社保模式向社会化保障体系的转变，需要数额巨大的财政支持。仅以在五大社会保险基金中占据最多的养老保险为例，随着全球老龄化趋势的加剧，养老金缩水已经成为一个国际趋势。随着老龄人口数量不断增多，美国领取养老保险金的人数在逐年增加，而缴纳养老保险的人口却在减少，供需缺口越来越大，社会养老保障体系面临严峻的挑战。根据美国政府统计数据显示，未来20年内，65岁以上符合享受联邦医疗保险的人数，将从2010年的470万增长到800万；67岁以上符合享受联邦养老金的人数，将从目前440万增长到730万。这两项花费占美国国民生产总值（GDP）的比例，将从2010年的8.4%增长到11.2%。专家预计，按目前的保障水平，每年要增加收税332亿美元，才能满足老年人的社会保障需求。养老金收支失衡已让美国财政负债持续上升，把美国联邦社会保险推到濒临破产的边缘。[1]我国也同样面临着养老金短缺的问题，这突出表现为养老金"空账"，据媒体报道，我国养老金空账已经达到1.3万亿元,这种寅吃卯粮的做法必然在未来导致养老金泡沫破裂，对社会发展造成严重冲击。而据估计，为实现2020年建立覆盖城乡的社会保障体系的目标，我国社保资金缺口达到10万亿元。

这种资金短缺的现象单纯依靠政府和个人筹集显然无法扭转。为了保证社会保障资金的充足，要实现资金筹集的多元化，采用市场的方式筹集资金，同时吸引更多社会主体加入。在社会保障资金筹集方面，国外已有成功通过征收社会保障税、进行金融融资等方式增加社会保障资本的先进经验，我国可以对其进行学习和试用，通过"试点"的方式考察其在中国的适用性。开征社会保障税是当前一个公认的有效拓宽社保基金来源的手段，其还有助于提升社会保障的统筹层次，最终实现全国统筹。社会保障基金市场化运营、国有企业资本、外汇储备流入等多元化筹资方式的利用，有助于提升资金回报率，缓解压力，弥补缺口。

六、加速社会保障法制化

和我国30年改革开放的经验一致，我国社会保障制度改革也奉行的是"试点先行，逐渐推进"这样一个策略，例如正在"试点"中的城镇非就业人员养老保障，正在进行中的事业单位养老改革，和农民工养老保险等。这一策略有利于探索适合国情的社会保障发展路径，减少改革风险和成本，但是同样也不可避免地带来了一些问题。郑功成指出"这一策略在改革开放初期无疑是适合当时国情的，但现在这项制度长期试而不定，实际上既损害了制度的权威性、可靠性，也增加了制度改革或建设的成本，所以现在应当进入定型、稳定、可持续的发展阶段。"[2]

---

[1] 陈听雨：《老龄化加速养老金"缩水"》，《中国证券报》，2011年3月12日，http://finance.ifeng.com/news/20110312/3645546.shtml。

[2] 刘宏：《社会保障制度长期试点损害权威性增加改革成本》，2011年3月17日，法制网，http://www.legaldaily.com.cn/bm/content/2009-03/06/content_1048247.htm。

因此，必须尽快对创新政策的适用性和改善空间进行分析总结，通过与法律、法规等进行衔接，将这些"实验性"、"过渡性"的政策尽快制度化，以提升其权威性和稳定性。同时要注意这些新政必须与已有政策和法律、法规不发生冲突。

在这个基础上，还需要进一步完善社会保障的法律体系，在《劳动法》、《社会保险法》等基础上，加快《社会救助法》、《慈善事业促进法》的立法进程，形成一个综合完善的社会保障法律体系，进一步推动中国社会保障体系的转型和发展。

（果　佳　李燕奇　执笔）

参考文献

［1］吴晓波：《吴敬琏传》，中信出版社，2010 年。

［2］柯卉兵：中国社会保障财政支出的地区差异问题分析，《公共管理学报》，2009 年第 1 期。

［3］胡鞍钢：利国利民，长治久安的奠基石——关于建立全国统一基本社会保障制度，开征社会保障税的建议，《改革》，2001 年第 4 期第 12-18 页。

［4］陈平：建立统一的社会保障体系是短视国策，《中国改革》，2002 年第 4 期第 16-17 页。

［5］李迎生：中国社会保障制度改革的目标定位新探，《社会》，2006 年第 26 期第 175-188 页。

［6］陈天祥、绕先艳：渐进式统一城乡社会保障一体化模式——以东莞市为例，《华中师范大学学报》，2010 年第 49 期第 16-24 页。

［7］郑功成：中国社会保障改革与未来发展，《中国人民大学学报》，2010 年第 5 期第 2-14 页。

［8］岳经纶：建构"社会中国"：中国社会政策的发展与挑战，《探索与争鸣》，2010 年第 37-42 页。

［9］Spicker, Paul. How Social Security Works：An Introduction to Benefits in Britain, The Policy Press, 2011.

［10］Dupeyroux, JJ. Droit de la Securite Sociale (llth ed.). Paris：Dalloz. 1989.

［11］Stephens, Evelyne Huber and John. *Development and the Crisis of the Welfare State*：University of Chicago Press. 2001. Rudra, Nita. Globalization and the Decline of the Welfare State in Less-Developed Countries. International Organization 56 (2), 2002. pp.411-45.

［12］Pierson, Paul. Three Worlds of Welfare State Research. *Comparative Political Studies 33*：2000. pp.967-1000.

［13］Swenson, Peter. Labor and the lim its of the welfare state：the politics of intraclass conflict and cross-class alliances in Sweden and West Germany. *Comparative Politics* 23 (4) 1991. pp.379 -99. Mares, Isabela. *The Politics of Social Risk*：*Business and Welfare State Development*. New York：Cambridge University Press. 2003.

［14］Grzymala-Busse, Anna. Beyond Clientelism：Incumbent State Capture and State Formation. Comparative *Political Studies* 41 (4/5) 2008. pp.638-73.

［15］Kwon, Huck-Ju. Democracy and the politics of social welfare：a comparative analysis of welfare systems in East Asia. In *The East Asian Welfare Models*：*Welfare Orientalism and the State*, ed. R. Goodman. London and New York：Routledge. 1998.

［16］Kwon, Huck-Ju. Democracy and the politics of social welfare：a comparative analysis of welfare systems in East Asia. In *The East Asian Welfare Models*：*Welfare Orientalism and the State*, ed. R. Goodman. London and New York：Routledge. 1998.

中国就业公共服务均等化与政府行为优化

就业是人们获得收入、维持生计和进一步改善物质精神生活的基本途径，促进就业是政府主要职责之一。就业公共服务是政府帮助劳动者实现就业的有效手段，也是培育和完善劳动力市场的重要途径。中国已由生存型社会步入发展型社会，由于公民个人追求发展方面更多的空间和可能，因此对就业公共服务的需求快速增长，同时对就业公共服务均等化也日益关注。促进就业公共服务的发展、保障就业公共服务的公平成为政府面临的重大问题。

就业公共服务及其均等化的涵义

一、就业公共服务

就业公共服务兴起于 20 世纪初期的英国，主要是为了解决工业化大生产中出现的失业和企业用工需求问题。中国就业公共服务起源于 20 世纪 50 年代初期，为了解决旧中国遗留下来的几百万失业工人的就业问题，劳动主管部门举办了劳动介绍所，开展就业公共服务。自

20 世纪 70 年代末 80 年代初始，伴随着市场经济体制改革的逐步提出和不断深化、劳动力市场的培育成熟，就业公共服务渐成体系。2000 年底，劳动保障部颁布的《劳动力市场管理规定》中明确规定就业公共服务是指由各级劳动保障部门提供的公益性就业服务，包括职业介绍、职业指导、就业训练、社区就业岗位开发服务和其他服务内容。具体而言，就业公共服务包括向求职者和用人单位提供劳动保障政策法规咨询服务；向失业人员和特殊服务对象提供职业指导和职业介绍；推荐需要培训的失业人员和特殊服务对象参加免费或部分免费的培训；在服务场所公开发布当地岗位空缺信息、职业供求分析信息、劳动力市场工资指导价位信息和职业培训信息；办理失业登记，就业登记，录用和终止、解除劳动关系备案等项事务；劳动保障行政部门指定的其他有关服务。

二、就业公共服务均等化

党的十七大报告在分析中国经济社会发展

现实的基础上，明确提出实现基本公共服务均等化的政策目标。就业公共服务作为基本公共服务的重要内容，面临着实现均等化的迫切要求。目前，国内对于就业公共服务均等化研究较少，对于就业公共服务均等化没有形成一致的定义。麻宝斌和董晓倩（2009）认为应该从维护劳动者就业权利，实现就业公平的角度来理解就业公共服务均等化的内涵。具体而言，就业公共服务均等化是一个渐进过程，在这一过程中要遵循公共资源投入均等原则、就业机会平等原则和公民共同受益原则。温俊萍（2010）认为就业公共服务均等化主要指政府根据经济社会发展的水平向全体社会成员提供大致相同质量和数量的就业服务，从而使全体人民都能够享有平等的就业服务权利。结合常修泽（2007）关于基本公共服务均等化的原则，本文认为，就业公共服务均等化：①要求公民享受就业公共服务的机会均等，政府应尽可能地满足公民就业服务需求，保证公民享受同样的权利；②要求公民享有就业公共服务的结果大体相等，政府要为公民提供基本的、在不同阶段具有不同标准的、最终大致均等的就业公共服务；③要求在提供大体均等的就业公共服务的过程中，尊重某些社会成员的自由选择权，政府应考虑社会成员的真实需求，建立合理、自由的选择机制。现阶段，中国就业公共服务均等化主要包括区域就业公共服务均等化、城乡就业公共服务均等化、不同群体之间就业公共服务均等化。

---

① 数据来源：《中国人力资源和社会保障年鉴》（2010）。

中国就业公共服务及其均等化的基本现状

一、中国就业公共服务的发展状况

（一）职业介绍

职业介绍是通过为人力资源供求双方提供媒介服务以促进就业的活动，包括收集、发布职业供求信息，对用人单位招聘人员和劳动者求职就业提供中介服务等。"十一五"期间中国职业介绍机构稳步发展，全国已基本形成市、区（县）、街道（乡镇）、社区四级职业介绍网络。2009年末，全国共有各类职业介绍机构37123所，其中，各级劳动保障部门举办的公共职业介绍机构24921所，其他组织举办的2401所，个人举办的9801所；全国各类职业介绍机构共有工作人员12.6万人，其中，劳动保障部门举办的职业介绍机构工作人员8.0万人，其他组织举办的职业介绍机构工作人员1.1万人，个人举办的职业介绍机构工作人员3.5万人；全国劳动保障部门举办的职业介绍机构接受登记招聘6045.7万人次，登记求职5805.7万人次，介绍成功2839.8万人次，分别比2006年增加1094.5万人次、1069.8万人次和346.8万人次。职业供求信息发布日益增加，信息发布平台逐渐多元化，招聘信息公共服务网建设取得较大进展。原中国劳动力市场网更名为中国就业网，全年网站发布信息55052条；配合人力资源社会保障部重大活动制作专题130期；专版10个；编辑网络周刊40期，年点击量达3.2亿次，初步成为向社会公众提供就业服务的信息平台和系统服务的网上工作平台（见表1）。①

表1 2006~2009 年职业介绍情况

年 份	本年末职业介绍机构个数	本年末职业介绍机构人数	本年登记招聘人数	本年登记求职人数	本年介绍成功人数（万人）
2006	37450	12.3	4951.2	4735.9	2493.0
2007	37897	12.9	5440.6	4938.6	2648.6
2008	37208	12.7	5507.0	5532.0	2764.3
2009	37123	12.6	6045.7	5805.7	2839.8

资料来源：根据各年《中国劳动统计年鉴》整理。

（二）职业指导

职业指导服务主要是指协助求职者选择职业、准备就业、安置就业，并帮助其设计个人职业生涯规划，以期在职业上获得成功。2006~2009 年，中国职业指导人员不断增加，平均年增长 132.3 万人。2009 年职业指导人员 3111.6 万人，比 2006 年增加 529.2 万人，同比增加 20.5%（见图1）。2009 年，中国人力资源市场信息监测中心对全国 130 个城市的就业公共服务机构的市场供求信息进行了统计分析并季度发布，深入分析各类职业劳动力供求状况，尤其是产业需求、行业需求和用人单位劳动力需

求状况等，为服务对象提供充分的职业判断信息。劳动者职业素质和就业能力测评工作也取得较大进展，2009 年，中国职业技能鉴定机构数发展至 9538 个，考评人员 232060 人，鉴定考核人数 14920761 人，获取证书人数 12320051 人，相比 2006 年分别增加 1540 个、70464 人、3099209 人和 3067635 人（见表2）。职业指导模式不断创新，职业指导向社区、企业和学校延伸。特别是 2010 年，就业公共服务机构首次与高校合作开展职业指导教学后，就业公共服务机构的职业指导优势资源将得到更高效利用。

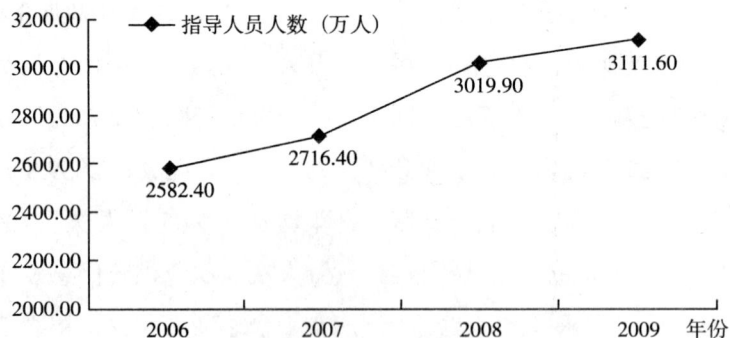

图1 2006~2009 年指导人员人数变化情况

表2 2006~2009 年全国职业技能鉴定综合情况

单位：万人

年份	职业技能鉴定机构数	考评人员数	本年鉴定考核人数	本年获取证书人数
2006	7998	161596	11821552	9252416
2007	7794	158186	12231413	9956079
2008	9933	203883	13374707	11372105
2009	9538	232060	14920761	12320051

（三）职业培训

职业培训是一种按照不同职业岗位的要求对接受培训的人员进行思想政治教育和职业道德教育，传授职业知识、培养职业技能，进行职业指导的职业教育活动（游钧，2005）。中国职业培训机构主要包括技工学校、就业训练中心、民办职业培训机构、中外合办职业培训机构、企业培训机构等。2006~2009年，技工学校增加184个，招生规模增加21.6万人，毕业生增加28.8万人。截至2009年末，就业训练中心3332个，相比2006年增加120个，就业训练人数9833527人，相比2006年增加819488人，在职教职工人数和兼职教师人数分别上升至47302人和32866人，师资力量扩大，就业训练能力增强。2006年以来民办职业培训机构总体呈下降趋势，由2006年21462个降至2009年20854个，但在职教职工和兼职教师队伍呈上升趋势，培训人数、结业人数、就业人数稳步上升，2009年末，民办职业培训机构培训人数11047391人，结业人数9765334人，就业人数7820818人。2009年，工会办职业培训机构数量也有减少，但培训人次增加969957人次，其中针对失业人员有489350人次，经过培训实现再就业119109人次。2009年，全国开展各类培训3000余万人次，比2008年增加1200万人，其中，政府财政补贴的各类职业培训约2160万人次，包括困难企业职工培训260多万人次，农村劳动力转移就业培训1100万人次，城镇失业人员再就业培训450万人次，劳动预备制培训240万人次，创业培训110万人次，见表3-6。[①]

表3　2006~2009年技工学校综合情况

单位：万人

年　份	学校个数	招生人数	在校生人数	毕业生人数	在职教职工人数	兼职教师人数
2006	2880	134.8	320.8	86.4	21.5	3.6
2007	2995	158.5	367.1	99.7	24	3.8
2008	3075	161.4	397.5	109	24.7	4.1
2009	3064	156.4	414.3	115.2	25.8	4.3

表4　2006~2009年就业训练中心综合情况

年　份	就业训练中心个数（个）	在职教职工总人数（人）	兼职教师人数（人）	就业训练人数（人）	结业人数（人）	就业人数（人）
2006	3212	39041	30874	9014039	8896578	6488160
2007	3173	41978	33055	9581041	9184327	7166297
2008	3019	44968	34823	9489569	8632205	7044980
2009	3332	47302	32866	9833527	7710226	6607821

---

① 数据来源：中国人力资源与社会保障部：《2009年度人力资源和社会保障事业发展统计公报》。

表5 2006~2009 年民办职业培训情况

年 份	职业培训机构个数（个）	在职教职工总人数（人）	兼职教师人数（人）	培训人数（人）	结业人数（人）	就业人数（人）
2006	21462	250063	77959	9551818	8931684	7464084
2007	21811	255292	84638	10380217	9674440	7184380
2008	20988	259951	83437	11041554	10159509	7510151
2009	20854	268595	87462	11047391	9765334	7820818

表6 2008~2009 年工会职业培训情况

年份	职业培训机构（个）	培训人次（人）	下岗失业人员人次（人）	经培训实现再就业人次（人）
2008	2094	775101	313831	137059
2009	2013	1745058	489350	256168

（四）就业援助

就业援助对象包括就业困难人员和零就业家庭。就业困难人员因身体状况、技能水平、家庭因素、失去土地等原因难以实现就业，或者在连续失业一定时间仍未能实现就业；零就业家庭是法定劳动年龄内的家庭人员均处于失业状况的居民家庭。劳动就业服务企业、社区就业实体和生产自救基地，以开发就业岗位为目标，承担着安置就业困难的失业人员和下岗待工人员的作用。2006~2009 年，劳动就业服务企业、社区就业实体和生产自救基地的实有实体数趋于减少，由 2006 年 255580 个减少至 2009 年 157607 个，年均减少 24493.25 个。2009 年结转从业人数减少至 414.9 万人，新增就业人员减少至 61.0 万人，分别比 2006 年减少 65.6 万人、32 万人。2009 年全年城镇有 514 万下岗失业人员实现了再就业，就业困难对象再就业 164 万人，共帮助 6.9 万户零就业家庭实现每户至少一人就业，见表7。[①]

表7 2006~2009 年劳动就业服务企业、社区就业实体和生产自救基地综合情况

年份	年末实有实体数（个）	上年结转从业人数（万人）	本年新增从业人员（万人）
2006	255580	480.5	93.0
2007	256504	443.9	92.3
2008	165212	436.1	68.4
2009	157607	414.9	61.0

二、中国就业公共服务均等化的发展现状

（一）区域就业公共服务均等化状况

区域就业公共服务均等化主要指东、中、西部地区职业介绍、职业指导、职业培训以及就业援助的均等化。[②] 2009 年，东部地区拥有职业介绍机构 16829 个，中部地区 10168 个，西部地区 10126 个。中部地区和西部地区职业介

---

① 数据来源：中国人力资源与社会保障部：《2009 年度人力资源和社会保障事业发展统计公报》。
② 东部地区 11 个省级行政区，包括北京、天津、河北、辽宁、上海、江苏、浙江、福建、山东、广东和海南 11 个省（市）；中部地区 8 个省级行政区，分别是山西、吉林、黑龙江、安徽、江西、河南、湖北、湖南；西部地区 12 个省级行政区，分别是四川、重庆市、贵州、云南、西藏、陕西、甘肃、青海、宁夏、新疆、广西、内蒙古。

绍机构数量基本相同，东部地区职业介绍机构　　数量是中部、西部地区的 1.66 倍，见图 2。

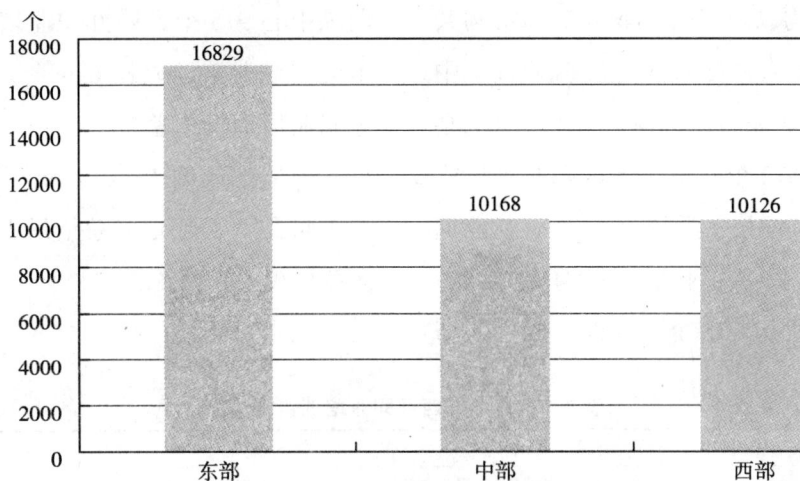

图2　2009 年东、中、西部职业介绍机构总量情况

东部地区拥有职业技能鉴定机构 3309 个，中部地区 2025 个，西部地区 1947 个。东部地区职业技能鉴定机构数是中部地区的 1.63 倍，是西部地区的 1.7 倍，见图 3。

东部地区拥有职业指导人员 1833.6 万人，分别比中部地区和西部地区多 1196.9 万人、1192.3 万人，是中部地区的 2.88 倍，是西部地区的 2.86 倍，东部地区与中、西部地区差异较大，中部和西部地区基本相同，见图 4。

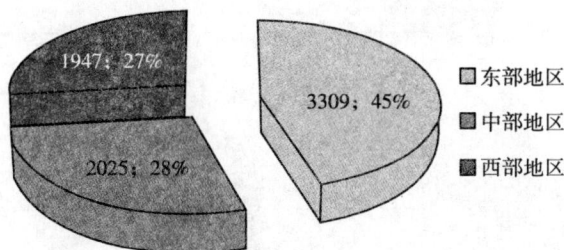

图3　东、中、西部职业技能鉴定机构情况

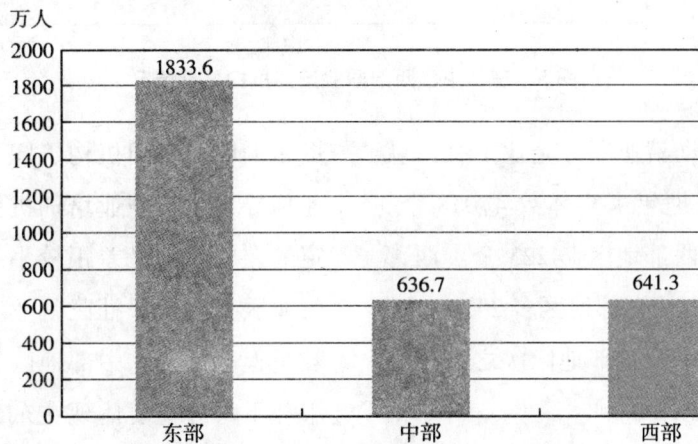

图4　2009 年东、中、西部职业指导人员情况

东部地区拥有技工学校、就业训练中心、民办职业培训机构以及工会办职业培训机构共13307个，其中技工学校1139个、就业训练中心1112个、民办职业培训机构10384个、工会办职业培训机构672个；中部地区职业培训机构共10105个，其中技工学校1087个、就业训练中心1305个、民办职业培训机构6988个、工会办职业培训机构725个；西部地区职业培训机构共7007个，其中技工学校838个、就业训练中心915个、民办职业培训机构4638个、工会办职业培训机构616个，见表8。东部地区职业培训机构总量最多，是中部地区的1.32倍，西部地区的1.9倍。中部地区是西部地区的1.44倍。西部地区总量最少，和东、中部地区差异较大，见图5。

表8 东、中、西部职业培训机构情况

类 别	东 部	中 部	西 部
技工学校	1139	1087	838
就业训练中心	1112	1305	915
民办职业培训机构	10384	6988	4638
工会办职业培训机构	672	725	616
总 量	13307	10105	7007

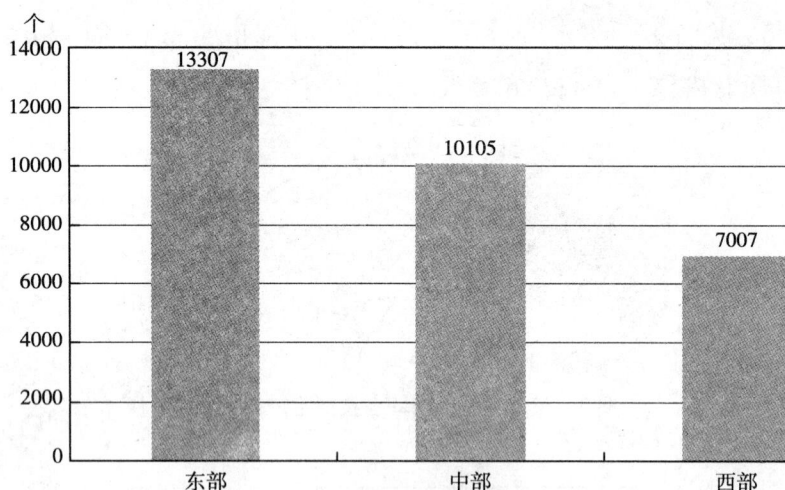

图5 东、中、西部职业培训机构总量情况

东部地区拥有劳动就业服务企业、社区就业实体和生产自救基地年末实体数47018个，中部地区36366个，西部地区74223个。西部地区拥有实体数最多，比东部地区多27205个，比中部地区多37857个，东部地区次之，较中部地区多10652个，见图6。

综合来看，东部地区比中、西部地区拥有更多的职业介绍机构、职业技能鉴定机构、职业指导人员、职业培训机构；中西部地区有一定的差距，但是差距较小；西部地区只在劳动就业服务企业、社区就业实体和生产自救基地数量上超过东、中部地区，因此区域就业公共服务不均等主要体现在东部地区与中西部的差异上。

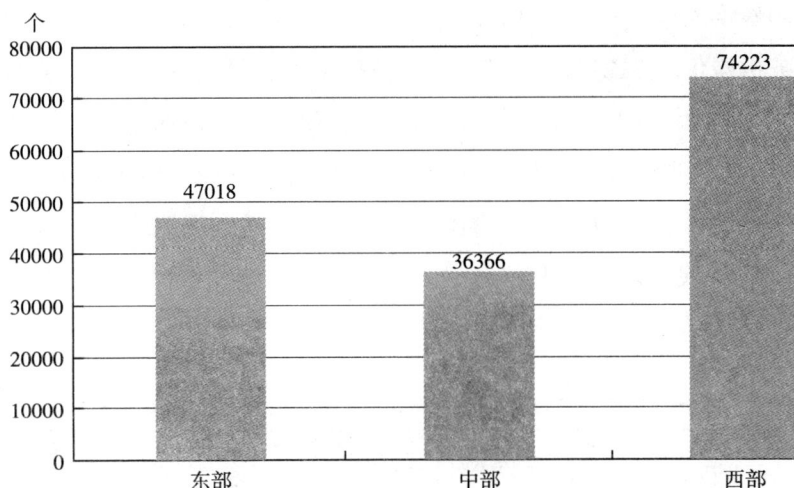

图6 2009年末东、中、西部劳动就业服务企业、社区就业实体和生产自救基地年末实体数

（二）城乡就业公共服务均等化状况

城乡就业公共服务均等化主要指城市和乡镇就业公共服务机构数量和就业公共服务质量的均等。鉴于数据的可获取性，本文以城乡职业介绍机构情况反映城乡就业公共服务差异。2009年，劳动保障部门共有职业介绍机构24921个，其中城市（县区以上及街道）9774个，乡镇15147个，乡镇职业介绍机构比城市多5373个。城市职业介绍机构从业人数为4.5万人，平均每个机构4.6个；乡镇职业介绍机构从业人数3.5万人，平均每个机构2.3个，城市职业介绍机构平均从业人数是乡镇的2倍。

城市登记招聘人数3695.9万人，登记求职人数3724.1万人，介绍成功人数1708.1万人；乡镇登记招聘人数590.5万人，登记求职人数582.6万人，介绍成功人数389.5万人。乡镇登记招聘人数、登记求职人数、介绍成功人数都大幅小于城市，见表9。因此，尽管乡镇职业介绍机构数量比城市多，但是乡镇职业介绍机构从业人员缺乏，就业公共服务能力不足。此外，由于大多数乡镇就业公共服务机构设施简陋、设备缺乏、就业信息服务网络尚未覆盖，导致城乡就业公共服务差距明显。

表9 2009年城乡职业介绍情况

指标	职业介绍机构数（个）	职业介绍机构人数（万人）	登记招聘人数（万人）	登记求职人数（万人）	职业指导人员（万人）	介绍成功人数（万人）
总计	37123	12.6	6045.7	5805.7	3111.6	2839.8
劳动保障部门办	24921	8.0	4286.3	4306.7	2372.2	2097.6
县（区）及以上	3711	2.6	3297.8	3372.6	1784.2	1521.4
街道	6063	1.9	398.1	351.5	214.2	186.7
乡镇	15147	3.5	590.5	582.6	373.8	389.5

（三）群体间就业公共服务均等化状况

弱势群体能否享受到与其他群体同样的就

业公共服务是就业公共服务群体间均等化的关键。残疾人就业较为困难，2009年，全国就业年龄段有就业需求的残疾人近 3200 万，而全国各级残疾人就业服务机构仅有 3127 家，工作人员不足 3 万人，服务机构少，服务能力弱，不能为残疾人提供有效的就业服务。[1]另外，农民工是弱势群体中较大的群体，2009 年全国农民工总量为 22978 万人，农民工获取就业信息的能力较差，政府应着力为农民工提供职业信息发布的就业公共服务，但有调研发现，76.5%的农民工的工作岗位是通过老乡、亲友介绍获得的，仅有少量是通过政府提供的职业介绍服务找到工作岗位的。[2]与城市失业工人相比，农民工主要通过市场竞争、网络和自雇获得工作岗位，而城市失业和再就业工人，主要通过政府安排获得工作岗位，见表 10。

表 10　城市外来劳动力与城市失业工人的工作寻找方式比较

	城市外来劳动力（%）	城市失业工人（%）	再就业工人（%）
通过市场竞争获得	35.02	13.46	15.89
通过政府获得	2.83	74.04	69.92
通过网络获得	25.98	4.33	6.84
通过自雇获得	34.57	0.72	5.37
其他（未说明）	1.6	7.45	1.98
个案数（个）	1128	424	409

资料来源：宋丽娜、张小玲：《受特惠者和无特惠者：中国的城市失业者和外来农民工》；蔡昉：《转型中的中国劳动力市场》，中国人口出版社，2005 年。

另据何筠（2010）对江西、湖南、河南、安徽等中部地区乡镇的问卷调查，发现农民工参加职业培训的愿望强烈，但从未参加任何职业培训的农民工达 28%，而且农民工职业培训的资金来源主要以自筹和用人单位出资为主，分别占调查人数的 50%和 42%，政府出资的占 5%，三方共担的占 3%（见图 7），政府对农民工职业培训的力度较其他群体较少。

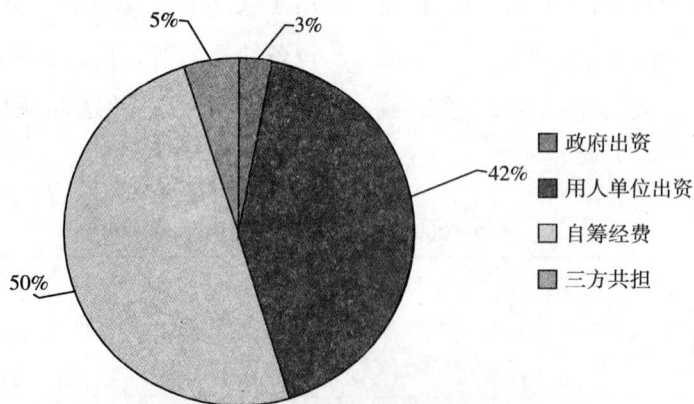

图 7　农民工职业培训的经费来源构成

资料来源：何筠：《公共就业培训管理》，科学出版社，2010 年。

---

[1] 数据来源：《中国残疾人事业统计年鉴》（2009）。

[2] 李璐：《农民工市民化 政府就业服务还须再加力———一份对福建省泉州、浙江省宁波和河南省濮阳三市农民工就业公共服务的调研》，http://www.chinajob.gov.cn/EmploymentServices/content/2011–10/09/content_675662.htm。

中国就业公共服务及其均等化的主要问题

一、中国就业公共服务面临的困境

（一）中国就业公共服务的供需矛盾

改革开放以来，中国就业人口持续增加，就业公共服务需求也与日俱增。而且，在知识经济时代，社会分工和职业分化的势头增强，新职业不断涌现，旧职业加速消亡，职业流动性显著加强，公民对就业公共服务的需求增长。伴随着人们对就业公共服务需求的增长，就业公共服务机构的数量和从业人员的数量也逐步增加，但其增加幅度较就业公共服务需求增长的幅度来说较小。就职业介绍情况来看，2009年，全国经济活动人口 79812 万人，职业介绍机构共 37123 个，职业介绍机构从业人员 12.6万人，平均每个机构约 3.39 人、每个职业介绍机构从业人员要为 6334 人提供职业介绍等服务。零点公司 2006 年对就业公共服务满意度的调查显示，48.5%的被调查者认为，在他们所处的地区找不到能为他们介绍工作或提供就业信息的机构（零点调查，2007）。

就业公共服务供需矛盾的主要原因在于：

1. 就业公共服务的投入资金不足

就业公共服务的供给以资金投入为基础，就业公共服务投入资金主要包括就业公共服务经费、就业专项资金和社会各界为公益性就业服务提供的捐赠、资助，其中，就业公共服务经费和就业专项资金纳入同级政府财政预算。在财税体制改革后，中央和地方政府的财权和事权不匹配，地方政府财权上移但事权下移，公共服务的支出很大一部分由地方政府承担，

地方政府有限的财权直接限制了就业公共服务资金的投入程度，见表 11。而且，改革开放以来，中国各级政府的职能转变取得了不同程度的进展，政府用于经济服务的支出逐年减少，而用于基本社会公共服务的支出逐年加大，但政府还没有完全从经济服务转向社会服务，因此财政支出经济建设的偏好制约了有限的财政资金对于就业公共服务的投入（丁元竹，2006）。与此同时，在财政分权、政治集权的背景下，中央政府与地方政府的偏好存在差异，以 GDP增长率为主要指标的经济考核体系促使地方官员开展"官员晋升锦标赛"（周黎安，2007）。为了与其他地方官员竞争，地方政府更加注意国内生产总值、财政税收收入等"硬指标"，而较少顾及就业公共服务等"软指标"，地方政府不愿提供需要更多财力支出却政绩更少的就业公共服务。在地方政府资金有限、政府经济建设偏好以及"官员晋升锦标赛"的影响下，就业公共服务的财政投入资金相对欠缺。另外，随着中国社会经济的发展和人民生活水平的提高，对就业公共服务的社会捐赠和社会资助增加，但捐赠和资助的总体规模不大，不能有效改变就业公共服务投入资金不足的局面。

表 11　2009 年中央与地方就业补助支出情况

	全国	中央	地方
就业补助支出（亿元）	511.31	7.51	503.80
所占百分比（%）	100	1.47	98.53

资料来源：《中国财政年鉴》（2010）。

2. 就业公共服务主要由政府供给的格局

就业公共服务需求巨大，而且就业公共服务需求日益个性化，在财政资金投入有限的基础上，政府无法完全依靠自身提供充足和有效

的就业公共服务，因此必须找到就业公共服务有效供给的创新途径。公共物品和准公共物品并非一定完全由政府提供，政府可以充分利用市场和社会的优势来增加就业公共服务，建立就业公共服务供给的多元化格局。但是，中国就业公共服务目前仍是以政府为主的单元供给格局：①因为市场机制不完善。虽然中国的市场化水平稳定上升，但是中国市场机制仍不健全，政府不能有效利用市场机制来提高就业公共服务资源分配的效率。②因为社会组织力量薄弱。中国社会组织正在不断崛起，但仍处于发展初期。很多社会组织内部管理机制不完善，不具备提供就业公共服务的能力。③对政府逐步吸纳市场和社会组织提供就业公共服务必要性的认识不清。就业公共服务是基本公共服务的一个重要方面，政府有责任为所有公民提供就业公共服务，为了克服市场失灵和志愿者失灵，以及保障就业公共服务顺利进行，政府有必要逐步吸纳市场和社会组织参与提供。

（二）中国就业公共服务的效率问题

就业公共服务的效率问题主要体现在三个方面：①信息服务质量不高。劳动力资源的有效配置和市场机制充分发挥作用需要信息的对称和安全，就业公共服务的一个重要职能就是为劳动力供求双方提供就业信息服务。现阶段中国就业公共服务机构信息服务覆盖面较窄，信息服务能力较低，不能有效提供及时、准确和完善的信息。②职业培训水平不高。职业培训缺乏统一的协调和管理，缺乏市场调查的基础，培训方式"一刀切"，造成职业培训的专业设置和劳动力市场信息不对称，存在一定的盲目性和重复性，教育性资源未被合理、充分利

用（陈佳贵，2008）。而且培训补助标准低，直接导致了培训时间人为缩短，何筠（2010）调查发现就政府对农村劳动力提供的培训来说，一周之内占45%，7~15天占24%，在如此短时间的培训中，农民的技能和知识提升非常有限。③就业援助力度不够。中国就业援助对象主要包括下岗工人、残疾人以及农民工等，其迫切需要就业援助，如再就业培训、下岗职工求职服务等。但据在武汉市和沈阳市的调查，下岗职工培训率仅为47%；农民工夹在城市和农村的中间地带，很难享受到就业援助（李强、林勇，2006）。

就业公共服务效率问题的原因主要在于：

1. 就业公共服务的多头管理

就业公共服务由政府多个部门联合提供，特别是职业培训。中国的职业培训根据培训对象和培训侧重点不同，分别由不同的部门来提供，主管部门有人力资源与社会保障部门、农业部门和教育部门等，其他如财政部门、妇联、共青团等也有所涉及。如很多职业培训的管理文件是多个部门联合制定发布的，很多地方建立了职业培训协调机构，但在实际运行过程中，职业培训在一定程度上出现混乱（何筠，2010）。

在多头管理的格局下，就业公共服务的提供出现"反公共地悲剧"（严荣，2007）。各管理部门在博弈过程中的占优策略为期待其他部门管理提供就业公共服务，只享受收益而不承担成本，因此很多部门管理导致了最终的无人管理。多头管理中，各部门都承担提供就业公共服务的责任，但是责任划分并不清晰，各部门之间相互扯皮、推诿降低了效率。多头管理强调协调合作，政府整体对于就业公共服务需

表 12　公共就业培训的管理部门分工

组织牵头的管理部门	项目名称	培训对象
人力资源和社会保障部	再就业培训计划	下岗职工
人力资源和社会保障部	能力促进创业计划	下岗职工
农业部	阳光工程	农村劳动力
人力资源和社会保障部	农村劳动力技能就业计划	农村劳动力
教育部	农村劳动力转移培训计划	农村劳动力
科技部	星火科技培训	农村劳动力
国家扶贫办	扶贫计划纲要、雨露计划	农村劳动力
农业部	跨世纪青年农民科技培训计划	农村劳动力
农业部	新型农民科技培训计划	农村劳动力
人力资源和社会保障部	特别职业培训计划	困难企业在职职工 失业人员 新成长劳动力

资料来源：何筠：《公共就业培训管理》，北京：科学出版社，2010 年。

求变化的回应能力明显削弱，最终导致就业公共服务供给的短缺，更降低了就业公共服务供给的有效性。

2. 就业公共服务机构工作人员素质亟须提高

就业公共服务体系需要大量的专业工作人员从事专业化的职业介绍和职业指导工作，但目前就业服务工作人员普遍存在服务观念不强、文化程度低、工作能力和经验不足等问题。一方面是从业人员专业素质水平与就业公共服务机构职能的转变不适应，就业公共服务机构的职能已经由处理简单的行政事务转换为既要履行政府部门职责，又要与其他组织互相合作，提供职业介绍和指导、职业培训、就业信息管理等专业化服务，而很多从业人员仍保持着官僚化的思维和行为方式，缺乏服务观念和专业技能；另一方面是从业人员专业素质水平与劳动力市场的需求变化不适应。劳动力市场正在由单纯的体力型向专业型、技术技能型转变，个性化服务日益突出，需求日益专业化和多元化，强化职业指导针对性、提高职业介绍和指导水平，都对就业公共服务机构从业人员的专业素质提出了严峻挑战（曾湘泉，2008）。

二、中国就业公共服务均等化面临的困境

（一）中国区域间就业公共服务不均等

1. 区域间的财政能力不同

经济发展水平和财政能力决定公共物品的供给规模和质量，公共领域的投入量与政府的财政预算成正比（马海涛等，2011）。区域间财政能力的不同，导致了区域间政府提供就业公共服务能力的不同，在同等情况下，财政实力雄厚的地区会提供优于财政实力较弱地区的就业公共服务。在改革开放战略下，中国率先在沿海设置经济开发区、经济特区，在一系列优惠政策的刺激下，东、中、西部地区的经济发展不平衡，东部地区的区域财政实力明显优于中部和西部地区，中部地区的财政实力又优于西部地区，见图 8。

亿元

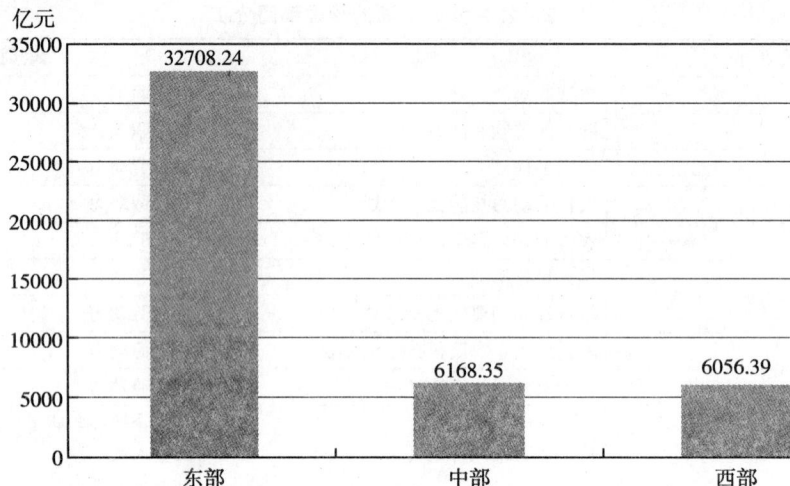

图8 2009年中、东、西部地区财政收入情况

资料来源：《中国财政年鉴》(2010)。

2. 转移支付制度不完善

转移支付能够弥补区域间的财政实力差距，从而缩小区域间就业公共服务的差距，但由于转移支付制度的缺陷，不利于区域就业公共服务均等化。目前，中央对地方的转移性支出主要包括返还性支出、财力性转移支出、专项转移支出和其他转移支出四大类，其中返还性支出和专项转移支付占中央对地方转移支出的绝大部分，而返还性转移支出主要是维护地方既得利益，专项转移支出一般具有特定目的，这两项转移支付对调整区域间财力差异基本没有什么力度（马海涛等，2011）。而且，由于转移支付的形式单一、多头管理、操作不规范、过程不透明，转移支付制度没有缩小区域间就业公共服务的差距。

3. 区域间的公民需求和政府执政理念和能力不同

公共服务提供分为投入和产出两个阶段，并最终体现出公共服务的供给结果。在就业公共服务供给中，财政资金投入属于投入阶段，

这是政府提供就业公共服务的必要条件。在资金投入后的产出过程中，政府部门的执政理念和能力直接决定了就业公共服务的供给。在东部经济较发达地区，人们基本物质生活得到满足，对就业公共服务的需求意识较高，要求政府提供更多、更好的就业公共服务。而且，东部经济较发达地区的政府职能已先于中西部经济欠发达地区由经济建设转向为社会服务，执政理念较先进，执政能力较强。因此在回应公民需求的动机以及自身能力上，区域间就业公共服务存在差距。

4. 区域间的市场化程度不同

市场化程度越高，政府越能利用市场力量增加就业公共服务的规模，提高就业公共服务供给的效率。根据樊纲等（2009）测算，中国各地区2005~2007年的市场化指数东部最高、中部次之、西部最低。因此，东部地区能够较充分地利用市场力量及社会资源提供就业公共服务，从而与中西部地区拉开差距。

表13　东、中、西部市场化指数

地区	2005 年	2006 年	2007 年
全国	6.69	7.06	7.50
东部	8.65	9.10	9.62
中部	6.48	6.84	7.21
西部	5.20	5.53	5.92

资料来源：樊纲等：《中国市场化指数》，北京：经济科学出版社，2010 年。

(二) 中国城乡就业公共服务不均等

目前中国乡村就业公共服务处于短缺状态，与城市相比具有较大差距，主要原因在于：

1. 城乡二元经济社会结构是城乡就业公共服务差距的根源

城乡二元经济社会结构决定了城乡就业公共服务的二元体系。新中国成立初期，中国采取了优先发展重工业的经济发展战略，将城市和农村分割为两个隔离的领域。国家政策长期向城市和市民倾斜，各种资源不断流向城市，农业经济发展远远落后于工业经济，城市就业公共服务体系逐渐发展完善，而农村就业公共服务体系缺乏相应的经济支持。与此同时，户籍制度将社会划分为城市户口和农村户口两大单元，为了对城市人口实行"就业保护"，农村人口进城务工也受到某种程度的限制，大量农村富余劳动力滞留农村，农村就业公共服务需求很小，就业公共服务体系缺乏发展的动力（蔡昉，2001）。改革开放以来，虽然城乡要素交流的范围和规模得到扩大，城乡联系显著增强，但农村就业公共服务领域投入不足，总体覆盖力度不够。

2. 农村就业公共服务供给能力和动力不足

中国农村公共服务长期处于难以舒展的窘境，除了政府财政困难而投入不足的原因外，也有农村就业公共服务供给能力和动力不足的

原因。在二元结构的管理体制下，长期以来，中国农村公共品供给的基本原则是"自力更生为主，国家支持为辅"，公共服务由村民自力更生来解决，就业公共服务也不例外。但就业是民生之本，政府有责任和义务提供就业公共服务以促进就业。在实践中，农村就业公共服务究竟是村民自给还是依靠政府供给仍不清晰（迟福林、殷仲义，2009）。同时，由于长期以来城乡发展不协调，特别是农村税费改革后，乡镇财政困难，很多地方产生了债务问题，在就业公共服务供给上，乡镇政府处于进退维谷的困境——为了满足村民的就业公共服务需求和供给就业公共服务，在获得财政转移支付较难的情况下，不得不加重村民的负担，可能将乡镇政府推向合法性危机。而且，就业公共服务具有外部性，特别是在农村大部分劳动力获取就业公共服务的目的是外出务工，因此主要由乡镇财政支付的就业公共服务所产生的效益将伴随着劳动力流动而流向城市，从而造成农村地区成本大而收益小的局面，减弱乡镇提供就业公共服务的动机。

(三) 中国群体间就业公共服务不均等

群体间就业公共服务不均等主要原因在于：

1. 弱势群体就业公共服务需求不能有效表达

弱势群体对就业公共服务的要求比较强烈，但其就业公共服务需求不能有效表达。以农民工为例，农民在全国总人口中所占人数最多，但缺乏自我保护和发展的能力，始终没有代表自己的组织来表达自己的意愿，村民自治组织要成为真正能代表和维护农民利益的组织，需要很长一段时间。在广大农村地区，农民各种

现代型组织极为缺乏，不仅数量少，规范化程度低，社会参与能力也较弱。此外，农民缺少参与政治活动的具体组织形式和渠道，导致农民参政能力弱，基本上是现实政治的被动接受者，而不是现实政治的积极参与者（同春芳，2006）。由于农民组织化程度低，缺少有效表达自身利益的组织和代言人，处于"失语"状态，很难找到有效途径表达自己的就业公共服务需求，就业公共服务供给也就处于"自上而下"的状况。

2. 弱势群体信息获取能力缺乏

弱势群体信息获取能力缺乏主要包括两个方面：①弱势群体对就业公共服务相关政策信息获取能力差。国家针对弱势群体已经开展多项专项就业服务，如春风行动、平安计划、特别培训、农村劳动力就业技能计划等，但弱势群体很可能不知晓政府的相关政策，无法主动向就业公共服务机构申请获得政策优惠，减少了获取就业服务的机会。②弱势群体应对信息化的能力较差。中国就业公共服务信息化建设发展迅速，就业公共服务网络已经覆盖到大多数地区，但就业公共服务信息化可能对弱势群体形成更为严峻的挑战，因为信息化的进一步发展，就业公共服务将部分在网络平台上提供，弱势群体与其他群体之间存在的"数字鸿沟"可能随着信息化的发展而加大，获得更少的就业公共服务，加剧群体间的就业公共服务不均。

中国就业公共服务均等化的对策建议

中国就业公共服务既有效率问题，也有公平问题，解决就业公共服务的效率和公平问题，有助于劳动力市场的完善和就业繁荣。因此，作为就业公共服务的主体供给者——政府，一方面应提高就业公共服务效率，以更好地实现就业公共服务公平，另一方面应逐步实现就业公共服务公平，以更好地促进就业公共服务效率。

一、明确就业公共服务各级政府供给责任及绩效评估标准

在就业公共服务供给中，理顺中央政府与地方政府之间的责任是前提。中央政府应主要负责就业公共服务范围划定、服务标准制定、财政转移支付以及服务监督评估等职能。地方政府作为就业公共服务供给的主体，承担支出责任，主要负责设立就业公共服务机构并选拔从业人员、提供职业信息发布、职业介绍、职业指导、职业培训、就业援助等服务。在明确各级政府供给责任后，需制定就业公共服务绩效评估标准以考核和监督政府就业公共服务行为。政府在提供就业公共服务过程中拥有较大的自由裁量权，由于信息不对称等因素，可能出现越位、缺位和错位等问题，需要相应的绩效考核标准。就业公共服务绩效评估标准设计应结合就业公共服务综合场所功能提炼出效率指标、从服务产品等方面提炼出质量指标、从被服务者满意度和员工满意度提炼出满意度指标，通过效率、质量、满意度三项指标全面评估就业公共服务。

二、建立就业公共服务供给多元化格局

公共物品的多元供给已经成为发展趋势。就业公共服务供给应按照"政府主导、社会合

作"的原则，形成多元化、多层次、职能互补的就业公共服务供给网络。①放宽就业公共服务供给的准入限制，整合社会资源，鼓励私人组织和非政府组织积极参与就业公共服务供给。在政府主导下，协调发展各种职业中介机构和劳务派遣、职业咨询指导、就业信息服务、职业培训等社会化服务组织，充分发挥工会、共青团、妇联、残联等社会团体就业服务机构的重要作用，建立就业公共服务多元供给格局。②建立政府购买就业公共服务机制。20世纪90年代以后，在公共服务外包浪潮的推动下，澳大利亚、荷兰、英国和德国等国家采取了就业公共服务外包。国际经验表明就业公共服务外包对于减少政府在就业公共服务领域的成本支出，提高就业公共服务的效率和效果方面作用显著。中国应在借鉴发达国家经验的基础上，构建符合国情的政府购买就业公共服务的运行模式，并进一步探讨推动政府购买就业公共服务持续发展的保障机制（温俊萍，2010）。③鼓励社会资金参与就业公共服务体系建设。通过制定基本就业公共服务专项发展计划、服务标准，完善相关措施，鼓励社会资金流入就业公共服务项目，可以利用特许经营等方式吸引社会资金，弥补政府在就业公共服务方面财政能力和服务能力的不足。

三、提高就业公共服务机构从业人员素质

（1）完善中国就业公共服务行业的人员准入制度。就业公共服务机构从业人员的工作态度、职业精神和潜在能力对就业公共服务绩效产生重要影响，必须保证队伍建设的职业化。鉴于此，需建立就业公共服务机构从业人员入职的能力标准，提高就业公共服务行业的入职门槛，从源头上对就业公共服务从业人员的能力和素质进行控制。

（2）以机构职能为导向，提升机构人员素质。中国就业公共服务机构具有强烈的政府主导色彩和行政化职能，具有经济和社会双重属性。因此，一方面应加强就业公共服务机构从业人员的基础职能，包括收集劳动力市场信息、开展职业介绍和工作安置等，满足经济属性需求；另一方面就业公共服务机构从业人员还应具备社会服务性职能，如参与相关政策制定、与用人单位沟通等。所以，就业公共服务机构从业人员不仅需要加强基本就业服务技能，还需要提升其满足社会职能的素质技能。

（3）提升满足服务对象个性化需求的服务能力。就业公共服务对象的背景特征和需求特点复杂，就业公共服务机构从业人员必须具备深入分析服务对象的个性化需求、理解不同服务对象的文化和背景差异、有针对性地提供就业公共服务的能力。

四、加强就业公共服务体系的信息化建设

在公共就业服务体系信息化建设的进程中，公共就业服务部门作为就业机会和求职者之间的信息交换所进行的运作职能、人与岗位加以匹配的经纪人职能、进行劳动力市场调整过程中的公共政策的实施渠道职能都得到了增强（国际劳动局，2002）。而且，信息通信技术使得就业公共服务机构能够向其客户提供多层次服务，取代了过去那种标准化的、清一色的服务方式（Vroman，2009）。信息和通信技术通过改变就业公共服务的内部管理和供给方式极大

地提高了就业公共服务的效率、并有利于就业公共服务均等化的实现。现阶段，政府应在统一的信息标准下，建成中央—省—市的就业信息网络通道；建立全国就业监测信息平台，实现享受政策人员的统一管理；突破招聘信息的地区分割，建立全国招聘信息公共服务平台，实现单位招聘信息的免费查询；突破高校毕业生就业管理"瓶颈"，建立全国应届高校毕业生就业服务平台，实现就业服务与就业管理的全程信息化；在县、区职业介绍所以及街道的就业公共服务机构增加网络终端，满足基层就业信息需求。

五、深化公共财政体制改革

（1）公共财政支出进一步向基本公共服务领域倾斜，增加就业公共服务的财政投入。就业公共服务财政支出的增加不仅有利于就业公共服务数量和质量的提升，而且还有利于就业公共服务的区域差距、城乡差距以及群体间差距的缩小。

（2）强化公共财政统筹安排政府财力的能力。努力建立统一的财政收入体系，实行全口径预算管理；将纳入财政综合预算的非税收入实行统筹安排，切实增强政府对非税收收入的调控能力。

（3）确保标准财力与事权相匹配。完善地方税收体系，建立地方政府的财政收入增长机制；适当调整中央集中度，增强基层政府可自主支配的权力；加快建立辖区财政，使每一级财政都负有平衡本辖区内各级财政的责任，形成就业公共服务均等化的体制基础。

（4）以就业公共服务均等化为导向，进一步完善财政转移支付制度，优化支付结构。逐步缩小税收返还，不断提高一般性转移支付比例，实现转移支付方法的透明化、程序化和制度化；降低专项转移支付的比重，规范专项转移支付，强化专项转移支付的监督管理；进一步加大国家对就业公共服务落后地区的转移支付力度，增强这些地区的就业公共服务能力（刘尚希等，2008；傅光明，2008）。

六、改变城乡二元结构制度

（1）从制度上改变工农"剪刀差"，发展农村经济。健全以市场为基础的农产品流通体系，塑造多元化市场主体，通过发展农民协会或农民自主组织，使农民生产者有组织地参与市场竞争；强化农村金融体制改革，发挥农村信用社的作用，为农民和农业提供充分的金融服务，减少金融存贷"剪刀差"；改革农村土地制度和土地征用补偿办法，防止出现征地价格"剪刀差"；配合就业制度改革，保护农民工的合法权益，遏制工资"剪刀差"。

（2）改革户籍制度，消除城乡不平等。全面推进小城镇户籍制度改革，逐步放宽农村劳动力进入大中城市落户的限制，最终消除二元的户籍制度，保障农村劳动力能够和城市居民一样有权利享受到就业公共服务。

（3）改革城乡二元就业制度，实现城乡就业公共服务一体化。打破城乡、区域间的就业壁垒，建立跨区域、跨城乡、统一的劳动力市场并建立统一的就业公共服务体系。

（4）统筹城乡就业公共服务供给制度。改变"重城轻乡"的理念，把农村就业公共服务供给真正纳入到国家就业公共服务的制度安排中来，增加对农村就业公共服务的投入，分散农民工就业公共服务的社会成本（王谦，2009）。

七、构建弱势群体就业公共服务需求的利益表达机制

（1）培育弱势群体就业公共服务需求的利益表达意识。通过塑造全新的服务文化，引导利益主体树立获得均等就业公共服务的权利观念以及维护自身就业公共服务合法权益的勇气和信心，更加主动地参与到就业公共服务供给的过程中来。

（2）畅通和增加合理的弱势群体就业公共服务需求的利益表达机制。政府需借助强制性力量，畅通利益表达渠道并在此基础上尽可能地增加渠道以更好地满足弱势群体的就业公共服务利益诉求表达。

（3）推进弱势群体就业公共服务需求利益表达的制度化、规范化。根据弱势群体就业公共服务的利益表达需求，完善利益表达的规范体系，包括弱势群体就业公共服务需求利益表达的组织形式、权利和义务、准则和程序等多方面内容，使弱势群体就业公共服务需求的利益表达做到经常化和秩序化，保证弱势群体就业公共服务的合法权益。

（章文光 尹宗平 喻匀 执笔）

参考文献

［1］Vroman. The Aggregate Labor Market Effects of the Swedish Knowledge Lift Program. Review of Economic Dynamics, 2009（1）：24-27.

［2］国际劳动局：《世界就业报告——信息经济中的就业问题》，北京：中国劳动保障社会保障出版社，2002年，第78-88页。

［3］游钧：《2005年：中国就业报告》，北京：中国劳动社会保障出版社，2005年，第260页。

［4］同春芳：《转型时期中国农民的不平等待遇透析》，北京：社会科学文献出版社，2006年。

［5］李强、林勇：《劳动力市场学》，北京：中国劳动社会保障出版社，2006年，第241页。

［6］曾湘泉等：《劳动力市场中介与就业促进》，北京：中国人民大学出版社，2008年，第422-446页。

［7］陈佳贵：《中国劳动和社会保障体制改革30年研究》，北京：经济管理出版社，2008年，第99页。

［8］迟福林、殷仲义：《中国农村改革新起点——基本公共服务均等化与城乡一体化》，北京：中国经济出版社，2009年，第135-141页。

［9］王谦：《城乡公共服务均等化问题研究》，济南：山东人民出版社，2009年，第166-182页。

［10］马海涛等：《中国基本公共服务均等化问题研究》，北京：经济科学出版社，2011年，第22、199页。

［11］何筠：《公共就业培训管理》，北京：科学出版社，2010年，第86、100、101-102页。

［12］樊纲等：《中国市场化指数》，北京：经济科学出版社，2010年。

［13］蔡昉等：户籍制度与劳动力市场保护，《经济研究》，2001年第12期，第41-49页。

［14］丁元竹：扩大内需的结构和体制约束因素——社会基本公共服务供给不足，《公共管理评论》，2006年第2期，第109-127页。

［15］常修泽：中国现阶段基本公共服务均等化研究，《中共天津市委党校学报》，2007年第2期，第66-71页。

［16］零点调查：公众满意度低敲响就业服务警钟，《职业》，2007年第4期，第43页。

［17］严荣：反公地悲剧与公共服务供给体系创新，《经济体制改革》，2007年第5期，第29-33页。

［18］周黎安：中国地方官员的晋升锦标赛模式研

究,《经济研究》,2007 年第 7 期,第36-50 页。

[19] 麻宝斌、董晓倩:中国公共就业服务均等化问题研究,《东北师大学报》,(哲学社会科学版) 2009 年第 4 期,第 82-87 页。

[20] 温俊萍:《政府购买公共就业服务机制研究》,《中国行政管理》,2010 年第 10 期,第 48-52 页。

[21] 温俊萍:公共就业服务均等化及其实现路径探析,《上海商学院学报》,2011 年第 11 期,第 17-21 页。

[22] 刘尚希等:基本公共服务均等化与公共财政制度,见中国(海南)改革发展研究院:《基本公共服务与中国人类发展》,北京:中国经济出版社,2008 年,第 356-384 页。

[23] 傅光明:实现基本公共服务均等化的关键是提高一般性转移支付规模和比例,见中国(海南)改革发展研究院:《民生之路——惠及 13 亿人的基本公共服务》,北京:中国经济出版社,2008 年,第 200-208 页。

[24] 人力资源社会保障部:全国公共就业人才服务信息化建设工作视频会召开,http://www.gov.cn/gzdt/2010-07/13/content_1652766.htm,2011-10-13。

中国人口计生公共服务均等化与政府行为优化

人口计生公共服务

一、人口计生公共服务的内涵

(一) 人口计生公共服务的概念界定

所谓公共服务,就是建立在一定社会共识基础上,为实现特定公共利益,国家全体公民不论其种族、性别、居所、收入和地位等方面的差异,都应公平、普遍享有的服务 (陈昌盛,2007)。就我国而言,公共服务的范围包括国防、外交、基础教育、公共卫生、社会保障、基础设施、公共安全、环境保护、基础科技、文化娱体、一般公共服务 11 个方面。

在公共卫生领域,计划生育是涉及国计民生的重大课题。我国自 20 世纪 70 年代开始全面推行计划生育以来,人口与计划生育工作取得了举世瞩目的成就,有效地控制了人口的过快增长,实现了人口再生产类型从"高出生、低死亡、高增长"到"低出生、低死亡、低增长"的历史性转变。20 世纪 90 年代中后期,

我国提出了"两个转变"的发展思路,即"工作思路和工作方法由以往的就计划生育问题抓计划生育向与经济社会发展紧密结合、采取综合措施解决人口问题转变,由以社会制约为主向逐步建立利益导向与社会制约相结合,宣传教育、综合服务、科学管理相统一的机制转变"。"两个转变"充分体现了以人为本的发展理念,以生殖健康为目标的计划生育政策框架正在逐步取代以人口数量控制为中心的传统计划生育政策模式。计划生育工作的重心也逐步从管理转向服务,公共服务成为未来计划生育工作的重点。

在公共服务的范畴内,人口计生公共服务界定为,以满足育龄群众需求为导向,以稳定低生育水平、提高出生人口素质、提高群众满意程度为目标,紧紧围绕满足育龄群众生殖健康、避孕节育、优生优育和生产、生活需求而开展的服务 (宋学兵,2003)。广义层面上,人口计生公共服务是一个全方位、系统化的科学体系,包括宣传教育、科学技术、利益导向、

社会保障、权益维护等各个方面。狭义层面上，人口计生公共服务包括六项任务，分别是宣传指导、健康促进、优生咨询、高危人群指导、孕前优生健康检查和均衡营养。在具体服务内容上，包括以下八项服务：宣传教育、技术服务、药具发放、人员培训、信息咨询、优生指导、随访服务、生殖保健。

（二）人口计生公共服务的具体内容

在狭义层面，结合我国计划生育工作的现实情况，人口计生公共服务的内容可分为两类：以避孕节育为核心的计划生育基础服务；以生殖健康为核心的计划生育拓展服务。

1. 计划生育基础服务

计划生育作为我国的基本国策，避孕节育既是公民的权利，也是义务。计划生育基础服务是指政府依照法律法规、为保障公民实行计划生育的法定义务而必须向公民均等地提供公共服务（周静，2008）。在2001年颁布的《中华人民共和国人口与计划生育法》中，第三十三条明确规定："计划生育技术服务机构和从事计划生育技术服务的医疗、保健机构应当在各自的职责范围内，针对育龄人群开展人口与计划生育基础知识宣传教育，对已婚育龄妇女开展孕情检查、随访服务工作，承担计划生育、生殖保健的咨询、指导和技术服务。"现阶段，我国计划生育基本服务主要包括宣传教育、免费避孕药具发放、免费计划生育基本项目技术服务等内容。通过这些基本的服务项目，利用信息、药物、工具、手术等手段，围绕生育、节育、不育开展相关生殖保健服务，从而有目的地调节人的生育行为。

2. 计划生育拓展服务

1994年，开罗国际人口与发展大会提出了生殖健康的概念，主张计划生育和其他生殖健康服务要以服务对象为中心，并号召对服务质量给予更多的关注，为服务对象提供优质的生殖健康服务。1995年，我国开展了以生殖健康为中心的计划生育拓展服务，主要包括以下内容：

（1）避孕知情选择。避孕节育知情选择是由国家主管部门和相关服务机构向育龄人群充分提供有关避孕方法的全面信息，客观地介绍各种避孕方法的避孕效果、优缺点，以及可能出现的副反应和并发症，使需要采取避孕措施的育龄群众充分知情，并在此基础上自愿而且负责任地选择安全、有效、适合于个人的避孕措施（周颖，2010）。避孕节育知情选择是计划生育优质服务的核心内容，它旨在让育龄妇女在完全理解其所需的必要信息的基础上，个人可以自主地、知情地选择适合自身特点的安全、有效的方法。

（2）生殖健康综合防治。生殖健康服务项目是实现由提供单一的避孕节育服务转向生殖健康和妇女权益目标相结合的综合服务。此项服务对象为孕产期的妇女，目的是通过开展相关服务保障妇女生殖健康。在服务内容方面，生殖健康综合防治在"计划生育基本服务"的基础上，添加了孕产期产前检查、告知孕期注意事项、产后访视、生殖道感染的防治等项目。

（3）出生缺陷干预。出生缺陷干预指通过宣传教育、舆论影响、咨询指导、政策支持、技术手段等多种方式，防止和减少出生缺陷的发生或减轻出生缺陷的危害，具体包括预防干预、临床干预、行为干预、环境干预等内容。开展出生缺陷干预工作，有助于提高出生人口素质。

二、人口计生公共服务的发展目标

（一）全面推进生殖健康优质服务

2011 年 6 月，全国人口和计划生育科技工作会议提出，在"十二五"期间我国将着力推进科技创新，实现以下目标：①实现计生优质服务和免费孕前优生项目全覆盖；②着重开展安全避孕节育、出生缺陷预防、不孕不育防治、老年人口生殖健康四个领域的科技工作；③组织重大科技专项研究实现四个覆盖，即计生服务体系标准规范建设全覆盖、计划生育优质服务全覆盖、国家免费孕前优生项目全覆盖、科技服务信息化工程全覆盖。这意味着，计划生育公共服务将在服务项目、服务质量、服务覆盖范围等方面达到更高的水平。

（二）实现计划生育服务均等化

在 2010 年第五届亚太经合组织人力资源部长级会议上，国家主席胡锦涛提出社会主义公平观。公共服务是政府调控城乡之间、地区之间、社会成员之间收入差距，促进社会公平正义，保障社会安定有序的制度性手段和机制。现阶段，我国逐步构建惠及全民的公共服务体系，并将基本公共服务均等化作为长远目标。从国际经验和可操作性看，均等化并不等于平均化，而是在承认地区、城乡、人群存在差别的前提下，保障所有国民都享有一定标准之上的基本公共服务，其实质是强调"底线均等"。成熟的公共服务均等化状态表现为不同区域之间、城乡之间、居民个人之间享受的基本公共

服务水平一致（肖伟，2008）。我国计划生育工作开展 30 多年来，虽然取得了显著成就，但是仍然存在区域差异、城乡差异、群体差异等问题。在《国民经济和社会发展第十二个五年规划纲要（草案）》中，"人口计生"被列为基本公共服务范围和重点，实现计划生育服务均等化是促进社会公平的必然要求，也是改善民生的重要体现。

人口计生公共服务的现状分析

改革开放以来，我国人口计生事业分为三个阶段：第一阶段是 20 世纪 70 年代到 1995年，人口计生工作重点是严格控制人口增长；第二阶段是 1996~2005 年，人口计生工作重点转向稳定低生育水平，计划生育以控制"超生"为主，逐步转变为引导群众"少生"；第三阶段是 2006 年以后，人口计生工作以科学发展观为指导，目标是稳定低生育水平，统筹解决人口问题，促进人的全面发展（国家人口和计划生育委员会办公厅研究室，2009）。人口计生公共服务在促进社会繁荣与公平的过程中取得了巨大成就，同时，面向未来也仍然存在着很多不足。

一、人口计生公共服务发展情况

（一）人口计生公共服务资源投入增加

1. 经费投入

人口计生公共服务的经费投入大幅增加。2005~2008 年，计划生育事业费从 226.39 亿元提高到 364 亿元，年均增长率为 17.44%；人均人口计生事业费从 17.31 元提高到 27.41 元，年

均增长 3.37 元；省级投入比例大于中央投入比例，从 9.66% 增加到 10.20%，如表 1 所示。2009 年"十一五"服务体系建设规划投资任务提前一年完成，全年中央安排 14 亿元新增投资，其中 5 亿元用于县级服务站、乡（镇）中心站的新改扩建，6 亿元用于设备更新，3 亿元用于流动服务车购置。各级政府加大了基础设施建设方面的财政投入，购置计划生育仪器设备，加强服务机构标准化、规范化。此外，区域性优生检验室经费投入也有所增加，为开展孕前咨询提供基本保障，进一步推进出生缺陷一级预防工作。

表1 人口和计划生育事业费投入情况

年份	人口计生事业费（亿元）			人口计生事业费增长幅度（%）	人均人口计生事业费（元）
	—	中央投入比例（%）	省级投入比例（%）		
2005	226.39	5.82	9.66	20.48	17.31
2006	244.76	7.67	9.79	8.11	18.62
2007	303.25	7.98	10.61	23.90	22.95
2008	364.00	5.92	10.20	20.30	27.41

资料来源：《中国人口年鉴》（2010）。

2. 职业队伍建设

人口计生公共服务的职业队伍建设进一步加强。近年来，我国从选拔、管理、培养三个环节建设人口计生公共服务的人力资源队伍，为提升计划生育优质服务水平提供人才保障。多数地区构建起"竞选聘用、培训练兵、目标管理"三位一体的工作机制。随着职业化建设的不断加强，我国人口计生公共服务的职业队伍素质有所提高。在学历结构方面，2005 年技术人员以中专学历为主，占到总人数的 46.6%；2009 年大专及以上的技术人员比例达到了 74.2%，技术人员整体学历水平大幅提高，如图 1 所示。在进修培训方面，全国推进"科技大练兵"和"三千人才工程"，建立技术服务人员定期到上级服务机构或医疗卫生单位学习进修制度，确保每人每年参加 1 次以上的专业技术培训，以通过培养技术骨干全面提高人员素质和服务能力。在职业认证方面，我国以"计划

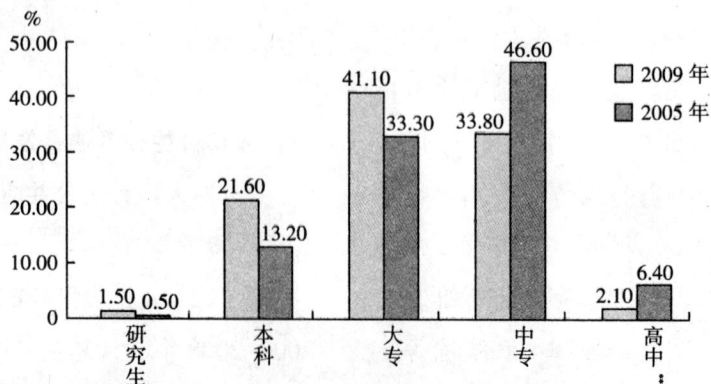

图1 2005 年、2009 年卫生技术人员学历结构比较

资料来源：《中国卫生统计年鉴》（2010）

生育生殖健康咨询师"考评认证为突破口，建立完整、规范、科学的人口和计划生育服务职业资格考试和认证制度。

3. 服务机构建设

人口计生公共服务的机构建设力度加大。我国以创建优质服务先进单位为契机，以建设环境优美、技术优良、管理优秀、服务优质、群众满意的先进服务机构为重点，普遍加大政府投入，加强基层计划生育服务机构的标准化、规范化建设。为促进计生服务机构，提高服务水平，我国开展了优质服务站的评定工作，从经费落实、人员队伍素质、服务项目执行、免费技术服务的覆盖、生殖保健服务的开展等多个角度对服务机构进行评价。近年来，国家级计划生育优质服务先进单位覆盖率逐年增加，标准化规范化建设取得重要进展。截至2009年全国"国优"单位达到918个，从2005年的12.23%提高到32.11%，如图2所示，全国逐步形成东部地区率先发展、中西部地区整体推进的格局。

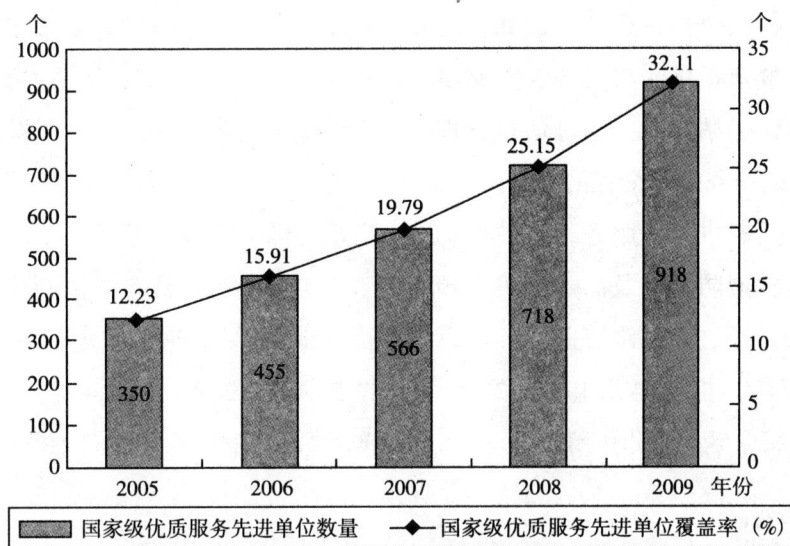

图2　2005~2009年国家级计划生育优质服务先进单位覆盖率

4. 信息化建设

人口统计和信息化建设全面加强。"十一五"以来，人口宏观管理与决策信息系统一期工程如期建成，信息化应用框架基本建立，全员人口信息资源初具规模，信息系统运行维护稳定，信息安全得到基本保障，信息分析应用起步良好，有效推动了人口计生事业持续健康发展，促进了人口计生部门在统筹解决人口问题中的地位和影响力的提升，在社会管理和公共服务中日益发挥着重要作用。截至2009年，全国22个省参加全员流动人口统计信息试点，20多个省开发、改造流动人口服务管理系统，如安徽省实现网络化协作，北京等五城市流动人口动态监测试点。人口计生公共服务利用信息化手段提高服务水平，取得了不错的成效。

首先，实现信息资源共享。人口信息库通过资源共享，促进了流动人口服务管理的区域协作。各省通过采集、录入、更新流动人口信息，将省流动人口信息平台与国家人口信息宏观决策系统的对接，从而实现省流动人口信息在全国各地适时交换，有助于到流动人口信息对接向服务管理对接延伸。此外，信息化建设优化了工作流程，有助于提高工作效率和服务质量。比如，利用"育龄妇女信息管理系统"采集、更新服务对象的基础数据，降低了计生服务人员的工作强度，提高了服务的便捷性和准确性。

其次，实现动态跟踪服务。通过建立信息档案，有效实现了随访服务功能，加强了服务的便捷性和针对性。通过监测数据信息，及时给予不同服务对象提供个性化服务。比如，对出现副反应的育龄群众提供治疗服务，对避孕失败的群众给予具体避孕指导。通过信息管理系统，可以为孕产期服务提供全程的跟踪监测，在孕期、产前、产后提供相关服务，有效推动避孕节育、生殖道感染防治以及出生缺陷干预等服务项目的开展。通过动态跟踪监测，可以有效控制选择性流产，控制婴儿出生性别比，提高育龄妇女的自我保健意识和生殖健康水平。

（二）人口计生公共服务能力不断提高

1. 人口计生服务效果持续改善

我国人口计生公共服务的水平不断提高。在避孕节育服务方面，服务质量和效果不断改善，安全性和有效性有所提升。现阶段，我国针对不同服务对象的需求开展了长效、短效等多种避孕节育措施，并加大了避孕知情选择的服务力度，个人可以自主地、知情地选择适合自身特点的安全有效的方法。从服务实施效果来看，我国的避孕普及率处在较高的发展水平如图 3 所示，生育率控制在了较低的水平如图 4 所示，避孕手术质量逐年提高如图 5 所示。在生殖保健服务方面，服务覆盖范围有所提高，改善了人的生存和发展状况。2009 年我国全面启动"优生促进工程"，加强出生缺陷一级预防工作经验交流，重点开展科学规范的孕前优生指导服务。"孕前优生健康检查"试点省份由 8 个扩大到 12 个，试点地区人群覆盖率最高达87.4%。从孕产妇接受健康检查的情况来看，在

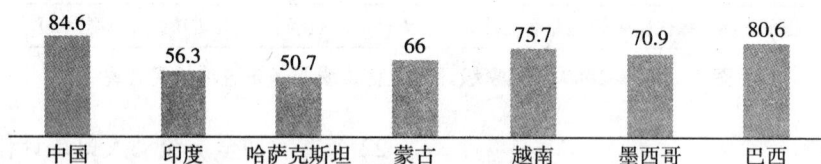

图 3　2008 年部分国家 15~49 岁妇女避孕普及率

资料来源：世界银行 WDI 数据库，《国际统计年鉴》(2010)。

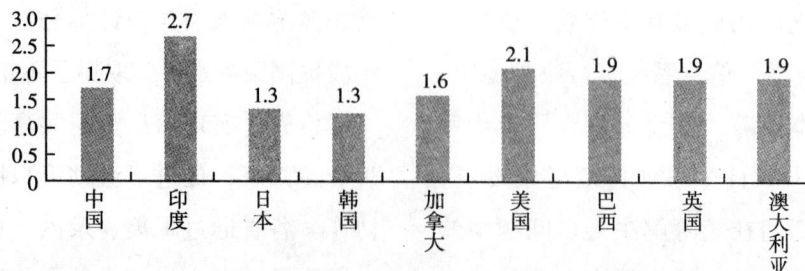

图 4　2007 年部分国家总和生育率 （%）

资料来源：世界银行 WDI 数据库，《国际统计年鉴》(2010)。

2005~2009 年，全国范围内产前检查的系统管理率和孕妇的住院分娩率分别增长了 2.4% 和 10.4%，孕产妇死亡率和围产儿死亡率分别下降了 15.8% 和 2.57%，如图 6 所示。

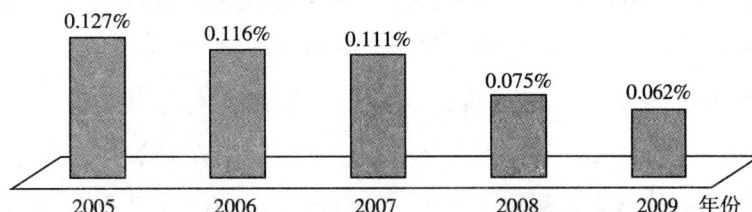

图 5　2005~2009 年全国手术事故率

数据来源：《中国卫生统计年鉴》（2006~2010）。

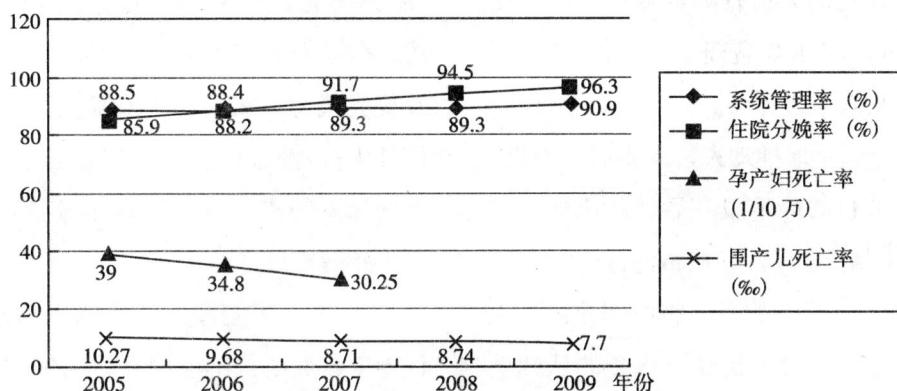

图 6　2005~2009 年全国生殖保健服务情况

资料来源：《中国卫生统计年鉴》（2006~2010）。

2. 流动人口服务均等化有所改善

流动人口计划生育服务管理是重点和难点，我国从制度保障、战略部署、管理创新等多个方面，逐步实现流动人口计划生育服务均等化的目标。在制度层面，先后颁布实施了《流动人口计划生育工作条例》和《全国流动人口计划生育服务管理规范》，明确了流动人口享受计生免费服务的具体内容，保障了流动人口的基本权益。在战略层面，2009 年的全国流动人口计划生育工作会议上，提出"三年三步走"的工作部署，即 2009 年初步实现省内"一盘棋"、2010 年实现区域"一盘棋"、2011 年基本实现全国"一盘棋"，进一步推进了流动人口计生服务均等化工作的落实。全国各地区结合各自身的实际情况，积极推动人口计生公共服务的制度创新，为流动人口提供免费、优质、均等的计生服务，逐步实现全国流动人口计划生育工作"一盘棋"的目标。在区域合作方面，长三角、珠三角、环渤海和西北四大区域逐步形成"信息互通、服务互补、管理互动、责任共担"的协作机制，进一步落实户籍地和居住地的责任，加强省际间的协作配合。

随着流动人口计生服务工作的落实，全国各地区逐步实现流动人口计生服务四个均等化：①宣传教育服务均等化。在流动人口中免费开展宣传咨询，普及人口和计划生育政策、法律法规、生殖保健、避孕节育等知识，保障流动人口从正确渠道知晓计划生育、生殖健康等知识的权利和义务。②计划生育免费技术服务均等化。免费开展生殖健康专项检查。每年免费向流动已婚育龄妇女提供孕情监测、生殖道感染综合防治、宫颈癌早期筛查、预防艾滋病等专项检查。③生育登记和优生促进服务均等化。对在现居住地登记结婚的流动人口免费提供孕前优生健康检查和出生缺陷干预服务。④避孕药具获得均等化。将流动人口纳入免费避孕药具服务范围，让流动人口育龄群众在本区享受到与户籍人口同等获取免费药具的权利。

3. 人口计生服务品牌化

各地区因地制宜地推动人口计生服务发展，建设具有地方特色的计生服务品牌。比如，甘肃省的"百合计生"、广西壮族自治区的"诚信计生"、江苏省的"世代服务"将品牌建设与人口计生公共服务相结合，提高了服务的认知度和参与度。人口计生公共服务品牌化，是创新人口计生公共服务模式的有益尝试，在以下三个方面起到了带动作用。

（1）明确发展目标。甘肃省的"百合计生"品牌理念以促进家庭幸福和谐为目标，综合社会各方力量，有助于建设人口计生长期服务体系。"百合计生"提出"六百六合"的发展目标和行动策略。"六百"指将计生政策宣传服务、生殖健康教育、育龄的提供优质技术服务、新婚夫妇的优生优育服务、流动人口的均等化服务、人口信息管理六项职责做到百分百覆盖到服务对象。"六合"指将各级党政组织之力、全社会之力、各级财政之力、各部门行业之力、各级人口计生部门之力、人民群众之力相结合，统筹解决人口问题。保障人口计生事业经费，全面落实优惠扶助政策，提升人口计生工作水

平，实现人口计生工作群众自治。

（2）实现统筹管理。广西通过"诚信计生"的品牌理念，将各个环节的服务理念相统一，全面提高服务质量。"诚信计生"的服务理念通过"阳光计生"、"服务计生"、"健康计生"、"信息计生"四方面落实到人口计生公共服务的执行环节。"阳光计生"指通过管理、服务、维权等形式，推动诚信计生工作公开透明地运行；"服务计生"指各地积极转变政府职能和工作方式，依法兑现各级计划生育奖励、扶助、救助及优先优惠政策，引导和激励广大群众参加诚信计生；"健康计生"指计划生育服务机构加强孕前风险筛查、孕情跟踪服务管理等职能，提升生殖健康服务水平；"信息计生"指建立全国流动人口计划生育县、乡两级信息交换平台，计划生育奖励扶助应用系统，构建区、市、县、乡、村五级网络服务平台，建成全员人口信息系统，实现信息动态化管理，增强诚信计生管理服务的及时性、准确性、规范性。

（3）提升服务水平。"世代服务"的品牌愿景是"成为生殖健康领域的第一服务品牌"，品牌目标是"人人享有良好的计划生育、生殖健康、家庭保健服务"。在品牌愿景和目标的指引下，江苏省确立了立足于个人、家庭和社区，面向健康和亚健康人群，致力于计划生育、生殖健康、家庭保健服务的健康促进模式，并形成了公共投入、依法执业、品牌管理、按需服务的运行机制。在品牌建设过程中，对服务质量管理、流程、细节做出了详细的规定，严格执行各种技术规范和管理规定，增强了服务人员的责任感和质量意识，服务质量有了明显的提高。此外，人性化的服务方式使服务提供者

和服务对象之间建立起一种平等、尊重、理解、关爱的新型人际关系，服务对象接受服务的过程不再是一个痛苦的过程，而是一次愉快的体验。随着"世代服务"品牌为越来越多的人知晓，群众计划生育、生殖保健的潜在需求被进一步激发，有助于提高广大群众对计生服务的利用（蔡隽，2007）。

二、人口计生公共服务发展的不足

（一）人口计生公共服务发展不均衡

1. 中西部地区人口计生公共服务发展落后

近年来，相关学者从社会经济综合状况、医疗卫生和计划生育服务配置、计划生育管理工作、计划生育宣教、管理或技术人员状况五个方面进行评估与比较，对我国东部、中部、西部地区村级计划生育服务与管理进行了比较分析（梅敏烽等，2005）。调查发现，西部地区村级社区在社会经济综合状况、医疗卫生和计划生育服务配置，以及计划生育管理工作方面都与东、中部地区有一定的差距，在工作人员的基本状况以及在避孕药具和生殖保健提供状况上，西部地区与东、中部地区差距较大。农村乡站在提供计划生育手术服务、发放避孕药具，以及围绕着生育、节育和不育开展力所能

及的生殖保健服务方面已经具备相当能力，但各地的技术服务提供和服务能力发展并不均衡，东部、中部、西部地区的差别较大（刘云嵘等，2006）。

东部、中部、西部地区在资源配置、服务质量以及服务效果方面存在差异。在服务机构的建设方面，东部、中部、西部地区差异明显。以妇幼保健院为例，据2009年统计数据显示，三个地区妇幼保健院的平均人员数差异较大，东部地区平均每个妇幼保健院配备近100名工作人员，而西部地区的平均人员数不足60人，相差将近1倍。虽然2005~2009年，各地区的人力资源配置呈现增长趋势，但是资源数量的差异性始终存在，并且差距没有缩小，如图7所示，在避孕节育服务的有效性方面，欠发达地区计生服务长期处于较低水平。2005年全国避孕率最高和最低的省份分别是江西（93.53%）和西藏（74.89%），二者相差18.64%；2009年江西以93.89%的避孕率仍然位居全国之首，新疆的避孕率全国最低为79.07%，二者相差14.82%。虽然各地区服务执行效果有所提高，并且差距逐渐缩小，但是欠发达地区始终处于落后水平。2005年和2009年全国避孕率最低的三个省份是西藏、新疆和海南，三个地区的

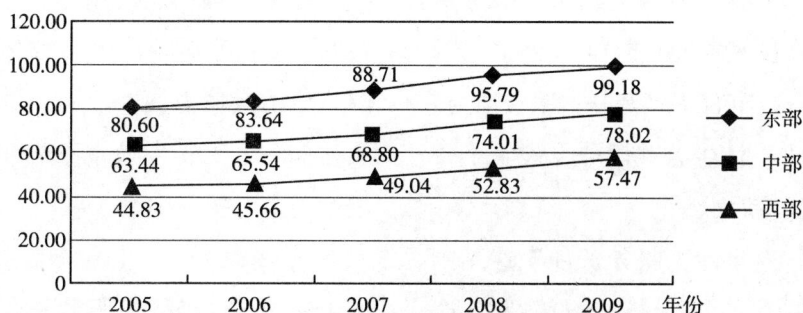

图7　2005~2009年各地区妇幼保健院平均人员数量

资料来源：《中国卫生统计年鉴》（2006~2010）。

平均避孕远远低于全国平均水平。在节育和生殖服务的安全性方面，计生服务水平落后地区发展缓慢。我国节育手术事故率、孕产妇死亡率、新生儿死亡率2005~2009年呈下降趋势，人口计生服务质量有所提高。但是，区域差异仍然明显。中西部地区人口计生公共服务的质量普遍落后于东部地区。以避孕节育手术的安全性为例，青海省手术事故率为0.258%，北京为0.00264%，二者相差近100倍。

综上所述，人口计生公共服务的落后地区长期处于较低的发展水平。虽然人口计生优质服务取得了一定的效果，但是并没有广泛覆盖。欠发达地区的服务效果并没有得到显著改善。在资源配置方面，中部、西部地区明显落后于东部地区，现有资源难以满足服务需求；在服务执行方面，欠发达地区由于资源配置不足，服务效果低于全国水平；在服务质量方面，各地区计生服务技术水平参差不齐，难以达到优质服务均等化的目标。

2. 农村地区人口计生公共服务发展落后

按照我国《计划生育技术服务机构执业管理办法》的要求，各级计划生育技术服务机构必须取得计划生育技术服务执业许可资格。2001年颁布的《从事计划生育技术服务的机构设置标准》中，要求县、乡级计划生育服务机构要具有计划生育技术咨询、指导，药具发放，避孕节育医学检查，节育手术等基本服务能力。但是，农村地区人口计生公共服务发展水平较低，各方面均处于落后水平。

（1）农村地区人口计生服务条件未达到国家标准。通过对中西部农村35个县级及35个乡级进行调查发现，多数计生服务机构由于资源投入不足，财务经费、人力资源配置以及仪器设备的配置未达到国家要求。2008年调查数据显示：人力资源方面，县级服务机构的技术人员数量占74.6%，乡级服务机构的技术人员占47.1%，均低于国家标准；物质资源方面，缺少心电图机、X线放射检查、供血、配血等条件，一些管理人员不清楚如何配备必要物资；财务资源方面，现有经费无法按照国家标准覆盖服务项目，严重制约服务规范性的开展。此外，各机构尚未建立有效的质量控制体系，服务记录参差不齐，对工作的考核以数量为主，工作中难以按照国家制定的规范实施（张妍，2008）。

（2）农村地区人口计生服务能力较差，服务质量落后于城市。数据显示，2005~2009年，我国城市和农村的新生儿死亡率和孕产妇死亡率基本处于下降趋势，如图9所示，但是，农村地区的服务质量跟城市差距较大。根据2009年卫生统计数据，农村新生儿死亡率和孕产妇死亡率分别是城市的2.4倍和1.27倍，农村地区的人口计生公共服务质量远不及城市。从服务提供情况来看，农村地区能够提供的药具品种相当有限，一些县计生服务站职能提供2~3种国家推荐的药具，乡级机构提供的种类更少，部分计生机构仍然使用已经被撤出国家采购目录的长效口服避孕药（张妍，2008）。在人力资源队伍的素质方面，农村地区人口计生服务的人才储备不足，专业水平也相对低下，缺乏常用计划生育技术知识。

（3）农村人口对计生服务的满意度相对较低。农村地区经济发展水平落后、服务站点少、服务机构条件差、工作人员技术水平低，群众

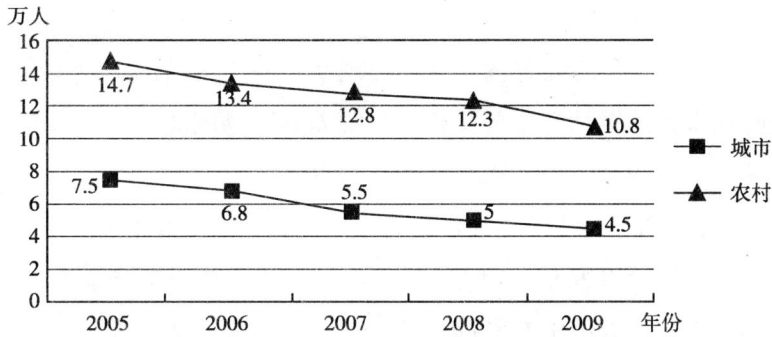

图 8　2005~2009 年城、乡新生儿死亡率（‰）

资料来源：《中国卫生统计年鉴》（2006~2010）。

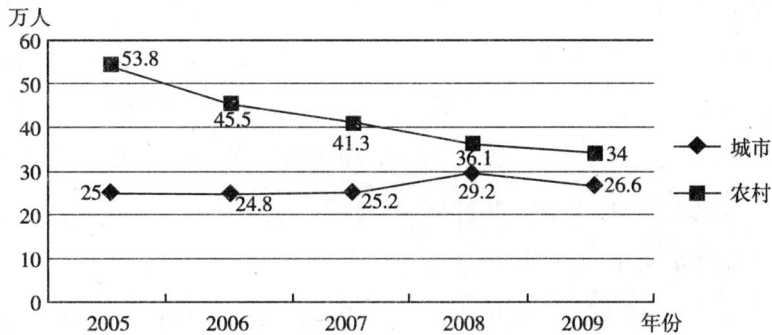

图 9　2005~2009 年城、乡孕产妇死亡率（1/10 万）

资料来源：《中国卫生统计年鉴》（2006~2010）。

对计生服务的可及性和服务满意度远远不及城镇。在对中西部农村计划生育质量评价及群众满意度调查的研究中，调查结果显示，在对服务感到不满的人群中，67.6%表示对避孕方法技术不满（张妍，2008）。农村地区计生技术本身存在安全性、有效性及使用的便捷性问题，影响了群众对计划生育技术的信任与使用。在技术服务的提供中，一些机构未能按要求开展应开展的手术服务，一些被证实安全性、有效性较差的避孕药具品种仍在部分服务机构提供，已开展的技术服务项目中存在不能按要求进行术前检查的现象。此外，计生服务站、乡级计生服务机构的基础设施条件差、服务能力不强，难以为群众提供优质服务，不能满足群众需求，从而导致计生服务满意度较低。

3. 基层人口计生公共服务能力薄弱

我国基层人口计生公共服务能力薄弱，乡、县两级人口计生服务能力差距较大。在一项以安徽省农村为样本的调查研究中，调查结果显示县、乡两级服务机构在计生服务的基础设施建设、人力资源配置以及服务提供情况等方面存在差异，具体表现在三个方面。

（1）乡级服务机构基础设施建设落后于县级机构。在业务科室设置方面，县级机构总的业务科室设置率达到 92.55%，乡镇机构业务科室设置率为 75.26%。在计生服务机构的仪器设备方面，县级机构总的仪器设备配置率为 89.11%，乡镇机构设备配置率未达到 50%。在计生服务机构床位设置及药品配备方面，乡级计生服务机构的设置床位数量和配备药品品种均少于县镇计生服务机构。

（2）乡级服务机构的人力资源配置落后于县级机构。人员规模方面，县级计生服务机构平均人员总数为18.9人，乡级计生服务机构平均人员总数为4.4人。学历结构方面，县级计生服务机构专业技术人员学历以大专、中专或高中为主，乡镇机构专业技术人员中专和高中学历为主。职称结构方面，县级卫生技术人员中级以上职称占45%；乡镇卫生技术人员具有中级以上职称的占4.48%，无职称的占47.24%。

（3）乡级服务机构的计生服务执行水平落后于县级机构。技术服务项目方面，县级机构基本技术服务项目开展比例为91.37%，并且都开展了避孕节育技术服务；乡镇机构服务项目开展比例未达到50%，不到5%的乡站开展了绝育手术等服务项目。

综上所述，我国人口计生公共服务存在发展不均衡的问题，各地区人口计生服务机构的条件、能力、水平参差不齐，主要表现为：中西部地区落后于东部地区；农村地区落后于城镇地区；乡级机构的服务能力和水平落后于县级机构。公共服务均等化的主体是地区、城乡和个人，客体是以上分层次和分阶段的各项基本公共服务，目的要使地区间、城乡间和个体间享有大致一样的基本公共服务。从我国发展现状来看，区域间、城乡间、个体间存在"底线差异"的问题，人口计生公共服务尚未实现均等化。

（二）人口计生优质服务发展水平较低

1. 人力资源队伍素质不高

近年来，我国人口计生公共服务的从业人员逐年增加，但是从学历和职称机构来看，人力资源队伍的发展仍然处于较低水平，主要表现为整体素质不高，缺少高学历、高职称的专业人才。以妇幼保健院的技术人员为例，截至2009年，全国妇幼保健卫生技术人员中具有本科以上学历的占总人数的23.1%（见图10），具有高级、中级、初级职称的比例分别为5.8%、29.8%、33%（见图11）。可见，我国计划生育高级技术人员配置明显不足。此外，经济发展落后地区的技术人才比例更低。据一项以安徽省农村为样本的调查研究显示，县级计生服务机构本科以上学历占9.09%，乡镇机构本科以上学历仅占2.16%。随着避孕知情选择、出生缺陷防御以及生殖保健等优质服务的推进，对计生服务人员的业务水平提出了更高的要求。但是，计生服务人员普遍专业素质不高，很大程度上影响了计生服务的质量。

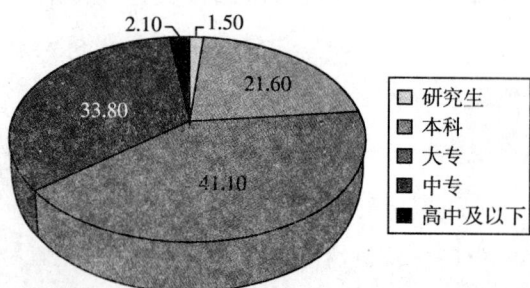

图10 2009年妇幼保健医院技术人员学历构成（%）
资料来源：《中国卫生统计年鉴》（2010）。

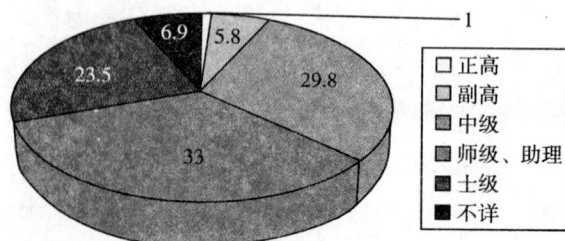

图11 2009年妇幼保健医院技术人员职称结构（%）
资料来源：《中国卫生统计年鉴》（2010）。

2. 服务执行效果不佳

近年来，虽然各地区在提高服务质量方面做出多种尝试，但服务执行的效果并不理想，主要表现为服务项目参与程度低、流动人口服务获取性低。

（1）育龄群众的服务需求未得到有效满足，育龄群众接受服务的比例较低，对计生服务的认识程度仍然处于较低水平。在对育龄妇女服务需求的调查发现，被访者普遍表示需要避孕节育以及生殖保健的咨询服务，尤其是关于科学、安全地采取避孕措施的相关知识。但是，只有17%的育龄妇女表示在一年内接受过避孕节育知情选择及相关知识的面对面咨询（周颖，2010）。

（2）流动人口计划生育服务的获取性处于较低水平。据《2009年中国流动人口生存发展状况——基于五大城市流动人口监测结果》统计显示，五大城市共调查14969名育龄妇女，22.6%接受过避孕药具发放服务，48.3%的已婚育龄妇女最近一年在流入地接受过孕检。对流动人口的调查结果显示，导致流动人口对免费计划生育服务的利用率较低的原因是多方面的，既包括发放政策、发放渠道、发放网点以及药具质量等客观因素，也包括服务对象心理状态、知识水平等主观因素（肖伟，2008）。

3. 生殖健康服务发展落后

我国提出计划生育优质服务工程以来，生殖健康服务被作为重点发展的项目之一。从服务实施现状来看，目前生殖健康发展的整体水平相对落后，特别是在出生缺陷防御以及青少年生殖健康这两方面发展薄弱。

在孕妇产前保健方面，出生缺陷防御发展水平较低。根据我国卫生部发布的全国出生缺陷监测结果，全国出生缺陷总发生率约为11‰，全国8000万残疾人口中有70%是由出生缺陷所致。肉眼可见的出生缺陷目前已发现101种，每年有20万~30万肉眼可见的先天畸形儿出生，加上出生后数月和数年才显现的缺陷，先天残疾儿童总数高达80万~120万，占每年出生人口总数的4%~6%，即每30秒就会有一个缺陷婴儿出生，极大影响了我国人口素质的提高和经济、社会发展。目前，在经济发达的城市和地区，开始实践"基于医院的孕前保健模式"预防出生缺陷。这种服务模式存在局限性，很难做到人群的广泛覆盖。一方面，这种模式对于我国的经济欠发达地区，尤其是广大农村地区显然是不适合；另一方面，以孕前保健手段来预防出生缺陷，要求做到对人群的广泛覆盖才能达到明显的效果。因此，探索适合我国国情的基于社区的孕前保健模式成为亟待解决问题。

在青少年生殖健康方面，相关服务及其利用效果不佳。据2010年国际统计年鉴数据显示，如图12所示，虽然我国少女生育率低于美国、英国、加拿大等发达国家，但是已经出现上升趋势，青少年生殖健康需要引起重视。1997年我国提出在全国妇幼卫生保健机构逐步开设"青春期保健门诊"，为青少年人群提供相应的医疗、咨询服务以满足青少年性与生殖健康要求。但是，从服务利用和评价的角度，青少年生殖健康服务发展效果并不理想。据2009年调查显示，青少年对生殖健康咨询服务不满意的主要原因是"未解决问题"和"态度不好"（肖伟，2008）。其中，医疗机构主要问题是服务态度不好、收费过高；计生机构的主要问题在于咨询未解决问题、未注意保护隐私；学校咨询点的主要问题是态度不好；单独的青年生殖健康服务中心令青年不满意的原因主要是未解决问题。在获取生殖健康服务方面（张佳持等，2004），青少年主要是通过药店、零售商店和自动售货机来获得避孕用品。虽然有很多人认为去正规医疗机构比较安全，但是部分青少年为了保密性表示愿意去不正规的医院咨询和接受治疗。因此，现有的服务资源和咨询服务机构并没有充分发挥为青少年提供生殖健康服务的功能。

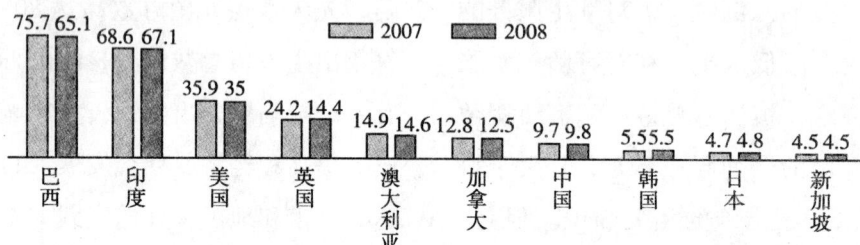

图12 2007年、2008年部分国家少女生育率（‰）

资料来源：世界银行 WDI 数据库，《国际统计年鉴》（2010）。

从我国人口计生公共服务发展现状来看，全国整体呈现积极发展的态势，服务效果持续改善，资源投入力度加大，流动人口计划生育基本服务逐步加强。但是，目前人口计生公共服务仍然存在诸多问题，制约着人口计生服务优质性和均等化目标的实现。在资源配置方面，人力资源队伍素质不高，各地区资源投入差异较大；在服务执行方面，中西部地区、农村地区、基层服务机构的服务能力薄弱；在服务效果方面，服务项目参与度不高，流动人口的服务获取性低，生殖健康等优质服务项目发展水平较低。

人口计生公共服务发展水平的评价与监测

本部分将利用"人口计生公共服务发展水平的评价与检测模型"对我国现阶段各地区的发展水平进行分析。模型具有以下功能：①对各地区现有发展水平进行评价；②对各地区发展情况进行比较；③对未来发展趋势进行监测。评价与监测结果可以为人口计生公共服务发展的提供参考。

一、人口计生公共服务发展水平的评价监测模型

（一）评价监测模型的理论框架

人口计生公共服务的发展受经费投入、人力资源、基础设施、服务能力等多种因素的影响，只有对服务的前提准备、执行过程、执行结果做出综合评价，才能够全面地反映服务的发展情况，并有助于发现影响服务发展制约因素。本研究以政府绩效评估的 3E 理论为基础，构建评价监测模型的理论框架。

3E 理论是美国于 20 世纪 60 年代提出的政府绩效评价方法，包括经济性（Economy）、效率性（Efficiency）、效益性（Effectiveness）三个评价维度。经济性是指成本标准，衡量资源投入情况；效率性是生产力标准，衡量资源投入后的产出情况；效益性是质量标准，衡量工

作的质量以及实际效果。以 3E 理论为基础构建指标体系，可以从不同层面进行评价，综合考虑投入与产出、执行与效果，全面地、完整地、客观地反映绩效表现。人口计生公共服务以资源投入为基础，通过执行服务项目达到满足服务需求的目的，项目执行结果是服务水平高低的客观反映。因此，人口计生公共服务的发展情况可以从投入、执行、结果三个层面进行评价，发展水平的高低可以通过经济性、效率性、效益性三个标准来衡量。

本研究针对人口计生公共服务的特点，立足"经济—效率—效益"的逻辑框架，从成本、执行、质量三个角度进行分析，构建出人口计生公共服务评价监测模型的理论框架，如图 13 所示。该模型的理论框架包括投入、执行、结果三个维度：投入维度，指人口计生公共服务的资源投入情况，从财务资源、人力资源、物质资源三个方面进行评价；执行维度，指人口计生公共服务工作的执行情况，主要围绕避孕节育和生殖保健两大服务进行评价；结果维度，指人口计生公共服务项目的执行结果，对项目执行的有效性和安全性进行评价。从投入、执行和结果三个维度对以此框架为依据开发出评价监测模型，可以全方位、多角度地反映人口计生公共服务发展水平。

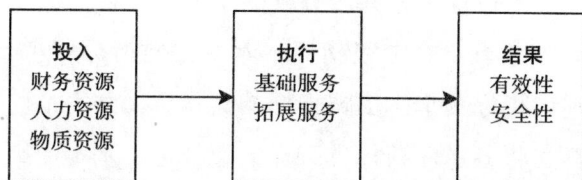

图 13　人口计生公共服务评价监测模型的理论框架

（二）评价监测模型的构建

1. 确定评价维度

本研究按照"投入—执行—结果"的评价监测模型的理论框架，确定了资源投入、项目执行、执行结果三个评价维度，如图 13 所示。资源投入维度，反映经费、物质、人力资源的投入情况；项目执行维度，反映基础服务和拓展服务的执行情况；服务结果维度，反映节育手术的质量、孕妇生产和新生儿的健康状况。三个维度综合反映人口计生公共服务的整体发展水平。

2. 确定评价指标

综合考虑人口计生公共服务的内容、服务标准以及发展目标，并遵循科学性、系统性、可操作性、可比性、可量化性的原则，采用德尔菲法、相关分析法对指标进行筛选，确定了 9 项二级指标，如表 2 所示。

资源投入维度通过人均费用、每 50 万人计生机构服务数量、计生服务机构平均人员数量三个指标进行评价，分别反映经费投入、机构覆盖、人员规模情况。人均费用指平均每个育龄人口的年度计划生育服务经费，机构覆盖及人员规模指标的计算公式如下：

每 50 万人计生服务机构数量 = （妇幼保健院数量+社区卫生服务中心数量）/ 已婚育龄人口/500000

计生服务机构平均人员数 = （妇幼保健院人员数 + 社区卫生服务中心人员数）/（妇幼保健院数量 + 社区卫生服务中心数量

项目执行维度通过已婚育龄避孕率、孕期健康检查系统管理率、孕妇住院分娩率三个指标进行评价，分别反映避孕节育、孕期保健、产妇生育的服务情况。已婚育龄避孕率指采取避孕措施的育龄妇女与育龄妇女总数之比；孕期健康检查系统管理率指年内孕产妇系统管理人数与活产数之比；住院分娩率指年内在取得助产技术资质的机构分娩的活产数与所有活产数之比。

服务结果维度通过节育手术事故率、孕产妇死亡率、新生儿低体重率三个指标进行评价，分别反映节育手术质量、孕妇生产健康、新生儿健康状况。节育手术事故率指节育手术事故病例数与节育手术总数之比；孕产妇死亡率指年内每10万孕产妇的死亡人数；新生儿低体重率指年内出生体重低于2500克的婴儿数与活产数之比。

3. 确定指标权重

采用层次分析法确定各项指标的权重。首先依据指标体系设计了三级判断矩阵式问卷，选取了6名专家，其中人口学教授2名，国家人口计生部门管理者2名，管理学学者2名。问卷发放的方式采用邮寄和送达的方式，全部问卷回收之后进行层次单排序与检验以及层次总排序与检验。最终，得到人口计生公共服务发展水平的评价监测模型，如表2所示。

表2 人口计生公共服务发展水平的评价监测模型

总指标	一级指标	权重（%）	二级指标	权重（%）
发展水平指数	资源投入	40	人均费用	20
			每50万人计生服务机构数量	10
			计生服务机构平均人员数	10
	项目执行	30	已婚育龄避孕率	15
			孕期健康检查系统管理率	10
			孕妇住院分娩率	5
	执行结果	30	节育手术事故率	5
			产妇死亡率	10
			新生儿低体重率	15

人口计生公共服务发展水平的评价监测模型具有三个特点：①四个维度涵盖了服务前期、中期、后期的整个过程，可以对服务发展水平进行整体性的纵向考察。②评估内容具有一定客观性，可以用量化的结果性指标进行衡量，可操作性强。③评估结果可以进行区域间、省份间的比较，有助于确定宏观发展政策。

（三）评价监测模型的计算方法

1. 数据

本研究选取中国31个省、市、自治区为样本，各项指标数据取2005~2009年的平均值，基础数据来源于公开出版的年鉴或者相关部门公布的权威指标数据，主要包括《中国统计年鉴》、《中国人口年鉴》、《中国卫生统计年鉴》等。

2. 逆向指标处理

人口计生公共服务发展水平的评价监测模型中共有9个二级指标。其中正向指标6个，逆向指标3个。依据指标的实际含义和表征内容，将各逆向指标进行正向化处理。基本原则是保证正向化后的指标仍有明确、具体的实际含义，并且表征内容不影响用其进行测算和分析。各逆向指标具体的正向化操作方法可如表

3 所示。

表3 逆向指标正向化方法表

序号	二级指标	指标正向化处理方法
1	节育手术事故率	指标值取倒数
2	产妇死亡率	指标值取倒数
3	新生儿低体重率	100-指标值

3. 数据无量纲化处理

由于各项指标数据的量纲不同，先要将所有指标数据都进行无量纲化处理，再进行统一计算。本研究采取阈值法对数据进行无量纲化处理，具体公式如下：

二级指标指数 = 二级指标参数 – min/max – min

一级指标指数 = $\sum$（各二级指标指数×权重）/ max（$\sum$ 各二级指标指数×权重）

总指标指数 = $\sum$ （一级指标指数 × 权重）

二、人口计生公共服务发展水平的评价与监测结果

（一）全国整体发展水平的评价监测结果及分析

1. 人口计生公共服务发展水平排名

利用"人口计生公共服务发展水平的评价监测模型"进行测算，得到全国各地区人口计生公共服务发展情况，具体结果及排名如表4所示。

表4 各地区人口计生公共服务发展情况及排名

指标及所占权重	发展水平指数，100%		一级指标					
			资源投入指数，40%		项目执行指数，30%		执行结果指数，30%	
地区	指数值	排名	指数值	排名	指数值	排名	指数值	排名
山东	0.947	1	0.868	6	1.000	1	1.000	1
浙江	0.945	2	0.973	2	0.978	4	0.876	8
北京	0.941	3	1.000	1	0.914	12	0.888	7
贵州	0.842	4	0.899	4	0.732	25	0.875	10
江苏	0.822	5	0.620	16	0.937	9	0.975	3
重庆	0.821	6	0.802	10	0.847	15	0.821	12
上海	0.817	7	0.862	7	0.697	27	0.876	9
吉林	0.813	8	0.679	12	0.897	13	0.906	5
内蒙古	0.806	9	0.667	13	1.000	2	0.798	13
河南	0.795	10	0.960	3	0.830	16	0.540	24
陕西	0.792	11	0.598	18	0.997	3	0.846	11
天津	0.788	12	0.639	15	0.791	20	0.982	2
福建	0.722	13	0.885	5	0.665	28	0.562	23
江西	0.721	14	0.571	19	0.949	7	0.691	19
湖南	0.718	15	0.535	21	0.967	5	0.713	17
辽宁	0.704	16	0.523	23	0.963	6	0.686	20
山西	0.697	17	0.607	17	0.815	19	0.701	18
四川	0.692	18	0.535	22	0.821	18	0.773	14
宁夏	0.686	19	0.470	26	0.940	8	0.719	16
青海	0.678	20	0.849	8	0.748	24	0.382	28
湖北	0.673	21	0.350	29	0.886	14	0.891	6

指标及所占权重	发展水平指数, 100%		一级指标					
			资源投入指数, 40%		项目执行指数, 30%		执行结果指数, 30%	
地区	指数值	排名	指数值	排名	指数值	排名	指数值	排名
湖北	0.673	21	0.350	29	0.886	14	0.891	6
广东	0.666	22	0.660	14	0.824	17	0.516	25
新疆	0.661	23	0.816	9	0.479	29	0.639	21
安徽	0.650	24	0.405	27	0.709	26	0.918	4
黑龙江	0.623	25	0.317	30	0.931	10	0.722	15
河北	0.621	26	0.563	20	0.923	11	0.398	27
甘肃	0.610	27	0.698	11	0.785	21	0.318	30
云南	0.563	28	0.505	24	0.764	22	0.439	26
广西	0.461	29	0.484	25	0.763	23	0.129	31
海南	0.441	30	0.354	28	0.422	30	0.577	22
西藏	0.132	31	0.089	31	0.000	31	0.320	29

2. 人口计生公共服务发展等级划分

依据人口计生公共服务的发展水平指数，将各地区整体发展水平划分为五个等级：第一等级，发展水平指数高于 0.9；第二等级，发展水平指数为 0.8~0.9；第三等级，发展水平指数为 0.7~0.8；第四等级，发展水平指数为 0.6~0.7；第五等级，发展水平指数为 0.6 以下。各地区人口计生公共服务发展等级，如表 5 所示。

表 5　人口计生公共服务发展等级

发展等级	发展水平指数	地　区
第一等级	0.9 以上	山东、浙江、北京
第二等级	0.8~0.9	贵州、江苏、重庆、上海、吉林、内蒙古
第三等级	0.7~0.8	河南、山西、天津、福建、江西、湖南、辽宁
第四等级	0.6~0.7	山西、四川、宁夏、青海、湖北、广东、新疆、安徽、黑龙江、河北、甘肃
第五等级	0.6 以下	云南、广西、海南、西藏

3. 人口计生公共服务的发展特点

通过分析表 4 和表 5 中的数据，我国人口计生公共服务的发展情况具有三个特点：

（1）全国多数地区人口计生服务发展落后。从发展等级的分布来看，第三、四两个发展等级的集中度最高，分别占全国比例的 23% 和 35%。此外，还有 13% 的地区处于第五等级，发展较为落后。这意味着，全国约 70% 的地区人口计生公共服务相对落后。从各项指数的全国平均值来看，发展水平指数为 0.71，资源投入指数为 0.63，项目执行指数为 0.78，执行结果指数为 0.68。全国整体发展水平偏低，项目执行情况较好，但是执行效果不佳。这可能是因为资源投入水平较低，经费、人员、机构配置不足，难以保证人口计生公共服务的质量。同时，计生服务人员的专业素质不足，中西部和农村地区计生服务机构设备落后，育龄人口服务项目参与度低也是导致人口计生服务发展水平偏低的重要原因。

（2）发展水平处于两极的区域集中程度高

并且差距较大。从发展等级来看，位于第一等级的是山东、浙江、北京，全部属于东部地区；位于第五等级的是云南、广西、海南、西藏，其中三个属于西部地区。在发展水平排名的前5位中，东部地区占80%，平均发展水平指数为0.899，山东最高为0.947；在排名最后5位中，西部地区占80%，平均发展水平指数为0.441，西藏最低为0.131。东部地区经济发展水平较高且城市数量较多，人口计生服务资源投入水平高，服务机构覆盖率、人员规模均优于中西部地区，因此发展水平较高的地区主要集中在东部。西部地区经济落后，服务机构基础设施薄弱、人员配置不足、服务项目覆盖率低、服务质量较差，整体发展水平与东部发达地区差距较大。特别是西藏地区，不仅处于全国排名末尾，而且发展指数与全国其他地区相差悬殊。

（3）部分地区的发展情况与所在区域的整体情况相异。东部地区平均发展水平指数为0.764，海南发展水平指数为0.441，位于全国排名第30位，远远低于东部地区的平均发展水平，甚至低于多数中西部地区的发展水平。中部地区平均发展水平指数为0.711，吉林发展水平指数为0.813，全国排名第8位，是唯一位于第二发展等级的中部地区省份。西部地区平均发展指数为0.645，贵州、重庆、内蒙古的发展水平指数均在0.8以上，三个地区分别位居全国排名第4、6、9位，贵州和重庆的综合发展情况甚至超过上海等经济较发达地区。人口计生公共服务的发展情况受到多种社会因素的影响，除经济发展状况外，社会文化、政策制度、服务对象的受教育程度等都会影响服务执行和服务效果。促进区域均衡发展，要综合考虑各种影响因素，全方位推进人口计生公共服务的发展。此外，在经济状况相似的区域，发展领先地区的实践经验值得借鉴，这有助于带动落后地区人口计生公共服务的发展。

（二）人口计生公共服务区域发展分析

1. 东部地区发展情况分析

东部地区平均发展水平指数为0.764、平均资源投入指数为0.722、平均项目执行指数为0.828、平均执行结果指数为0.757，各省、市人口计生公共服务发展情况，如图14所示。

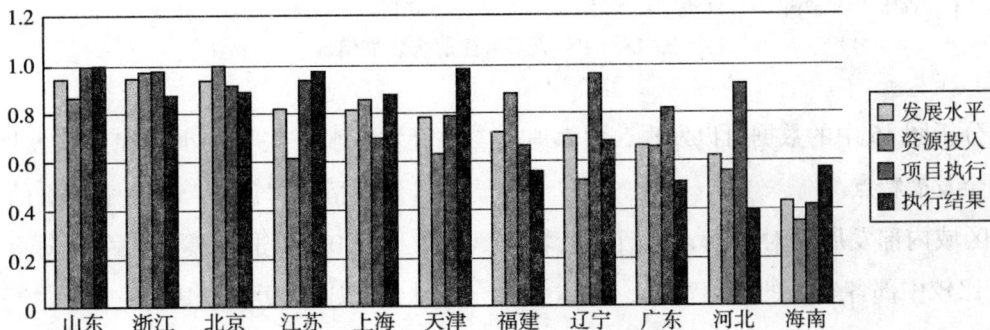

图14　东部人口计生服务发展情况

东部地区整体发展水平相对较高。从发展水平指数来看，东部地区 11 个省、市中，3 个处于第一发展等级，5 个位居全国前 10 位，7 个位居全国前 15 位。在各项一级指标排名中，北京的资源投入指数位居全国第 1 位，山东的项目执行和执行结果指数均位居全国第 1 位。虽然东部地区整体发展状况良好，但是仍然存在发展不均衡的问题，表现在两个方面。

（1）区域内部地区间发展水平差距较大。海南省的服务发展水平指数全国排名第 30 位，是东部地区唯一处于第五发展等级的省份。同属东部地区，海南的各项发展指标都低于东部的平均水平，发展水平指数更是与山东、北京、浙江相差一倍之多。服务均等化是人口计生公共服务的发展目标，东部地区在推进服务均等化方面仍然需要进一步提高。

（2）多数地区存在服务发展失衡的问题。分析图 14 中的数据可以发现，除山东、浙江、北京外，其他地区的资源投入、项目执行、执行结果三个指标与当地发展水平指标的评价结果不一致。比如，江苏的资源投入情况、上海的项目执行情况、河北的执行结果情况都是当地人口计生服务的短板，制约了人口计生公共服务的发展。因此，各地区在未来发展过程中，要分析自身的发展情况，从强化薄弱环节入手，因地制宜地规划发展方案，全面提高服务水平，达到服务优质性的目标。

2. 中部地区发展情况分析

中部地区平均发展水平指数为 0.711、平均资源投入指数为 0.553、平均项目执行指数为 0.873、平均执行结果指数为 0.760，各省份人口计生公共服务发展情况，如图 15 所示。

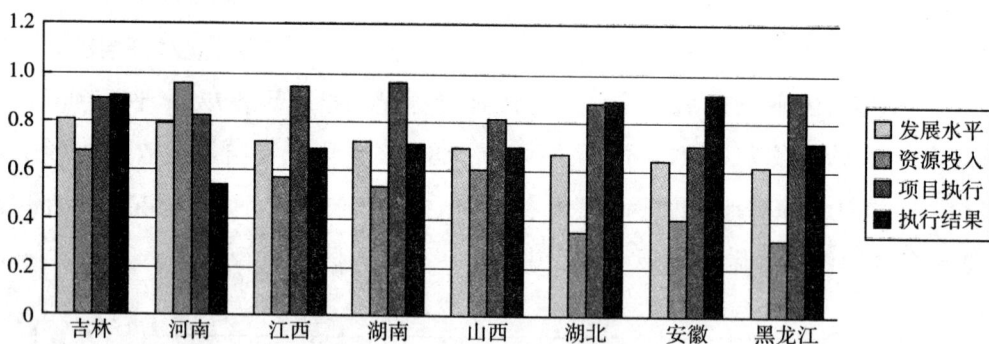

图 15 中部人口计生服务发展情况

通过分析图 15 中的数据可以发现，中部地区具有两个发展特点。

（1）区域内部发展相对均衡，项目执行情况较好。比较中部各地区的发展情况，整体发展较好的是吉林，较差的是黑龙江，二者发展水平指数相差 0.19。其他 5 个省份发展水平指数均在 0.65~0.79，位居全国第 11~25 位，各省份发展水平差异较小。在各项发展指标中，项目执行指标普遍较高，7 个省份的项目执行指数达到 0.8 以上，其中江西、湖南、黑龙江达到 0.9 以上，处于全国领先水平。

（2）资源投入普遍落后，制约发展水平提高。中部地区 5 个省份的资源投入指数低于 0.6，其中 3 个省份位居全国最后 5 位。中部地区内部各省资源投入情况差距较大，河南较好、黑龙江较差，二者资源投入指数相差 0.643。从资源投入指数和发展水平指数的一致性角度，除河南省外，其他各省的发展水平受资源投入影响较大、资源投入指数均低于当地项目执行和执行结果指数。因此，资源投入不足是制约中部地区发展的重要因素。

3. 西部地区发展情况分析

西部地区平均发展水平指数为 0.645，平均资源投入指数为 0.617，平均项目执行指数为 0.739，平均执行结果指数为 0.588，各省份人口计生公共服务发展情况，如图 16 所示。

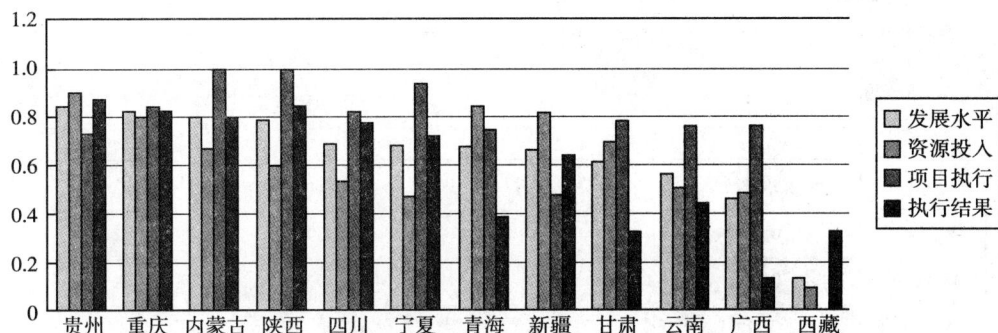

图16 西部人口计生公共服务发展情况

西部地区覆盖范围最广，包括 12 个省、市、自治区，人口计生公共服务的发展情况具有两个特征：

（1）区域整体发展相对落后。全国发展水平排名的后 15 位中，西部地区的省、市、自治区占了 8 个，并且有 4 个省份位居全国最后 5 名。此外，西部地区在发展水平、资源投入、项目执行、执行结果等各方面都较为落后，各项指标平均值都在 0.5~0.8。其中，西藏的发展水平指数、资源投入指数、项目执行指数均位于全国排名最末，广西的执行结果指数全国排名最末。从全国范围来看，人口计生公共服务发展落后的地区集中在西部。因此，加强西部地区的服务能力，大幅提高服务水平，是促进服务优质化、均等化的重要环节。

（2）区域内部发展呈现两极化。从西部地区的发展水平指数来看，位居全国前 10 位的分别是贵州、重庆、内蒙古，平均发展指数为 0.823；位居全国后 10 位的分别是新疆、甘肃、云南、广西、西藏，平均发展指数为 0.485。在西部地区内部，人口计生公共服务发展呈现两极集中的特点，并且地区间差异较大。在各项评价指标中，执行结果的差异度最高，然后是资源投入，项目执行的差异度最小。西部地区在促进服务均衡发展的过程中，应当着力提高落后地区的服务质量，并且进一步优化资源配置。

4. 东部、中部、西部区域间比较分析

全国各地区按照东部、中部、西部划分，根据表 4 的数据计算各项指标的区域平均值，得到人口计生公共服务的区域发展情况，如图 17 所示。从区域发展情况来看，东部地区发展水平较高，各指标均高于全国平均水平，总体发展水平领先于中、西部地区；中部地区总体发展情况高于全国平均水平,但是资源投入水平极为落后;西部地区发展水平较低,各指标均低于全国平均水平,总体发展水平与东部地区差距较大。具体而言,人口计生公共服务的区域发展具有三个特征。

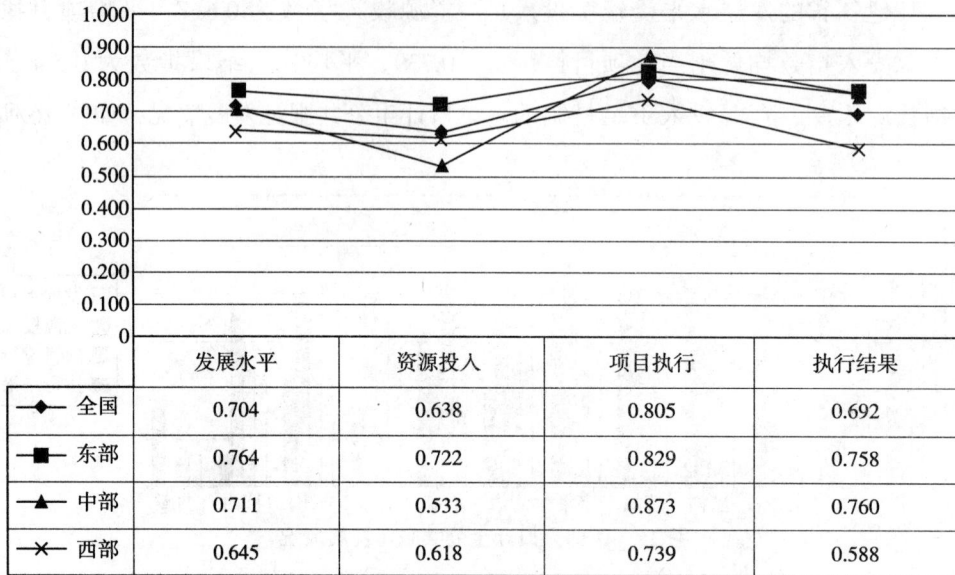

	发展水平	资源投入	项目执行	执行结果
全国	0.704	0.638	0.805	0.692
东部	0.764	0.722	0.829	0.758
中部	0.711	0.533	0.873	0.760
西部	0.645	0.618	0.739	0.588

图 17 人口计生公共服务区域发展情况

(1)资源投入差异较大。三个区域的资源投入指数在 0.53~0.73,东部最高、中部最低,二者相差 0.189,中、西部地区都低于全国平均水平。此外,三个区域的资源配置水平也存在差异,如图 18 所示。东部地区资源投入指数较高,服务机构覆盖情况和计生人员规模优于中、西部地区;中部地区资源投入指数最低,突出表现为人均计生费用不足;西部地区资源投入水平较低,虽然人均计生费用全国领先,但是服务机构数量不足,难以保障服务充分覆盖到育龄人群。因此,要加大中西部地区的资源投入力度,提高中部地区的人均计生经费,加强西部地区服务机构基础设施建设,促进人口计生公共服务服务均衡发展。

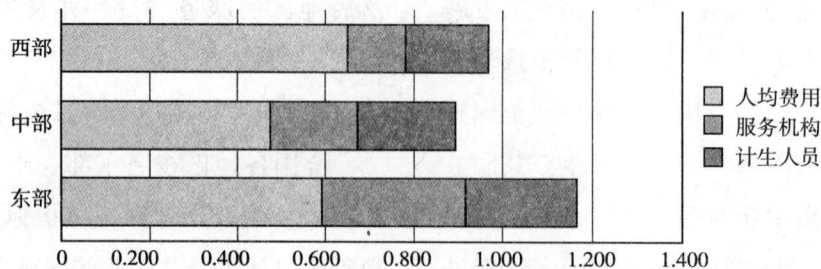

图 18 东部、中部、西部资源投入情况

(2)服务质量参差不齐。从执行结果指数来看,东部和中部地区的都在 0.75 以上,西部地区不足 0.6,西部与全国平均水平差距较大。在具体服务项目上,三个区域的各项服务质量情况如图 19 所示。东部地区的手术安全性和孕产妇健康水平全国领先，但是新生儿的健康水平较低，低体重儿比率全国最高；中部地区新生儿健康水平领先于东、西部地区，但是节育手术及孕产妇健康服务相对落后；西部地区在节育手术和生育服务上均处于落后水平，手术事故率和孕产妇死亡率全国最高，但是在新生

儿健康方面跟东、中部差距较小。综上所述，人口计生公共服务的执行结果在整体水平以及服务项目的质量上都存在区域差异。在推进服务均等化的过程中，既要从整体出发提高落后地区的服务水平，又要考虑各区域不同服务项目的质量水平，因地制宜地规划发展方案。

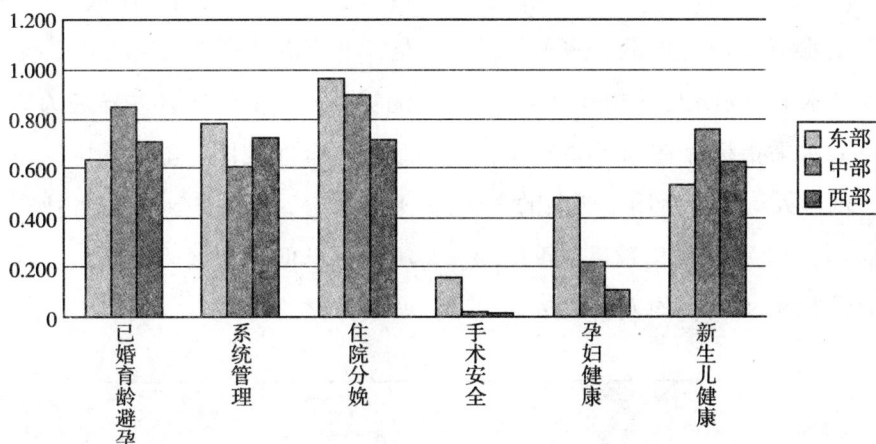

图 19　东部、中部、西部　服务执行和结果情况

（3）薄弱环节各不相同。从图 17 中的曲线形态可以看出，三个区域的发展情况存在共性，即项目执行指数较高，资源投入指数、执行结果指数较低。然而，各项指标的具体情况显示（见图 18、图 19），三个区域发展的薄弱环节各不相同。在资源投入方面，中部地区的人均计生费用、西部地区的服务机构数量严重不足；在项目执行方面，东部地区的避孕节育服务、中部地区的孕期检查服务、西部地区的生育保健服务发展较为落后；在执行结果方面，东部地区的新生儿健康水平、中西部地区的手术安全性及孕妇健康水平亟待加强。在未来发展过程中，各区域需要针对自身发展的特点，着力提高薄弱环节的服务能力，全面提高服务水平，

逐步实现优质服务的发展目标。

（三）典型地区的发展情况分析

1. 发展水平两极地区差距悬殊

在人口计生公共服务全国排名中，综合排名第 1 位的是山东，第 31 位的是西藏，两个地区发展情况差距悬殊，如图 20 所示。此外，各项指标排名结果也呈现出两极分化的特点，如表 6 所示。人口计生公共服务发展情况存在地区差异，体现在两个方面。

（1）综合发展情况存在两极差异。从图 20 的曲线形态来看，山东地区发展情况跟全国总体发展趋势相当，并且在经费投入、服务执行及结果等方面全国领先；西藏地区在资源投入、项目执行、执行结果等各方面都处于全国落后

水平，并且在经费投入和服务执行两方面与全国整体水平差距较大。从各项指标结果来看，西藏除了在服务机构数量上略高于山东，在其他各方面两地区发展情况差距悬殊。其中，人均计生费用指数，山东是西藏的 9 倍；已婚育龄避孕指数，山东是西藏的 8 倍；产妇住院分娩及孕期检查指数，山东高出西藏将近 10 倍。从西藏与山东的发展差距可以看出，落后地区的资源投入不足，服务执行力度低、服务质量效果差，整体发展水平与领先地区相差悬殊。

（2）各项发展水平指标存在两极差异。在资源投入方面，河南人均计生费用是西藏的 3.4 倍，浙江每 50 万人计生服务机构数量是重庆的 14.3 倍，上海计生服务机构平均人员数量是黑

龙江的 26 倍。资源配置不均衡主要表现为人员规模和机构数量差异较大。在服务执行方面，江西的已婚育龄妇女避孕率比西藏高 17.5%，北京的孕期检查系统管理率比海南高 51.9%，天津的住院分娩率比西藏高 57.7%，服务执行力度的差异性主要集中在生殖保健服务上。在执行结果方面，上海每 10 万孕产妇死亡率比西藏低约 42 倍，贵州低体重儿比率比广西低约 4 倍，北京的节育手术事故率比西藏低约 117 倍，说明服务质量的地区差异最为突出，落后地区服务安全性较低。虽然我国人口计生公共服务不断改善，资源投入、服务执行、服务质量有所提升，但是地区间发展水平并不均衡，存在两极分化的问题。

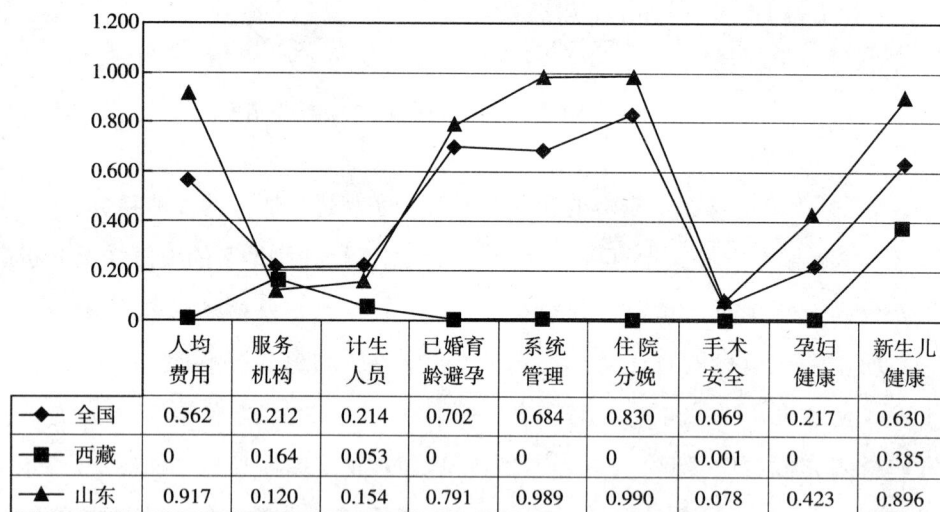

	人均费用	服务机构	计生人员	已婚育龄避孕	系统管理	住院分娩	手术安全	孕妇健康	新生儿健康
全国	0.562	0.212	0.214	0.702	0.684	0.830	0.069	0.217	0.630
西藏	0	0.164	0.053	0	0	0	0.001	0	0.385
山东	0.917	0.120	0.154	0.791	0.989	0.990	0.078	0.423	0.896

图 20　山东、西藏人口计生公共服务发展情况

表 6　人口计生公共服务发展情况极值比较

地区比较　指标	全国排名第 1 位		全国排名第 31 位	
	地区	指标值	地区	指标值
人均计生费用（元）	河南	27.66	西藏	8.04
每 50 万人计生机构数量（个）	浙江	215	重庆	15
计生服务机构平均人员数量（人）	上海	78	黑龙江	3
已婚育龄妇女避孕率（%）	江西	93.76	西藏	76.08
孕期检查系统管理率（%）	北京	95.35	海南	43.36

续表

指标	地区比较	全国排名第1位		全国排名第31位	
		地区	指标值	地区	指标值
住院分娩率（%）		天津	99.83	西藏	42.15
孕产妇死亡率（1/10万）		上海	6.4	西藏	253.22
低体重儿率（%）		贵州	1.03	广西	4.38
手术事故率（%）		北京	0.0028	西藏	0.33

2. 发展水平地区差异分析

在全国人口计生公共服务发展水平排名中，综合排名前5位分别是山东、浙江、北京、贵州、江苏，最后5位分别是甘肃、云南、广西、海南、西藏。这十个地区代表了我国计生服务的领先水平和落后水平，表7显示了不同发展水平地区的发展情况。

表7 人口计生公共服务不同地区发展情况

	资源投入			项目执行			执行结果		
	人均计生费用（元）	每50万人计生机构数量（个）	计生服务机构平均人员数量（人）	已婚育龄妇女避孕率（%）	孕期检查系统管理率（%）	住院分娩率（%）	孕产妇死亡率（1/10万）	低体重儿率（%）	节育手术事故率（%）
全国平均									
	19.07	58	19	88.49	75.87	90.03	38.74	2.26	0.12
发展水平领先地区									
山东	26	40	15	90.08	94.65	99.28	14.65	1.38	0.03
浙江	21.3	215	4	89.81	92.24	99.63	9.58	2.37	0.05
北京	22.5	155	23	87.21	95.35	99.65	14.94	2.84	0.0028
贵州	27.3	27	16	90.29	69.12	62.44	67.23	1.03	0.12
江苏	17.2	115	9	90.7	81.01	99.48	10.7	1.87	0.02
发展水平落后地区									
甘肃	22.1	36	15	88.99	75.98	78.68	57.63	3.3	0.23
云南	17.2	20	23	87.94	80.06	74.66	53.38	2.84	0.11
广西	15.6	20	32	86.09	80.54	91.72	27.57	4.38	0.06
海南	13.3	30	22	82.24	43.36	93.82	30.54	2.48	0.16
西藏	8	49	7	76.08	33.71	42.15	253.22	3.09	0.33

（1）资源投入的差异性。①领先地区的经费投入普遍较高。人均计生费用，领先地区大都在20元以上，山东高达26元；落后地区只有甘肃省超过20元，其余地区都低于全国平均水平，西藏仅有8元。②落后地区的人员规模较大。计生服务机构的平均人员数量，落后地区中有3个省份超过了全国平均水平，广西达到32人；领先地区中只有北京超过平均水平，浙江只有4人。③计生服务机构数量的两极化程度最高。每50万人计生服务机构数量，浙江、北京、江苏超过100个，其他领先或落后地区都不足50个，全国平均水平为58个。这些特征表明，发展水平的差异主要表现在经费投入上，经费不足的地区发展水平普遍落后；

落后地区没有将人员的数量优势转化为能力优势，这也许跟落后地区人员专业素质不高有关；服务机构建设呈现两极化趋势，跟各地区经济发展水平相关。总之，经费投入水平高是领先地区的资源优势，配置失衡是落后地区的资源劣势。

（2）项目执行的差异性。①避孕节育服务的发展情况差异较小。全国已婚育龄妇女避孕率为88.49%，领先地区集中在90%左右，落后地区普遍集中在85%左右。②领先地区生殖保健服务的发展水平较高。孕期检查系统管理率，领先地区中有3个超过92%，落后地区都在81%以下，其中2个不足50%；住院分娩率，领先地区普遍在99%以上，北京、江苏、浙江的孕妇分娩率在2008年和2009年达到100%；落后地区中3个地区低于80%，西藏仅为42.15%。这些数据表明，人口计生服务的发展水平与服务执行情况相关，差异性集中体现在生殖健康服务的执行力度上。由于生殖健康服务对资源投入、服务能力提出了更高要求，所以落后地区在经费投入、仪器设备、人员素质等方面发展水平较低，孕妇保健和生育服务的服务能力薄弱，执行效果较差。

（3）执行结果的差异性。①领先地区计生服务的安全性较高。每十万孕产妇死亡病例，领先地区普遍在15例以下，贵州最多为67例；落后地区普遍在30~60例，西藏最多为253例。节育手术事故率，领先地区普遍在0.02%~0.12%，北京最低为0.0028%；落后地区普遍在0.11%~0.33%，广西最低为0.06%。从服务安全性的平均水平来看，落后地区与领先地区的差距约为4倍。②领先地区的新生儿健康状况较好。新生儿低体重比率，领先地区在1.03%~2.84%，落后地区在2.48%~4.38%。落后地区的新生儿健康状况都低于全国平均水平，并且与领先地区差距较大。综上分析，人口计生服务的发展水平与服务质量密切相关。领先地区具备资源和能力的双重优势，服务质量较高；落后地区资源不足、能力薄弱，服务质量较低。

（四）小结

通过对全国内地的31个地区进行纵向考察和横向比较，得出以下结论：

（1）人口计生服务发展不均衡，表现为区域差异较大、发展水平呈现两极化。

（2）人口计生服务发展存在薄弱环节，突出表现为经费投入不足、生殖保健服务水平较低、服务质量参差不齐。

（3）各地区都面临计生服务的发展障碍，但是影响程度和表现形式各不相同。综上所述，我国人口计生公共服务整体水平不高，不同地区发展水平的差异性较大，尚未达到服务优质性和均等化的目标。在促进服务均等化方面，应当加大落后地区的资源投入，特别是经费投入，同时着力提高生殖健康服务的执行力度和质量水平，提高服务的安全性和有效性。在提高服务优质性方面，可以参考人口计生公共服务评价监测模型的分析结果，从各地区自身发展情况出发，针对发展的薄弱环节制定发展规划，全面提高服务能力、提高服务质量。

人口计生公共服务的发展优化建议

在"十二五"期间，人口计生公共服务将迈向更高的发展阶段，实现优质服务全面覆盖、基本公共服务均等化的目标。目前，我国人口计生公共服务在整体发展、区域发展、地区发展等方面都有进一步发展空间。本部分以促进服务优质性和均等化为出发点，在总结过去发展经验的基础上，针对现阶段发展过程中出现的问题，提出优化人口计生公共服务的对策建议。

一、优化资源配置，增强服务可及性

人口计生公共服务的可及性与服务质量密切相关，保证服务的可及性意味着人们可能获得优质、适宜和支付得起的服务（彭彦辉，2006）。因此，增强服务可及性是实现服务优质性和均等化的重要保障。世界卫生组织在服务可及性方面提出了"普遍获取性"的概念，反映了"同等需求、同等获取"的公平性理念。根据世界卫生组织的评估体系，服务的获取性指标从可利用性、服务需求、服务质量、服务利用、服务结果等方面进行评价，内容涉及服务机构的数量、计生人员的服务水平、服务内容的提供等多个方面。由此可见，人口计生公共服务可及性需要以资金支持为财务基础、服务机构为物质基础、人力资源配置为人员基础。因此，优化资源配置是提升服务可及性的重要前提。

在基础设施建设方面，要保障财务资源合理使用，并加强基层服务机构的建设。首先，加大经费投入、保障专款专用、加强基层服务机构的资金落实工作。我国部分地区政府由于财力薄弱，时有挪用计生经费的现象发生，导致基层服务站运行上得不到有效的财力支撑。

财务资源是服务机构正常运行的重要基础，应当根据不同地区的发展需要，配置足够的财政资源，并且完善财务审批制度，落实基层服务机构的经费支持。其次，加强基层服务机构建设。目前我国很多基层机构的数量、服务条件尚未达到国家标准。特别是在经济发展落后的地区，计生服务机构数量不足、医疗设备配置落后，难以具备基本的服务能力。因此，提高服务可及性必须要提供足够的数量的服务机构、改善服务机构基础设施条件，为群众创造一个安全、舒适的环境。

在人力资源队伍建设方面，要提高计生服务人员的专业素质和服务水平。我国计划生育技术队伍的服务能力、知识水平与工作需求的矛盾日显突出，表现在三个方面：①由于技术服务领域的拓宽，原有人员的知识结构和服务技能不能满足工作的需要；②新调入的大中专毕业生虽具备了基本医学专业知识，但缺少临床实践和处理急、重患者的经验；③由于技术服务人员知识和能力所限，不具备使用新型医疗设备的技术，无法开展相应的服务项目。为了保障服务质量，为群众提供优质服务，必须加强人口计生公共服务从业人员的培训。考虑到计生人员学历层次不同，岗位需求不同，以及接受能力不同，可以开展多种培训渠道相结合的培训方式，采取多种形式提高培训效果。此外，根据人口计生发展新方向，应当拓宽培训内容，满足群众对优质服务的需求。在提高人力资源素质的工作中，要制定科学管理制度，确保培训效果良好和人员素质的提高。

二、促进均衡发展，实现服务均等化

（一）加强落后地区服务能力建设

人口计生公共服务均等化是指"底线均等"，即在承认地区、城乡存在差别的前提下，保障所有国民都享有一定标准之上的基本公共服务。我国人口计生公共服务发展区域间、城乡间差距显著，落后地区的发展水平不仅远远低于计生服务发达的地区，并且低于国家制定的基本标准。因此，实现服务均等化的重要途径是要加大对落后地区的投入力度，使其在尽可能短的时间内得到快速发展，达到基本的服务水平。

目前，我国计生服务发展落后的地区主要集中在中、西部地区和农村地区。在以中、西部农村地区为调查样本的研究显示，能够自主选择避孕方法、服务等候时间较短、计生服务站距离较近、参与计生宣传活动、理解计生宣传材料的内容是影响计生服务质量的重要因素（张妍，2008）。因此，避孕方法的知情选择、服务的便捷程度、计生宣传活动是提高服务质量的重要途径。

立足我国落后地区的发展困境，加强服务能力建设需要做到四点：①加大政府投入力度，加强农村计划生育技术服务机构基础设施建设，改善计划生育服务条件。②提高专业技术人员业务水平和素质，推进计划生育人员队伍职业化建设。③针对群众需求，进一步拓展计划生育服务领域。④计卫联手充分发挥计生部门的网络和卫生部门的人才、技术优势，共同做好农村计划生育和公共卫生工作（窦燕，2010）。

（二）强化薄弱环节，促进服务全面发展

人口计生公共服务包括避孕节育、生殖健康两大类，其中涉及多种服务项目。我国各地区在服务执行过程中存在的薄弱环节不尽相同，服务执行的效果也参差不齐。在提高人口计生公共服务的发展水平的过程中，不应盲目地加大资源投入，抑或是盲目地扩展服务功能。应当在多角度、全方位地对本地区的发展情况进行评价之后，因地制宜地对工作进行规划和安排，实施切实有效的优化策略。从全国范围来看，目前限制各地区发展的因素具有共同点，即现有服务存在盲区、服务功能难以充分发挥。

目前，人口计生公共服务的盲区主要源于宣传效果不佳。一方面，服务对象对计生服务的知晓度不高；另一方面，服务对象的主动参与度低。以至于优质服务的功能难以充分发挥，流动人口的服务获取性不高。因此，服务机构应当创新宣传教育的形式，提高计生服务的知晓度，加强宣传教育的效果，从而填补服务盲区，增强服务的可及性。要树立以服务对象为主体的基本理念。目前，人口计生服务工作已经从行政管理向服务管理转变，育龄群众是管理对象，而且是服务对象。因此，在宣传教育的形式上，应当注重以人为本的服务理念。比如，宣传氛围从宣传鼓动转向咨询指导，宣传方式从说教转向互动参与，宣传内容从政策法规、婚育观念、避孕节育等基本内容转向优生优育、遗传咨询、性病预防、性健康等全面系统的生殖健康知识。此外，宣传过程注重增强群众的参与意识，加强宣传材料的知识性、趣味性、实用性。根据宣传内容的特点，还可以开展个性化服务，比如对于一些涉及隐私的内

容，服务机构可以提供温馨私密的个性化宣教服务场所，采取一对一或是夫妻共同参与的教育、咨询方式，引导更多的育龄人群参与到活动中来（肖伟，2008）。

（三）创新服务模式，加强流动人口服务管理

流动人口是人口计生公共服务的薄弱环节。流动人口普遍避孕节育意识不高、流产比例高，她们是计生服务的重要服务对象。但是，由于流动人口的流动性大，难以像户籍人口那样进行管理和服务，加大了人口计生工作的难度。相关学者提出了"社区服务型模式"为流动人口提供计生服务（朱云，2006）。该模式以社区资源为基础，运用社区管理的机制与手段，达到服务管好流动人口目的，将属地化管理、服务型管理、参与式管理有机结合。在服务途径上，社区服务机构可以依托社区医院和社区卫生服务站开展咨询、随访和技术服务，由社区居委会协助进行动态信息的管理，对流动育龄妇女进行走访。在服务内容上，社区服务机构承担宣传教育、避孕节育技术服务、日常生活服务等基本职能。具体包括：①宣传教育服务，将婚、孕、产、育、教等服务全程开展，并根据需求举办各种健康咨询讲座。②避孕节育技术服务，在流动人口密集的地区设立计划生育技术咨询服务网点，配备服务设施，开展查孕、查环、查病等生殖保健优质服务。此外，将孕检工作变成以保健检查为主，同时融合避孕节育健康咨询、发放药具、法规宣传，成为综合性活动。③日常生活服务，主要针对流动人口的特点，帮助流动人群协调与户籍地的关系，疏通领取流动人口婚育证明、生育指标等问题。

在各项服务过程中，要进行动态的有效管理，推行"以场（居）建账，以摊（门面房）建档，以人建卡"的制度，同时要实行人性化的服务，为流动人群提供及时、便捷的服务。

三、借鉴国际经验，提升服务优质性

我国虽然在避孕率普及程度上取得了一定成就，但是在提供优质的健康服务方面仍然落后于发达国家。因此，国外实践的经验对我国人口计生公共服务的发展具有借鉴意义。

1. 流产后计划生育服务

在提高避孕有效性方面，可以借鉴国外很多国家开展的"流产后计划生育服务（PAFPS）"服务模式。流产后计划生育服务是流产后服务的重要组成部分，可以增加有效避孕率，降低重复流产率，从而降低人工流产率（肖伟，2008）。目前，我国尚未全面开展正式的、规范化的流产后服务，也没有将计划生育服务跟流产后服务结合起来。计划生育管理部门可以通过建立系统管理机制，将流产后计划生育服务引入服务机制，在项提供人工流产服务的医院开展并推广。随着服务的逐步完善，还可以逐步开展流产后社区服务、咨询服务、治疗服务、生殖健康等综合服务，建立起完整的流产后服务体系。

2. 友好型青少年生殖健康服务

世界卫生组织近年来倡导发展青少年生殖健康服务，提出"年轻友好健康服务"模式。从社会、政策、人员、环境等角度出发，这个模式包括六个方面：社会支持、年轻人参与、具有对年轻人友好的政策、对年轻人友好的服务程序、具备对年轻人友好的服务人员、提供对年轻人友好的环境。这种服务模式按照责任

机构的不同，可以归纳为四种实践类型（张佳持等，2004）。

（1）以医院为基础的青春期生殖服务。这种服务实践类型的代表是澳大利亚的墨尔本皇家医院。该医院设有专门的"怀孕指导服务"，提供有关非计划妊娠、计划生育等各类咨询。医院设有"青少年母亲门诊"，为不愿意终止妊娠的青少年提供必需的孕产妇检查和保健服务。同时，医院还承担与学校、社区福利等部门取得联系的责任，帮助少女解决在怀孕期间或生育之后所需要的福利、就业、就学等问题。

（2）以社区为基础的生殖健康服务。世界卫生组织在早20世纪80年代初提出"社区承担卫生保健责任"的构想。随着医学模式的转变和"大卫生观"的确立，社区在健康教育与健康促进的地位和作用越来越重要。相关国家实践经验表明，通过社区来组织实施青少年的生殖健康服务更易达到理想的效果。美国纽约哈顿社区的"青年男性门诊"就是值得借鉴的例子，代表了青少年和成年男性卫生保障体系的一种模式。该门诊把重点放在生殖健康服务上，服务形式主要包括防治性传播疾病的宣传教育、帮助青年人树立正确的性态度、教授青年人基本的避孕节育方法等。

（3）以学校为基础的生殖健康服务。学校健康教育对于人的生活行为及健康的影响日益受到世界各国医学和公共卫生工作者的普遍重视。此外，学校进行生殖健康方面指导和干预也易于被学生接受。因此，以学校为基础的青春期生殖健康服务成为一些国家和地区解决青少年生殖健康问题的一种方式。美国最早在这个类型上进行了尝试，在明尼苏达州的圣保罗市成

立了"校区健康中心"。该中心提供形式多样的健康服务，除生殖健康服务外，还提供预防性传播疾病和受孕的相关资讯，中心的工作人员为有性活动的学生提供个人咨询或转诊服务。

（4）其他关于青少年生殖健康的服务。瑞典以满足青年人特殊的生殖健康需求为出发点，成立了专门为年轻人服务的机构——"青年人诊所"。这家诊所为年轻人提供有关生殖健康的信息、指导、咨询和临床服务。由于这类门诊的具有独立性的特点，不从属于医疗服务机构或社区服务部门，年轻人可以随时访问、询问各种问题，获取避孕药具，以及咨询和检查自己是否感染某种性传播疾病。

印度在为青少年提供生殖健康服务的模式上做出了有益尝试，在新德里的一家名为"Safdarjang"的综合医院，专门为青少年设计了一整套生殖健康服务。首先，对青少年的需求进行评估；其次，在社区对青少年健康保健进行宣传，并提供相应的服务；再次，建立青少年门诊，提供以临床为基础的预防、促进和医疗服务；最后，医院还与学校和非政府组织建立联系，向非在校的青少年提供服务。

3. 服务项目为载体的综合服务模式

韩国的家庭计划协会通过以项目为载体的管理方式，实现全方位、多角度、综合性的人口计生公共服务。根据服务内容的不同，可以分为四个服务项目（黄大敏，2006）。

（1）宣传动员项目。自协会成立起，就配合政府利用报纸、杂志、广播等大众媒体宣传家庭服务项目。20世纪90年代后，计划协会的宣传重点放在妇幼保健、青少年性教育和家庭福利方面。通过宣传动员，有助于提高服务

的认知度，消除重男轻女的思想观念。

（2）青少年项目。家庭计划协会在性教育和咨询，负责任的父母观念的教育，在示范学校开展示范的性教育等方面卓有成效地开展了工作。青少年项目的实施，帮助青春期的未成年人树立了性健康观念，有助于解决性方面的疑难问题，使他们将来成为负责任的父母。

（3）家庭福利项目。全国 13 个支会的家庭健康和福利中心与诊所合作，为受家庭虐待者和受性暴力者提供咨询和医疗服务，发展至今已延伸到为老年人和孩子提供每日护理和定期护理服务项目。家庭福利项目主要目的是帮助人们解决家庭问题，立足服务需求，为人们提供综合性的服务。

（4）家庭健康项目。韩国家庭计划协会拥有 13 个诊所，提供医疗、信息、教育等方面有利于家庭健康的服务，包括避孕药具的展示、妇女病（子宫癌、乳腺癌、骨质疏松）的诊治、围产期的服务教育、为学龄儿童做体检等。此外，韩国自愿结扎协会联合提供各种各样的避孕服务，并培训提供服务的医生。家庭健康项目的开展提高了孕产妇和新生儿的健康水平，也为出生缺陷的预防做出了很大贡献。

随着我国人口计生公共服务的发展，计划生育服务的范围不断扩大。在服务对象方面，从已婚育龄妇女，扩展到青少年和所有育龄青年；在服务内容方面，从单一的避孕节育服务，扩展到青少年性健康服务、避孕节育服务、妇幼保健服务、优生优育服务相结合的综合服务。目前，我国人口计生服务机构主要承担宣传教育、药具发放、技术服务等职能，如何将多种服务有效整合，满足服务需求是未来发展的关键。韩国计划生育协会以项目为载体的服务模式具有借鉴意义，可以从服务对象的需求出发，将现有服务内容进行整合，进行项目式管理，提供全方位、多角度的综合服务。

（王　颖　谢　晏　执笔）

参考文献

［1］蔡隽：《中国地方政府公共服务品牌建设研究》，江苏：南京大学公共管理，2007 年。

［2］陈昌盛：《基本公共服务均等化及其行动框架》，《调查研究报告》，2007 年第 196 期。

［3］窦燕：《安徽省农村计划生育技术服务机构基础设施及服务提供情况现状研究》，安徽：安徽医科大学，2010 年。

［4］高莹莹：《优化人力资源视角下的基层人口计生系统培训需求分析》，云南：昆明医学院健康研究所，2010 年。

［5］国家人口和计划生育委员会办公厅研究室：《中国人口年鉴》，北京：中国年鉴社，2009 年。

［6］黄大敏：《考察韩国家庭计划协会工作之浅见》，《乐山日报》，2006 年 4 月 25 日。

［7］刘云嵘等：《中国乡级计划生育服务站技术服务提供及服务能力跨地区分析》，《中国生育健康杂志》，2006 年第 17 期，第 199-205 页。

［8］梅敏烽等：《我国三大经济地区村级计划生育服务与管理的比较分析》，《中国计划生育学杂志》，2005 年第 11 期，第 658-662 页。

［9］彭彦辉：《长沙市某区计划生育服务现状及影响因素研究》，湖南：中南大学公共卫生管理，2006 年。

［10］宋学兵：《论我国政府在人口与计划生育工作中的职能定位》，吉林：吉林大学公共管理，2003 年。

［11］王爱冬：《政府绩效评估概论》，北京：高等教育出版社，2010 年。

［12］肖伟：《公共服务均等化视角下的流动人口管

理制度创新》，上海：复旦大学国际关系与公共事务学院，2008年。

[13] 张佳持、余小鸣：《青少年生殖健康服务的利用及其影响因素》，《中国生育健康杂志》，2004年第15期，第187-186页。

[14] 张妍：《中西部农村计划生育服务质量评价及群众满意影响因素分析》，上海：上海市计划生育科学研究所，2008年。

[15] 周静：《流动人口计划生育公共服务均等化与差别研究》，上海：复旦大学国际关系与公共事务学院，2008年。

[16] 周颖：《北京市东城区育铃妇女避孕节育知情选择现况调查》，上海：上海市计划生育科学研究所，2010年。

[17] 朱云：《城镇流动人口计划生育管理中的问题及对策研究》，上海：华东师范大学公共管理，2006年。

中国住房保障服务均等化与政府行为优化

住房问题是关系到国计民生的重大问题，通过住房保障制度实现"住有所居"不仅仅是对公民居住权的有效尊重，更关系到社会公平与秩序稳定。随着我国住房制度改革的不断深化，住房市场体系逐步确立并完善，房地产业成长为国民经济的重要部门，民众居住条件也得到了长足改善。但是，在市场化改革过程中，房价过快、过高上涨也给民众带来了沉重压力。与此同时，由房地产投资引发的财富再分配"马太效应"愈演愈烈，住房公平备受拷问。

解决公民住房问题始终是各国政府基本公共服务职能之一。近两年来，我国保障性住房建设力度不断加强，正在构建面向低收入群体的多层次、差异化住房保障体系。只有深刻把握住房保障的制度内涵，并对当前住房保障公平性缺失问题进行深刻剖析，找出症结与对策，优化与创新住房保障制度，推进公平、均等的住房公共服务，才能从根本上实现"住有所居"的和谐社会发展目标。本章第一节对近年来中国住房保障制度的发展状况进行总结与评估，第二节主要对中国住房保障发展中存在的问题与原因进行深入分析；第三节提出中国住房保障发展面临的挑战与发展目标选择；第四节提出相关政策建议。

中国住房保障制度发展历程回顾

一、住房保障涵义

住房保障的涵义是随着经济社会的发展而不断发展的。1966年联合国大会通过的《经济、社会及文化权利国际公约》第十一条第一款规定，"人人有权为他自己和家庭获得适当的生活水准，包括足够的食物、衣着和住房，并能不断改进生活条件。"这被认为是最早对住房保障进行诠释的正式制度。《公约》与《世界人权宣言》、《公民权利和政治权利国际公约》一道，被通称为《国际人权宪章》，是国际人权领域最有影响力的文书之一。《公约》中的这一条款也成为适当住房权保障的最重要法律来源之一，得到世界各国广泛认可。但是，其后的30多年时间里，全世界 10 多亿人没有适当住房，另有 1 亿人根本没有居室，几乎没有任何权利在范围和严重程度上像适当住房权那样受到侵犯（艾德，2003）。基于此，1996 年召开的第二次联合国人类居住会议，通过了《伊斯坦布尔人居宣言》和《人居议程》，"人人享有适当的住房和日益城市化进程中人类居住区的可持续发展"被列入《人居议程》的两大主题。因此，住房保障实质上是政府对社会成员中不具备基本住房能力者进行的权利救助。

近 10 多年来，在现代市场经济和新公共管理视野下，政府基本公共服务更加注重追求公共性、普惠性和社会公平，从而，住房保障也逐步被许多国家涵盖在政府基本职责范畴之内，成为一种广义上的公共物品。通过住房公共服务，政府还可以有效地调控城乡、地区、社会成员之间居住水平差距，促进社会公平正义、保障社会安定有序。

此外，还有一种观点，即将住房保障作为社会保障体系的重要组成部分。社会保障是国家和社会，通过国民收入分配与再分配，依法对社会成员的基本生活权利予以保障的社会安全制度（陈良瑾，1990）。住房保障则是与社会保险、社会救助、社会福利和慈善事业不同的一种专项社会保障制度，是社会保障体系的一个组成部分（刘琳，2009）。

但是，必须注意的是，住房保障并不是泛化为对所有群体的福利补偿，而应该反映出收入的多层次性，根据不同群体住房需求而有差别、有针对性地进行保障，承认差别，又要体现公平（朱亚鹏，2010）。同时，住房保障也不是取代市场，而是对住房市场化缺失的有效弥补。依靠市场调节能够提高住房资源的配置效率，但市场失灵下价格过高，供求矛盾突出的负外部性影响也同样难以根除，住房保障则是对商品房市场的补充，有效帮助购买能力低下的群体实现享有住房的愿望。

二、我国住房保障制度发展历程

新中国成立以来，住房保障也是中国政府在住房领域实施社会保障职能与公共服务的重要职能之一，其实质在于利用国家和社会的力量，通过行政手段等为住房困难的中低收入家庭提供适当住房，解决他们的住房问题（郭玉坤，2010）。但这种国家包办、行政驱动的全面保障因经济、管理上的粗放性以及财政约束而缺乏可持续性。从 1988 年开始分期分批推行城镇住房制度改革起，一直至 1994 年首次提出经济适用房保障体系，这一阶段都尚未形成完备与系统化的住房保障框架。1994 年国务院颁布《关于深化城镇住房制度改革的决定》标志着旧的住房保障体制被打破，新型住房保障体制开启，以中低收入家庭为对象、具有社会保障性质的经济适用住房供应体系和以高收入家庭为对象的商品房供应体系构成住房保障制度的主要内容。由此，我国住房保障制度发展大致经历了五个阶段：

1995~1997 年，《国家安居工程实施方案》颁布，标志着保障房建设的起步。

1998~2001 年，保障性住房体系初步确立，形成以经济适用住房为主、廉租房为辅的保障形式。

2002~2006 年，住房保障重视程度降低、建设增长停滞，出于土地出让收入和经营城市的考虑，保障性住房建设积极性大为下降。

2007~2009 年，保障性住房重视程度重新上升，体系趋于丰富，廉租房和棚改房被纳入住房保障体系。

2010 年至今，住房保障得以强化与跨越发展，限价商品房和公共租赁住房首次正式出现在保障房体系中。

总体而言，经过 10 多年不断拓展与探索，由最初以住房销售为主的保障服务形式转向以租赁型住房建设为重点，由只覆盖低收入住房困难家庭到涵盖棚户区和中低收入困难家庭，我国逐步形成一套有针对性的住房保障框架，构建起以政府为主提供基本保障、以市场为主满足多层次需求的住房供应体系（中国房地产动态政策设计研究组，2011）。

从提供主体来看，政府仍是住房保障的核心和领导力量，市场化运作的房地产企业则是其重要参与力量；从保障服务提供形式看，针对收入层次的高低，廉租房、经适房、限价房、公租房和棚改房五种实物形态与货币补贴并存；从保障基础与支撑方面看，保障型住房规模往往还受制于诸多因素，如政府财政承受能力、居民住房消费能力、商品房价格、居民现居住水平、城市发展水平、土地供应和固定资产投资，等等（褚超孚，2006）。

三、住房保障制度探索与建设的主要成就

2008 年初，温家宝总理在政府工作报告特别强调了政府与市场责任的划分与界定，标志着中国住房政策的重新转向，有关廉租住房、经济适用住房和公共租赁住房的法律法规开始密集出台。结合我国国情，住房保障由基本保障、援助型保障、互助型保障、自助型保障四个部分组成，能够基本做到应保、尽保，如表 1 所示。与此同时，一系列涉及金融、土地方面的扶持政策相继出台，为保障性住房建设可持续发展提供原动力（陈淮，2010）。

表 1　现行住房保障制度主要方式比较

类别	保障对象	保障方式	产权有无	面积大小	土地供给	提供主体
廉租房	城市低收入住房困难家庭	货币补贴或者实物配租	无产权	50平方米以内	划拨	政府+企业
经济适用房	城市低收入住房困难家庭	实物	有限产权	60平方米左右	划拨	政府+企业
限价房	城市中低收入住房困难家庭	实物	有限产权	90平方米以内	招拍挂出让	企业
公租房	城市中等偏下收入住房困难家庭	实物	谁投资，谁所有	60平方米以内	划拨或出让	政府
棚改房	城市收入低、住房困难家庭	实物或货币补偿	有限或全部产权	50~60平方米不等	划拨或出让	政府
住房公积金	大众普惠性	货币	—	—	—	政府+企业+个人
住房补贴	大众普惠性	货币	—	—	—	政府+企业

在此住房保障新政的推动下，近几年来，国家对保障性住房的财政投入大幅增加。住建部数据显示，"十一五"期间，中央累计安排保障性安居工程专项补助资金 1336 亿元，大批保

障性住房得以兴建，如表 2 所示。

表 2　2008~2011 年各类保障性住房建设情况

| 年份 | 建设计划（万套） | | | | | | 增长率 | 中央住房保障投资（亿元） | 实际开工（万套） | 新增租赁补贴（万户） |
	棚改房	公租房	廉租房	限价房	经济适用房	合计				
2008	未统计	未建	63			63	—	300	100	—
2009	80	未建	177	暂缺	130	387	—	550	330	83
2010	280	未建	180	暂缺	120	580	49.9%	802	590	65
2011	400	230	170	80	110	1000	72.4%	1030	986	43（拟）

资料来源：根据历年《中国统计年鉴》和住房与城乡建设部公布数据整理。2011 年实际开工数量根据住建部公布的 2011 年 1~9 月全国保障性安居工程进展表整理。

其中，数据显示，2010 年全国经济适用房投资额达到 1069 亿元，竣工 399193 套，已形成了较大数量规模和正面效应，如表 3 所示；

公租房建设在 2011 年开始在各大城市试点并逐步推广，和棚改房一起成为新的有效住房保障形式，构成住房保障的多元化层次体系。

表 3　2006~2010 年经济适用房基本数据

年份 / 经济适用房指标	2006	2007	2008	2009	2010
经适房本年度完成投资（亿元）	697	821	971	1134	1069
经适房建筑面积（万平方米）	4379	4810	5622	5355	4910
经适房销售面积（万平方米）	3337	3508	3627	3059	2749
经适房销售价格	1729	1754	1929	2134	2495
竣工套数（套）	338040	356580	353782	398441	399193
销售套数（套）	338314	356021	396111	347840	325939

资料来源：根据历年《中国统计年鉴》整理。

国家住房与城乡建设部公布的有关数据表明，截至 2010 年末，全国共有 1500 万户城镇中低收入家庭住房困难问题得到解决，保障性住房覆盖率达到 7.5% 左右，保障性住房存量达

1600 多万套。[①] 通过与住房市场化相互补充、借助政府扶持的"低端有保障，中端有支持"保障制度，城镇居民人均住宅面积也得到稳步提升，整体住房条件得到有效改善，如表 4 所示。

表 4　1998~2010 年城镇人均住宅建筑面积

单位：平方米/人

年份	1998	1999	2000	2001	2002	2003	2004	2005	2006	2007	2008	2009	2010
面积	18.7	19.4	20.3	20.8	22.8	23.7	25	26.1	27.1	28	28.3	30	31

资料来源：《中国统计年鉴》。

---

① 保障性住房存量按覆盖率为 7.5% 的估算值。

作为"十二五"规划开局之年，2011年住房保障建设任务为1000万套，截至2011年9月底，开工量已达98%。

因此，总体上来看，住房保障制度的不断发展与完善，对于广大城镇居民住房水平的保障与提高有着重要的意义。

住房保障问题与成因分析

一、当前我国住房保障发展中存在的主要问题

在住房保障取得重要成绩的同时，其在公平性方面存在的缺失造成的非均等化现象也不容忽视，通过对住房保障建设过程与分配过程的考察，当前我国住房保障发展中主要存在以下问题。

（一）保障性住房供需缺口仍较大

虽然保障性住房投资额和竣工面积巨大，但相对于我国应保人口仍显不足。发达国家住房保障覆盖面通常在25%~40%，有的国家甚至更高。如果考虑到经济起飞和城市化加速期居民住房支付能力普遍较低，住房保障覆盖面一般应达到50%以上，我国远未达到理想目标（倪鹏飞，2011）。反而保障性住房建设在整个住宅建设中占有比重一直都非常小，如经济适用房投资额占当年住宅投资额比率一直徘徊在5%上下，并呈逐年下降趋势，如表5所示。

表5 我国经济适用住房投资状况与占房地产投资比重

年份	房地产开发投资额（亿元）	增长率（%）	经适房开发投资额（亿元）	增长率（%）	占房地产开发比重（%）
1998	3614	13.7	271	46	7.5
1999	4103	13.5	437	61.3	10.7
2000	4984	21.5	542	24.1	10.9
2001	6344	27.3	600	10.6	9.5
2002	7791	22	589	-1.8	7.6
2003	10154	30.3	622	5.6	6.1
2004	13154	29.6	606	-2.5	4.6
2005	15909	20.9	519	-14.4	3.3
2006	19423	22.1	697	34.2	3.6
2007	25289	30.2	821	17.8	3.3
2008	31203	23.4	971	18.3	3.1
2009	36232	16.1	1139	17.3	3.1
2010	48267	33.2	1067	-5.9	2.2

资料来源：《中国统计年鉴》。

相比之下，廉租房建设更未受到应有重视，规模也更小；而刚刚起步的公租房，也远不能解决大部分夹心层群体的居住需求，如表6所示。相对全国整个要解决住房问题的中低层收入者而言，总体供应量仍显不足，数量缺口巨大。

还需要指出的是，保障性住房建设过程中还存在保障定义过于宽泛、住房保障成本较高、地方政府建设积极性低、保障性住房分配不公正、产生新的分配不公平和腐败等一系列问题，这些问题影响到住房保障的效果和质量。贾康（2007）认为经济适用房退出机制操作的难以实

表6 2011年重点城市保障房开工规模及公租房占比

城市	保障房（万套）	公租房（万套）	公租房占比（%）
北京	20	6	30.00
上海	22	4	18.20
广州	10	6	60.00
深圳	7.3		—
天津	19	10	52.60
重庆	—	130（万平方米）	—
成都	356（万平方米）	204（万平方米）	57.30
杭州	400（万平方米）	60（万平方米）	15.00
南京	5.7	2.2	38.60
武汉	7	3	42.90
青岛	2	0.5	25.00
福州	5.84	1	17.10
厦门	3.82	1.95	51.00
郑州	4.96	2.4	48.40
石家庄	2.97	1.75	58.90
南昌	1.14	0.33	28.90
三亚	0.42	0.1	23.80
哈尔滨	1.6	1	62.50
西安	8.6	3.7	43.00
呼和浩特	2.58	1	38.80
乌鲁木齐	1.15	0.5	43.50
西宁	2.8	1.1	39.30
银川	0.55	0.15	27.30
南宁	2.44	1	41

资料来源：根据各地方政府公布数字整理。

现，容易造成福利固化，引起横向不公平，即使收入水平得到提高，仍会占用针对低收入家庭的住房资源。同时，经济适用房的分配机制历来广受诟病，容易成为寻租的高危领域，使得住房保障所应有的公平性遭受扭曲，无法真正充分保证低收入群体享有住房保障。

（二）低收入群体享有保障效用低

不同层次的收入群体享有的住房保障效用程度也是衡量其公平性的一个重要方面。经济适用房、廉租房和公共租赁住房分别针对的是中低收入群体和城市夹心层住房困难而设计的住房保障产品。但是，从1998年住房制度改革以来，基本以经济适用房为主要的实物保障形式，廉租房建设进展缓慢。直到2008年建设部才明确要求，全国所有市县必须建立"廉租房"制度，公共租赁住房更是2011年才开始试行。现有的住房保障服务重视经济适用房而轻租赁性住房，其关注点集中于中低收入层级，而忽视了两翼的住房困难群体的福利效用，尤其是最底层的部分民众。此外，具有普惠性的公积金制度设计也助推这种不公平趋势，"低存不低贷"的模式设计使得我国住房公积金对居民购房支持力度不大，反而对收入情况较为良好的群体更为有利。近几年来，最低收入群体享有

保障效用非常小，房价收入比的大幅上升，背后体现了房地产市场化带来的财富分配"马太
效应"在加剧，如表 7 所示。

表 7　2006~2010 年我国房价收入比基本情况

年　份	城镇居民家庭人均可支配收入（元）	住宅平均销售价格（元/平方米）	房价收入比
2006	11759.50	3119.00	7.19
2007	13785.80	3645.00	7.44
2008	15781.00	3576.00	6.78
2009	17175.00	4459.00	8.03
2010	19109.40	—	7.76

资料来源：根据历年《中国统计年鉴》整理。房价收入比 = 每户住房总价 ÷ 每户家庭年总收入。

其中，每户住房总价 = 人均住房面积 × 每户家庭平均人口数 × 单位面积住宅平均销售价格，每户家庭年总收入 = 每户家庭平均人口数 × 家庭人均全部年收入。

（三）住房保障水平区域间差别显著

由于住房保障没有清晰地纳入政府公共财政体系，缺乏稳定的资金渠道，容易受到地方财政能力的局限。同时，当地居民住房消费能力、商品房价格、居民现居住水平、城市发展水平、土地供应和固定资产投资等也是影响地区住房保障水平的重要因素。因此，在应有的保障规模与范围之内，各地住房保障能力也差别显著。其中，各项指标比较突出的省份大都集中在中东部地区或者经济发达省份，如天津、江苏、山东等省份，如表 8 所示。

表 8　2010 年各地经济适用房指标完成情况

指标省份	完成投资额（亿元）	年度新开工面积（万 m²）	销售面积（万平方米）	销售价格（元）	竣工套数（套）	销售套数（套）
北京	48.98	156.29	49.46	4520	19795	6891
天津	126.77	815.34	166.13	4754	60787	21659
河北	27.38	130.90	76.92	2323	6872	8353
山西	22.48	141.00	28.77	1546	7008	3072
内蒙古	39.09	162.24	70.21	1837	12656	8377
辽宁	50.38	252.84	67.09	3064	28148	9337
吉林	36.22	84.47	10.04	1977	17007	1147
黑龙江	12.28	110.51	51.71	1952	13226	7485
上海	117.57	229.23	—	—	1530	—
江苏	98.94	451.50	315.20	2449	36800	37533
浙江	33.43	110.46	86.36	3379	11252	11086
安徽	28.02	219.52	37.69	1781	12570	4164
福建	16.50	34.04	52.49	2440	7826	6376
江西	11.40	38.33	102.56	1594	12178	13860
山东	49.21	240.75	245.09	2702	20855	30597
河南	61.87	378.40	212.77	1991	15424	23205
湖北	40.33	141.44	99.48	2398	11212	11952
湖南	32.99	203.57	109.46	1626	16786	12952

续表

指标省份	完成投资额 (亿元)	年度新开工面积 (万 m²)	销售面积 (万平方米)	销售价格 (元)	竣工套数 (套)	销售套数 (套)
广东	24.66	37.01	69.34	3718	6873	9155
广西	21.81	187.35	92.36	1807	5083	8744
海南	4.03	27.77	41.85	3465	—	3736
重庆	58.99	241.56	252.60	2451	29633	32628
四川	6.04	17.74	73.40	1865	4208	8039
贵州	20.16	145.65	137.16	2590	8543	12086
云南	12.47	63.33	14.25	1757	4695	1657
陕西	33.68	108.91	129.06	2246	6616	14399
甘肃	17.37	67.19	32.85	1840	4405	3517
青海	1.95	13.59	0.29	1045	2678	—
宁夏	4.18	27.91	47.39	1388	5816	5207
新疆	9.93	70.55	76.91	1566	8711	8695

资料来源：《中国统计年鉴》。

再从资金缺口和保障性住房供应缺口来看，由于中、西部地区财政能力较弱，政府可调配资源有限，相对于经济发展较快、低收入群众住房困难问题解决较早、政府筹资能力较强和渠道较多的东部地区而言，需要中央投资继续给予重点支持（穆虹，2010）。以 2011 年 1000 万套保障性安居工程建设任务为例，中、西部省份任务比例尤为沉重，其住房保障基础薄弱程度可见一斑，如表 9 所示。

表 9 中西部地区与东部地区住房保障任务对比

指标	地区 中西部地区	东部地区
总体任务比例	74%	26%
新建廉租房任务比例	95%	5%
各类棚户区改造比例	84%	16%

资料来源：根据住房与城乡建设部网站公布数据整理。

（四）城乡统筹保障远未形成

在现有住房保障体系中，保障房在很大程度上是一个城市概念，覆盖人群局限于城市低收入群体。统计数据显示，虽然农村家庭人均住宅面积已达到 34 平方米，但是农村居住水平仍处较低水平，钢混结构房屋面积比重不高，如表 10 所示。进一步来讲，农村虽然有宅基地和自有房屋，但从城乡公共服务机会均等化的角度来看，农村居民获取的政府住房保障效用也非常低，缺乏专门针对农村安居问题的政府扶助与救援机制。从全国范围内看，这个问题仍未引起重视，仅四川、宁夏等少数省份有涉及农村住房保障问题与解决办法。因此，当前的住房保障在城乡间差异显著，农村住房保障问题遭遇忽视。

表 10　2000~2010 年我国农村人均住房面积变化

年份	农村居民人均住房面积（平方米）	农村居民家庭年末钢混结构住房面积（平方米/人）	农村居民家庭年末砖木结构住房面积（平方米/人）
2000	24.82	6.2	13.6
2001	25.7	6.9	13.8
2002	26.5	7.7	13.9
2003	27.2	8.5	14.1
2004	27.9	9.2	14.1
2005	29.7	11.2	14.1
2006	30.7	11.8	14.6
2007	31.6	12.5	14.8
2008	32.42	13.4	14.9
2009	33.6	14.51	15.11
2010	34.1	—	—

资料来源：历年《中国统计年鉴》、《中国房地产统计年鉴》。

（五）城市流动人口享有住房保障程度弱

目前，我国已建立的以住房公积金制度、经济适用房制度、廉租房制度和公共租赁住房为主要内容的住房保障体系，重点在于解决城市中户籍居民的住房问题，基本不对流动人口放开，把流动人口纳入当地住房保障体系仅在长沙、昆明、温州等少数几个城市有尝试性的探索。但是，我国正处于城镇化快速发展阶段，流动人口规模相当大。据国家计生委发布的《中国流动人口发展报告》，目前中国流动人口总量已达 2.21 亿人，其中 3/4 流动人口家庭在流入地租房居住，房租平均每月 387 元人民币。2010 年下半年家庭住房支出比上半年增加58.2%，41.5% 的流动人口租房者认为住房支出已经达到或超过自己能承受的最高房租。根据国际经验，流动人口对城市的影响也越来越大，解决这一群体的基本住房问题，可以有效预防贫民窟化、犯罪率上升等一系列严重的社会问题（贾康，2007）。

二、住房保障发展问题的原因

（一）住房制度改革方向偏离使政府与市场边界不清

在 2003 年发布的《关于促进房地产市场持续健康发展的通知》（18 号文）中，中央政府提出要把房地产作为支柱性产业、把商品房作为住房市场的主体，这就改变了 1998 年《国务院关于进一步深化城镇住房制度改革加快住房建设的通知》（23 号文）所确立的建立和完善以经济适用住房为主的多层次城镇住房供应体系。自此以后，保障性住房和商品房开发建设比例开始失调，住房保障让位于市场利润，住房保障中市场与政府的边界和角色定位模糊，保障性住房投入逐渐缩小，保障性住房建设进展缓慢。

（二）财税体制与"土地财政"造成保障性住房建设延滞

要实现住房保障的均等化，离不开持续的财政投入。但是，在现行分税制下，中央财政转移支付非制度化与公共服务分级提供模式使得部分地区财权和事权不统一，各地区在住房保障投入程度上自然大打折扣。再加上在现行土地出让制度下土地价格高，地方政府债务高居不下，地方政府对土地财政高度依赖，建设保障性住房热情也大大降低。

表 11　地方政府对土地财政的依赖程度

年　份	土地出让金（亿元）	地方财政赤字（亿元）	土地出让金占地方政府赤字比例（%）
2004	5894	8699.44	68
2005	5505	10053.55	55
2006	7677	12127.75	63
2007	12000	14766.67	81
2008	9600	20598.70	47
2009	15910	28441.55	56

资料来源：CREIS 中指数据——我国保障性住房专题研究报告。

（三）政府寻租与腐败加剧住房保障资源分配不公平

保障性住房是由政府来供给和分配的，政府通过公权力来调整与解决住房保障中公共利益的配置过程与行为准则，以此达到实现当事人之间的利益平衡（易宪容，2009）。也就是说，住房公共政策的本质或核心就是如何来协调和调整住房当事人之间的利益关系，以便让居民住房福利条件不断得以改善，让住房市场能够持续稳定地发展。但是，在实践中，政府及其官员掌握着巨大的公权力，政府在运用公权力时容易产生寻租腐败。尤其是在法律制度还不够健全、公权力缺乏有效监督的情况下，政府官员利用保障性住房的供给与分配的公权力而从事寻租等腐败行为无疑很严重，社会影响也较为恶劣，这将加剧不同收入群体间住房保障非均等化趋势，购买能力抑或寻租能力稍强的群体从公共服务体系获取更多利益。近年较为突出的案例有 2009 年武汉市"经适房六连号"事件等。

（四）区域发展不平衡性驱使住房保障非均等化趋势扩大

区域经济发达程度直接关系到该地区公共服务能力。随着改革开放的深入，地区间经济发展差距逐步拉大，其对本地住房保障需求与供给面的影响也越来越直接，住房保障具有了属地化特征，不同层级的经济发展程度直接制约其内在质量（荣跃明，2005）。尤其在城乡二元结构体制下，这种不平衡发展造成的公共服务非均等现象趋势不断扩大。

（五）制度不健全导致住房保障实施能力与公平性效果难以保证

虽然我国已有许多住房保障政策性文件，但政策设计缺乏法律依据，且存在政策间自相矛盾、可执行性差等问题，这在一定程度上阻碍了我国住房保障的发展以及住房保障服务均等化。当前，制度建设缺失主要表现为有效监督与惩罚机制缺失，具体包括：政府对保障性住房的供给、分配和管理等方面监管的缺失，即政府没有承担起其应有的监管职责；政府或官员利用其公权力从事违法违规行为时所应受到的相关部门及社会的监督的缺失；政府对于不合格申请者及违法、违规政府部门及其官员的惩罚机制的缺失。

（六）城乡一体化改革步伐缓慢助长住房保障非均等化现象长期存在

正是户籍制度的藩篱以及对流动人口在住房保障领域的限制造成了大中城市住房保障的扭曲与非均等化趋势长期存在。而"小产权房"长期处于不合法地位却又长期存在的制度僵局大大分割了城乡在住房保障专业中的协同性，这使得一方面城市缺乏住房投入，另一方面小产权房因缺乏法律认可而难以入市。

我国住房保障发展的挑战与路径选择

一、我国住房保障发展面临的挑战

不论是从公平的角度出发，还是从其公共产品的性质与社会保障理论来看，住房保障均等化都应是政府追求的根本性目标，住房保障的公平性确实会产生严重的社会影响。这是因为，政府的存在与运行是建立在承担相应职能基础之上的（张国庆，2007）。在住房保障方面，政府有义务和责任纠正房地产市场失灵，消除市场外部性并确定个人获得住房保障的最低条件来调节和解决社会冲突。"如果一个国家成功地保证人们免予陷入无社会保障的状况，并能使公共安全和秩序得到稳定，这个国家就为自己赢得了信任，进而赢得了合法性"（马克·夸克，2002）。

但是，自改革开放以来，市场经济的转型使得居住条件发生巨大变化的同时，也造成了住房条件与保障水平享有的不公平。而政府在住房保障上的失灵与责任缺失更加剧了这种非均等化趋势，对那些弱势群体而言，居住权利得不到实现的最本能反应就是对政府产生憎恨与不满，直接影响到政府合法性和威权基础，甚至还可能丧失底层民众对政府的信心和"来日合法性"①程度。

同时，住房保障不到位、不均等势必将激化社会矛盾冲突，影响社会的和谐稳定。由于住宅市场化改革程度的加深，一定程度上忽视了与其并列的住房保障系统建设，造成现阶段基于群体收入、区域财政经济能力及城乡差别等造成的资源分配不公、贫富差距拉大现象。根据社会学家科塞的社会冲突理论，长期积累的矛盾一有机会爆发就会对社会造成破坏（高妮妮，2009）。

二、我国住房保障发展目标选择

正因如此，党的十七大提出了推进基本公共服务均等化，努力改善民生提出着力加快保障性住房均等化。综合考察世界各国的住房保障制度，我国住房保障制度的基本目标应实现以下三点，即实现"住有所居"、对"居有其所"及改善居住条件权利的保证、住房保障均等化。

1. 实现"住有所居"

对居住权利这一基本生存底线的维护是住房保障应有的题中之意，2010年6月11日，住房和城乡建设部、发展和改革委员会、财政

---

① 亨廷顿认为政府执政能够使居民获得信心，相信国家可以帮助他们解决问题，从而可获得"来日合法性"。

部、国土资源部、农业部、国家林业局共同发布了《关于做好住房保障规划编制工作的通知》。《通知》中明确提出"十二五"住房保障规划重点和基本目标是："通过城市棚户区改造和新建、改建、政府购置、租赁等方式增加廉租住房和经济适用住房房源，加大租赁住房补贴力度，着力解决城市低收入家庭的住房困难；加快建设公共租赁住房、限价商品住房，解决中等偏下收入家庭的住房困难；推进各类棚户区改造和旧住宅区综合整治。"通过上述做法，形成针对多层次收入群体具有差异化住房保障结构，力争在实现"住有所居"的目标上迈出更大一步，"十二五"规划期间总体建设城镇保障性安居工程 3600 万套，至期末，人均住房建筑面积 13 平方米以下低收入住房困难家庭基本得到保障，全国保障性住房覆盖面要达到 20% 左右。

2. 对追求"居有其所"及改善居住条件权利的保证

在保障收入底层民众实现"住有其所"目标的同时，对追求"居有其所"及改善居住条件权利的保证也尤为重要。中等偏低收入群体对改善住居条件和拥有住房具备了一定的经济基础，但仍需要国家扶助才能实现有房安居的追求。因此，住房及环境的宜居程度也应当在住房保障的范畴之列。通过公积金制度、购房补贴与保障房建设分层次地逐步实现"居者有其屋"并改善居住条件，最大限度地满足居民的居住需求。

3. 住房保障均等化

住房保障均等化是以公平和正义为价值导向，以公共财政为实现基础，确保低收入住房困难群体在享有住房保障机会均等的基础上，逐步缩小享受住房保障服务质量的差距（曾骅，2008）。住房保障均等化应具有以下特征：①基于各地区属性与特质的住房保障投入动态均衡，各地方政府应根据本地区受保障群体的规模、财政经济实力以及资源限制等对住房保障建设进行有效投入。②不同收入层次群体享有住房保障权利均等，即不同收入层次的群体获得的住房保障权利应当是一致。③区域间住房保障均等，基于东、中、西部的固有差异造成的住房保障服务不同步现象，缩小区域间差异，提升中、西部地区住房保障服务能力成为当前住房保障建设的一个重要努力方向。④城乡两元结构下的住房保障公平性，农村住房保障体系一直是被忽视的一块空白领域，在城乡统筹的大环境下，保障房制度延伸到农村，为城乡居民提供均等公共服务；① 流动人口与本地居民享有住房保障均等化，户籍制度不应成为阻碍均等化的门槛，应在制度设计与投入上保障流动人口享有"同城待遇"。②

对策建议

一、优化保障性住房体系，完善保障模式与手段

针对不同经济水平的人群实施不同的住房保障制度，建立起多层次的住房保障体系。为

① 成都市于 2011 年 3 月推出全国首个农村住房保障制度，计划在 2012 年底前实现农村住房保障的全覆盖。
② 国家计生委发布《中国流动人口发展报告》根据 2010 年对 106 个城市流动人口上、下半年两次动态监测调查数据显示：与户籍人口相比，流动人口在人均住房使用面积、生活设施等方面差距明显。

此，应当不断完善经济适用房供应分配体系，严格执行经济适用住房管理政策，加大监管力度，制止违规购买、谋取不正当利益行为；改革廉租房运作管理体制，制定廉租房退出机制，保障廉租房资源合理有序利用，最大限度解决困难家庭住房问题；完善住房货币化分配制度，加大住房补贴手段的运用，将住房补贴纳入住房保障体系。

二、加大公共财政预算投入，强化财税金融体系支持

一方面，政府通过自身造血，加大公共财政对住房保障的支持力度，保证其基本资金来源；另一方面，构建住房保障资金筹集新渠道，促进保障性住房均等化，如借鉴国外银行贷款、政府债券、政府担保、社保资金、保险资金等融资模式，并通过税收调控，如减税免税等措施鼓励社会资本参与保障性住房建设。

三、降低政府"土地财政"依赖，增加住房保障用地供给

合理安排保障性住房用地和商品房用地的比例。在部分房价上涨过快的城市，要扩大居住用地供应规模，政府土地储备应实行双体系模式，把公益性和商业性土地储备相分离；公益性用地和保障性住房用地具有优先权，充分保障土地供应规模扩大的同时，保障性住房建设也有足够的土地支撑。

四、完善与健全监督和惩罚机制，维护住房保障资源分配公平

首先，对保障性住房的分配进行有效的监督主要从两方面进行改进：一方面，完善对保障性住房的申请人的审查制度，对申请人要进行严格的审查、登记和公开，确保申请人的申请资格；另一方面，政府要全面推行信息公开制度，加强社会监督，有效减少错误配置和腐败的发生。

其次，完善住房保障的惩罚机制，不论是对于不合格申请人还是对于因徇私及腐败而违法、违规的政府官员都应当明确责任，增加其投机的机会成本，促进保障性住房公平分配。

五、打破户籍制度藩篱，扩大住房保障人口覆盖面

打破户籍限制，不仅有利于我国经济发展和社会稳定，也符合我国住房保障政策的目标。通过允许流动人口申请租赁性住房甚至购买经济适用房以及试行住房公积金的异地存缴与使用等，以放松户籍条件的限制来优化住房保障资源的配置，提高其利用和分配效率。

六、预防贫民窟形成，促进城市协调发展

密切关注保障性住房集中区域的人民生活情况，坚决防止贫民窟的形成，杜绝低收入人群集中生活区域出现低教育水平、低就业率、低社会服务水平和高犯罪率现象。当前应从住房选址和配套设施建设两个方面着手满足民众的居住需要与要求：保障性住房选址关系到低收入群体生活和工作成本大小，应从通勤成本和生活成本两个方面考虑建设位置；而保障性住房的配建更是预防贫民窟形成的一个有效方式，通过将社会各个阶层相互融合在一起，从而促进城市协调发展。

七、加大农村住房保障力度，促进城乡住房保障均衡发展

首先，各级政府应把农村住房问题纳入到统一的住房保障体系，建立起相应规范制度，将补助政策与农村住房规划结合起来，加大对农村住房保障力度。

其次，加大农村住房保障的财政资金投入，使得农村的住房困难户能享受住房保障服务。

再次，有步骤地推进农村危房改造计划，进一步优化农村居住条件。

最后，从整体上实现城乡住房保障的均衡发展。

八、重视住房保障数据库建设，提升住房保障信息化管理水平

住房保障对象的范围不可以随意确定，应根据政府财力、社会经济发展情况等来确定住房保障对象范围，并对保障对象进行适时调整。统计部门要在认真调查的基础上，搜集并科学分析这些基础数据，从而为制定合理的住房保障政策以及进行有效监督提供支持（曾骅，2008）。

（王宏新　周　拯　刘文波　执笔）

参考文献

[1] [挪] 艾德等著：《经济、社会和文化的权利》，北京：中国社会科学出版社，2003年，第171、174页。

[2] [法] 夸克著：《合法性与政治》，佟心平、王远飞译，北京：中央编译出版社，2002年。

[3] 陈良谨：《社会保障教程》，北京：知识出版社，1990年，第5-6页。

[4] 褚超孚：《城镇住房保障动态模式研究》，参见《人宅相扶　和谐共生》，广州：广东旅游出版，2006年，第45-49页。

[5] 陈淮：《中国住房保障体系主要由四个层次组成》，新华网，http://news.xinhuanet.com/fortune/2010-10/11/ c_12646243.htm。

[6] 高妮妮：《从科塞的冲突理论看我国社会建设》，《社会科学论坛》2009年第4期，第47页。

[7] 郭玉坤：《中国城镇住房保障制度设计研究》，北京：中国农业出版社，2010年，第72页。

[8] 贾康：《我国住房改革与住房保障问题研究》，《财政研究》，2007年第7期，第34-38页。

[9] 刘琳：《我国城镇住房保障制度研究》，北京：中国计划出版社，2009年，第3页。

[10] 穆虹：《"十二五"期间住房保障投资的重点和难点》，人民网，http://theory.people.com.cn/GB/82288/207260/207270/15695995.html。

[11] 倪鹏飞：《2010住房绿皮书》，北京：社会科学文献出版社，2010年。

[12] 荣跃明：《区域整合与经济增长——经济区域化趋势研究》，上海：上海人民出版社，2005年，第177-181页。

[13] 易宪容：《论中国住房公共政策的基本原则与框架》，《经济社会体制比较》，2009年第6期，第101页。

[14] 曾骅等：《科学发展　和谐发展　率先发展：2008长江三角洲区域经济社会协调》，上海：上海人民出版社，2008年，第553-558页。

[15] 张国庆：《公共行政学》，北京：北京大学出版社，2007年，第168页。

[16] 中国房地产动态政策设计研究组：《中国保障性住房建设模式研究》，2011年8月16日。

[17] 朱亚鹏：《公民住房权的认识误区与住房政策的偏差》，《探索与争鸣》，2010年第2期，第23页。

中国基本公共文化服务均等化与政府行为优化

公共文化服务是政府向全体公民提供公共服务职能中的重要组成部分。近年来，实现基本公共文化服务均等化已逐渐被纳入中央的政策议程。2006 年 9 月，文化部发布的《国家"十一五"时期文化发展规划纲要》强调指出："坚持以人为本，保障和实现人民群众的基本文化权益，使广大人民群众共享文化发展成果。" 2007 年 8 月，中共中央办公厅、中华人民共和国国务院办公厅联合颁布《关于加强公共文化服务体系建设的若干意见》，意见指出"坚持以政府为主导、鼓励社会力量积极参与，坚持城乡、区域文化协调发展，逐步实现公共文化服务均等化"。2010 年 6 月，中共中央政治局常委李长春在《求是》杂志发表题为《正确认识和处理文化建设发展中的若干重大关系，努力探索中国特色社会主义文化发展道路》的重要文章，文中指出："均等性，就是不分男女老少，不分富人穷人，不分城市农村，不分东、中、西部，都平等地享受公共文化服务"。

2010 年 7 月，在中共中央政治局第二十二次集体学习时胡锦涛总书记强调，"要加快构建公共文化服务体系，按照体现公益性、基本性、均等性、便利性的要求，坚持政府主导，加大投入力度，推进重点文化惠民工程，加强公共文化基础设施建设，促进基本公共文化服务均等化"。2011 年 10 月，在中共十七届六中全会上，胡锦涛再次强调，"满足人民基本文化需求是社会主义文化建设的基本任务。必须坚持政府主导，加强文化基础设施建设，完善公共文化服务网络，让群众广泛享有免费或优惠的基本公共文化服务。"基本公共文化服务均等化凸显了"公平正义"的社会价值诉求，是建设和谐社会的重要内容，是实现政治、经济、社会与文化"四位一体"统筹协调可持续发展的题中之意，是公共文化政策的逻辑起点与最终归宿，其必将成为中国公共文化事业发展的价值取向。

尽管基本公共文化服务均等化已成为政界和学界所关注的热点，但我国理论界并未就此达成共识，尚未对"基本"公共文化服务与基本公共文化服务"均等化"等概念内涵给出一个准确的界定。结合我国的现实背景和已有的研究成果,首先,从三个层面对"基本"公共文化服务的内涵进行解析:①就公共品概念来看,公共文化服务可能包括准公共服务内容。基本公共文化服务相对于公共文化服务来说,一定是"纯度"最高的部分,通常是指纯公共文化产品或外溢性较强的文化产品或服务(如公共图书馆、公共群艺馆等),因此也是政府必须履行的公共服务。②从消费需求的角度看,基本公共文化服务是满足人们对公共文化服务低层次、无差异的消费需求。③就基本公共文化服务的基础性作用来看,其扮演着类似于"基础货币"的角色,基本公共文化服务每增加一单位会通过"乘数效应"带来公共文化服务总量成倍扩大的效应。其次,所谓公共文化服务"均等化"是指一国或地区在现有的资源约束条件下,政府通过税收和公共财政的方式,一视同仁地为全体公民提供的最基本的公共文化服务的最小范围和边界。基本公共文化服务的范畴和程度具有广覆盖、保基本、低水平的特征。

本文拟从基本公共文化服务均等化的实证研究视角着手,通过对基本公共文化服务均等化指标的设计与估算,测量并评估我国省际间以及东、中、西部区域间基本公共文化服务均等化程度。在此研究结果上,对中国公共文化领域决策者的行为优化提出相关政策建议。

基本公共文化服务均等化的研究现状

边继云(2008)认为,公共文化均等化是指基于公平原则和社会文化平均水平的前提下,在尊重文化自由选择权的基础上,对所有公民的文化需求提供均等化的产品与服务。张桂琳(2009)认为,基本公共文化均等化是指向全国各地的居民提供大体相同的公共文化服务。我国基本公共文化均等化存在的主要问题表现在文化服务经费投入较低、城乡差距巨大、地区差距较大等方面。杨永、朱春雷(2008)也认为,作为公共服务体系的一个重要部分,严格意义上的公共文化服务均等化是指向全国各地的居民提供大体相同的公共文化服务。吴理财(2008)认为,我国农村文化服务的非均等化,首先是由于国家财政对农村文化服务投入的低度化和非均衡化。边继云(2008)认为,城乡公共文化均等化是公共文化体系建设完善的必然趋势和必然要求,城市偏向型的公共文化供给制度、"输入偏好型"的农村公共文化扶持制度、非均衡的城乡公共文化运作方式等是造成城乡公共文化非均衡化发展的深层次原因。

也有部分学者试图通过指标体系的建构对基本公共文化服务均等化的状况进行分析,如毛少莹(2007)提出应从发展规模、政府投入、运作机制、社会参与、公众满意度五个维度设计若干指标来对公共文化服务的绩效进行评估。其中,发展规模维度的指标包括公共文化服务机构总数从业人员比例、每万人公共图书馆数、人均公共图书馆藏书册数等;政府投入维度的指标包括政府文化事业财政拨款及其占政府总财政支出的比重、人均公共文化事业财政投入等;运作机制维度的指标包括工作质量等;社会参与维度的指标包括社会捐赠、年人均文化娱乐消费、年人均观看文艺演出场次等;公众满意度维度的指标包括公共文化服务的公益性、公共文化服务的多样性、公共文化服务的便利性等（李景源，2007）。

在测量公共服务均等化和公共文化服务均等化方面，多数学者用人均财政收入及支出的方差、标准差、最大值和最小值之比、变异系数等较为简单粗略的指标来衡量地区间的差距。在分析公共服务的地区不均等时，多数学者采用的是各省的数据，其反映的不均等问题往往主要是省际间的不均等，对于东、中、西三大经济区域之间及三大区域内部之间的不均等问题，则研究不足。此外，基本公共文化服务均等化的衡量指标体系还未建立，支撑基本公共文化服务均等化的理论基础也未得到系统的梳理。

本文通过系统阐述公共文化服务均等化的规范性参照标准，并设计"基本公共文化服务指数"来测量基本公共文化服务发展的"繁荣"情况，设计"基本公共文化服务基尼系数"指标来测量基本公共文化服务发展的"公平"情况，并对"十五"以来的历史数据进行实证分析得出相对可靠的结论，为优化政府行为提供政策参考。

基本公共文化服务均等化的现实背景

一、"十五"时期以来我国公共文化事业发展概况

"十五"时期以来，国家对公共文化事业与公共文化服务重视程度不断增加，出台了一系列文件并实施了一系列项目来促进公共文化的发展。我国公共文化机构数量、广播电视人口覆盖率、出版报纸杂志图书数都有不同比例的增加，如表1所示。

表1 我国公共文化事业发展概况

项 目	1990年	1995年	2000年	2005年	2006年	2007年	2008年	2009年	2010年
文化馆（个）	2955	2886	2907	2868	2889	2921	3171	3214	3258
公共图书馆（个）	2527	2615	2677	2736	2767	2791	2825	2833	2860
博物馆（个）	1013	1194	1392	1556	1593	1634	1798	1996	2141
广播综合人口覆盖率（%）	74.7	78.8	92.5	94.5	95.0	95.4	96.0	96.3	96.8
农村地区广播综合人口覆盖率（%）	—	—	—	—	94.11	94.12	94.74	95.10	95.41
电视综合人口覆盖率（%）	79.4	84.5	93.7	95.8	96.2	96.6	97.0	97.2	97.6
农村地区电视综合人口覆盖率（%）	—	—	—	—	95.56	95.60	91.6	91.9	92.3
全国有线电视用户（万户）	—	—	7950	12569	13862	15118	16342	17398	18730
出版报纸总印数（亿份）	211.3	263.3	329.5	404	416	439	445	437	448
出版杂志总印数（亿册）	17.9	23.4	29.4	27.5	30	29	30	31	32
出版图书总印数（亿册）	56.4	63.2	62.7	64	62	66	69	70	74

资料来源：根据《中国文化文物统计年鉴》（2010）整理计算。

（1）全国公共文化机构情况："十五"以来，我国公共文化机构数量逐年增加。"十一五"末期，全国共有博物馆2252个，公共图书馆2850个，文化馆2862个，文化站38736个，较"十五"末期分别增加42.44%、3.19%、0.74%、0.97%。受文化行业管理范围调整的影响，同时期群众艺术馆的数量减少19.24%，如表2所示。

表2 我国不同时期文化机构发展情况

单位：个

指标名称	2009年	2008年	同比增减		"十一五"末期	"十五"末期	同比增减	
			(个)	(%)			(个)	(%)
博物馆	2252	1893	359	18.96	2252	1581	671	42.44
公共图书馆	2850	2820	30	1.06	2850	2762	88	3.19
群众艺术馆	361	389	-28	-7.20	361	447	-86	-19.24
文化馆	2862	2829	33	1.17	2862	2841	21	0.74
文化站	38736	37938	798	2.10	38736	38362	374	0.97

资料来源：根据《中国文化文物统计年鉴》(2010) 整理计算。

（2）全国文化事业活动情况："十五"以来，我国文化事业活动进一步发展。"十一五"末期，我国文化机构全国文化事业机构41959个，组织文艺活动555052次，藏书量13923册，较"十五"末期分别增长0.89%、41.80%与30.98%，如表3所示。

表3 我国不同时期文化机构发展情况

指标名称	2009年	2008年	同比增减		"十一五"末期	"十五"末期	同比增减	
			(数量)	(%)			(数量)	(%)
机构个数（个）	41959	41156	803	1.95	41959	41588	371	0.89
举办展览个数（个）	110251	100877	9374	9.29	110251	111300	-1049	-0.94
组织文艺活动次数（次）	555052	473613	81439	17.20	555052	391439	163613	41.80
藏书（万册）	13923	12450	1473	11.83	13923	10630	3293	30.98

资料来源：根据《中国文化文物统计年鉴》(2010) 整理计算。

（3）广播电视情况："十一五"末期，全国广播综合人口覆盖率96.30%，农村地区广播综合人口覆盖率95.10%，电视综合人口覆盖率97.20%，较"十五"末期分别增长1.80%、1.08%和1.40%，但农村地区电视综合人口覆盖率有所下降（如表4所示）。

表4 我国不同时期广播电视发展情况

单位：%

指标名称	2009年	2008年	同比增减（%）	"十一五"末期	"十五"末期	同比增减（%）
广播综合人口覆盖率	96.30	96.00	0.30	96.30	94.50	1.80
农村地区广播综合人口覆盖率	95.10	94.74	0.36	95.10	94.02	1.08
电视综合人口覆盖率	97.20	97.00	0.20	97.20	95.80	1.40
农村地区电视综合人口覆盖率	91.90	91.60	0.30	91.90	95.46	3.56

资料来源：根据《中国文化文物统计年鉴》(2010) 整理计算。

（4）公共图书馆发展情况："十五"时期以来，我国公共图书馆得到快速发展。"十一五"末期，我国共有图书馆2850个，较"十五"末期增长3%；阅览室坐席601519个，较"十五"末期增长25%。全国图书馆总藏量585206个，总流通人次321675万人次，书刊外借册次258573千册次，较"十五"初期都有大幅度增长（如表5所示）。

表 5 我国不同时期公共图书馆发展情况

指标名称	2009 年	2008 年	同比增减		"十一五"末期	"十五"末期	同比增减	
			（数量）	(%)			（数量）	(%)
机构数（个）	2850	2820	30	1	2850	2762	88	3
总藏量（万册）	585206	550635	34571	6	585206	48055	537151	1118
总流通人次（万人次）	321675	281405	40270	14	321675	23331	298344	1279
书刊外借册次（千册次）	258573	231287	27286	12	258573	20268	238305	1176
阅览室坐席（个）	601519	553547	47972	9	601519	480000	121519	25

资料来源：根据《中国文化文物统计年鉴》（2010）整理计算。

（5）艺术表演团体演出情况："十五"以来，我国艺术表演得到进一步发展。"十一五"末期，艺术表演团体 6139 个、国内外演出 1201 千场次、农村演出 741 千场次、国内演出观众 817159 千人，较"十五"初期均有大幅度增长，如表 6 所示。

表 6 我国不同时期艺术表演团体演出情况

指标名称	2009 年	2008 年	同比增减		"十一五"末期	"十五"末期	同比增减	
			（数量）	(%)			（数量）	(%)
艺术表演团体（个）	6139	5114	1025	20	6139	2805	3334	119
国内外演出场次（千场）	1201	905	296	33	1201	459	742	162
农村演出场次（千场）	741	472	269	57	741	269	472	175
国内演出观众人次（千人）	817159	631868	185291	29	817159	38891	778268	2001

资料来源：根据《中国文化文物统计年鉴》（2010）整理计算。

二、我国基本公共文化服务非均等化发展现状

改革开放以来，我国在经济领域取得了举世瞩目的成就，人民生活水平不断提高。但随着经济总量的快速增加，我国区域之间、城乡之间的发展失衡问题并没有得到有效遏制，基本公共服务供给能力差距持续拉大，基本公共服务非均等化现象日趋突出，成为影响我国可持续发展的重要因素之一。其中，在基本公共文化服务均等化方面，问题尤为明显。

（一）我国公民的文化权利实现程度还较低

首先，我国文化事业费占国家财政比重偏低并不增反减。1990 年，我国文化事业费占国家财政总支出的比重为 0.49%；2000 年，这一比重降至 0.4%；2009 年，这一比重降至 0.39%。目前国际上中等发达程度以上国家文化事业费占国家财政总支出的 1% 以上，由此可见，我国公共文化服务供给能力亟待提高。

其次，我国公共文化事业基建投资占国家基建投资比重较低并不增反减。1990 年，我国公共文化事业基建投资占国家基建投资比重为 0.3%；2000 年，这一比重降至 0.17%；2009 年，这一比重降至 0.05%。[①] 我国文化事业费占比与文化事业基建投资占比的逐年萎缩直接导致了我国公共文化基础设施较为匮乏，无法保证公民平等、便捷地享有文化资源。即便作为

---

① 根据《中国统计年鉴》（2010）整理计算，下同。

公共文化指数排名遥遥领先的上海（如下文分析所示）的文化基础设施也落后于伦敦、纽约、巴黎等国际大都市，如表 7 所示。

表 7　五大都市文化基础设施比较

单位：个

指　标	伦　敦	纽　约	巴　黎	上　海	东　京
国家级博物馆	22	16	19	6	8
其他博物馆	162	85	138	100	71
公共图书馆	395	255	303	248	369
每 10 万人口所拥有公共图书馆	5	3	N/A	1	3
UNESCO 世界级遗址	4	1	2	0	0

资料来源：伦敦发展署：《伦敦：一次文化大审计》，2008 年 3 月。

从公共图书馆的国际标准来看，国际图书馆协会联合会 20 世纪 70 年代颁布的《公共图书馆标准》规定，每 5 万人拥有一所图书馆，一座图书馆服务辐射半径通常标准为 4 公里。2009 年，我国平均每 46.8 万人口、每 3368 平方公里面积（服务辐射半径大致为 32.8 公里）才拥有一座公共图书馆，与国际标准有明显差距。

（二）公共文化供给中存在地域之间、城乡之间、社会阶层之间的不均等发展，出现地区之间的"鸿沟"、城乡"二元结构"与阶层间的"差序结构"

中、西部发展明显滞后于东部地区，农村文化发展滞后于城市，贫困阶层的文化边缘化等。从地区差异角度来看，我国西部地区与东部地区、发达地区与不发达地区存在较大的文化差异。以 2009 年地市级公共图书馆为例，东部地区平均每馆面积为 11189 平方米，西部仅为 4951 平方米；东部地区平均每馆藏量为 75.3 万件，西部仅为 25.4 万件，如表 8 所示。

2009 年，东部地区城镇居民家庭人均教育及文化娱乐服务支出为 1903.43 元，而西部地区仅为 1163.64 元，仅占东部地区的 60% 左右，如 9 表所示。

表 8　全国地市级图书馆分地区部分统计数据（2009 年）

地　区	房屋建筑面积（平方米）	固定资产原值（万元）	藏量（件/套）	阅览室坐席数（个）
全　国	7797	1411	46.6	448
东部地区	11189	2456	75.3	633
中部地区	7657	1195	42.7	446
西部地区	4951	714	25.4	288

表 9　东部、西部及东北地区城镇居民家庭文化娱乐服务支出（2009 年）

单位：元

项　目	东部地区	西部地区	东北地区
人均消费支出	14619.75	10641.98	11128.90
人均教育文化娱乐服务支出	1903.43	1163.64	1118.99

资料来源：根据《中国统计年鉴》（2010）整理。

2009 年上海市城镇居民家庭人均文化娱乐服务支出为 3138.98 元，而云南省仅为 798.69 元，仅占上海市城镇居民家庭人均文化娱乐服务支出的 25% 左右，如表 10 所示。

表 10　全国各地区城镇居民家庭人均年消费支出（2009 年）

单位：元

地区	消费性支出	教育文化娱乐服务	文化娱乐用品	文化娱乐服务
北京	17893.3	2654.98	820.73	909.58
广东	16857.5	2168.88	472.12	918.18
上海	20992.35	3138.98	957.49	990.26
浙江	5604.72	2295.32	470.5	643.32
广西	4129.55	1111.13	341.34	366.21
甘肃	3359.3	1025.47	306.54	292.2
陕西	3988.57	1430.22	345.85	404.45
宁夏	10280	1075.88	351.95	285.59
云南	10201.81	798.69	213.45	306.34
全国	12264.55	1472.76	381.32	445.56

资料来源：根据《中国统计年鉴》（2010）整理。

从社会阶层文化差异的角度看，我国存在着不同阶层文化享受的明显差异，贫富阶层之间的文化不公平程度较高。如 2009 年，城镇居民家庭中最低收入户用于教育文化娱乐支出仅为 457.22 元，而最高收入为 4116.41 元，最高最低收入户相差近 10 倍，如表 11 所示。

表 11　城镇居民家庭平均每人每年教育文化娱乐服务支出（2009 年）

单位：元

项　　目	总平均	最低收入户（10%）	低收入户（10%）	中等偏下户（20%）	中等偏上户（20%）	高收入户（10%）	最高收入户（10%）
消费性支出	12264.55	4900.56	6743.09	8738.79	14964.37	19263.88	29004.41
教育文化娱乐支出	1472.76	457.22	665.96	953.75	1807.73	2461.10	4116.41
文娱用品支出	381.32	82.96	151.82	225.50	483.42	682.50	1116.97

资料来源：根据《中国统计年鉴》（2010）整理。

（三）基层基本公共文化服务功能薄弱

目前，我国各级文化单位，尤其是基层文化单位提供公共服务的能力大大欠缺，许多地方文化馆、图书馆、文化站运转困难。特别是中、西部地区文化事业经费投入明显偏少，农村文化基础设施落后，公共文化资源总量偏少，质量不高的问题很突出。为农民服务的文化机构运转存在较大困难，公共文化机构运转乏力。

（四）公共参与文化生活的缺位与不均衡并存

公民的社会阶层、经济成分、教育程度的不同导致公民参与文化生活呈现不均衡性，弱势群体如贫困户、农民工的文化权利不能得到充分保障。目前，我国生活在城市中的弱势群体（如农民工、大学生"蚁族"等）的文化生活依然单调乏味，他们很少参加文化活动，文化权利的实现程度也较低。政府针对弱势群体的公共文化服务十分薄弱。一些地方将弱势群体排斥在公共文化服务体系之外，形成了针对弱势群体的文化障碍与文化排斥，积累了许多文化资本的欠账。

（五）公共文化服务体系不健全，导致文化资源分布不均等，文化资源增长缓慢，甚至呈萎缩之势

2000 年，我国共有公共图书馆 2677 个，2005 年共有 2762 个，2009 年共有 2850 个，10 年间仅增加了 173 个。2000 年，我国共有群艺馆 390 个，2009 年减少到 361 个。2000 年，我国共有文化馆 2907 个，2009 年减少到 2862 个。

综上数据显示，当前我国基本公共文化服务的不均等化程度已经十分严重，例如文化资源分配严重不均，文化传统生活淡出日常生活，社会精神生活匮乏与文化生态恶化等，如果不尽快优化政府行为以实现基本公共文化服务均等化，将会为我国的经济社会发展带来难以估量的风险。

基本公共文化服务均等化现状

一、指标体系的建立

在构建基本公共文化服务指数的过程中，我们选取指标遵循三个重要原则：①科学性原则，即指标体系的建立，必须能够客观充分地反映基本公共文化服务均等化的现实情况；②可比性原则，即指标的选取与设计既要体现基本公共文化服务建设内容的共同点，有利于与全国其他地区的横向比较，又要考虑基本公共文化服务的发展情况，有利于历史性的纵向比较；③操作性原则，即指标的选取与设计要与数据的可取得性相结合，指标内容应尽量简单明了。

本文采用德尔菲法确立两级指标体系并对指标体系的权重进行了设置。指标体系包括投入、产出两个指标，权重分别为 57% 和 43%，如图 1 所示。投入维度下设置三个二级指标：公共文化财政支出占政府财政支出比重、人均文化事业费和公共图书馆人均购书费，权重分别为 30%、35% 和 35%；产出维度下设置三个二级指标：每万人公共图书馆数量、每万人群艺馆数量和公共图书馆人均藏书册，权重分别为 30%、30% 和 40%，如表 12 所示。

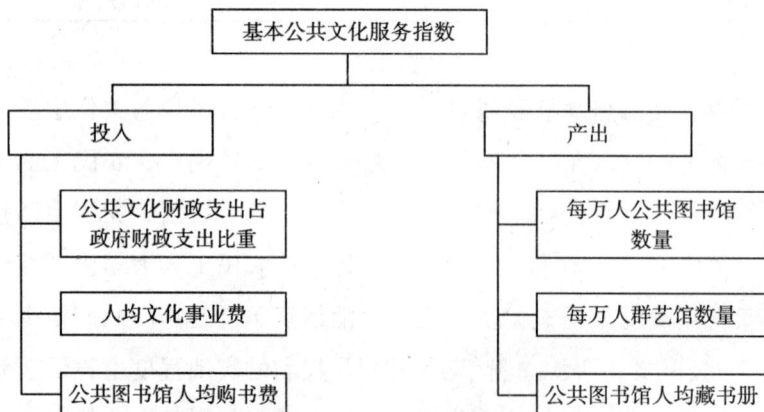

图 1 基本公共文化服务指标体系

表 12　基本公共文化服务指标体系

一级指标	一级指标权重（%）	二级指标名称	二级指标权重（%）
投入	57	公共文化财政支出占政府财政支出比重（%）	30
		人均文化事业费（元）	35
		公共图书馆人均购书费（元）	35
产出	43	每万人公共图书馆数量（个）	30
		每万人群艺馆数量（个）	30
		公共图书馆人均藏书册（册）	40

（一）"繁荣"维度：基本公共文化服务指数测算

1. 基本公共文化服务指数总体情况

指标数据来源主要包括：《中国统计年鉴》（2010）、《中国文化文物统计年鉴》（2010）、《中国社会统计年鉴》（2010）。按照已构建的公共文化服务供给能力指标体系，我们选用 2009 年的各地区相关数据进行分析，各地区 6 个反映基本公共文化服务供给能力指标值，如表 13 所示。

表 13　"十一五"末期各地区基本公共文化服务指标一览表

省　份	文化事业费占财政支出比重（%）	人均文化事业费（元）	公共图书馆人均购书费（元）	每万人公共图书馆数量（个）	每万人群艺馆数量（个）	公共图书馆人均藏书册（册）
北京	0.76	79.24	2.14	0.014	0.041	0.9
福建	0.61	24.69	0.438	0.023	0.016	0.4
广东	0.54	23.47	1.249	0.014	0.015	0.5
海南	0.63	29.66	0.645	0.023	0.01	0.4
河北	0.28	9.6	0.209	0.023	0.015	0.2
江苏	0.43	20.25	0.993	0.014	0.024	0.5
辽宁	0.39	24.05	0.942	0.03	0.014	0.6
山东	0.43	13.45	0.372	0.016	0.009	0.4
上海	0.52	93.51	8.584	0.015	0.054	3.4
天津	0.61	48.38	2.983	0.025	0.032	0.9
浙江	0.86	40.68	1.893	0.019	0.046	0.7
安徽	0.31	11.09	0.239	0.015	0.013	0.2
河南	0.34	9.66	0.131	0.015	0.017	0.2
黑龙江	0.35	17.26	0.326	0.026	0.012	0.4
湖北	0.44	17.11	0.33	0.019	0.012	0.4
湖南	0.32	13.73	0.234	0.019	0.01	0.3
吉林	0.46	29.91	0.51	0.024	0.012	0.5
江西	0.38	15.07	0.215	0.024	0.012	0.3
山西	0.56	20.11	0.351	0.037	0.024	0.3
甘肃	0.41	17.85	0.384	0.035	0.011	0.4
广西	0.39	14.02	0.35	0.021	0.005	0.4
贵州	0.37	14.02	0.129	0.024	0.002	0.2
内蒙古	0.45	37.5	0.343	0.047	0.012	0.4
宁夏	0.72	39.44	0.773	0.032	0.026	0.7

续表

省　份	文化事业费占财政支出比重（%）	人均文化事业费（元）	公共图书馆人均购书费（元）	每万人公共图书馆数量（个）	每万人群艺馆数量（个）	公共图书馆人均藏书册（册）
青海	0.41	45.88	0.356	0.079	0.038	0.7
陕西	0.42	19.21	0.31	0.03	0.027	0.3
四川	0.37	14.45	0.262	0.019	0.012	0.3
西藏	0.29	44.69	0.37	0.014	0.076	0.2
新疆	0.44	28.11	0.356	0.044	0.01	0.4
云南	0.54	16.68	0.351	0.033	0.007	0.3
重庆	0.46	18	0.511	0.015	0.015	0.4

　　根据指标的特性采取数据标准化方法。标准化值=某省观测原值/所有省观测最大值。所有指标经过标准化处理后，其指标值均分布在0~1，1代表最高水平。根据一级指标和二级指标的权重，算出各省基本公共文化服务指数及其排名，如表14所示。

表14　"十一五"末期地区基本公共文化服务指数及排名

省份	文化事业费占财政支出比重（%）	人均文化事业费（元）	公共图书馆人均购书费（元）	每万人公共图书馆数量（个）	每万人群艺馆数量（个）	公共图书馆人均藏书册（册）	基本公共文化服务指数	排名
北京	0.8837	0.8474	0.2493	0.1732	0.5408	0.2647	0.5075	2
福建	0.7093	0.5174	0.3475	0.3197	0.4186	0.2647	0.4346	4
广东	0.3256	0.1027	0.0243	0.2953	0.1912	0.0588	0.1539	30
海南	0.6512	0.2151	0.0409	0.4656	0.3193	0.0882	0.2788	10
河北	0.5233	0.4010	0.0400	0.5909	0.1524	0.1176	0.2936	8
江苏	0.4535	0.2572	0.1097	0.3754	0.1831	0.1765	0.2531	14
辽宁	0.5349	0.3199	0.0594	0.3051	0.1588	0.1471	0.2523	15
山东	0.4070	0.1846	0.0380	0.3310	0.1516	0.1176	0.1965	22
上海	0.6047	1.0000	1.0000	0.1912	0.7137	1.0000	0.7911	1
天津	0.5000	0.2166	0.1157	0.1787	0.3225	0.1471	0.2417	16
浙江	1.0000	0.4350	0.2205	0.2347	0.6083	0.2059	0.4459	3
安徽	0.3605	0.1186	0.0278	0.1839	0.1699	0.0588	0.1466	31
河南	0.7093	0.2640	0.0510	0.2968	0.2144	0.1176	0.2703	11
黑龙江	0.4419	0.1612	0.0250	0.3086	0.1636	0.0882	0.1888	23
湖北	0.5000	0.1438	0.0433	0.2006	0.1141	0.1176	0.1836	24
湖南	0.3953	0.1033	0.0153	0.1896	0.2237	0.0588	0.1547	29
吉林	0.5116	0.1830	0.0384	0.2369	0.1613	0.1176	0.2032	21
江西	0.3721	0.1468	0.0273	0.2373	0.1379	0.0882	0.1619	27
山西	0.6279	0.2510	0.1455	0.1748	0.1970	0.1471	0.2597	13
甘肃	0.4535	0.1499	0.0408	0.2608	0.0652	0.1176	0.1779	25
广西	0.7326	0.3172	0.0751	0.2932	0.1373	0.1176	0.2793	9
贵州	0.5349	0.1925	0.0595	0.1905	0.1937	0.1176	0.2115	20
内蒙古	0.4302	0.1545	0.0305	0.2414	0.1546	0.0882	0.1767	26
宁夏	0.4302	0.1499	0.0150	0.3101	0.0312	0.0588	0.1606	28
青海	0.6279	0.1784	0.0409	0.4156	0.0981	0.0882	0.2326	18

续表

省份	文化事业费占财政支出比重（%）	人均文化事业费（元）	公共图书馆人均购书费（元）	每万人公共图书馆数量（个）	每万人群艺馆数量（个）	公共图书馆人均藏书册（册）	基本公共文化服务指数	排名
陕西	0.3372	0.4779	0.0431	0.1747	1.0000	0.0588	0.3233	7
四川	0.4884	0.2054	0.0361	0.3761	0.3495	0.0882	0.2405	17
西藏	0.4767	0.1909	0.0447	0.4470	0.1501	0.1176	0.2258	19
新疆	0.4767	0.4906	0.0415	1.0000	0.4968	0.2059	0.4162	5
云南	0.8372	0.4218	0.0901	0.4052	0.3374	0.2059	0.3765	6
重庆	0.5116	0.3006	0.0415	0.5516	0.1283	0.1176	0.2637	12

通过表14可以看出，我国基本公共文化服务均等化水平呈现出区域发展严重不平衡的局面。同时借助聚类分析方法的快速聚类，可以将全国31个省（市）划分成三个区域等级：

第一类：基本公共文化服务水平较高区域，主要包括上海和北京两地，这两地分别是我国的经济中心和政治中心，经济实力优势明显，地区综合实力强，指数体系的各项指标几乎都高于其他省份，因而水平最高。

第二类：基本公共文化服务水平一般区域，主要包括浙江、福建、新疆、云南、陕西、河北、广西、海南、河南、重庆、山西、江苏、辽宁、天津、四川15个地区。这一区域，有些省市是各项指标都比较靠前，如浙江、福建等东部沿海地区，有的区域则是凭借人口较少，均数较大来体现均等的，如新疆、青海等地区。

第三类：基本公共文化服务水平较低的区域，主要包括青海、西藏、贵州、吉林、山东、黑龙江、湖北、甘肃、内蒙古、江西、宁夏、湖南、广东、安徽14地。贵州、西藏、甘肃、西宁为西部经济发展较落后地区，基本公共文化服务水平相对也就较低；湖北、湖南、安徽处于中部地区，经济处在崛起阶段，人口基数大，人均相对较少，基本公共文化服务水平较低也在情理之中；山东、广东的总体排名较后一部分原因也是人口基数大、人均相对较少，同时在多数单项指标中水平较低。针对这种情况，广东省已出台了《基本公共服务均等化规划纲要》等相关政策文件，以解决公共服务水平与经济发展水平不协调的情况。

表15 基本公共文化服务指数一级指标排名

指标	基本公共文化服务指数		一级指标			
			投入		产出	
权重	100%		57%		43%	
	指数值	排名	指数值	排名	指数值	排名
北京	0.5075	2	0.6490	2	0.3201	6
福建	0.4346	4	0.5155	4	0.3274	5
广东	0.1539	30	0.1421	31	0.1695	22
海南	0.2788	10	0.2850	12	0.2708	8
河北	0.2936	8	0.3113	10	0.2700	9
江苏	0.2531	14	0.2645	17	0.2382	12
辽宁	0.2523	15	0.2932	11	0.1980	16

续表

指标	基本公共文化服务指数		一级指标			
			投入		产出	
权重	100%		57%		43%	
	指数值	排名	指数值	排名	指数值	排名
山东	0.1965	22	0.2000	24	0.1918	17
上海	0.7911	1	0.8814	1	0.6715	1
天津	0.2417	16	0.2663	15	0.2092	14
浙江	0.4459	3	0.5294	3	0.3353	4
安徽	0.1466	31	0.1594	30	0.1297	30
河南	0.2703	11	0.3230	9	0.2004	15
黑龙江	0.1888	23	0.1977	25	0.1769	19
湖北	0.1836	24	0.2155	22	0.1415	29
湖南	0.1547	29	0.1601	29	0.1475	27
吉林	0.2032	21	0.2310	20	0.1665	23
江西	0.1619	27	0.1726	28	0.1478	26
山西	0.2597	13	0.3271	8	0.1704	21
甘肃	0.1779	25	0.2028	23	0.1448	28
广西	0.2793	9	0.3571	6	0.1762	20
贵州	0.2115	20	0.2487	18	0.1623	24
内蒙古	0.1767	26	0.1938	26	0.1541	25
宁夏	0.1606	28	0.1868	27	0.1259	31
青海	0.2326	18	0.2651	16	0.1894	18
陕西	0.3233	7	0.2835	13	0.3759	3
四川	0.2405	17	0.2310	19	0.2530	10
西藏	0.2258	19	0.2255	21	0.2262	13
新疆	0.4162	5	0.3292	7	0.5314	2
云南	0.3765	6	0.4303	5	0.3051	7
重庆	0.2637	12	0.2732	14	0.2510	11

2. 基本公共文化服务指数分解：基于二级指标

在本研究中，基本公共文化服务指数由文化事业费占财政支出比重、人均文化事业费、公共图书馆人均购书费、每万人公共图书馆数量、每万人群艺馆数量、公共图书馆人均藏书册六个二级指标构成。因此对基本公共文化服务指数在以上六个方面分解有利于深入理解一个地区的公共文化服务水平。在此部分研究中，本文除了测算各指标的变异系数、基尼系数等

常规测量维度外，还将对六个经过标准化过的二级指标进行进一步分解分析：第一步，计算六个二级指标的平均值（31个省、市、自治区）；第二步，分别用各地区的六个二级指标的指数值减去所有地区的平均值（即计算各地区六项二级指标相对于平均值的离差）；第三步，根据以上两步画柱状图。如果某地区某一项二级指标大于零，说明该省在该项二级指标好于31个地区的平均值。此外，利用这种分解方法，我们也可以大致地观察某个地区在六项二

级指标的发展的平衡性问题。

从分解结果来看，大多数地区在六项指标的发展上均体现出不平衡的特征。例如，河南在文化事业费占财政支出比重方面高于全国平均水平，但在另外五个方面均低于全国平均水平；江苏在公共图书馆人均购书费和每万人公共图书馆数量两个指标方面高于全国平均水平，但在其他四个指标方面低于全国平均水平；北京、福建、浙江、上海四个省市均是在每万人公共图书馆数量指标上低于全国平均水平，在另外五项指标上高于全国平均水平。此外，部分地区的六项指标均低于全国平均水平，除广东外，这些地区均来自中西部地区，包括安徽、黑龙江、湖北、湖南、吉林、江西、甘肃、贵州、内蒙古和宁夏。可以看出，一个地区的基本公共文化服务水平与该地区财政实力具有较强的相关关系。因此，从促进"基本公共文化服务均等化"的角度来说，中央政府应当注重在公共服务领域加强对中、西部经济发展水平落后地区的转移支付。

3. 基本公共文化服务指数排名与人均 GDP 排名对比情况

表 16 是地区基本公共文化服务指数与人均 GDP 的排名情况。从地区基本公共文化服务指数排名的整体情况来看，东部地区的指数值较高，中西部省份相对落后。[①] 然而，地区公共文化指数与地区人均 GDP 存在相当程度的差异性。例如，云南、广西、新疆三个地区的公共文化服务指数排名相对人均 GDP 排名靠前 3 名；广东、内蒙古、山东三个地区的公共文化服务指数排名相对人均 GDP 排名靠后 3 名。从地区公共文化服务指数的实际值和人均 GDP 的比较来看，可以发现人均 GDP 高的地区，公共文化服务指数并不一定突出。例如，比较江苏和四川两个地区，江苏人均 GDP 是四川人均 GDP 的 2.5 倍，但两者的公共文化服务指数差不多；天津人均 GDP 是广西人均 GDP 的 3.8 倍，但公共文化服务指数落后于广西；广东人均 GDP 是安徽的两倍多，但公共文化服务指数仅略高于安徽。

表 16   基本公共文化服务指数与人均 GDP

地区	基本公共文化服务指数	基本公共文化服务指数排名	人均 GDP （元）	人均 GDP 排名	排名差异
北京	0.5075	2	70234	2	0
福建	0.4346	4	33106	10	−6
广东	0.1539	30	39978	6	24
海南	0.2788	10	18760	22	−12
河北	0.2936	8	24583	12	−4
江苏	0.2531	14	43907	5	9
辽宁	0.2523	15	34193	9	6
山东	0.1965	22	35893	8	14
上海	0.7911	1	77205	1	0

① 此处界定的东部地区包括北京、天津、河北、辽宁、上海、江苏、浙江、福建、山东、广东和河南 11 个省（市）；中部地区包括山西、吉林、黑龙江、安徽、江西、河南、湖北、湖南 8 个省份；西部地区包括内蒙古、广西、重庆、四川、贵州、云南、西藏、陕西、甘肃、宁夏、青海、新疆 12 个省份。

续表

地区	基本公共文化服务指数	基本公共文化服务指数排名	人均GDP（元）	人均GDP排名	排名差异
天津	0.2417	16	63395	3	13
浙江	0.4459	3	44895	4	−1
安徽	0.1466	31	16656	25	6
河南	0.2703	11	21073	15	−4
黑龙江	0.1888	23	21593	14	9
湖北	0.1836	24	22050	13	11
湖南	0.1547	29	19355	20	9
吉林	0.2032	21	25906	11	10
江西	0.1619	27	15921	27	0
山西	0.2597	13	20779	16	−3
甘肃	0.1779	25	12882	30	−5
广西	0.2793	9	16576	26	−17
贵州	0.2115	20	9214	31	−11
内蒙古	0.1767	26	37287	7	19
宁夏	0.1606	28	19642	19	9
青海	0.2326	18	18346	23	−5
陕西	0.3233	7	20497	17	−10
四川	0.2405	17	17289	24	−7
西藏	0.2258	19	15294	28	−9
新疆	0.4162	5	19119	21	−16
云南	0.3765	6	13687	29	−23
重庆	0.2637	12	20219	18	−6

如果用图来表示处在横轴下方的地区为基本公共文化服务指数排名高于人均GDP省份，而处在横轴上方的地区则是基本公共文化服务指数低于人均GDP省份，柱状图上的数字代表排名差异。

因此，通过比较地区公共文化服务指数和人均GDP，我们可以得出如下结论：人均GDP仅能部分地反映地区公共文化服务指数水平，人均GDP水平高的地区，公共文化服务水平并不一定高。

（二）"公平"维度：基本公共文化服务基尼系数测算

表17　全国各地区基本公共文化服务指数差异比较

年份	最大值	最小值	极差	平均值	标准差	变异系数（%）	基尼系数
2000	0.78	0.16	0.62	0.2953	0.1132	38.34	0.1760
2005	0.82	0.14	0.68	0.2577	0.1365	52.95	0.2387
2008	0.72	0.14	0.58	0.2673	0.1233	46.11	0.2212
2009	0.79	0.15	0.64	0.2743	0.1339	48.80	0.2314

虽然地区间基本公共文化服务基尼系数总体而言不是很高，但还是能够看出"十五"期间，地区间的公共文化服务差距呈上升趋势，2005年达到最高值0.2387。从地区间的公共文

化服务指数的变异系数来看，不同地区间存在比较严重的非均等情况，变异系数在38.34%~52.95%内呈现出起伏不定的状态："十五"时期

变异系数不断增大，2005年达到52.95%；"十一五"期间，这一变异系数有所回落，但在"十一五"末期仍维持在48.80%。

表18　东中西部基本公共文化服务基尼系数

年份	东部地区	中部地区	西部地区	均　值
2000	0.211679	0.106187	0.14576	0.154542
2005	0.283813	0.093674	0.168039	0.181842
2008	0.260677	0.121248	0.156204	0.179376
2009	0.257337	0.121112	0.164478	0.180976

从表18中可以看出：①东部地区基本公共文化服务的不均等化程度明显高于中、西部地区。②从均值看，东部地区的不均等化程度都超过了全国平均值，而中、西部地区均未超过全国平均值。由此可见，东部地区公共文化服务的不均等特征更为明显。

二、二级指标分项比较研究

（一）公共文化财政支出占政府财政支出比重

1."繁荣"维度：基本公共文化服务指数测算

从本项指标（公共文化财政支出占政府财

政支出比重）排名来看，第1~10位地区分别为浙江、北京、宁夏、海南、天津、福建、山西、广东、云南、上海；第11~20位地区分别为吉林、重庆、内蒙古、湖北、新疆、江苏、陕西、甘肃、青海、山东；第21~31位地区分别为辽宁、广西、江西、四川、贵州、黑龙江、河南、湖南、安徽、西藏、河北。

从本项指标（公共文化财政支出占政府财政支出比重）的分解情况看，该项指标好于31地区平均值的省份包括北京、天津、山西、上海、浙江、福建、广东、海南、云南、宁夏。

2."公平"维度：基本公共文化服务基尼系数测算

表19　全国各地区基本公共文化服务（文化事业费占财政支出比重）差异比较

年　份	最大值	最小值	极　差	平均值	标准差	变异系数	基尼系数
2000	0.7800	0.3900	0.3900	0.5687	0.0914	16.07%	0.0886
2005	0.8700	0.3300	0.5400	0.4739	0.1213	25.60%	0.1269
2008	0.8300	0.2900	0.5400	0.4635	0.1230	26.54%	0.1383
2009	0.8600	0.2800	0.5800	0.4674	0.1400	29.95%	0.1585

从地区间基本公共文化服务（文化事业费占财政支出比重）基尼系数来看，如表19所示"十五"期间，地区间的公共文化服务差距呈逐渐增大趋势，"十一五"末期达到最小值

0.1585。从地区间的公共文化服务指数的变异系数来看，"十五"时期以来也呈现逐渐上升的趋势，"十一五"末期仍维持在29.95%。

表20 东中西部基本公共文化服务（文化事业费占财政支出比重）基尼系数

年 份	东部地区	中部地区	西部地区	均值
2000	0.0887	0.0916	0.0779	0.0861
2005	0.1552	0.0673	0.0890	0.1038
2008	0.1708	0.1051	0.0840	0.1200
2009	0.1629	0.1100	0.1153	0.1294

从表20中可以看出：①东部地区基本公共文化服务的不均等化程度明显高于中西部地区。②从均值看，东部地区的不均等化程度都超过了全国平均值，而中、西部地区均未超过全国平均值。由此可见，东部地区公共文化服务的不均等特征更为明显。

（二）公共图书馆人均购书费

1.“繁荣”维度：基本公共文化服务指数测算

从本项指标（公共图书馆人均购书费）排名来看，第1~10位地区分别为上海、天津、北京、浙江、广东、江苏、宁夏、海南、重庆、辽宁；11~20位地区分别为吉林、福建、甘肃、山东、西藏、青海、新疆、山西、云南、广西；21~31位地区分别为内蒙古、湖北、黑龙江、陕西、四川、安徽、湖南、江西、河北、河南、贵州。

从本项指标（公共图书馆人均购书费）的分解情况看，该项指标好于31地区平均值的省份包括北京、天津、辽宁、上海、江苏、浙江、广东。

2.“公平”维度：基本公共文化服务基尼系数测算

表21 全国各地区基本公共文化服务（人均购书费）差异比较

年 份	最大值	最小值	极 差	平均值	标准差	变异系数	基尼系数
2000	6.6970	0.0330	6.6640	0.3922	1.2044	307.12%	0.7342
2005	5.8160	0.0690	5.7470	0.5176	1.0829	209.21%	0.6564
2008	7.6120	0.1580	7.4540	0.7969	1.4070	176.56%	0.5881
2009	8.5840	0.1290	8.4550	0.8800	1.5672	178.09%	0.5799

地区间基本公共文化服务基尼系数总体而言非常高，如表21所示2000年达到最高值0.7342，“十五”期间，地区间的公共文化服务差距呈逐步缩小的趋势。从地区间的公共文化服务指数的变异系数来看，不同地区间存在非常严重的非均等情况，变异系数在176.56%~307.12%这一较大的区间内呈现出起伏不定的状态：“十五”初期这一系数达到了307.12%；“十一五”期间，这一变异系数有所回落，但在“十一五”末期仍维持在178.09%。

表 22　东中西部基本公共文化服务（人均购书费）基尼系数

年份	东部地区	中部地区	西部地区	均　值
2000	0.7165	0.5076	0.2651	0.4964
2005	0.5873	0.2406	0.1730	0.3336
2008	0.5275	0.1723	0.2196	0.3065
2009	0.5355	0.1984	0.1854	0.3064

从表 22 中可以看出：①东部地区基本公共文化服务的不均等化程度明显高于中、西部地区，东部地区已经处于高度不均等状态。②从均值看，东部地区的不均等化程度都超过了全国平均值，而除了 2000 年中部地区略高于均值外，中、西部地区均未超过全国平均值。由此可见，东部地区公共文化服务的不均等特征更为明显。

（三）人均文化事业费

1.“繁荣”维度：基本公共文化服务指数测算

从本项指标（人均文化费）排名来看，第

1~10 位地区分别为上海、北京、天津、青海、西藏、浙江、宁夏、内蒙古、吉林、海南；第 11~20 位地区分别为新疆、福建、辽宁、广东、江苏、山西、陕西、重庆、甘肃、黑龙江；第 21~31 位地区分别为湖北、云南、江西、四川、广西、贵州、湖南、山东、安徽、河南、河北。

从本项指标（人均文化费）的分解情况看，该项指标好于 31 地区平均值的省份包括北京、天津、内蒙古、吉林、上海、浙江、海南、西藏、青海、宁夏、新疆。

2.“公平”维度：基本公共文化服务基尼系数测算

表 23　全国各地区基本公共文化服务（人均文化事业费）差异比较

年　份	最大值	最小值	极　差	平均值	标准差	变异系数	基尼系数
2000	32.2400	2.2000	30.0400	6.6045	6.3465	96.09%	0.3991
2005	44.5400	4.0200	40.5200	12.6458	10.4122	82.34%	0.3791
2008	87.4000	7.3600	80.0400	23.1929	17.9198	77.26%	0.3565
2009	93.5100	9.6000	83.9100	27.4442	19.3555	70.53%	0.3355

从地区间基本公共文化服务（人均文化事业费）基尼系数来看，如表 23 所示“十五”期间，地区间的公共文化服务差距呈小幅缩小趋势，“十一五”末期达到最小值 0.3355。从地区间的公共文化服务指数的变异系数来看，“十五”时期以来也呈现逐渐下降的趋势，“十一五”末期仍维持在 70.53%。

表 24　东中西部基本公共文化服务（人均文化事业费）基尼系数

年　份	东部地区	中部地区	西部地区	均　值
2000	0.4045	0.1867	0.3158	0.3023
2005	0.3791	0.1638	0.2978	0.2802
2008	0.3795	0.2053	0.2421	0.2756
2009	0.3606	0.1862	0.2521	0.2663

从表 24 中可以看出：①东部地区基本公共文化服务的不均等化程度明显高于中、西部地区。②从均值看，东部地区的不均等化程度都超过了全国平均值，而除了 2008 年和 2009 年西部地区略高于全国平均值外，中、西部地区均未超过全国平均值。由此可见，东部地区公共文化服务的不均等特征更为明显。

（四）每万人公共图书馆数量

1. "繁荣"维度：基本公共文化服务指数测算

从本项指标（每万人公共图书馆数量）排名来看，第 1~10 位地区分别为青海、内蒙古、新疆、山西、甘肃、云南、宁夏、陕西、辽宁、黑龙江；第 11~20 位地区分别为天津、贵州、江西、吉林、福建、河北、海南、广西、四川、湖南；第 21~31 位地区分别为湖北、浙江、山东、上海、重庆、河南、安徽、江苏、广东、西藏、北京。

从本项指标（每万人公共图书馆数量）的分解情况看，该项指标好于 31 地区平均值的省份包括山西、内蒙古、辽宁、黑龙江、云南、陕西、甘肃、青海、宁夏、新疆。

2. "公平"维度：基本公共文化服务基尼系数测算

表 25　全国各地区基本公共文化服务（每万人图书馆数量）差异比较

年份	最大值	最小值	极差	平均值	标准差	变异系数	基尼系数
2000	0.0730	0.0040	0.0690	0.0252	0.0132	52.17%	0.2628
2005	0.0790	0.0140	0.0650	0.0256	0.0136	53.01%	0.2510
2008	0.0780	0.0140	0.0640	0.0254	0.0132	52.14%	0.2469
2009	0.0790	0.0140	0.0650	0.0254	0.0133	52.31%	0.2446

地区间基本公共文化服务（每万人图书馆数量）基尼系数总体而言不是很高如表 25 所示，能够看出"十五"期间，地区间的公共文化服务差距呈小幅缩小趋势，"十一五"末期达到最小值 0.2446。从地区间的公共文化服务指数的变异系数来看，其值一直较为稳定，"十一五"末期仍维持在 52.31%。

表 26　东中西部基本公共文化服务（每万人图书馆数量）基尼系数

年　份	东部地区	中部地区	西部地区	均　值
2000	0.1515	0.1799	0.2959	0.2091
2005	0.1576	0.1669	0.2791	0.2012
2008	0.1543	0.1650	0.2686	0.1960
2009	0.1465	0.1599	0.2708	0.1924

从表 26 中可以看出：①西部地区基本公共文化服务的不均等化程度明显高于东、中部地区。②从均值看，西部地区的不均等化程度都超过了全国平均值，而东、中部地区均未超过全国平均值。由此可见，西部地区公共文化服务的不均等特征更为明显。

（五）每万人群艺馆数量

1. "繁荣"维度：基本公共文化服务指数测算

从本项指标（每万人群艺馆数量）排名来看，第1~10位地区分别为青海、内蒙古、新疆、山西、甘肃、云南、宁夏、陕西、辽宁、黑龙江；第11~20位地区分别为天津、贵州、江西、吉林、福建、河北、海南、广西、四川、湖南；第21~31位地区分别为湖北、浙江、山东、上海、重庆、河南、安徽、江苏、广东、西藏、北京。

从本项指标（每万人群艺馆数量）的分解情况看，该项指标好于31地区平均值的省份包括北京、天津、山西、上海、江苏、浙江、西藏、陕西、青海、宁夏。

2. "公平"维度：基本公共文化服务基尼系数测算

表27 全国各地区基本公共文化服务（每万人群众艺术馆数量）差异比较

年 份	最大值	最小值	极 差	平均值	标准差	变异系数	基尼系数
2000	0.0760	0.0040	0.0720	0.0183	0.0130	71.12%	0.3109
2005	0.0900	0.0020	0.0880	0.0193	0.0198	102.63%	0.4178
2008	0.0770	0.0030	0.0740	0.0182	0.0136	74.85%	0.3386
2009	0.0760	0.0020	0.0740	0.0203	0.0161	79.37%	0.3797

地区间基本公共文化服务基尼系数总体而言比较高如表27所示，能够看出"十五"期间，地区间的公共文化服务差距呈上升趋势，2005年达到最高值0.4178。从地区间的公共文化服务指数的变异系数来看，不同地区间存在比较严重的非均等情况，变异系数在71.12%~102.63%内呈现出起伏不定的状态："十五"时期变异系数不断增大，2005年达到102.63%；"十一五"期间，这一变异系数有所回落，但在"十一五"末期仍维持在79.37%。

表28 东中西部基本公共文化服务（每万人群众艺术馆数量）基尼系数

年 份	东部地区	中部地区	西部地区	均 值
2000	0.1776	0.0620	0.4747	0.2381
2005	0.3845	0.1393	0.5345	0.3528
2008	0.2799	0.1372	0.4458	0.2876
2009	0.3248	0.1406	0.4644	0.3099

从表28中可以看出：①西部地区基本公共文化服务的不均等化程度明显高于东、中部地区，2005年已经超高了0.5，处于差距较大的状态。②从均值看，西部地区的不均等化程度都超过了全国平均值，除2005年和2009年东部地区不均等化程度略高于全国外，东、中部地区均未超过全国平均值。由此可见，西部地区公共文化服务的不均等特征更为明显。

（六）公共图书馆人均藏书册

1. "繁荣"维度：基本公共文化服务指数测算

从本项指标（公共图书馆人均藏书册）排

名来看，第 1~10 位地区分别为上海、北京、天津、浙江、青海、宁夏、辽宁、吉林、江苏、广东；第 11~20 位地区分别为内蒙古、黑龙江、福建、山东、湖北、广西、海南、重庆、甘肃、新疆；第 21~31 位地区分别为山西、江西、湖南、四川、云南、陕西、河北、安徽、河南、贵州、西藏。

从本项指标（公共图书馆人均藏书册）的分解情况看，该项指标好于 31 地区平均值的省份包括北京、天津、辽宁、上海、浙江、青海、宁夏。

2."公平"维度：基本公共文化服务基尼系数测算

表 29 全国各地区基本公共文化服务（人均藏书册）差异比较

年 份	最大值	最小值	极 差	平均值	标准差	变异系数	基尼系数
2000	1.5000	0.1000	1.4000	0.3710	0.2795	75.35%	0.3349
2005	3.4000	0.1000	3.3000	0.4097	0.5804	141.68%	0.4399
2008	3.4000	0.2000	3.2000	0.5032	0.5707	113.40%	0.3693
2009	3.4000	0.2000	3.2000	0.5226	0.5667	108.44%	0.3576

地区间基本公共文化服务基尼系数总体而言比较高，如表 29 所示能够看出"十五"期间，地区间的公共文化服务差距呈上升趋势，2005 年达到最高值 0.4399。从地区间的公共文化服务指数的变异系数来看，不同地区间存在比较严重的非均等情况，变异系数在 75.35%~141.68% 内呈现出起伏不定的状态："十五"时期变异系数不断增大，2005 年达到 141.68%；"十一五"期间，这一变异系数有所回落，但在"十一五"末期仍维持在 108.44%。

表 30 东中西部基本公共文化服务（人均藏书册）基尼系数

年 份	东部地区	中部地区	西部地区	均 值
2000	0.3736	0.2125	0.2667	0.2843
2005	0.5205	0.2361	0.2407	0.3324
2008	0.4437	0.1635	0.2319	0.2797
2009	0.4127	0.1635	0.2039	0.2600

从表 30 中可以看出：①东部地区基本公共文化服务的不均等化程度明显高于中、西部地区，并且不均等化程度较高，2005 年已经达到高度不均等状态。②从均值看，东部地区的不均等化程度都超过了全国平均值，而中、西部地区均未超过全国平均值。由此可见，东部地区公共文化服务的不均等特征更为明显。

根据上述分析，我们可以得到如下结论：

（1）东部地区的基本公共文化服务均等化程度异于中西部地区。虽然在某些指标上东部地区的均等化水平高于中、西部，[①]但在大多数指标上，东部地区表现出较高的不均等化，这

---

① 在每万人公共图书馆数量和每万人公共群艺馆数量两个维度测量中，西部地区的不均等化大于东部。我们的解释是由于这两个指标是人均指标，而同样在西部地区不同省份的人口密度差异较大，如青海、西藏的人口密度远远小于重庆、云南，因此在这两项指标中，西部地区不均等程度较高。

说明基本公共文化服务均等化水平与经济发展水平不一定直接相关。

（2）各级政府对基本公共文化服务的财政投入偏低，人均文化事业费、人均购书费偏低，在公共图书馆人均拥有藏书册数、每万人公共图书馆数等衡量指标上都偏少。相对于基础设施等"硬"公共产品，政府公共财政在基本公共文化服务方面的投入显然远远低于民众的基本需求，财政投入偏低无疑是公民基本公共文化权益不能得到有效保障的重要原因之一。

（3）"十五"期间在很多指标上公共文化服务基尼系数都大幅上升，表明近些年来我国各级政府在文化建设方面的投入，实际上是不增反减。

（4）基本公共文化服务分布不均等，区域间的非均等情况显著，权利的平等无法得到有效保障，自然结果的大致均等也难以实现。

自20世纪90年代中期开始，中国开始确立"坚持区域经济协调发展"的指导方针，陆续实施了"西部大开发"、"东北振兴"、"中部崛起"等一系列促进我国区域经济协调发展的政策。这些政策主要面向调节经济总量和增长速度，现已初见成效。与此同时，区域政策侧重于经济领域的平衡，却忽视了社会领域的平衡，各地在公共文化等领域的基本公共服务差距不断扩大。如果此趋势继续持续下去，势必会影响我国的社会和谐与可持续发展。针对这些状况，我国在制定"十二五"规划时着重强调了"增强公共文化产品和服务供给，建立健全公共文化服务体系"。中央与地方的公共文化领域相关决策部门在制定相应的"十二五"发展规划时，也应该更加注重各区域公共文化服务均等化，促进政府行为优化。

政府行为优化：制度重构与路径选择

一、构筑多元主体共生治理的制度框架

基本公共文化服务均等化建设需要相应的治理模式和配套制度。基本原则如图2所示。公共文化领域的公共行政应改变传统行政组织办文化、管文化的模式，集中承担为公民服务和向公民放权的职责，并在提供公共文化服务时，充分发挥民间力量和社区组织的功能，实现民主参与，体现公民价值，促进多元主体共生治理机制的形成。在公共文化服务发展中，应正确处理公共文化服务与公共文化社会化、市场化的关系，逐步形成政府主导，文化事业单位、企业、非政府组织、社区等多元主体共同参与、协商、对话的"交互理性"的制度框架。

（1）政府。在基本公共文化服务的供给过程中，政府的主导作用表现为：①在基本公共文化服务的提供模式选择、提供途径规划、实现方式、制度建设等方面，政府发挥着宏观把握与引导的功能。②服务职能始终是政府的一项重要职能，因此政府还担任着直接为公众提供基本公共服务的角色。建设均等化的公共文化服务体系，满足群众多层次、整体性的公共利益，政府责无旁贷，这种广泛的公共权利只有政府才能够最大限度地、最公平地、有组织地提供公共资源来实现。

（2）市场。市场与政府相结合的公共服务供给模式不仅可以打破政府垄断供给导致资源配置低效率的局面，而且可以优化公共服务供

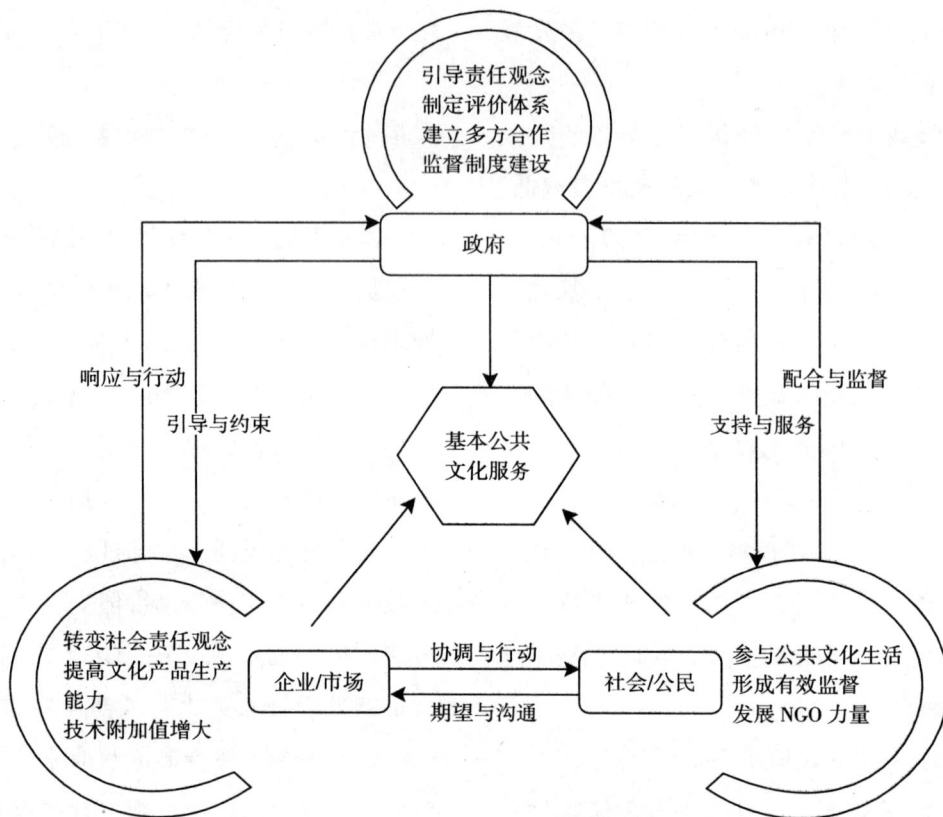

引导责任观念
制定评价体系
建立多方合作
监督制度建设

政府

响应与行动
引导与约束

配合与监督
支持与服务

基本公共
文化服务

转变社会责任观念
提高文化产品生产
能力
技术附加值增大

企业/市场　协调与行动　社会/公民　期望与沟通

参与公共文化生活
形成有效监督
发展NGO力量

图2　基本公共文化服务供给制度框架

给的结构和质量，减少重复供给的发生。在有关公共服务投资、建设、运营、维护和管理中，对经营性行为采取公开招标、委托经营、委托管理等市场化运作方式以及政府特许经营制度等，这样不仅可以降低公共服务供给成本和管理成本，同时还可以提高公共服务的运作效率和专业化水平。企业应通过发展、扶持、赞助等多种方式，参与公共文化产品和服务的提供，弥补政府在公共文化产品供给中的短缺，通过市场规律的作用促进公共文化资源的均等化分配。

（3）公民社会。公民社会是政府、市场之外的第三支社会中间力量，它的存在本身就是对政府、市场的补充和平衡。非政府组织是推动传统治理模式转型的重要力量。要推动我国文化管理体制的变革，就应进一步加大政府职能转变力度，将应由社会承担的社会管理和公共服务职能转移出去，交由非政府组织承担，确保非政府组织和经济社会的同步发展，充分发挥非政府组织在促进公共文化产品供给和公共文化服务中的组织协调作用。此外，构建公共文化服务体系，需要社区的积极参与，为群众平等地参与行使基本的文化权利提供平台，真正使社区居民自主地参与组织丰富多彩的文化生活。

二、配置均衡合理的公共财政资源体系

（一）调整和优化财政支出结构

按照政府为主导、市场为基础和社会参与的原则，进一步明确公共财政支出范围和重点。

凡属于社会公共领域的事务，并且是市场之外的，公共财政就必须到位；凡属于可以通过市场机制解决的领域，财政就不应介入；介于二者之间的，公共财政要发挥宏观调控的杠杆作用，积极推进公共服务供给的多元化，提高公共服务的质量和供给效率。目前，政府应改变基本公共文化的财政支出范围，在保障国有公益性文化机构、项目等基本投入的前提下，政府的公共文化资源要适度向民间机构开放，使每年占文化预算一定比例的公共财政经费可以用于资助民办非营利文化机构。此外，应改革政府公共文化支出方式，公共财政以间接支出为主，直接支出为辅，以资助公共文化项目和公共文化活动为主，以帮助公共文化机构为辅。通过灵活、高效的使用政府掌控的公共文化资源，提高公共文化资源的利用水平。

（二）健全财力与事权相匹配的财政体制

应根据支出受益范围等原则，明确划分各级政府的事权和支出责任。中央政府原则上应当负责覆盖全国范围的公益性公共产品的供给，以城乡和区域基本公共服务均等化为重点，强化再分配职能；各级地方政府主要负责各自辖区内公共产品的供给，应当重点关注各自辖区内居民的实际需求，强化公共产品的供给效率；对于跨区域的具有"外溢效应"的公共服务，应由中央财政和地方财政共同承担；对少数民族和贫困地区，中央财政可以通过转移支付给予适当帮助。合理界定各级政府的事权与责权，除旧布新，让基层政府在基本公共服务的提供方面存在的优势和主体作用得到充分发挥。将财力在各级政府间进行分配，同时通过层级间的资金转移支付，使各级政府的事权与责权有

相应的财权，达到事权、责权与财权的高度统一，以推进基本公共服务的均等化。

（三）完善转移支付制度

政府间转移支付制度是指一个国家的各级政府间在既定的事权、责权、财力划分框架下，为实现横向和纵向均衡而进行的财政资金的相互转移（刘琼莲，2009）。

在基本公共服务均等化的实践中，政府要运用转移支付手段来实现财力分配的横向平衡，以达到在资源配置上的高效率；要实现财力分配的纵向平衡，解决各级政府间支出职责与收入能力之间的结构性失衡问题，以提高基层政府提供基本公共服务的能力与水平；弥补收入划分制度的缺陷，调整地方提供的具有外溢性的公共产品，以协调地区间经济关系，并根据公平与效率的原则来提供相应的基本公共服务；实现一些非经济目标，体现对民族区域自治地区的特别照顾，保证国家统一（王绍光，2002）。

新型的公共财政体制要系统地推进财政均等目标，需要对目前的政府间转移支付制度作重大的结构性调整与改革，以满足均等的基本标准。其中，最重要的是：必须对地方辖区的财政能力和支出需求进行切实的测算，以此作为公式化转移的基础（王雍君，2006）。更一般地讲，需要结合具体情况，修订转移支付目标，不断优化转移支付结构，规范政府间转移支付项目，加大转移支付的均等化力度，分步骤确定转移支付规模，建立纵向与横向转移支付相结合的政府间转移支付制度。与此同时，应建立财政转移支付的立法与监督评价体系，提高财政转移支付效果，以实现各地区居民尽可能地享受大致均等的基本公共服务。

三、构建公平公正的绩效评估制度保障

（一）明确基本公共文化服务均等化的绩效评估价值

1. 以人为本的价值

以人为本是科学发展观的本质和核心，也是衡量各项工作的根本出发点和落脚点。科学发展观突出强调发展的人文向度，将人的自由全面发展作为评判发展的根本价值标准。

只有坚持以人为本的公共治理模式，才能达到人与人的和谐、人与社会的和谐、人与自然的和谐，达到不同利益集团、不同经济成分、不同社会阶层之间的和谐以及争取外部世界格局的和谐发展。体现以人为本的公共文化服务均等化的公共服务应包括：①平等享有公共文化服务的权利，包括平等享有图书馆、文化馆、群艺馆等各种文化基础设施的权利；②平等享有参与文化生活与文化创造的权利；③平等参与文化事务决策的制定、执行和绩效评估的权利。

2. 公平正义的价值

民主法治、公平正义、诚信友爱、充满活力、安定有序、人与自然和谐相处是构建社会主义和谐社会的总要求。"有许多个人要求或多或少的公共利益，但是如果他们都要享有它，那么每个人必须享有同样的一份"。在当代中国，政府公共管理的根本目的在于实现公共价值和增进公共利益，这也是公平正义的价值在利益格局上的体现。

公平正义是人们诉求的价值目标和基本要求，公平正义作为政治文明的基本价值要素，是衡量一种社会制度能否合法存在的前提和条件，也是公共精神能否满足、优越性能否体现的价值维度。充分体现社会的公平正义，就是要看居民享受基本公共文化服务的水平和普遍性。

（二）厘清基本公共文化服务均等化的绩效评估维度

（1）机会均等。基本公共文化服务的机会均等是指公民享有同等接受某种基本公共文化服务的可能性，它是基本公共文化服务均等化的前提和基础。机会均等不仅要体现在以均等化为原则的制度设计上，更要有充足的财力作为保障。因此，衡量基本公共服务的机会均等应有两个重要指标：①权利均等。权利均等是指某项基本公共文化服务的制度设计是否为服务对象提供了享有该服务的同等权利，这是基本公共文化服务均等化的逻辑起点。②人均财政支出占比。某个地区的人均GDP和人均财政收入很高，只能代表该地区提供公共文化服务的能力强，但并不表明该地区用于基本公共文化服务的人均支出就一定高于那些人均GDP和人均财政收入与其相比较低的地区，这与一个地区的发展战略和政策重点有直接关系。而基本公共文化服务的人均财政支出比重反映了某个地区为了推进基本公共文化服务均等提供了可靠的财力保障。

（2）过程均等。基本公共文化服务的过程均等是指在基本公共文化服务供给过程中，公民可以均等地获得某项基本公共文化服务。如果公民享有基本公共文化服务的机会均等，但却不能真正均等地获得并享受基本公共文化服务，那么机会均等化也就没有任何实质意义。因此，对基本公共文化服务的过程均等化进行

评价时，必然涉及两个重要的指标：①程序公平公正。程序公平公正是指要经过有关认可程序，使之得到全社会公认或多数成员认可，以保证程序公正，特别是既得利益集团不能利用其优势社会地位获得更多的公共文化服务。②成本均等化，即某项公共文化服务是否同等地获得以及成本上的可承受性。例如，对于城市公民来说，由于城市的公共文化基础设施较为发达，同等地获得公共文化资源是没有问题的；但由于中国贫困地区公共文化基础设施较为落后，对于居住在贫困偏远山区的居民来说，为了获取同等的公共文化资源需要付出更多的时间成本和交通成本等。那么，对于这两者来说，公共文化资源的可获得性实质上是不存在的。

（3）结果均等。基本公共文化服务的结果是指公民受到同等数量和质量的基本公共文化服务，这是基本公共文化服务均等化的最终目标。因此，衡量基本公共服务的结果均等化应涉及两个重要指标：①覆盖率，即基本公共文化服务是否覆盖了所有具备资格的公民。覆盖率是一个数量指标，它反映了政府提供的基本公共文化服务在数量是否充足，是否均等满足了所有服务对象的基本需求。②满足度，即公民对基本公共文化服务是否满意。基本公共文化服务的数量不足可能会引起公民的不满意，基本公共文化服务的质量不高也可能会引起公民的不满意。基本公共服务直接面向广大公众，公众对服务质量最有发言权，因此，公众满意度是衡量基本公共服务结果均等的一个必不可少的指标。

（三）健全基本公共文化服务均等化的激励相容机制

（1）制定《基本公共文化服务均等化》条例或行动框架。目前，浙江和广东两省都制定了基本公共服务均等化行动框架，[①] 对省级基本公共文化服务均等化的标准、阶段性目标等作了明确的规定。但是，其他省份和国家层面还没有制定统一的《基本公共服务均等化》条例或行动框架。我们建议以基本公共文化服务为突破口，制定全国统一的《基本公共文化服务均等化》条例或行动框架，明确基本公共文化服务均等化的标准、总体目标和阶段任务，并在其中强调对中、西部地区的政策扶持和资金倾斜。

（2）强调公共文化服务均等化的思想认识，通过政策引导，加快其均等化程度的实现。在我国某些地区，基本公共文化建设与服务在各级领导的政策议程排序中通常靠后，这与这些地区各级领导急于发展经济的战略思维有关，更与其对基本公共文化服务和建设的认识不到位有关。应当尽快把基本公共文化服务数量和质量指标纳入政府绩效考核体系中，并且大幅度提高其权重；建立起严格的基本公共文化服务问责制，将基本公共文化服务绩效评估与干部选拔、任用和内部激励相联系，在此基础上建立相应的问责机制。

（3）切实转变政府职能，强化政府在提供公共文化服务的外部监督。基本公共服务均等化要求政府强化社会管理和公共服务职能，服务型政府要求各级政府应消除对 GDP 的盲目崇拜和追求，以满足社会公共需要、提供与民众

---

① 参见浙江省《基本公共服务均等化行动计划（2008~2012）》以及广东省《基本公共服务均等化规划纲要（2009~2020）》。

切身利益相关的公共服务项目为执政目标。加强对公共服务决策、执行、运营活动的监督，强化各级政府对公共服务的行政问责制。要加大社会透明度，完善社情民意沟通渠道，建立制度化的利益表达机制，扩大公众在公共服务问责制度中的知情权、参与权和监督权。

（王洛忠 李 帆 执笔）

参考文献

[1] 庇古：《福利经济学的几个方面》，Economics Review，1951 年第 6 期，第 293 页。

[2] 边继云：《河北省城乡公共文化存在问题及产生原因》，《河北科技师范学院学报》，2009 年第 12 期，第 10 页。

[3] 常修泽：《逐步实现基本公共服务均等化》，《人民日报》，2007 年 1 月 31 日。

[4] 陈昌盛、蔡跃洲：《中国政府公共服务：体制变迁与地区综合评价》，北京：社会科学文献出版社，2007 年，第 11-18 页。

[5] 李景源：《中国公共文化服务报告（2007）》，北京：社会科学文献出版社，2007年。

[6] 刘斌等：《西部地区基本公共服务均等化现状研究》，《重庆社会主义学院学报》，2010 年第 2 期，第 32 页。

[7] 刘德吉：《公共服务均等化的理念、制度因素及实现路径：文献综述》，《上海经济研究》，2008 年第 4 期，第 12-18 页。

[8] 刘梅：《民族地区基本公共服务均等化的实现路径：基于财政收支结构的分析》，《西南民族大学学报》（人文社会科学版），2010 年第 6 期，第 189 页。

[9] 刘明中：《推进基本公共服务均等化的重要手段——财政部副部长楼继伟答本报记者问》，《中国财经报》，2006 年 2 月 7 日。

[10] 刘琼莲：《政府在基本公共服务均等化中的角色》，《东南学术》，2009 年第 1 期，第 104-112 页。

[12] 吕炜：《中国教育均等化若干影响因素研究》，《数量经济技术经济研究》，2010年第 5 期，第 23 页。

[13] 茅于轼：《中国人道德前景》，广州：暨南大学出版社，1997 年，第 62 页。

[14] 邱霈恩：《加快基本公共服务均等化的步伐》，《人民日报》，200 年 3 月 28 日。

[15] 施雪华、方举盛：《中国省级政府公共治理效能评价指标体系设计》，《政治学研究》，2010 年第 2 期，第 67 页。

[16] 王绍光：《中国财政转移支付的政治逻辑》，《战略与管理》，2002 年第 3 期，第 47-54 页。

[17] 王雍君：《中国的财政均等化与转移支付体制改革》，《中央财经大学学报》，2006年第 9 期，第 1-5 页。

[18] 吴理财：《非均等化的农村文化服务及其改进对策》，《华中师范大学学报》，2008年第 5 期，第 89 页。

[19] 杨冠琼：《公共政策学》，北京：北京师范大学出版社，2009 年，第 74-79 页。

[20] 杨宜勇、刘永涛：《我国省际公共卫生和基本医疗服务均等化问题研究》，《经济与管理研究》，2008 年第 5 期，第 78 页。

[22] 杨永、朱春雷：《公共文化服务均等化三维视角分析》，《理论月刊》，2008 年第 9期，第 54 页。

[23] 臧乃康：《基本公共服务均等化的政府绩效评估：障碍与消解》，《江苏社会科学》，2009年第 3 期，第 105-120 页。

[24] 张桂琳：《论我国公共文化服务均等化的基本原则》，《中国政法大学学报》，2009年第 5 期，第 36 页。

[25] 张强：《基本公共服务均等化：制度保障与绩效评价》，《西北师大学报》（社会科学版），2009 年第 3 期，第 70-74 页。

[26] [印度] 阿马蒂亚·森：《以自由看待发展》，北京：中国人民大学出版社，2002 年，第 8-12 页。

[27] 《中共中央关于构建社会主义和谐社会若干重大问题的决定》，北京：人民出版社，2006 年，第 5 页。

中国基础设施公共服务的均等化与政府行为优化

引言

一、关于基础设施范畴的研究

国际社会对基础设施的理解一般有广义和狭义之分。罗根纳·纳克斯（1953）将广义的基础设施定义为社会间接资本，认为社会间接资本不仅包括公路、铁路、电信系统、电力和供水等，还包括学校和医院等，其作用在于提高私人资本的投资回报。OECD（1973）认为广义的基础设施包括经济、社会和行政基础设施。经济基础设施即永久性工程构筑、设备、设施和它们所提供的为居民所用和用于经济生产的服务，包括公用事业、公共工程以及其他交通部门；社会基础设施包括教育、科技、医疗卫生、体育、文化等社会事业；政治基础设施指

各种制度、法律、法规、政策等约束和协调人们行为的一整套上层建筑。[1]

狭义的基础设施仅指经济基础设施。艾伯特·奥·赫希曼（1958）认为其主要指水力、发电、港口、公路等项目的建设。保罗·罗森斯坦·罗丹（1943）将其定义为社会的先行资本，它为其他产业创造投资机会，主要包括电力、运输、通讯等所有基础工程。世界银行（1994）将其定义为"永久性的、成套的工程构筑、设备、设施和它们所提供的为所有企业生产和居民生活共同需要的服务"。[2]

国内学者多采用狭义基础设施的概念。樊纲（1990）认为，基础工业和经济性基础设施统称为"基础部门"，[3] 基础工业包括能源（电力）、交通、基本原材料等生产部门；经济基础设施，如电话通讯、城市供排水系统等。魏礼

---

①　国内也将政治基础设施翻译成"制度基础设施"。
②　它主要包括公共设施（电力、电信、自来水、卫生设备和排污、固体废物的收集和处理、管道煤气等）、公共工程（公路、大坝和排灌渠道等水利设施等）和其他交通部门（铁路、市内交通、港口和航道、机场等）。
③　樊纲认为，基础部门与加工工业部门之间的比例关系是社会生产中的一个最基本的比例关系，被称为"基础结构"。

群（1993）认为基础设施是为社会生产和人民生活提供基础性产品和服务的，是一切经济和社会的载体，是国民经济的重要组成部分，主要包括交通运输、通讯、水利和城市供排水、供气、供电等公用设施以及能源。冯兰瑞（1993）认为基础设施包括交通运输、通讯体系、能源等。

实践中，中央国务院的《政府工作报告》中也是采用狭义基础设施的概念，如 2011 年的《政府工作报告》中，在总结过去五年成就中提及的"农业农村基础设施加快建设，完成 7356 座大中型和重点小型水库除险加固，解决 2.15 亿农村人口饮水安全问题"；"基础设施建设明显加快，五年建成铁路新线 1.6 万公里，新增公路 63.9 万公里，其中高速公路 3.3 万公里，新建、改扩建机场 33 个，新建和加固堤防 1.7 万公里"等。

二、本报告中基础设施范畴的界定

借鉴诸多研究成果，综合考虑数据的可获得性，本报告采用《中国政府公共服务：体质变迁与地区综合评估》（陈昌盛，蔡跃洲，2007）中对基础设施的界定，并将基础设施分为四类：交通运输、邮电通讯、水电燃气供应和农田水利设施（见表 1）。

表 1　本报告涉及的基础设施

相关服务项目		设施
交通运输		公路、铁路、港口、桥梁、管道等
邮电通讯		电话交换机、电缆等
水电燃气的供应	水的供应	水库、供水管道等
	电力供应	电站、电缆等
	燃气供应	供气管道等
农田水利		水库、农村电站、堤防等

交通运输基础设施包括公路运输、铁路运输、航空运输、水上运输和管道运输五种运输方式，它们都由运输载体（公路、铁道、航道、管道）、运输工具（汽车、火车、飞机、轮船等）、运输对象（乘客、货物等）和转运站（车站、机场、码头）组成。邮电通讯基础设施指"一个平台三个网"，"一个平台"指以光纤为主，以卫星通信和数字微波为辅的公共数字化干线传输网；"三个网"指电信网、广播电视网和计算机通信网。电力供应基础设施指发电站（水电站、火电站、核电站等）和电缆组成的输电网络和配电网络等。水、燃气供应基础设施包括水库、供水、供气管道等，限于数据来源，报告中的供水、供气基础设施主要指城镇供水、供气设施。农田水利基础设施涉及蓄水设施（水库）、农村电站、堤防等。

三、基础设施的属性特征

基础设施具备与一般物品不同的特征，主要体现为两个方面：

1. 基础设施具有自然垄断属性[1]

基础设施的本身性质决定了它们大多具有自然垄断属性。首先，基础设施的规模效益巨大。交通设施、通信网络、管道等一旦建成，随后的产品或服务流量越大，平均成本越低，所以独家垄断经营的总成本小于多家分散经营的成本之和，基础设施建设自然垄断取决于经济效率。

其次，基础设施具有网络经济的特征。综观世界各国基础设施的行业和产业，我们不难发现它们一般具有网络经济的特征，即依赖一定的产业网络为市场提供商品和服务。如果离开这些产业网络，企业所生产或者提供的商品和服务是无法流转到社会消费领域。衡量这些产业网络作用的最佳指标是网络上的流量，而网络上的流量将随网络节点的增加呈现几何级数增加。网络节点数量越多，边际投资收益越大。

最后，基础设施资产具有沉淀性与专用性。企业在经营自然垄断行业时，将要投入大量的资金进行产业网络的建设。这些产业网络形成了大规模的固定资产，它们折旧时间长，变现能力差，从而导致了整个垄断产业大量的资本沉淀。同时，由于基础设施产业网络占有的资产往往具有专用性，所以资金一旦投入也就很难收回，其形成的企业资产也难以改做其他用途。

2. 基础设施具有准公共物品属性[2]

大多数基础设施具有准公共物品属性，在出现"拥挤"现象前，一个人对基础设施的使用并不能够减少其他人的使用（如乡村公路、桥梁）；当消费人数达到一定数量以致出现"拥挤"现象时，消费就会出现竞争（如高速公路），为了防止出现"过度消费"和"搭便车"现象，需要采取某些措施（如收费）来限制消费人数。

由于基础设施的自然垄断属性和准公共物品属性，完全依靠市场或政府来提供基础设施供给是不足的，必须依靠市场和政府结合来提供。

中国基础设施发展的现状描述

一、描述指标的选择

当前，国内已经有许多相关研究。交通运输领域，张志强（1998）采用公路通车里程，铁路通车里程，高速公路里程，汽车专用路里程，机场的数量、吞吐能力和客运量来描述其规模和服务能力；采用铁路复线率、电气化比率和公路等级比重来描述其质量。宋密（1998）对采用通车里程和等级公路比重描述公路，采用通车里程、复线率、电气化率和内燃牵引率描述铁路，采用航线总数和机场总数描述航空。王任飞、王进杰（2006）采用铁路、公路、民航、管道里程描述其发展状况，采用客运周转量、货运周转量描述其服务能力，采用铁路复线率、等级公路里程描述其质量变化情况。

邮电通讯领域，金建（1992）采用电话普

---

[1] 自然垄断指由于资源条件的分布集中而无法竞争或不适宜竞争所形成的垄断。
[2] 准公共物品是指介于纯公共物品和私人物品之间，在消费过程中具有一定程度的竞争性和排他性的产品。

及率、电信业投资规模和电信业劳动生产率来描述其发展。原邮电部新闻处（1996）采用局用交换机容量、市话交换机容量、长途交换机容量、电话机总数、移动电话数量、长途电路容量、邮电局所个数、邮路长度描述其发展。吕涛（1996）采用长途电路容量、长途自动交换设备容量、城乡电路总容量、电话主线户数、移动电话户数、电话普及率、公用数据网端口、电话交换程控化比重和长途传输数字化比重描述其发展。张志强（1998）采用局用交换机数量、程控交换机数量、电话机部数和光缆长度来描其发展。赵海燕、刘合翔、孙凌（2003）采用固定电话普及率、互联网和移动通讯的用户占全国用户的比重以及用于通讯的人均年消费性支出来说明东部、西部的通信基础设施现状及其差距。王任飞、王进杰（2006）采用长途自动交换机容量、移动电话交换机容量长途光缆长度、长途电话次数、移动电话用户和上网人数来描述其发展。

水电燃气供应领域，郭功全、华奎元（1990）采用自来水生产总能力、人均生活用水、供水管道长度、万人均供水管道长度来描述供水设施。兰玲（1994）采用人均城市供水量、自来水普及率、人均生活用水量和供水管道网密度描述供水设施。宋密（1998）采用电力装机总容量及其同比增长率描述电力设施。张志强（1998）采用电力供给总量和人均供给量来描述电力设施。金建清、范克危（2000）

采用人工煤气供应量、液化石油气供应量和气化率描述燃气供应设施。王路（2000）采用自来水普及率和人均日生活用水量来衡量。金建清、范克危（2000）采用自来水综合生产能力、人均生活用水量和城市人口用水普及率描述供水设施。蔡龙（2004）采用人均日生活用水量和用水普及率描述供水设施。余建中（2004）采用了人均日生活用水量、人均综合用水量、供水普及率和供水管道网密度描述供水设施。张宝成（2005）提出建设水平、投入产出、供需适度性、发展速度四个评价维度，并用自来水综合生产能力、人均生活用水量、供水管道长度和管网水质国际31项合格率描述供水设施。王任飞、王进杰（2006）采用电力装机容量和发电量描述电力设施。牛树海、金凤君、刘毅（2006）采用发电量、电力消费弹力系数和电力生产弹力系数[1]来说明中国电力紧张的现状。中国电力企业联合会（2009~2010）采用火电、水电、核电、风电和全国电力设备容量、发电量，电网和共用变电设备容量来描述电力供给情况，采用全国用电量、产业用电量和工业用电量来描述电力消费情况。

农田水利领域，在已有的报告和文献中，对其描述大多是分析农田水利建设投资情况，对现状的描述较少。《中国统计年鉴》中，采用了灌溉面积、农村电站数、水库数、水土流失治理面积、堤防长度、堤防面积等指标。

参考上述指标，结合现有的可比统计口径，

---

[1] 电力生产弹性系数是研究电力生产增长速度与国民经济增长速度之间关系的指标。一般来说，电力的发展应当快于国民经济的发展，也就是说电力应超前发展。计算公式为：电力生产弹力系数＝电力生产量年平均增长速度/国民经济年平均增长速度。电力消费弹性系数反映电力消费增长速度与国民经济增长速度之间比例关系的指标。计算公式为：电力消费弹力系数＝电力消费量年平均增长速度/国民经济年平均增长速度。

本报告采用表2中列举的指标从发展状况、服务能力和服务水平两方面描述基础设施总量。

表2 中国基础设施现状描述指标①

对 象			指 标
发展状况指标	交通运输	规模	铁路里程、公路里程、内河航道里程、民航里程、管道输油气里程
		质量	铁路复线里程及比重、铁路自动闭塞里程及比重、等级公路里程及比重、等级航道里程及比重
	邮政通信规模		长途交换机容量、局用交换机容量、移动电话交换机容量、长途光缆线路长度、互联网宽带接入端口、邮政业营业网点、邮路总长度
	水电、燃气供应规模②		电力装机容量、供气管道长度
	农田水利规模		农村水电站个数、农村水电站装机容量、水库数、堤防长度、堤防面积
服务能力和服务水平指标	交通运输服务能力		旅客周转量、货物周转量
	邮电通信	能力	上网人数、移动电话用户、固定电话用户
		水平	设有邮政局所的乡（镇）比重、已通邮的行政村比重、移动电话漫游国家和地区数、电话普及率、移动电话普及率、每千人拥有公用电话数、已通固定电话行政村比重、互联网普及率
	水电燃气的供应	供水 能力	城市供水总量
		供水 水平	城市用水普及率
		电力 能力	总发电量
		电力 水平	人均生活用电量
		燃气 能力	城市人工煤气供气量、城市天然气供气量、城市液化石油气供气量
		燃气 水平	城市燃气普及率
	农田水利服务能力		节水灌溉面积、除涝面积、水土流失治理面积、治碱面积

二、中国基础设施的发展状况

基础设施发展状况，我们可以从规模和质量两个方面描述。

（一）中国基础设施规模

1. 交通运输基础设施的发展规模

表3 中国交通运输基础设施发展规模（1978~2009 年）

年份	铁路		公路		内河航道		民航		管道	
	营业里程（万公里）	同比增长（%）	公路里程（万公里）	同比增长（%）	内河航道里程（万公里）	同比增长（%）	民航航线里程（万公里）	同比增长（%）	管道输油气里程（万公里）	同比增长（%）
1978	5.2		89.0		13.6		14.9		0.8	
1980	5.3		88.8		10.9		19.5		0.9	
1985	5.5		94.2		10.9		27.7		1.2	
1990	5.8		102.8		10.9		50.7		1.6	
1991	5.8	-0.2	104.1	1.2	11.0	0.5	55.9	10.3	1.6	1.9
1992	5.8	0.5	105.7	1.5	11.0	0.0	83.7	49.6	1.6	-1.9
1993	5.9	0.9	108.4	2.5	11.0	0.5	96.1	14.8	1.6	3.1
1994	5.9	0.7	111.8	3.2	11.0	0.0	104.6	8.8	1.7	2.4
1995	6.2	5.7	115.7	3.5	11.1	0.3	112.9	8.0	1.7	2.4

① 除以上量化指标以外，还可以从基础设施的技术水平、节能性、安全性、便利性等方面进行定性分析。
② 由于数据获取方面的原因，本报告没有分析供水基础设施规模。

续表

年份	铁路		公路		内河航道		民航		管道	
	营业里程（万公里）	同比增长（%）	公路里程（万公里）	同比增长（%）	内河航道里程（万公里）	同比增长（%）	民航航线里程（万公里）	同比增长（%）	管道输油气里程（万公里）	同比增长（%）
1996	6.5	4.0	118.6	2.5	11.1	0.2	116.7	3.3	1.9	12.2
1997	6.6	1.7	122.6	3.4	11.0	−0.9	142.5	22.2	2.0	5.7
1998	6.6	0.6	127.9	4.2	11.0	0.5	150.6	5.7	2.3	13.2
1999	6.7	1.5	135.2	5.7	11.7	5.6	152.2	1.1	2.5	7.8
2000	6.9	1.9	140.3	3.8	11.9	2.4	150.3	−1.3	2.5	−1.0
2001	7.0	2.0	169.8	21.1	12.2	1.8	155.4	3.4	2.8	11.8
2002	7.2	2.6	176.5	4.0	12.2	0.1	163.8	5.4	3.0	8.1
2003	7.3	1.5	181.0	2.5	12.4	2.0	175.0	6.8	3.3	9.4
2004	7.4	1.9	187.1	3.4	12.3	−0.6	204.9	17.1	3.8	17.2
2005	7.5	1.4	334.5	78.8	12.3	0.0	199.9	−2.5	4.4	15.2
2006	7.7	2.2	345.7	3.3	12.3	0.1	211.4	5.8	4.8	9.4
2007	7.8	1.1	358.4	3.7	12.3	0.1	234.3	10.9	5.4	13.2
2008	8.0	2.2	373.0	4.1	12.3	−0.6	246.2	5.1	5.8	7.1
2009	8.6	7.3	386.1	3.5	12.4	0.7	234.5	−4.7	6.9	18.4
增长倍数①	0.7	—	3.3	—	−0.1	—	14.7	—	7.3	—
年均增长速度（%）②	1.6	—	4.8	—	−0.3	—	9.3	—	7.1	—

资料来源：本报告中所有数据均为年底数据，各表中 "—" 代表无数据。除特殊说明外，数据均引自历年《中国统计年鉴》。

由表 3 中数据可以看出，除内河航道以外，其他运输方式均呈现持续增长趋势（个别年份除外）。铁路营业里程 1995 年以来增长迅速。公路里程 2001 年和 2005 年出现两个高速增长。内河航道的发展很不稳定，仅 1999 年增长较快，多个年份都出现负增长现象。民航航线 1992 年、1997 年和 2004 年分别出现高速增长。输油气管道 1996 年以来增速较快。

2. 邮电通信基础设施的发展规模

从表 4 中数据可以看出，中国传统意义上的通信基础设施在 20 世纪 90 年代发展最快，进入 21 世纪增速放缓。其中，长途电话交换机和局用交换机容量 2008 年和 2009 两年间甚至出现了负增长。但是，互联网的发展迅速。同时，邮政业发展一直比较缓慢，邮政业营业网点和邮路总长度多次出现负增长现象。

3. 电力、燃气供应基础设施的发展规模

表 5 中数据显示，近年来中国的电力和燃气供应基础设施一直保持着较快的发展速度，其中 2000 年城市燃气管道长度增长最为明显，增速达到了 93.5%。

---

① 此处的增长倍数指有统计数据的最后一年与有统计数据的第一年相比的倍数，以下相同。
② 此处的年均增长率采用几何平均算法，$x = ((c/a)^{1/n} - 1) \times 100$，其中，x：年均增长率，a：基期数据，n：发展年限，c：期末达到的数据，同样由有统计数据的最后一年和有统计数据的第一年数据算出，以下相同。

表 4 中国邮电通信基础设施发展状况（1978~2009 年）

年份	长途电话交换机		局用交换机		移动电话交换机		长途光缆		互联网宽带		邮政业		邮路	
	容量（路端）	同比增长（%）	容量（万门）	同比增长（%）	容量（万户）	同比增长（%）	线路长度（万公里）	同比增长（%）	接入端口（万个）	同比增长（%）	营业网点（万处）	同比增长（%）	总长度（万公里）	同比增长（%）
1978	1863.0	—	405.9	—	—	—	—	—	—	—	426.6	—	486.3	—
1980	1969.0	—	443.2	—	—	—	—	—	—	—	413.9	—	473.7	—
1985	11522.0	—	613.4	—	—	—	—	—	—	—	356.6	—	141.6	—
1990	161370.0	—	1231.8	—	5.1	—	3334.0	—	—	—	336.5	—	161.8	—
1991	286325.0	77.4	1492.2	21.1	10.5	103.4	6490.0	94.7	—	—	337.1	0.2	160.3	-0.9
1992	521885.0	82.3	1915.1	28.3	45.3	333.0	14388.0	121.7	—	—	337.5	0.1	164.7	2.7
1993	1206091.0	131.1	3040.8	58.8	156.1	244.5	38666.0	168.7	—	—	337.8	0.1	176.1	6.9
1994	2416296.0	100.3	4926.2	62.0	371.6	138.0	73290.0	89.5	—	—	336.5	-0.4	178.2	1.2
1995	3518781.0	45.6	7203.6	46.2	796.7	114.4	106882.0	45.8	—	—	334.6	-0.6	188.6	5.9
1996	4162009.0	18.3	9291.2	29.0	1536.2	92.8	130159.0	21.8	—	—	335.8	0.4	211.9	12.3
1997	4368305.0	5.0	11269.2	21.3	2585.7	68.3	150754.0	15.8	—	—	340.3	1.3	236.3	11.5
1998	4491595.0	2.8	13823.7	22.7	4706.7	82.0	194100.0	28.8	—	—	336.1	-1.2	285.4	20.8
1999	5032026.0	12.0	15346.1	11.0	8136.0	72.9	239735.0	23.5	—	—	334.8	-0.4	297.9	4.4
2000	5635498.0	12.0	17825.6	16.2	13985.6	71.9	286642.0	19.6	—	—	336.4	0.5	307.3	3.2
2001	7035769.0	24.8	25566.3	43.4	21926.3	56.8	399082.0	39.2	—	—	349.3	3.8	310.3	1.0
2002	7730133.0	9.9	28656.8	12.1	27400.3	25.0	487684.0	22.2	—	—	351.1	0.5	308.1	-0.7
2003	10610724.0	37.3	35082.5	22.4	33698.4	23.0	594303.0	21.9	1802.3	—	353.2	0.6	327.0	6.1
2004	12629982.0	19.0	42346.9	20.7	39684.3	17.8	695271.0	17.0	3578.1	98.5	353.1	-0.0	333.6	2.0
2005	13716307.0	8.6	47196.1	11.5	48241.7	21.6	723040.0	4.0	4874.7	36.2	356.5	1.0	340.6	2.1
2006	14423427.0	5.2	50279.9	6.5	61032.0	26.5	722439.2	-0.1	6486.4	33.1	356.7	0.0	336.9	-1.1
2007	17092213.0	18.5	51034.6	1.5	85496.1	40.1	792154.0	9.6	8539.3	31.6	363.8	2.0	353.3	4.9
2008	16907188.0	-1.1	50863.2	-0.3	114531.4	34.0	797979.0	0.7	10890.4	27.5	365.7	0.5	369.3	4.5
2009	16849027.0	-0.3	49265.6	-3.1	144084.7	25.8	831011.0	4.1	13835.7	27.0	367.6	0.5	402.8	9.1
增长倍数	9043.0	—	120.4	—	28004.9	—	248.3	—	6.7	—	-0.1	—	-0.2	—
年均增长速度（%）	34.2	—	16.7	—	71.4	—	33.7	—	40.5	—	-0.5	—	-0.6	—

表 5　中国电力、燃气基础设施发展规模（1978~2009 年）

年份	电力装机容量		城市供气管道	
	容量（万千瓦）	同比增长（%）	管道长度（万公里）	同比增长（%）
1978	0.6	—	—	—
1980	0.7	—	—	—
1985	0.9	—	1.1	—
1990	1.4	—	1.6	—
1991	1.5	10.1	—	—
1992	1.7	9.9	—	—
1993	1.8	9.8	—	—
1994	2.0	9.1	—	—
1995	2.2	8.7	3.4	—
1996	2.4	8.9	3.8	11.8
1997	2.5	7.5	4.1	7.9
1998	2.8	9.1	4.3	4.9
1999	3.0	7.7	4.6	7.0
2000	3.2	6.9	8.9	93.5
2001	3.4	6.0	—	—
2002	3.6	5.3	11.4	—
2003	3.9	9.8	13.0	14.0
2004	4.4	13.0	14.8	13.8
2005	5.2	16.9	16.2	9.5
2006	6.2	20.6	18.9	17.0
2007	7.2	15.2	22.1	16.6
2008	7.9	10.4	25.8	16.7
2009	8.7	10.2	27.3	6.1
增长倍数	14.3	—	23.9	—
年均增长速度（%）	9.2	—	14.3	—

资料来源：电力装机容量数据来自历年《电力统计年鉴》。

4. 农田水利基础设施发展规模

从表 6 中数据明显看出，我国的农田水利基础设施发展十分缓慢，农村水电站个数在 2005 年以前基本处于负增长状态，水库个数也多次出现负增长。

表 6　中国农田水利基础设施发展规模（1978~2009 年）

年份	农村水电站 数量（万个）	同比增长（%）	农村水电站 装机容量（万千瓦）	同比增长（%）	水库 数量（万座）	同比增长（%）	堤防 长度（万公里）	同比增长（%）	面积（万公顷）	同比增长（%）
1978	82387.0	—	228.4	—	—	—	—	—	—	—
1980	80319.0	—	304.1	—	—	—	—	—	—	—
1985	55754.0	—	380.2	—	8.3	—	—	—	—	—
1990	52387.0	—	428.8	—	8.3	—	22.0	—	3200.0	—
1991	49644.0	−5.2	456.9	6.6	—	—	—	—	—	—
1992	48082.0	−3.1	478.7	4.8	—	—	—	—	—	—

续表

年份	农村水电站		农村水电站		水库		堤防			
	数量（万个）	同比增长（%）	装机容量（万千瓦）	同比增长（%）	数量（万座）	同比增长（%）	长度（万公里）	同比增长（%）	面积（万公顷）	同比增长（%）
1993	45153.0	−6.1	481.9	0.7	8.5	—	24.5	—	3088.5	—
1994	48722.0	7.9	503.6	4.5	8.5	−0.1	24.6	0.4	3024.6	−2.1
1995	40699.0	−16.5	519.5	3.2	8.5	0.3	24.7	0.4	3060.9	1.2
1996	37743.0	−7.3	533.7	2.7	8.5	0.2	24.8	0.4	3268.6	6.8
1997	36117.0	−4.3	562.5	5.4	8.5	−0.1	25.1	1.2	3414.6	4.5
1998	33185.0	−8.1	634.8	12.8	8.5	0.2	25.8	2.8	3629.0	6.3
1999	31678.0	−4.5	664.1	4.6	—	—	—	—	—	—
2000	29962.0	−5.4	698.5	5.2	8.5	—	27.0	—	3960.0	—
2001	29183.0	−2.6	896.6	28.4	8.5	0.0	27.3	1.3	4067.1	2.7
2002	27633.0	−5.3	812.2	−9.4	8.5	0.2	27.4	0.2	4286.2	5.4
2003	26696.0	−3.4	862.3	6.2	8.5	−0.2	27.8	1.5	4387.5	2.4
2004	27115.0	1.6	993.8	15.2	8.5	0.0	27.7	−0.4	4412.0	0.6
2005	26726.0	−1.4	1099.2	10.6	8.5	−0.1	27.7	0.0	4412.0	0.0
2006	27493.0	2.9	1243.0	13.1	8.6	0.9	28.1	1.4	4548.6	3.1
2007	27664.0	0.6	1366.6	9.9	8.5	−0.5	28.4	1.1	4551.8	0.1
2008	44433.0	60.6	5127.4	275.2	8.6	1.1	28.7	1.0	4571.2	0.4
2009	44804.0	0.8	5512.1	7.5	8.7	0.9	29.1	1.4	4654.7	1.8
增长倍数	−0.5	—	23.1	—	0.0	—	0.3	—	0.5	—
年均增长速度（%）	−1.9	—	10.8	—	0.2	—	1.5	—	2.0	—

综合表4~表6可以看出，中国的基础设施在规模总量上有了明显增长：

在交通基础设施方面，中国的铁路营业里程1978年为5.2万公里，到2009年增长到8.6万公里，年均增长率为1.64%；公路里程由1978年的89.02万公里增加到2009年的386.1%，增加了3.3倍，年均增长率为4.9%；民航由1978年的14.9万公里增加到2009年的234.5万公里，增长了14.8倍，年均增长率为9.3%；管道里程1978年是0.8万公里，到2009年增加到6.9万公里，增长了7.3倍，年均增长率为7.1%。

在通信基础设施方面，长途电话交换机容量由1978年的1863路端增加到2009年的16849027路端，增长了9043倍，年均增长34.2%；局用交换机容量由1978年的405.9万门增加到2009年的49265.6万门，增长了120.4倍，年均增长16.7%；移动电话交换机容量1993年是156.1万户，到2009年增加到144084.8万户，增长了28005倍，年均增长71.4%；长途光缆1990年是3334万公里，2009年增加到831011万公里，增加了248倍，年均增长33.7%；互联网端口由2003年的1802.3万个增加到2009年的13835.7万个，增加了6.7倍，年均增长40.5%。

在供电、供气方面，中国的电力装机总容量1978年是0.6万千瓦，到2009年增加到8.7万千瓦，增加了14.3倍，年均增长9.2%；全国城市的供气管道由 1985 年的 1.1 万公里增加到 2009 的 27.3 万公里，增加了 23.9 倍，年均增长 14.3%。

在农田水利设施方面，农村水电站的装机容量 1978 年时为 228.4 万千瓦，到 2009 年增加到 5512.1 万千瓦，增长了 23.1 倍，年均增长率为 10.8%；水库从 1985 年的 8.3 万座增加到 2009 年的 8.7 万座，年均增长率 0.2%；堤防长度由 1990 年的 22 万公里增加到 2009 年的 29.1 万公里，年均增长 1.5%；堤防面积由 1990 年的 3200 万公顷增加到 2009 年的 4654.7 万公顷，年均增长 2.0%。

(二) 中国基础设施质量

中国的基础设施不仅在规模上有了很大的发展，在质量方面也有了很大的提高。

表 7 中列出了 1978~2009 年我国交通基础设施的发展情况，铁路复线里程、铁路自动闭塞里程和等级公路里程及其比重持续增长。其中，铁路复线里程由 1978 年的 7630 公里增加到 2009 年的 28682 公里，增加了 2.8 倍，占全国铁路营业里程比重由 15.7%增加到 43.8%；铁路自动闭塞里程由 1978 年的 5981 公里增加到 2009 年的 31618.9 公里，增长了 4.3 倍，占全国铁路营业里程比重由 12.3%增加到 48.3%。等级公路里程由 1990 年的 741040 公里增长到 2009 年的 3056265 公里，增长了 3.1 倍，占全国公里里程比重由 72.1%增加到 79.2%。

在高速公路建设方面，更是取得了巨大的成就，交通部 2011 年 4 月 28 日公布《2010 年公路水路交通运输行业发展统计公报》显示，截至 2010 年底，中国的高速公路网络更加完善。全国高速公路达 7.41 万公里，居世界第二位，比"十一五"规划目标增加 9108 公里。其中，国家高速公路 5.77 万公里，比 2009 年末增加 0.54 万公里。全国高速公路车道里程为 32.86 万公里。"五纵七横" 12 条国道主干线提前 13 年全部建成。11 个省份的高速公路里程超过 3000 公里。同时，路面状况显著改善。全国有铺装路面和简易铺装路面公路里程 244.22 万公里，比 2009 年末增加 18.97 万公里，占总里程的 60.9%，比 2009 年末提高 2.6 个百分点，比"十五"末提高 20.2 个百分点。各类型路面里程分别为：有铺装路面 191.80 万公里，其中沥青混凝土路面 54.25 万公里，水泥混凝土路面 137.55 万公里，比 2009 年末分别增加 19.80 万公里、5.35 万公里和 14.45 万公里；简易铺装路面 52.42 万公里，比 2009 年末减少 0.83 万公里；未铺装路面 156.60 万公里，比 2009 年末减少 4.23 万公里。此外，养护、绿化公路里程所占比重继续提高。全国公路养护里程 387.59 万公里，占公路总里程的 96.7%，比 2009 年末提高 1.2 个百分点，比 2006 年底提高 19.1 个百分点。全国公路绿化里程 194.34 万公里，占公路总里程的 48.5%，比 2009 年末提高 2.6 个百分点，比 2006 年底提高 12.7 个百分点。

相比而言，等级航道建设进展缓慢，2009 年与 1995 年相比，仅增加了 10%，甚至多次出现了负增长。

在邮电通信方面，中国通信网络的传输已经完全实现了数字化，交换实现了程控化，网络技术水平进入世界先进行列。2010 年初，国务院常务会议决定，加快推进电信网、广播电

表 7　中国交通基础设施质量发展情况（1978~2009 年）

年份	铁路复线里程			铁路自动闭塞			等级公路			等级航道		
	里程（公里）	同比增长（%）	比重（%）	里程（公里）	同比增长（%）	比重（%）	里程（公里）	同比增长（%）	比重（%）	里程（公里）	同比增长（%）	比重（%）
1978	7630.0	—	15.7	5981.0	—	12.3	—	—	—	—	—	—
1990	13024.0	—	24.4	10370.0	—	19.4	741040.0	—	72.1	—	—	—
1994	15475.0	—	28.7	12613.0	—	23.3	998077.0	—	89.3	—	—	—
1995	16909.0	9.3	31.0	12910.0	2.4	23.6	910754.0	-8.7	78.7	56587.0	—	51.2
1996	18423.0	9.0	32.5	15254.0	18.2	26.9	1077583.0	18.3	90.9	—	—	—
1997	19046.0	3.4	33.1	17344.0	13.7	29.2	997496.0	-7.4	81.3	64328.0	—	58.6
1998	19673.0	3.3	34.2	21042.0	21.3	36.5	1190086.0	19.3	93.1	66682.0	3.7	60.5
1999	20925.0	6.4	36.1	17969.4	-14.6	31.0	1156736.0	-2.8	85.6	60156.0	-9.8	51.6
2000	21407.9	2.3	36.5	18317.8	1.9	31.2	1216013.0	5.1	86.7	61367.0	2.0	51.4
2001	22640.3	5.8	38.3	18844.7	2.9	31.9	1336044.0	9.9	78.7	63692.0	3.8	52.4
2002	23058.0	1.8	38.7	20682.0	9.7	34.7	1382926.0	3.5	78.3	63597.0	-0.1	52.3
2003	23701.8	2.8	39.2	21919.7	6.0	36.3	1438738.0	4.0	79.5	60865.0	-4.3	49.1
2004	23840.7	0.6	39.1	22723.6	3.7	37.2	1515826.0	5.4	81.0	60842.0	-0.0	49.3
2005	24497.2	2.8	39.4	24148.9	6.3	38.8	1591791.0	5.0	82.5	61013.1	0.3	49.5
2006	25243.8	3.0	39.8	25630.3	6.1	40.4	2282872.0	43.4	66.0	61034.9	0.0	49.5
2007	25793.9	2.2	40.5	26525.9	3.5	41.7	2535383.0	11.1	70.7	61197.3	0.3	49.6
2008	26598.9	3.1	41.6	28099.6	5.9	43.9	2778521.0	9.6	74.5	61093.5	-0.2	49.8
2009	28682.0	7.8	43.8	31618.9	12.5	48.3	3056265.0	10.0	79.2	61546.2	0.7	49.8
增长倍数	2.8	—	1.8	4.3	—	—	3.1	—	—	0.1	—	—
年均增长速度（%）	4.4	—	3.4	5.5	—	—	7.7	—	—	0.6	—	—

视网和互联网三网融合，[①]并明确提出了推进三网融合的阶段性目标：2010~2012 年重点开展广电和电信业务双向进入试点；2013~2015 年，总结推广试点经验，全面实现三网融合发展。这意味着横亘在广电、电信、互联网间的隔阂和障碍有望在国务院决策下得以冰释。

在水、电力和燃气的供应方面，2009 年，全国供电标准煤耗 342 克/千瓦时，比 2008 年同期降低 3 克/千瓦时。线路损失率 6.55%，比 2008 年同期降低 0.24 个百分点。全国 6000 千瓦以上电厂用电率 5.69%，比 2008 年下降 0.12 个百分点；其中水电 0.58%，火电 6.51%，电力生产和输送环节能源利用效率有了很大提高。[②]中国的燃气管道和供排水管道布局也得到完善，水、电力和燃气的供应朝着节约、方便和安全的方向发展。

农田水利设施方面，农田灌溉正朝着节水方向发展，农村电网改造快速进行，病险水库

---

① 所谓"三网融合"，就是指电信网、广播电视网和计算机通信网的相互渗透、互相兼容，并逐步整合成为全世界统一的信息通信网络。"三网融合"是为了实现网络资源的共享，避免低水平的重复建设，形成适应性广、容易维护、费用低的高速带宽的多媒体基础平台。

② 资料引自《全国电力供需与经济运行形势分析预测报告》（2009~2010 年度）。

得到加固；各大江河治理初见成效，除涝、治碱和水土流失治理取得了巨大的进展，水利建设的信息化步伐加快。

三、中国基础设施的服务能力和水平

（一）交通基础设施的服务能力

表 8　交通运输基础设施服务能力发展状况（1978~2009 年）

年　份	旅客周转量		货物周转量	
	周转量（亿人公里）	同比增长（%）	周转量（亿吨公里）	同比增长（%）
1978	1743.1	—	9829.0	—
1980	2281.3	—	12027.0	—
1985	4436.4	—	18365.0	—
1990	5628.4	—	26208.0	—
1991	6178.3	9.8	27987.0	6.8
1992	6949.4	12.5	29218.0	4.4
1993	7858.0	13.1	30646.8	4.9
1994	8591.4	9.3	33435.5	9.1
1995	9001.9	4.8	35908.9	7.4
1996	9164.8	1.8	36589.8	1.9
1997	10055.5	9.7	38384.7	4.9
1998	10636.7	5.8	38088.7	−0.8
1999	11299.7	6.2	40567.8	6.5
2000	12261.1	8.5	44320.5	9.3
2001	13155.1	7.3	47709.9	7.6
2002	14125.6	7.4	50685.9	6.2
2003	13810.5	−2.2	53859.2	6.3
2004	16309.1	18.1	69445.0	28.9
2005	17466.7	7.1	80258.1	15.6
2006	19197.2	9.9	88839.9	10.7
2007	21592.6	12.5	101418.8	14.2
2008	23196.7	7.4	110300.0	8.8
2009	24834.9	7.1	122133.3	10.7
增长倍数	13.2	—	11.4	—
年均增长速度（%）	8.9	—	8.5	—

表 8 中数据显示，旅客周转量和货物周转量持续增长，旅客周转量 2009 年达到 24834.9 亿人公里，与 1978 年相比增长了 13.2 倍，年均增长 8.9%；货物周转量 2009 年达到 122133.3 亿吨公里，与 1978 年相比增长了 11.4 倍，年均增长 8.5%。这些说明我国交通基础设施的服务能力有了很大的提高。

（二）邮政通信基础设施的服务能力和服务水平

表 9 列出了邮政通信基础设施的服务能力发展情况。从服务能力看，上网人数和移动电话用户持续增长，但是进入 21 世纪以后增速开始放缓。上网人数 2009 年达到 38400 万人，比 1998 年增长 181.9 倍，年均增长速度达到 60.6%；移动电话用户 2009 年达到 74721.4 万

户，与 1995 年相比增长了 204.9 倍，年均增长 46.3%；固定电话用户 2009 年达到 31373.2 万

户，与 1996 年相比增长了 4.7 倍，年均增速 14.3%。

表 9 邮电通信基础设施的服务能力发展状况（1995~2009 年）

年份	上网人数		移动电话用户		固定电话用户	
	人数（万人）	同比增长（%）	用户数（万户）	同比增长（%）	用户数（万户）	同比增长（%）
1995	—	—	362.9	—	—	—
1996	—	—	685.3	88.8	5494.7	—
1997	—	—	1323.3	93.1	7031.0	28.0
1998	210.0	—	2386.3	80.3	8742.1	24.3
1999	890.0	323.8	4329.6	81.4	10871.6	24.4
2000	2250.0	152.8	8453.3	95.2	14482.9	33.2
2001	3370.0	49.8	14522.2	71.8	18036.8	24.5
2002	5910.0	75.4	20600.5	41.9	21422.2	18.8
2003	7950.0	34.5	26995.3	31.0	26274.7	22.7
2004	9400.0	18.2	33482.4	24.0	31175.6	18.7
2005	11100.0	18.1	39340.6	17.5	35044.5	12.4
2006	13700.0	23.4	46105.8	17.2	36778.6	4.9
2007	21000.0	53.3	54730.6	18.7	36563.7	−0.6
2008	29800.0	41.9	64124.5	17.2	34035.9	−6.9
2009	38400.0	28.9	74721.4	16.5	31373.2	−7.8
增长倍数	181.9	—	204.9	—	4.7	—
年均增长速度（%）	60.6	—	46.3	—	14.3	—

注：表中的上网人数数据来自历年《中国互联网络发展统计报告》。

表 10 列出了邮政通信基础设施的服务水平发展情况。从服务水平看，设有邮政局所的乡（镇）比重由 1980 年的 64.8%增长到 2009 年的 98.8%；已通邮的行政村比重 2008 年达到 98.5%；移动电话漫游国家和地区由 2001 年的 90 个增加到 2009 年的 237 个；电话普及率由 1980 年的 0.6%增加到 2009 年的 79.9%；移动电话普及率由 1997 年的 1.1%增长到 2009 年的 56.3%；已通固定电话行政村比重由 2000 年的 82.9%增长到 2009 年的 94.7%；互联网普及率由 1998 年的 0.2%增长到 2009 年的 28.9%。

表 10 邮电通信基础设施的服务水平发展状况（1980~2009 年）

年份	邮政通信服务水平		电信通信服务水平					
	设有邮政局所的乡（镇）比重（%）	已通邮的行政村比重（%）	移动电话漫游国家和地区数（个）	电话普及率（包括移动电话）（部/百人）	移动电话普及率（部/百人）	每千人拥有公用电话数（部）	已通固定电话的行政村比重（%）	互联网普及率（%）
1980	64.8	—	—	0.6	—	—	—	—
1985	69.0	—	—	1.1	—	—	—	—
1990	78.1	—	—	4.7	—	—	—	—
1995	78.1	—	—	4.7	—	—	—	—
1996	78.2	—	—	6.3	—	—	—	—

续表

年份	邮政通信服务水平		电信通信服务水平					
	设有邮政局所的乡（镇）比重（%）	已通邮的行政村比重（%）	移动电话漫游国家和地区数（个）	电话普及率（包括移动电话）（部/百人）	移动电话普及率（部/百人）	每千人拥有公用电话数（部）	已通固定电话的行政村比重（%）	互联网普及率（%）
1997	78.7	—	—	8.1	1.1	—	—	—
1998	77.6	—	—	10.5	1.9	—	—	0.2
1999	79.4	—	—	13.0	3.5	3.5	—	0.7
2000	78.7	—	—	20.1	6.8	2.8	82.9	1.8
2001	77.6	94.5	90.0	25.9	11.2	2.7	85.3	2.6
2002	81.9	97.8	116.0	33.6	16.1	7.7	87.9	4.6
2003	82.8	98.0	155.0	42.2	21.0	12.1	89.9	6.2
2004	82.4	—	184.0	50.0	25.9	17.1	91.2	7.2
2005	83.8	99.0	203.0	57.2	30.3	20.6	94.4	8.5
2006	76.2	99.4	219.0	63.4	35.3	22.6	95.9	10.5
2007	85.5	98.4	231.0	69.5	41.6	22.8	96.7	16.0
2008	82.1	98.5	237.0	74.3	48.5	21.0	96.9	22.6
2009	98.8	—	237.0	79.9	56.3	20.4	94.7	28.9

注：表中的互联网普及率来自历年《中国互联网络发展统计报告》。

（三）水电燃气供应基础设施的服务能力和服务水平

表11列出了电力、水和燃气供应基础设施的服务能力发展状况。从服务能力看，2009年与最初统计年份相比，发电量、城市供水总量和城市燃气供应量都有了很大的增长。其中，发电量持续增长，城市燃气供应也基本处于持续增长状态，但是城市供水总量很不稳定，多次出现负增长。

表11　水电燃气供应基础设施的服务能力发展状况（1980~2009年）

年份	供水		电力		供气					
	城市供水总量（亿立方米）	同比增长（%）	发电量（亿千瓦时）	同比增长（%）	城市人工煤气供气量（亿立方米）	同比增长（%）	城市天然气供气量（亿立方米）	同比增长（%）	城市液化石油气供气量（万吨）	同比增长（%）
1980	—	—	3020.4	—	—	—	—	—	—	—
1985	128.0	—	4138.8	—	25.0	—	16.2	—	—	—
1990	382.3	—	6254.0	—	174.7	—	64.2	—	219.0	—
1991	—	—	6822.0	9.1	—	—	—	—	—	—
1992	—	—	7581.0	11.1	—	—	—	—	—	—
1993	—	—	8426.6	11.2	—	—	—	—	—	—
1994	—	—	9336.3	10.8	—	—	—	—	—	—
1995	481.6	—	10125.7	8.5	126.7	—	67.3	—	488.7	—
1996	466.1	-3.2	10855.9	7.2	134.8	6.4	63.8	-5.2	—	—
1997	476.8	2.3	11410.7	5.1	126.9	-5.9	66.3	3.9	—	—
1998	470.5	-1.3	11715.1	2.7	167.6	32.1	68.9	3.9	—	—
1999	467.5	-0.6	12440.2	6.2	132.1	-21.2	80.1	16.3	761.2	—

续表

年份	供水		电力		供气					
	城市供水总量（亿立方米）	同比增长（%）	发电量（亿千瓦时）	同比增长（%）	城市人工煤气供气量（亿立方米）	同比增长（%）	城市天然气供气量（亿立方米）	同比增长（%）	城市液化石油气供气量（万吨）	同比增长（%）
2000	469.0	0.3	13612.2	9.4	152.4	15.4	82.1	2.5	1053.7	38.4
2001	—		14855.8	9.1	—		—		—	
2002	466.5	—	16596.1	11.7	198.9	—	125.9	—	1136.4	—
2003	475.3	—	19164.4	15.5	202.1	1.6	141.6	12.5	1126.3	−0.9
2004	—	—	22098.0	15.3	213.7	5.7	169.3	19.6	1126.7	0.0
2005	502.1	—	25079.0	13.5	255.8	19.7	210.5	24.3	1222.0	8.5
2006	540.5	7.6	28734.5	14.6	296.5	15.9	244.8	16.3	1263.7	3.4
2007	501.9	−7.1	32900.1	14.5	322.4	8.8	308.6	26.1	1466.8	16.1
2008	500.1	−0.4	34754.3	5.6	355.8	10.4	368.0	19.3	1329.1	−9.4
2009	496.7	−0.7	37239.2	7.2	361.6	1.6	405.1	10.1	1340.0	0.8
增长倍数	2.9	—	11.3	—	13.5	—	24.0	—	5.1	—
年均增长速度（%）	5.8	—	9.0	—	11.8	—	14.4	—	10.0	—

表12列出了水电燃气供应基础设施的服务水平发展状况。从供应水平看，城市用水普及率由1985年的81%增长到2009年的96.1%；人均生活用电量由1980年的306千瓦时增长到2009年的2781千瓦时；城市燃气普及率由1985年的22.4%增长到2009年的91.4%，由此可见我国水、电力和燃气的供应水平有了很大的提高。

表 12　水电燃气供应基础设施的水平发展状况（1980~2009 年）

年份	城市用水普及率（%）	人均生活用电量（千瓦时）	城市燃气普及率（%）
1980	—	306.0	—
1985	81.0	392.0	22.4
1990	48.0	549.0	19.1
1991	—	591.0	—
1992	—	651.0	—
1993	—	715.0	—
1994	—	777.0	—
1995	58.7	832.0	34.3
1996	94.9	884.0	73.2
1997	95.2	917.0	75.7
1998	96.0	934.0	78.8
1999	96.3	982.0	81.7
2000	63.9	1067.0	45.4
2001	72.3	1158.0	60.4
2002	77.9	1286.0	67.2
2003	86.2	1477.0	76.7
2004	88.9	1695.0	81.5

续表

年份	城市用水普及率（%）	人均生活用电量（千瓦时）	城市燃气普及率（%）
2005	91.1	1913.0	82.1
2006	86.7	2181.0	79.1
2007	93.8	2482.0	87.4
2008	94.7	2608.0	89.6
2009	96.1	2781.0	91.4

（四）农田水利设施的服务能力

由表13可以看出，农田水利基础设施的服务能力有所增长，但是增速非常缓慢。

表 13 农田水利基础设施服务能力发展状况（1985~2008年）

年份	节水灌溉面积（万公顷）	除涝面积（万公顷）	水土流失治理面积（万公顷）	治碱面积（万公顷）
1985	—	1858.4	4640.0	456.9
1990	—	1933.7	5300.0	499.5
1995	—	2006.5	6690.0	543.4
1996	—	2027.9	6932.1	551.3
1997	—	2052.6	7224.2	561.2
1998	1523.5	2068.1	7502.2	565.3
2000	1638.9	2098.9	8096.0	584.1
2001	1744.6	2102.1	8153.9	575.1
2002	1862.7	2109.7	8541.0	528.3
2003	1944.3	2113.9	8971.0	586.5
2004	2034.6	2119.8	9200.0	596.2
2005	2133.8	2133.9	9465.0	603.2
2006	2242.6	2137.6	9749.1	—
2007	2348.9	2141.9	9987.1	—
2008	2443.6	2142.5	10158.7	—

四、基础设施发展的区域分析

区域分析基本沿用上述指标，但限于数据的可获得性和区域之间的可比性，并不与上述指标完全一致。考虑到各省之间的可比性，增加了人均指标和密度指标。

（一）各省基础设施的发展现状

交通基础设施方面，表14中铁路密度排名前3位的北京、天津、上海都是属于东部地区，[①] 而低于全国平均水平的有7个省（内蒙古、四川、云南、甘肃、青海、新疆、西藏）中6个属于西部地区，内蒙古属于中部；公路密度排名前3位的上海、山东、河南中有两个属于东部地区，低于全国平均水平的7个省（宁夏、黑龙江、甘肃、青海、内蒙古、新疆、西藏），有5个属于西部地区，而内蒙古属于中部地区。

① 1986年，由全国人大六届四次会议通过的"七五"计划正式公布。东部地区包括北京、天津、河北、辽宁、上海、江苏、浙江、福建、山东、广东和海南；中部地区包括山西、内蒙古、吉林、黑龙江、安徽、江西、河南、湖北、湖南、广西；西部地区包括四川、贵州、云南、西藏、陕西、甘肃、青海、宁夏、新疆。

表 14　2009 年各省（直辖市、自治区）的交通基础设施情况①

省份	铁路		公路		内河航道里程（公里）
	营业里程（公里）	密度（公里/万平方米）	里程（公里）	密度（公里/万平方米）	
全国	85517.9	92.0	3860823.0	4154.5	123683.2
北京	1169.5	696.1	20755.0	12354.2	—
天津	781.5	691.6	14316.0	12669.0	88.5
河北	4880.3	256.9	152135.0	8007.1	—
山西	3536.3	228.1	127330.0	8214.8	467.1
内蒙古	8074.2	68.3	150756.0	1274.4	2402.8
辽宁	4229.3	290.3	101117.0	6940.1	413.0
吉林	3913.5	209.3	88430.0	4728.9	1456.3
黑龙江	5756.1	122.7	151470.0	3229.6	5130.5
上海	317.7	512.4	11671.0	18824.2	2226.1
江苏	1655.6	161.4	143803.0	14015.9	24223.7
浙江	1678.2	164.9	106952.0	10506.1	9703.2
安徽	2849.9	205.0	149184.0	10732.7	5595.7
福建	2109.7	175.8	89504.0	7458.7	3245.3
江西	2712.4	162.8	137011.0	8223.9	5637.9
山东	3685.7	240.9	226693.0	14816.5	1012.2
河南	3949.2	236.5	242314.0	14509.8	1266.7
湖北	2980.2	159.0	197196.0	10522.7	8247.4
湖南	3693.0	175.9	191405.0	9114.5	11495.4
广东	2478.6	133.3	184960.0	9944.1	11843.7
广西	3126.0	132.3	100491.0	4252.7	5433.0
海南	387.3	113.9	20041.0	5894.4	343.0
重庆	1317.7	160.7	110950.0	13530.5	4331.5
四川	3257.9	66.8	249168.0	5105.9	10720.4
贵州	1982.7	116.6	142561.0	8385.9	3442.3
云南	2474.8	62.8	206028.0	5229.1	2531.9
西藏	525.5	4.3	53845.0	441.4	—
陕西	3319.5	161.9	144109.0	7029.7	1065.7
甘肃	2435.4	54.1	114000.0	2533.3	913.8
青海	1676.9	37.3	60136.0	1336.4	329.5
宁夏	890.0	134.0	21805.0	3283.9	116.9
新疆	3673.4	23.0	150683.0	941.8	—

　　邮电通信基础设施方面，以互联网发展现状为例，尽管全国互联网普及率为 28.9%，高于世界平均水平，但是各省的互联网发展状况差异较大，见表 15。

---

① 密度指标通过各省里程与其面积之比计算得出。

表 15 2009 年各省（直辖市、自治区）的网民规模及增速

省份	网民数（万人）	普及率（%）	增长率（%）	普及率排名	网民增速排名
北京	1103	65.1	12.6	1	28
上海	1171	62.0	5.5	2	30
广东	4860	50.9	6.7	3	29
天津	564	48.0	16.3	4	24
浙江	2452	47.9	16.3	5	25
福建	1629	45.2	18.1	6	23
辽宁	1595	37.0	40.2	7	10
江苏	2765	36.0	32.7	8	17
山西	1064	31.2	29.9	9	19
山东	2769	29.4	39.6	10	12
海南	244	28.6	13.0	11	26
重庆	803	28.3	34.3	12	16
青海	154	27.7	18.5	13	22
新疆	634	27.5	1.4	14	31
吉林	726	26.6	39.6	15	13
陕西	995	26.5	25.9	16	21
河北	1842	26.4	38.1	17	15
湖北	1469	25.7	39.9	18	11
黑龙江	912	23.9	47.1	19	7
内蒙古	575	23.8	49.4	20	4
宁夏	141	22.8	38.2	21	14
湖南	1406	22.0	40.7	22	8
广西	1030	21.4	40.3	23	9
河南	2007	21.3	56.4	24	2
甘肃	535	20.4	63.6	25	1
四川	1635	20.1	48.2	26	5
云南	844	18.6	54.0	27	3
西藏	53	18.6	12.8	28	27
江西	790	18.0	29.5	29	20
安徽	1069	17.4	47.9	30	6
贵州	573	15.1	32.3	31	18

注：资料来源于《第 25 次中国互联网发展统计报告》。

水和燃气供应基础设施方面，[①]在表 16 中，城市燃气管道密度排名前 3 位的是上海、北京；天津，低于全国平均水平的是湖南、贵州、广西、黑龙江、云南、新疆、甘肃、内蒙古、青海、西藏；供水管道密度排名前 3 位的是上海、北京、天津，低于全国平均水平的是广西、吉林、山西、四川、贵州、宁夏、黑龙江、陕西、云南、甘肃、内蒙古、新疆、青海、西藏；供

① 此处缺少各省电力供应基础设施数据。

热管道密度①排名前3位的是天津、北京、山东。可以看出排名前几位的省份全部是东部省份，而低于全国平均水平的省份大多位于中、西部地区。

表16 2009年各省（直辖市、自治区）城市供水、供热和供气管道情况②

地区	城市供水管道长度（公里）	城市供气管道长度（公里）			城市供热管道长度（公里）		城市管道密度（公里/万平方米）		
		人工煤气	液化石油气	天然气	蒸汽	热水	燃水管道	供气管道	供热管道
全国	510399.4	40447	14235.6	218778.2	14317	110490	549.2	294.3	134.3
北京	23959.1	—	245.0	15313.0	46	12156	14261.4	9260.7	7263.1
天津	8847.4	—	177.0	10232.8	532	11958	7829.5	9212.2	11053.1
河北	13732.6	3508.7	216.6	6974.9	1262	7543	722.8	563.2	463.4
山西	6901.2	4694.0	190.0	2625.7	193	4634	445.2	484.5	311.4
内蒙古	8216.8	470.1	98.3	1942.3	20	4273	69.5	21.2	36.3
辽宁	27734.7	5081.2	625.5	6940.9	2294	18129	1903.5	868.1	1401.7
吉林	8390.3	2296.2	105.4	3222.6	472	8143	448.7	300.8	460.7
黑龙江	11171.5	668.9	21.4	5163.7	431	12713	238.2	124.8	280.3
上海	30753.2	6156.5	499.5	14996.6	—	—	49601.9	34923.6	—
江苏	59444.5	2351.7	1770.6	22155.1	688	15	5793.8	2561.1	68.5
浙江	35786.1	193.2	2264.6	11783.8	977	—	3515.3	1399.0	96.0
安徽	13314.4	282.0	317.2	8164.9	409	15	957.9	630.5	30.5
福建	12448.6	255.0	1393.8	2981.8	—	—	1037.4	385.9	—
江西	9251.0	2073.0	358.5	2622.1	—	—	555.3	303.3	—
山东	34814.1	2174.8	1171.9	20328.1	4454	17705	2275.4	1547.4	1448.3
河南	16108.9	1730.9	24.6	10870.2	1185	2255	964.6	756.0	206.0
湖北	21596.5	659.6	654.9	9838.5	138	10	1152.4	595.1	7.9
湖南	12791.2	514.8	96.2	4956.4	—	—	609.1	265.1	—
广东	81923.4	589.9	3521.1	8885.0	—	—	4404.5	698.7	—
广西	12233.3	386.5	39.7	3612.7	—	—	517.7	170.9	—
海南	2490.6	—	18.0	1108.3	—	—	732.5	331.2	—
重庆	8522.8	—	—	5980.0	—	—	1039.4	729.3	—
四川	19064.3	508.7	74.6	21748.4	42	—	390.7	457.6	0.9
贵州	5702.4	2784.4	105.8	111.9	—	—	335.4	176.6	—
云南	6228.8	2159.3	162.7	299.5	—	—	158.1	66.5	—
西藏	660.9	—	—	—	—	—	5.4	—	—
陕西	4844.5			6286.8	571	514	236.3	306.7	52.9
甘肃	4092.0	613.7	1.0	846.4	429	2981	90.9	32.5	75.8
青海	1312.2	—	—	780.4	—	105	29.2	17.3	2.3
宁夏	1969.9	160.0	—	2007.4	29	1875	296.7	326.4	286.7
新疆	6092.1	134.0	81.8	5998.0	145	5466	38.1	38.8	35.1

---

① 供热密度不适合进行区域分析。实践中，以秦岭淮河为界的"暖气线"大概初始于20世纪的计划经济时期，在当时的历史条件下，无论是从政府经济实力还是群众生活水平角度讲，这条线的划定都有一定道理。秦岭—淮河以北的黑龙江、吉林、辽宁、大连、河北、山西、山东、青岛、内蒙古、甘肃、青海、宁夏、新疆13省（自治区、计划单列市）的全部地区、新疆生产建设兵团，江苏、安徽、河南、陕西省的部分地区，以及高海拔的西藏自治区。故各地建设发展状况不一。

② 管道密度根据各省管道长度与其面积之比计算得出。

农田水利基础设施方面，在表 17 中，水库总数最多的前 3 位是湖南、江西和广东，最少的后 3 位是天津、西藏和北京。水库容量最大的前 3 位是湖北、广东和河南。最小的后 3 位是西藏、宁夏和山西。农村水电站发电设备容量最大的前 3 位是云南、福建和四川，最小的后 3 位是宁夏、天津和北京。农村水电站发电量最大的前 3 位是云南、四川和福建，最小的后 3 位是宁夏、北京和天津。

表 17 2009 年各省的农田水利基础设施状况

地区	水库数（座）	水库总库容量（亿立方米）	农村水电站发电设备容量（千瓦）	农村水电站发电量（万千瓦时）
全国	87151	7063.7	—	—
北京	82	93.9	42920	1393
天津	28	26.2	5000	1400
河北	1068	161.4	370178	29127
山西	731	56.8	172600	17470
内蒙古	494	163.2	53460	8375
辽宁	952	359.9	307333	69624
吉林	1642	320.4	390980	102322
黑龙江	737	175.1	241605	61922
上海	—	—	—	—
江苏	909	189.4	52656	8888
浙江	4207	396.2	3610103	745235
安徽	4809	280.6	828404	178884
福建	3120	184.0	6846790	1718042
江西	9809	293.7	2588517	632077
山东	6283	226.8	69733	9156
河南	2352	402.3	354291	73964
湖北	5801	1001.3	2697835	687834
湖南	11824	387.8	4883357	1348895
广东	7424	428.7	6526256	1450533
广西	4370	375.3	3453354	887357
海南	995	95.3	297036	109395
重庆	2831	55.7	1381190	452907
四川	6752	210.6	6571132	2424496
贵州	2069	354.2	1954274	655963
云南	5517	129.0	7218555	2447550
西藏	64	12.9	183996	37425
陕西	1012	76.6	827345	255989
甘肃	311	103.0	1553481	613312
青海	157	341.9	593830	272987
宁夏	224	26.1	3200	800
新疆	577	135.6	690015	227978

(二) 各省基础设施服务能力和服务水平

各省的基础设施不仅在发展规模上存在区域差距，其服务能力和水平也是有差别的。在交通基础设施服务方面，表 18 显示，2009 年

客运周转量排前 3 位的是广东、河南、山东，排后 3 位的是宁夏、青海、西藏；货运周转量排前 3 位的是上海、山东、天津，排后 3 位的是北京、青海、西藏。

表 18 2009 年各省交通基础设施服务能力

地区	客运周转量（亿人公里）	货运周转量（亿吨公里）
全国	24834.9	122133.3
北京	361.3	731.6
天津	250.2	9606.6
河北	1043.3	6405.2
山西	352.1	2390.4
内蒙古	360.0	4116.9
辽宁	840.7	7753.9
吉林	426.6	1167.3
黑龙江	466.3	1644.7
上海	157.0	14372.6
江苏	1370.8	4675.3
浙江	1103.2	5659.9
安徽	1302.6	6321.7
福建	465.7	2471.3
江西	790.1	2334.2
山东	1601.3	11022.2
河南	1615.1	6154.0
湖北	938.9	2566.4
湖南	1233.4	2513.3
广东	1886.8	4769.7
广西	787.3	2337.2
海南	139.3	792.5
重庆	410.1	1650.5
四川	1004.7	1590.5
贵州	406.6	926.0
云南	376.1	867.6
西藏	30.0	35.3
陕西	680.6	2218.6
甘肃	495.9	1619.5
青海	85.5	364.2
宁夏	91.8	750.4
新疆	386.7	1255.9

邮电通信基础设施服务方面，根据表 19 中的数据显示，移动电话普及率排名前 3 位的是

上海、北京、广东三省，其中上海和北京移动电话普及率超过 100%；低于全国平均水平的是

湖北、青海、河北、新疆、重庆、黑龙江、甘
肃、湖南、西藏、云南、四川、河南、广西、
贵州、安徽、江西。根据《第25次互联网发展
统计报告》的数据显示，互联网发展水平较好，
普及率高于全国平均水平的省（直辖市）主要
集中在东部沿海地区，包括北京、上海、广东、

天津、浙江、福建、辽宁、江苏、山西、山东
10个省（直辖市）。互联网发展水平较为滞后，
网络普及率低于全球平均水平的省（直辖市、
自治区）主要集中在中、西部地区，包括黑龙
江、内蒙古、宁夏、湖南、广西、河南、甘肃、
四川、云南、西藏、江西、安徽、贵州。

表19　2009年各省邮电通信基础设施服务能力和水平①

地区	固定电话用户（万户）	移动电话用户（万户）	移动电话普及率（部/百人）	上网人数（万人）	互联网普及率（%）
全国	31373.2	74721.4	56.0	38400.0	28.8
北京	893.1	1825.5	104.0	1103.0	62.8
天津	385.3	992.5	80.8	564.0	45.9
河北	1343.9	3783.2	53.8	1842.0	26.2
山西	758.8	1952.3	57.0	1064.0	31.0
内蒙古	441.6	1616.0	66.7	575.0	23.7
辽宁	1529.1	2882.1	66.7	1595.0	36.9
吉林	581.3	1574.2	57.5	726.0	26.5
黑龙江	870.2	1865.9	48.8	912.0	23.8
上海	935.5	2113.2	110.0	1171.0	61.0
江苏	2662.4	4940.3	64.0	2765.0	35.8
浙江	2130.9	4456.3	86.0	2452.0	47.3
安徽	1267.3	2154.6	35.1	1069.0	17.4
福建	1244.8	2639.1	72.8	1629.0	44.9
江西	748.5	1548.0	34.9	790.0	17.8
山东	2217.3	5334.5	56.3	2769.0	29.2
河南	1460.6	3987.2	42.0	2007.0	21.2
湖北	1088.3	3136.9	54.8	1469.0	25.7
湖南	1166.9	2752.4	43.0	1406.0	21.9
广东	3366.7	8923.3	92.6	4860.0	50.4
广西	787.6	1960.1	40.4	1030.0	21.2
海南	182.8	496.4	57.5	244.0	28.2
重庆	627.7	1440.9	50.4	803.0	28.1
四川	1551.2	3466.9	42.4	1635.0	20.0
贵州	451.1	1453.4	38.3	573.0	15.1
云南	583.1	1936.4	42.4	844.0	18.5
西藏	53.9	124.0	42.8	53.0	18.3
陕西	815.0	2337.4	62.0	995.0	26.4
甘肃	453.9	1194.7	45.3	535.0	20.3
青海	109.3	301.0	54.0	154.0	27.6
宁夏	114.5	382.8	61.2	141.0	22.6
新疆	550.5	1113.0	51.6	634.0	29.4

① 移动电话普及率和互联网普及率根据各省移动电话数和互联网上网人数与其人口数计算得出。

水电燃气供应基础设施服务方面，[①] 表 20 中的数据显示，供水综合生产能力位列前 3 位的是广东、江苏和安徽，位于后 3 位的是西藏、青海和宁夏；供水总量位列前 3 位的是广东、江苏和上海，位于后 3 位的是西藏、青海和宁夏。

表 20　2009 年各省城市水、燃气供应基础设施服务能力

地区	供水能力		全年供气总量			供热能力		
	供水综合生产能力（万立方米/日）	供水总量（万立方米）	人工煤气（万立方米）	液化石油气（吨）	天然气（万立方米）	蒸汽（吨/小时）	热水（兆瓦）	供热面积（万平方米）
全国	27047	4967467	3615507.4	13400302.7	4050996.1	93193	286106	379574.1
北京	1573	151815	—	367323.0	682839.0	200	32674	44239.6
天津	394	70138	—	58963.2	149735.5	3579	16158	20614.0
河北	835	156991	68793.5	284100.8	89065.1	10979	22247	30554.3
山西	449	82193	82276.2	55883.8	103239.4	2215	12999	25512.5
内蒙古	345	55197	3914.7	84206.3	46136.1	214	21364	20769.4
辽宁	1386	288732	54440.7	398308.9	60035.3	12013	51183	68464.3
吉林	720	97242	17615.8	219847.8	33774.3	2882	26147	28570.7
黑龙江	813	165449	26348.8	195709.7	46770.1	4199	30420	34941.7
上海	1435	341389	162720.8	400175.9	334398.7	—	—	—
江苏	2534	449037	1728890.0	865662.5	343544.5	4330	55	1706.8
浙江	1401	269809	1468.2	909487.4	86536.3	4795		3680.0
安徽	2081	162243	1372.4	594994.5	89259.5	3487	176	2061.2
福建	680	134264	2537.0	341795.4	10295.4	—	—	—
江西	454	92540	37897.7	179792.1	6186.7	—	—	—
山东	1458	275592	29376.6	872762.3	242907.6	27609	22661	46770.6
河南	1008	173377	111136.2	237895.2	126720.5	5632	3905	9282.5
湖北	1312	248944	12382.2	343512.8	117703.0	1404	78	908.0
湖南	911	179560	89819.0	235884.8	95815.5	—	—	—
广东	3406	785071	15493.0	4704484.6	117124.6	—	—	—
广西	591	138981	4449.1	296843.4	7050.1	—	—	—
海南	172	31176	—	61723.9	12759.7	—	—	—
重庆	420	77146	—	70066.0	205163.7	—	—	—
四川	765	163875	162826.0	176578.7	511115.3	60	—	14.0
贵州	240	44291	26886.0	60226.8	2336.4	—	—	—
云南	283	61461	33113.0	155859.2	72.7	—	—	—
西藏	25	7342	—	826148.0	—	—	—	—
陕西	376	83059		111081.0	144275.3	3305	12543	8719.0
甘肃	397	60618	9426.7	185732.7	59504.8	4511	9225	9601.8
青海	79	16835	—	7627.9	152572.0	—	369	196.1
宁夏	130	27882	1023.9	15624.9	69560.9	425	5595	5895.1
新疆	372	75215	931300.0	81999.1	104498.2	1354	18307	17072.5

---

　① 限于数据获取原因，本报告没有分析各省的电力供应情况。限于数据可比性原因，文字陈述中不进行城市供气和供热数据比较。

表 21 中数据显示，其中城市用水普及率和燃气普及率最高的都是上海、北京和天津，上海的城市用水和燃气普及率均达到了 100%；城市用水普及率低于全国平均水平的有山西、福建、海南、河北、陕西、青海、安徽、河南、甘肃、湖南、江西、四川、广西、西藏、云南、贵州，城市燃气普及率低于全国平均水平的有

新疆、内蒙古、山西、河北、海南、陕西、青海、安徽、江西、湖南、四川、河南、广西、甘肃、西藏、云南、贵州。人均用电量高于全国平均水平的有宁夏、青海、上海、内蒙古、浙江、天津、江苏、北京、广东、山西、辽宁、河北、福建、山东，其余均低于全国平均水平。

表 21　2009 年各省水电燃气供应水平①

地区	城市用水普及率（%）	人均用电量（千瓦时）	城市燃气普及率（%）
全国	27.1	2741.7	25.8
北京	85.0	4211.7	85.0
天津	49.5	4480.1	49.5
河北	21.7	3332.2	21.3
山西	26.7	3698.7	24.4
内蒙古	28.8	5317.6	24.7
辽宁	47.3	3445.6	45.6
吉林	33.1	1880.5	31.9
黑龙江	30.7	1800.0	29.7
上海	100.0	6004.1	100.0
江苏	31.6	4289.9	31.2
浙江	34.0	4771.1	33.3
安徽	18.7	1553.3	17.4
福建	26.0	3129.1	25.8
江西	17.1	1374.6	16.1
山东	28.0	3105.7	27.9
河南	18.3	2193.9	15.1
湖北	28.7	1984.5	26.8
湖南	17.6	1577.5	15.9
广东	44.0	3745.2	43.4
广西	15.3	1763.5	15.0
海南	22.0	1548.2	20.5
重庆	30.3	1867.1	29.4
四川	16.5	1618.3	15.3
贵州	12.9	1975.5	9.6
云南	13.9	1949.7	11.2
西藏	14.8	610.3	13.0
陕西	20.2	1962.1	18.5

① 用水普及率根据各省用水人数和各省总人数计算得出，燃气普及率根据各省用气人数和各省总人数计算得出。此处缺少人均用电量的数据。

续表

地区	城市用水普及率（%）	人均用电量（千瓦时）	城市燃气普及率（%）
甘肃	18.1	2677.5	14.8
青海	20.0	6054.5	18.4
宁夏	34.0	7407.3	30.5
新疆	28.2	2537.6	25.4

农田水利基础设施服务能力方面，表22中的数据显示，除涝面积最大的是黑龙江、江苏和山东，最小的后3位是宁夏、海南和甘肃；水土流失治理面积最大的前3位是内蒙古、陕西和甘肃，最小的后3位是海南、西藏和天津。

表22　2009年各省农田水利设施服务能力

地区	除涝面积（千公顷）	水土流失治理面积（千公顷）
全国	21584.3	104544.8
北京	149.8	511.8
天津	386.3	45.6
河北	1647.5	6230.7
山西	89.1	5093.9
内蒙古	277.0	10567.4
辽宁	983.2	6242.4
吉林	1021.3	3545.8
黑龙江	3316.0	4594.7
上海	54.6	—
江苏	2811.3	1037.4
浙江	496.6	2401.8
安徽	2251.4	2102.3
福建	126.2	1437.9
江西	370.6	4334.8
山东	2623.4	4593.2
河南	1936.0	4449.4
湖北	1216.6	4449.7
湖南	484.4	2877.9
广东	512.6	1369.1
广西	208.8	1843.7
海南	11.2	32.5
重庆	—	2266.5
四川	92.6	6100.2
贵州	52.4	2997.1
云南	249.1	5248.0
西藏	22.3	40.4
陕西	130.8	9142.8
甘肃	12.5	7807.1
青海	—	812.3
宁夏	10.5	1974.4
新疆	40.2	393.9

由以上的数据可以看出，中国的基础设施在区域上存在较大差异。总体而言，东部地区发展最快，西部地区相对滞后（见表 23）。

表 23 2009 年东部、中部、西部地区主要基础设施指标对比

指标	全国总计	东部地区		中部地区		西部地区	
		绝对数	占全国比重（%）	绝对数	占全国比重（%）	绝对数	占全国比重（%）
发电量（亿千瓦小时）	37146.5	15269.6	41.1	8628.4	23.2	10821.3	29.1
铁路营业里程（公里）	85518	19144	22.4	19721	23.1	32754	38.3
公路里程（公里）	3860823	970830	25.1	1044440	27.1	1504532	39.0
高速公路（公里）	65055	23834	36.6	17546	27.0	18589	28.6
旅客周转量（亿人公里）	24834.9	8378.7	39.0	6232.4	29.0	5115.2	23.8
货物周转量（亿吨公里）	122133.3	60506.9	54.5	22279.9	20.1	17732.6	16.0
邮电业务总量（亿元）	27193.5	14161.6	52.1	4951.9	18.2	5891.8	21.7

中国基础设施建设和维护的相关主体分析

基础设施本身具有自然垄断和准公共物品的属性，决定了政府必须在基础设施规划、建设和维护中起主导作用。但是政府不是万能的，由于基础设施领域存在外部性，靠政府完全承担基础设施建设会出现"政府失灵"现象。随着市场经济体制的建立和完善，一些企业也开始进入基础设施的建设和维护领域，发挥着重要作用。

一、相关政府部门及其职能分析

基础设施所涉及的领域非常广泛，许多政府部门被包括进来，各部门之间分工合作，各司其职，共同完成基础设施的规划、建设和维护。在中国，与基础设施规划、建设和维护相关的主要包括以下政府部门，如表 24 所示。

表 24 与不同基础设施关系密切的政府部门

基础设施门类	直接对口的政府部门	其他相关政府部门
交通运输	交通运输部、铁道部、中国民用航空局	发展与改革委员会（以下简称发改委）、财政部、中国人民银行（以下简称央行）、国土资源部、住房和城乡建设部
邮电通讯	工业和信息化部（以下简称工信部）、国家邮政局、国家广播电影电视总局（以下简称广电总局）	同上
电力、燃气	能源局、电力监管委员会（以下简称电监会）	同上
供水、水利	农业部、水利部	同上

中央政府相关部门在基础设施领域的作用、职责和分工如下：

（1）发改委涉及所有基础设施领域，主要承担规划重大建设项目和生产力布局的责任，拟订全社会固定资产投资总规模和投资结构的调控目标、政策及措施，衔接、平衡需要安排中央政府投资和涉及重大建设项目的专项规划。安排中央财政性建设资金，按国务院规定权限审批、核准、审核重大建设项目、重大外资项目、境外资源开发类重大投资项目和大额外汇

投资项目。指导和监督国外贷款建设资金的使用，引导民间投资的方向，研究提出利用外资和境外投资的战略、规划、总量平衡和结构优化的目标和政策。组织开展重大建设项目稽查。指导工程咨询业发展。协调农业和农村经济社会发展的重大问题，衔接农村专项建设（主要是农田水利）规划。研究工业、交通运输和能源发展现状，监测发展态势，拟订发展规划。①

（2）财政部涉及所有基础设施领域，主要参与拟定基础设施建设投资的有关政策，为筹集基础设施建设资金发行国债，为基础设施建设项目提供财政拨款，为商业银行贷款提供贴息，以财政收入为基础设施项目提供贷款担保（主要由国库支付中心承办）。②

（3）央行涉及所有基础设施领域，主要负责指导商业银行对基础设施项目的贷款。③

（4）国土资源部涉及所有基础设施领域，主要承担保护与合理利用基础设施建设所涉及的土地资源、矿产资源、海洋资源等自然资源的责任。④

（5）住房与城乡建设部涉及所有基础设施领域，主要承担规范住房和城乡建设管理秩序的责任。起草住房和城乡建设的法律法规草案，制定部门规章。依法组织编制和实施城乡规划，拟订城乡规划的政策和规章制度，并会同有关部门组织编制全国城镇体系规划，负责国务院交办的城市总体规划、省域城镇体系规划的审查报批和监督实施，参与土地利用总体规划纲要的审查，拟订住房和城乡建设的科技发展规划和经济政策。承担建立科学规范的工程建设标准体系的责任。组织制定工程建设实施阶段的国家标准，制定和发布工程建设全国统一定额和行业标准，拟订建设项目可行性研究评价方法、经济参数、建设标准和工程造价的管理制度，拟订公共服务设施（不含通信设施）建设标准并监督执行，指导监督各类工程建设标准定额的实施和工程造价计价，组织发布工程造价信息。指导全国建筑活动，组织实施房屋和市政工程项目招投标活动的监督执法，拟订勘察设计、施工、建设监理的法规和规章并监督和指导实施，拟订工程建设、建筑业、勘察设计的行业发展战略、中长期规划、改革方案、产业政策、规章制度并监督执行，拟订规范建筑市场各方主体行为的规章制度并监督执行，组织协调建筑企业参与国际工程承包、建筑劳务合作。研究拟订城市建设的政策、规划并指导实施，指导城市市政公用设施建设、安全和应急管理，拟订全国风景名胜区的发展规划、政策并指导实施，负责国家级风景名胜区的审查报批和监督管理，组织审核世界自然遗产的申报，会同文物等有关主管部门审核世界自然与文化双重遗产的申报，会同文物主管部门负责历史文化名城（镇、村）的保护和监督管理工作。承担建筑工程质量安全监管的责任。拟订建筑工程质量、建筑安全生产和竣工验收备案的政策、规章制度并监督执行，组织或参与

① 根据发改委网站 http://www.ndrc.gov.cn/jj/default.htm 整理。
② 根据财政部网站 http://www.mof.gov.cn/zhengwuxinxi/benbugaikuang/整理。
③ 根据中国人民银行网站 http://www.pbc.gov.cn/publish/zhengwugongkai/497/1812/18127/18127.html 整理。
④ 根据国土资源部网站 http://www.mlr.gov.cn/bbgk/整理。

工程重大质量、安全事故的调查处理，拟订建筑业、工程勘察设计咨询业的技术政策并指导实施。[①]

（6）交通运输部主要涉及公路和水路、民航领域，主要承担涉及综合运输体系的规划协调工作，并会同有关部门组织编制综合运输体系规划，指导交通运输枢纽规划和管理。指导公路、水路行业有关体制改革工作。承担道路、水路运输市场监管责任。承担水上交通安全监管责任。负责提出公路、水路固定资产投资规模和方向、国家财政性资金安排意见，按国务院规定权限审批、核准国家规划内和年度计划规模内固定资产投资项目。拟订公路、水路有关规费政策并监督实施，提出有关财政、土地、价格等政策建议。承担公路、水路建设市场监管责任。拟订公路、水路工程建设相关政策、制度和技术标准并监督实施。组织协调公路、水路有关重点工程建设和工程质量、安全生产监督管理工作，指导交通运输基础设施管理和维护，承担有关重要设施的管理和维护。按规定负责港口规划和岸线使用管理工作。指导公路、水路行业安全生产和应急管理工作。按规定组织协调国家重点物资和紧急客货运输，负责国家高速公路及重点干线路网运行监测和协调，承担国防动员有关工作。指导交通运输信息化建设，监测分析运行情况，开展相关统计工作，发布有关信息。指导公路、水路行业环境保护和节能减排工作。[②]

（7）铁道部主要涉及铁路交通领域，主要负责组织拟订铁路行业发展战略、政策，拟订铁路发展规划，编制国家铁路年度计划，参与综合运输体系规划编制工作。研究并提出铁路体制改革方案及有关配套政策建议。按规定制定铁路工程建设有关制度并组织实施，组织管理大中型铁路项目建设有关工作，维护铁路建设行业平等竞争秩序。承担铁路安全生产和运输服务质量监督管理责任。承担铁路建设工程质量监督管理责任。研究提出国家铁路固定资产投资规模和方向、国家财政性资金安排的意见，按国务院规定权限，审批、核准国家规划内和年度计划规模内固定资产投资项目。[③]

（8）中国民用航空局主要涉及民航交通领域，主要负责研究并提出民航事业发展的方针、政策和战略；拟定民航法律、法规草案，经批准后监督执行；推进和指导民航行业体制改革和企业改革工作。编制民航行业中长期发展规划。制定保障民用航空安全的方针政策和规章制度，监督管理民航行业的飞行安全和地面安全。制定航空器飞行事故和事故征候标准，按规定调查处理航空器飞行事故。制定民用航空飞行标准及管理规章制度、民用航空器适航管理标准和规章制度、民用航空空中交通管理标准和规章制度、民用机场建设和安全运行标准及规章制度、民航安全保卫管理标准和规章以及航空运输、通用航空政策和规章制度。[④]

（9）工信部主要涉及邮电通讯领域，主要

---

① 根据城乡建设部网站 http://www.mohurd.gov.cn/gyjsb/zyzn/整理。
② 根据交通运输部网站 http://www.moc.gov.cn/zhuzhan/zuzhijigou/zhuyaozhize/整理。
③ 根据铁道部网站 http://www.china-mor.gov.cn/zwzc/tdbjj/整理。
④ 根据中国民用航空局网站 http://www.caac.gov.cn/G1/G2/整理。

负责制定并组织实施通信业的行业规划、计划和产业政策，监测分析通信业运行态势。负责提出通信业固定资产投资规模和方向（含利用外资和境外投资）、中央财政性建设资金安排的意见，按国务院规定权限审批、核准国家规划内和年度计划规模内固定资产投资项目。统筹推进国家信息化工作，组织制定相关政策并协调信息化建设中的重大问题，促进电信、广播电视和计算机网络融合，指导协调电子政务发展，推动跨行业、跨部门的互联互通和重要信息资源的开发利用、共享。统筹规划公用通信网、互联网、专用通信网，依法监督管理电信与信息服务市场，会同有关部门制定电信业务资费政策和标准并监督实施，负责通信资源的分配管理及国际协调，推进电信普遍服务，保障重要通信。统一配置和管理无线电频谱资源，依法监督管理无线电台（站），负责卫星轨道位置的协调和管理，协调处理军地间无线电管理相关事宜，负责无线电监测、检测、干扰查处，协调处理电磁干扰事宜，维护空中电波秩序，依法组织实施无线电管制。承担通信网络安全及相关信息安全管理的责任，负责协调维护国家信息安全和国家信息安全保障体系建设，指导监督政府部门、重点行业的重要信息系统与基础信息网络的安全保障工作，协调处理网络与信息安全的重大事件。[①]

（10）国家邮政局主要涉及邮电通讯领域，主要负责拟订邮政行业的发展战略、规划、政策和标准，提出深化邮政体制改革和促进邮政

与交通运输统筹发展的政策建议，起草邮政行业法律法规和部门规章草案。承担邮政监管责任，推动建立覆盖城乡的邮政普遍服务体系，推进建立和完善普遍服务和特殊服务保障机制，提出邮政行业服务价格政策和基本邮政业务价格建议，并监督执行。负责快递等邮政业务的市场准入，维护信件寄递业务专营权，依法监管邮政市场。负责监督检查机要通信工作，保障机要通信安全。负责邮政行业安全生产监管，负责邮政行业运行安全的监测、预警和应急管理，保障邮政通信与信息安全。负责邮政行业统计、经济运行分析及信息服务，依法监督邮政行业服务质量。[②]

（11）国家广播电影电视总局主要涉及邮电通讯领域，主要负责组织推进广播电影电视领域的公共服务，组织实施广播电影电视重大工程，扶助老偏远贫地区广播电影电视建设和发展，指导、监管广播电影电视重点基础设施建设。制订广播电影电视事业、产业发展规划，指导、协调广播电影电视事业、产业发展，管理全国性重大广播电影电视活动。[③]

（12）国家能源局主要涉及电力、燃气领域，主要负责研究拟订能源发展规划和年度指导性计划，审核能源重大项目。研究提出能源发展政策和产业政策，指导能源行业技术法规和技术标准的拟订。负责衔接平衡能源重点企业的发展规划和生产建设计划，协调解决企业生产建设的重大问题。负责指导地方能源发展

---

① 根据工业和信息化部网站 http://www.miit.gov.cn/n11293472/n11459606/11606790.html 整理。
② 根据国家邮政局网站 http://www.miit.gov.cn/n11293472/n11459606/11606790.html 整理。
③ 根据国家广播电影电视总局网站 http://www.sarft.gov.cn/catalogs/zjjg/index.html 整理。

规划，衔接地方能源生产建设和供求平衡。①

（13）电力监管委员会主要涉及电力领域，主要负责全国电力监管工作，建立统一的电力监管体系。研究提出电力监管法律法规的制定或修改建议，制定电力监管规章，制定电力市场运行规则。参与国家电力发展规划的制定，拟订电力市场发展规划和区域电力市场设置方案，审定电力市场运营模式和电力调度交易机构设立方案。监管电力市场运行，规范电力市场秩序，维护公平竞争；监管输电、供电和非竞争性发电业务。与电力技术、安全、定额和质量标准的制定并监督检查，颁发和管理电力业务许可证，协同环保部门对电力行业执行环保政策、法规和标准进行监督检查。根据市场情况，向政府价格主管部门提了调整电价建议；监督检查有关电价；监管各项辅助服务收费标准。依法对电力市场、电力企业违法违规行为进行调查，处理电力市场纠纷。负责监督电力社会普遍服务政策的实施，研究提出调整电力社会普遍服务政策的建议；负责电力市场统计和信息发布。②

（14）水利部涉及供水、水利领域，主要负责按规定制定水利工程建设有关制度并组织实施，负责提出水利固定资产投资规模和方向、国家财政性资金安排的意见，按国务院规定权限，审批、核准国家规划内和年度计划规模内固定资产投资项目；提出中央水利建设投资安排建议并组织实施。负责生活、生产经营和生态环境用水的统筹兼顾和保障。对重要江河湖泊和重要水利工程实施防汛抗旱调度和应急水量调度。指导水利设施、水域及其岸线的管理与保护，指导大江、大河、大湖及河口、海岸滩涂的治理和开发，指导水利工程建设与运行管理，组织实施具有控制性的或跨省、自治区、直辖市及跨流域的重要水利工程建设与运行管理，承担水利工程移民管理工作。负责有关重大建设项目水土保持方案的审批、监督实施及水土保持设施的验收工作，指导国家重点水土保持建设项目的实施。指导农村水利工作。组织协调农田水利基本建设，指导农村饮水安全、节水灌溉等工程建设与管理工作，协调牧区水利工作，指导农村水利社会化服务体系建设。按规定指导农村水能资源开发工作，指导水电农村电气化和小水电代燃料工作。③

（15）农业部主要涉及水利领域，主要负责指导农用地、渔业水域、草原、宜农滩涂、宜农湿地、农村可再生能源的开发利用以及农业生物物种资源的保护和管理。④

上述与基础设施相关的中央政府部门，它们主要负责基础设施建设在全国的宏观统筹规划，在各个省市都有其对应的地方职能部门，以负责本地区具体的基础设施规划和建设。中央部门跟地方对应职能部门之间在基础设施规划上存在领导与被领导的关系，而从具体的投资建设来看，还存在合作关系。

---

① 根据发展与改革委员会网站 http://nyj.ndrc.gov.cn/jgsz/default.html 整理。
② 根据电力监管委员会网站 http://www.serc.gov.cn/zzjg/nsjg/200801/t20080124_1575.htm 整理。
③ 根据水利部网站 http://www.mwr.gov.cn/zwzc/jgjs/zyzn/整理。
④ 根据《国务院办公厅关于印发农业部职能配职、内设机构和人员编制方案的通知》整理。

二、基础设施领域的相关市场主体分析

随着市场化改革进程的加快，政府对基础设施实行传统计划调控和行政管理的现象已经发生改变，企业作为最主要的市场主体，在基础设施领域的投资、建设和运营等方面发挥着越来越重要的作用。根据企业在基础设施建设全过程中的作用，可将与基础设施相关的企业主要分为三类：为基础设施建设融资提供贷款的金融企业；负责基础设施建设维护的企业；负责提出基础设施运营服务的企业。

为基础设施建设融资提供贷款的金融机构主要有中国工商银行、中国农业银行、中国建设银行、中国银行和中国交通银行五大商业银行以及一些其他商业银行，它们负责在中国人民银行的指导下为所有基础设施建设项目融资提供贷款，以保证建设资金。

在相关政府部门做好基础设施规划以及商业银行为项目融资提供贷款以后，各类基础设施的具体建设和维护由相关的企业来完成。交通基础设施包括铁路、公路、水路、航空和管道设施，其中，中国路桥工程有限责任公司及各省市的公路桥梁建设集团有限公司、中国交通建设股份有限公司及其子公司、中国中铁股份有限公司及各省市铁路建设集团以及少数私营企业主要负责道路（包括公路、铁路和航道）、桥梁、隧道、港口、机场工程的规划和建设；高速公路规划和建设一般由各省市的高速集团负责；负责水上运输建设和维护的主要是一些航道建设企业，如隶属于中国交通建设股份有限公司的中交上航局航道建设有限公司主要从事国内外港口与航道疏浚工程、海岸与近海工程、筑堤与吹填造地工程、堆场道路和陆域构筑物、地基与基础工程、河湖整治与渠化工程、码头、船坞、土石方、水下炸礁清礁、勘察测绘等业务；中国国际航空公司、中国海洋航空集团、中国东方航空股份有限公司、中国南方航空股份公司等企业负责机场的建设和维护；中国石油天然气股份有限公司、中国石油化工股份有限公司、中国海洋石油总公司等主要负责输油、输气管道的规划、建设和维护。此外，与交通运输相关的还有一些负责交通运输工具制造的企业，如一些客货运汽车、火车的制造企业、轮船制造企业（如中国船舶工业集团等）、集装箱制造企业和管道制造企业等，这些企业中既有国有企业、私营企业，也有外资企业和中外合资企业。

邮电通信基础设施建设主要是通信工具（如手机、电脑制造企业等）和通信光纤光缆制造，以及通信网络的规划、铺设和维护，交换机、服务器的装配、建设和维护等。其中，制造企业既有国企、私企，也有外企和合资企业。负责通信网络和交换机、服务器建设的有中国电信集团公司、中国联合通信有限公司、中国移动通信集团公司、中国国际电视总公司、大唐电信科技产业集团等企业。

水电燃气基础设施建设主要包括电线电力装机、供水管道和供气管道的制造企业，以及电站、电网、供水供气管道的规划、建设等。其中，制造企业既有国企、私企，也有外企和合资企业；负责电网规划和建设的主要是国家电网公司及其下属企业，中国华能集团公司、中国大唐集团公司、中国华电集团公司、中国国电集团公司和中国电力投资集团公司"五大

发电集团",以及华润电力、国华电力、国投电力、中国广东核电集团有限公司,"四小豪门"主要负责电站的投资建设。供水和供气管道的规划建设主要由各省市的自来水公司和燃气集团来完成。

农田水利基础设施建设主要包括大坝、水库等水利设施、农村水电站的投资建设以及堤防建设和维护,负责农田水利基础设施建设的企业主要是中国水利水电建设集团公司和各水电站,负责堤防建设和维护的企业是由政府招标的各种性质的企业,既可能是国企、私企,也可能是外企或合资企业。

基础设施建成后,转交负责提供基础设施运营服务的企业。铁路运输主要由铁道部及其下设的各省市铁路局(哈尔滨铁路局、沈阳铁路局、北京铁路局、太原铁路局、呼和浩特铁路局)负责管理,各火车站负责营运,铁路运输中的各种服务主要由铁道部下设的各企业(中铁快运股份有限责任公司、中铁集装箱运输有限责任公司、中铁特货运输有限责任公司、中国铁道科学研究院和中国铁路建设投资公司等)来负责;公路运营主要由各省市的公路局管理、各汽车站和运输公司负责营运;中国海运(集团)总公司、中国远洋运输集团、中国海洋航空集团等企业负责水上运输运营服务;航空运输运营服务主要由中国国际航空公司、中国海洋航空集团、中国东方航空股份有限公司、中国南方航空股份公司等企业来负责;管道运营管理和提供油气输送主要由中国石油天然气股份有限公司、中国石油化工股份有限公司、中国海洋石油总公司等企业来承担。

负责邮电通信网络规划铺设和交换机、服务器装配的企业同时负责邮电通信行业的运营,主要企业有中国电信集团公司、中国联合通信有限公司、中国移动通信集团公司、中国国际电视总公司、大唐电信科技产业集团等。

负责电力输送和配电业务的主要是国家电网公司,各大发电集团主要负责供应电力;自来水和燃气和运营和供应主要由各省市的自来水公司和燃气公司负责。

负责农田水利设施运营和服务的企业包括各水电站。

由于基础设施建设初始投资巨大及其自然垄断的性质,其建设和运营主要还是由国有企业或国有资产控股的股份制企业来承担,私有企业进入比较困难。但是提供各种建设、运营工具的制造业企业性质相对多元化。

三、政府与市场的关系

随着社会主义市场经济体制的不断深化,同时考虑到政府提供基础设施的能力逐渐不能满足基础设施建设的需求,基础设施建设的市场化已经成为不可逆转的趋势。基础设施建设市场化不仅可以解决政府提供基础设施低效率的问题,而且通过引进私人资本和外资,还可以缓解政府财政的压力,同时分散投资风险。技术的进步、竞争环境的完善和民营经济的极大发展也为基础设施建设的市场化提供了可能性。在基础设施建设市场化过程中,政府、国有企业不再是唯一的生产者和提供者,与企业之间的关系也不再是管理者与被管理者,而是存在竞合关系。

目前,基础设施建设中政府与企业的合作模式中最常见的模式主要有 BOT(Build -

Operate-Transfer，建设—经营—转让）模式①、BOO（Build-Own-Operate，建设—拥有—经营）模式、② BT（Build-Transfer，建设—转让）模式③ 和 TOT（Transfer-Operate-Transfer，转让—经营—转让）模式。④

BOT 模式在中国也称为"特许权融资方式"，其涵义是指国家或者地方政府部门通过特许权协议，授予签约方承担公共性基础设施（基础产业）项目的融资、建造、经营和维护。在协议规定的特许期限内，项目公司拥有投资建造设施的所有权，被允许向设施使用者收取适当的费用，由此回收项目投资、经营和维护成本并获得合理的回报。特许期满后，项目公司将设施无偿地移交给签约方的政府部门。运输项目（如收费公路、收费桥梁、铁路等）大都采用 BOT 模式，例如泉州刺桐大桥的建设就是采用的 BOT 模式。1993 年建设刺桐大桥的消息传出后，先后有 5 家外商前往洽谈，因其条件苛刻而未成功，当地政府财力有限，无法独立承建。此时，由泉州 15 家私有企业合股成立的名流公司主动"请缨"，泉州市政府下发泉政 [1994] 综 190 号文件《关于泉州刺桐大桥及其附属工程建设的通知》，随后成立了注册资金为 6000 万元的泉州刺桐大桥开发有限公司，其中

名流公司占 60% 的股份，泉州市政府占 40% 的股份。一年后，代表市政府的路桥公司又将其中的 30% 股份转给福建省公路开发总公司和福建省交通建设投资有限公司。投资超出资本金不足的部分，由各股东按比例分别筹措。泉州刺桐大桥开发有限公司的运营期限为 30 年，期满后无偿转让给泉州市政府。泉州刺桐大桥建设项目是我国第一例利用 BOT 模式成功建成的基础设施项目。

BOO 模式体现了"总体规划、分步实施、政府监督、企业运作"的建、管、护一体化的要求。采用此模式的主要是一些垃圾、污水处理设施领域。如北京高安屯垃圾焚烧厂的建设项目采用了这一模式。金州控股集团有限公司控股、北京金州工程有限公司、北京国朝国有资产运营有限公司、北京华联达环保能源技术开发有限责任公司和中国对外经济贸易信托投资有限公司于 2003 年 5 月参股组建北京高安屯垃圾焚烧有限公司（项目公司），属中外合资企业。对高安屯垃圾焚烧厂进行投资、建设和运营，合资经营期限 50 年。

采用 BT 模式建设的项目，所有权是政府或政府下属的公司，政府将项目的融资和建设特许权转让投资方，投资方是依法注册的国有建

---

① BOT 模式是政府将基础设施项目的特许权授予承包商，承包商在特许期内负责项目设计、融资、建设和运营，并回收成本、偿还债务、赚取利润，特许期结束后将项目所有权移交政府。

② BOO 模式是一种正在推行中的全新的市场化运行模式，即由企业投资并承担工程的设计、建设、运行、维护、培训等工作，硬件设备及软件系统的产权归属企业，而由政府部门负责宏观协调、创建环境、提出需求，政府部门每年只需向企业支付系统使用费即可拥有硬件设备和软件系统的使用权。

③ BT 模式采取企业投资建设、政府一次回购、资金分期支付的办法，通过 BT 模式投资的着眼点，是以少量的投资获得大量工程承包机会，并因此获利。

④ TOT 模式是政府将已经建成投产运营的基础设施项目移交给投资方进行运营，政府凭借所移交的基础设施项目未来若干年内的收益，一次性地从投资方融通到一笔资金，再将这笔资金用于新的基础设施项目建设。当经营期届满时，投资方再将项目移交回政府手中。

筑企业或私人企业，银行或其他金融机构根据项目的未来收益情况为项目提供融资贷款。政府（或项目筹备办）根据当地社会和经济发展的需要，对项目进行立项，进行项目建议书、可行性研究、筹划报批等前期准备工作，委托下属公司或咨询中介公司对项目进行 BT 招标；与中标人（投资方）签订 BT 投资合同（或投资协议）；中标人（投资方）组建 BT 项目公司，项目公司在项目建设期行使业主职能，负责项目的投融资、建设管理，并承担建设期间的风险。项目建成竣工后，按照 BT 合同（或协议），投资方将完工的项目移交给政府（政府下属的公司）。政府（或政府下属的公司）按约定总价（或完工后评估总价）分期偿还投资方的融资和建设费用。政府及管理部门在 BT 投资全过程中行使监管、指导职能，保证 BT 投资项目的顺利融资、建成、移交。北京地铁奥运支线采用了 BT 方式建设并成功进行了国际招标。该项目招标人是北京地铁 10 号线投资有限责任公司，通过公开招标的方式选择中标人，确定"中国铁路工程总公司、中铁电气化局集团有限公司、中铁三局集团有限公司"联合体为中标单位，由联合体负责组建奥运支线项目公司即北京中铁工程投资管理有限公司（以下简称项目公司）。项目公司根据确定的建设范围筹措相应的建设资金，并按确定的建设计划和技术标准建设奥运支线工程。工程竣工、验收合格后，招标人以股权收购的形式支付合同价款。北京市基础设施投资有限公司对北京地铁 10 号线投资有限责任公司的股权收购行为提供担保。

采用 TOT 模式的基础设施项目的建设由政府完成，仅通过项目经营权移交来完成一次融资。与 BOT 模式的最大区别在于避开了建设中所存在的较高风险和大量矛盾，政府与投资双方往往比较容易达成一致。陕西渭河电厂新厂项目采用了 TOT 模式，该项目是由原国家能源投资公司和陕西省电力公司合资的项目，装机容量 120 万千瓦，于 1996 年 3 月全部投产，5 月以作价 54 亿元，注册资金 18 亿将 51% 的权益以协议形式转让给外资企业——香港中旅集团，香港中旅集团认缴了 9.18 亿元的股本并负责融资解决相应的贷款比例。

除了上述介绍的几种模式以外，政府与企业的合作还存在其他诸如 BTO（Build-Transfer-Operate，建设—转让—经营）、BOOT（Build-Own-Operate-Transfer，建设—拥有—经营—转让）等合作模式。各种模式的具体运作方式不同，相应的私有化的程度也不相同。但都是政府与企业或私人组织为了合作建设基础设施项目，形成了一种伙伴式的合作关系。这些合作模式的存在使政府和企业之间可以取长补短，更有效率地进行基础设施建设，提供公共服务。

中国基础设施建设领域存在的问题

尽管我国的基础设施建设取得了巨大的成就，但是在建设过程中仍然存在问题，这些问题主要表现在以下几点：

一、基础设施建设不平衡

这种不平衡既有基础设施供需结构的不平衡，也有区域间和城乡间的基础设施发展水平的不平衡；既有各类基础设施发展的不平衡，也有同一类基础设施内部结构的不平衡。

（1）基础设施供需结构不平衡。虽然在规模总量上有很大的发展，但是大多基础设施还是不能满足经济发展和人民生活的需求。以电力供应为例，根据2010年《中国统计年鉴》显示，2009年的电力生产系数是0.78，说明我国的电力生产增长速度低于经济增长速度，电力生产不能完全满足经济发展的需要，为缓解用电紧张状况，全国多个省份拉闸限电，给人民生活带来极大不便。以交通为例，节假日是客运高峰期，大多的铁路、公路等运输不能满足人们出行的要求，出现诸如"春运"等现象，给人民的生活带来不便。水的供应方面，如表11所示，城市的供水总量多次出现负增长情况，全国多个城市处于用水紧张状态。可以看出，中国的基础设施建设的供应并不能匹配其需求。

（2）基础设施结构发展不平衡。与交通运输、水、电力和燃气供应、邮电通信基础设施的迅猛发展相比，农田水利设施建设严重滞后，农村水电站的个数和水库容量多次出现负增长现象。就同一类基础设施内部结构来看，其发展也是不平衡的。在交通基础设施领域，与公路、铁路和民航建设相比，内河航道建设相对缓慢。根据《全国电力供需与经济运行形势分析预测报告》显示，截至2009年底，中国全国全口径发电设备容量87407万千瓦，其中，水电19679万千瓦，占总量的22.5%，火电65205万千瓦，占总量的74.6%，核电908万千瓦，占总量的1.2%，并网风电1613万千瓦，占总量

的1.8%。发电设备装机结构仍然以火电为主，核电、风电等清洁能源发电量所占比例微乎其微，亟待进一步加快电源结构调整力度。

（3）表现为区域发展不平衡和城乡发展不平衡。基础设施现状的区域分析显示，多数指标排名前3位的省市位于东部地区，而大多数低于全国平均水平的省市位于中、西部地区，尤其是西部地区。可以认为，东部地区的基础设施发展水平明显地高于西部地区。尽快改变农村基础设施滞后的状况，是广大农民群众的迫切要求，也是建设社会主义新农村的重要内容。但是，与城市基础设施建设相比，农村的基础设施建设还是相对落后。目前，还有一些行政村没有通公路和自来水，几亿农村人口饮用水不安全；农村电网供电能力不足，供电可靠性不高；农村的信息服务平台建设、信息资源开发和网站建设与城市相比明显落后。

二、基础设施质量存在问题

在一些领域，基础设施质量存在严重问题。如被称为"史上最短命公路"的云南省新平县县城至三江口二级公路，试通车第二天遇雨发生坍塌事故，造成2死2伤，被认为在设计方案、工期、竣工验收等方面都存在问题。铁路近年来多次出现列车脱轨事故，2011年动车多次出现断电事故，7月23日更是发生了温州动车追尾事故，上海铁路局表示初步分析，"7·23"动车事故由于温州南站信号设备设计有严重缺陷，遭雷击发生故障后本应显示为红灯的区间信号机错误显示为绿灯。[1]伊春空难等事故、航

---

① 资料来源：http://www.btv.org/btvindex/xw/content/2011-07/28/content_2746535.htm。

班大范围晚点等现象也不同程度地说明航空运输领域的服务质量堪忧。

在通信基础设施方面，从 2008 年起，国内发生多起大规模断网事故。2008 年 6 月 24 日 9：00~17：00，北京市发生全市规模的大断网事故，受断网影响的市区达到 11 个，包括城 8 区和昌平、通州、大兴三个远郊区。根据《2009 年中国网民网络信息安全状况系列报告》，"2009 年我国 52%网民曾遭遇过网络安全事件；超过九成网民均碰到过网络钓鱼网站。在遭遇网络安全事件的网民中，77.5%是因为在网络下载或浏览时遭遇病毒或木马的攻击"；"2009 年网络安全事件给网民带来最直接的损失就是因处理事件而耗费的时间成本，77.3%的网民反映遇到网络安全事件要付出大量的时间成本。据统计，平均每人需要花费约 10 小时来处理安全事件"；"网络事件给 21.2%的网民带来直接经济损失，包括网络游戏、即时通信等账号被盗造成的虚拟财产损失，网银密码、账号被盗造成的财产损失，以及因网络系统、操作系统瘫痪、数据、文件等丢失或损坏，对其找回或修复产生的费用等。2009 年网民处理网络系统、操作系统瘫痪、数据、文件等丢失或损坏等安全事件所支出的服务相关费用共计 153 亿元人民币"。

在水电供应方面，大面积停水、断电现象时有发生，如 2011 年 8 月 8 日下午，北京市和平西桥发生自来水供水管道爆裂，致 2500 多户居民停水，直到 5 小时后供水才恢复；2011 年 6 月 19 日、8 月 12 日，温州市因水厂供电线路破坏导致两次出现大面积停水情况；2011 年 1~7 月，申城电力设施外损事件达到 93 起，其中输电线路事故 11 起，输电线路跳闸事故 5 起。

在水利设施方面，水库出险、堤防坍塌、河流淤塞、渠道渗漏、闸站盗损、饮用水设施瘫痪等问题此起彼伏。例如，2009 年 3 月 27 日，海南省万宁市博冯水库（小 1 型）护坝坍塌，造成下游东线高速公路左幅涵桥被冲断。

三、政府在基础设施供给中的角色错位

随着基础设施领域市场化改革的逐步推进，政府已经不再是基础设施的唯一生产者和提供者，而成为基础设施市场化的推动者。在这一过程中，政府的角色定位已经发生了转变，但是目前政府在基础设施供给的过程中仍然存在着一些角色错位现象。

行政垄断是由政府凭借行政权力对涉及国计民生的重大领域进行直接控制，并限制竞争形成的垄断。一直以来，我国基础设施供给的垄断程度还是比较高，主要表现为：由政府垄断基础设施供给，缺乏优胜劣汰的竞争机制；政府投资基础设施建设，由于特殊的地位不会面临直接的竞争；政府对基础设施供给的垄断割裂了生产者与消费者之间的联系，造成对基础设施估价和评价的困难；现阶段对政府机构及公务人员的监督机制还不完善。政府垄断供给基础设施不仅导致供给效率低下，还容易加剧社会不公平。

权力寻租是指由于政府的行政权力介入公共基础设施供给领域，使得拥有这种权力的人为了谋取自身利益而利用各种合法或非法手段得到占有租金的特权。由于行政权力可以创造寻租的条件，掌握权力的政府部门和官员就有可能利用权力进行寻租活动。在社会经济发展

中各个领域，只要存在着权力的参与，就会存在寻租腐败现象。现阶段，在公共基础设施领域产生的寻租行为，不仅影响了经济发展和公众生活对公共基础设施的必要需求，同时也造成了社会资源配置的低效率和公共利益的损失。

无论是行政垄断还是权力寻租，其根本原因都是对行政权力的滥用而导致政府角色扭曲，行为错位，过多参与基础设施供给，从而制约基础设施的有效供给。

优化中国政府行为的几点建议

基础设施建设中存在的许多问题都是由政府行为不当造成的，要想提高基础设施供给效率，以满足经济发展和人民生活对基础设施的需求，建议政府从四个方面优化行为。

一、成为科学、睿智的规划者

（1）应统筹区域和城乡规划，缩小区域、城乡差距和数字鸿沟，促进区域和城乡协调发展，促进基础设施共建共享，向一体化和网络化方向发展，避免资源浪费和环境破坏。

（2）进行基础设施规划的时候要注意根据城乡各地发展的实际状况，准确把握各项工程建设的规模和标准，对用地规模、供应源等做合理系统的布局，使各个系统都能统筹协调的发挥作用。

（3）不仅要重视基础设施建设规划，更要重视基础设施维护规划。

（4）在进行基础设施规划过程中要坚持"可持续"的发展观，引导各类基础设施建设向节约、安全、高效、环保方向发展。

二、成为公正、高效的监管者

（1）基础设施产业大多属于自然垄断产业，完全由市场定价形成垄断高价会给消费者带来损失，这就需要政府对自然垄断产品和服务进行价格管制，以防止垄断高价造成的供给的不足。

（2）对于一些具有外部性的基础设施产业，需要政府通过行政许可等方式界定产权。

（3）对具有正外部性的企业予以一定的补贴，对具有负外部性的企业征收庇古税，以实现基础设施的最优供给。

（4）政府需要对基础设施产业进行社会性监管，以保证工程的安全性和稳定性，例如针对基础设施领域出现的许多质量问题，政府需要对其进行严格的质量监管。

三、提供基础设施领域持续发展的融资支持

（1）加大对各类基础设施的投入力度，缓解交通、用电、用水紧张等状况。政府是基础设施的重要投资者，在基础设施建设筹资过程中，政府应该承担起自己的责任，为其提供一定的财政支持。

（2）应该根据基础设施私有制的程度选择不同的融资模式。

（3）在基础设施项目融资过程中，政府应该为国内资本市场提供信用支持，为国外资本市场提供风险担保。

四、提供基础设施领域健康发展的制度保障

基础设施领域的健康发展在于政府和民间建立公私合作伙伴关系，政府和企业与社会组

织之间的平等合作关系则需要靠制度保障。

（1）应当改革原有的基础设施管理体制，培育市场主体，为基础设施市场化提供政策支持和引导。

（2）应当完善相关的政策、法律、法规，为各市场主体营造公平、透明的竞争环境。

（3）制定公平、合理、开放的市场准入政策和投资政策，营造良好的投资环境，保护投资者的利益。

（4）抓紧出台关于电信普遍服务的政策法规框架，建立普遍服务基金，成立普遍服务基金管理机构，建立电信普遍服务补偿机制，推进邮政通讯公共服务均等化。

（5）应当为经济发展提供一个稳定的政治环境，为了降低私人企业投资基础设施的风险，必须保证全局政治环境的稳定。

（孙　宇　周　瑜　川口兴有　执笔）

参考文献

［1］Paul Rosenstein –Rodan，1943，Problems of Industrialization of Eastern and South –Eastern Europe，Economic Journal，Vol.53，No.210/211：pp.202–211.

［2］［美］艾伯特·赫希曼著：《经济发展战略》，曹征海、潘照东译，北京：经济科学出版社，1991年。

［3］［美］罗根纳·纳克斯：《不发达国家的资本形成》，谨斋译，北京：北京商务印书馆，1953年。

［4］安福仁：《政府对基础设施产业进行管制的原则与对策》，《广西经济管理干部学院学报》，2003年第15期，第6–13页。

［5］蔡龙：《我国城市基础设施现代化水平综合评价研究》，南京：南京大学，2004年。

［6］曹洁：《中国基础设施建设的资金来源结构分析》，《地方政府管理》，2000年第8期，第11–13页。

［7］陈昌盛、蔡跃洲：《中国政府公共服务：体质变迁与地区综合评估》，北京：中国社会科学出版社，2007年。

［8］邓淑莲：《政府与基础设施的发展》，上海：上海财经大学出版社，2001年。

［9］樊纲：《论"基础瓶颈"》，《财经科学》，1990年第5期，第8–12页。

［10］冯兰瑞：《论基础结构市场化》，《特区经济》，1993年第5期，第6–7页。

［11］郭功全、华奎元：《中国城市基础设施的建设与发展》，北京：中国建筑工业出版社，1990年，第59–77页。

［12］胡家勇：《论基础设施领域改革》，《管理世界》，2003年第4期，第59–67页。

［13］胡少维：《我国基础设施现状及投资走势》，《经济学文摘》，1999年第10期，第39~40页。

［14］黄金川、黄武强、张煜：《中国地级以上城市基础设施评价研究》，《经济地理》，2011年第1期，第47–54页。

［15］蒋训林：《信息和通讯技术产业与经济增长：对中国实践的研究》，广州：华南师范大学出版社，2005年。

［16］金凤君、王缉宪：《中国交通通信基础设施的区域发展类型研究》，《地理科学》，1998年第18期，第335–341页。

［17］金建：《我国邮电通信产业的发展与政策分析》，《中国工业经济研究》，1992年第5期，第53–57页。

［18］金建清、范克危：《城市基础设施评价的一种方法》，《苏州大学学报》，2000年第32期，第34–37页。

［19］兰玲：《城市基础设施及其综合评价指标体系研究》，重庆：重庆建筑大学出版社，1994年。

［20］李汉波：《现代化国际性城市基础设施综合评价方法研究》，大连：大连理工大学出版社，1997年。

［21］刘辉：《我国基础设施市场化中的政府角色定位——理论与政策分析》，西安：西北大学出版社，2005年。

［22］刘剑锋：《城市基础设施水平综合评价的理论

和方法研究》，北京：清华大学出版社，2007 年。

[23] 刘涛涛：《浙江省城市基础设施建设状况的分析与评价》，杭州：浙江大学出版社，2005 年。

[24] 刘文：《我国农业基础设施建设与管理研究》，武汉：华中农业大学出版社，2007 年。

[25] 吕涛：《中国信息基础设施的现状与未来》，《信息技术与发展》，1996 年第 2 期，第 3-6 页。

[26] 牛树海、金凤君、刘毅：《中国电力基础设施水平与经济发展关系研究》，《华北电力技术》，2005 年第 4 期，第 1-4 页。

[27] 乔恒利：《基础设施性质与基础设施项目投融资模式关系研究》，《华东经济管理》，2008 年第 22 期，第 125-130 页。

[28] 邵瑞庆：《水路交通基础设施建设项目融资方式》，《交通运输工程学报》，2003 年第 3 期，第 108-113 页。

[29] 世界银行著：《世界发展报告》，毛晓威等译，北京：中国财政经济出版社，1994 年，第 264 页。

[30] 宋密：《中国能源交通基础设施的发展》，《中国投资与建设》，1998 年第 12 期，第 13-14 页。

[31] 宿晓岚：《影响我国电力行业可持续发展的因素》，《中国经贸导刊》，2011 年第 2 期，第 72-73 页。

[32] 孙艳深：《我国公共基础设施供给中的政府行为分析》，《北方经济》，2010 年第 5 期，第 9-10 页。

[33] 汤铭潭：《小城镇基础设施现状评价》，《小城镇建设》，2002 年第 5 期，第 90-91 页。

[34] 王保乾、李含琳：《如何科学理解基础设施概念》，《甘肃社会科学》，2002 年第 2 期，第 62-64 页。

[35] 王丽辉：《基础设施概念的演绎与发展》，《中外企业家》，2010 年第 2 期，第 28-29 页。

[36] 王路：《我国城市基础设施水平评价方法研究》，上海：同济大学出版社，2000 年。

[37] 王任飞、王进杰：《我国基础设施发展现状评析》，《经济研究参考》，2006 年第 38 期，第 2-13 页。

[38] 王宇鹏、杜澄、罗铁坚、王璐：《公共网络信息平台：国家基础设施新内涵》，《工程研究——跨科学视野中的工程》，2009 年第 1 期，第 39-45 页。

[39] 魏礼群：《真正把基础设施建设放在先行的战略地位》，《求是》，1993 年第 19 期，第 25-29 页。

[40] 徐曙娜：《政府与基础设施 _ 基础产业》，《财经研究》，2000 年第 3 期，第 54-59 页。

[41] 杨治：《产业经济学导论》，北京：中国人民大学出版社，1985 年。

[42] 邮电部新闻处：《中国邮电通信发展状况》，《中国科技信息》，1996 年第 1 期，第 36 页。

[43] 余建中：《浙江省城市基础设施现代化指标体系研究》，杭州：浙江大学出版社，2004 年。

[44] 张宝成：《城市基础设施建设评价方法研究》，天津：天津大学出版社，2005 年。

[45] 张仕廉：《农村水利基础设施现状与融资模式偏好》，《改革》，2009 年第 7 期，第 125-130 页。

[46] 张志强：《我国基础设施建设现状与发展重点》，《中国投资与建设》，1998 年第 5 期，第 7-9 页。

[47] 赵海燕、刘合翔、孙凌：《西部地区信息基础设施建设现状及其发展策略》，《图书馆理论与实践》，2003 年第 5 期，第 59-61 页。

[48] 赵君：《信息化是人类社会发展的强大动力——我国信息化基础设施建设》，《中华医学图书情报杂志》，2005 年第 14 期，第 14-16 页。

[49] 郑洁：《重庆市综合交通体系重点建设项目融资模式研究》，《重庆交通学院学报》，2006 年第 6 期。

[50] 中国电力企业联合会：《全国电力供需与经济运行形势分析预测报告（2009-2010）》（新闻稿），www.cec.org.cn/doc/201012614334375.doc。

[51] 中国互联网络信息中心：《互联网络发展统计报告》（第 1-26 次），http://www.cnnic.net。

[52] 中国国家统计局：《中国统计年鉴》（1978-2010 年），http://www.stats.gov.cn/tjsj/ndsj/。

[53] 朱伟：《中国国家信息基础设施的现状》，《情报学报》，1997 年第 16 期，第 403-407 页。

第四部分

理论探索

社会公平与社会稳定——中国突发群体性事件发生的内生性因素及其临界值

问题的提出与相关研究的不足

近 10 年来，特别是最近一段时间，世界各地频繁爆发群体性事件，如中东、北非、英国伦敦和美国的华尔街，其中一些事件产生了重大的社会、政治影响。随着社会经济的发展，我国因人民内部矛盾引发的上访、集会、请愿、游行、示威、罢工等群体性事件也频繁发生，并日趋表现出数量多、人数多、规模大等特征。自 1993 年以来，每年发生群体性事件逐年增加，比如"瓮安事件"、"陇南事件"与"石首事件"等，对社会秩序和社会稳定造成了重大的负面影响。为什么以前的群体性事件相对较少且表现方式相对和平，而现在却表现得日趋激烈？哪些社会结构性因素的改变使得群体性事件频频出现？又是哪些因素使如此多的非利益相关者在相对较短的时间内迅速聚集起来？导致群体性事件突发的各种不同因素在引发群体性事件中发挥多大的作用？不同方面的因素

累积到什么程度可能爆发群体性事件？这些问题引起了国内外学者的极大关注，对于这些问题的研究，不仅有助于了解群体性事件发生的内在原因与形成机制，更有助于群体性事件的有效预防与妥善解决。

在国内学者的众多相关研究中，于建嵘（2009，2003）的研究独具特色，主要是一种实证性调查研究，利用丰富的第一手调查材料详细描述各个事件发生的背景、过程与机制，并分析了不同事件的特征以及引发事件的结构性因素。于建嵘的研究生动鲜活，极易引起人们的关注，而且也极具启发性，研究归纳了可能引发群体性事件的各种因素，但没有说明各种不同因素及其组合发展到什么程度才会引起群体性事件的发生。肖文涛（2009）发现群体性事件多指向基层政府，认为这一现象反映了有些基层政府应对能力的明显薄弱与不足。赵守东（2007）认为，民众的政治参与要求无法满足，利益协调机制无法发挥作用，民众找不到利益协商机制和利益维护机制是影响群体性事

件形成的重要因素。唐斌（2009）分析了信息网络在群体性事件中的利与弊，一方面它给政府治理带来强大的舆论压力和流言风险，但另一方面它也加速了政民之间的信息交流，使得公众的知情权、监督权得到充分体现，从而能有效促进政府治理。陈华森（2010）从政治文化的角度出发认为群体性事件形成的原因是传统的政治文化与转型期中国之间的矛盾。刘德海（2010）利用演化博弈论的工具证明了机会主义导致地方政府在处理群体性事件中总是延误最佳时机，导致了事态的扩大化。陈潭与黄金（2009）的研究是利用或基于国外相关理论解释中国群体性事件的众多研究中较为具有典型性的一个研究，相对于其他类似的研究，该研究较为全面地介绍了国外不同的理论框架并将其运用于近年来中国发生的群体性事件的特征、诱发因素及发生机制的分析。事实上，斯米尔塞的专著是国外有关群体性事件研究的集成之作，将政治学、社会学、心理学以及传播学等领域的相关研究结果或理论，经过筛选整合为一种被称为"价值累加理论"（Smelser，1962）。"价值累加理论"实际上构筑了一个相对宽泛的概念框架，不仅包括了到哪时为止的几乎所有的理论，而且几乎能够解释任何地方发生的群体性事件。然而，理论的这种宽泛性具有其不可避免的内在缺陷，即其对问题或事件的解释精度相对较差，仅仅涉及几乎所有群体性事件都具有的共性特征与因素，而对具体事件的关键细节或差别性因素、机制等缺乏考虑或重视不够。

不论基于"价值累加理论"，还是基于"相对剥夺理论"、"亚健康政治理论"等对群体性事

件发生所作的解释，都仅仅是基于群体性事件发生所需要的必要条件。这些必要条件是在群体性事件已经发生之后，人们进行后验性原因追溯得到的，因而这些必要条件的存在仅仅表明了群体性事件发生的可能性，并不能说明这些条件的存在一定引发群体性事件。所以，利用这些基于必要条件的理论解释群体性事件面临如下问题：首先，在引发群体性事件方面，各种不同因素的实际显著性与统计显著性达到了什么程度；其次，哪些必要条件仅仅必要而不充分，而哪些必要条件是关键性的即充分性的条件；最后，在这些必要条件基础上，增加什么条件才能获得群体性事件发生的充分条件。

归纳地说，利用国外相关理论解释群体性事件的相关研究，没有识别出哪些因素是内生性因素，即主导着群体性事件的发生，例如：内生性因素达到什么水平可能会引发群体性事件、各种不同因素的组合如何影响群体性事件的发生等，并没有得到深入的研究。在中国目前的社会经济形势下，探讨相关问题，加深对群体性行为产生和演化机制的理解，对于加强社会管理，促进全社会和谐发展意义重大。

中国群体性事件发生的内生性因素

探索中国群体性事件发生的结构性因素，必须紧密联系中国群体性事件发生的具体背景与过程，从这些具体的背景与过程中识别具有决定性作用的或关键的因素。虽然斯米尔塞的"价值累加理论"较为全面地总结了可能导致群体性事件发生的各种结构性因素，并论述了群体性事件的发生机制，但运用这些结构性要素

解释中国群体性事件的发生，由于相关概念界定得过于一般化，显得宽泛而缺乏有效的针对性，因而解释能力较差。首先，中国是一个单一制国家，全国各省、市、县都统一地执行中央政府的相关政策或政策框架，各地方的社会结构及其演化具有很强的同质性，社会矛盾的累积也几乎在相同时间开始并以基本相同的速度与强度同时演变。其次，作为群体性事件触发器的偶发事件在全国各地均有出现。最后，拆迁问题、环境污染问题、不公平待遇问题等在各地均有发生。那么，为什么有些地方发生了群体性事件而有些地方却没有发生群体性事件？

为了能够有效解释中国群体性事件的发生，显然需要进一步限定引发群体性事件发生的结构性因素，以及寻求引发群体性事件的更为关键性的、内生性因素或变量，即寻求更为充分的条件，从而能够说明，正是这些内生性因素的存在与否，决定着群体性事件是否发生。或者说，群体性事件是否发生，敏感地依赖于这些变量的存在与否。事实上，这些内生性因素构成了群体性事件发生的"充分统计量"，不仅凝聚了导致群体性事件发生的充分条件或因素，而且增加新的因素或变量并不能够改变这些充分统计量的结构。因而内生性因素强调影响群体性事件的充分条件而不仅是必要条件。充分条件表明，当这些条件具备并达到一定水平时，群体性事件一定会发生，而当这些条件不具备时，群体性事件是否发生则依赖于其他条件。这样我们就可以近似地获得群体性事件发生的充分必要条件，从而提高对群体性事件发生的解释能力与针对性。

仔细考察诸如"瓮安事件"、"陇南事件"、"石首事件"以及"通钢事件"等典型事件（以下简称"典型事件"），我们可以发现，导致群体性事件是否发生的关键性结构因素或内生性因素，主要包括：①个体行动的主观性强度（或意欲性强度）；②个体对政府（官员）行为的认同程度；③社会问题解决机制或个体利益诉求渠道；④社会普遍情绪或共同信念水平。

个体行动的主观态度或意欲性强度是指个人对于特定事件或情景的不同信念的组合，它决定个体对特定事件或情景反应的行为偏好。关于特定事件或情景的这些信念，可能涉及事实，也可能涉及评价。个体行动的主观态度因而是不同信念的集成或者说是"一揽子信念"，既包括特定事件或情景对相关事件的效应真与伪的关联性判断，也包括特定事件或情景形成的效应是否为人们所期望的或不为人们所期望的判断。Fishbein（1963）认为，个人关于任何事物的主观态度是两个因素的函数：关于事件的信念的强度和这种信念的评价性影响。这一函数关系可表示为：

$$A_0 = \sum_{i=1}^{N} B_i \alpha_i$$

其中，A_0 是个体关于事件 O 的主观行动态度，B_i 是个体 i 关于事物 O 的信念的强度，α_i 是其关于这一信念的评价。

在上述"典型事件"中，事件所涉及的不同当事人之间的势力通常是不均衡的，而个体行动的主观态度主要是对这一不均衡必然形成某种结果的习惯性结构认知的反应。简单但有些片面地说，人们在长期社会生活中已经形成了这样的认知结构：具有不同势力的当事人之间的纠纷，总是形成对势力较强一方有利的结果。因此，若事件中一方为有官方背景或强势力背景，一方为没有任何势力的普通民众，那么人们总是习惯地认为有关方面宣布的结论总是在袒护有官方背景或强势力背景的当事人。而这种信念对个体行动的评价性影响又与个体以往经历以及普遍社会情绪相关。若个体在类似情景中受到过不公平对待，则会增加其对行动评价的影响。这种评价性影响越大，个体认为参与群体性行动越能够消解其过去受到的不公平对待而形成的怨气，因而个体参与群体性事件的欲望就越强烈，越可能参与群体性事件。在一定社会中，个体行动的主观性强度（或意欲性强度）较高的人在总人群中所占的比例越多，发生群体性事件的可能性越大。

个体对政府（官员）政策或行为的认同程度，是个体对政府行为合乎义理性的认同程度，或个体对政府的权威性的认同程度。个体对政府行为合乎义理性的认同程度决定个体对政府的信任程度。政府的权威性若缺乏社会的认同，政府便不再被社会认同为疏导、解释、表达和协调利益或权利冲突的公正裁判者，政府行为因而也不被认同为促进公共利益或社会正义的行为，而是被认同为谋取或偏袒特殊利益、剥夺特定群体权利的行为。当人们认为社会已经不存在能够包容并能够反映道德和谐与互惠互利原则的权威机构时，人们就会自发地组织起来维护自己的利益与权利，群体性事件也就容易爆发。正是在这个意义上，卢梭说，"最强者并非永远能保持其主人的地位，除非他将力量化为正义，将服从化为责任"。

个体对政府的认同程度或信任程度取决于两个因素：①政府行为的公共性程度，即政府行为在多大程度上旨在促进公共利益；②社会个体的理性化水平，即个体对于什么是"应该的政府行为"或"规范的政府行为"的认知。在任何一个特定时期，政府行为的合乎义理性都是这两种力量相互作用而形成的均衡结构。因此，即使政府行为与以前没有什么不同，但由于人们理性水平的提高而不再认为以前那种政府行为合乎义理性时，政府的实际行为与人们认为的"规范行为"之间便失去对称性，从而引发实际政府行为是否合乎义理性的危机。同样，有些地方，虽然政府行为的公共性有所下降，但民众认同度较高，在民众的认知结构或理性意识之中，"规范的政府行为"与"实际的政府行为"之间并没有出现强烈冲突，因而就不会引发实际政府行为的合乎义理性的危机。

所谓社会问题解决机制或个体利益诉求渠道是指当个体的利益或权利受到侵害时，个体能够进行有效地申诉，并得到公正、合理纠正的各种可能机制与渠道。所谓有效的申诉机制或渠道是指存在相关权威机构受理这种申诉，并将申诉的处理结果按相关法定程序告知申诉人。个体利益申诉机制是否完善是决定群体性事件是否爆发的一个内生性因素。当前，我国的利益表达机制还很不完善，存在着诸如动力缺失、网络缺失以及作用缺失等问题（王春福，2007）。同时，部分地方腐败的普遍存在使不负责任的"体制性颓丧"与不受约束的基层政府行为日趋严重，"官官相护"与政府短期行为不仅几乎完全屏蔽了个体利益申诉机制与渠道，而且往往使利益申诉者面临各种被制裁或惩罚的风险。"体制性颓丧"又引发出另一种鲜明对照的现实：有权有势的个体几乎可以突破所有政策、制度限制，而无权无势的普通民众则处处受到约束、限制甚至权利和利益的被剥夺。这种状况虽然与个体利益申诉机制受阻不同，但两者反映的社会权力运转的内在规则却是一样的。比如，农民土地的征用就引发过大量的群体性事件（蒋省三等，2007）。更为重要的是，这种状况成倍地激化了普通民众实际感受到的生活压力感、进取的挫折感与机会或权利的被剥夺感。事实上，前述的"典型事件"中也普遍存在着个体利益申诉机制或渠道的长期缺乏或受阻现象，致使各种社会问题不断累积，社会怨气不断沉淀叠加，个体容忍度或克制力趋于极限。在这种状态下，个体借助某种事件发泄怨气的意欲或动机日趋强烈。当某个突发事件出现时，个体便自觉地、积极地参与其中，从而引发规模较大的群体性事件。

社会普遍情绪或共同信念水平是指社会中实际存在的关于正义、道德和谐以及相关制度或规则的一般性态度或观点，是影响社会凝聚状态或社会稳定的基础性因素。西塞罗曾明确指出，数目颇众的人们正是基于对法律和权利的共同认知以及渴望参与彼此获益的交往而聚合在一起。而"对法律和权利的共同认知"又基于人们共享某种态度或信念（belief），即道德和谐。因此社会凝聚或稳定的基础是道德和谐、互惠互利，以及维护这两者的制度或规则的可实施性。正是在这个意义上，涂尔干将制度化信念（institutionalized beliefs）视为制度的灵魂，认为制度或秩序是集体共享的信念与行为模式（Durkheim，1950）。然而，当社会普遍情绪或制度化信念与现行制度发生冲突时，前者将成为人们行为选择的认知、协调与信息基础。正如哈耶克所指出的，个体的行为选择依赖于其所具有的认知结构和足够多的正确的信息。但由于个体获得完全理性认知结构与足够多正确信息的能力十分有限，因而个体总是倾向于将社会普遍情绪视为完全理性认知结构与所有正确信息的表征，就如同人们在市场上自动接受市场价格作为商品质量等所有信息的表征一样。因此，普遍情绪可以加速更多的非直接利益相关人聚集在一起。Kuran 利用社会普遍情绪的转变，有效地解释了 1789 年法国大革命、1917 年俄国革命以及 1978~1979 年伊朗革命的突然爆发（Kuran，1988）。这表明，社会普遍情绪与既有制度安排的偏离对于群体性事件的爆发有重要影响。上述"典型事件"中，群体性事件的爆发无不与社会普遍情绪的迁移密切相关。

上述关于群体性事件发生的内生性因素的分析，既对已有相关理论所界定的群体性事件发生的必要条件做了进一步深化，也在此基础上增加了一些新的条件，从而进一步限定了群体性事件发生的可能空间，这能够有效提高中国群体性事件发生的解释精度。事实上，这些内生性因素不仅构成了在中国目前社会结构背景下群体性事件发生的"充分统计量"，也对理解世界范围内群体性事件的爆发具有一般意义。这些因素的存在并达到一定的水平，必定在较小的显著性水平上爆发群体性事件。计算社会学的发展为我们验证以上分析和结论的一般性提供了新的途径。

基于社会网络的群体选择模型

内生性结构因素以及个体之间的相互作用决定了个体的行为选择。由于每个个体受结构性因素影响的程度不同，因此行为选择也就存在一定的差别。然而，当个体受到特定情景激发，特别是受到社会普遍情绪或共同信念的激发以及其他个体的影响时，会产生聚合在一起的意欲与动机，从而使有差别的行为选择出现选择的趋同或协同。通过基于社会网络的计算社会学，模拟社会群体的相关态度在社会网络上传播与达成一致的过程，可以探讨各不同因素对行为选择趋同性的影响与各种因素之间的耦合作用方式。

近年来，计算社会学不断发展，成为认识社会现象、探讨政策效应的有力工具，研究领域涵盖了社会学的方方面面，其中许多工作是利用社会关系网络反映个体之间的相互作用，并进而研究思想传播、舆论形成、群体决策等问题。Huang 在小世界网络上模拟了 SARS 的动态传播机制，并检验了相应的公共卫生政策的有效性（Huang 等，2004）。Sznajd-Weron 与 Sznajd（2000）开创性地在一维网格上模拟了"地理邻近影响规则"可能使公共舆论达成一致的过程与机制。Grabowski（2006）将一致性公共舆论的形成推广到了复杂网络之中，不仅考虑地理邻近规则的影响，还考虑到社会网络的影响作用。Stocker 等（2001）则进一步模拟了网络上个体之间思想传播与相互影响。他还通过模拟检验了层级网络与无标度网络中的个体如何形成稳定的舆论（Stocker 等，2002）。Suo 和 Chen（2008）模拟考察了不同网络结构中的多种因素共同作用时公共舆论的形成特征。可见，通过基于社会网络的计算社会学可以有效地模拟群体性事件形成的过程。

我们假定个体生活在虚拟的社会网络中，每一个体仅有两种行为可以选择：一是保持沉默不行为；二是亲群体性行为，且他们都具有独特的社会关系与背景特征（对政府的信任程度）。所有个体根据一定的决策方式，在一定的社会背景影响下（个体利益诉求渠道的完备程度）相互作用，并决定自己的行为选择。假设初始社会网络中的所有个体均保持沉默不行为。此时，一个诱发因素的出现可能使得当事人放弃沉默不行为的决定，选择亲群体性行为。他的这一改变就会影响到他的亲戚朋友以及周围的陌生人。而这种影响也会一级一级的传播下去。当社会背景、个体背景特征分布以及行为决策方式达到某一特定临界值时，这种亲群体性行为的影响范围就会不断扩大，选择亲群体性行为的个体会不断增多，并最终导致群体性事件的形成。

已有实证研究表明，个体之间相互作用的社会网络具有两个重要特征：①网络度分布的无标度性质，即"结点的度"分布服从幂律分布，即群体中直接利益相关者多（度或亲戚朋友多）的个体相对较少，而直接利益相关者少（度或亲戚朋友少）的个体相对较多；②社会网络具有小世界性质，即同时具有较短的平均路径程度和较高的集聚系数（clustering coefficient）（Hamill and Gilbert，2009）。这一特征会提高网络中信息传递的效率。基于这两个特征，本文模拟所用的复杂社会网络先用 Barabasi-Albert 算法（Barabasi and Albert，2009）生成无标度网络，再用三人组形成（triad formation）机制提高网络的集聚系数，以使模拟网络与实际社会网络的结构性质定性一致。

除了人们相互作用的社会网络以外，模型还考虑了个体空间区域因素的影响。在这个模拟的社会网络中共设置 $N = L \times L$ 个个体，用二维坐标 $i \in [1, L]$ 和 $j \in [1, L]$ 标识每一个个体，同时该坐标也是该个体的实际地理位置。网络中的所有个体只能持有两种行为选择：一是亲群体性行为，用 $S_{ij} = 1$ 表示；二是保持沉默不行为，用 $S_{ij} = 0$ 表示。当个体持有亲群体性行为时，个体参与群体性事件的主观性强度就很高。

网络中任意个体行为选择总是在不断地变化，这种变化主要受两方面的影响。①与该个体有密切关系的朋友、亲人、同学或同事或有类似经历的人，他们都是该个体的利益相关者，在社会网络中表现为与该个体有连接的一阶近邻，这部分影响用来 F 表示。②与该个体没有密切关系的陌生人。这些陌生人与该个体没有直接的利益相关性，只是生活在他的周围，这部分与空间区域有关的影响用 D 来表示。当个体 n 受到了不公平对待且没有合适的申诉渠道时，他就会试图通过非正常的途径来表达怨气，这时他的社会态度就转变为亲群体性行为（$S_{i(n)j(n)} = 1$）。与此同时，他会将自己经历的不公平对待通过社会网络传播出去，影响与他有连接的亲戚朋友和他周围的陌生人。假设传播这种经历的努力程度取决于他对政府的不认同不信任程度 $A_{i(n)j(n)}$。$A_{i(n)j(n)} \in [0, \lambda]$（$\lambda \in [0, 1]$）满足 0 到 λ 上的均匀分布，值越大表

示个体对政府的认同程度越低或越不信任。那么，当他越不认同不信任政府（$A_{i(n)j(n)}$ 越大）时，他就越会想尽方法在社会网络上表达自己受到的不公平待遇，这样他对其他人行为选择的影响就越大（$A_{i(n)j(n)}S_{i(n)j(n)}(t)$ 越大）；相反，当他越认同信任政府（$A_{i(n)j(n)}$ 越小）时，他对别人选择的亲群体性行为的影响就越小（$A_{i(n)j(n)}S_{i(n)j(n)}(t)$ 越小），因此，网络中利益相关个体与非利益相关个体对个体 ij 态度的影响可以分别记为：

$$F_{ij}(t) = k_{ij}^{-1} \sum_{n=1}^{k_{ij}} A_{i(n)j(n)} S_{i(n)j(n)}(t) \text{ 和 } D_{ij}(t) = N_d^{-1} \sum_{n=1}^{N_d} A_{i(n)j(n)} S_{i(n)j(n)}(t). \quad (1)$$

其中，$F_{ij}(t)$ 是个体 ij 在 t 时刻受到的所有利益相关个体影响的平均效果，$D_{ij}(t)$ 是个体 ij 在 t 时刻受到的所有生活在自己附近的非利益相关个体影响的平均效果（非利益相关个体定义为：以个体 ij 为中心，上下左右距离均为 d 的矩形内的 N_d 个个体）。下标 i(n) 与 j(n) 是定位个体 n 的二维坐标 ij 的标记。$A_{i(n)j(n)}S_{i(n)j(n)}(t)$ 是个体 n 在 t 时刻对群体所产生影响的大小。如果个体选择沉默不行为，那么他对群体性性事件形成的影响是 0。如果个体持有亲群体行为的，那么他对群体性事件形成的影响就取决于他对政府的不信任程度，则越不信任影响越大。

这两部分影响的加权平均决定着个体 ij 在"t+1"时刻的行为选择。假设利益相关个体对 ij 行为选择的影响效应为 α，非利益相关个体的影响效应为 β，那么两部分的总影响 $h_{ij}(t+1)$ 可记为：

$$h_{ij}(t+1) = \alpha F_{ij}(t) + \beta D_{ij}(t) \quad (2)$$

h_{ij} 是个体间相互作用对个体 ij 产生的影响，但他如何选择自己的行为还取决于当前的社会总体环境与他自身的背景特征。考虑到这两个因素的作用，可将他在"t+1"时刻改变自己当前行为的概率 p_{ij} 写成下式：

$$p_{ij} = \begin{cases} A_{ij}\left[1 - \exp\left(-h_{ij}/T\right)\right]; & S_{ij} = 0 \\ (1 - A_{ij})\exp\left(-h_{ij}/T\right); & S_{ij} = 1 \end{cases} \quad (3)$$

当个体选择沉默不行为状态时（$S_{ij}=0$），他对政府越不信任，转变为亲群体性行为的概率越高。当个体选择亲群体性行为时（$S_{ij}=1$），他对政府越信任，他转变为沉默不行为的概率越高。其中的参数 $T \in [0, +\infty)$ 是对社会环境的总体描述，表示个体利益诉求渠道的完备程度，或者说利益诉求获得满足的可能性有多大，是社会环境的总体背景。T 越大表示利益诉求的渠道越多，个体利益诉求越容易得到满足。相反，T 越小表示利益诉求的渠道越少，个体的利益诉求获得满足的可能性越小。

T=0 时个体寻求不到任何有效的利益诉求渠道，个体行为转变的概率简化如下：

$$p_{ij} = \begin{cases} A_{ij}; & S_{ij} = 0 \\ 0; & S_{ij} = 1 \end{cases} \quad (4)$$

可以看到，在完全没有利益诉求渠道的社会中（T=0），如果个体 ij 处于沉默不行为状态，那么他改变行为的概率就等于他对政府的不信任程度（$p_{ij} = A_{ij}$）。当其越不信任政府时，他采取亲群体性行为的概率越高。如果个体原本就是亲群体性行为的，那么他将始终保持该选择不变（$p_{ij}=0$）。

T=∞ 时利益诉求的渠道相当完备，个体面临的所有问题几乎都可以通过正常渠道解决。

此时，个体对政府态度转变的概率可以简化如下：

$$p_{ij} = \begin{cases} 0; & S_{ij} = 0 \\ 1 - A_{ij}; & S_{ij} = 1 \end{cases} \quad (5)$$

可以看到，如果有正常的利益诉求渠道，那么当个体原本就处于沉默不行为状态时，他始终不会选择亲群体性行为（$p_{ij}=0$）。而当个体持有亲群体性行动态度时，他对政府的信任程度就是他转变选择的概率（$p_{ij} = 1 - A_{ij}$）。个体对政府越信任，他选择沉默不行为的概率越大。

按照上述规则，在一定的初始条件下，随着时间的演化，网络中的个体不断地改变自己的行为选择。当更多的个体选择亲群体性行为时，发生群体性事件的可能性就会越大，或者可以说群体性事件发生的规模就会更大。因此，可用网络中选择亲群体性行为个体的比例表示当前社会的总体情况，即 $\langle S \rangle = N^{-1} \sum_{i,j}^{L} S_{ij}$。$\langle S \rangle$ 越大说明网络中选择亲群体性行为的个体越多，那么发生群体性行为的概率就越高，或者说是群体性事件发生的规模就越大。

假设初始状态是社会中所有个体都处于沉默不行为状态。而演化开始于一个"偶发事件"的出现。该"偶发事件"的当事人因为找不到有效的利益诉求渠道，因此首先转变为亲群体性行为，并按照上述的演化规则影响其他个体。受到影响的个体也将继续按照同样规则影响着他的利益相关者与非利益相关者。这种类似链式的过程经过不断扩展的演化，当条件适合时，这一仅由少数几个人参与的"偶发性事件"就很有可能成为导火索事件，触发群体性事件的生成。相反，当条件不适合时，这种仅由少数几个人参与的"偶发事件"只可能是一个孤立的个别事件，难以形成群体性事件。那么，满足群体性事件生成的临界值是多少，就是我们需要关注的问题。

模拟检验结果：内生性因素的临界值

为了理解各种不同因素在影响群体性事件生成中的作用，需要确定各不同内生性因素及其组合在不同水平上对于群体性事件是否生成的影响，并确定内生性因素引发群体性事件的临界值。下面我们将通过相关参数对模型行为的影响，分别考察在其他条件既定的情况下，民众不认同或不信任政府的程度、利益诉求渠道以及社会普遍情绪的不同水平对群体性事件形成的作用。

一、民众不认同或不信任政府程度的影响

每个个体对政府的不认同或不信任程度都不相同。因此，本文假设民众对政府的不认同程度或不信任程度 A_{ij} 是 0 到 λ 上的均匀分布，λ 的大小决定了民众整体对政府不认同或不信任程度的分布情况。λ 越大，民众整体对于政府的不认同或不信任程度越高；λ 越小，民众整体对政府的不认同或不信任程度越低。因此，可通过考察不同的 λ 来分析民众对政府的不信任程度对群体性事件形成与规模的影响，如图 1 所示。

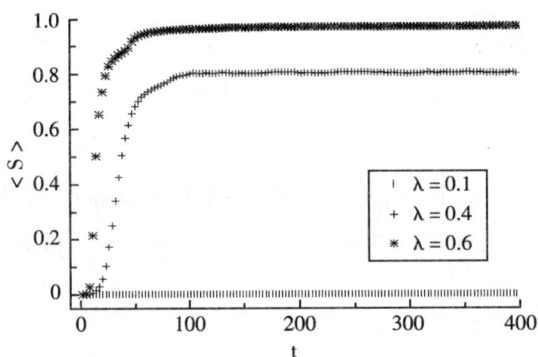

(a) 不同 λ 下民众对政府态度的演化过程
其中 $T = 0.05$。
图为前 400 次的演化结果，$t > 400$ 后 $\langle S \rangle$ 基本达到稳态。

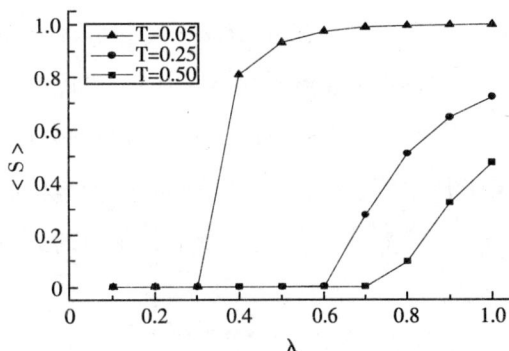

(b) 民众不信任程度与民众对政府态度的稳态关系

图 1　不同 λ 下民众对政府态度的演化过程及其稳态结果

注：其中 $L = 50$，$L_c = 10$，$m0 = 5$，$m = 3$，$p_t = 0.4$，$d = 5$，$\alpha = \beta = 0.5$。图为 20 个独立样本演化的平均值，每个样本均进行 2000 次演化过程，1 次演化指网络中的所有个体全部完成一次观点选择。

从图 1（a）中可以看到，当民众整体对政府认同或信任程度较高时（$\lambda = 0.1$），社会网络中选择亲群体性行为的个体始终不多，$\langle S \rangle$ 一直接近于 0，没有明显的变化。这说明只要民众对政府的信任程度相对较高，即使出现一两个偶发性事件，也远不能使更多的个体同时参与其中，也就不能形成群体性事件。然而，在其他因素不变的情况下，随着民众整体不信任程度的提高，就会有越来越多的个体参与偶发事件，群体性事件也因此更容易形成。从图中可以看到，在利益诉求渠道较少的前提下（$T = 0.05$），当民众的不信任程度达到一定的水平后，参与

偶发事件的个体就会迅速增加。当 $\lambda = 0.4$ 时，稳态时参与偶发事件的个体达到 80% 左右。当 $\lambda = 0.6$ 时，稳态时参与偶发事件的个体基本上达到了 100%。

图 1（b）考察了不同社会背景下，不同的民众信任程度最终会令多少个体选择亲群体性行为。不难发现，在利益诉求渠道较少的社会背景下（$T = 0.05$），当信任程度较高时（$\lambda \leq 0.3$），始终难形成有大量的亲群体性行为个体，不会形成群体性事件。但是，当不信任程度高于该值后（$\lambda > 0.3$），随着不信任程度的增加，参与偶发事件的个体数量会迅速增加。当 λ 达到 0.4 时，就已经有约 80% 的个体选择亲群体性行动。可以说，此时群体性事件已经形成，而且规模巨大。因此，当民众的利益诉求渠道较少时（$T = 0.05$），民众对政府的不信任程度与群体性事件生成之间存在一个临界值 $\lambda_c \approx 0.3$。当民众的不信任程度低于该值时（$\lambda < \lambda_c$），群体性事件几乎不会形成。当民众的不信任程度高于该值时（$\lambda > \lambda_c$），群体性事件形成的概率和参与的人数就会快速增加。在图中还可以看到，当民众的利益诉求渠道增多时，不信任程度的临界值也会增大，当 $T = 0.25$ 时，这一临界值变为 $\lambda_c \approx 0.60$。当 $T = 0.5$ 时，这一临界值变为 $\lambda_c \approx 0.70$。

二、利益诉求渠道的影响

利益诉求的各种渠道是减缓个体怨气的一种重要机制。随着利益诉求渠道的不断增多（T 不断增大），个体的怨气得到缓解的可能性就不断提高，群体性事件形成的概率与规模也就会相应地降低。当 $T \sim \infty$ 时，群体性事件就一定不会形成。相反，当个体完全没有利益诉求的可能时（$T = 0$），即使没有"导火索事件"，也会形成群体性事件。图 2（a）是民众对政府不信任程度较高时（$\lambda = 0.8$）的演化结果，如图 2 所示。

图 2（a）表明，当民众的不信任程度较高时（$\lambda = 0.8$），如果再没有任何利益诉求渠道（$T = 0$），那么群体性事件的形成不仅是必然的，而且非常迅速，规模巨大。可以看到，只要经

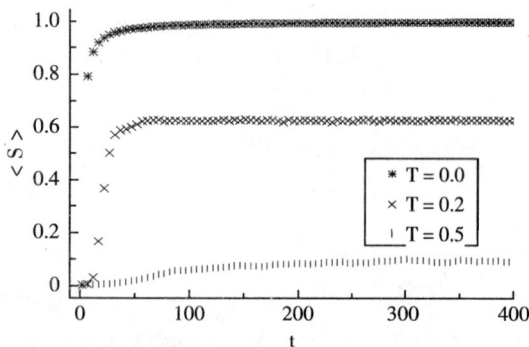

（a）不同利益诉求渠道下民众对政府态度的演化过程

其中 $\lambda = 0.8$。图为前 400 次的演化结果，$t > 400$ 后 $\langle S \rangle$ 基本达到稳态。

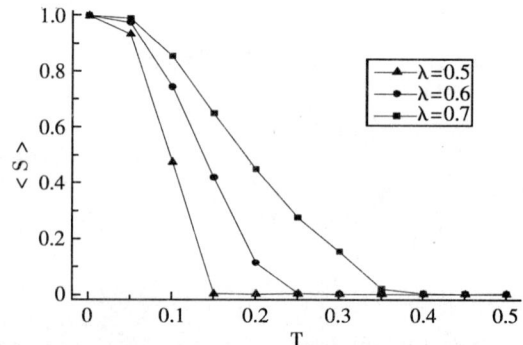

（b）利益诉求渠道的多少与民众对政府态度的稳态关系

图 2　不同利益诉求渠道情况下民众对政府态度的演化过程及其稳态结果

注：其中 $L = 50$，$L_c = 10$，$m0 = 5$，$m = 3$，$p_t = 0.4$，$d = 5$，$\alpha = \beta = 0.5$。图为 20 个独立样本演化的平均值，每个样本均进行 2000 次演化过程，1 次演化指网络中的所有个体全部完成一次观点选择。

过不到 50 步的演化，几乎所有的民众都会选择亲群体性行为，并参与到"偶发事件"之中，从而导致群体性事件的形成。当利益诉求渠道逐渐增多时，参与"偶发事件"的个体数量就会逐渐降低。当 T = 0.2 时，最终只有大概 60% 的个体选择亲群体性行为并参与"偶发事件"。当 T = 0.5 时，选择亲群体性行为并参与偶发事件的个体数就可以下降到了 20% 以下。

图 2（b）中显示了各种民众不信任程度下，利益诉求渠道的多少最终会令多少个体选择亲群体性行为。一个很明显的特点是，在极端情况下，即利益诉求渠道完全没有时（T = 0），不管民众的整体信任程度如何（λ > 0），都会导致几乎全体民众选择亲群体性行为，此时形成的群体性事件的规模是巨大的。当然，这种极端的情况在实际社会中几乎不会存在的。当利益诉求渠道逐渐增多时，选择亲群体性行为的个体就会不断减少。当民众对政府的信任程度较适中时（λ = 0.5），只要社会中的利益诉求渠道 T ≥ 0.15，就难以形成群体性事件。这说明，在这种条件下，社会利益诉求渠道的临界值 $T_c \approx$ 0.15。当其他条件不变时，只要社会中的利益诉求渠道大于该临界值时，群体性事件就难以形成。当其小于该临界值时，群体性事件形成的概率与规模就会随着利益诉求渠道的不断减少而增加。同样，从图 2（b）中还可看到，当 λ = 0.6 时，该临界值大约为 0.25，当 λ = 0.7 时，该临界值继续增加到大约 0.35。

三、普遍情绪或共同信念的影响

群体性事件的形成有一个重要特点，那就是参加群体性事件的众多个体并非"偶发事件"的直接利益相关者。而这些非利益相关者在多大程度上会参与其中，取决于对他们的影响权重有多高。这可以通过当前社会的普遍情绪或共同信念的强度来反映。随着社会中普遍情绪或共同信念的不断增强，影响非利益相关个体的权重就不断增加（β 变大），这就导致群体性事件的形成在速度与规模上成倍提高。假设"偶发事件"的直接相关者（与当事人相连的个体）一定会选择亲群体性行为，而其他的二级（与当事人连接个体的个体）或更高级的利益相关者受到的影响只有 20%（α = 0.2）。此时，普遍情绪或共同信念即非利益相关者的影响程度（β）与群体性事件形成的演化模拟结果，如图 3 所示。

β 是某一个体的行为选择对其周围的非利益相关个体行为选择的影响权重，在某种程度上也反映了该个体周围有多大比例的非利益相关个体会受到他的影响。随着 β 的不断变大，个体对周围非利益相关个体的影响能力就会不断提高。图 3（a）表明，在利益诉求渠道较少（T = 0.05），不信任程度适中（λ = 0.4），利益相关个体影响力度不高（α = 0.2）的情况下，只要普遍情绪或共同信念不是很高（β = 0.4），大规模的群体性事件就不会形成。但是，当这种普遍情绪或共同信念超过 0.4 以后，选择亲群体性行为的个体就会快速增加。当 β = 1 时，形成群体性事件的概率非常大，几乎是必然发生。图 3（b）表明了各种民众信任程度下，普遍情绪的高低最终会令多少个体选择亲群体性行为。显然，随着民众对政府行为的认同程度的降低，普遍情绪影响群体性事件形成所要求的水平越来越低。在民众不认同政府的水平为 0.35 时，

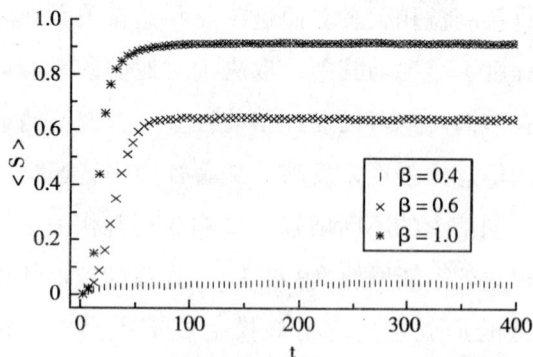

(a) 不同非利益相关个体的影响权重与民众对政府态度的演化过程

其中 $\lambda=0.4$。图为前 400 次的演化结果，$t>400$ 后 $\langle S \rangle$ 基本达到稳态。

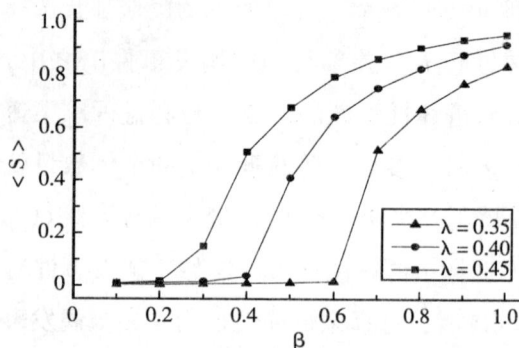

(b) 非利益相关个体的影响权重与民众对政府态度的稳态关系

图 3　各种非利益相关个体的影响权重与民众对政府态度的演化过程及其稳态结果

注：其中 $L=50$，$L_c=10$，$m_0=5$，$m=3$，$p_t=0.4$，$T=0.05$，$\alpha=0.2$，$d=5$。图为 20 个独立样本演化的平均值，每个样本均进行 2000 次演化过程，1 次演化指网络中的所有个体全部完成一次观点选择。

只要普遍情绪 $\beta \leqslant 0.6$，群体性事件就难以形成。可见，在这种民众不认同水平下，普遍情绪或共同信念的临界值 $\beta_c \approx 0.6$。只要普遍情绪或共同信念小于该临界值时，群体性事件就难以形成。当普遍情绪或共同信念大于临界值以后，群体性事件形成的概率与规模会随着其增加而不断增加。当民众对政府的不认同水平上升到 0.4 时，普遍情绪或共同信念的临界值会下降到 0.3 附近。当这种不认同水平继续上长到 0.45 后，只要普遍情绪超过 0.2 就有可能形成群体性事件，即普遍情绪或共同信念的临界值降低到了 0.2 附近。

如果用黑色表示选择亲群体性行为，并参与"偶发事件"的个体（$S_{ij}=1$），用白色表示保持沉默不行为的个体（$S_{ij}=0$）。那么，可通过如图 4 所示的演化过程图展示个体行动选择分布的演化情况，从而表明群体性事件是如何通过个体不断参与到"偶发事件"之中而一步步形成的。从图中可以看到，在 $t=1$ 时，出现一个"偶发事件"，除当事人外，还有 3 个直接利益

相关人参与其中。经过 10 次演化（例如各种消息、传言等不断生成与传播）以后，参与此"偶发事件"或聚集在此"偶发事件"周围的个体数量开始不断增加，但此时仍具有明显的区域性（或孤立性）。当 $t=30$ 时，这种区域性特征已不明显，分散于社会网络不同之处的个体越来越多的变为持有亲群体性行为。最后，随着演化的不断进行，原本只是几个人的事件就因为个体不断地选择亲群体性行动并参与到

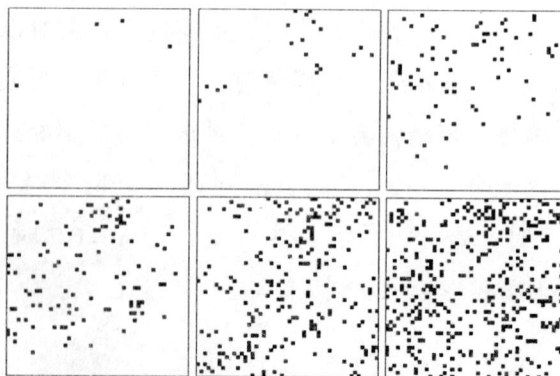

图 4　普遍情绪或共同信念与群体性事件关系演化

注：其中 $L=50$，$L_c=10$，$m=3$，$p_t=0.4$，$\lambda=0.4$，$T=0.05$，$\alpha=0.2$，$d=5$，$\alpha=0.1$，$\beta=0.6$。从左向右，从上到下，依次为 $t=1$，$t=10$，$t=20$，$t=30$，$t=40$ 和 $t=50$ 的情况。

"偶发事件"之中而形成。

结论

本研究在有关群体性生成的相关理论，特别是"价值累加理论"的基础上，针对中国社会近年来发生的群体性事件的特征，提炼出个体行动的主观态度或意欲性强度、个体对政府（官员）行为的认同程度、社会问题解决机制或个体利益诉求渠道、社会普遍情绪或共同信念水平等作为解释中国群体性事件生成的内生性因素。这些因素虽然有些与已有理论提出的因素相近，但已有理论主要将这些因素视为必要条件，本研究主要寻求群体性事件生成的充分条件。因而这些因素构成了群体性事件生成的"充分统计量"。在此基础上，通过基于社会网络的计算社会学模型对这些因素生成群体性事件的机制、过程进行了模拟，并获得了在其他条件不变的前提下这些相关因素生成群体性事件的临界值。通过分析我们得到了四点结论。

（1）个体行动的主观性态度或意欲性强度是群体性事件生成的重要因素，也是为什么有些地方发生了群体性事件而有些地方没有发生群体性事件的关键因素。在其他条件相同的情形下，个体行动的主观性态度或意欲性强度的高低直接决定着群体性事件的是否发生。特别重要的是，个体行动的主观性态度对于偶发性事件所涉及的不同当事人之间势力不均衡非常敏感：如果偶发性事件中涉及强势力个体与弱势力个体，那么弱势力个体采取的抗议性行动就很容易引起众多非直接利益相关者情感或态度的共振，因而生成群体性事件。

（2）个体对政府（官员）行为的认同程度来源于个体关于"规范性政府行为"与"实际政府行为"之间认同关系。若社会中一定数量的个体认为"政府的实际行为"严重偏离了"政府的应当行为"，群体性事件生成的可能性就会明显提高，因为这种认知上的差异会严重降低民众对政府的信任程度。本文的模拟结果表明，在民众的利益诉求渠道较少（T = 0.05）的情形下，当民众对政府的信任或认同程度较低（λ < 0.3）时，群体性事件就非常容易形成。

（3）利益诉求渠道的畅通是缓解个体怨气的重要机制，因而也是降低群体性事件形成的概率与规模的重要途径。本文的模拟结果表明，即使民众对政府的认同程度很低，或者说是不信任程度很高（λ = 0.8），但只要利益诉求的渠道较为完善（T ≥ 0.6），"偶发事件"的直接利益相关者的亲群体性行为不会令更多的非利益相关个体参与其中，从而也不会引发群体性事件。

（4）民众关于公平、正义以及道德和谐与互惠互利等价值准则所形成的普遍情绪或共同信念是决定个体是否参与偶发事件的关键因素。当人们对他们的处境形成某种共同感受，对某些问题产生共同的看法或发生态度的共振而出现相似的普遍情绪时，即使是陌生人、非直接利益相关者，他们也可能集中到一起形成群体性事件。本文的模拟结果表明，当民众对政府的不认同程度在0.35的水平时，只要这种普遍情绪或共同的信念超过0.6，群体性事件非常容易生成。

综上可知，为了有效地预防群体性事件的形成，为了在群体性事件发生之前消除其形成的隐患，就必须通过公共治理结构创新，提高民众对政府的认同与信任程度以及政府行为合乎义理性程度，有效扩展和完善民众利益诉求的机制与渠道，保证其利益诉求的畅通与问题的及时解决。值得注意的是，以上计算社会模型的数值结果主要是在定性的基础上揭示了系统演化过程中的突变行为，如果可以通过某种方式对各种参数进行真实的调查统计以及定量分析，比如民众信任程度分布情况（λ），民众利益诉求机制的完备程度（T），以及普遍情绪或共同信念水平（β）。那么，就有可能计算出各种参数在实际社会网络中的临界值，从而可以更加有效地预见并防止群体性事件的形成。

（杨冠琼 罗 植 刘雯雯 戴 伟
川口兴有 管 振 执笔）

参考文献

[1] 陈华森：《群体性事件的发生机制及其消减途径探析——一个政治文化的分析视角》，《探索》，2010年第6期。

[2] 陈潭、黄金：《群体性事件多种原因的理论阐释》，《政治学研究》，2009年第6期。

[3] 蒋省三、刘守英、李青：《土地制度改革与国民经济成长》，《管理世界》，2007年第9期。

[4] 刘德海：《群体性突发事件中政府机会主义行为的演化博弈分析》，《中国管理科学》，2010年第1期。

[5] 唐斌：《群体性事件的网络传播与政府干预分析》，《河南师范大学学报》（哲学社会科学版），2009年第6期。

[6] 王春福：《韩国公共政策利益表达机制及其启示》，《管理世界》，2007年第11期。

[7] 肖文涛：《治理群体性事件与加强基层政府应对能力建设》，《中国行政管理》，2009年第6期。

[8] 于建嵘：《社会泄愤事件中群体心理研究——对"瓮安事件"发生机制的一种解释》，《北京行政学院学报》，2009年第1期。

[9] 于建嵘：《我国现阶段农村群体性事件的主要原因》，《中国农村观察》，2003年第6期。

[10] 赵守东：《群体性事件的体制性症结及解决思路》，《理论探讨》，2007年第2期。

[11] Barabasi A L, Albert R, "Emergence of scaling in random networks" Science, Vol.286, No.5439, 1999, pp.509-512.

[12] Durkheim, *The Rules of Sociological Method*, New York: The Free Press, 1950.

[13] Fishbein M, "An Investigation of the Relationships between Beliefs about an Object and the Attitude toward that Object", *Human Relations*, Vol.16, No.3, 1963, pp.233-239.

[14] Grabowski A, Kosinski R A, "Ising-based model of opinion formation in a complex network of interpersonal interactions", *Physica A: Statistical Mechanics and its Applications*, 2006.

[15] Hamill L, Gilbert N, "Social Circles: A Simple Structure for Agent-Based Social Network Models", *Journal of Artificial Societies and Social Simulation*, Vol.12, No.2, 2009, p.3.

[16] Holme P, Kim B J, "Growing scale-free networks with tunable clustering", *Physical Review* E, Vol.65, No.0261072Part 2, 2002.

[17] Huang C, Sun C, Hsieh J, et al., "Simulating SARS: Small-World Epidemiological Modeling and Public Health Policy Assessments", *Journal of Artificial Societies and Social Simulation*, Vol.7, 2004, p.4.

[18] Kuran T, "Sparks and Prairie Fires: A Theory of Unanticipated Political Revolution", *Public Choice*, Vol.61, No.1, 1988, pp.41-74.

[19] Smelser, *Theory of collective behavior*, New York: The Free Press, 1962.

[20] Stocker R, Cornforth D, Bossomaier T, "Network Structures and Agreement in Social Network Simulations", *Journal of Artificial Societies and Social Simulation*, Vol.5, No.4, 2002.

[21] Stocker R, Green D, Newth D, "Consensus and Cohesion in Simulated Social Networks", *Journal of Artificial Societies and Social Simulation*, Vol.4, 2001, p.4.

[22] Suo S, Chen Y, "The Dynamics of Public Opinion in Complex Networks", *Journal of Artificial Societies and Social Simulation*, Vol.11, No.4, 2008, p.2.

[23] Sznajd-Weron K, Sznajd J, "Opinion evolution in closed community", *International Journal of Modern Physics C*, Vol.11, No.6, 2000, pp.1157–1165.

政策偏好、基础教育责任分担与非均衡发展

基础教育的社会功能与责任分担

虽然 1994 年"分税制"改革以来，中国基础教育经费投入不足与配置不均衡问题受到学术界和社会的普遍关注，但中国基础教育经费投入不足与配置不均衡已经不是短时间的事情，而是一个长期存在但一直不为人们所见的问题。目前研究中国基础教育经费投入不足以及配置不均衡的相关文献，涉及各不同级政府的经费分担、经费均衡指标设计以及实现经费均衡配置的相关措施。这些研究，对于认识、缓解中国基础教育经费不足与配置不均衡问题，具有重要的意义。但本文认为，从根本上解决中国基础教育经费不足与配置不均衡的问题，需要从更广泛的角度去理解与认识中国基础教育经费面临的长期不足与配置不均衡的制度机制，并通过优化制度安排，寻求基础教育经费配置优化的长效机制，从而实现基础教育经费的优化配置。

从本质上说，基础教育经费筹措与配置问题本质上是基础教育责任分担问题，因而是责任制度安排的结构性问题。基础教育经费不足与配置不均衡本质上是制度安排不均衡的结果。按照诺思的定义，制度是一个社会的博弈规则，或者正式一些地说，制度是人们有意设计的规范人们之间互动的约束。制度的重要性在于制度提供了人们行为的激励结构。每一种制度安排都是一种有偏向的激励，因而不同的制度安排提供了人们的不同行为取向的激励。更为重要的是，制度安排的激励作用存在形式上的方向与本质上的方向之间的差别，即存在制度安排不均衡问题。只有当一种制度具有"自我实施性"时，制度安排的内生的激励方向才与制度意欲形成的本质上的激励方向相一致，即达到制度安排均衡的状态。如果一种制度不具有"自我实施性"，那么制度所形成的激励很可能与该制度意欲实现的激励出现严重的分歧。中国基础教育经费不足与配置不均衡正是规范、约束或激励基础教育经济分担与配置的制度安

排存在不均衡的表征，因此，深入探索规范、约束或激励中国基础教育经费分担与配置的内存机制是理解与解决中国基础教育经费问题的关键。

基础教育的责任分担机制或制度安排是政策选择偏好的结果。人们做出任何一种选择，总是在既定偏好的前提下所进行的选择。偏好决定了人们选择不同的政策组合，因而形成了不同的制度安排。从基础教育的角度上说，中国基础教育的责任分担机制源自于中国公共政策选择的偏好。理解这种偏好是理解中国基础教育面临的一系列问题的源泉，也是改善基础教育现状的基础与前提。否则，人们设想的各种制度与政策建议只能是没有任何约束力的"祈祷文"而已。如前所述，由于人们的偏好是内生于社会、经济、政治、文化等复杂的网络之中，因而偏好的改变是一个漫长的过程。从这个角度上说，偏好的改变是一个演化的过程，基础教育的责任分担机制必然是一个演化的过程，基础教育存在的问题的解决同样也必然是一个演化的过程。

为了便于理解与叙述，首先有必要分析一下基础教育的社会属性。所谓基础教育的社会属性不是指现有文献关于基础教育的（准）公共物品或优效物品的类别划分，而是指基础教育的社会经济功效及其显现特征。

基础教育的重大社会经济功能至少可以分为以下三个方面：

（1）基础教育能够有效提高人们的理性水平。理性水平是促进社会进步的动力来源和最终力量，是最重要的生产力。人类社会历史变迁的过程正是人类理性水平逐步提高的过程。

通过基础教育，人们获得阅读与理解的能力。这种能力使人们能够通过阅读来了解历史以及人们自身所能实际地、直接地接触到的范围以外的社会过程与社会制度，从而增强了人们可以进行比较的维度，可以了解更多在自己所能接触到的范围之内没有或不可能发生的事情或事物。比较维度的不断扩大使人们克服了仅仅向自己经历到的事物进行比较的局限性，从而将克服或摆脱掉那些"从来如此"因而"天然合理"的观念，生发出达到同样目的可以存在多种途径的想法。试想一下，如果中国封建社会能够使基础教育得到一定的普及，并且能够阅读到西方社会治理的相关文献，了解到"除了存在长久的皇帝制度还有西方各种类型的制度"，那么，中国历史可能就不会仅仅在封建王朝之间不断地循环了。同样，中国近代革命之所以突破了皇帝制度，正是因为有一批洋务派了解到了西方文化与西方政治制度。但若没有一定的基础教育，仅就这一点可能也很难实现。理性使人具有了一个推理、提问、实验以及问根究底的头脑。理性的重要作用在于提供了人们理解什么是合乎义理的或规律的，因而避免向愚昧、虚伪与非理性顶礼膜拜。最为明显的例证是，人们受教育水平越高，那么盲目地相信迷信、崇拜权威，不加审视地接受某种说教的可能性就越小；受教育水平越少，那么人们越容易轻信谣言、盲目崇拜权威观点以及不可信或不现实的美好承诺与幻想等。

（2）基础教育能够有效提高劳动生产率。基础教育虽然没有直接提供各种不同的生产技能，但却大大提高了人们的理解能力、模仿能力以及创新能力，能够有效地促使人们从用

"蛮力"到用"巧力"的转换。正如刘易斯所说，"如果大多数农民、搬运工、理发匠或佣人是有文化的，他们的生产率会大大提高，以致补足受教育的经费还有余"（刘易斯：《经济增长理论》1996）。基础教育能够有效提高劳动生产率的另外一种途径是通过阅读可以学习到各种技术与技艺，从而有效减少亲临现场进行实践性探索与学习的成本，大大缩短掌握不同技术与技艺的时间。通过基础教育及由此而来的阅读能力，能够掌握科学原理，从而提高创新的可能性。16~17世纪美国农业并不比中国的农业先进多少，均为刀耕火种。但在美国，农民在各种家具发明的意识与努力方面却远远超过了中国农民。正是这些发明使美国农业不断获得生产率方面的优势，从而发展成为一个农业大国。而在中国，家具的发明与创新似乎与农民没有关系，农民只知道用历史或其他部门传递或提供给他的工具进行辛苦劳作，从不曾有或很少有改进工具的理念。"踏实、老实、勤劳、任劳任怨"，换言之，肯出蛮力而不是巧力是中国传统农民的美德，也是典型的传统农民行为方式的写照。中美两国农民在创新方面的意识与努力程度的差异，不是源自于聪明与愚笨，而是源自于受教育程度（受教育年限与受教育的比例）不同所引致的意识、理念与理性方面的差异。

（3）基础教育能够有效扩展人的社会能力，有效增进社会资本。所谓人的社会能力，是指人们结合成社会并维持社会团结与社会紧密性的能力，主要体现在人们合作的意愿与倾向的增强以及行为贴现率较低，即更注重长远互惠关系与长期利益所得，而不是看重"一次性交易"的短视行为。合作意愿与倾向的增强能够有效促进人们集体行动的能力，有效避免"搭便车"的机会主义行为，从而有效增强集体效用；注重长远的互惠关系能够有效增强人们之间的相互信任以及增强承诺的可信性，有效促进社会资本的生成与积累，从而降低社会运转的社会成本，提高社会运转效率。基础教育的社会能力扩展功能源自教育使人更为理性，更能够自主地、批判地审视某种观点与治理主张，更能够有效确定自己的偏好以及对于什么才能够有效增进个人的福利水平做出独立自主的判断。基础教育具有较强的外部效应与网络效应。受到一定教育的个人，通过各种社会交往（生活交流、家庭生活、工作交往、社交活动等）能够以非正式的方式传播知识，因而传播及使他人接受相关知识的边际成本几乎为零。知识的交流与增进具有较强的网络效应，类似于电话、传真机等类型的产品，使用的人越多其价值越大。受到基础教育的人越多、越良好，人们在各种交往过程中越能够以非正式的方式获得启迪，激发灵感以及增进知识，从而以指数方式扩大知识的社会资本。

虽然基础教育至少具有如上社会功能，但这些功能的实现却是一个潜移默化的过程，因而这些功能的实现需要漫长的时间演化。基础教育与技能培训不同，其社会功能的实现并不具有立竿见影的功效。获取基础教育的社会功能需要很小的时间贴现率，或者说需要有足够的耐心。只有基础教育延续到一定时间，相关知识积累到一定程度，其社会功能才能显现出来。文艺复兴运动的兴起正是过去几个世纪知识积累的结果，这一结果又催生了资本主义的政治制度进而才催生了产业革命，从而将人类推到今天的文明程度。

政策偏好与责任分担：中国改革开放前的遗产

任何政策都是具有不同信念或政策偏好的博弈参与人之间所形成的博弈均衡。任何特定个体（利益集团）的政策选择都是在一系列约束下所显现出来的、有关解决探讨中的问题解决方式的一种信念或政策偏好。然而，不论在什么历史背景下，也不论在何种制度安排下，都存在众多具有各自政策偏好的不同的个体，这些个体讨价还价的结果是形成一种博弈均衡。在非合作博弈中，这种均衡通常并不代表是一种好的选择，更不可能达到帕累托最优的状态，犹如"囚徒困境"的博弈均衡一样，但在特定的博弈情景下只有它才是可自我实施的，因而才是现实的与可能的。

中国的基础教育，起源于中国社会理性的发展，是理性发展到一定程度的不同个体间互动的结果。1901年，管学大臣张百熙出使英国归来，向朝廷递交了中国的教育振兴计划。1904年，清政府颁布了《奏定学堂章程》，规定"儿童自6岁起受蒙学4年，10岁入寻常小学修业3年。俟各处学堂一律办齐后，无论何色人等皆应受此7年教育，然后听其任为各项事业"。中国基础教育由此而揭开了进入新纪元的帷幕。这是一个巨大的历史进步，是加速中国社会理性的重要开端。然而，风雨飘摇中的清政府实难再有能力践行此"祈祷"式的政策承诺。

中华民国成立之后，基础教育才从空头的、不可信的"祈祷书"转变为一种可信的承诺。1912年，中华民国教育部颁布了《学校征收学费规程》，规定"初小、师范、高等师范免收学费"，由此真正的义务性的基础教育终于登陆中华大地，成为中国义务性的基础教育的开端。1935年，国民政府修正通过了《实施义务教育暂行办法大纲》，将义务教育年限增长4年。1939年，国民政府又颁布了《师范学校毕业生服务规程》，规定"6~12岁学龄儿童，一律受基本教育，免纳学费"。而早在1934年政府就规定，"教育经费之最低限度，在中央为其预算总额15%，在省区及县市为其预算总额30%，其依法律独立之教育基金并予以保障。贫瘠省区之教育经费，由国库补助之。"虽然由于连年的军阀混战、外强入侵以及国家内战，国民政府的基础教育政策大多仅止于法规条例。例如，直到1949年，全国学龄儿童的入学率仅为25%。但从其规定的形式与细节上来说，却是一种前所未有、后所难见的可信的政策承诺。最为重要的是，这一规程将基础教育的责任首次纳入到国家（中央政府）的责任范围之内，而不是将其完全推卸给个人、社会组织或地方政府，如表1所示。

表1 1949年的在校学生

学校	学生人数（万人）	同龄入学率（%）
小学（1~6年级）	2400	25.0
中学（7~12年级）	130	3.0
大学	12	0.3

资料来源：《剑桥中华人民共和国史——革命的中国的兴起1949~1965》，第194页。

1949年新中国成立后，在继承了民国教育遗产的同时以及苏联的帮助下，新中国迅速确立了"苏联模式"的义务教育体制，即按照中央、大行政区和省（市）三级管理，实行"统一列支"的财政管理体制。然而，这种体制仅能够满足49%学龄儿童的入学要求。为了使更多的学龄儿童能够接受教育，继承延安时期的传统与经验，大力兴办民办学校，1949年12月的第一次全国教育工作会议决定，为工人、农民成立时间为3年的中学，并宣布了在1950年为每个村建一所民办学校的目标。1952年11月15日，教育部发布了《关于整顿和发展民办小学的指示》，提出了政府统筹与改动群众办学相结合的教育方针。

然而，随着民办教育的发展，早在1942年就出现过有关教育的不同政策偏好或信念之间冲突日益明显，两种相互冲突的政策观点或偏好在1953年同时出现。

在1953年讨论第一个五年计划时，"国家统计局在提到1949～1952年时报告说，教育工作出现了很多问题。所用的字眼和名词在10年以后变得司空见惯，而且在10年以前边区1942年的改革中也出现过这些字眼和名词：缺乏计划与远见；与经济发展协调得不够；盲目冒进；扫盲和小学教育只重数量不重质量"（麦克法夸尔等，1990：216）。1953年1月举行了各大行政区文教委员会主任出席的会议，讨论了上述错误并提出解决办法。会议宣布了一些指导制订教育工作计划的新的方针，以协调教育发展与第一个五年计划第一年的工作，即调整巩固、发展重点、提高质量、稳步前进。周恩来在《政府工作报告》中重申这种观点（麦克法夸尔等，1990：217）。郭沫若在1953年10月1日《人民日报》上撰文指出，教育工作的领导同志没有正确地把需要和可能结合起来，

追求数量忽视质量，追求数字和速度，倾向于"只顾眼前，不顾将来"。他们不懂得文化建设应该在经济建设之后，而不能在经济建设之前。

几乎与此同时，1953年5月，毛泽东主持的中共中央政治局会议决定：允许小学民办，不限定几年，能办几年就办几年。1953年6月5日，第二次全国教育工作会议确定：在工矿区、城市、少数民族地区适当发展公立小学，农村提倡民办小学。企业、机关、团体、院校、合作社办学也被许可，同时，新私塾式、改良式、不正规式的学校也得到默许。显然，这种主张将基础教育的责任推向了社会个人以及各种社会组织，任由社会去自由地发展。

两种不同政策偏好冲突的结果是形成了一个折中的方案："两条腿走路"，即一方面在精英层次上保持苏联模式，另一方面也保留作为中国共产党以往在农村探索出的经验的"民办学校"。然而这不是一个可自我实施的均衡路径，因为基础教育的个人需求远远超过了集体供给，公立学校的拥挤效应在1955年已经变得日益显著。同时，教育系统失衡也相当明显，小学的数量无法容纳全体学龄人口，即便如此，小学毕业生仍然超过现有中学的容量；而中学毕业生的数量则不能完全满足高等学校的需要。由此可见，非内生性的教育发展要维持教育系统的内部平衡并非易事，只能通过相当长时间的演化而逐步趋向平衡。正因为如此，国家计划委员会主任李富春在1955年7月的"关于发展国民经济的第一个五年计划的报告"中指出，科学技术人员的短缺已经成为经济发展的严重障碍，同时也呼吁在质量与数量的平衡方面要兼顾和谨慎。他警告说，"那种片面追求数量而

忽视质量的倾向，对于国家建设显然是不利的"（麦克法夸尔等，1990：219）。

然而，到1955年底与1956年初，随着人们对现实状况的看法的不同，以及随着人们对于解决同一问题的方式的观点的不同，不同政策偏好之间的冲突开始突破原有的均衡。1955年末，毛泽东在关于农业生产合作社组建速度上与党内其他领导人的观点的进一步冲突，促使毛泽东改变了原先态度。在《〈中国农村的社会主义高潮〉的序言》中，毛泽东指出，"这件事告诉我们，中国的工业化的规模和速度，科学、文化、教育、卫生等事业的发展的规模和速度，已经不能完全按照原来所想的那个样子去做了，这些都应当适当地扩大和加快"（毛泽东，1956）。

正是在这一背景下，1956年1月采纳的新的12年农业发展纲要，宣布在未来5~7年内完成扫盲任务，农村在7~12年内小学全部实行义务教育的目标，方式就是举办民办学校；1955~1956学年要招收新生33000人，而当时1954~1955学年全部在校生也仅有51000人。由于学校迅速扩招对教师产生了需求压力，教育部相关人员为近年来师范学校招收人数减少而做了自我批评。尽管如此，关于教育政策的另外一种取向仍然存在。当时的教育部长在1957年初指出，"小学、中学毕业生不能全部逐级升学的现象，不仅在今年，并且在今后很长时期内也将存在。"即便是小学、中学已经普及而每个人都已"成为知识分子"，他们以后仍要习惯于从事生产劳动的观念。社会不能只有知识分子而没有农民和工人（麦克法夸尔等，1990：225）。1957年6月，周恩来在《政府工作报告》中指出，现行教育体制面临的批评者的压力正在不断增强。即使如此，够条件的投考生总数的增长速度将超过更高一级学校的招生人数，以后日益增多的年轻人将不得不缩短学习年限而参加生产劳动。

然而，自此之后，全民办教育迅速升级，多样化办学迅速发展。1958年9月19日，中共中央、国务院发布《关于教育工作的指示》，确定了动员一切积极因素，采取统一性与多样性相结合，普及与提高相结合，全面规划与地方分权相结合的办学原则。之后，中共中央、国务院发布了《关于教育事业管理权力下放问题的规定》，下放教育事业管理权限，扩大地方政府在教育管理中作用，鼓励采取各种方式大力发展教育。然而，更为重要的是，这两个文件反映了两种不同的政策取向。因为这两个文件都号召开展文化革命，批评了教育工作中忽视政治、忽视中国共产党的领导、忽视生产劳动的错误。它要求同那种"为教育而教育"、"劳心与劳力分离"以及"教育只能由专家领导"的资产阶级思想进行坚决的斗争（麦克法夸尔等，1990：421）。这两个文件都反映了另外一种教育偏好，要求自1958年起的3~5年，要基本扫除文盲并普及小学教育；在15年内要使每个有条件的自愿的人，都可以接受到高等教育；然后再用15年时间从事高等教育工作的提高工作。

为了有效贯彻这两个文件所表明的政策主张，1958年掀起了一场有关教育的大辩论，主要针对"某些资产阶级教育家"，这些人打算限制教育发展的范围和速度。他们提倡只搞一种形式的学校制度：由国家开办并由国家提供资金，具有正规的校舍、正规的教师和正规的教育方法的学校制度。不过这种讨论并没有改变坚持正规发展教育的主张，只是 10 年之后，这些"错误主张"才被认为是"刘少奇的修正主义教育路线以及几千年旧教育制度的残余"（麦克法夸尔等，1990：424-425）。

1959 年 4 月，周恩来在全国人民代表大会的报告中对教育问题做了评估："去年一年，各级学校都有了很大的发展；现在需要在这个大发展的基础上进行整顿、巩固、提高的工作。"关于办学方式问题，他指出："在各级全日制的正规学校中，应当把提高教学质量作为一个经常的基本任务，而且应当首先集中较大力量办好一批'重点'学校，以便为国家培养更高质量的专门人才，迅速促进我国科学文化水平的提高。"新教育部部长杨秀峰在会上的发言，表明了同样的观点，但显然更为明确：在 1958 年，由于缺乏经验，学校为了生产劳动而上课少些，现在应该努力对此加以修正，必须将群众性半工半读学校的劳动与以求质量为方向的全日制学校的劳动区别开来。要"提高各级全日制学校的质量，并且在全日制学校当中，挑出一批学校，作为重点，着重提高质量，使其成为教育事业中的骨干"。他坚持认为，这种有选择性的发展是一种"合理使用有限力量"的方法，这样才能"既照顾普及，又注意提高"。此后，经过 1960 年的"调整、巩固、充实、提高"总方针的指导下，逐渐形成了"统一领导、分级管理"的基础教育体制以及"发展重点、照顾一般"的发展模式。

表 2　教育经费占财政支出和 GNP 的比例（%）（1950~1980 年）

时　期	教育经费占财政支出的比例	教育经费占GNP 的比例	时　期	教育经费占财政支出的比例	教育经费占GNP 的比例
1950~1952 年（恢复时期）	6.43	1.53	1966~1970 年（"三五"时期）	6.36	1.95
1953~1957 年（"一五"时期）	6.92	2.30	1971~1975 年（"四五"时期）	5.65	1.94
1958~1962 年（"二五"时期）	6.58	2.65	1976~1980 年（"五五"时期）	7.16	2.47
1963~1965 年（调整时期）	7.58	2.57			

资料来源：Mun C. Tsang, Financial Reform of Basic Education in China, *Economics of Education Review*，1996，15（4），p.429.

表 2 数据基本上反映上述两种偏好争论结果。从 1953 年开始直到 1962 年，财政教育经费投入基本保持平衡上升趋势。1963~1965 年虽然有了一定的减少，但减少的幅度并不是很大，特别是此时正是从"三年困难时期"的恢复时期，能够保持如此之高的教育投入已经实属难得。持续提高的教育经费支出与毛泽东的快速经济发展策略显然有不和谐之处。在毛泽东看来，教育占用了过多的其他方面特别是经济建设方面的资金，从而无法保证经济建设中所需要的资金。郭沫若在 1953 年 10 月 1 日《人民日报》上撰文所说的"他们（指教育工作的领导同志）不懂得文化建设应该在经济建设之后，而不能在经济建设之前"，恰当地反映了这种逻辑。当然，我们无法考证这句话是毛泽东授意的还是郭沫若的真实想法。如果是后者，那么，像郭沫若这样的大专家都这么认为，社会上其他人特别是民众的想法也就可想而知了。

表 2 中 1965 年以前的那些数据表明，虽然围绕教育经费支出问题进行了几次大的争论，

结果并没有发生什么变化。

所谓"调整、巩固、充实、提高"是要求在教育特别是基础教育领域就是集中较大力量办好一批"重点"学校。所谓重点学校是指在不同学校等级间具有最高升学率而进行重点建设的学校，因而重点学校也就意味着从小学升初中、初中升高中、高中升大学的升学率最高。重点学校由省、市、县（区）分别指定，因而形成了省重点、市重点、县（区）重点学校。不同级别的重点学校由对应级别的政府直接负责财政拨款，例如省重点由省级政府负责建设，市重点由市级政府负责建设，县（区）级重点由县（区）级政府负责建设。由于重点学校能够得到最好的教师，最充足的财政经费，最佳的教师优惠待遇，最良好的设备以及最优秀的小学和初中毕业生的源源不断地供应，因而，随着时间的推移，重点学校进入了良性循环，而与其他学校之间的差距也越来越大，"马太效应"日益明显。

由于教育资源的优先配置，以及重点学校的层层升学的高比例，重点学校成为人们追逐、竞争的首选对象。据有关学者在广东及广州的随机抽样调查发现，在最好的重点初中里，只有11%的学生出身于工农家庭；48%则是"革命干部"子女。知识分子的孩子在质量较低的学校中占比20%，而在重点或精英学校中却占32%。在招生人数更少的高中一级，竞争更为激烈，学术标准也因此更高，干部子女的比例虽然有所下降，但仍高于工农子弟所占的比例。在最好的重点学校里，干部子女占学生总数的27%，工农子女占12%。有些重点高中，知识分子的子女占34%，而其他非知识分子中产阶

级家庭的子女占36%（麦克法夸尔等，1990：447）。事实上，在北京、上海以及其他省会城市，新建或在原有学校基础上建设了一系列特殊的学校，即各种级别（小学、初中、高中）的高干子弟学校，这些学校后来均成为最高级别的重点学校，即省、市级别的重点学校，在所辖区内能够获得最好的各类教育资源、最优先的财政保障与设备以及最佳的教师待遇。

据1980年教育部一位发言人的说法，"重点学校"、"中心学校"的思想，源自于"中国共产党在1937~1949年的抗日战争和解放战争时期的经济发展策略的基础，这一策略就是在贫困的农村根据地为经济建设的目的而集中使用人力、物力。"在1942年延安改革时期，为了在经济困难的情况下继续开展教育工作，开始设立"中心学校"。新中国成立后，面对捉襟见肘的财政状况，毛泽东于1953年在一项关于办好重点中学的指示中首次提出建设重点中学的主张。1959年4月，周恩来在"政府工作报告"中，首次引用了毛泽东的这一思想，提出了发展重点学校的政策主张。虽然重点学校自20世纪50年代中期之后就一直存在，但只是在1959年4月之后，才在全国范围内开始有组织地建立起来，得到协调一致的发展（麦克法夸尔等，1990：445），并成为至今中国教育领域中的一幅亮丽的风景。

"统一领导、分级管理"的基础教育体制以及"发展重点、照顾一般"的发展模式，虽然在不同时期面临挑战（1958年的大辩论）以及在"文化大革命"期间被间断了，但在1979年改革开放后却又流行起来，其基本架构一直延续至今。这表明，"统一领导、分级管理"的基

础教育体制以及"发展重点、照顾一般"的发展模式，自 1949 年后便具有一种内在稳定性。这种内存稳定性表明，自 1949 年以来，中国的基础教育模式既与其存在于其中的外部政治、经济、文化环境形成了一种均衡，也在其内部形成了一种均衡。

政策承诺与责任分担：中国改革开放后的嬗变

一、"统一领导、分级管理"的恢复时期（1978~1985 年）

改革开放伊始，在全面"拨乱反正"的旗帜下，基础教育也随着"拨乱反正"的大潮而进行恢复性重建，开始重新确立"统一领导、分级管理"的教育体制。1978 年，教育部颁布了《关于试行全日制小学暂行工作条例》（试行草案）和《关于试行全日制中国暂行工作条例》（试行草案）。这两个条例规定，全日制小学与初中由县（市辖区）教育行政部门统一领导和管理，社队办的小学与中学可以在县政府的统一领导下，由社队管理。基础教育投入体制也随着中央和地方财政管理体制的改革而改变，"文革"期间实行的教育经费由中央财政切块单列、"戴帽下达"的办法改为由中央和地方两级财政切块安排的体制，地方政府成为负担地方基础教育经费的主体力量。

基础教育的建设途径也与此同时开始恢复性建设，结构性调整陆续展开。为了保证"重点学校"和"中心学校"的建设，各地对农村地区的学校进行大幅度的撤销或合并，教育资源重新开始向"重点学校"和"中心学校"集中。1977~1985 年，农村小学由 94.9 万所减少到 76.6 万所，农村中学（包括初中和高中）由 18.2 万所减少到不足 7 万所，分别减少了 19.3%和 62%；同时，城市和城镇的小学从 3.3 万所增加到 5.7 万所，中学从 1.9 万所增加到 2.4 万所，分别增加了 72.7%和 26.3%。随着学校结构的调整，教学资源也随之进行重新配置。1966~1976 年被分配到农村基层的教育人才和资金再度向城镇集中，城镇基础教育得到了加强和提高的同时，不同级别的重点学校与中心学校重新获得发展。

与此同时，教育的政策承诺也展现了美好的前景。1980 年，中共中央颁布了《关于普及小学教育若干问题的决定》，提出要在 20 世纪 80 年代在全国基本普及小学教育。随后，国务院于 1983 年发出了《关于加强和改革农村小学教育若干问题的通知》，重申了普及小学的思想与办法。

然而，中央的教育政策承诺与上述实际的调整过程并非具有内在一致性。事实上，这种调整的结果是可想而知的：全国儿童入学率由 1977 年的 96.5%下降到 1982 年的 93.2%，同期小学毕业生的升学率也从 92%下降到 65.9%，其中农村由 90.8%骤降到 62.6%。全国未能升学的小学毕业生从 215.3 万人增加到 705.8 万人，其中绝大多数为农村少年。

至此，中国基础教育的政策偏好，不仅完全回归到了"文革"前，而且不再有"两腿走路"的噪声，因而变得更具有内在一致性。但与"文革"前不同的是，基础教育的筹划与实施进一步分离，并日益显现出基础教育责任分散的取向。观察表 3 财政收入与支出之间的巨大差额，就能够预测到这种分散的必然性。每年 300 多亿元的财政亏空，在短期没有有效增长财政收入的情况下，必定紧缩开支。而教育往往成为紧缩开支的领先地带，因为从政府效用最大化的角度上说，短期内，任何教育支出都只是一种非生产性的消费。削减这种消费，在短期内，既不会影响人们的生活水平，也不影响社会稳定。不过，削减的方式可能对于人们的感受存在一定的影响。若中央政府直接削减教育开支，社会将会将由此而引发的教育中的问题归结为中央的政策；若将其下放给地方政府，并由地方政府依据其政策偏好与能力自行决定教育开支额度，那么，中央对教育中出现的问题可以归结为地方政府问题。因而，从责任分担与科层行政的社会性格上来说，分散教育责任是上级政府的最优选择。

表 3　中央与地方预算收入与支出及其差额

单位：亿元

年份	中央财政预算收入	中央财政预算支出	收支差额	地方财政预算收入	地方财政预算支出	收支差额
1978	175.77	532.12	−356.35	956.49	589.97	366.52
1979	231.34	655.08	−423.74	915.04	626.71	288.33
1980	284.45	666.81	−382.36	875.48	562.02	313.46
1981	311.07	625.65	−314.58	864.72	512.76	351.96
1982	346.84	651.81	−304.97	865.49	578.17	287.32
1983	490.01	759.6	−269.59	876.94	649.92	227.02
1984	665.47	893.33	−227.86	977.39	807.69	169.7
1985	769.63	795.25	−25.62	1235.19	1209	26.19

资料来源：《新中国 55 年统计资料汇编（1949~2004）》。

二、"三级办学，两级管理"体制的形成（1985~2001 年）

1978 年农村经济体制改革的一个重大的、未曾料想的连带效应是乡镇企业的迅速崛起。1980 年以来，中国乡镇企业的产值一直以年均 35% 左右的速度增长，虽然 20 世纪 80 年代中期曾经因财政紧缩而有一个短暂的缓慢增长，但总的情况是以远远高于其他经济领域的增长速度而增长，这种情况一直持续到 20 世纪 90 年代末。随着乡镇企业的迅速发展，乡镇财政得到了很大的改善。而与此形成鲜明对比的是，中央财政却一直处于非常紧张甚至危机的状态。

表 3 显示，1978~1985 年，中央财政一直入不敷出。当年中央财政预算收入与预算支出差额，在 1982 年以前，均为 300 亿元以上。仅 1978~1985 年，总的财政亏空就达到 2300 多亿元。地方财政预算收入与支出之间则存在一定余额，但若将这些总余额被 31 个省、市去除，则平均每个省的财政节余并不多。即使这样，中央不得不向地方借款维持其相对于收入而言的庞大的支出。

中央财政预算内收入与支出存在巨大缺口，有可能利用预算外收入来弥补。然而，预算外收入与支出的状况，也不是很乐观。表 4 显示了部分年份财政预算外收入与支出情况。虽然中央预算外收入与支出的差额为正，但也无法弥补预算内财政收支的巨大缺口。这两个表的数据表明，当时中央财政面临极大的压力。

表4 中央与地方预算外收入与支出及其差额

单位：亿元

年份	中央财政预算外收入	中央财政预算外支出	收支差额	地方财政预算外收入	地方财政预算外支出	收支差额
1982	270.7	227.05	43.65	532.0	507.48	24.52
1983	359.9	300.38	59.52	607.8	575.43	32.37
1984	470.5	420.24	50.26	717.9	694.50	23.40
1985	636.1	562.05	74.05	893.9	812.98	80.92

资料来源：《新中国55年统计资料汇编（1949~2004）》。

表5显示了中央与地方合计的财政收入与支出情况。表5中的数据表明，1979~1985年，中国整体财政处于亏空状态。其中1980年达到最高的127亿元之多。为了维持庞大的财政开支，从1979年起，中国政府不得不中断长达20年之久的外债举借。1981年又开始以发行国库券的形式举借内债，并陆续发行重点建设债券、财政债券、国家建设债券、特别国债和保值公债。显然，举债过日子的这种财政状况是不可持续的，必须通过缩减支出，增加收入改变总体财政状况。

表5 1978~1985年中国财政收支情况（%）

年份	财政收入（亿元）	财政支出（亿元）	收支差额（亿元）	中央财政收入占全部财政支出的比例（%）	中央财政收入占GDP的比例（%）
1978	1121.12	1110.95	10.17	52.8	—
1979	1103.27	1273.94	−17.67	—	28.4
1980	1085.23	1212.73	−127.50	24.50	25.7
1981	1089.46	1114.97	−25.51	26.45	24.2
1982	1123.97	1153.31	−29.34	28.61	22.9
1983	1248.99	1292.45	−43.46	35.45	23.0
1984	1501.86	1546.40	−44.57	40.50	22.9
1985	1866.40	1844.78	21.62	38.38	22.4

资料来源：《新中国55年统计资料汇编（1949~2004）》。

正是在乡镇企业迅速发展与中央财政捉襟见肘的背景下，中国形成了"三级办学、两级管理"的基础教育的治理结构。为了减轻财政开支的压力，1985年起党和国家开始"放权"性改革，将一些原来由国家财政负担的项目"放权"给地方，教育特别是基础教育自然在这一系列"放权"的行列中。1985年颁布了《中共中央关于教育体制改革的决议》与《中国教育改革和发展纲要》。在此基础上，1986年先后颁布了与《中华人民共和国义务教育法》、《中华人民共和国义务教育法实施细则》与《中华人民共和国教育法》。

基于1985年颁布了《中共中央关于教育体制改革的决议》与《中国教育改革和发展纲要》，《中华人民共和国义务教育法》与《中国教育改革和发展纲要》设定了中国义务教育治理结构的基本框架。《中华人民共和国义务教育法》规定，国家实行九年义务教育制度，中国大陆内适龄儿童拥有接受基础教育的权利和义务。义务教育的实施，由国务院统一领导，地方各级人民政府负责，按省、县、乡分级管理。中央政府负责制定教育政策和综合规划，省级政府负责全面制定基础教育发展规划，并且协调各县级政府之间的教育事业性经费支出。地方各级人民政府设置的实施义务教育学校的事业费和基本建设投资，由地方各级人民政府负责筹措。实施义务教育的学校新建、改建、扩建所需资金，在城镇，由当地人民政府（即市区一级政府）负责列入基本建设投资计划，或者通过其他渠道筹措；在农村，由乡、村负责筹措，县级人民政府对有困难的乡村可酌情予以补助。由此形成了延续至今的中国义务教育治理的基本结构："三级办学、两级管理"，即义务教育实行县、乡（镇）、村三级办学，县、乡（镇）两级管理。

中国基础教育的这一治理结构是一个高度集权的科层化治理结构的必然结果。这一高度集权的科层结构的最明显的特点是不同级政府在基础教育治理过程中的权力与责任的不对称性。拥有更多资源和更多权力的上级组织负责设定教育的各种标准与要求，拥有最少资源与最小权力的基层组织负责义务教育的具体实施。事实上，中国基础教育治理的根本问题一直是教育经费的筹措与分担问题。早在 1984 年 12 月，国务院发布了《关于筹措农村学校办学经费的通知》，首次提出由乡镇政府向农民征收"教育费附加"的政策。1985 年《中共中央关于教育体制改革的决议》明确规定，农村义务教育实行三级办学、两级管理的体制，即县、乡、村三级办学，县、乡两级政府管理。县、乡两级政府利用财、税、费、产、社、基等多渠道来源筹措教育经费。1986 年 4 月，国务院发布

《关于征收教育费附加的暂行规定》，明确农村义务教育费附加收入应使用于农村学校的基本建设。"教育费附加"政策的实施本质上重新分配了基础教育的责任，即公众与不同级政府共同承担基础教育的经费需求。

"三级办学、两级管理"或"地方负责，分级管理"的国家义务教育由此转变为名副其实的"县、乡义务教育"。然而，这还不是基础教育的底线。1994 年的财政"分税制"改革将基础教育推到义务教育的底线。虽然自 1985 年起，基础教育实施"三级办学、两级管理"的体制，减轻了中央的财政压力，缓解了中央财政危机，但中央财政危机依然严重。

随着经济体制改革的深入发展与"放权让利"财政体制的实施，地方财政能力获得了较大的提升，各地普遍出现投资饥渴症，进而导致经济过热与严重的通货膨胀。同时，"放权让利"的财政体制导致了"两个比重"——财政收入在国内生产总值中的比重和中央财政收入在财政总收入中的比重——的迅速下降。"两个比重"由 1979 年的 28.4% 和 46.8% 分别下降到 1993 年的 12.6% 和 31.6%，导致中央财政捉襟见肘，不但要靠地方财政的收入维持平衡，而且还不得不通过设立"基金"向地方政府"借钱"。中央财政能力的下降使得中央政府调控、平衡经济的能力以及行政管理能力受到严重削弱。政府与学术界普遍认为"放权让利"已经超过了"分权的底线"（王绍光，1999）。

为了提高中央财政收入占财政总收入的比重，从而提高中央政府调控、平衡经济的能力与行政管理能力，1994 年实行了"分税制"，即将税种划分为中央税、地方税与共享税三大

类。企业的消费税划分为中央税，企业增值税被划分为共享税，其中中央占 75%，地方占25%。通过这种划分，中央财政收入在财政总收入中的比重获得极大提高，中央和地方由"倒四六"一跃变为"正四六"。为了保证税收大省发展企业的积极性和照顾既得利益的分配格局，"分税制"体制同时确定了税收返还和转移支付制度。税收返还以 1993 年为基数，将原属地方支柱财源的"两税"（增值税和消费税）按实施分税制后地方净上划中央的数额（即增

值税 75%＋消费税－中央下划收入），全额返还地方，保证地方既得利益，并以此作为税收返还基数。分税制运行两年以后，为平衡区域间财政能力，中央实施了"过渡期转移支付办法"，即中央财政从收入增量中划分出部分资金，依据对地方财政收支影响较为直接的客观性与政策性因素，在考虑各地收入能力与努力程度的基础上，确定转移支付补助额度，重点用于解决地方财政运行中的主要矛盾与突出问题，并适度向少数民族地区倾斜。

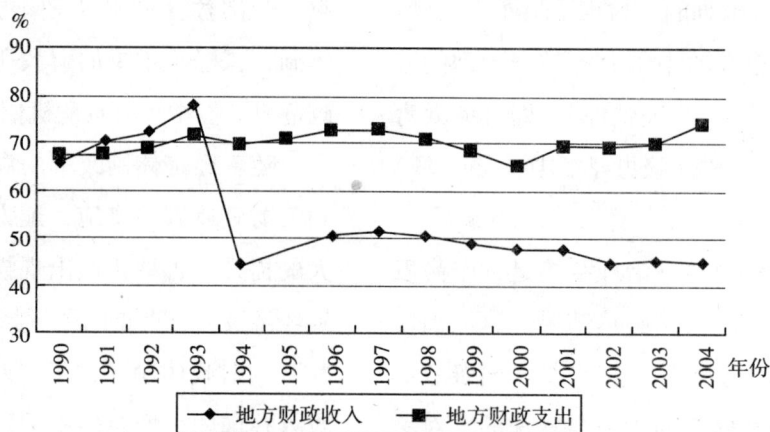

图 1　历年地方财政收入与支出（1990~2004 年）

如图 1 所示从收入上看，地方财政收入在总财政收入中的比重由 1993 年的接近 80%迅速下降到 1994 年的 45%，此后的十年间一直在这个水平徘徊。而地方财政支出的比重在过去 15年变化很小，1990 年为 68%左右，2004 年则微升至 75%左右。可以看出，通过分税制改革，中央集中了大量的地方财政收入，约占财政总收入的 20%~30%，这就是说分税制所造成的"财权上收"的效应；但与此同时，中央和地方的支出划分几乎没有发生显著变化，即分税制没有根本改变中央和地方的事权划分格局；这个图的最鲜明特点是它展示了自分税制以来形

成的地方财政收入和支出间的巨大缺口，地方财政支出的 20%~30%要依靠中央财政对地方的转移支付补助。

虽然分税制设计的是中央财政与省级财政之间的分配格局，但是这种格局对省以下财政，尤其是对县、乡两级财政也会产生巨大影响。首先，原来属于县乡收入的部分企业税按分税制规定划为中央收入；其次，按照中国目前的财政体制设计，每一级政府有权决定它与下一级政府采取的财政划分办法，所以省级财政自然会将财权上收的压力向下级财政转移，从而造成财权层层上收的效应。如果对比分税制前

后县级财政的变化，就可以鲜明地看出这种上收效应向下传递，如表6所示。

表6　分税制前后县、乡财政收入构成（亿元）

	1993 年	1994 年
县、乡中央收入合计	—	1072.2
县、乡地方收入合计	1372.3	967.3
县、乡地方支出合计	1458.7	1703.2
缺口（地方支出—地方收入）	86.4	735.9

从县、乡两级的支出来看，改革前为1459亿元，改革后为1703亿元，所以地方支出的总量不但没有减少，而且还有显著的增加。对比分税制前后的县、乡地方支出和收入部分，我们可以算出改革前收入对支出的缺口是86.4亿元，而改革后这个缺口扩大到735.9亿元。按照1994年的数据测算，这个缺口约占当年县、乡财政总收入（包括地方收入和中央划走的收入）的37%左右。这恰恰是图1中的缺口在县、乡的反映。由此可以看出，分税制所划定的中央与省之间关系几乎被完整地传递到县、乡基层财政。

为了考察中央集中的收入和县、乡地方收入的比重变化情况，我们在中央集中收入中减去了税收返还部分，而在县、乡地方收入中加上了税收返还的部分，得到图2。从总的趋势

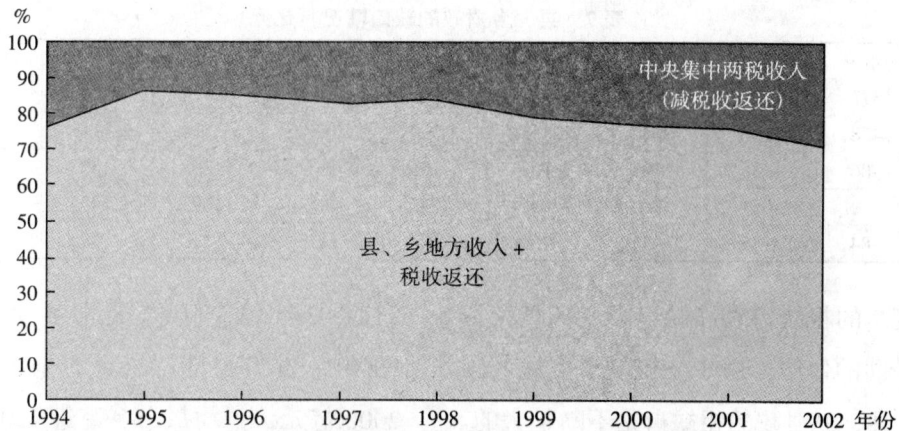

图2　中央集中收入和地方所得收入的比重变化情况

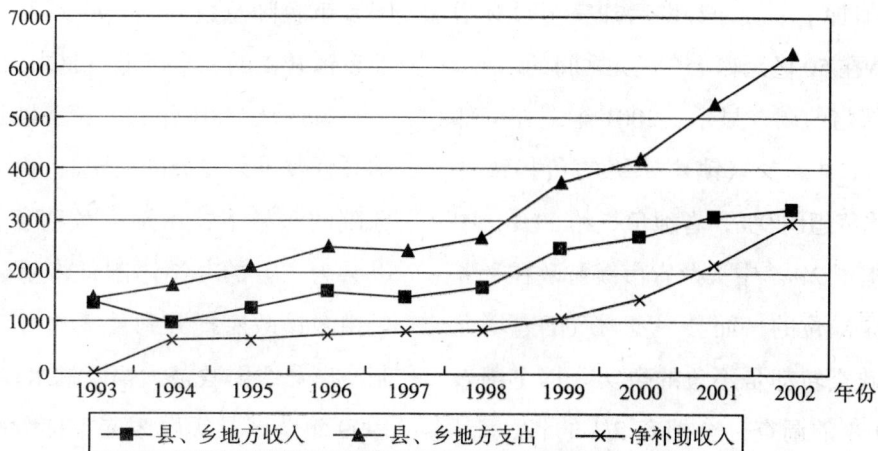

图3　县、乡地方收入、支出和净补助的情况（亿元）

来看，中央从县、乡两级集中地收入是在不断扩大的。1995年这个比重略多于10%，到2002年，中央集中地两税收入比重已经接近30%。

分税制的这种收入集中效应必然使得地方收支缺口扩大。我们前面对比了分税制前后两年的情况，下面是分税制实施后近十年的长期趋势情况。

图3鲜明地显示出分税制对县、乡财政的长期效应。首先，地方收入和支出的缺口呈不断扩大趋势，自1998年后尤其明显。1994年的收支缺口约700亿元，1998年增加到约1000亿元，2002年则迅速增加到3000亿元左右。

2002年，县、乡的地方财政收入为3225亿元，支出高达6313亿元，其缺口的规模恰好相当于其自身财政收入的规模。其次，净补助的情况值得注意。可以看出，补助曲线几乎与支出曲线的变化相一致。这说明，迅速增长的上级补助一直在弥补县、乡的财政缺口。最后，我们可以算出县、乡财政的"净缺口"（经过上级补助以后的缺口）：

粗缺口＝县、乡地方收入－县、乡地方支出

净缺口＝县、乡地方收入－县、乡地方支出＋上级净补助收入

表7 县、乡财政的缺口情况（亿元）

	1993年	1994年	1995年	1996年	1997年	1998年	1999年	2000年	2001年	2002年
收入	1372	967	1261	1578	1497	1677	2426	2636	3096	3225
支出	1458	1703	2042	2451	2390	2651	3734	4199	5253	6313
粗缺口	−86	−736	−781	−873	−893	−974	−1308	−1563	−2157	−3088
净补助	2	651	665	741	789	837	1098	1451	2108	2979
净缺口	−84	−85	−116	−132	−104	−137	−210	−112	−49	−109

对比表7的粗缺口和净缺口，我们就可以看到上级补助的作用。由于分税制造成的收入集中效应，县、乡财政的粗缺口是不断扩大的。从1994年的736亿元，到2002年已经高达3088亿元；但加上上级净补助后却完全没有增加，一直维持在50亿元和150亿元之间的水平。

据有关部门的调查显示，2001年，在全部义务教育投入中，乡（镇）一级的负担高达78%，县财政负担约9%，省地负担约11%，中央财政只负担了2%。中央及省市级财政在义务教育投入上是缺位的，而县、乡财政的窘境尤其是乡镇财政空转却是不争的事实。据全国教育工会1999年的调查，全国有2/3的省、市、自治区、直辖市拖欠教师工资，拖欠时间最长超过1年（全国人大常委会执法检查组，2000）。据有关部门统计，全国乡镇债务高达2000亿元，平均每个乡镇近450万元，如果再考虑村级债务，数字恐怕还要翻一番。目前全国乡镇教师总数约为690万人，教育开支占全部乡镇开支的一半以上（赵阳，2001）。

虽然从2001年起，国务院颁布的《关于基础教育改革与发展的决定》，提出了实施"在国务院的领导下，由地方政府负责、分级管理、以县为主"的办学体制，将基础教育的办学责任由乡镇政府提升到县级政府，但由于"分税制"后县级财政被大幅度抽水，致使1998年和1999年全国县级财政赤字面分别达到31.8%和35.5%。根据国家统计局的统计，1999年，全

国共有 2109 个县，其中亿元县有 593 个，一般县 480 个，而财政补贴县高达 1036 个，半数以上县的财政成为"吃饭"财政。截至 2004 年 4 月，全国共拖欠教师工资 76.68 亿元（柳海民、周霖，2007）。县级财政的这种状况，虽然将基础教育的责任由乡镇上升到县政府一级，对于缓解基础教育财政紧张状况未必能够取得什么实际效果。

三、"地方政府负责、分级管理、以县为主"体制的形成（2001 年至现在）

如上所述，自 1994 年实施"分税制"以来，县、乡可支配的财政资源被中央政府抽走了近 30%。虽然通过各种方式的返还与补贴，被中央抽走的财政资源远远小于 30%，但经过自上而下的返还与补贴，落实到县里的实际数额，只相当于理论上的返还与补贴额的 60%~70%。分到乡政府的财政，就更加微乎其微了。乡镇政府的财政因此而极其困难。

随着乡镇财政的日益拮据，乡镇的社会、经济、政治、文化功能并没有减少，而且上级考核与同级竞争日益严格与激烈。为了获得维持乡镇政府履行其社会、经济、政治、文化功能所必需的财政，乡镇政府唯一能够做的就是将这一财政压力转移到民众身上。由此导致 1994 年以后的七八年的时间里，乡镇政府为增加财政收入而确定的各种名目的收费项目充斥于农村，农民财政负担越来越重，上交费用的压力越来越大，以至于达到农民无法忍受的程度。因此，自 20 世纪 90 年代后期，各地农民纷纷自发地组织起来，集体抗交各种"乱收费"活动，或集体"上访"要求"减负"。不论是集体抗交还是集体"上访"，都会与乡镇政府乃至县政府发生冲突。群体性的集体维权（维护自身利益的权利）事件因此而在全国各地时有发生。

例如，洪阿斌在 1998 年领导农民抗交提留时与镇干部发生了肢体冲突，结果农民群情激愤，不听洪的劝阻，掀翻了镇政府的吉普车。洪阿斌因此被以聚众扰乱社会秩序罪判处有期徒刑三年。但是他于 2001 年 9 月被减刑释放后继续领导农民进行"减负"上访活动。他曾多次表示："砍头不要紧，只要主义真；杀了洪阿斌，还有后来人"。因为宣传中央的减负政策而被打、被扣押、被抄没财产的减负上访代表莫友青也发出了同样的豪言壮语，并表示要誓死维护党的利益，为此不惜付出任何代价："只要我还有命在，只要共产党不垮台，我就上访到底"。因为宣传党的减负政策被镇政府干部殴打关押的减负上访代表刘道德表示，他有三不怕：一不怕抓，被抓过一次，就不怕被抓第二次；二不怕打，被打过一次，不怕被打第二次；三不怕死（于建嵘，2000；欧博文、李连江，1997）。

全国各地接连不断地发生的因群众集体维权而形成的与政府冲突事件的日益加剧，危及了社会的稳定甚至政权的稳定，因而引起了中央的高度重视。通过广泛的社会调查，中央发现"乱收费"已经到了不得不解决的时候。因此，中央政府从 2000 年起，在安徽开展了以减轻农民负担为政策目标的"税费改革"试点，2003 年全国铺开，推行农村税费改革。主要内容包括：取消乡统筹、农村教育集资等专门向农民征收的行政事业性收费和政府性基金、集资，取消屠宰税，取消统一规定的劳动义务工；调整农业税和农业特产税政策；改革村提留征收使用办法等。2004 年开始，取消牧业税和除烟叶外的农业特产税；实行取消农业税试点并逐步扩大试点范围，对种粮农户实行直接补贴、对粮食主产区的农户实行良种补贴和对购买大型农机具户的农户给予补贴；吉林、黑龙江 8 个省份全部或部分免征了农业税，河北等 11 个粮食主产省区降低农业税税率 3%，其他地方降低农业税税率 1%。2005 年上半年，中国 22 个省免征农业税；2005 年年底 28 个省区市及河北、山东、云南三省的 210 个县（市）全部免征了农业税。2005 年 12 月，十届全国人大常委会第十九次会议通过决定，自 2006 年 1 月 1 日起废止《农业税条例》。随着税费改革以及农业税的取消，乡镇政府的财政来源消失了。为了弥补由此而引发的乡镇政府的财政空虚，中央政府一方面采取农业税返还的办法来维持乡镇政府的运转，另一方面调整基础教育责任分担机制，减轻乡镇政府的财政负担。

2001 年，国务院颁布《关于基础教育改革与发展的决定》，对义务教育制度进行重大改革，实行"在国务院的领导下，由地方政府负责、分级管理、以县为主"的基础教育体制。

基础教育的这一责任划分必然生成三个方面的结果：①基础教育的财政投入不足。前面已经论述了"分税制"以来县财政的现实状况。②地区间基础教育投入不均衡。基础教育的这种责任划分，实际上承认了各区域间基础教育经费配置存在差异的合理性。因为负责实施基础教育的地方政府，事实上必然包含于各个不同的省（市、自治区）之内，而不同省份的经济发展水平从而财政能力历来存在较大差异，不同省份之间财政能力的不同必然导致基础教育经费的配置在各省之间存在差异，而且这种差异将随着不同省之间的经济发展水平的变化而变化。③区域内基础教育投入的不均衡。

公共财政支出与显示性政策偏好

改革开放以来，每次调整基础教育责任分担时，都伴随着良好的政策承诺与远景承诺。然而，由于财政资源不断向上集中，责任不断向下转移，使得政策承诺与远景承诺都成为不可信的承诺。

1985 年颁布的《中共中央关于教育体制改革的决议》以及以此为基础的《中国教育改革和发展纲要》提出，"要把发展基础教育的责任交给地方政府，有步骤地实行九年义务教育"，同时要求"各级党委和政府都要按照党的十二大的决策，把教育摆到战略重要地位，把发展教育事业作为自己的主要任务之一，上级考察下级都要把义务教育普及作为地方政府政绩的主要内容之一"。在即将进行"分税制"改革前夕的 1993 年，中共中央、国务院颁布的《中国教育改革和发展纲要》提出了"财政性教育经费占国民生产总值（GNP）的比重，在 20 世纪末（2000 年）达到 4%"的战略发展目标。在这一政策目标的指导下，国家通过一系列政策措施的实施持续增加财政性教育投入，财政性教育支出占 GDP 的比重从 1993 年的 2.51% 增加到 2002 年的 3.41%，但直到 2010 年的今天，这一目标仍然没有达到。

任何国家在任何时间内，其可供调度的财

政资源都是有限的。在总的财政资源有限的前提下，用于任何一个方面的资源的增加必然意味着用于其他方面资源的减少。因此，任何一个时期，用于教育事业的财政都会挤占用于其他事业的财政。教育对国家资源的要求永远都会遇到诸如农业与工业、道路与住房建设等在其他领域中为人们大量需要的事业以及诸如卫生、养老措施、失业救济等重要的社会需求越来越大的竞争。在众多选项中如何分配有限的公共财政，由政府或决策者的偏好决定，因为所谓的"轻重缓急"也是偏好筛选的结果。因此，识别政府公共政策选择的内在偏好是理解基础教育责任不断向下分散与财政资源不断向上集中的关键。

直接获得政府或某些决策者的偏好首先必须知道偏好的函数形式。这是一个过于严格的要求，因为在公共领域中，决策者往往为隐藏其真实偏好而采取某种策略性行为，这时人们根本无法得到决策者偏好的具体的函数形式。特别地，利用这种方法识别或检验偏好稳定性时面临一个无法克服的问题，当用一种观察数据检验某个模型时，若出现偏好不稳定的情况，那么人们无法确定是由于偏好函数设定方面存在问题还是观测数据存在问题。一种被称为非参数检验的方法能够有效避免这些问题。这种方法的基本思想是检验某组观测数是否满足显示性偏好定理（axioms of revealed preference）。如果这组数据满足显示性偏好定理，那么偏好就是稳定的并且是某个效用函数的最大化值的集合，否则就不是某个效用函数的最大化值的集合。这种方法既不需要估计参数，也不需要事先知道效用函数的特定形式。检验程序基于

Afiat（1967，1973）与 Varian（1982，1983）在 Samuelson（1938）与 Houthakker（1950）的工作基础上发展的理论概念与可操作性方法。

显示性偏好理论已经成功地应用于各种决策领域。在公共选择的框架下，Turnbull and Chang（1998）将这种理论和方法扩展到拥挤性公共物品（congestable public goods）的研究，检验市政支出的代表性投票模型。DeByoer（1986）检验了美国州政府关于政府雇员规模的偏好，结果表明，效用最大化基本上近似地描述了州政府的行为。换言之，州政府在政府雇员规模方面的决策行为基本上是一种（官僚）效用最大化的行为。

在此，虽然无法获得检验中国政府决策的显示性偏好的详细数据，但可以观察中央财政支出的结构并将其与国际进行比较，基本可以得到中国政策决策显示性偏好的基本轮廓。因为财政支出结构，显示了在既定财政能力下，政府选择发展不同方面的政策决策，而决定政策决策的基础性力量是选择的偏好，任何一组政策选择，都是在各不同选择进行了优先顺序排序之后而做出的选择，因而能够最有效地显示出政府公共政策选择的偏好。表8显示了改革开放以来中国公共财政配置的结构性变迁。为了与前面论述的中国基础教育体制变迁的时间段相对照，我们仍分为三个阶段来加以说明。

表8中数据表明，自1978年以来，预算内教育经费占GDP比例从2.06%上升到1985年的2.51%，增长速度非常缓慢，增长了0.45个百分点，年均上升0.06个百分点；预算内教育经费占当年财政支出总额的比例，从6.69%上升到11.26%，上升了4.57个百分点，平均每年

表 8　中国财政支出结构变迁（1978~2008 年）

单位：%

年份	经济建设费占财政支出	社会文教费占财政支出	国防费占财政支出	行政管理费占财政支出	其他支出占财政支出	教育支出占财政支出	教育支出占GDP
1978	64.08	13.09699	14.9578	4.714417	3.155718	6.688412	2.058862
1980	58.22286	16.19508	15.77435	6.146497	3.661206	9.289324	2.511206
1985	56.28	20.3782	9.556193	8.534863	5.272795	11.26157	2.496589
1990	44.3642	23.9205	9.414676	13.44407	8.85656	13.30754	2.198167
1991	42.17981	25.08844	9.753382	12.22487	10.75349	14.33258	2.228451
1992	43.09791	25.92379	10.09727	12.38336	8.497675	15.14377	2.104892
1993	39.5233	25.38117	9.172178	13.66262	12.26073	14.89736	1.957269
1994	41.3231	25.92143	9.507097	14.63379	8.614582	16.21287	1.948531
1995	41.85078	25.74432	9.330981	14.60406	8.469867	15.88225	1.782684
1996	40.74028	26.21161	9.071565	14.93257	9.043975	15.97848	1.781906
1997	39.5008	26.74353	8.800181	14.71643	10.23906	15.14486	1.770744
1998	38.70569	27.14143	8.656088	14.81981	10.67698	14.45873	1.849808
1999	38.38024	27.59199	8.16217	15.32189	10.54371	13.38265	1.968017
2000	36.18393	27.59897	7.601045	17.42498	11.19107	12.76272	2.043601
2001	34.24	27.57946	7.6288	18.58207	11.968	13.24634	2.283431
2002	30.26189	26.86501	7.743928	18.59743	16.53174	13.5173	2.47729
2003	28.04083	26.24496	7.739853	19.03152	18.94284	13.48275	2.446932
2004	27.84878	26.29459	7.722886	19.38429	18.74947	14.13919	2.519301
2005	27.45913	26.38752	7.294252	19.1933	19.6658	13.75083	2.537525
2006	26.56	26.83193	7.370556	18.72969	20.5119	14.33751	2.748417
2007	自 2007 年起，上面各栏项目的统计口径已经改变，因而不再有对应数据					15.38	3.07
2008						14.39499	2.996711

上升 0.65 个百分点。与之形成鲜明对照的，是行政管理费用占财政支出总额的比例，从 1978 年的 4.71%，上升到 1985 年的 8.53%，上升了 4.12 个百分点，比教育经费上升的 0.45 个百分点高出 3.67 个百分点；平均每年上升 0.59 个百分点，比基础教育的 0.06 个百分点高出 0.53 个百分点。从这种变动关系中，我们可以探知，与基础教育的投入相比，政府更偏好于行政管理费用的增加。经济建设费占财政支出总额的比例，虽然从 1978 年的 64.08%，下降到 1985 年的 56.28%，但由于其占整个财政支出总额的 56% 以上，说明中国政府非常注重经济的发展，注重经济建设。可以说，这种财政配置是典型

的"生产型财政"和"典型的生产型政府"。

生产型财政能够集中有限的资源进行重点项目与基础设施的建设，从而能够促进经济的快速增长。马斯格雷夫认为，世界各国的经验表明，在经济发展或起飞的初始时期，各国用于经济建设方面的财政支出占财政总支出的比例均较高。从这一点来说，中国财政支出结构符合世界的一般经验。但中国与其他国家不同的是，中国是社会主义国家，经济建设除了基础设施建设之外，还用于国有企业的投资与补助，特别是用于垄断行业的投资与补助。众所周知，垄断能够造成巨大的社会福利损失；国有企业的效率仅仅为私营企业效率的 50%~

70%；政府投资往往与腐败和浪费相伴随；除了一次总赋税，其他任何形式的税收都会导致社会净福利的损失。这四个方面造成的福利损失若超过其促进经济增长所获得的福利所得，那么这种"生产型的财政"就是一种阻碍经济增长的财政。虽然在此我们无法对上述观点进行实证性的经验检验，但世界上所有计划经济体的共同特征——极度的短缺——已经构成了检验这种观点的一种充分统计量，并且从没有任何一个计划经济体不是短缺的，也可以基本得出结论，这种观点在统计上在通常的显著性水平上是显著的。

1985~2001 年，国家预算内教育经费支出占 GDP 的比例，呈现出一个较为平坦的、拉长了的"U"字形：从 1985 年的 2.50%下降至 1995~1997 年的 1.78%~1.77%，进而再上升到 2001 年的 2.28%。这种形状表明，1994 年开始实施的"分税制"改革，是中央政府政策偏好的改变，中央将基础教育的责任完全下放到地方，而由于地方政府财政又被集中到中央，因而导致基础教育经费从而整个教育经费的严重削减。国家预算内教育经费支出占 GDP 比例这

条曲线的底部，对应于 1995~1997 年，是地方政府基础教育经费最困难的时期。也正是在这个时期间，乡镇政府开始大面积扩张各种提留、税费的各类，并提高这些税费与提留的比例，因而 1998 年以后，乡镇教育经费的困难局面有了一定程度的改善，整个教育经费占 GDP 的比例也开始重新上升。然而，通过增加民众负担的方式改善教育经费的这种方式，代价十分高昂：农民有组织性的集体维护自身利益与权利，与政府进行艰巨的抗争。这类集体维权行为的普遍发生以及集体维权行为与政府冲突的加剧，导致了社会不稳定因素因的不断地积聚。

2000 年以后，政府预算内教育经费占 GDP 的比例开始上升。这主要与农民以被判入狱为代价争取来的农村税费改革有关，迫使国家增加教育投入以便减轻农民负担。与前面论述的历次教育经费支出额度的改变一样，这一次又是嵌入于农村税费改革的过程之中，而税费改革的直接原因不是教育问题，是社会不稳定因素加剧而触发的。因而再次表明了基础教育支出是政府政策偏好的筛选结果，如图 4 所示。

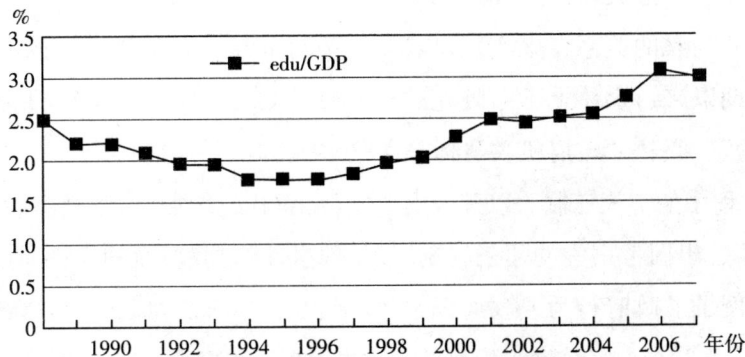

图 4 国家预算内教育经费占 GDP 的比例

教育经费支出占财政支出总额的比例，波 浪式地从 1985 年的 11.26%上升到 1994 年的

16.21%，而后缓慢下降到 2000 年的 12.76%，2001 年再回升到 13.25%。其中 1994 年以后相对较为平稳，说明在地方负责的基础教育体制下，即使向农民征收再多的税费，用于教育方面的仍然不会有太多的增加，但毕竟能够基本稳定在占财政总支出的 15% 的水平上。由此可以推断，在当时的制度安排下，占财政总支出的 15% 左右的教育支出，处于自组织临界的状态，达到了一个相对平衡的位置。

行政管理费占财政支出总额的比例，在此期间由 1985 年的 8.53% 相对稳健地增加到 2001 年的 18.58%，增加了 10 多个百分点。相比于教育而言，政府明显地偏好于增加行政管理费的支出。粗略地看，这种现象与尼斯坎宁的"官僚预算最大化理论"十分吻合。尼斯坎宁认为，官僚具有一种内生的增大其财政支出的倾向，因而科层制或官僚制总是以最大化其预算作为其追求的目标。然而，中国的科层制，与尼斯坎宁所指的建立在韦伯科层组织理论基础之上的科层制有重大的区别。中国的科层制，主要是通过扩大其自身利益的方式来扩大政府运转费用，将公共组织的运转过程与个人，特别是其家庭（族）的利益最大化的过程，联结在一起，通过混淆公与私的关系，来实现自身利益的最大化。长期以来，媒体上不断曝光的"政府机关集体购房"、兴建"政府机关集体住宅区"，公车使用过程中的"三三制"以及政府招待中的"三三制"、出国考察中的"三三制"等都是一些典型的例子。政府行为或政府公共财政中的"三分之一为社会、三分之一为机关、三分之一为自己"可能是中国官僚制与资本主义官僚制区别的根本所在。

预算内经济建设费占财政支出总额的比例，从 1985 年的 56.28% 骤降到 2001 年的 34.24%，下降了 22.04 个百分点，下降幅度可谓不小，但仍然远远高于世界其他国家的水平。按支出性质划分，世界高收入国家的资本支出一般占 GDP 的 4%，财政总支出的 10%；中等收入国家一般为 4.7% 和 17.4%；低收入国家一般为 6% 和 22%；所有国家平均占 GDP 的 4.7%。按职能划分，高收入国家的经济服务支出一般占 GDP 的 5.5%，财政总支出的 14%；中等收入国家一般为 5.7% 和 20.4；低收入国家一般为 6.4% 和 22.2%；所有国家平均占 GDP 的 5.8%。

2001 年以来，随着中国社会的结构性变迁，社会需求与社会意愿通过各种不同方式冲击政府过于偏好经济建设与行政管理费用，因而对政府原有的政策偏好产生了一定的影响。在各种利益诉求的方式中，群体性事件自 20 世纪 90 年代以来逐渐成为一种较为普遍的形式。近十多年来，现实的群体性事件与网络群体性事件相互激发，使群体性事件表现出了数量增加、规模扩大、触发点日趋复杂、行为日趋激烈、涉及面日趋广泛、对抗性日益增强等特点。据有关部门的不完全统计，群体性事件从 1993 年的 1 万起增加到 2004 年的 7.4 万起，年平均增长 17%；参与人数由 73 万多人增加到 376 万多人，年平均增长 12%，其中百人以上参与的由 1400 起增加到 7000 多起。2005 年全国群体性事件的数量一度下降，但从 2006 年起又上升到 6 万多起，到 2007 年达到了 8 万多起，而在 2008 年间更爆发了一些震惊全国的群体性事件（王东进等，2004；李培林等，2008）。

作为一种重要的利益诉求方式的社会群体

性事件，对政府政策偏好的影响能够从政府预算内各种支出构成上显著地显现出来。预算内经济建设费占财政支出总额的比例，从2001年的34.24%，下降到2006年的26.56%，六年时间里下降了7.68个百分点，下降速度明显增加。同时，社会保障、社会救济、医疗卫生、环境保护、教育等社会性支出有了明显的改善。财政预算内教育经费占财政总支出的比例，稳定地在13.5%以上，2007年达到15.38%。2008年为14.39%，虽然较2007年稍有下降，但仍然处于平稳的波动中；财政预算内教育经费占GDP的比例上升得也较明显，从2001年的2.28%稳步地上升到2007年的3.07%，2008年

稳定在3%的水平上。行政管理费占财政总支出的比例从2001年的18.58%开始向上在1个百分点左右的波动（2003~2005年分别为19.03%、19.38%、19.19%），2006年稍有下降，为18.73%。从2007年开始，国家统计局改变了统计口径，将原来的"行政管理费"分为两个部分：一般公共服务和公共安全。[①] 2007年和2008年一般公共服务支出占财政总支出的比例分别为17.1%和15.65%，但一般公共服务与公共安全支出之和占财政总支出的比例分别为24.54%和22.52%。显然，政府对行政管理支出的偏好一直没有发生大的改变，如图5所示。

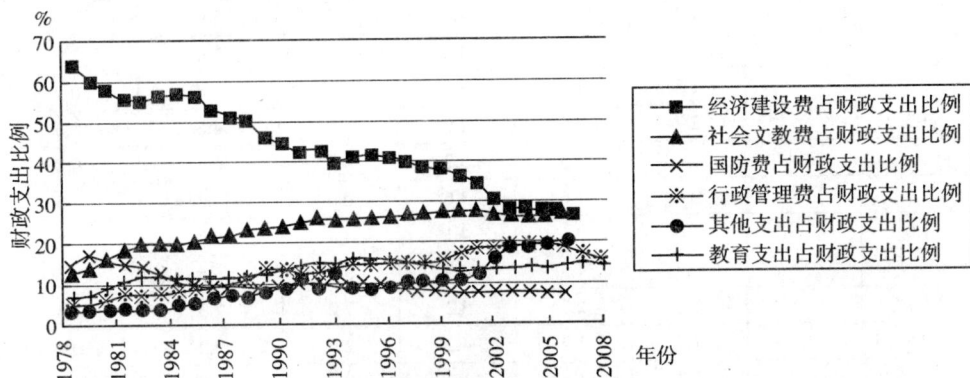

图5 中国公共财政支出的结构变迁

总体来说，自1978年以来，中国公共支出的结构从而其偏好，日益向国际经验的共同模式靠拢。经济建设支出占财政总支出的比例在持续地下降，目前达到世界低收入国家这一比例的上轨。这对于中国来说是公共政策偏好的一个巨大改进。其他支出占财政总支出的比例

在不断地上升。由于其他支出是一个非常模糊的概念，许多不愿意在相关统计中出现的项目都归入到这一项目下，因而，这是一个说不清楚的项目。从国际经验的来说，在透明度较高的国家中，其他项目支出一般稳定在某个水平上，或随着经济增长而缓慢地增长，但在中国，

---

① 一般公共服务指政府提供基本公共管理与服务的支出，包括人大事务、政协事务、政府办公厅（室）及相关机构事务、发展与改革事务、统计信息事务、财政事务、税收事务、审计事务、海关事务、人力资源事务、纪检监察事务、人口与计划生育事务、商贸事务、知识产权事务、工商行政管理事务、国土资源事务、海洋管理事务、测绘事务、地震事务、气象事务、民族事务、宗教事务、港澳台侨事务、档案事务、共产党事务、民主党派事务及工商联事务、群众团体事务、彩票事务等。公共安全指政府维护社会公共安全方面的支出，包括武装警察、公安、国家安全、检察、法院、司法行政、监狱、劳教、国家保密、缉私警察等。

这一项目增长得过快。教育支出占预算内财政支出的比例，在过去 30 多年的时间里，波动性最大。这表明，教育支出受社会、政治、经济等结构性变迁的影响较大，没有形成教育支出的内生决定机制。

虽然中国财政支出结构在不断向国际通行的结构趋近，但在教育支出方面这种趋近的速度有些过于缓慢了，如表 9 所示。表 9 中数据表明，早在 1960 年，表中所列 17 个国家的教育经费占 GDP 的比例，平均已经达到了 3.5%，1980 年达到 5.7%，1993~1994 年达到 6.1%。1960 年教育支出占 GDP 比例超过 4% 的国家有 8 个，而到 1980 年，不到 4% 的国家只剩下挪威。目前，中国的教育支出的水平，仅相当于这些国家 20 世纪 60 年代的水平。这表明，从经济发展水平以及国家财政能力的角度，无法解释中国教育支出的相对低水平。

表 9　1870~1993 年教育的公共支出（占 GDP 的百分比）

	全部教育支出						高等教育	
	1870 年前后	1913 年	1937 年	1960 年	1980 年	1993~1994 年	1970~1972 年	1993 年
澳大利亚			0.7	1.4	6.0	6.0	1.5	1.2
奥地利			2.5	2.9	5.5	5.5	0.7	1.1
比利时		1.2		4.6	5.6	5.6		1.0
加拿大				4.6	6.1	7.6	2.5	2.2
法国	0.3	1.5	1.3	2.4	6.9	5.8	0.7	0.9
德国	1.3	2.7		2.9	5.0	4.8	0.6	0.9
爱尔兰			3.3	3.2	4.7	6.4	0.8	1.1
意大利		0.6	1.6	3.6	6.6	5.2	0.5	0.8
日本	1.0	1.6	2.1	4.1	4.4	4.7	0.5	0.4
荷兰			1.5	4.9	5.8	5.5	2.1	1.4
新西兰			2.3	3.2	7.2	7.3	1.3	1.5
挪威	0.5	1.4	1.9	4.2	2.6	9.2	0.9	1.5
西班牙		0.4	1.6	1.3	9.0	4.7		0.8
瑞典				5.1	5.0	8.4	0.9	1.5
瑞士				3.1	5.6	5.6	0.8	1.2
英国	0.1	1.1	4.0	4.3	5.4	5.4	1.4	0.9
美国				4.0	5.5	5.5	1.3	1.3
平均	0.6	1.3	2.1	3.5	5.7	6.1	1.1	1.1

Sources: Compiled by Tanzi and Schuknecht based on Fernández Acha (1976); Australian Bureau of Census and Statistics (1938); New Zealand Department of Statistics (1937); Japan Statistical Association (1987); League of Nations *Statistical Yearbook* (various years). Mitchell (1962); OECD, *Education at a Glance* (1996); ［Italy］Istituto Nazionale di Statistica (1951); UNESCO, *World Education Report* (1993); United Nations Development Programme, *Human Development Report* (1996); UN, *World Economics Survey* (various years).

在中国，行政管理费支出占财政总支出与 GDP 的比例，在 1999 年以前，一直低于教育经费占财政总支出与 GDP 的比例，而 1999 年以来，则一直高于教育经费占财政总支出与 GDP 的比例。行政管理费占 GDP 的比例，自 2001 年起，几乎每年都高出教育经费占 GDP 比例近 1 个百分点，2006 年达到了 3.59%，而教育经费却只有 2.75%。2007 年调整行政管理费统计口径后，一般公共服务与公共安全两项合计占到 GDP 的 4.90，2008 年为 4.69%。虽然中国早在 1993 年设定了教育经费要在 2000 年实现占 GDP 的 4%的目标，但至今最高的 2007 年也只有 3.07%，2008 年退回到 3%，而行政管理费支出却率先冲过了占 GDP 的 4%的水平。1978~2006 年，文教、科学、卫生以及社会保障等公共服务支出，按可比价格计算，由 131.57 亿元

增长到 11787.76 亿元，增长了 89 倍；行政管理费从 49.09 亿元增加到 5639.05 亿元，增长了近 114 倍，如图 6 所示。不论从绝对数额的角度看还是从占公共支出与 GDP 比例的角度看，行政管理费的增长速度都远远超过社会公共服务支出的增长速度。行政管理费与教育经费占 GDP 比例之间的这种关系，再次说明中国政府政策偏好的内生性倾向及其超强的稳定性。

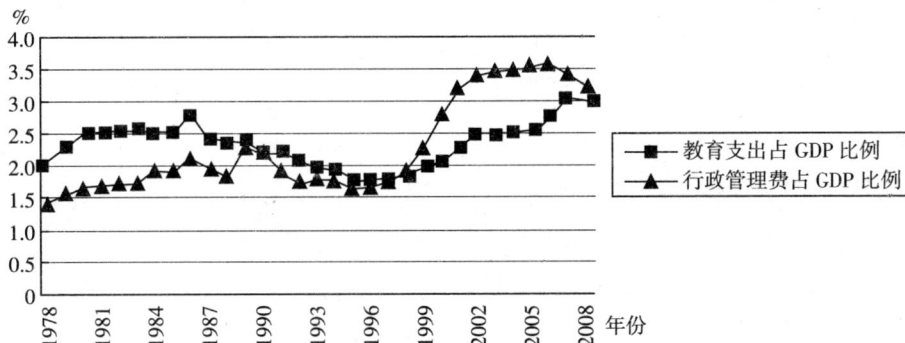

图 6　中国行政管理支出与教育支出占 GDP 比例的变化

中国地方政府政策偏好的制度性解释

Bowles（1998）认为，政策的偏好是制度网络复杂作用的结果，而制度则是人们互动形成的博弈均衡。因此，从这个角度上说，政策偏好本质上是人们之间在不同背景下的博弈结果或均衡。如果不是从发生学的角度解释偏好问题，那么可以认为偏好是在特定制度安排下博弈的结果。这些制度安排构成了博弈参与人、博弈规则以及博弈情景，因而构成了特定约束下的博弈。在特定约束下的博弈，必然形成特定的博弈均衡，进而形成特定的偏好。因此，政策偏好内于制度安排。

理性选择理论认为，制度安排可以分为元

制度或宪法秩序、制度安排与文化禀赋。元制度或宪法秩序是有关制度选择过程与原则的制度，它预先设定了人们互动的过程以及互动者的筛选机制，因而也就预先设定了制度安排（过程制度或实质制度）的选择机制与程序。文化禀赋主要包括规范的社会行为准则与心智模式或意识形态，决定着人们对社会现实的观点与解释，是社会问题诊断的过滤镜（Feeny，1993；North，1981；Ostrom，Feeny and Picht，1993；Oakerson，1993）。众所周知，议行合一的人民代表大会制度是中国的根本政治制度，中国共产党领导下的多党合作是中国的基本政治制度。这一"元制度"或"宪法秩序"如同其他"元制度"或"宪法秩序"一样，存在的优点与缺点同样多。

"议行合一"的制度安排最大的优点是决策效率高,特别是与中国共产党领导下的多党合作制度相结合,更能够充分发挥其高效率决策的优势。中国公共政策决策的最基本框架或程序是民主集中制度。从理论上说,这是一个相互嵌套的民主与集中的过程,即通过党及其遍布于社会各分工领域与各区域的各级最基层组织,在细心听取民众要求、意愿与各种利益诉求的基础上,经过辩论而形成最基层一级的集中意见,并逐级反映或传送到上一级组织;上一级组织再整合其所辖范围内的意见,经过讨论并集中整理出一种或几种意见,传递给其上一级,并经过层层分类与汇总,最终传递到党中央。党中央根据各地与各领域反映的情况与意见,形成统一的政策主张。这一政策主张通过全国人民代表大会的讨论与修订,最终形成国家政策。最后,通过"议行合一"的制度安排以及党的"下级服从上级、全党服从中央"的双层通道,确保国家政策获得有效的贯彻与实施。

从理论上说,这一决策过程较西方特别是美国的权力分立与制衡机制具有较大的效率优势。然而,这种效率优势的前提是,公共政策的议程设置顺序与选择必须能够代表与反映社会的现实需求,即代表与反映了大多数民众的偏好、要求与意愿。如果在这一"民主集中"的过程中,存在虚假信息,或如邓小平所说的"存在独裁与专制现象"从而形成与民众意愿、要求与偏好不一致的政策,公共政策就会偏离社会的真实需求,那么,这种政策不仅是无效率的,而且必然让民众承担重大的社会成本。

由于公共政策及其选择过程具有"复杂适应性"特征,因而,出现与社会实际要求和愿望有别的政策选择的可能性非常大。中国基础教育经费不足与配置不均衡问题的生成,在一定程度上与有偏的(biased)公共政策选择有一定的关系。

从上述角度上说,基础教育发展问题深深地嵌入于社会、经济、政治与文化等背景环境的复杂网络之中。任何时期、任何国家的基础教育政策,都是这些众多因素所编织成的复杂网络结构及其各因素间复杂互动结果。从这个角度说,基础教育发展问题本质上是一个政治博弈问题。基础教育发展问题归根结底是公共财政资源配置问题,而公共财政资源在不同社会领域的配置问题本质上是一个政治问题而不是一个理性选择问题,更不是所谓的科学问题。因为基础教育的经费确定过程,实际上是一个具有不同偏好、不同信念的决策者之间或不同利益集团之间讨价还价的过程。任何一个时期的基础教育发展状况与发展模式,都是此前或当时不同利益相关者在公共资源配置的大背景中所形成的博弈均衡的结果。

人们在任何一个领域关注的问题的转移或变迁,事实上是人们关于该领域问题的有关信念发生了变迁,从而不再认同原有的、形成事物原有均衡时的信念(belief)。这种信念的变化,可能来源于外部思想或理论的启迪,或源于原有参与者理性发生变化的结果。但不论这种信念的变化是如何发生的,只要对相关问题的探讨形成了一种社会力量,并获得部分利益相关者的关注、回应与支持,形成较大的具有社会影响的舆论力量,那么,这种状况的出现都标志着有关该问题的现时解(决)即将或已经偏离了原有的均衡路径，并将逐渐形成新的均衡路径。至于能否形成新的均衡路径以及新的均衡路径在多大程度上修正了原有均衡路径，则依赖于新信念持有者在该问题解决的讨价还价过程中的力量与能力，依赖于博弈情景与博弈规则等外生变量的变化。

从上述理论的角度解释中国政府政策偏好是一件非常复杂的事情，因为中国的正式制度安排与非正式制度安排在设定公共政策优先顺序方面发挥着几乎同等重要的作用，而非正式制度安排发挥作用的机制随着时间变化而发生重大变迁。本文试着运用前面的制度理性选择理论对中国政策偏好的形成做一个简要的解释。

首先，决策过程决定了政策偏好。中国的公共政策选择过程是中国共产党与作为人民代表大会的执行机构的国务院按照社会的需求程度与未来发展需要，确定不同的公共政策组合的菜单系列以及特定系列中不同选项的优先顺序，并按照选定的菜单及优先顺序分配公共财政。意识形态或政治偏好在确定各不同选项的公共政策的优先顺序从而在公共财政的分配方面占据着相当重要的地位（Cai 等，2006）。由于加总社会个体偏好的过程是一个高度复杂的过程，同时，阿罗的"不可能性定理"表明，在满足一般理性假设或公理的前提下，形成无偏的偏好加总或完全一致的偏好是不可能的。因此，在中央决策过程中，必然将那些具有充分统计量性质的问题，视为社会普遍关注的问题，因而将这些问题提升到公共政策议程的优先地位上。计划经济时期，"以钢为纲"、"以粮为纲"以及"政治挂帅"、"以农业为基础，以工业为主导"等政策偏好一直左右着中国公共财政的分配。改革开放以后，"以经济建设为中心"、"构建社会主义市场经济体制"成为主流意识形态（政策偏好），因而深化市场经济体制改革、加速经济发展步伐等成为中国代表性的政策偏好，因而在"加大基础设施建设力度"的激励下，中央与地方在基础设施建设以及经济建设领域的资金分配一直处于高比例状态。之所以将经济建设放在最优先的地位，就是因为它对于社会各个方面，具有充分统计量的作用。没有经济的发展，军事、社会保障、公共卫生、公共教育都不可能获得众多新源的支持，也必定不存在其他更好的办法将这些方面在缺失经济发展的前提下发展起来。这一点与下面的各政府间权力关系相结合，使得具有那些排在政策选择优先顺序菜单中较靠后的或没有进入菜单的选项，只能获得维持性的经费支持或根本得不到公共财政的惠顾。

其次，地方政府对自身利益的关注与各级政府放大中央政府的政策的偏好。中国各级地方政府的决策中枢机构是按照中国共产党的组织原则与国家行政机构设置原则设定的，上级政府影响下级政府的关键途径，是上级政府决定下级政府决策中枢机构的领导者。通过任命、调任与更换下一级政府决策中枢机构的领导者，上级政府对下级政府的行为进行控制，确保上级政府的重大决策得到贯彻与执行（Cai 等，2006）。这一机制为下级政府迎合上级政府的政策偏好提供了充分的激励，以至于下级政府在实际运行中只对上级政府负责而对其下级政府发号施令。通过各级政府的部门化分割，这种层级式的命令链一直延伸到基层政府。然而，下级政府是一个具有相对自身利益的机构或行为主体,在贯彻与执行上级政府相关政策时,通常都是将其调整为与自身的利益相一致,从而形成实际上的激励相容性的政策选择:放大上级政府的政府偏好而忽略或维持其他方面的原有状态。

最后,社会性机构的过度政治化与政策偏好高度稳定性与持续性。各种部门性机构的舆论观点必须与党中央和国务院保持高度一致。中央政府在确定公共政策选择的优先顺序时,通过各地方政府与各类部门(包括政府的智囊研究机构、新闻媒体、科研机构以及各类 NGO 组织)获得社会现实与社会需求信息,并在此基础上对相关政策问题进行筛选与排序。然而,各种部门机构通过纵横交错的行政关系,直接由某个行政部门控制,并且这种部门控制通过层级关系一直向上延伸到最高决策机构。因此,迎合上级行政部门的政策偏好在这种行政控制关系中形成内生的激励。激励相容性使各部门机构在传递社会现实与社会需求信息时坚持动态一致性的原则。即在上一时期与党中央的政策选择或偏好保持一致为其最优选择,因而在传递本期相关信息时,与党中央的上期政策选择或偏好保持一致仍为其最优选择,因而各部门性机构所传递的相关信息,要么与上一时期的政策偏好相一致,要么与本期某权威领导者在不同场合释放的相关新信息保持一致。由于在信息传递的这一过程中人们以过去的政策偏好或以某个权威者的最近显示出的政策偏好为对照标准,这些部门性机构所传递的信息通常不仅与社会现实和社会需求信息形成一定的滞后性偏差,而且这种滞后性偏差具有较强的持续性(persistence)。

宋小宁等的相关实证研究表明,中国政府的转移支付,在控制了相关变量之后,对政治变量如下岗职工人数、受灾害影响人数、离退休人数、少数人口比例等在统计上显著,而对基础教育生均教育经费支出、人均卫生费用支出等却不显著,因而也证实了上述结论。此外,中国近年来实行的农业税费、社会保障、医疗保险等方面政策的变迁,均是在有组织的群体性事件频繁发生后制订与实施的。显然这些影响社会稳定的事件引发了政策偏好的转变。这再次表明,政策偏好是对上述三种重大问题的一种回应或响应。

教育,特别是基础教育,不仅不具备排在公共政策选择菜单中优先地位的属性,而且由于其社会属性,还可能是造成公共财政负担或危机的潜在因素,因此,基础教育的责任从具有决定权力的中央政府与省级政府中分离出来,被划分给权力等级链条中最为低端的县、乡级政府。中央政府负责制订教育政策和综合规划,省级政府负责全面制定基础教育发展规划,并且协调各县级政府之间的教育事业性经费支出。由于中央政府与省级政府并不实际地支付或很少支付教育经费,因而其教育功能只是构想性、筹划性与指导性的,具有强烈的象征性意义,只有县、乡镇级政府发生实际的支出行为,因而其基础教育功能才具有实质性意义。

改变政府政策偏好需要重新确定政策决策体制与过程,通过改变决策参与人的类型与范围来改变政府偏好。其方式包括重新划分中央政府与地方政府的功能、职责与财政关系、扩大公众参与政策选择的范围与程度、改变地方政府的责任机制、拓宽公众意愿与需求的表达

渠道、完善公共政策利益相关者间的沟通与协
商机制等。

（杨世文　屈　浩　刘雯雯　戴　伟

管　振　川口兴有　执笔）

参考文献

［1］李培林等：《社会蓝皮书》，中国社会科学文献
出版社，2008年。

［2］柳海民、周霖：《义务教育均衡发展的理论与对
策研究》，东北师范大学出版社，2007年，第85页。

［3］麦克法夸尔、费正清编：《剑桥中华人民共和国
史——革命的中国的兴起（1949~1965）》，中国社会科
学文献出版社，1990年。

［4］毛泽东：《〈中国农村的社会主义高潮〉的序
言》，《人民日报》1956年1月12日第1版。

［5］欧博文、李连江：《当代中国农民的依法抗争》，
载吴国光主编：《九七效应》，太平洋世纪研究所，
1997年。

［6］全国人大常委会执法检查组：《关于检查义务教
育法实施情况的报告》，《中国教育报》2000年1月6日。

［7］宋小宁、苑德宇：《公共服务均等、政治平衡与
转移支付：基于1998~2005年省际面板数据的经验分
析》，《财政问题》2008年第4期。

［8］王绍光：《分权的底限》，中国计划出版社，
1999年。

［9］王绍光：《中国公共政策议程设置的模式》，《中
国社会科学》，2006年第5期。

［10］于建嵘：《农民有组织抗争及政治风险——湖
南衡阳考察》，《战略与管理》2000年第3期。

［11］Bowles, S., Endogenous Preferences: The
Cultural Consequences of Markets and other Economic
Institutions. Journal of Economic Literature, Vol. XXXVI,
1998, pp.75-111.

［12］Cai, Hongbin, Treisman, Daniel., Did
Government Decentralization Cause China's Economic
Miracle? World Politics Volume 58, Number 4, 2006,
pp. 505-535.

晋升锦标赛与中国基本公共服务发展失衡

改革开放以来，中国经济稳定、持续地增长，中国经济总量已经超过日本，成为全球第二大经济体。然而，在这种令世人瞩目的经济成就背后，却隐藏着日益严重的社会发展失衡，即经济发展与社会发展相脱节的问题。其主要表现形式不仅包括收入分配的扭曲程度日益扩大，更包括基本公共服务供给不足以及不同区域、阶层、个体间分享基本公共服务方面存在的重大差异。这种发展失衡直接或间接地引发了一系列社会群众性事件，成为社会和谐发展的重大隐患。基于此，党的十六届六中全会《决定》明确提出了逐步实现基本公共服务均等化的政策要求。

虽然近年来学术界对中国基本公共服务发展失衡问题给予了广泛的关注，但大多数相关研究仍然就基本公共服务问题谈基本公共服务问题，没有从基本公共服务嵌入于社会、政治、经济等更为宏观的机制中去理解中国基本公共服务发展失衡问题，因而只能祈祷性地提出相关的改革建议。事实上，任何政策都是具有不同信念或政策偏好的博弈参与人之间所形成的博弈均衡。任何特定个体（利益集团）的政策选择都是在一系列约束下所显现出的、有关解决探讨中的问题解决方式的一种信念或政策偏好。然而，不论在什么历史背景下，也不论在何种制度安排下，都存在众多具有各自政策偏好的不同的个体。这些个体讨价还价的结果形成一种博弈均衡。在非合作博弈中，这种均衡通常并不代表是一种好的选择，更不大可能达到帕累托最优的状态，犹如"囚徒困境"的博弈均衡一样，但在特定博弈情景下只有它才是可自我实施的，因而才是现实的、可能的。

理解与解决中国基本公共服务发展失衡的关键是找到使中国基本公共服务之所以呈现出目前这种状态的机制，从而从体制与机制上解决这种失衡问题。观察中国各区域基本公共服务发展的样式，可以得出这样一个结论：各不同区域基本公共服务财政投入之间的差异与各区域经济发展水平和财政能力之间的差异保持一种基本同步的状态。这种样式表明：一方面，在经济发展水平与财政能力基本相同的情况下，各区域的政策偏好具有同构性；另一方面，各不同区域的基础教育的财政投入受经济发展水平与财政能力的制约。这两种同时出现的样式引发出一个问题：为什么从国家层面上看，基础教育的财政投入并不取决于经济发展水平而是取决于政府偏好，而在中国内部各区域间，基本公共服务的财政投入却取决于经济发展水平与财政能力，而且各不同区域地方政府的政策偏好会如此地协调一致，基本公共服务财政投入与经济发展和财政能力之间的关系，均保持在相对较低的水平上而不是保持在相对较高的水平上？我们认为，这种样式的出现，除了与政府的政策选择偏好存在直接的关系外，与中国另外一种制度安排也高度相关：与中国各级地方政府官员晋升的锦标赛制度高度相关。

激励锦标赛的历史与泡沫化倾向

锦标赛是一种以参赛者在比赛中的相对位次作为判断竞赛者等级的竞赛。Lazear and Rosen（1981）最早将锦标赛与计件制（piece rate）作为两种不同的激励机制加以比较研究，揭示了锦标赛作为一种激励机制的特性。锦标赛的主要特征是参赛人的竞赛结果的相对位次，而不是绝对成绩来决定最终的胜负，因而易于比较和实施。各参赛人为了赢得比赛而竞相努力，以取得比别人更好的比赛名次，这是锦标赛的激励效应。在一定条件下（比如参赛人的风险倾向是中性的），锦标赛可以取得最优的激励效果。锦标赛激励在契约理论中通常被视为相对绩效评估的一种形式，相对绩效评估的好处在

于，当多个代理人从事的任务中涉及某种共同的未被观察的因素时，比较代理人的相对绩效可以剔除这些共同因素的干扰，增加评估的精确度与客观性，从而提高激励契约的激励强度。

在一个组织内部，在某个方面展开锦标赛式的竞争，将某种"标的"赋予锦标赛的获胜者是提高组织效率的一种有效途径。由于锦标赛完全基于个体能力或绩效来决定"标的"的分配，因而被认为是一种避免了评判者情感与偏见的、公平的竞争规则。组织中人员的职位晋升的锦标赛，就是通过锦标赛方式争夺各种不同职位，锦标赛的优胜者获得更高的职位，而且这种方式并不花费委托人的额外资源。在职位锦标赛中，职位在事前是固定的，如果有空缺的话，无论如何均需要提拔一人填补它，因此在决出优胜者之后委托人没有改变事前承诺的激励，在这个意义上说，锦标赛对参赛人的奖励具有良好的事前承诺的性质。

本文所定义的政府官员职位晋升的锦标赛，作为一种社会公共治理模式是指某一层级政府对其多个构成部门和下级政府的行政首长设计的一种职位晋升竞赛，竞赛优胜者将获得晋升，而竞赛标准或具体内容由上级政府决定，它可以是 GDP 增长率，或是某个方面（如计划生育、节能减排、社会保障等）可度量绩效指标。

官员晋升的锦标赛制度几乎存在于中国社会公共治理的所有领域，从政府到国有企业，从教育领域到医疗卫生领域再到文化领域，从社会安全领域到政治教育领域再到社区建设领域再到信息化建设领域。可以说，锦标赛式的竞争在中国无所不在，无时不在。锦标赛式的竞争是中国社会公共治理的一大传统与亮丽的

风景。

中国锦标赛式的竞争起源于延安时期的经济建设并扩展到军事领域。早在延安时期，边区政府为了提高边区的社会自给能力，激励部队、机关与民众的生产热情，组织了一场规模空前的生产劳动锦标赛。这种生产劳动锦标赛与典型示范和政治、与生产相关联，形成了著名社会心理学家勒温所称之的"生活空间"。在这种"生活空间"中，人们彼此进行相互的情绪感染而形成一种集体氛围，个人不由自主地为生活空间中的整体情绪和氛围所感染、所控制，从而保持一种激昂的情绪状态，并积极地模仿突出他人的角色而进入无休止的锦标赛过程之中（杨冠琼，1999）。

锦标赛的竞争起源于对民众从事经济生产活动从而支持边区政府物资供给的激励，但这种方式随着军队、边区各政府机构以及各种社会团体参与经济生产活动范围的扩大，也迅速到这些部门，因而从一场在群众中开展的生产活动的锦标赛扩展为各政府部门以及各级政府之间的锦标赛。这种方式对在极度困难的战时的中国共产党的存在、发展与扩大产生了重大影响。

新中国成立之后，为了应对当时极度凋零的经济状况以及为了有效扩大合作化的范围与合作化的推进速度，在《掀起社会主义合作化新高潮》的强大激励下，在全国范围内再次展开了轰轰烈烈的锦标赛式的"合作化竞争"。哪里合作化推进的速度快，合作范围广泛（合作社规模庞大），那里的成就也自然就大。谁将合作化范围推进得大谁就将成为英雄，并进而获得表扬、奖赏与晋升；谁推动合作化的范围小、

速度慢，谁就是消极怠工，谁就在抵触中央的政策，谁就将受到批评甚至遭到撤换、降职甚至党内或行政处分。谁反对合作化谁就是反党反社会主义。在"萝卜加大棒"的锦标赛式竞争的推动下，全国迅速掀起了合作化的高潮，将合作化推进了社会所能够承受的最前沿。

1958 年，同样也将这种"萝卜加大棒"的锦标赛式竞争运用到极致，以至于产生一系列在今天的人看来纯属极为幼稚的、毫无遮掩的"谎言"，而当时的人们却信誓旦旦、坚信不疑地传播、接受、欣赏那些"事实"。"人有多大胆，地有多大产"的标语镶嵌于中国的每寸土地上，遍布于每个家户、每个政府机关、每个公社以及每个企业的可粘贴之处，墙里墙外、大街小巷、屋顶地面。所有人——男女老少以及工农商学兵——都堂而皇之地和自豪地委身于非理性的狂热之中，甚至长期以来一直被认为是自由与理性的捍卫者的高级知识分子群体，也失去了内在固有的冷静与理智，沉浸于弥漫着非理性幽灵的幻想之中。锦标赛式竞争激发出来的强大精神动力与凝聚力，不久便被运用于"文化大革命"的发动之中并在"文化大革命"中发扬光大。"宁要社会主义的草，不要资本主义的苗"、"凡是敌人拥护的，我们就反对；凡是敌人反对的，我们就拥护"、"知识分子最无知、最愚昧"，成为震撼世界、震惊天地的最进步、最先进的洪亮口号，各类学校在每次上课之前师生都要以惊天动地的分贝先背诵这些"最高语录"，各领域的专家都被贴上了"反动的资产阶级权威"的标签。在"以阶级斗争为纲"的这种锦标赛中，涌现出无数获奖者，并从而成为"职业阶级斗争"的先锋，占据着社

会网络各结点的权力位置，在中国大地上编织起一个密不透风的、严密的"阶级斗争网"。最具有讽刺意味的是，这种以消除等级、差别为旗帜的锦标赛运动，最终却人为地制造了更为森严的等级体制，知识分子处于这个高耸入云的金字塔的最底端，俗称"臭老九"。

改革开放以后，这种锦标赛式的竞争并没有停止，只是变换了评价锦标赛的具体标准，不再以"阶级斗争"而是以"改革开放"作为考核内容，进而演变为"经济发展"，再演变为"经济增长速度"作为锦标赛的排名标准。这是中华民族命运的一次重大改变。官员晋升锦标赛评价标准的改变使中国从各种社会产品极度匮乏的"短缺危机"路径终于转轨到社会产品相对丰富的"产品过剩危机"的路径。虽然后者对于社会稳定与持续发展来说并不见得好，相对于"短缺危机"还是要好无数倍，它毕竟是发展中的问题，是因为发展而引发的问题，而不是因为停止而引发的问题，但却是必须加以正视与解决的问题。

地方官员晋升锦标赛博弈及其激励

为了简洁、明了以及避免问题的时序与动态方面，我们下面只考虑单期问题而不考虑跨期问题，但这种单期所形成的激励效应以及其有偏性等问题完全可以推广到跨期动态情形。在单期情况下，我们可以从职业发展与终生生产率的角度来思考激励问题。假设官员的产出是一个随机变量，其分布由特定官员自身决定。特别地，官员可以通过在进入竞赛之前投资于有成本的技能来控制或改变其产出分布的均值。

不过，任何一个官员的生产率的实现依赖于不在其控制范围的随机因素。锦标赛的评判者（上级政府）可以观测到每个参与竞赛的官员的产出水平，但无法确定其产出水平在多大程度上取决于其（在能力方面的）投资支出，或者是取决于其好运气等，参与竞赛的官员自己知道其投入与产出水平。官员 j 的产出水平 q_j 由下式决定：

$$q_j = \mu_j + \varepsilon_j \qquad (1)$$

其中，μ_j 是官员的努力水平，是能力或平均产出的一种测量，它是官员参与锦标赛前以及在随机因素或运气指数 ε_j 实现之前确定的。获取平均能力 μ_j 的成本为 $C(\mu_j)$，满足 $\partial C > 0$ 与 $\partial^2 C > 0$。随机变量 ε_j 遵从一个已知的分布，其均值为 0，方差为 σ^2。其中关键假设是参与竞赛的官员无法分散其生产率风险。此外，假设影响不同参与竞赛官员生产率的 ε_j 相互独立且遵循相同的分布。

为了便于说明，我们考虑仅有两个参与者的锦标赛，其中博弈规则为，获胜者获得价值为 W_1 的职位，而失败者获得价值为 W_2 的职位。很明显，关于这一简单的锦标赛所有关键方面都可以简单地推广到任意数量的参与者的锦标赛之中。参赛者事前投资于其能力，知道博弈规则所设定的奖励职位及其价值，但参赛者之间不进行沟通，也不能够形成串谋，同时这是一个竞争性的而非寡头性的竞赛，因为对于能力的投资是在参赛前确定的。参赛者并不知道其对手是谁，因为假设决定是同时做出的。每个参赛者都尽可能地发挥其能力以便获胜。

假设每个参赛者具有相同的投资能力的成本函数 $C(\mu)$，因而每个参赛者的行为都是相同

的。假设赢得比赛的概率为 P，那么，参与者获得的期望效用为

$$p[W_1-C(\mu)]+(1-p)[W_2-C(\mu)]=pW_1+(1-p)W_2-C(\mu) \tag{2}$$

参与者 j 赢得比赛的概率因而为

$$p=prob(q_j>q_k)=prob(\mu_j-\mu_k>\varepsilon_k-\varepsilon_j)$$
$$=prob(\mu_j-\mu_k>\zeta)=G(\mu_j-\mu_K) \tag{3}$$

其中 $\zeta=\varepsilon_k-\varepsilon_j$，$\zeta g(\zeta)$，$G(*)$ 是 ζ 的概率密度分布，$E(\zeta)=0$，$E(\zeta^2)=2\sigma^2$。每个参赛者选择 μ_i 最大化其期望效用。假设存在内部解，那么，

$$(W_1-W_2)\partial p/\partial\mu_i-\partial C(\mu_i)=0$$
$$(W_1-W_2)\partial^2 p/\partial\mu_i^2-\partial^2 C(\mu_i)=0;\ i=j;\ k \tag{4}$$

采用纳什-古诺假设，每一个参赛者通过最优化其他竞赛者的努力来最大化其获胜概率，因为参赛者自身的努力并不能够影响整个比赛结局。因此，参赛者 j 在决定其努力时视参赛者 k 的努力为给定的，同样，参赛者 k 在决定其努力时视参赛者 j 的努力也为给定的。这样，对于参赛者 j，其赢得比赛的概率依下式决定：

$$\partial P/\partial\mu_j=\mu G(\mu_j-\mu_k)/\partial\mu_j=g(\mu_j-\mu_k) \tag{5}$$

将此式代入到效用最大化方程中，便可得到参赛者 j 的反应函数：

$$(W_1-W_2)g(\mu_j-\mu_k)-\partial C(\mu_j)=0 \tag{6}$$

依据同样的过程，可以获得参赛者 k 的反应函数，即上面函数的对称函数。

这种对称性意味着，当纳什均衡存在时，$\mu_j=\mu_k$，而且 $P=G(0)=1/2$，即获胜的概率完全是随机的。然而，从事前来看成，每个参赛者都通过投资于努力水平而影响其获胜的概率。

纳什均衡时有 $\mu_j=\mu_k$，因此可以得到：

$$\partial C(\mu_i)=(W_1-W_2)g(0),\ i=j,\ k \tag{7}$$

这一关系表明，锦标赛的获胜者与失败者各自获得的职位价值之间的差异决定着参赛者的努力程度：其间差异越大，越能够激发参赛者进入比赛并激励其在能力方面的投资。一般而言，价值相当于 W_1 的职位均高于价值相当于 W_2 的职位，因而根据职位与相关权力、待遇等相匹配的科层组织原理，$W_1-W_2>0$ 恒常成立，因而对于官员来说，具有足够的激励参与这种锦标赛式的职位竞争。

事实上，早在 20 世纪初，马克斯·韦伯就已经明确地指出了官僚为职位晋升而不断竞争的过程。按照地位阶层的规定，韦伯认为，官僚在现代社会构成了一个特殊的地位阶层。他们的典型性格是所谓的"渴求禄位者"，这种职业需要提供与所受教育的社会名望相匹配的薪水，如果可能的话，直到终身。他们的最高理想是有保障而不被解聘，并能可预期地升迁。"把持要职，仅求晋升——这是在当代官僚界尤其是作为候补来源的时下的学生中逐渐共同起来的态度"。官僚对权力的追逐，并不是因为他们追求权力作为改善施政的手段，而是在于其本身的目的，即受到所谓"官职荣誉"动机的强烈驱使。韦伯认为，"官职荣誉"除包含任职含义之外，还典型地包含着对自己资格和能力之高，别人不堪比拟的优越感。这种优越感或"官职荣誉"，迫使官僚在科层行政的等级阶梯上拼命往上追逐。因为科层行政的不同等级显示着个人在政治上的成就、个人能力的社会实现程度以及个人抱负的自我实现程度。

韦伯关于"官职荣誉"引发的官僚对于权力的追逐，显然只是观察到了一种特殊的情形。事实上，由于各个国家的历史与文化的不同，

官僚追逐权力既受"官职荣誉"的激励，也授予官职相伴相生的其他衍生品的激励，只不过在不同时代和不同文化下，这些衍生品的激励所发挥的作用不同而已。亨廷顿指出，"在一个生财有道而做官无门的社会里，占主导地位的腐化形式将是利用前者换取后者。在美国，财富通常是通向政治权势的道路，而想通过当官去发财则找错了门……美国的内阁部长或总统助手为了养家糊口而弃官就是美国政治中令人吃惊然而却又是司空见惯的情形，这种情形在世界大部分地区使人诧异不已和难以置信。"而在那些处于现代化过程中的国家，由于少数官僚或少数家族垄断了经济的各个方面，通过个人努力获取财富的机会被各种各样势力网络限制着，因权力职位上人员更迭而形成的政策上的飘忽不定、任意摇摆，产权随时面临被"追溯既往"式的法律或其执行的任意掠夺、侵吞或充公。在这样的社会里，政治因而成为风险相对最小的获取财富的道路，那些富于进取心的精英分子因为在工商界无用武之地，便跻身政坛以求一展抱负。在许多处于现代化之中的国家里，对于一个能干的、雄心勃勃的青年人来讲，从政而当上内阁部长比经商而变为富翁要容易得多。因此，从这个角度上说，职位之间名义上的差别与实际上的差别可能相差甚大，因而对于官僚的追逐更高职位会产生比理论模型更强大的激励。

官员晋升锦标赛的外部效应与基本公共服务发展失衡

政府官员晋升锦标赛虽然具有强激励的特征，但也存在一系列负的外部效应。这些负的外部效应在某种情况下对社会所产生的危害会极大地超过其激励效应对社会所产生的正效应。归纳地说，政府官员晋升锦标赛至少包括四个方面的负效应。

一、激励的有偏性

晋升锦标赛是一种强激励的形式，政府官员的晋升高度依赖于一些可测度的经济指标。但政府职责具有多维度、多任务的特征且不易量化，政府目标需要考虑诸如消费者剩余、生产者利润、社会公正、环境污染等，加之政府的许多服务具有相当的垄断性，如何激励政府官员成为各国行政治理的难题。

根据 Holmstrom 和 Migrom 多任务下的委托代理理论，如果激励的设计只是基于一些可测度的指标，很容易导致代理人的努力配置扭曲，即将精力完全集中在可测度的任务，而忽略不可测度但同样重要的任务。事实上，中国基本公共服务发展失衡正是这种配置扭曲的结果。在以经济发展，特别经济增长速度为考核指标的前提下，地方政府将有限的资源用于促进经济增长而不是基本公共服务的发展，不仅是一种理性的策略选择，而且是一种均衡的策略选择。因为在这种情形下，参与锦标赛的不同地方政府，作为博弈参与人，正在进行一个典型的"囚徒困境"博弈，偏离将有限的资源配置于经济发展的博弈路径，是每个参与人的劣策略；而将有限的财政资源配置于经济发展速度，是给定其他参与人策略选择下的最优反应策略，因而形成了纳什均衡。

假设存在两个参与锦标赛的地方政府 A 与

B，如表 1 所示。每一个地方政府对公共财政资源的配置有两种选择，配置于基本公共服务的发展与配置于经济发展速度。根据晋升锦标赛的奖励规则，各个参与人的不同配置策略可获得的收益如表 1 所示。不同配置策略的收益，是依据配置不同方面对经济增长的影响确定的。由于基本公共服务的社会属性，其投资效益的显现是一个长期过程，而长期过程对于锦标赛参与者来说没有任何利益可言。相反，直接的经济方面的投资，则基本可以实现立竿见影的效果。

表 1　公共财政配置博弈

		参与人 B	
		配置基本公共服务	配置经济
参与人 A	配置基本公共服务	(3, 3)	(1, 10)
	配置经济	(10, 1)	(6, 6)

在以经济增长速度作为考核标准的晋升锦标赛的条件下，给定任何一个参与人的策略选择，而另外一个参与人选择将公共财政资源配置于经济发展速度，都是一种最优反应，因而（配置经济，配置经济）构成此博弈的纳什均衡。根据博弈论我们知道，纳什均衡是一种具有自我实施能力的策略配置，因而任何人都没有激励改变纳什均衡状态下的策略选择。用新制度经济学的语言来说，就是人们都"锁定"在纳什均衡路径上。这就是为什么改革开放 30 多年来，虽然中央制定了一系列基本公共服务发展规划，但基本公共服务发展不均衡问题始终得不到有效解决的根本所在。

激励的有偏性是官员锦标赛式晋升机制所内生的，因此，在多任务的组织中，某一方面的锦标赛式的竞争，必须附以相关的补充性机制，避免由于锦标赛式竞争而导致的激励扭曲导致组织功能完全丧失。在西方国家，主要通过扩大公民参与和投票权来限制官员的扭曲性激励。通过公民参与和选举，公民的政策偏好能够在一定程度上决定官员的去留。另外，在西方政治体制中，特别在美国的政治体制中，州议会在决定公共财政配置方面发挥着决定性作用，州长因个人偏好或因某种政治目的试图偏向于某方面的公共财政资源的配置，受到严格的约束。制约地方官员激励扭曲的另外一种方式是公众对政府服务的评价意见能以某种方式进入官员绩效考核的指标之中，并使其具有重要的影响，占有较大的权重（weight），从而使得上级政府面临的信息约束放松，减少对晋升锦标赛的依赖，否则这种两害相权取其轻的取舍就不可避免。进一步说，在中国目前的政府体制下，晋升锦标赛的推行与上级政府面临的信息和监督约束，或者说地方政府官员面临的监督方式直接相关，主要以垂直监督为主还是以水平监督（如媒体和公众）为主对政府治理模式的选择影响巨大。

制约官员晋升锦标赛的激励扭曲的另一种方式是将某种指标设定为绝对的指标，从而对地方官员的绩效指标具有强大的缩减作用。这一方式在中国非常流行，即所谓的"一票否决制"。事实上，晋升锦标赛式的竞争所产生的公共资源配置的有偏性，早在 20 世纪 80 年代就已经显露出来。改革开放以来，中央政府为了校正地方政府的扭曲性激励，出台了一系列方面的"一票否决制"的安排。例如，计划生育指标的"一票否决制"、环境保护的"一票否决制"、社会安全、稳定的"一票否决制"。

事实上，在基本公共服务发展方面，特别是公共财政投入比例方面实施"一票否决制"，即使促进基本公共服务的发展也不是一个能够"自我实施"的制度安排。在已经实施"一票否决制"的那些领域，出现的问题并没有比没有实施这一制度安排的领域出现的问题少。表明这些领域存在问题的一个充分统计量便是"官出数字"。虽然在一些领域实施了"一票否决制"，但由于信息不对称以及地方政府所具有的绝对优越的信息优势可以通过修正真实数据而使被考核的指标达到政府的要求，而除了地方政府的主要领导与统计部门、财政部门以及发改委等，其他人找不到有效证据来证明是否存在数据的人为修正。尽管如此，一些典型事例的媒体曝光表明这类现象的普遍存在，而且修正数据在一定条件下是一种具有"自我实施性"的策略选择，这使得"一票否决制"并没有起到真正的约束或修正作用。

为了说明在信息不对称下"一票否决制"并不是具有可"自我实施性"的制度安排，我们以一个简单的博弈模型来分析。假设存在一个地方政府，其有两种策略选择，修正或不修正数据。不修正数据的成本为 g（可视为晋升机会的丧失），所获得的收益价值为 v。存在一个社会审查者，拥有审查与不审查两种策略选择。审查的成本为 h，但可以提供地方政府是否修正了数据的证据。若没有发现地方政府修正数据的证据，地方政府获得价值为 w 的奖励，否则获得价值为 0 的收益。两个参与人同时选择策略。为避免考虑过多情形，假设 g > h > 0，同时为了保证这一博弈有意义，假设 w > g（否

则不修正数据就是弱的或强的劣策略），如表 2 所示。

表 2　数据修正与监察博弈

		监察机构	
		监察	不监察
地方政府	修正数据	0, −h	w; −w
	不修正数据	w − g; v − w − h	w − g; v − w

假设若监察机构进行监察，那么可以百分之百地发现是否存在数据修正行为。在这种情况下，若监察机构监察，在 w > g 的条件下，地方政府的最优策略为不修正数据；若监察机构不监察，在 w > g 的条件下，地方政府的最优策略为修正数据。因而不存在纯策略的纳什均衡。假设地方政府与监察机构分别以概率 x 和 y 采取修正数据与监察策略，那么，为了保证地方政府在修正与不修正数据两种策略之间的收益无差异，必须有不修正数据的成本等于修正数据的期望收益，即 g = yw，从而有 y = g/w。同样，对于监察机构两种策略间收益的无差异，必须有监察成本与监察的期望收益相等，即 h = xw，从而有 x = h/w。由此可知，若不修正数据的成本大于修正数据的期望收益，即 y < g/w 时，地方政府必然有激励去修正数据。由于 y 表示监察机构监察的概率，从各地存在禁止信息外露情况的普遍程度上来看，监察机构实际实施监察的概率远远小于 g/w。这表明，即使存在"一票否决制"，由于监察成本的过大也必然存在"官出数字"的现象。更为重要的是，若考虑到监察机构可能与地方政府存在串谋行为，那么，"一票否决制"的制度安排在纠正"官出数字"方面的效应就更不可信了。

二、短期行为

中国政府官员的晋升锦标赛，从职务晋升路径来说，呈现出从最低的行政职位一步一步提拔，顺序进入一个典型的逐级淘汰的锦标赛结构。它的最大特征是，进入下一轮的选手必须是上一轮的优胜者，每一轮被淘汰出局的选手就自动失去下一轮参赛的资格。比如说一位官员从乡（镇）长这一级没有升上去，或退休了，或者被调离了，就不可能再进行下一轮县（区）长的竞争，这是一个逐级淘汰的过程。为了进入下一轮的锦标赛，官员必须在这一轮获胜才有资格。这样就给地方官员施加了很大的压力，形成一种非常残酷的政治竞争。由于中央对每一级别的行政干部有任职的最高年龄的限制，所以从政者必须在一定年龄升到某个级别，否则就没有机会了。比如近年来中央对省部级干部的退休年龄规定为60岁，假设一任的时间正常为5年，这意味着一个普通从政者要逐级提升为省部级干部，在最顺利的情况下也需要20年时间，但通常来说远不止这些时间。近年来国家对干部任职的年龄要求越来越趋于年轻化，使得一轮竞争错过提拔机会就可能永远失去晋升机会，这势必影响到地方官员的晋升策略，比如可能采取"铤而走险"的冒险策略，甚至"跑官买官"。从这个意义上说，逐级淘汰制下的行政干部的任职路径和年龄限制均不能随意确定，其中的一些微小变化都会引起巨大的连锁反应，从而最终影响到政府官员的激励。

逐级淘汰的官员晋升锦标赛的这种即时性的最重要的一个外部效应是官员的短期行为。

短期行为成为占优策略选择的博弈中，任何一个参与者或官员都没有任何激励进行长期的、社会资本的投资。此外，中国地方政府官员的任期制具有明确的规定，一般来说，在一个地方只有连任两次。若不能够获得晋升，必须调任其他地方任同级别的职务。地方官员的这种流动任职制度，虽然在一定程度上防止了地方小集团的生成，但也带来了另外的问题——短期行为。几种不同的制度安排都导致官员短期行为，这种叠加效应使得官员短期行为更为严重。奥尔森曾经构建一个博弈模型，明确地说明流动性的官员对地方治理，特别是地方基础性社会投资与基本公共服务发展来说是一个重大灾难。因为流动性使得官员无法收获其长期投资收益，因而官员只注重短期收益的获取。

当各地方政府短期行为成为一种普遍行为时，对基本公共服务财政投入的"挤出效应"将变得十分明显，各不同区域基本公共服务的财政投入由于官员晋升锦标而竞相进入社会可容忍的最低限度，这一过程运用演化博弈可以得到更为清楚地证明，如表3所示。假设社会中存在两种类型的政府，一种将公共财政资源配置于基本公共服务的发展（A），一种将其配置经济发展速度的增长（B）。两种策略对应的支付或收益由下面的矩阵给出。

表3　不同策略的收益矩阵

	A　B
A	$\begin{pmatrix} a & b \\ c & d \end{pmatrix}$
B	

假设地方政府中具有A类型的占总数的比例为x_A，具有B类型的占总数的比例为x_B，因而策略A与B的期望收益分别为：

$$f_A = ax_A + bx_B, \quad f_B = cx_A + dx_B \qquad (8)$$

这两个方程表明，对于每一种类型的政府，与运用策略 A 进行竞争的概率为 x_A，运用策略 B 进行竞争的概率为 x_B。每一种类型的政府随机地与运用不同策略的政府进行竞争。

由于 $x_A + x_B = 1$，我们可以得到如下的动态方程：

$$\dot{x} = x(1-x)[(a-b-c+d)x + b - d] \qquad (9)$$

如果 $a > c$；$b > d$，那么策略 A 是一个绝对占优策略，因而这一系统演化的最终结果是所有地方政府都将采用策略 A；相反，若 $a < c$，$b < d$，那么策略 B 是一个绝对占优策略，因而这一系统的最终演化结果是所有地方政府都采用策略 B，如图 1 所示。若 $a > c$，$b < d$，那么，两种策略都是稳定的策略；若 $a < c$，$b > d$，那么两种策略能够同时存在于这一系统内（见表 3）。由于中国地方政府官员处于锦标赛式的晋升博弈之中，因而这一系统演化的最终结果只能是地方政府都采用某个相同策略。至于地方政府采用 A 还是 B，完全依赖于中央政府确定的晋升锦标赛的指标选择。若像改革开放后那样，选择以经济发展速度作为考核指标，那么，所有地方政府最终都将选择促进经济快速增长的策略。这种演化的结果是各地方政府在非经济发展速度方面的公共财政支出，都保持在尽可能低的状态。考察改革开放以来中国各地方的基础教育支出占当地财政支出之比或占当地 GDP 之比，可以发现，这些数字基本相同。不同区域间基础教育财政支出占财政总支出或 GDP 比例之间的差别，不论用泰尔系数还是基尼系数来衡量，远远小于这些地区之间经济发展水平或速度之间的差别。这表明，各地方政府在基础教育支出方面仅维持一种基本过得去的状态或人们可以容忍的最低状态。

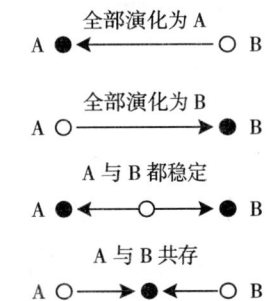

图 1　两种策略的演化结果

三、人为制造绩效

晋升锦标赛的另外一种外部效应就是人为地制造绩效。有关在经济发展速度方面或地方经济发展绩效方面的人为制造的绩效已经不是新鲜事物。有关政府的"形象工程"、"政绩工程"、"面子工程"以及数字上的弄虚作假等，已经充斥各种媒体。据央行调研结果显示，截至 2009 年 5 月末地方政府的 3800 多家投融资平台总资产近 9 万亿元，负债升至 5.26 万亿元，平均资产负债率约为 60%。5.26 万亿元的负债相当于 2009 年全国 GDP 的 15.7%，全国财政收入的 76.8%，地方本级财政收入的 161.35%。而 2010 年以来，随着地方政府投融资平台的数量和融资规模的飞速发展，地方政府投融资平台的负债规模也在急剧膨胀。大规模的投融资也给地方政府带来了居高不下的举债。地方债务在短短几个月内，已经从 4 万亿元飙升到 7 万亿元（《新华网》，2010 年 6 月 3 日）。

即使在基本公共服务领域，也不乏存在大量的"形象工程"或"政绩工程"。例如在教育领域，民革郑州市委在《关于郑州市尽快实行 12 年义务教育的建议》中介绍，珠海市从 2007

年秋季起对本市户籍的中小学生实行 12 年免费教育，9 年义务教育阶段学费、书杂费全免，高中教育阶段免学费；江苏省要在 2009 年底提出 12 年义务教育的具体实施方案，北京市和广东省也提出了力争在 2010 年实现 12 年制义务教育的奋斗目标。很显然，为了适应中央某个时期关于某方面的政策主张，或为了迎合媒体关于某领域政策问题的讨论，各个地方相互攀比式地放大政策的可能性，以此获得某种绩效方面的优势（《第一财经日报》，2009 年 2 月 2 日）。

2008 年 10 月 17 日，云南省教育厅对外宣布，将在全国率先探索扩大义务教育年限到 13 年，该举措广受赞誉，甚至一度被称为"破冰之举，描绘了我国免费教育的新蓝图"。然而，进入 2009 年，"普及 13 年义务教育"的说法悄然发生了变化，教育部门发布的消息中，剔除了敏感的"义务"二字，取而代之的是"普及 13 年教育"（《东方早报》，2009 年 3 月 4 日）。

在教育领域，作为人为制造绩效的一个久已存在的事实是所谓的"重点学校"的建设。为了不至于使在教育方面的绩效影响官员锦标赛式的晋升，各地普遍存在重点学校。这类学校成为地方政府标榜教育发展的突出政绩。正是由于这一原因导致中国基础教育发展中一个重要现象，即区域内的不均衡远远大于区域间的不均衡。

四、退出竞赛

虽然官员加入晋升锦标赛容易产生一系列外部效应从而影响基础教育的发展，官员退出晋升锦标赛也同样会产生影响基础教育发展的

效应。众所周知，官僚结构是一个金字塔式的结构。沿着金字塔结构向上的方向，上升得越高，职位越少。据统计，目前我国科级职务以下的公务员占 92%，只有 8% 的公务员是副处级职务以上。公务员晋升领导职务需求的无限性与政府机关领导职务供给的有限性之间的矛盾，极大地阻碍了公务员个人的发展空间，导致"天花板"干部越来越多（《人民网》，2009 年 12 月 9 日）。因此，在晋升锦标赛过程中，没有获得升迁的必然多于获得升迁的。没有得到升迁的官员，在几轮竞赛之后，由于年龄以及其他方面的问题，已经不可能再获得升迁的机会，于是这些人便成为所谓的"天花板"式的干部。有调查显示，在全国的党政机关中，约有 40 万~50 万县处级干部，其中只有 10%~15% 能够继续升迁，余下的就形成了所谓遭遇"天花板"的群体（《羊城晚报》，2010 年 3 月 16 日）。

大量退出晋升锦标赛的"天花板"干部的存在，导致依赖政府调动资源从而获得各方面发展的中国官僚体制，在众多方面失去了其应有的功能。《人民网》就"'天花板'干部存在的最大危害是什么？"在网上展开了调查。调查结果显示，35% 的受访者选择"一些干部觉得升迁无望，开始混日子，得过且过，带坏官场风气"，32% 选择"阻碍年富力强、经验丰富的人才干事，影响执政能力提高"，28% 的选择"一些干部觉得手中权力时日无多，贪污腐败"，3% 选择"其他"（《人民网》，2009 年 12 月 9 日）。虽然这份调查的问题设计存在一些问题，但调查结果基本反映了社会对这些"天花板"干部的一种基本认知。

在晋升锦标赛体制下，跨过 45 岁门槛的县处级以及厅局级官员中，有些人觉得升迁无望后，会珍惜来之不易的成果；有些人则千方百计地保全既得利益，坚持"搞定就是稳定，摆平就是水平，无事就是本事"的为官教条，不仅改革锐气大减，甚至连讲话都格外小心、谨慎，常常重复总书记、总理的报告；有一些人则是"身在曹营，心在汉"，在利用各种方式保持现有官职的前提下，身兼数职，利用其"官场上的人脉"，通过各种手段或途径，将处于灰色地带的事情变为合法的事情而从商获取自身利益。"身在官场"成为使自己的商业经营顺利进行了唯一的或主要的目的。

这些人的存在对基础教育发展的影响主要通过三种途径：

（1）通过影响着政府财政支出结构来影响基础教育的发展。虽然这些人的主要目的在于自己的经营，但经营过程中的各种成本，如交通成本、招待成本甚至建设成本却全部或部分地由其主管的政府部门或相关部门承担。① 这些年来中国行政管理费用居高不下，不能不说与此密切相关。不断膨胀的行政管理费用对基础教育的经费投入产生了严重的挤出效应。

（2）通过与其他官员串谋，大力兴建各种工程，以便直接或间接地从中赢利，挤占了基础教育经费。建设部部长汪光焘在"全国建设系统党风廉政建设和精神文明建设"会议第二次会议上，严厉批评了建设系统中的种种"病症"，他特别斥责一些地方脱离实际，超越经济

承受能力搞劳民伤财的"形象工程"、"政绩工程"。"目前，全国竟然有 183 个城市相继提出了要建设'现代化国际大都市'的目标。事实上，北京在制定相关规划时，也只是定位于'现代化国际城市'，而达不到'现代化国际大都市'的标准"（《第一财经日报》，2009 年 2 月 2 日）。为什么地方政府在背着巨额债务，地方财政深陷拮据泥潭而无力自拔的前提下，却热衷于搞什么"现代化国际大都市"，大兴土木呢？美国反腐学者苏珊的研究表明，腐败的官僚们总是"上马过多的毫无实效的公共投资项目"，因为只有如此才能将水搅浑，只有"浑水"中才容易"摸鱼"，大工程才能捞大钱。前河北省国税局局长李真不断地给别人介绍工程，然后按工程造价提取 6% 的佣金。"一个书记一条街，一届政府一座城"，从而使地方政府债务不断累积，既成为基础教育经费不足的来源，也成为基础教育经费投入不足的借口。

（3）通过强化重点或示范单位建设，用几个典型来掩盖普遍的基本公共服务投入不足，同时又能够满足官僚群体自身对基本公共服务的需求。延安时期以及新中国成立初期，国家处于百废待兴的状态，国家财政拮据、捉襟见肘，因而发展重点学校以便保证教育质量具有历史的与客观的合理性。然而，改革开放以来，特别是 20 世纪 90 年代以来，仍然强调或实际地重视重点学校的建设，并不存在历史上存在的合理性因素。在官员晋升锦标赛中，用几个重点学校显示教育方面的亮丽绩效，既能够应

---

① 例如，《财经网》2010 年 6 月 3 日报道，武汉六名法官先是违规将一块价值 4 亿元的土地查封，然后以低价拍卖给关系户，从中收取高额贿赂。这样的事例在全国绝非少数。

390 >>>>>> 第四部分 理论探索

对"条条"式的部门管理的要求，也能够为经济增长绩效增加些许综合性成分，还能够满足官僚群体对教育质量的需求。事实上，各地方的各级重点学校，通过关系进入的大部分学生都是官僚群体的子女，而其他群体只能在有限的名额限制之内进行分数与运气上的拼搏与碰撞。近年来，社会上对于择校的不合理性的反映，并非来自按成绩录取，而是来自对官僚群体和其他势力群体通过特权而进入重点学校这一现象。

从官僚体系内部来说，强化基本公共服务的重点或示范单位建设具有激励相容性的特点。例如，地方最高党组织领导与最高行政长官，可以通过发展重点学校增强其考核的综合性，符合科学发展观的要求；教育部门由于掌控各种重点学校的建设，因而具有公共资源的绝对配置权力，各学校竞争挤入重点学校的行列，各种专业教师、管理人员相互竞争试图就职于重点学校，这为主管部门提供了获取利益的大量机会；重点学校的领导掌控与分配"关系生"的名额，因而既可以交换到权力，也可以交换到金钱或财富。① 这种内部的激励相容性，形成了一个庞大、复杂的既得利益集团或利益相关者网络，从而使重点学校建设这一制度安排具有了"可自我实施性"与"自强化性"的特征。

基本公共服务的重点或示范单位，相对来说，不仅能获得更多的政府投入，也可以通过交换获得更多的社会投入。因此基本公共服务

的重点或示范单位建设人为地拉大了同区域［省（市、自治区）级］内基本公共服务发展的不均衡，从而使基本公共服务的发展或供给与社会需求之间产生严重的扭曲。基本公共服务的重点或示范单位的各种资源过剩与拥挤，非重点或示范单位的各种资源则严重短缺，既造成了基本公共服务资源配置的无效率，也造成了基本公共服务资源配置的不公平。

上述表明，中国基本公共服务发展失衡主要源自于体制或机制的安排，是社会运转体制的一种博弈均衡。为了实现党的十六届六中全会《决定》明确提出了逐步实现基本公共服务均等化的政策要求，进行与基本公共服务供给的相关体制与机制的改革是一个重要途径。

（贺 军 罗 植 刘雯雯
戴 伟 管 振 执笔）

参考文献

[1] 杨冠琼：《当代中国行政管理体制沿革研究》，北京师范大学出版社，1999年，第119-121页。

[2]《新华网》，2010年6月3日。

[3]《第一财经日报》，2009年2月2日。

[4]《东方早报》，2009年3月4日。

[5]《人民网》，2009年12月9日。

[6]《羊城晚报》，2010年3月16日。

[7]《人民网》，2009年12月9日。

[8]《第一财经日报》，2009年2月2日。

[9] Lazear, E.P. and Sherwin Rosen, Rank-Order Tournaments as Optimum Labor Contracts. The Journal of Political Economy, Vol.89, No.5, 1981, pp.841-864.

---

① 例如，自1997年1月开始担任本溪市第十二中学校长的张晓霞，至案发时在任长达12年之久，2004年曾当选"本溪市功勋校长"。据初步调查发现，张晓霞近年来以收取学生择校费、择班费等名义，疯狂敛财，仅2009年秋季入学期间就收受300多万元，据为己有。其累计贪污受贿逾千万元，或以子女亲属等人的名字存入银行，或投资公司保值增值。此类事件在全国绝非少见。

协同效应、政府行为互补性与社会经济绩效

问题的提出

新制度经济理论与发展经济学的一个重要结论是，政府行为是经济增长的来源，同时也是经济衰退与长期"黏滞"在低效率状态的人为根源（Stigilitz, 1998）。为了证实或证伪这一结论，近年来学术界对此命题给予了高度关注。不同政府行为的社会经济增长效应因而成为社会科学各部门研究的热点问题。有关论述与识别哪些政府行为在多大程度上以及在什么方向上影响社会经济绩效的研究文献，大量而迅速地涌现出来（Richardson, Gary and Bogart, 2008）。然而，不论是基于面板数据的跨国或跨地区比较研究，还是基于时间序列的一国内部的纵向研究，经验证据都表明，相同的政府行为在不同国家以及同一国家的不同时期对于经济绩效的影响存在重大差别（Parto, 2005）。

特别地，20 世纪 80 年代以来，随着社会主义国家改革开放浪潮的兴起，探索经济转型国家可供选择的改革策略及其实施方式，是人类社会面临的一个重大理论与实践问题。基于发达国家的经验与制度经济学、发展经济学的理论和实证研究结果，西方学术界以及相关的国际机构（如国际货币基金组织、世界银行等）相继提出了各种各样的"一揽子"策略主张，其中"华盛顿共识"与"善治理论"具有典型的代表性，因而对不同国家的改革产生了重大影响。不同转型国家因采取不同的改革策略而形成了完全不同的社会经济绩效，现在对不同改革策略的社会经济绩效做出最终的评估还为时过早。"大推进"策略的"休克疗法"并未形成其理论预期的结果，相反，采取这一策略的国家至少在短期内经济绩效发生了较大的倒退，并且不得不回过头来重新审视"大推进"策略的成功条件或前提（Hoff and Stiglitz, 2004）。"善治理论"，虽然对于经济转型国家仍然具有一定的吸引力，但没有一个国家真正遵循这一理论所提出的主张进行系统地改革，同时因这理论缺乏微观社会基础而不断遭到来自不同领

域的学术界的批判（Brinkerhoff 和 Goldsmith，2005）。

反思"华盛顿共识"与"善治结构"理论失败的结果，是人们重新思考政府行为影响社会经济绩效的方式与途径。正在兴起与形成的所谓的"行为互补性"或"制度互补性"理论，就是这种反思的一个重要结果（Couch 等，2005）。这一理论认为，政府行为的经济绩效效应，依赖于政府行为结构的内在逻辑。在研究政府行为对社会经济绩效的影响时，必须将政府行为视为一组相互关联的变量而不是一个单一的变量。每一种政府行为对社会经济绩效的影响依赖于其他政府行为，因此，研究政府行为对社会经济绩效的影响必须将每一种政府行为放在这组相互关联的变量中加以考察。只有通过考察这组变量在影响社会经济绩效方面的相互关系，才能够有效说明什么样的政府行为组合是有效的或有效率的，单独考察任何一个方面的政府行为对社会经济绩效的影响都将产生有偏的结果（Hall 和 Gingerich，2009）。

与国内其他研究政府行为对社会经济绩效影响的文献不同，本文不是研究某些特定的政府行为对社会经济绩效的影响，而是研究不同政府行为间的关系（互补性与替代性）对社会经济绩效的影响。本文的目的是通过理论分析与实证性检验，理清各不同政府行为在影响中国社会经济绩效方面的关系，从而为调整政府行为，形成具有内在凝聚性，能够在促进经济绩效方面产生协同效应的政府行为组合提供理论基础与经验证据。

政府行为互补性与协同效应

政府行为是指政府在干预社会、政治、经济等运转过程中或在履行社会、政治、经济等职能过程中所显现出来的实际行为。政府行为塑造了市场经济中企业与个人行动于其中的经济环境，这一经济环境为企业与个体提供了某种行为的激励，从而使企业与个人在不同的经济环境中表现出不同的行为，因而形成不同的经济绩效。由政府行为所塑造的经济环境既可以创造正确的行为激励，从而激励企业与个人从事更多的生产性行为，如投资于机器设备与人力资本的形成、开发新的生产技能与生产技术以及降低交易成本等；也可以扭曲企业与个人的行为激励，从而激励企业与个体从事更多的非生产性行为，如逃避规则、设租与"寻租"、歧视性地实施政府规则以及其他各种腐败行为等，因而显著地增加了社会生产性活动的交易成本。通过塑造不同的经济环境而改变个体的不同的行为激励，政府行为因此影响着社会整体经济绩效。

研究政府行为的经济增长效应的传统方式是考察单独某个政府行为或单一领域的政府行为对社会经济绩效的影响。虽然这类研究对于识别不同政府行为在促进经济绩效方面的作用提供了经验证据，但这类研究忽略了不同政府行为之间的相互作用及其对社会经济绩效产生的不同结果，因而并没有完整地说明不同政府行为组合如何影响社会经济绩效。研究不同政府行为间的相互作用能够有效揭示为什么有些国家能够通过调整政府行为而获得较高的社会经济绩效，而有些国家则长期"黏滞"在低效率水平状态。

表1 协调博弈

—		参与人 B	
		1	2
参与人 A	1	(1, 1)	(1, 0)
	2	(0, 1)	(2, 2)

为了说明政府行为间的不同关系对社会经济绩效的不同影响，我们以一个简单的协调博弈模型为例，如表1所示。假设两种不同的政府行为或两个不同领域的政府行为间存在不同的关系，存在两个参与人，每个参与人有两种策略或行为选择。政府行为间的不同关系影响参与人的策略选择，而不同的策略选择直接影响社会经济绩效。在政府行为间存在不同关系的前提下，个体的不同策略选择形成如表1的博弈结构。

该博弈中存在 {1, 1} 与 {2, 2} 两个纯战略纳什均衡，以及一个混合战略纳什均衡（双方以50%的概率选择策略1）。这些均衡中只有 {2, 2} 达到了帕累托占优均衡。但帕累托占优均衡是具有风险的。其他的均衡，如 {1, 1} 通常称为协调失败。因此，{1, 1} 均衡是风险占优均衡。从理论上说，缺乏有效的政府行为组合将导致 {1, 1} 均衡（称为政府行为协调失败均衡）；存在有效的政府行为组合导致 {2, 2} 均衡，即政府行为协调使博弈实现帕累托占优的纳什均衡。有关该博弈的结果，Cooper等进行的一系列实验研究表明，在缺乏协调机制的前提下，出现 {1, 1} 均衡的概率达到97%（Cooper等，1992），而只有不到3%的概率实现 {2, 2} 均衡。这就是经济"黏滞"

于低效率均衡的一个重要来源。因此，在此博弈情景下，实现帕托占优均衡 {2, 2} 绝对地依赖于政府不同行为间的有效协调。由此可以看出，不同的政府行为组合对微观个体产生了不同的激励，因而形成了不同的博弈结果。

上述博弈中政府行为组合对于实现帕累托占优均衡的作用，可以用一个影响参与人行为选择的参数来表示，即不同的参数值表明了不同的政府行为组合如图1所示。如果用 $\phi(e, \theta)$ 表示参与人在参数下的最佳反应函数，那么还可以用这样的一个最优反应函数图来说明协调博弈中存在可帕累托排序的多重均衡与产生低效率均衡的原因。如下图所示，博弈存在 e_l; e_m; e_h 三个均衡。但只有 e_h 是帕累托占优均衡。如果政府行为协调失败，就有可能将经济"黏滞"在低效率的 e_l 均衡上。如果政府行为之间存在有效的协调，就能够实现 e_h 均衡。这一均衡状态的特征是参与人策略选择上存在正反馈性，即一方采取高水平的策略增加了另一方采取高水平策略的边际收益。这种在策略选择上所具有的正反馈性质，通常被称为策略的互补性。

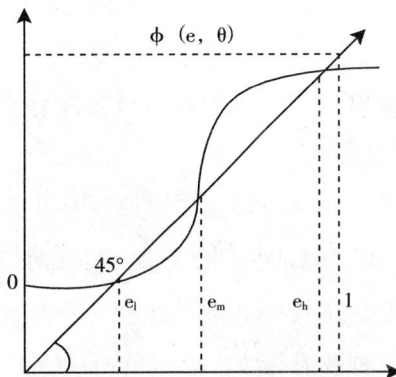

图1 政府行为与参与人行为函数

由于上述博弈实现帕累托占优均衡依赖于

博弈中个体所面临的策略选择的参数，而政府行为构成了几乎任何与正式规则相关的博弈的参数，因此，政府行为互补性可以从两个角度来界定。①从个体行为激励的角度，即作为博弈参数，将政府行为互补性界定为两种或多种政府行为的共同存在一起影响着行动者的策略选择，或者说增加了行动者协调其行动的能力和实现其目标的能力（Boyer，2005）。②直接从政府行为之间关系的角度，将政府行为互补性界定为一种政府行为的存在或效应增加了另外一种政府行为的效应或效率（Hall 和 Soskice，2001）。

不论从哪个角度来界定，政府行为互补性的本质或核心就是在相同或不同领域中的不同的政府行为在激励、引导或禁止个体行为选择方面产生了一种协同性的影响，从而使社会或经济的不同子系统中的相容性激励结构形成了相互强化的效应，放大了单一政府行为的影响效应，或者说，形成了整体大于部分之和的效应。与此相对应，不同的政府行为在影响个体行为选择方面可能存在相互抵消的效应，即一种政府行为的存在或效率抵消了另外一种政府行为的存在或效率，从而在规范个体行为或策略选择方面产生了一种负反馈效应，这种情形被称为政府行为间的替代性或冲突性（Cooper 和 John，1998）。

由于政府行为间存在这种互补性关系而在个体间形成的某种协同效应说明了三个事实：

首先，在某一个国家行之有效的一种制度安排或一种政府行为，在另外一个国家不仅可能会失去其应有的效应，反而会产生意想不到的严重后果。20 世纪 60 年代的"范式移植灾难"，以及 20 世纪 80 年代以来经济转型国家因采取不同的市场化改革策略而形成的经济绩效差异，都源自于政府行为互补性所产生的协同效应的差异（Hoff 和 Stiglitz，2004）。"范式移植灾难"以及市场化改革经济绩效较差的根本原因是没有捕捉到政府行为间所形成的协同效应。

其次，由政府行为互补性而形成的协同效应源自于不同政府行为在调整或规范经济行为主体某类行为时的内在一致性或相互强化性。这种状态不仅存在于同一层次上的政府行为间的关系，也存在于不同层级间政府行为的关系。"上有政策、下有对策"是在不同层级政府间制度安排丧失这种协同效应的充分体现。

最后，政府行为的调整过程既是一个内生性变迁过程也是一个系统工程。政府行为的调整必须与社会规范、行为准则、文化习俗以及其他正式制度安排相协调。脱离社会文化支撑的政府行为必然无法捕捉到政府行为的协同效应。同时，政府行为的调整必须从"政府行为束"（clusters of government behaviors）（Boyer，2005）的角度进行系统地调整，若没有从规范某类个体行为的"政府行为束"的角度而仅仅对单个方面的政府行为进行调整，必然与原有支撑系统或互补性关系相脱离而又没有形成新的互补性关系，因而出现政府行为互补性的瓦解与断裂，从而使政府行为的实际效应与其欲达到的效应之间存在巨大的罅隙。

一个国家的经济绩效或人均经济总量决定该国的军事、政治与经济实力，也决定该国的国民生活质量，因而是任何一个国家都特别关注的根本性问题。制度经济学的相关实证研究表明，政府行为而不是自然资源禀赋是决定一个国家经济绩效的根本因素（Parto，2005）。因此，从理论和经验上探索对经济绩效产生统计上和本质上显著的政府行为是近年来学术研究的焦点之一。部分研究结果表明，产权结构、教育投入、R&D投入、政府质量等在决定经济绩效方面在统计上与经济上具有显著性的影响，而另外一些研究结果则发现了与此相反的结论（Glaeser，2004）。例如苏芳等（2006）的研究发现，中国科技投入与经济增长之间存在着长期稳定的均衡关系。樊华（2006）的研究表明，高等教育对经济增长的作用与经济发展水平有一定关系。Phillips和Shen（2005）的研究发现，国有经济份额每下降10%，则第二年的GDP增长率提高0.7%~1.2%，国有企业员工每减少10%，GDP增长率提高1.6%~2.3%。Mo利用透明国际的CPI[①]数据，研究了经济增长与腐败程度的关系，结果表明，腐败程度每提高1%，增长率就降低0.72%（Mo，2001）。陈刚等（2008）的研究发现，腐败程度上升1%将使经济增长率下降0.4%~0.6%，但同时发现腐败程度上升1%将使技术效率改善率提高3.9%~4.1%。

大量实证研究结果所显现的经济绩效与不同的政府行为之间关系缺乏稳定性，说明经济绩效与不同的政府行为之间关系敏感地依赖于数据的性质。在经验研究中，这种敏感性通常源自于模型设定方面存在的问题。也就是说，由于经验模型的设定存在有偏性，因而实证检验结果对于数据性质或特征过于敏感，因而无法获得较为稳定的和一致的研究结果。由于上述相关文献均没有考虑到政府行为互补性问题，因而若某一特定的政府行为对经济绩效的影响依赖于其他政府行为，那么，这种没有考虑政府行为互补性的模型必然存在"内生性"或自变量与因变量之间"被同时决定"的问题。在模型设定存在有偏性的情况下，实证检验结果必然扭曲了不同变量对经济绩效的影响，也必然非常敏感地依赖于数据的性质并因而缺乏稳定性。

在经验模型中捕捉不同政府行为之间的互补性关系以及由此而生成的协同效应，存在各种不同的模型设定方式（Athey和Stern，1998）。我们根据互补性的定义选择了捕捉互补性的最为基本的一种方式，即如果两个变量x和z对y的影响具有互补效应或协同效应，那么，y对这两个变量的交叉或混合偏导数大于零，即$\partial^2 y / \partial x \partial z > 0$；反之，$\partial^2 y / \partial x \partial z < 0$表明变量x和z对y的影响具有相互冲突或相互抵消效应，因而必然缺乏协同效应。不过在利用这种设定方式检验互补性关系时必须非常小心，因为若x和z对y的影响均为负的，那么同样有$\partial^2 y / \partial x \partial z > 0$。此时，$\partial^2 y / \partial x \partial z > 0$并不说明x和z对y的影响具有互补效应或协同效应，而恰恰相反，说明x和z对y的影响具有相互冲突或相互抵消效应，或者说，是在相反的方向上，即在x和z同时减少的意义上对y的影响具有正的互补效应或协同效应。依据这一方式，我们检验产权结构、教育投入、R&D资金投入、政府质量之间的互补性关系，并检验这种互补性关系对中国各地区经济绩效的影响。

---

① Corruption Perceptions Index 是透明国际衡量腐败感受程度的一个数据，数值越高越廉洁。

模型设定、指标选择与数据处理

根据前面的理论分析，不同政府行为及其之间的关系对经济绩效产生系统性影响。为了捕捉到这些影响，遵循现代政治经济学与制度经济学设定生产函数的传统，我们在柯布道格拉斯生产函数的基础上增加代表不同政府行为的产权结构、教育投入、R&D 资金投入与政府质量变量，因而得到如下以对数函数形式表示的扩展的柯布道格拉斯生产函数的基本回归模型：

$$\log GDP_{it} = \_const + \beta_1 \log Capital_{it} + \beta_2 \log Emp_{it} + \beta_3 \log EduPeo_{it} + \beta_4 \log RDCPP_{it} + \beta_5 \log SEPA_{it} + \beta_6 \log Case_{it} + \alpha_i + \varepsilon_{it} \tag{1}$$

其中，i 表示 28 个不同的地区；[①] t 表示 1998~2005 年；logGDP 表示以 1952 年为基年的实际 GDP 的常用对数；logCapital 表示以 1952 为基年的实际全社会物质资本存量的常用对数；logEmp 表示全社会就业人员的常用对数；logEduPeo 表示以 1952 年为基年的实际人均国家教育经费投入的常用对数；logRDCPP 表示单位 R&D 人员全时当量所拥有的实际 R&D 资本存量的常用对数；logSEPA 表示国有工业企业总产值占全部工业企业总产值比重的常用对数；logCase 表示每百万公职人员职务犯罪立案数的常用对数；_const 为模型的常数项；由于是面板数据模型，因此加入不随时间改变的个体因素 α_i；最后 ε_{it} 为随机干扰项，符合白噪声假设。

上述模型并没有包括政府行为交互性变量。

---

① 各省、直辖市与自治区，但不包括海南、重庆和西藏。

如果政府行为之间的确存在交互性关系，那么，如前所述，模型（1）必然是一个设定有偏的模型。校正有偏性的有效方式是将政府行为交互补变量加入到模型中，这样我们便得到本文有待检验的如下核心模型：

$$\log GDP_{it} = \_const + \beta_1 \log Capital_{it} + \beta_2 \log Emp_{it} + \beta_3 \log EduPeo_{it} + \beta_4 \log RDCPP_{it} + \beta_5 \log SEPA_{it} + \beta_6 \log Case_{it} + XX + \alpha_i + \varepsilon_{it} \tag{2}$$

其中（2）的 XX 表示代表不同政府行为的四个变量的交互项，其他变量的意义与模型（1）中的完全相同。XX 代表的交互项一共有六个，分别为科技投入与教育投入的交互项 RE、科技投入与国有企业份额的交互项 RS、科技投入与腐败指数的交互项 RC、教育投入与国有企业份额的交互项 ES、教育投入与腐败指数的交互项 EC、国有企业份额与腐败指数的交互项 SC。这六个交互项的数据均是以对数乘以对数的形式得到。例如 RE 为 $\log RDCPP \times \log EduPeo$，而不是 $\log(RDCPP \times EduPeo)$。

从理论上说，科技投入与教育投入之间的关系对经济绩效具有协同效应，而科技投入和教育投入与国有企业份额和腐败指数之间的关系对经济绩效分别具有相互抵消效应。同样，国有企业份额与腐败指数之间的逆向互补性关系将改变这两个变量对经济绩效的影响效应。

经济绩效指标在本模型中是被解释变量，用实际 GDP 的对数来衡量。该数据通过名义 GDP 和实际 GDP 增长指数计算而得。这两个数据主要来自《新中国 55 年统计资料汇编》和历年的《中国统计年鉴》。具体的计算过程如下：

首先选取基年，然后计算该基年下的 GDP 指数，最后可以得到实际 GDP。同时，用实际 GDP 与名义 GDP 计算出 GDP 平减指数，用来核算本文中涉及的其他经济数据的实际值。

科技投入指标主要用 R&D 资本存量与 R&D 人员全时当量两个数据的比值来衡量。其中 R&D 人员全时当量来自《中国科技统计年鉴》和中国科技数据网络数据库，R&D 资本存量利用永续盘存法进行估算。估算过程中涉及的流量数据，折旧率假设以及基年存量数据的估计。其中流量数据使用 R&D 内部支出与 R&D 人员全时当量一样，均来源于《中国科技统计年鉴》和中国科技数据网络数据库。折旧率沿袭通常的估算值，即选择多数研究都使用的 15%。基年存量数据的估计使用 Goto and Suzuki (1989)、Coe and Helpman（1995）的方法进行计算，即 $K_0 = E_0/(g+\delta)$。其中 K_0 为基年的存量数据，E_0 为基年的流量数据，$g = \sqrt[n]{E_{t+n}/E_t}$ 为几何平均增长率，$\delta = 15\%$ 为折旧率。

教育投入指标用人均国家教育经费投入指标来衡量，其中涉及的年末总人口与国家教育经费投入均来自历年的《中国统计年鉴》。

产权结构使用国有工业企业总产值与全部工业企业总产值的比值衡量。其中国有工业企业总产值主要来自《新中国 50 年统计资料汇编》、《中国区域经济统计年鉴》和各省统计年鉴。而全部工业企业总产值主要来自《新中国 55 年统计资料汇编》、各省统计年鉴、各地区的报纸杂志，以及各地区的国民经济和社会发展统计公报。但由于 1998 年以后国家统计局不再统计规模以下工业企业总产值数据，因此这些数据需要估算。我们利用如下三种方法来估算这些数据：

（1）利用规模以下数据估算。由于全部工业企业总产值是规模以上工业企业总产值与规模以下工业企业总产值之和，因此可以通过将规模以上数据与规模以下数据加总估算。其中规模以上数据在历年的《中国统计年鉴》都有统计。而规模以下数据来自各省的抽样调查、报纸杂志以及历年的各省统计年鉴。例如河北、浙江、青海和湖南等均用此方法估算。

（2）利用全部工业企业增加值估算。工业企业增加值指工业企业在报告期内以货币表现的工业生产活动的最终成果，它与工业企业总产值之间存在一定的比例关系。因此，假设同一年中规模以上增加值占全部增加值的比例与规模以上总产值占全部总产值的比例相等。此时只要知道规模以上增加值、全部增加值与规模以上总产值就可以算出全部工业企业总产值。其中规模以上增加值与总产值在历年的《中国统计年鉴》中可以获取，而全部增加值可以在各地区的国民经济和社会发展统计公报中找到。例如河北、山西、安徽和河南等均用此方法估算。

（3）利用规模以上工业企业总产值占全部工业总产值的比例。该方法是假定同一地区 5~10 年内规模以上工业企业总产值占全部总产值的比例不会有太大的变化。因此先算出 5~10 年间这一比例的几何平均数，然后利用该地区当年的规模以上工业企业总产值除以这一几何平均数作为该年的估算结果。例如吉林、黑龙江和江苏等均用此方法估算。

政府质量利用腐败指数来表示。由于腐败问题的敏感性，因此相关的数据难以获取。虽然透明国际组织（Transparency International）每年公布的腐败指数（Corruption Perception Index）比较权威，但该指标没有针对中国各地区的数据，因此不能满足本研究的需要。根据国内相关的研究，我们选用每百万公职人员职务犯罪立案数作为腐败的衡量指标。相关数据来自于历年《中国检察年鉴》中的《人民检察院年度工作报告》。该指标张军等（2007）与陈刚都有使用。不过由于1997年前后的统计指标有所改变，因此他们对于处理缺失数据的方法均有不同。本研究仅使用1998年以后的数据。对于缺失的数据假设当年与前后几年具有相近的比例关系，进行同比例估算。

在使用此数据之前需要明确此数据所表达的真正含义。因为该数据只是直接反映了各地区一年中人民检察院针对职务犯罪案件的立案数目，但其如何反映腐败程度并不清楚。例如，较高的职务犯罪立案数既可以说明职务犯罪案件多而更加腐败，也可以说明打击职务犯罪力度大而更加廉洁。考虑到透明国际组织的CPI指数得到了普遍的认同，因此将二者进行对比可以了解该指标的含义。先将两个数据标准化，再绘制折线图，如图2所示。该图的时间范围从1995~2006年，其中实心圈表示全国每万公

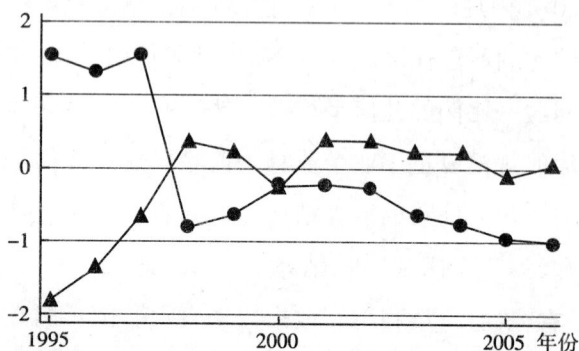

图2 标准化后的全国职务犯罪立案数与CPI指数

职人员职务犯罪立案数，三角代表CPI指数。

从图中可以看到，两条折线基本上呈现出反方向变动，而且通过计算可知二者之间的相关系数为−0.8482。这说明全国职务犯罪立案数和CPI指数之间存在强烈的负相关关系。那么，由于CPI指数越高说明这个地区越清廉，因此，职务犯罪立案数越高就说明这个地区越腐败。

控制变量主要选取了劳动力和资本。劳动力指标使用全社会就业人员数，资本指标使用社会物质资本存量。其中全社会就业人员主要来自《新中国55年统计资料汇编》和历年的《中国统计年鉴》。社会物质资本存量选用了张军、吴桂英和张吉鹏（2004）的核算数据。

实证结果的解释

为了识别和理解政府行为互补性关系对经济绩效的显著性影响，我们首先估计没有加入政府行为互补性变量的模型（1）。由于本研究利用的是面板数据，因此首先需要考察模型设定的适宜性，即分别分析固定效应、随机效应和（Driscoll和Kraay，1998）稳健性标准误模型的有效性问题，如表2所示。

表2中的第一列为固定效应模型的估计结果，第二列为随机效应模型的估计结果。依据估计结果，在这两种模型的选择上，我们更倾向于选择固定效应模型。这是因为：一方面，该模型分析的是全国28个地区政府行为间的关系与经济绩效之间的关系，这基本代表了整个总体；另一方面，利用Hausman方法对固定效应和随机效应两个模型估计结果进行检验，结果在5%的显著性水平上拒绝了固定效应与随机

表 2　政府行为与经济绩效

	logGDP	logGDP	logGDP
logCapital	0.6262*** (0.0276)	0.6304*** (0.0302)	0.6262*** (0.0325)
logEmp	0.0533** (0.0493)	0.2514*** (0.0417)	0.0533** (0.0235)
logRDCPP	0.0417*** (0.0124)	0.0392*** (0.0150)	0.0417*** (0.0044)
logEduPeo	0.0919*** (0.0316)	0.0822** (0.0342)	0.0919*** (0.0272)
logSEPA	−0.0338*** (0.0085)	−0.0319*** (0.0104)	−0.0338*** (0.0098)
logCase	−0.0605*** (0.0148)	−0.0501*** (0.0181)	−0.0605*** (0.0099)
_const	2.4258*** (0.5055)	0.8201** (0.3612)	2.4258*** (0.4292)
N Model Type R-squared	244 FE 0.9836	244 RE	244 Driscoll & Kraay

注：Standard errors in parentheses in first and second columns. Driscoll & Kraay standard errors in parentheses in third columns.
*p<0.1，**p<0.05，***p<0.01。

效应模型的估计系数没有显著性差异的原假设，即两个模型的参数估计存在明显的差异。这种情况通常表明随机效应模型不能很好地拟合本问题所涉及的经验数据，因此我们可以认为固定效应模型比随机效应模型更为有效。在选择了固定效应模型估计结果的基础上，为了避免序列相关、截面相关、异方差等问题，以及为了提高推断的稳健性，第三列是采用了 Driscoll 和 Kraay 的稳健性标准误进行修正后所得到的估计结果，其中滞后阶数为二阶，具体的估计结果如表 2 第三列所示。

表 2 第三列的估计结果显示，拟合优度 $R^2 =$ 0.9836。这说明模型具有较好的解释力。代表政府行为的四个变量的估计系数中，科技投入与教育投入对经济产生积极影响，国有经济份额与每百万公职人员职务犯罪立案数对经济产生负面影响，而且都在 1% 的显著性水平上显著。这表明，这些代表政府行为的变量的确对经济绩效产生显著性的影响，因而与理论预期完全一致。进一步观察该模型的估计结果可以发现，四个代表政府行为的变量的参数估计值都很小。这说明它们对经济绩效的弹性影响都不大。其中最大的是教育投入，其对经济绩效的弹性也只有 0.0919，还不到 0.1%。这就是说教育投入每提高 1%，平均来说，实际 GDP 仅能提高 0.0919 个百分点。与教育投入的影响相比，其他三个政府行为对经济绩效的影响力度更小，例如科技投入对产出的弹性只有 0.0417。这些结果表明，希望通过改变这些政府行为来提高经济绩效是相当困难的，或者说是收效甚微的。这一点与理论预期不符合，也与实践经验相违背。因此，这种结果表明，该模型设定很可能是有偏的，说明这种直观的结论仍然需要进一步的证据来证明。

如前所述，导致参数估计有偏的一个主要原因是模型遗漏了政府行为互补性关系这一重要变量。政府行为对经济绩效的影响不是单一的，不同的政府行为之间可能存在各种不同的关系。这种不同的关系不仅会对经济绩效产生重要影响，而且若遗漏这种关系会导致模型中各变量的因果关系发生扭曲。事实上，若不同的政府行为之间的关系的确对经济绩效具有显著性影响，那么，在遗漏政府行为之间交互关系的情况下，我们已经无法将每个自变量对因变量的影响解释为其他条件不变时的净影响，因为遗漏政府行为互补性关系的变量使模型没有捕捉到每个政府行为对经济绩效的影响依赖于其他政府行为这一效应。为了捕捉到政府行为互补性对经济绩效的影响以及政府行为互补性关系对于单独的政府行为的经济绩效的影响，我们利用同一数据集估计了模型（2）。

代表政府行为的四个变量可以形成六个相互作用的政府行为关系，我们分别将这六个政府行为的交互关系加入到模型（2）中，便可得到六个不同的模型，每个模型分别用加入的交互项来表示。表3列出了加入政府行为交互关系的模型（2）的六个估计结果。为了便于表示，每列标头代表加入不同政府行为交互关系的模型，并不代表因变量，这六个模型的因变量均为 GDP 的对数。六个模型中的交互项的估计值对应于 XX 行中的六个估计结果。例如，第一列的列标头为 RE（科技投入与教育投入的交互项），说明该列是将模型（2）中 XX 替换为 RE 后的模型的估计结果，而 XX 行所处的估计值即为 RE 的估计值。后面五列的结果排列可依此类推。

表3 政府行为互补性与经济绩效

	RE	RS	RC	ES	EC	SC
logCapital	0.6226*** (0.0334)	0.6264*** (0.0317)	0.6262*** (0.0325)	0.6269*** (0.0307)	0.6245*** (0.0338)	0.6182*** (0.0352)
logEmp	0.0803*** (0.0113)	0.0165 (0.0194)	0.0533** (0.0227)	−0.0329* (0.0166)	0.0615*** (0.0149)	0.0210 (0.0257)
logRDCPP	0.3038*** (0.0178)	0.1595*** (0.0063)	0.0425 (0.0435)	0.0484*** (0.0075)	0.0422*** (0.0044)	0.0467*** (0.0058)
logEduPeo	0.1154*** (0.0243)	0.0799*** (0.0223)	0.0920*** (0.0272)	0.2239*** (0.0258)	0.0307 (0.1124)	0.0965*** (0.0292)
logSEPA	−0.0141** (0.0054)	−0.0384*** (0.0105)	−0.0338*** (0.0106)	−0.2108*** (0.0084)	−0.0362*** (0.0128)	−0.1115*** (0.0149)
logCase	−0.0329*** (0.0073)	−0.0393*** (0.0050)	−0.0605*** (0.0134)	−0.0378*** (0.0073)	0.0220 (0.1575)	−0.1264*** (0.0156)
XX	0.0481*** (0.0023)	−0.0353*** (0.0019)	−0.0002 (0.0124)	−0.0399*** (0.0008)	0.0171 (0.0309)	0.0231*** (0.0035)
_const	2.2048*** (0.4043)	2.5791*** (0.4330)	2.4262*** (0.4148)	3.5790*** (0.4249)	2.0894*** (0.5170)	2.9739*** (0.5019)
N	244	244	244	244	244	244
Model Type	FE	FE	FE	FE	FE	FE

注：Driscoll & Kraay standard errors in parentheses
* p<0.1，** p<0.05，*** p<0.01

根据前面的分析，我们已经知道，该模型使用固定效应分析比随机效应分析更为有效。因此，表3中的估计结果都是使用固定效应模型进行估计所得到的结果。同时，为了提高估计推断的稳健性，也使用了 Driscoll 和 Kraay 的稳健性标准误进行修正。

表3所显示的估计结果与理论预期非常一致，因而表明，加入政府行为交互关系的模型非常准确地说明了不同地区经济绩效差异的来源。分别观察 XX 行中六个交互项的估计结果，我们可以得到如下重要结论：

（1）科技投入与教育投入的交互项 RE 的参数估计值为正，且在1%的显著性水平上显著。这说明科技投入与教育投入的交互作用对经济绩效具有显著的促进作用，同时也说明科技投入与教育投入之间存在显著的互补性关系。就科技投入而言，其对经济绩效作用的大小不仅取决于其自身的估计系数，还与其同教育投入乘积的交互项有关。科技投入与教育投入的交互项系数（0.0481）为正表明，教育投入放大了科技投入对经济绩效的影响力度。与此对应，就教育投入而言，科技投入也放大了教育投入对经济绩效的影响力度。换句话说，提高科技投入的水平，不仅有助于刺激经济绩效的提高，而且提高了教育投入对经济绩效的反应弹性，从而产生了一个超过单独科技投入水平提高所产生的经济绩效的效应，即对经济增长产生了一个乘数效应，或者说，产生了一个额外效应。同样，教育投入水平的提高不仅能够有效促进经济增长，而且能够有效提高科技投入的经济增长效应，从而产生了一个超过单独教育投入水平提高所产生的经济绩效的效应。简单地说，

同时提高教育投入与科技投入能够形成整体大于部分之和的效应，而这一效应远比单独提高科技投入或单独提高教育投入所产生的效应要大得多。

（2）科技投入与国有企业份额的交互项 RS 的参数估计值为负，且在1%的水平上显著。这说明科技投入与国有企业份额的交互作用对经济增长产生消极作用，同时也说明科技投入与国有企业份额之间在影响经济绩效方面存在明显的替代关系或相互抵消效应。就科技投入而言，其对经济绩效影响的大小不仅取决于自己的估计系数，还与其同国有企业份额乘积的交互项（系数为-0.0353）有关，即科技投入对经济绩效的正向影响力度会被国有企业份额的增加所抵消。当提高科技投入水平时，为了提高科技投入对经济绩效的影响效应，就应该降低国有企业份额，这有助于提高科技投入的经济增长效应。科技投入与国有企业份额的交互项的估计值为负也从经验上说明，国有企业创新动机较差，整体运转效率较低，因而科技投入资金的利用率不高。这一结论具有重要的政策涵义。如果国有企业份额与科技投入之间存在政府行为协调失败，即在提高科技投入的同时不减少国有企业，那么提高科技投入就难以对经济绩效产生较好的促进作用。因为仅仅提高科技投入而不减少国有企业，那么科技投入对经济增长的促进作用就有可能被较多的国有企业的消极影响所抵消掉。因此，增强国家创新能力，必须在提高科技投入的同时，不断地对国有企业进行现代企业制度的改造，才能够有效提高科技投入的创新效应。

（3）科技投入与腐败指数的交互项 RC 的参

数估计值为负。这说明科技投入与腐败指数在影响经济绩效方面存在相互抵消效应。这一结果符合理论预期，也与大多数经验研究结果相一致。较高的腐败水平，不仅会扭曲科技资金的有效配置，而且很容易降低科技资金的利用效率。虽然科技投入与腐败指数的交互项的估计值很小，而且在统计上也不显著，但并不表明这是一个可以忽略的因素。这一交互项系数在统计上不显著很可能源自于代表腐败指数的数据特征。因此，科技投入与腐败指数在影响经济绩效方面是否存在显著的相互抵消效应，还有待进一步的研究。

（4）教育投入与国有企业份额的交互项 ES 的参数估计值为负，且在 1% 的显著性水平上显著。这一现象说明教育投入与国有企业份额在影响经济绩效方面存在显著的相互抵消效应。这不仅与理论预期相一致，也与经验直观相一致。教育投入与国有企业份额的交互项为负，源自于国有企业产权界定的模糊或不明晰。由于国有企业产权界定不明晰，其运转方式非常类似于官僚机构，因而人们并不真正关心其运转效率，由此导致三个重要结果：①在用人机制上存在"任人唯亲"的现象，"关系取向"远重要于"能力取向"，因此教育的人力资本形成功能在国有企业中很难实现。②国有企业官僚化的运转机制特征较为突出，重行政而轻技术，因而技术人员并不能够充分发挥其创新的作用。③短期行为与保守主义行为非常严重。国有企业的主要领导将平稳发展视为其在任时的主要问题，而将发展问题总是留给其后来者，因而不论在管理制度还是技术创新性试验方面总是趋于保守，导致人才没有发挥其聪明才智的机

会，抑制了人力资本的充分利用。这三个方面导致国有企业的成长与教育发展在影响经济绩效方面表现出相互抵消效应。

（5）教育投入与腐败指数的交互项 EC 的参数估计值为正。这种现象表面上似乎说明教育投入与腐败指数在影响经济绩效方面可能存在互补关系。这似乎既不符合理论预期，也不符合经验事实。但这是一个很隐蔽的问题。在模型（1）的估计中，教育与腐败对经济绩效的影响方向是相反的，而且在统计上均为显著。结合这一结论，我们可以较好地理解教育投入与腐败指数的交互项的估计值为正这一现象。一般而言，腐败程度越高，对教育投入越少，对经济绩效产生负面影响。正如我们在前面论述检验互补性关系时所提示过的，这一交互项系数的估计值为正本质上是因为两个负面影响合成在一起所产生的（负负为正）。因此这一交互项真正表明的是，教育投入与腐败在影响经济绩效方面的效应是相互抵消的：腐败水平越高，教育投入越低，或者从相反的方向上说，降低腐败水平能够促进经济增长，同时能够加大教育投入，因而从这一意义上，教育投入与腐败在影响经济绩效方面是互补的或具有协同效应。不过，由于这一交互项的参数估计结果在通常的显著性水平上并不显著，因此有关教育投入与腐败指数在影响经济绩效方面的关系，还有待进一步的研究。

（6）国有企业份额与腐败指数的交互项 SC 的参数估计值为正，且在 1% 的水平上显著。这与教育投入和腐败指数的交互项的估计值为正的情形完全一样，这并不说明二者之间的交互影响对经济绩效具有积极作用或存在互补关系，

而是表明在影响经济绩效方面这两者存在共振效应。由于二者本身对经济绩效的弹性为负数，因此其交互项必然为正。结合这两个变量本身对经济绩效的弹性为负数这一事实，我们可以对这两个变量的交互项对经济绩效的影响作出如下解释：降低国有企业份额，不仅有助于促进经济绩效的提高，而且降低了腐败的可能性，进而有助于提高经济绩效。同样，降低腐败水平，将能够有效促进国有企业的现代企业制度的改造，进而降低了国有企业份额，从而促进了经济绩效的提高。因此，同时降低腐败程度与加大国有企业改革力度，能够产生一个较仅仅降低腐败程度或仅仅加大国有企业改革力度所形成的经济增长效应更大的效应。简言之，同时降低腐败与加大国有企业改革力度，能够对经济绩效产生一个乘数效应或额外效应。

综上可知，六个交互项的估计系数中，有四个是显著的，而且与理论预期是一致的。这说明我们设定的模型（2）与该样本在解释中国地区经济绩效变异方面具很强的解释能力。同时，还有两个交互项并不显著，但其对经济绩效的影响方向与理论预期一致。由于这两个交互项均与腐败指数相关，因此，这两个交互项在统计上的不显著，可能是因为每百万公职人员职务犯罪立案数不能较好地代表腐败问题导致的。

引入政府行为间交互关系后，对每个代表政府行为的变量也产生了明显的影响。虽然表3中代表政府行为的四个变量参数的估计结果与表2中估计的结果没有符号上的差异，但在大小上却存在明显的不同。在模型（1）中，四个估计系数分别为 0.0417、0.0919、−0.0338 和

−0.0605。引入科技投入与教育投入的交互项后，科技投入与教育投入的估计值分别变为了 0.3038 和 0.1154。引入国有企业份额与腐败指数的交互项后，国有企业份额与腐败指数的估计值分别为变为 −0.1115 和 −0.1264。引入科技投入与国有企业份额的交互项后，科技投入与国有企业份额的估计值分别变为 0.1595 和 −0.0384。引入教育投入与国有企业份额的交互项后，教育投入与国有企业份额的估计值分别变为 0.2239 和 −0.2108。比较这些参数估计的前后变化可以发现这样一个事实：加入互补性分析以后，如果引入模型（2）中的交互项的估计系数是显著的，那么与模型（1）的估计结果相比较，该模型中的代表政府行为的四个变量的参数估计就会变大；相反，如果引入模型的交互项的估计系数不显著，那么代表政府行为的四个变量的参数估计结果不会有明显变化。例如，加入 RE 后的科技投入与加入 ES 后的国有企业份额的参数估计值变为了原来的七倍多。从这一变化中可以得到两个结论：①政府行为互补性的存在放大了每一个政府行为对经济绩效的影响，政府行为互补性的存在对经济绩效产生了一个乘数效应。②政府行为互补性确实是模型（1）中的重要变量，遗漏该变量就会导致估计结果的有偏性。这说明在类似的研究中考虑不同政府行为之间的互补关系十分必要。

通过上面的分析可以看到，政府行为之间存在各种不同的交互关系，有的是互补关系，有的是替代关系，还有的是没有显著关系。由于不同政府行为之间存在不同的相互关系，因此，经济增长不仅受到单个政府行为的影响，还受到不同政府行为之间相互配合的影响。能

否捕捉到政府行为间的互补关系，直接关系到不同政府行为能否形成一种协同效应，从而对经济增长形成一种乘数作用，直接影响到经济绩效。因此，促进经济绩效的提高不仅要关注单个政府行为的运用与改进，而且还要注重不同政府行为间的相互配合，避免在不同政府行为间出现协调失败的现象。

结论与研究展望

在政府行为互补性的框架下，我们从理论上探讨了政府行为互补性对经济绩效的影响。当不同政府行为之间存在互补性关系时，对经济绩效的提高形成了一个乘数效应，因而同时改善这些不同的政府行为，能够获得较单一改善某一政府行为所获得的经济增长效应更大的一个效应；当不同政府行为在影响经济绩效方面存在相互抵消效应时，在一种政府行为不变的前提下，改善另外一种政府行为对于经济绩效的改进受到相反因素的制约，因而其经济增长效应会因此而大打折扣。

通过选取科技投入、教育投入、产权结构以及政府质量作为代表不同政府行为的变量，利用中国 28 个地区 1998~2005 年的数据所形成的面板数据结构，我们对不同政府行为在影响经济绩效方面的上述互补性理论进行了实证检验并对检验结果进行了较为细致的分析。研究结果表明：①科技投入与教育投入在影响中国地区经济增长方面具有互补性作用，同时加大科技投入与教育投入能够形成经济绩效的协同效应；而国有企业份额与腐败程度的同时减少对地区经济增长具有互补性影响。②科技投入、

教育投入与国有企业、政府质量在影响地区经济增长方面分别具有相互抵消的效应。因此，为了提高科技投入与教育投入的经济增长效应，应该加大国有企业改革力度，加大防腐、反腐力度。③政府行为互补性的存在对中国地区经济绩效存在乘数效应或协同效应，互补性冲击对经济绩效的影响远远大于仅仅改变单个政府行为的影响。④政府行为间的协调失败，即在影响经济绩效的各个不同的政府行为之间如果不能够形成互补性关系，不仅无法获得协同效应，也会使某一种政府行为（如科技投入或教育投入）的经济增长效应受到严重的抵消，更有可能令中国某个地区的经济"黏滞"在低效率的均衡上。

本研究的结果表明，政府行为间的互补关系是影响经济绩效的重大因素，研究"政府行为束"关于某一方面的效应较研究某个特定政府行为关于某一方面效应的意义更重大。我们仅仅研究了政府行为互补性对于地区经济绩效的影响，而且只是一个初步的探索。事实上，人们完全可以进一步研究"政府行为束"对于技术进步与创新、可持续发展、不同区域均衡发展以及提高政府质量等的影响效应。从全球范围来说，政府行为互补性的理论研究与经验研究是一个正在兴起的研究途径，相信在未来一定能够有更多的研究问世。中国正处于社会、经济、政治转型时期，如何保证在持续变迁的前提下，保持经济、社会的稳定与安全是中国面临的一个重大问题。从政府行为互补性的角度，探索中国社会、经济变迁的最优过程与制度设计是一种恰当的研究途径。

（杨冠琼　罗　植　杨　迪　执笔）

参考文献

［1］陈刚，李树，尹希果：腐败与中国经济增长——实证主义的视角，《经济社会体制比较》，2008 年第 3 期：59-68．

［2］樊华：高等教育对经济增长影响的实证比较研究，《辽宁教育研究》，2006 年第 2 期：46-48．

［3］苏芳，胡日东，衣长军：中国经济增长与科技投入的关系——基于协整理论与 VAR 模型的实证分析，《科技管理研究》，2006 年第 9 期：26-29．

［4］张军，高远，傅勇和张弘：中国为什么拥有良好的基础设施？《经济研究》，2007年第 3 期：4-19．

［5］张军，吴桂英，张吉鹏：中国省际物质资本存量估算：1952-2000，《经济研究》，2004 年第 4 期：35-44．

［6］Athey, S., and Stern, S., An Empir ical Framework for Testing Theories about Comple mentarity in Organizational Design, NBER work ing Paper, No. 6600. 1998.

［7］Boyer, Robert. Coherence, Diversity and Evolution of Capitalisms: The Institutional Comple mentarity Hypothesis, Evolutionary and Institutional Economics Review, Vol. 2 (1), 2005, pp.43-80.

［8］Coe, David S. and Elhanan Helpman. International R&D Spillovers ［J］. European E conomic Review, 1995: 39 (5), 859-887.

［9］Cooper, R., D. V. Dejong, R. Forsythe and T. W. Ross., Communication in Co ordination Games, Quarterly Journal of Economics, Vol.107, 1992, pp.739-771.

［10］Couch, Colin, et al. Dialogue on 'Institutional Complementarity and Political Economy', Socio-Economic Review, Vol.3, 2005, pp.359-382.

［11］Glaeser, E.L., Porta, R. L., and Lopez-De-Silanes, F., Do Institutions Cause Growth? Journal of Economic Growth, Vol.9, 2004, pp.271-303.

［12］Goto, Akira and Kazuyuki Suzuki. R&D Capital, Rate of Return on R&D Investment and Spillover of R&D in Japanese Manufacturing Industries ［J］. Review of Economics and Statistics, 1989: 71 (4), 555-564.

［13］Hall, Peter A., and Daniel W. Gin gerich, Varieties of Capitalism and Institutional Complementarities in the Macroeconomy: An Empirical Analysis, British Journal of Political Science 39: 449-482, 2009.

［14］Hall, Peter and Soskice, David, eds., Varieties of Capitalism: The Institutional Foundations of Comparative Advantage. Oxford: Oxford University Press, 2001, p.17.

［15］Kerk L. Phillips, Shen Kunrong. What effect does the size of the state -owned sector have on regional growth in China ［J］. Journal of Asian Economics, 2005, (15): 1079-1102.

［16］Pak Hung Mo. Corruption and Economic Growth ［J］. Journal of Comparative Economics, 29: 66-79, 2001.

［17］Parto, Saeed, Economic Activity and Institutions: Taking Stock, Journal of Economic Issues, Vol. XXXIX, No.1, 2005, pp. 271-303.

［18］Stigilitz, Joseph., More Instruments and Broader Goals: Moving towards the Post -Washington Consensus, Wider Annual Lectures 2, United Nations University World Institute for Development Economics Research, Helsinki, Finland, 1998. World Bank, The East Asian Miracle: Economic Growth and Public Policy, New York: Oxford University Press, 1993.